O Direito Fundamental do Acesso à Justiça

Estudos em Homenagem a Jucirema Maria Godinho Gonçalves

O Direito Fundamental do Acesso à Justiça

Estudos em Homenagem a Jucirema Maria Godinho Gonçalves

Coordenadora:
Flávia Ferreira Jacó de Menezes

Organizadores:
Ítalo Menezes de Castro
Fábio Ribeiro da Rocha

AMATRA·2
Associação dos Magistrados da Justiça do Trabalho da 2ª Região

LACIER

LACIER
Lacier Livraria e Editora
www.livrarialacier.com.br

Rua Doutor Quirino, 808 – Centro
CEP 13015-081 – Campinas, SP – Brasil

Novembro, 2024
1ª Reimpressão — Novembro, 2024

Diretor: *Lacier José de Rezende*
Coordenação editorial: *Peter Fritz Strotbek*
Projeto de capa: *Daniele Souza*
Revisão: *Rigue Revisões*
Projeto gráfico e editoração eletrônica: *The Best Page*

Esta é uma obra coletiva.
A responsabilidade pelo conteúdo de cada texto
é exclusiva do seu autor.

Ficha Catalográfica

Dados Internacionais de Catalogação na Publicação (CIP)
(Câmara Brasileira do Livro, SP, Brasil)

D598 O direito fundamental do acesso à justiça : estudos em homenagem a Jucirema Maria Godinho Gonçalves / Coordenadora: Flávia Ferreira Jacó de Menezes ; Organizadores: Ítalo Menezes de Castro, Fábio Ribeiro da Rocha. — 1. ed. — Campinas, SP : Lacier Editora, 2024.
500 p. ; 17 x 24 cm.

ISBN 978-85-64412-50-7

1. Jucirema Maria Godinho Gonçalves 2. Direito do trabalho — Brasil. 3. Justiça do Trabalho — Brasil. 4. Acesso a justiça. I. Menezes, Flávia Ferreira Jacó de. II. Castro, Ítalo Menezes de. III. Rocha, Fábio Ribeiro da.

CDU 331:34(81)

Índices para catálogo sistemático:

1. Justiça do Trabalho — Brasil

Angela Schmidt da Rosa – Bibliotecária – CRB-14/1171

AMATRA·2

Associação dos Magistrados da Justiça do Trabalho da 2ª Região

Diretoria Executiva

Presidente: *Diego Reis Massi*

Vice-Presidente: *Erotilde Ribeiro dos Santos Minharro*

Secretário-Geral: *André Eduardo Dorster Araújo*

Diretora Financeira: *Cristina Ottoni Valero*

Diretora Cultural: *Flávia Ferreira Jacó de Menezes*

Diretora Social: *Rebeca Sabioni Stopatto*

Diretora Social Adjunta: *Andrea Corrêa de Paula Rizzoto*

Diretor de Benefícios: *Jorge Batalha Leite*

Diretor de Benefícios Adjunto: *Jobel Amorim das Virgens Filho*

Diretora de Direitos Humanos: *Daiana Monteiro Santos*

Diretora de Direitos Humanos Adjunta: *Tâmara Luiza Vieira Rasia*

Diretor de Esportes: *Márcio Fernandes Teixeira*

Diretor de Aposentados: *Adalberto Martins*

Diretora de Aposentados Adjunta: *Maria Aparecida Norce Furtado*

Diretoria de Igualdade de Gênero: *Karoline Sousa Alves Dias, Thaís Verrastro de Almeida* e *Leila Aparecida Chevtchuk de Oliveira*

Comissão Disciplinar e de Prerrogativas

Titulares: *Renato Sabino Carvalho Filho*; *Luiz Antônio Moreira Vidigal* e *Frederico Monacci Cerutti*

Suplentes: *Rogério Moreno de Oliveira*, *Willian Alessandro Rocha* e *Samantha Fonseca Steil Santos e Mello*

Conselho Fiscal

Titulares: *Decio Sebastião Daidona Libia da Graça Pires, Cristiane Braga de Barros* e *Brígida Della Rocca Costa*

Suplentes: *Talita Luci Mendes Falcão* e *Marcos Vinicius Coutinho*

Coordenadoria de Comunicação Interna: *Aline Bastos Meireles Mandarino* e *Martha Campos Accurso*

Comissão Simetria e Isonomia

Titulares: *Laís Cerqueira Tavares*, *Nelson Cardoso dos Santos*, *Marcelo Pereira das Neves* e *Bruno Coutinho Peixoto*

Comissão de Aposentados: *Jucirema Maria Godinho Gonçalves*, *Mércia Tomazinho* e *Ana Maria Contrucci Brito Silva*

Comissão da reserva técnica: *Martha Campos Accurso*, *Marcelo Pereira das Neves* e *Laís Cerqueira Tavares*

Sumário

Apresentação

Com muita alegria, a Associação dos Magistrados da Justiça do Trabalho da 2ª Região lança mais um livro de artigos, cumprindo o seu importante papel institucional de estimular o aperfeiçoamento técnico, científico e cultural dos Magistrados e, ao mesmo tempo, proporcionando à comunidade jurídica e à sociedade em geral maior conhecimento acerca de assuntos jurídicos de grande relevância e repercussão.

O tema escolhido para a obra não poderia ser mais atual, envolvendo o direito fundamental de acesso à justiça e uma prestação jurisdicional justa, adequada e em prazo razoável, além de assuntos correlatos que são indispensáveis ao alcance da justiça efetiva, como trabalho decente, meio ambiente de trabalho seguro, igualdade de gênero, redução das desigualdades, desenvolvimento sustentável, entre outros.

A obra promove ainda merecida homenagem à nossa querida magistrada Jucirema Maria Godinho Gonçalves, dona de brilhante trajetória no Tribunal Regional do Trabalho da 2ª Região de mais de três décadas, em 1ª e 2ª Instâncias, inclusive com passagens marcantes nos cargos de Vice-Diretora da Escola Judicial (2010-2012), Coordenadora dos Comitês de Tecnologia da Informação e de Planejamento e Gestão (2011-2017), Ouvidora (2016-2018), Coordenadora do Núcleo Permanente de Métodos Consensuais de Solução de Conflitos – NUPEMEC (2018-2020) e Vice-Presidente Administrativa (2018-2020). Também é membro da Comissão de Aposentados da Associação dos Magistrados da Justiça do Trabalho da 2ª Região, engrandecendo-a com toda a sua experiência e conhecimento.

Agradeço a todos que contribuíram para o sucesso deste livro, sobretudo aos colegas e amigos Flávia Ferreira Jacó de Menezes, Ítalo Menezes de Castro e Fábio Ribeiro da Rocha, pela organização da obra, e os nossos escritores, pelo conhecimento compartilhado e reflexões proporcionadas.

Um grande abraço

Diego Reis Massi
Presidente da AMATRA-2.

Prefácio

A Justiça do Trabalho desempenha um papel essencial na defesa dos direitos fundamentais dos trabalhadores e na promoção de uma sociedade mais justa e equilibrada. É nesse contexto que surge a obra *O Direito Fundamental do Acesso à Justiça*: uma perspectiva da justiça do trabalho, que não apenas explora a importância do acesso à justiça no âmbito trabalhista, mas também presta uma homenagem especial à eminente Desembargadora Jucirema Maria Godinho Gonçalves, uma magistrada cuja trajetória é referência de dedicação e compromisso com a justiça social.

A homenagem à Desembargadora Jucirema é especialmente significativa neste momento em que o direito de acesso à justiça precisa ser constantemente reafirmado e protegido.

Os temas discutidos neste livro são questões que afetam diretamente a capacidade da Justiça do Trabalho em cumprir seu papel constitucional de concretização dos direitos sociais. Cada artigo foi cuidadosamente elaborado para explorar as nuances dos temas tratados, sempre com o objetivo de fomentar uma reflexão crítica sobre o acesso à justiça e o papel do juiz no processo de sua efetivação.

Temas como o impacto da *gig economy* e das novas formas de trabalho sobre os direitos laborais, a busca por um meio ambiente de trabalho seguro e saudável e desafios do acesso à justiça, inclusive em âmbito coletivo, refletem a complexidade das demandas atuais enfrentadas pela Justiça do Trabalho.

Além disso, a obra destaca o papel fundamental que o Direito do Trabalho desempenha na concretização dos direitos humanos, com ênfase nas interpretações da Corte Interamericana de Direitos Humanos. Essa perspectiva internacional, somada à análise crítica das legislações nacionais, oferece ao leitor uma visão abrangente e atualizada das grandes questões que afetam o mundo do trabalho e da justiça trabalhista.

Ao prestar esta homenagem à Desembargadora Jucirema Maria Godinho Gonçalves, celebramos sua carreira exemplar e reafirmamos nosso compromisso com a luta por uma Justiça do Trabalho mais acessível, eficaz e transformadora. Que este livro sirva como inspiração e guia para todos aqueles que, assim como ela, dedicam suas vidas à nobre missão de promover a justiça.

Boa leitura!

Flávia Ferreira Jacó de Menezes
Diretora Cultural da AMATRA-2.

Homenagem a Jucirema Maria Godinho Gonçalves

Ana Maria Contrucci Brito Silva(1)

"O que vale na vida não é o ponto de partida e sim a caminhada.
Caminhando e semeando, no fim, terás o que colher."
(Cora Coralina)

Pelos idos de 1991, era eu titular da 39ª Junta de Conciliação e Julgamento. Preparava--me para as instruções do dia quando recebi um aviso da Presidência de que deveria receber uma Juíza recém-empossada para introduzi-la na roda viva da magistratura. De cabeça baixa, lia um dos processos quando ouvi um solene BOM DIA. Levantei os olhos e vi uma atrevida advogada estando a interromper-me. Não só atrevida como esplendorosa em seu porte altivo, vestimenta elegante, cabelos vermelhos e um surpreendente sorriso amplo e simpático!! Quebrou toda e qualquer resistência minha em ouvi-la.

—Bom dia, doutora. Pois não.

Com voz firme nada tímida, respondeu.

—Doutora Ana, sou Jucirema, a Juíza que veio dar os primeiros passos nesta vida, pelas suas mãos.

Estalei os olhos e senti um aperto no coração. Meu Deus, aquele ser seguro de si, de olhar e vozes firmes (...) eu teria que conduzi-la! No que? Meu coração se acelerou

(1) Juíza de carreira, ingresso na magistratura: 13 de junho de 1986, tornou-se titular em 1990, assumindo a JCJ de Santos, a seguir assumiu a 56ª Junta de Conciliação e Julgamento São Paulo até 2002, quando foi promovida ao cargo de Desembargadora, aposentou-se em 2014, ingressou na vida associativa como diretora de aposentados, na AMATRA2, durante o período 22/24, e ora figura como adjunta do Diretor Adalberto Martins.

mais ao saber que ela advogava na Justiça do Trabalho em Santos há dez anos. O que haveria de ensinar a ela? NADA, ABSOLUTAMENTE NADA.

E, de fato, assim foi. Como eu sempre fazia com iniciantes, no primeiro dia, ela se sentou ao meu lado, e se mostrava absolutamente cônscia de tudo o que ocorria, desde as iniciais até as instruções. Ganhou uma sentença para fazer. No segundo dia, pu-la na mesa dividindo iniciais comigo. Eu, no gabinete, seguindo de perto o desempenho dela. Sabia mais que eu. Era gentil, firme, parecia que tinha feito aquilo a vida inteira. Estava mais que pronta para essa estrada da vida. O mês que se passou mostrou o caráter vanguardista daquela jovem mulher destemida e íntegra, sempre revelando uma inteligência muito acima da média.

Logo foi removida para o jogo de muda-muda das substituições. Vagou por esta 2ª Região, sediando-se ao final em sua terra natal, SANTOS, até ser promovida para o cargo de Desembargadora, quando voltamos a ter passos comuns, embora sempre em Turmas diferentes.

Como partícipe da Turma, atuava com grandes vultos: Luiz Carlos Godoy, Mariângela Muraro, Rosa Maria Zuccaro, Odete Silveira. Foram substitutos Rosa Maria Villa, Paulo Motta, Américo Carnevalle, Ivete Bernardes, entre outros.

A respeito dela diz o Dr. Godoy:

A Jucirema é uma pessoa segura, consciente de suas convicções. De opinião firme e coerente. Responsável para com o trabalho, que mantinha em ordem e em dia. Estudiosa, cuidadosa no exame de litígios. Severa e justa. Respeitosa com todos. Colega solidária.

(...) ou Dra. Rosa Maria Villa

> Então (...) a Jucirema é santista, mulher batalhadora e uma verdadeira comandante com ideias e atitudes para dar os famosos passos a mais!!! O que me chamou atenção no período de convivência foi o grande amor pelos pais e o cuidado de filha completamente dedicada. O Joãozinho, pai dela, que todos chamavam assim, teve convivência marcante com todos nós que o conhecemos! Uma pessoa especial!!! Adorava hortênsias!!!! Ama muito os animais. Ela teve a seu lado durante muitos anos uma poodle linda, a Teti — se não me falha a memória — é o carinho e tanto que até hoje ela publica suas fotos em perfis! Boa companheira na degustação de bons vinhos! Adora viajar — sempre acompanhada da Mariângela sua amiga do peito. É alegre e comunicativa e tem um sorriso aberto sempre que vê colegas e amigos! Ops: gosta de vinho, mas ainda mais de cerveja, principalmente num bar à beira-mar na linda cidade de Santos!!!

E vejam o nosso Diretor-Geral, Dr. ROMULO, que esteve ao lado dela:

Jucirema nasceu na primavera, num dia 23.

Na cidade costeira cresceu a menina com suas fantasias, envolvida em sonhos.

Já mulher quis sonhar mais alto, elevou-se em seus saltos, num equilíbrio elegante.

Fez da Justiça sua incansável busca, plena e perene. É pessoa que alcança o céu sem sair do chão.

Encontrou em Cora inspiração para abrandar os dias, repousar na noite, traduzir-se em poesia.

Currículo básico

- Desembargadora do TRT-2
- Vice-Presidente Administrativa do TRT-2 (2018-2020)
- Vice-Diretora da EJUD 2 (2010-2012)
- Pós-graduada em Direito do Trabalho e em Gestão Judiciária
- Especialista em Direito do Trabalho
- Graduada em Ciências Jurídicas e Sociais, em Pedagogia e em Filosofia, Ciências e Letras
- Professora de Direito e Processo do Trabalho na Faculdade de Administração de Santos
- Coordenadora do Núcleo de EaD da ENAMAT

Currículo constante do *site* da Amatra

Ingressou na Magistratura em 1991 e foi promovida em 2004. Em 2010, Vice-Diretora da Escola Judicial da 2ª Região — EJUD. Em 2011/2017, Coordenadora dos Comitês de Planejamento e Gestão e Tecnologia da Informação do TRT-2. Em 2018/2020, Coordenadora do Núcleo Permanente de Métodos Consensuais de Solução de Conflitos (Nupemec-1a/2a Instâncias). Em 2016/2018, Ouvidora do TRT-2. Em 2018/2020, Vice-Presidente Administrativa do TRT-2. Em 2023, aposentada do trabalho, mas não da vida.

Outros dados:

Nascida em Santos, local onde reside e onde estudou. Graduou-se em Direito pela Faculdade Católica de Direito de Santos em 1971; em Ciências e

Letras pela Faculdade de Filosofia de Santos em 1973 e em Educação e Ciências Humanas pela Faculdade de Educação e Ciências Humanas de Santos em 1978. Fez pós-graduação em Direito Trabalhista, Direito Processual Trabalhista, Direito Comercial e Direito Tributário pela Faculdade de Direito de Santos e Curso de Administração Judiciária pela Fundação Getúlio Vargas. Atuou como advogada até 1991, quando assumiu como Juíza do Trabalho. Em 2004, foi promovida a Desembargadora.

Exerceu as seguintes atividades no Tribunal: vice-diretora da EJUD em 2010, coordenadora dos Comitês de Tecnologia da Informação e de Planejamento e Gestão deste Tribunal de 2011 a 2017; do Comitê de Implantação do Processo Judicial Eletrônico de 2010 a 2012; e do Núcleo Permanente de Métodos Consensuais de Solução de Conflitos (NUPEMEC de 1ª e 2ª Instâncias) de 2018 a 2020. Atuou ainda como Ouvidora deste Tribunal de 2016 a 2018 e como Vice-Presidente Administrativa de 2018 a 2020. Merecem destaque a coordenação de projetos de que são exemplos os Centros Judiciários de Soluções e Conflitos – CEJUSCs em 1ª e 2ª Instâncias no período de 2018 a 2020 que rendeu premiações do CNJ a este Tribunal nas ações do "Conciliar é legal", além da criação das Ouvidorias Móveis.

Entusiasta das ações de conciliação, foi responsável pela implantação do CEJUSC de 2ª Instância do Tribunal.

No início da pandemia, à frente da Vice-Presidência Administrativa, junto à então Presidente do Tribunal Des. Rilma Aparecida Hemetério, teve papel de destaque na viabilização da continuidade da atuação do Tribunal em ambiente virtual com segurança para todos.

Na coordenação de diversos comitês, buscou sempre o aperfeiçoamento da atividade jurisdicional e a modernização da Justiça do Trabalho.

Foi Ouvidora do Tribunal, o que lhe trouxe a oportunidade de conhecer melhor os pontos fortes e fracos da Instituição, conhecimento que norteou sua atuação na esfera administrativa.

Também foi vice-diretora da Escola Judicial da 2ª Região.

Muitos prêmios, muitas comendas, muito trabalho, mas sempre com a mesma disposição e um incansável sorriso no rosto. Nada era um contratempo! É uma lutadora!

Não bastasse, vejam o que diz Dr. Paulo Ribeiro Motta que, embora substituto na Turma, impressionou-se com a figura brilhante:

> Trabalhamos um período em Santos, ela já titular e eu saindo da breve passagem da 51ª Vara,

> Depois voltamos a ter contato nas administrações do Antonio, Silvia e ela como Vice administrativa, ocasiões em que ela me "arrastou" para várias comissões.
>
> Só conheço esse lado profissional dela, que você também conhece: competente, arrojada, "tipo trator"!

E a carismática Dra. Odete Silveira de Moraes:

> Certeza que as suas palavras serão verdadeiras, carinhosas e irão revelar a excelente profissional que a Jucirema sempre foi. Um exemplo de magistrada vocacionada a inspirar as novas gerações.
>
> Trabalhei poucos meses com a Ju, acho que ainda era substituta e sempre me relacionei muito bem com ela que sempre se mostrava cordial, alegre e sempre disposta a colaborar para um desenrolar rápido e eficaz das demandas que se apresentavam no dia a dia. (*sic*)

Intermináveis as manifestações no mesmo tom! E não há como ser diferente quando se trata desse ser coerente, transparente, leal e franco.

Neste panorama seguiu a marcha dessa magistrada, que primou por também dedicar-se intensamente a atividades paralelas à judicatura. Veja-se:

> 2018-2020 – Vice-Presidente Administrativa do Tribunal Regional do Trabalho da 2ª Região
>
> 2016 a 2018 – Ouvidora do Tribunal Regional do Trabalho da 2ª Região
>
> 2018-2020 – Coordenadora do Núcleo Permanente de Métodos Consensuais de Solução de Conflitos (NUPEMEC – 1ª e 2ª Instâncias)
>
> 2011 a 2017 – Coordenadora do Comitê de Planejamento e Gestão do Tribunal Regional do Trabalho da 2ª Região
>
> 2011 a 2017 – Coordenadora do Comitê de Tecnologia da Informação do Tribunal Regional do Trabalho da 2ª Região
>
> 2010 – Escola Judicial do Tribunal Regional do Trabalho da 2ª Região — TRT — EJUD 2 — Cargo: Vice-Diretora
>
> 2004 – Tribunal Regional do Trabalho — 2ª Região
>
> Cargo: Desembargadora Federal do Trabalho
>
> 1991 a 2004 – Tribunal Regional do Trabalho — 2ª Região
>
> Cargo: Juíza do Trabalho

ATUOU NA COORDENAÇÃO DE PROJETOS:

2018/2020 – Criação dos Centros Judiciários de Soluções e Conflitos — CEJUSC em 2ª Instância

2016/2018 – Instalação da Ouvidoria na sede do TRT-2 — Criação das Ouvidorias Móveis em todas as Varas do Trabalho – Instalação das estantes dos livros em todas as Varas, inclusive, livros infantis na Creche

2010/2012 – Coordenadora do Comitê de Planejamento e Gestão do Tribunal Regional do Trabalho da 2ª Região

2010/2012 – Coordenadora Regional do Comitê de Tecnologia da Informação do Tribunal Regional do Trabalho da 2ª Região

2010/2012 – Coordenadora Regional do Comitê de Implantação do Processo Judicial Eletrônico — PJe — do Tribunal Regional do Trabalho da 2ª Região

E não se pode deixar de citar sua ATIVIDADE COMO DOCENTE:

2010 – Tutora em EAD da Escola Nacional do Tribunal Superior do Trabalho — ENAMAT — TST

2010 – Tutora em EAD da Escola Judicial do Tribunal Regional do Trabalho da 2ª Região — EJUD 2

1981 a 1991 – Professora Assistente da Cadeira de Legislação Social da Faculdade de Administração de Santos — Fundação Lusíada

TAMPOUCO SUA FORMAÇÃO ACADÊMICA

Graduação – Curso de Direito pela Faculdade Católica de Direito de Santos, em 1971

Graduação – Curso de Ciências e Letras pela Faculdade de Filosofia de Santos, em 1973

Graduação – Curso de Educação e Ciências Humanas pela Faculdade de Educação e Ciências Humanas de Santos, em 1978

Pós-Graduação – Curso de Direito Trabalhista, Direito Processual Trabalhista, Direito Comercial e Direito Tributário, pela Faculdade de Direito de Santos, em 1989/1990

Pós-Graduação – Curso de Administração Judiciária — em EAD, pela Fundação Getulio Vargas, 2008/2010

Extensão Universitária – Curso de Docência *online*, em EaD, Fundação Getulio Vargas –Rio de Janeiro, em 2009

Mediação Privada – Módulo Internacional — Curso *online* de Mediação e Conflitos pelo Instituto de Certificação e Formação de Mediadores Lusófonos com a Escola de Direito da Universidade Católica Portuguesa do Porto – Portugal, em 2021

CURSOS RECENTES EM ENSINO A DISTÂNCIA

- Curso de Formação de Gestores em Escolas Judiciais, pela ENAMAT, 2009
- Curso de Moodle, 2009
- Curso de Formação de Tutores, pela Escola Nacional de Magistrados da Justiça do Trabalho – ENAMAT, 2010
- Curso de Formação de Tutores Gestão de Processos (CNJ), 2010
- Curso de Redação e Gramática Aplicada a textos jurídicos (Faros Educacional), 2010
- Curso de Formadores em Educação à Distância, pela Enamat, em 2010
- Curso de Gestão de Pessoas e Processos (CNJ), em 2010
- Curso de Formação em Administração de Varas, pela ENAMAT, em 2010
- Curso de Formação de Tutores em Desenvolvimento de Competências Gerenciais (CNJ), em 2010
- Curso de Planejamento Estratégico com BSC (EJUD 2), 2011
- Curso de Produção Textual
- Certificação no Seminário Internacional de Trabalho Seguro (Enamat) 2015
- Certificação "Atendimento ao Cidadão (EJUD 2), 2016
- Curso de Formação Continuada sobre Relacionamento da Justiça com a Mídia, Modalidade de Educação a Distância (Enamat), 2016
- Curso de "Noções e Técnicas de Conciliação e Mediação" (EJUD 2), 2020
- Certificação em Liderança, Capacidade de Aprender e Resiliência (2021)

Eis, porém, que em 2023 sobreveio a forçosa aposentadoria.

Nesse momento, eu já estava aposentada desde 2014, funcionando como Diretora de Aposentados da nossa Associação e, com olhos na próxima gestão, vi despontar a figura perfeita para me suceder com seu brilho único! Assim que saiu a publicação da aposentação, apresentei a ela essa nova vida associativa.

E, pasmem! Ela aceitou de pronto! E, num piscar de olhos, já trouxe dezenas de ideias, com aquele entusiasmo que lhe é peculiar! Na primeira reunião que fizemos com outros membros da diretoria, já queria implementá-las, sem que se divulgasse sua autoria. Entusiasmada como só, já apresentou planos para formalizar estratégias para a campanha eleitoral que se avizinhava.

Mas o soprar dos ventos assim não permitiu. Impedimentos pessoais fizeram-na declinar da Diretoria para se posicionar como adjunta, e em conjunto com Dra. Maria Aparecida Norce Furtado, Dra. Mércia Tomazinho e eu, Ana Contrucci, compor uma base de apoio ao nosso querido Desembargador Adalberto Martins. E assim foi, e tem sido, com grande sucesso.

Ainda assim, ocupando posição de menor destaque, ela não deixa de estar presente em todas os momentos de decisões de grande, menor ou pouca importância. Mesmo agora, embora estando em terras distantes, não se furta de deliberar com o grupo!

Dra. Jucirema, nossa Ju, seja bem-vinda a este pálido lado da magistratura, que precisa de sua força e determinação.

E, sabendo de sua admiração pela grande Cora Coralina, só posso enfeixar este texto voltando a citá-la:

> *"Procuro semear otimismo e plantar sementes de paz e justiça. Digo o que penso, com esperança. Penso no que faço, com fé. Faço o que devo fazer, com amor. Eu me esforço para ser cada dia melhor, pois bondade também se aprende."*

Interrupção da Prescrição pelo Ajuizamento de Ação Trabalhista

Sergio Pinto Martins[1]

Introdução

A Desembargadora Jucirema Maria Godinho Gonçalves é minha colega de XIII Concurso para o cargo de Juiz do Trabalho do TRT da 2ª Região.

Foi juíza titular de Vara do Trabalho de Santos, cidade em que nasceu e vive até hoje.

Foi promovida em 2004, por merecimento, ao cargo de Desembargadora do TRT da 2ª Região.

Foi presidente da 2ª Turma do TRT da 2ª Região, que integrou por muitos anos.

Em 2010, foi eleita Vice-Diretora da Escola Judicial da 2ª Região — Ejud.

No período de 2011/2017, foi Coordenadora dos Comitês de Planejamento e Gestão e Tecnologia da Informação do TRT-2.

Eleita ouvidora do TRT 2 no período de 2016/2018.

Foi Vice-presidente administrativa do TRT da 2ª Região de 01.10.2018 a 30.09.2020 e coordenadora do Núcleo Permanente de Métodos Consensuais de Solução de Disputas (Nupemec-JT2), no mesmo mandato em que fui o Diretor da Escola Judicial (Ejud2). Tivemos oportunidade de trabalhar juntos nos cursos, principalmente, de formação para o Cejusc.

Acima de tudo, considero que ela é minha amiga, de tantos anos de convívio juntos. Admiro sua alegria de todos os dias, seu sorriso com o qual recebe todas as pessoas. É justa a presente homenagem para uma mulher que sempre defendeu a Justiça do Trabalho e lutou para melhorar o TRT da 2ª Região. Merecida, portanto, a iniciativa da Amatra 2 em homenageá-la.

---

(1) Ministro do TST. Professor da USP. Doutor e livre docente em direito do trabalho.

O presente artigo tem por objetivo analisar o **§ 3º do art. 11 da CLT**.

Para tanto, será verificada a tramitação legislativa do projeto de lei e, posteriormente, o exame da palavra *somente* para se verificar se apenas o ajuizamento de ação trabalhista é que interrompe o prazo de prescrição e se não é o caso de se aplicar o inciso II do art. 202 do Código Civil.

1. Histórico

O Projeto de Lei n. 6.787/2016 da Câmara dos Deputados deu origem à Lei n. 13.467/2017.

Inicialmente, a alteração do art. 11 da CLT seria feita apenas para incorporar a orientação das Súmulas ns. 268 e 294 do TST ao texto legal.

O § 3º do art. 11 da CLT somente veio a ser inserido no PL n. 6.787/2016 quando do substitutivo apresentado pelo Deputado Rogério Marinho em 12.04.2017, com a seguinte redação:

> "§ 5º A interrupção da prescrição somente ocorrerá pelo ajuizamento de ação trabalhista, individual ou coletiva, com citação válida, ainda que venha a ser arquivada, produzindo efeitos apenas em relação aos pedidos idênticos.

A alteração inserida no projeto decorreu das Emendas ns. 625 e 648, dos Deputados Paulo Abi-Ackel e José Carlos Aleluia, acatadas pelo relator na confecção do substitutivo que veio a tramitar na Câmara dos Deputados. O relator fez menção ao tratamento legal das Súmulas ns. 268 e 294 do TST como justificativa para a inserção no texto do citado § 5º, a fim de que "*seja dada efetividade ao inciso XXIX do art. 7º da Constituição Federal, permitindo-se que o prazo prescricional de cinco anos se dê ainda na vigência do contrato*".

A Emenda ao Substitutivo n. 87, de autoria da Deputada Laura Carneiro, era contrária expressamente à utilização da palavra "somente" empregada no substitutivo, ao fundamento de que:

> "A palavra 'somente'" deve ser alocada em outra parte da frase, para não gerar a interpretação de que só existe esse tipo de interrupção de prescrição."

Foi inserida a palavra "somente" por intenção do legislador e não por um descuido legislativo.

A Emenda ao Substitutivo n. 97 sugeriu a renumeração dos parágrafos propostos, pois o art. 11 da CLT tinha apenas um parágrafo.

As Emendas ao Substitutivo ns. 181, 327 e 379, de autoria dos Deputados(as) Patrus Ananias, Laura Carneiro e Benedita da Silva, respectivamente, versaram sobre evitar que a restrição dos efeitos interruptivos da prescrição não estivesse atrelada à "citação válida".

Segundo eles, haveria uma transferência ao trabalhador de um ônus processual desproporcional, principalmente em razão de esquivas patronais quanto à notificação judicial.

A emenda de autoria do Deputado Daniel Vilela (Emenda ao Substitutivo n. 389, de 24.04.2017), então Presidente da Comissão Especial criada para exame do Projeto 6.787/2016, analisou expressamente a questão da restrição de apenas haver prescrição por ajuizamento da ação trabalhista.

Foi excluída a expressão "citação válida", justificando a restrição do dispositivo ao ajuizamento de reclamação trabalhista e não mais "ação individual ou coletiva", como constava no primeiro substitutivo. A emenda foi assim fundamentada:

> "Esta alteração visa a estabelecer uma regra clara quanto à interrupção da prescrição, buscando uma analogia com o art. 202 do Código Civil."

Com a apresentação de novo substitutivo ao projeto, em 25.04.2017, o § 5º do art. 11 da CLT passou a ter a seguinte redação:

> "§ 5º A interrupção da prescrição somente ocorrerá pelo ajuizamento de reclamação trabalhista, mesmo que em juízo incompetente, ainda que venha a ser extinta sem resolução do mérito, produzindo efeitos apenas em relação aos pedidos idênticos." (NR)

Esse dispositivo foi transformado no § 3º do art. 11 da CLT. Houve, portanto, deliberação na Câmara dos Deputados sobre o tema. A matéria foi chancelada pelo Senado Federal e, posteriormente, promulgada e publicada no *Diário Oficial da União.*

2. Interrupção da prescrição

Reza o § 3º do art. 11 da CLT, com a redação determinada pela Lei n. 13.467/2017, o seguinte:

> A interrupção da prescrição **somente** ocorrerá pelo ajuizamento de reclamação trabalhista, mesmo que em juízo incompetente, ainda que venha a ser extinta sem resolução do mérito, produzindo efeitos apenas em relação aos pedidos idênticos.

Trata o inciso II do art. 202 do Código Civil da interrupção da prescrição pelo protesto:

> Art. 202. A interrupção da prescrição, que somente poderá ocorrer uma vez, dar-se-á:
>
> II – **por protesto**, nas condições do inciso antecedente.

A lei posterior revoga a anterior quando expressamente o declare, quando seja com ela incompatível ou quando regule inteiramente a matéria de que tratava a lei anterior (§ 1º do art. 2º da Lei de Introdução). A Lei n. 13.467 não revogou expressamente o inciso II do art. 202 do Código Civil. Não é incompatível com o referido dispositivo, pois os campos de aplicação são diversos. Não regulou inteiramente a matéria, pois a Lei n. 13.467 trata de alterar dispositivos da CLT e não do Código Civil.

A lei nova, que estabelece disposições gerais ou especiais a par das já existentes, não revoga nem modifica a lei anterior (§ 2º do art. 2º da Lei de Introdução). A Lei n. 13.467 não revoga disposições de lei geral, que é o Código Civil. A Lei n. 13.467 não revogou expressamente o inciso II do art. 202 do Código Civil. Logo, ele está em vigor.

A inconstitucionalidade do § 3º do art. 11 da CLT está sob análise do Pleno do TST, relator Min. Breno Medeiros, mas o julgamento foi interrompido (ArgInc n. 1001285-90.2019.5.02.0704). Foi submetida ao Pleno do TST pela 5ª Turma do TST, em razão da determinação da reserva de Plenário, nos termos da Súmula Vinculante n. 10 do STF:

> "Viola a cláusula de reserva de plenário (CF, art. 97) a decisão de órgão fracionário de Tribunal que, embora não declare expressamente a inconstitucionalidade de lei ou ato normativo do poder público, afasta sua incidência, no todo ou em parte..."

Não vejo inconstitucionalidade do § 3º do art. 11 da CLT, pois a lei pode restringir a aplicação de certos institutos jurídicos, como é o caso da interrupção da prescrição trabalhista, de acordo com o parágrafo acrescentado ao art. 11 da CLT pela Lei n. 13.467.

Foi ajuizada a Ação Direta de Constitucionalidade n. 86 pela Confederação Nacional do Sistema Financeiro — CONSIF, em 29.06.2023, que está sob a relatoria do Ministro Edson Fachin, em 30.06.2023. Está na fase de prestação de informações, requisitadas aos tribunais trabalhistas.

A interpretação histórica mostra que o legislador optou por restringir a hipótese de interrupção da prescrição na Justiça do Trabalho, conforme se verifica dos debates a respeito do § 3º do art. 11 da CLT, quando da edição do projeto de lei.

Os debates em relação ao referido § 3º do art. 11 da CLT mostram que foi intenção do legislador restringir a interrupção da prescrição trabalhista à interposição de reclamação trabalhista, ao utilizar a palavra somente. Trata-se de interpretação autêntica do próprio legislador. Houve vontade do legislador em estabelecer que apenas o ajuizamento da ação trabalhista interrompe a prescrição. Não foi intenção do legislador manter o protesto judicial como meio processual hábil à interrupção da prescrição na Justiça do Trabalho.

Indica a interpretação gramatical que foi usado o advérbio de modo *somente* na frase, que mostra que não existem outras hipóteses de interrupção da prescrição na Justiça do Trabalho, a não ser o ajuizamento de ação trabalhista. Somente significa não mais que, apenas, só, unicamente. Logo, não se pode admitir outra hipótese de interrupção da prescrição além da prevista no § 3º do art. 11 da CLT, pois esse foi o intuito do legislador e é o que consta da norma.

Diante de expressa disposição do legislador em usar a palavra "somente", não se pode falar em outra hipótese de interrupção de prescrição no processo trabalhista(2). *In claris cessat interpretatio.* Diante da clareza do texto legal não se pode interpretar de forma diversa o contido no § 3º do art. 11 da CLT.

Se o legislador quisesse admitir outras hipóteses de interrupção de prescrição não teria incluído no § 3º o advérbio somente ou então teria sido expresso em admitir outras hipóteses.

Dessa forma, estamos diante de hipótese taxativa e não meramente exemplificativa de interrupção de prescrição.

Se o § 3º do art. 11 da CLT dispõe que somente o ajuizamento de ação trabalhista interrompe a prescrição, houve exclusão do protesto judicial como tal hipótese, como era admitido anteriormente.

A norma contida no § 3º do art. 11 da CLT não é de direito processual, mas de direito material, pois está na parte de direito material da CLT e trata de interrupção de prescrição, como o faz o art. 202 do Código Civil.

Reza o § 1º do art. 8º da CLT:

> § 1º O direito comum será fonte subsidiária do direito do trabalho.

> Não havendo, portanto, omissão da CLT, não se pode falar em aplicação subsidiária do direito comum, ou seja, o Direito Civil.(3)

Há incompatibilidade na aplicação do inciso II do art. 202 do Código Civil, pois a lei não deve conter palavras inúteis.

O § 3º do art. 11 da CLT usa a expressão reclamação trabalhista. Reclamação trabalhista é a ação trabalhista comum proposta perante o primeiro grau de jurisdição.

---

(2) MARTINS, Sergio Pinto. *Direito processual do trabalho*. 46. ed. São Paulo: Saraiva, 2024. p. 721.

(3) No mesmo sentido MARTINS, Sergio Pinto. *Reforma trabalhista*. São Paulo: Saraiva, 2018. p. 35.

Protesto não é reclamação trabalhista, mas tutela cautelar que visa a ressalvar ou conservar direitos(4).

Não se inclui o protesto na expressão reclamação trabalhista do § 3º do art. 11 da CLT.

Dessa forma, a única hipótese de interrupção da prescrição é a do § 3º do art. 11 da CLT. Não se aplica o Código Civil. O protesto não é hipótese mais de interrupção de prescrição trabalhista.

Esclarece a Orientação Jurisprudencial n. 392 da SBDI-1 do TST que:

> "392. PRESCRIÇÃO. INTERRUPÇÃO. AJUIZAMENTO DE PROTESTO JUDICIAL. MARCO INICIAL. (republicada em razão de erro material) – Res. 209/2016, *DEJT* divulgado em 1º, 02 e 03.06.2016
>
> O protesto judicial é medida aplicável no processo do trabalho, por força do art. 769 da CLT e do art. 15 do CPC de 2015. (...)."

É certo que a jurisprudência da SBDI-1 do TST entende aplicável o protesto ao processo do trabalho, mesmo depois da redação do § 3º do art. 11 da CLT:

> "AGRAVO EM EMBARGOS. RECURSO DE REVISTA. PROTESTO JUDICIAL. INTERRUPÇÃO DA PRESCRIÇÃO. MARCO DE REINÍCIO DA CONTAGEM DO PRAZO PRESCRICIONAL. Demonstrada divergência jurisprudencial, na forma do art. 894, II, da CLT, impõe-se o provimento do agravo para determinar o regular processamento dos embargos. Agravo conhecido e provido. EMBARGOS. RECURSO DE REVISTA. PROTESTO JUDICIAL. INTERRUPÇÃO DA PRESCRIÇÃO. MARCO DE REINÍCIO DA CONTAGEM DO PRAZO PRESCRICIONAL. 1. Trata-se de controvérsia sobre o marco de reinício da contagem do prazo prescricional interrompido pelo ajuizamento de protesto judicial. 2. A teor da Orientação Jurisprudencial n. 392 desta Subseção, o simples ajuizamento de protesto judicial tem o condão de interromper o fluxo prescricional. Uma vez interrompida a prescrição, o início da recontagem de seu prazo observa as regras do art. 202, parágrafo único, do Código Civil, que preconiza que "a prescrição interrompida recomeça a correr da data do ato que a interrompeu, ou do último ato do processo que a interromper". 3. A leitura da parte final do dispositivo poderia levar a entender que o reinício do fluxo prescricional somente se daria com o exercício do último ato do protesto judicial que o interrompeu. Contudo, **esta Subseção, em recente julgamento, ocorrido em sua composição plena, uniformizou a jurisprudência no sentido de que, por consistir o protesto judicial em medida de eficácia momentânea, inserida no âmbito da jurisdição voluntária, a prescrição por ele interrompida reinicia seu fluxo com o próprio ato interruptivo, ou seja, com o ajuizamento do protesto**. Precedente. 4. Assim, pacificada a matéria por esta Subseção, impõe-se a reforma do acórdão embargado. Embargos conhecidos e providos. (E-RR-158-91.2015.5.19.0061, Subseção I Especializada em Dissídios Individuais, relator Ministro Alberto Bastos Balazeiro, *DEJT* 07.06.2024)

(4) MARTINS, Sergio Pinto. *Direito processual do trabalho*. 46. ed. São Paulo: Saraiva, 2024. p. 720.

EMBARGOS EM RECURSO DE REVISTA. LEI N. 13.015/2014. RECLAMADO. PRESCRIÇÃO. PROTESTO JUDICIAL. INTERRUPÇÃO. REINÍCIO DE CONTAGEM DO PRAZO QUINQUENAL (ART. 202, PARÁGRAFO ÚNICO, CÓDIGO CIVIL). RECLAMAÇÃO TRABALHISTA PROPOSTA APÓS 5 (CINCO) ANOS DA INTERRUPÇÃO DA PRESCRIÇÃO. PRESCRIÇÃO CONSUMADA. 1 – **A jurisprudência pacífica e consolidada desta Corte perfilha a tese de que o protesto judicial interrompe o prazo prescricional para exercício da pretensão de parcelas trabalhistas, na forma do art. 202, II, do Código Civil, consoante Orientação Jurisprudencial n. 392 da Subseção I de Dissídios Individuais do TST**. 2 – No julgamento do E-RR-153-40.2015.5.19.0006, relator Ministro Alberto Luiz Bresciani de Fontan Pereira, *DEJT* 27.10.2023, esta Subseção I da Seção Especializada em Dissídios Individuais firmou entendimento no sentido de que "interrompida a prescrição por protesto judicial, o prazo prescricional quinquenal passa a fluir novamente a contar da data do seu ajuizamento". 3 – Caso em que a Turma registrou que houve propositura de protesto judicial em 18/11/2009, quando houve reinício do prazo quinquenal para exercício da pretensão de exigir o pagamento de horas extras. Todavia, a presente reclamação trabalhista somente foi proposta em 27/6/2017, quando já decorridos mais de 5 (cinco) anos do reinício do prazo de prescrição. 4 – Em outros termos, não obstante a interrupção da prescrição, o novo prazo quinquenal, reiniciado, transcorreu sem que a parte tenha exigido judicialmente sua pretensão. Como resultado, encontram-se prescritas as pretensões vencidas e exigíveis em data anterior a 27.6.2012. 5 – Embargos de que se conhece e a que se dá provimento. (E-ED-RR-888-04.2017.5.12.0037, Subseção I Especializada em Dissídios Individuais, relatora Ministra Katia Magalhães Arruda, *DEJT* 22.03.2024)

I – AGRAVO INTERNO. RECURSO DE EMBARGOS REGIDO PELAS LEIS NS.13.015/2014 E 13.105/2015. PRESCRIÇÃO QUINQUENAL. INTERRUPÇÃO. PROTESTO JUDICIAL. MARCO DE REINÍCIO DA CONTAGEM DO PRAZO. Demonstrada divergência jurisprudencial, merece processamento o recurso de embargos. Agravo interno conhecido e provido. II – RECURSO DE EMBARGOS REGIDO PELAS LEIS NS.13.015/2014 E 13.105/2015. PRESCRIÇÃO QUINQUENAL. INTERRUPÇÃO. PROTESTO JUDICIAL. MARCO DE REINÍCIO DA CONTAGEM DO PRAZO. 1. A Eg. 2ª Turma não conheceu do recurso de revista da reclamante. Manteve a prescrição total da presente ação trabalhista, pronunciada pelo TRT, por entender que o reinício do prazo prescricional interrompido por protesto judicial dá-se retroativamente à data de seu ajuizamento e não à data de sua devolução. 2. **Conforme entendimento registrado na OJ 392 da SBDI-1: "o protesto judicial é medida aplicável no processo do trabalho, por força do art. 769 da CLT e do art. 15 do CPC de 2015. O ajuizamento da ação, por si só, interrompe o prazo prescricional, em razão da inaplicabilidade do § 2º do art. 240 do CPC de 2015 (§ 2º do art. 219 do CPC de 1973), incompatível com o disposto no art. 841 da CLT"**. 3. Efetivamente, **o protesto é medida de eficácia momentânea, que se limita a manifestação de vontade, encontrando-se no âmbito da jurisdição voluntária. Diante disso, interrompida a prescrição por protesto judicial**, o prazo prescricional quinquenal passa a fluir novamente a contar da data do seu ajuizamento. Precedente desta Subseção. Embargos conhecidos e desprovidos. (E-RR-153-40.2015.5.19.0006, Subseção I Especializada em Dissídios Individuais, relator Ministro Alberto Luiz Bresciani de Fontan Pereira, *DEJT* 27.10.2023)

AGRAVO EM EMBARGOS DE DECLARAÇÃO EM RECURSO DE EMBARGOS EM EMBARGOS DE DECLARAÇÃO EM RECURSO DE REVISTA. ALEGAÇÃO DE MÁ APLICAÇÃO DA SÚMULA N. 126 DESTA CORTE UNIFORMIZADORA. 1. *In casu*, a Eg. Turma deu provimento ao recurso de revista do reclamante para afastar a prescrição total, definindo que **o pedido articulado no protesto judicial interruptivo da prescrição** seria idêntico ao pedido formulado na presente ação. Nesse esteio, cinge-se a controvérsia em se definir se restou configurada a hipótese excepcional de contrariedade à Súmula n. 126/TST. 2. Consta expressamente no acórdão Regional que o protesto judicial visou "a interrupção do lapso prescricional trabalhista para a propositura de ações individuais que discutam o pagamento de horas extras a funcionários que não restam incluídos nas previsões do art. 224, § 2º da CLT, ou que, se incluídos nessa norma, trabalham em jornada acima da 8ª hora (fl. 03)". Na decisão do TRT também restou consignado: "na reclamação trabalhista individual o autor pretende o recebimento de horas extras baseado na tese de irregularidades no pagamento das extraordinárias prestadas". A Eg. Turma, por sua vez, não negou esses fatos, apenas promoveu novo enquadramento jurídico, concluindo que "a delimitação do Regional revela identidade de pedidos entre a pretensão do autor consistente no pagamento integral de horas extras com os direitos que integram o protesto judicial ajuizado pela CONTEC, ambos envolvendo o pagamento de horas extras". Ou seja, adotou o entendimento de que havia identidade porque ambas as ações se referiam ao pedido de horas extras. Nesse contexto, não se vislumbra no acórdão recorrido a situação excepcional que enseja o conhecimento dos embargos por contrariedade à Súmula n. 126/TST, na medida em que, para adotar conclusão jurídica diversa, a Eg. Turma partiu das mesmas premissas fáticas assentadas na decisão Regional. 3. Os arestos indicados à divergência são inespecíficos porque trazem tese no sentido de que o pedido articulado em protesto judicial antipreclusivo não pode ser genérico. Nenhum dos arestos parte da situação específica em que, em ambas as ações (protesto e ação individual), os pedidos foram especificados e são exatamente os mesmos (horas extras). Enquanto a divergência parte da premissa de que a parte não indicou no protesto interruptivo os títulos em relação aos quais pretende que seja interrompida a prescrição, na decisão recorrida esse título foi especificado (horas extras). Incidente a Súmula n. 296/TST. 4. Destaque-se, por fim, que nos termos da sistemática processual prevista na Lei n. 11.496/2007, o recurso de embargos só se viabiliza se demonstrada divergência entre arestos de Turmas desta Colenda Corte, ou entre arestos de Turmas e da SDI. Nesse passo, afigura-se imprópria a invocação de ofensa ao art. 5º, LIV e LV, da Carta Magna. Agravo conhecido e não provido. (Ag-ED-E-ED-RR-11353-50.2014.5.01.0242, Subseção I Especializada em Dissídios Individuais, relator Ministro Renato de Lacerda Paiva, *DEJT* 17.12.2021)

EMBARGOS INTERPOSTOS PELO RECLAMANTE. (...). **PRESCRIÇÃO QUINQUENAL**. MARCO INICIAL. HORAS EXTRAS EXCEDENTES À OITAVA HORA DIÁRIA. **PROTESTO AJUIZADO PELA CONFEDERAÇÃO NACIONAL DOS TRABALHADORES NAS EMPRESAS DE CRÉDITO – CONTEC**. ALEGAÇÃO DE AUSÊNCIA DE IDENTIDADE DE PEDIDOS. SÚMULA N. 268 DO TRIBUNAL SUPERIOR DO TRABALHO. CONHECIMENTO DOS EMBARGOS. INVOCAÇÃO DE CONTRARIEDADE À SÚMULA DO TST, POR ANALOGIA. INVIABILIDADE. JURISPRUDÊNCIA PACÍFICA DESTA CORTE SUPERIOR. RECURSO MAL APARELHADO. 1. A Turma do TST conheceu do Recurso de Revista interposto pelo reclamante, por violação do art. 92 do Código Civil, e, no mérito, deu-lhe provimento para "declarar que o marco prescricional do protesto interruptivo (02.02.2005) também abrange pedido de horas extras e reflexos de trabalho em sobrelabor executado após a 8ª hora trabalhada". Decisão estribada na premissa fática extraída do acórdão prolatado pelo TRT de origem, no sentido de que, em relação ao protesto interruptivo ajuizado pela CONTEC, o "objeto da ação era o recebimento da 7ª e 8ª horas trabalhadas como extras para os funcionários que não se enquadram no art. 224, § 2º, da CLT". Daí a conclusão a que se chegou, no v. acórdão ora embargado, no sentido de que a interrupção da prescrição "abrange, inclusive, os reflexos correspondentes e as horas extras além da 8ª hora trabalhada, em observância do princípio da gravitação jurídica (o acessório segue o principal)". 2. O único aresto paradigma transcrito nos Embargos consigna que "não há que se cogitar da interrupção da prescrição em razão dos protestos ajuizados", os quais versavam "o desrespeito às normas da CLT que tratam da jornada dos bancários" – assertiva genérica, insuficiente à caracterização do conflito de teses, à luz da Súmula n. 296, I, do TST. 3. Os Embargos tampouco se viabilizam por contrariedade à Súmula n. 268 do TST, na medida em que a tese jurídica consagrada no aludido verbete sumular consolidou-se a partir da reiterada jurisprudência do Tribunal Superior do Trabalho acerca dos efeitos do ajuizamento de anterior Reclamação Trabalhista, ainda que arquivada, sobre a fluência do prazo prescricional, a alcançar os pedidos idênticos deduzidos em uma segunda ação de mesma natureza. Sucede que, no caso concreto, **a controvérsia concerne à interrupção da prescrição aplicável no tocante ao pleito de horas extras postuladas na presente Reclamação Trabalhista, ajuizada por ex-empregado da Caixa Econômica Federal, a partir do ajuizamento de protesto pela Confederação Nacional dos Trabalhadores nas Empresas de Crédito**. 4. Ainda que se pudesse cogitar, em tese, acerca da possibilidade de aplicação analógica do entendimento jurisprudencial consagrado na Súmula n. 268 do TST, somente seria possível chegar a tal conclusão quando do exame do mérito dos Embargos. Jurisprudência pacífica desta colenda Subseção no sentido da inviabilidade de conhecimento de recurso de natureza extraordinária, por contrariedade a Súmula ou Orientação Jurisprudencial do TST, por analogia. Precedentes. 5. Recurso de Embargos de que não se conhece, porque mal aparelhado. (E-ED-ED-RR-487-71.2014.5.03.0033, Subseção I Especializada em Dissídios Individuais, relator Ministro Lelio Bentes Correa, *DEJT* 05.11.2021) (*sic*)

EMBARGOS REGIDOS PELA LEI N. 11.496/2007. PRESCRIÇÃO BIENAL. PROTESTO JUDICIAL. INTERRUPÇÃO. REINÍCIO DO CÔMPUTO DO PRAZO PRESCRICIONAL A PARTIR DO ÚLTIMO ATO PRATICADO NO PRIMEIRO PROCESSO. APLICAÇÃO DA PARTE FINAL DO PARÁGRAFO ÚNICO DO Art. 202 DO CÓDIGO CIVIL. A controvérsia cinge-se a definir o termo inicial do reinício do prazo prescricional bienal **interrompido pelo ajuizamento de protesto judicial**: se a data do seu ajuizamento ou do último ato processual praticado. Depreende-se dos autos: o protesto judicial foi ajuizado em 11.9.2007; o último ato processual nele praticado de que se tem notícia foi a citação válida, ocorrida em 3.10.2007; esta ação foi proposta em 1º/10/2009. Sobre a matéria, este é o entendimento pacificado desta Corte, consubstanciado na **Orientação Jurisprudencial n. 392 da SBDI-1: "PRESCRIÇÃO. INTERRUPÇÃO. AJUIZAMENTO DE PROTESTO JUDICIAL. MARCO INICIAL. O protesto judicial é medida aplicável no processo do trabalho, por força do art. 769 da CLT e do art. 15 do CPC de 2015. O ajuizamento da ação, por si só, interrompe o prazo prescricional, em razão da inaplicabilidade do § 2º do art. 240 do CPC de 2015 (§ 2º do art. 219 do CPC de 1973), incompatível com o disposto no art. 841 da CLT". O art. 202, parágrafo único, do Código Civil dispõe que "a prescrição interrompida recomeça a correr da data do ato que a interrompeu, ou do último ato do processo para a interromper"**. O instituto da prescrição extintiva consiste na perda da pretensão decorrente da violação de um direito subjetivo pela inércia do seu titular em promover a ação durante determinado espaço de tempo nas hipóteses previstas em lei, ou seja, é a perda da exigibilidade do direito pelo decurso de tempo. Desse modo, conclui-se que o marco inicial para o reinício do cômputo do biênio prescricional é a data do último

> ato processual praticado na primeira ação, no caso, do **protesto judicial, em estrita observância ao que dispõe a parte final do art. 202, parágrafo único, do Código Civil , uma vez que, no curso do protesto judicial ou de qualquer outra ação, não se pode contar o prazo prescricional, já que não há inércia do titular ou de quem lhe faça as vezes no que tange à exigência do seu direito, requisito imprescindível para a configuração da prescrição**. Aliás, esse mesmo entendimento foi reiterado nesta Subseção no julgamento do Processo n. E-ED-RR-92600.76.2005.5.05.0462 em 1º/6/2017, por unanimidade, acórdão de minha relatoria publicado no DEJT de 16/6/2017, ocasião em que se firmou a tese de que o marco inicial para o reinício do biênio prescricional é a data do trânsito em julgado da decisão proferida na primeira ação ou no protesto judicial. Na hipótese, o último ato processual praticado no protesto judicial de que se tem notícia nestes autos é a citação válida, ocorrida em 3/10/2007, e esta reclamação foi ajuizada em 1º/10/2009, razão pela qual não há prescrição a ser pronunciada. Embargos conhecidos e desprovidos. (E-RR-105800-39.2009.5.04.0301, Subseção I Especializada em Dissídios Individuais, relator Ministro Jose Roberto Freire Pimenta, *DEJT* 22.11.2019)

Há recentes julgados de Turmas do TST entendendo que o conceito de reclamação trabalhista, inserto no § 3º do art. 11 da CLT, abrange a ação de protesto judicial, na medida em que se destina a resguardar direitos inerentes às relações de trabalho:

> I – AGRAVO DA RECLAMANTE. RECURSO DE REVISTA COM AGRAVO. MATÉRIA OBJETO DO AGRAVO DE INSTRUMENTO EM RECURSO DE REVISTA. PRESCRIÇÃO. PROTESTO JUDICIAL. DUPLA INTERRUPÇÃO. PERÍODOS DISTINTOS. TRANSCENDÊNCIA DEMONSTRADA. Ante as razões apresentadas pela agravante, afasta-se o óbice oposto na decisão monocrática. Agravo conhecido e provido. II – AGRAVO DE INSTRUMENTO EM RECURSO DE REVISTA DA RECLAMANTE. PRESCRIÇÃO. PROTESTO JUDICIAL. DUPLA INTERRUPÇÃO. PERÍODOS DISTINTOS. 1. Decisão Regional em que adotado o entendimento de que o ajuizamento de um primeiro protesto interruptivo, concernente ao pagamento de horas extras, impossibilitaria ao obreiro utilizar-se de protesto interruptivo posterior, ainda que a pretensão ao pagamento de horas extras refira-se a período diverso do abarcado pelo primeiro protesto ajuizado. 2. Aparente violação (má aplicação) do art. 202 do Código Civil, nos moldes do art. 896 da CLT, a ensejar o provimento do agravo de instrumento, nos termos do art. 3º da Resolução Administrativa n. 928/2003. Agravo de instrumento conhecido e provido. III – RECURSO DE REVISTA DA RECLAMANTE. **PRESCRIÇÃO. PROTESTO JUDICIAL. DUPLA INTERRUPÇÃO. PERÍODOS DISTINTOS. POSSIBILIDADE**. 1. **É pacífico nesta Corte Superior o entendimento de que a interrupção da prescrição só ocorre uma única vez, nos termos do art. 202 do Código Civil.** Nesse sentido, visa o legislador evitar o ajuizamento de mais de um protesto interruptivo com idêntica causa, objeto, pedido e relativo ao mesmo prazo prescricional. Portanto, a interrupção da prescrição por meio do protesto está ligada à pretensão veiculada, alcançando período determinado e específico. Todavia, não há óbice a que seja aplicado novo protesto interruptivo ao direito de mesma natureza, porém relativo a interregno temporal diverso. 2. Nesse contexto, o primeiro protesto interruptivo, ajuizado em 2009 pela Confederação Nacional dos Trabalhadores nas Empresas de Crédito (CONTEC), com o fim de interromper o lapso prescricional para a propositura de ações que pretendiam o pagamento de horas extras pelo Banco reclamado, teve, de fato, seus efeitos válidos até 2014, somente alcançando as ações ajuizadas nesse intervalo. 3. Contudo, nada impede que o segundo protesto, ajuizado pelo Sindicato dos

Bancários de Belo Horizonte (SEEB-BH), em 2013, possa ser utilizado pela autora, cuja abrangência alcançará a pretensão relativa ao pagamento de horas extras concernentes a período posterior ao abarcado pelo primeiro protesto interruptivo (18.11.2009), pelo que não há óbice a que se operem, em seu favor, os efeitos desse segundo protesto. 4. Configurada, pois, a violação (por má aplicação) do art. 202 do Código Civil, no aspecto. Recurso de revista conhecido e provido. (RR-10696-07.2016.5.03.0138, 1ª Turma, relator Ministro Hugo Carlos Scheuermann, *DEJT* 14.06.2024)

AGRAVO INTERNO EM AGRAVO DE INSTRUMENTO EM RECURSO DE REVISTA DO RECLAMANTE. INTERPOSIÇÃO NA VIGÊNCIA DA LEI N. 13.467/2017. PROTESTO INTERRUPTIVO. DUPLA INTERRUPÇÃO DA PRESCRIÇÃO. PERÍODOS DISTINTOS. Considerando a possibilidade de a decisão recorrida contrariar a jurisprudência do TST, e diante da função constitucional uniformizadora desta Corte, há de se reconhecer a transcendência política, nos termos do art. 896-A, § 1º, II, da CLT. Agravo conhecido e provido. AGRAVO DE INSTRUMENTO EM RECURSO DE REVISTA. INTERPOSIÇÃO NA VIGÊNCIA DA LEI N. 13.467/2017. PROTESTO INTERRUPTIVO. DUPLA INTERRUPÇÃO DA PRESCRIÇÃO. PERÍODOS DISTINTOS. Demonstrada a possível violação do art. 202, II, do CC e dá-se provimento ao Agravo de Instrumento, determinando-se o regular seguimento do Recurso de Revista. Agravo de Instrumento conhecido e provido. **RECURSO DE REVISTA. INTERPOSIÇÃO NA VIGÊNCIA DA LEI N. 13.467/2017. PROTESTO INTERRUPTIVO. DUPLA INTERRUPÇÃO DA PRESCRIÇÃO. PERÍODOS DISTINTOS**. Discute-se nos autos se o protesto interruptivo ajuizado pelo Sindicato dos Bancários de Brasília/DF, em 18.11.2009, produziu seus efeitos com relação ao autor, considerando-se o ajuizamento da presente reclamatória em 26.8.2016. O protesto interruptivo ajuizado em 18/11/2009 produziu seus efeitos até 18.11.2014. **Haja vista que o autor só pode ser beneficiado uma única vez pela interrupção do prazo prescricional, nos moldes do art. 202, *caput*, do CC** e o ajuizamento da reclamatória ter ocorrido em 26.8.2016, a parte Recorrente aproveita dos efeitos do protesto judicial ajuizado em 18.11.2014 pela Contec, uma vez que, ao não ajuizar a reclamatória dentro do quinquênio que sucedeu o protesto de 18.11.2009, dele não se favoreceu. Precedentes. Recurso de Revista conhecido e provido. (...). (RR-1210-93.2016.5.10.0011, 1ª Turma, relator Ministro Luiz Jose Dezena da Silva, *DEJT* 13.05.2024)

AGRAVO. RECURSO DE REVISTA. **INTERRUPÇÃO DA PRESCRIÇÃO. AJUIZAMENTO DE PROTESTO JUDICIAL APÓS O ADVENTO DA REFORMA TRABALHISTA. LEI N. 13.467/2017**. TRANSCENDÊNCIA JURÍDICA RECONHECIDA. 1. **A jurisprudência dominante desta Corte é firme no sentido de que, após a vigência da Reforma Trabalhista, introduzida pela Lei n. 13.467/2017, o protesto judicial permanece como causa interruptiva do prazo prescricional. 2. O art. 11, § 3º, da CLT, ao estabelecer que a interrupção da prescrição somente ocorrerá pelo ajuizamento de ação trabalhista, deve ser interpretado de forma sistemática, sem excluir a disciplina legal a respeito das causas interruptivas de prescrição previstas no art. 202 do Código Civil, de aplicação subsidiária em razão da compatibilidade com o processo do trabalho**. 3. Assim, confirma-se a decisão agravada que, com suporte na jurisprudência uniforme do TST, reconheceu a transcendência jurídica e negou seguimento ao recurso de revista. Precedentes de Turmas do TST. Agravo a que se nega provimento. (Ag-RR-24063-17.2021.5.24.0081, 1ª Turma, relator Ministro Amaury Rodrigues Pinto Junior, *DEJT* 12.04.2024)

AGRAVO. AGRAVO DE INSTRUMENTO. RECURSO DE REVISTA. **PRESCRIÇÃO. PROTESTO INTERRUPTIVO**. A decisão agravada negou provimento ao apelo da parte tendo em vista a consonância do acórdão regional com a jurisprudência desta Corte sobre o tema. No caso, o TRT manteve a sentença que acolheu a interrupção da prescrição em face do protesto ajuizado pelo Sindicato da categoria. O exame da sustentada generalidade do protesto judicial demandaria o reexame de fatos e provas, procedimento vedado pela Súmula n. 126 do TST. Outrossim, **a jurisprudência desta Corte entende que tanto a prescrição bienal como a quinquenal são interrompidas pelo ajuizamento do protesto judicial**, sendo que o marco inicial da prescrição bienal é contado a partir do trânsito em julgado da decisão proferida anteriormente, enquanto a prescrição quinquenal é contada a partir do ajuizamento da ação coletiva pelo sindicato, nos termos dos art. 240, § 1º, do CPC e 202, parágrafo único, do CC. Precedentes. Não merece reparos a decisão. Agravo não provido. [...]. (Ag-AIRR-21713-64.2015.5.04.0003, 2ª Turma, relatora Ministra Maria Helena Mallmann, *DEJT* 08.03.2024)

AGRAVO INTERNO. AGRAVO DE INSTRUMENTO EM RECURSO DE REVISTA. **APELO INTERPOSTO NA VIGÊNCIA DA LEI N. 13.467/2017**. (...). **INTERRUPÇÃO DA PRESCRIÇÃO – PROTESTO JUDICIAL – APÓS O ADVENTO DA REFORMA TRABALHISTA**. Na hipótese dos autos, o TRT de origem entendeu que a disciplina do protesto judicial é aplicável ao processo do trabalho, interrompendo o curso do prazo prescricional. **A jurisprudência desta Corte Superior tem se consolidado no sentido de que, após a vigência da chamada "Reforma Trabalhista", introduzida pela Lei n. 13.467/2017, o protesto judicial permanece como causa interruptiva do prazo prescricional, haja vista que o art. 11, § 3º, da CLT, ao estabelecer que a interrupção da prescrição somente ocorrerá pelo ajuizamento de reclamação trabalhista, deve ser interpretado de forma sistemática, sem excluir a disciplina legal a respeito das causas interruptivas de prescrição previstas no art. 202 do CC/02, aplicável subsidiariamente ao processo do trabalho**. Não se deve perder de mira que mesmo após a promulgação da "Reforma Trabalhista" a aplicação do direito comum permanece como fonte subsidiária do direito do trabalho, de modo que o protesto judicial continua sendo causa de interrupção da prescrição. Agravo interno a que se nega provimento. (...). (Ag-AIRR-342-48.2022.5.14.0091, 2ª Turma, relatora Ministra Liana Chaib, *DEJT* 01.12.2023)

EMBARGOS DE DECLARAÇÃO. AGRAVO. AGRAVO DE INSTRUMENTO. RECURSO DE REVISTA. **AÇÃO DE PROTESTO JUDICIAL. RECEBIMENTO PELO JUÍZO DE PRIMEIRO GRAU. INTERRUPÇÃO DA PRESCRIÇÃO. LEI N. 13.467/2017**. A pretensão de reforma do acórdão embargado, sem a demonstração de omissão, contradição, obscuridade ou manifesto equívoco do julgado, conforme aludido no art. 897-A da Consolidação das Leis do Trabalho e no art. 1.022, I e II, do Código de Processo Civil, afigura-se incompatível com a natureza dos embargos de declaração. No caso, verifica-se que esta Turma emitiu pronunciamento claro e fundamentado no sentido de **que a jurisprudência dominante desta Corte é firme no entendimento acerca da permanência do protesto judicial como causa interruptiva do prazo prescricional após a vigência da Lei n. 13.467/2017**. Embargos de declaração a que se nega provimento. (EDCiv-RR-967-84.2021.5.09.0664, 3ª Turma, relator Ministro Alberto Bastos Balazeiro, *DEJT* 07.06.2024)

AGRAVO DO RECLAMADO BANCO BRADESCO. AGRAVO DE INSTRUMENTO EM RECURSO DE REVISTA. PROCESSO SOB A ÉGIDE DAS LEIS NS. 13.015/2014 E 13.467/2017. **PRESCRIÇÃO. PROTESTO INTERRUPTIVO APÓS VIGÊNCIA DA Lei n. 13.467/2017.**

ART. 202, II, DO CCB, E OJ 392 DA SDI-I/TST. A controvérsia nos presentes autos consiste em perquirir se, nas ações ajuizadas após a vigência da Lei n. 13.467/2017, o protesto judicial interrompe a prescrição, em contraponto com o disposto na nova redação do art. 11, § 3º, da CLT — já vigente na época do ajuizamento do protesto judicial —, nestes termos: "(...) § 3º A interrupção da prescrição somente ocorrerá pelo ajuizamento de reclamação trabalhista, mesmo que em juízo incompetente, ainda que venha a ser extinta sem resolução do mérito, produzindo efeitos apenas em relação aos pedidos idênticos". Esclareça-se que a simples interpretação gramatical do art. 11, § 3º, da CLT, levaria à conclusão de que a interrupção da prescrição dar-se-ia, apenas, pelo ajuizamento de reclamação trabalhista, em razão da palavra somente, grafada no referido dispositivo. Entretanto, ultrapassando-se a interpretação meramente gramatical e explorando a Hermenêutica Jurídica, é possível alcançar conclusão diversa por intermédio da interpretação teleológica e sistemática. Com efeito, excluir a possibilidade de interrupção da prescrição por meio do protesto judicial não foi o objetivo da regra do art. 11, § 3º, da CLT, que apenas regulamentou a possibilidade de interrupção da prescrição pelo ajuizamento de reclamação trabalhista, sem, contudo, revogar o regramento constante no art. 202, II, do CCB, que regulamentou a figura do protesto. Não se olvida tratar-se o dispositivo analisado de lei especial. Entretanto não se trata de um postulado intransponível e de exclusão peremptória da possibilidade de se reconhecer a interrupção da prescrição nos processos trabalhistas em razão do ajuizamento do protesto judicial. É claro que o operador jurídico não pode lançar mão de uma interpretação eminentemente literal e isolada da nova regra celetista para compreender que o novo regramento excluiu qualquer outra forma de interrupção da prescrição no direito trabalhista. Mas é **importante perceber que o art. 11, § 3º, da CLT, alargou o leque de possibilidades normativas de interrupção da prescrição, sem, contudo, suprimir as demais possibilidades já regulamentadas em outros dispositivos, especialmente o art. 202, II, do CCB, que continua a ser causa de interrupção da prescrição, mesmo após a vigência da Lei n. 13.467/2017. Não é demais ressaltar que o art. 769 da CLT chancela a possibilidade de aplicação do art. 202, II, do CCB, no direito processual trabalhista, de modo que o ajuizamento do protesto judicial não perdeu a sua eficácia. Portanto mantém os seus efeitos na interrupção do prazo prescricional bienal e quinquenal nos processos trabalhistas. Por essa razão, não há falar em inaplicabilidade do art. 202, II, do CCB (após a vigência da Lei n. 13.467/2017), que está autorizada pela ordem jurídica, a partir, também, da interpretação teleológica da Lei**. Assim, a decisão recorrida, ao entender que o protesto judicial continua a ser causa para a interrupção da prescrição, mesmo após a vigência da Lei n. 13.467/2017 (que incluiu o § 3º no art. 11 da CLT), apresenta-se em conformidade com o entendimento deste TST (OJ 392 da SBDI-I/TST). Julgados. A decisão agravada foi proferida em estrita observância às normas processuais (art. 557, *caput*, do CPC/1973; arts. 14 e 932, IV, "a", do CPC/2015), razão pela qual é insuscetível de reforma ou reconsideração. Agravo desprovido. (...). Agravo provido. (Ag-RRAg-20473-88.2020.5.04.0771, 3ª Turma, relator Ministro Mauricio Godinho Delgado, *DEJT* 12.04.2024)

AGRAVO DE INSTRUMENTO DO BANCO DO BRASIL S.A. AÇÃO COLETIVA. DIREITOS INDIVIDUAIS HOMOGÊNEOS. (...). **PROTESTO JUDICIAL. INTERRUPÇÃO. PRESCRIÇÃO BIENAL E QUINQUENAL. MARCO INICIAL**. Discute-se, no caso, o termo inicial para a contagem do prazo prescricional, diante de protesto interruptivo, decorrente de ação coletiva anterior. Nos termos do art. 240, § 1º, do CPC/2015, a interrupção da prescrição retroagirá à data da propositura da ação. **O protesto não interrompe apenas a prescrição do direito de ação (bienal), mas também a quinquenal, que é contada a partir do primeiro ato de interrupção da prescrição, ou seja, do ingresso da reclamação anteriormente ajuizada (protesto), sob pena de se tornar inócua a interrupção da prescrição, se ultrapassado cinco anos para o ajuizamento da nova ação. Também assim é o entendimento desta Corte, por meio da Orientação Jurisprudencial n. 392 da SBDI-1**, *in verbis*: "PRESCRIÇÃO. INTERRUPÇÃO. AJUIZAMENTO DE PROTESTO JUDICIAL. MARCO INICIAL O protesto judicial é medida aplicável no processo do trabalho, por força do art. 769 da CLT e do art. 15 do CPC de 2015. O ajuizamento da ação, por si só, interrompe o prazo prescricional, em razão da inaplicabilidade do § 2º do art. 240 do CPC de 2015 (§ 2º do art. 219 do CPC de 1973), incompatível com o disposto no art. 841 da CLT". Prevalece nesta Corte Superior o entendimento de que o marco inicial para o reinício do cômputo do biênio prescricional é a data do trânsito em julgado da decisão proferida na primeira ação, no caso, do protesto judicial, e o reinício da contagem da prescrição quinquenal deve corresponder à data do ajuizamento da ação anterior, com idênticos pedidos. Precedentes. Desse modo, o acórdão regional quanto ao termo inicial da prescrição quinquenal, a partir do ajuizamento do protesto interruptivo, está em consonância com a jurisprudência prevalecente nesta Corte Superior, o que afasta a alegação de ofensa aos art. 11, § 3º, da CLT e 7º, inciso XXIX, da Constituição Federal. Agravo de instrumento desprovido. (...). (RRAg-AIRR-11958-28.2017.5.03.0147, 3ª Turma, relator Ministro Jose Roberto Freire Pimenta, *DEJT* 26.03.2024)

AGRAVO EM AGRAVO DE INSTRUMENTO EM RECURSO DE REVISTA. ACÓRDÃO REGIONAL PUBLICADO NA **VIGÊNCIA DA LEI N. 13.467/2017**. 1. NULIDADE PROCESSUAL POR NEGATIVA DE PRESTAÇÃO JURISDICIONAL. 2. PROTESTO INTERRUPTIVO DA PRESCRIÇÃO. ART. 11, § 3º DA CLT. ORIENTAÇÃO JURISPRUDENCIAL 392 DA SDI-1. APLICABILIDADE. ÓBICES DO ART. 896, § 7º, DA CLT E DA SÚMULA N. 333 DO TST. 3. ADICIONAL DE INSALUBRIDADE. ÓBICE DA SÚMULA N. 126 DO TST. DECISÃO MONOCRÁTICA DO RELATOR QUE DENEGA SEGUIMENTO AO AGRAVO DE INSTRUMENTO. NÃO DEMONSTRAÇÃO DO PREENCHIMENTO DOS PRESSUPOSTOS DE ADMISSIBILIDADE DO RECURSO DE REVISTA. AUSÊNCIA DE TRANSCENDÊNCIA. CONHECIMENTO E NÃO PROVIMENTO. I. Fundamentos da decisão agravada não desconstituídos, mantendo-se a intranscendência, por não atender aos parâmetros legais (político, jurídico, social e econômico). II. Quanto ao tema "NULIDADE PROCESSUAL POR NEGATIVA DE PRESTAÇÃO JURISDICIONAL", o Tribunal Regional atendeu ao comando dos arts. 832 da CLT, 489 do CPC/2015 (art. 458 do CPC/1973) e 93, IX, da CF/1988, uma vez que a decisão recorrida encontra-se devidamente fundamentada. Na verdade, a parte Recorrente se insurge contra o posicionamento adotado pela Corte de origem no exame da matéria controvertida. Contudo, a discordância quanto à decisão proferida, a má apreciação das provas ou a adoção de posicionamento contrário aos interesses da parte não são causa de nulidade processual, nem ensejam ofensa aos arts. 832 da CLT, 489 do CPC/2015 (art. 458 do CPC/1973) e 93, IX, da CF/1988. III. **No que toca ao tema "PROTESTO INTERRUPTIVO DA PRESCRIÇÃO. ART. 11, § 3º DA CLT. ORIENTAÇÃO JURISPRUDENCIAL 392 DA SDI-1. APLICABILIDADE", esta Corte Superior firmou sua jurisprudência no sentido de que o art. 11, § 3º, da CLT (introduzido pela Lei n. 13.467/2017), não afastou a possibilidade de utilização da ação de protesto para interrupção da prescrição, uma vez que a interpretação sistemática e teleológica do referido dispositivo não permite o afastamento do disposto no art. 202 do Código Civil. Precedentes**. Assim, a decisão regional está em conformidade com a iterativa, notória e atual jurisprudência do TST, o que inviabiliza o processamento do recurso de revista, conforme os óbices do art. 896, § 7º, da CLT e da Súmula n. 333 do TST. IV. Quanto ao tema "ADICIONAL DE INSALUBRIDADE", para que se chegue à conclusão no sentido de que os equipamentos de proteção individual oferecidos são capazes de elidir os agentes insalubres, há necessidade de reexame de fatos e provas, procedimento incompatível com a natureza extraordinária do recurso de revista, conforme o óbice da Súmula n. 126 do TST. V. Agravo de que se conhece e a que se nega provimento, com aplicação da multa de 1% sobre o valor da causa atualizado pela SELIC, em favor da parte Agravada, com fundamento no art. 1.021, § 4º, do CPC/2015. (AIRR-0001090-80.2022.5.14.0091, 4ª Turma, relator Ministro Alexandre Luiz Ramos, *DEJT* 19.06.2024)

AGRAVO EM AGRAVO DE INSTRUMENTO INTRANSCENDENTE – DESPROVIMENTO – RECURSO MANIFESTAMENTE INADMISSÍVEL E PROTELATÓRIO – MULTA. 1. O agravo de instrumento patronal, que versava sobre negativa de prestação jurisdicional, **protesto interruptivo da prescrição e adicional de insalubridade, foi julgado intranscendente, por não atender a nenhum dos parâmetros do § 1º do art. 896-A da CLT, a par de os óbices das Súmulas ns. 126, e 333, do TST, da OJ 392 da SBDI-1, do TST**, e na ausência de negativa de prestação jurisdicional, contaminarem a transcendência da causa, cujo valor da condenação de R$ 22.366,90 não alcança o patamar mínimo de transcendência econômica reconhecido por esta Turma. 2. Não tendo a Agravante demovido os óbices erigidos pela decisão agravada nem suas razões de decidir, esta merece ser mantida, com aplicação de multa, por ser o agravo manifestamente inadmissível e protelatório (CPC, art. 1.021, § 4º). Agravo desprovido, com multa. (Ag-RRAg-1110-71.2022.5.14.0091, 4ª Turma, relator Ministro Ives Gandra da Silva Martins Filho, *DEJT* 05.04/2024)

AGRAVO EM RECURSO DE REVISTA COM AGRAVO INTERPOSTO PELO RECLAMANTE. ACÓRDÃO REGIONAL PUBLICADO NA VIGÊNCIA DA LEI N. 13.015/2014 E DA LEI N. 13.467/2017. I. SUPRESSÃO DE ANUÊNIOS. 2. NATUREZA DO AUXÍLIO CESTA--ALIMENTAÇÃO. PREVISÃO EM NORMA COLETIVA. VALIDADE. TEMA N. 1.046. DA TABELA DE REPERCUSSÃO GERAL DO STF. 3. **PROTESTO INTERRUPTIVO. DECISÃO COERENTE COM O ART. 202 DO CC**. CONHECIMENTO E NÃO PROVIMENTO. I. Quanto à supressão dos anuênios e natureza indenizatória do auxílio-alimentação, cabe destacar que, em 02.06.2022, o STF pacificou a questão da autonomia negocial coletiva, fixando tese jurídica no Tema 1046 de sua Tabela de Repercussão Geral, no sentido de que "são constitucionais os acordos e as convenções coletivos que, ao considerarem a adequação setorial negociada, pactuam limitações ou afastamentos de direitos trabalhistas, independentemente da explicitação especificada de vantagens compensatórias, desde que respeitados os direitos absolutamente indisponíveis". Logo, a regra geral é da validade das normas coletivas, ainda que pactuem limitações ou afastamentos de direitos trabalhistas, com exceção dos direitos absolutamente indisponíveis, assim entendidos aqueles infensos à negociação sindical, que encontram explicitação taxativa no rol do art. 611-B da CLT. No caso dos autos, o objeto da norma convencional refere-se à supressão dos anuênios e natureza indenizatória do auxílio cesta-alimentação, matérias que não se enquadram na vedação à negociação coletiva, nos termos da tese descrita no Tema 1046 da Tabela de Repercussão Geral da Suprema Corte. II. O regime de anuênios substituiu, doravante, para todos os efeitos previstos no regulamento do Banco, o quinquênio. Logo, houve revogação da norma empresarial anterior, prevalecendo apenas o previsto em norma coletiva, quanto à indigitada parcela em observância ao *pacta sunt servanda* laboral. Não há falar em contrariedade à Súmula n. 51, I, do TST, tampouco ofensa ao art. 468 da CLT, pois a supressão ocorreu por meio de norma coletiva (com atuação dos atores sindicais), não se podendo concluir que a alteração foi unilateral. Ademais, a própria Constituição Federal prevê no art. 7º, inciso VI, ser direito dos trabalhadores a "irredutibilidade do salário, salvo o disposto em convenção ou acordo coletivo". Registre-se que não se aplica o princípio da norma mais benéfica, na hipótese, já que não se faz interpretação de convenções e acordos coletivos com fundamento em princípios do direito individual do trabalho, pois a ideia de hipossuficiência do trabalhador não se sustenta em negociações coletivas — os agentes estão no mesmo patamar de igualdade. III. Corroboro do entendimento da Corte de origem, no sentido de que a prescrição só pode ser interrompida uma única vez, o que ocorreu com a ação ajuizada em 18.11.2009 (protesto interruptivo). Tendo em vista que o seu curso foi retomado e a presente ação só foi ajuizada em 25.02.2016, está correta a sentença que fixou o marco prescricional quinquenal em 25.02.2011. Agravo de que se conhece e a que se nega provimento. (Ag-AIRR-100229-13.2016.5.01.0047, 4ª Turma, relator Ministro Alexandre Luiz Ramos, *DEJT* 1º.12.2023)

RECURSO DE REVISTA DO RECLAMANTE INTERPOSTO SOB A ÉGIDE DA LEI N. 13.467/2017 – **PROTESTO JUDICIAL – INTERRUPÇÃO DA PRESCRIÇÃO – AÇÃO AJUIZADA NA VIGÊNCIA DA LEI N. 13.467/2017 – APLICAÇÃO DA ORIENTAÇÃO JURISPRUDENCIAL N. 392 DA SBDI-1** – TRANSCENDÊNCIA POLÍTICA. Consoante o entendimento desta Corte Superior, a expressão "reclamação trabalhista", constante do § 3º do art. 11 da CLT, abrange qualquer ação proposta com o intuito de tutelar as relações trabalhistas. Nesta esteira, o ajuizamento de protesto judicial deve ser considerado como causa interruptiva dos prazos prescricionais, bienal e quinquenal, quando idênticos os pedidos, mesmo após a vigência da Lei n. 13.467/2017, restando aplicável a jurisprudência consolidada na Orientação Jurisprudencial n. 392 da SBDI-1. Julgados. Recurso de Revista conhecido e provido. (RR-1044-49.2019.5.09.0863, 4ª Turma, relatora Ministra Maria Cristina Irigoyen Peduzzi, *DEJT* 18/8/2023)

AGRAVO. AGRAVO DE INSTRUMENTO EM RECURSO DE REVISTA. REGIDO PELA LEI N. 13.467/2017. **PROTESTO JUDICIAL. INTERRUPÇÃO DA PRESCRIÇÃO. OJ N. 392 DA SBDI-1/TST**. TRANSCENDÊNCIA NÃO RECONHECIDA NA DECISÃO AGRAVADA. Situação em que o Tribunal Regional concluiu que o protesto judicial interrompe a prescrição, destacando que "a interrupção do prazo prescricional operada pelo protesto judicial que se dá no curso do pacto laboral abrange não apenas a prescrição do direito de ação (bienal), mas também a quinquenal". Registrou o fato de que já se encontra pacificado o entendimento de que a interrupção da fluência do prazo prescricional é plenamente compatível com o Direito do Trabalho, por proteger o crédito alimentar trabalhista do efeito deletério da passagem do tempo. Nesse cenário, **a Corte de origem guardou sintonia com a jurisprudência desta Corte, que, levando em consideração o que dispõem os art. 202 do CCB e 769 da CLT e a Orientação Jurisprudencial 392 da SBDI-1, entende que o protesto judicial interrompe tanto a prescrição bienal, quanto a prescrição quinquenal. Julgados**. Nesse contexto, ainda que por fundamento diverso, deve ser mantida a decisão agravada. Agravo não provido, com acréscimo de fundamentação. (Ag-AIRR-101584-52.2017.5.01.0264, 5ª Turma, relator Ministro Douglas Alencar Rodrigues, *DEJT* 17.06.2024)

"RECURSO DE REVISTA. RECLAMANTE. LEI N. 13.467/2017. TRANSCENDÊNCIA. LIMITAÇÃO DA CONDENAÇÃO AOS VALORES ATRIBUÍDOS AOS PEDIDOS NA PETIÇÃO INICIAL. **AÇÃO AJUIZADA NA VIGÊNCIA DA LEI N. 13.467/2017** . ([..)].. **PRESCRIÇÃO. INTERRUPÇÃO POR PROTESTO JUDICIAL. ART. 11, § 3º, DA CLT COM REDAÇÃO DADA PELA LEI**

N. 13.467/17. 1 – Há transcendência jurídica quando se constata em exame preliminar controvérsia sobre questão nova em torno da interpretação da legislação trabalhista. 2 – Esta Corte pacificou o entendimento de que o protesto judicial interrompe tanto a prescrição bienal quanto a quinquenal, sendo que o marco inicial da prescrição quinquenal corresponde à data do ajuizamento do protesto (OJ n. 392 da SBDI-1 do TST). Esse entendimento não foi alterado, mesmo com a inclusão do § 3º no art. 11 da CLT (introduzido pela Lei n. 13.467/17), uma vez que o dispositivo deve ser interpretado de forma sistemática. Julgados. 3 – Recurso de revista de que se conhece e a que se dá provimento. (RR-434-92.2020.5.09.0654, 6ª Turma, relatora Ministra Katia Magalhaes Arruda, *DEJT* 1º.12.2023)

AGRAVO INTERNO EM AGRAVO DE INSTRUMENTO. ACÓRDÃO REGIONAL PUBLICADO NA VIGÊNCIA DA LEI N. 13.467/2017. 1. **PROTESTO JUDICIAL. INTERRUPÇÃO. MARCO INICIAL. PRESCRIÇÃO QUINQUENAL**. TRANSCENDÊNCIA. RECONHECIMENTO. I. Divisando que o tema em apreço oferece transcendência política, e diante da possível violação do art. 7º, XXIX, da Constituição da República, o provimento ao agravo interno é medida que se impõe. II. Agravo interno de que se conhece e a que se dá provimento para reformar a decisão em que se negou provimento ao agravo de instrumento e determinar o processamento do recurso de revista. [...]. RECURSO DE REVISTA. ACÓRDÃO REGIONAL PUBLICADO NA VIGÊNCIA DA LEI N. 13.467/2017. 1. PROTESTO JUDICIAL. INTERRUPÇÃO. MARCO INICIAL. PRESCRIÇÃO QUINQUENAL. TRANSCENDÊNCIA. RECONHECIMENTO. I. **A jurisprudência desta Corte Superior, consolidada por meio da Orientação Jurisprudencial n. 392 da SBDI-1 do TST, é pacífica no entendimento de que o ajuizamento do protesto judicial interrompe a prescrição extintiva (bienal) e a prescrição quinquenal**. II. No caso vertente, o Tribunal Regional considerou a data do trânsito em julgado da ação de protesto judicial como marco inicial para o reinício da contagem da prescrição quinquenal. III. Esta Corte Superior firmou posição de que a data do ajuizamento da ação de protesto é a data em que se reinicia a contagem da prescrição quinquenal. IV. Recurso de revista de que se conhece e a que se dá provimento (...). (RR-901-14.2015.5.09.0665, 7ª Turma, relator Ministro Evandro Pereira Valadão Lopes, *DEJT* 10.05.2024)

DECISÃO REGIONAL PUBLICADA NA VIGÊNCIA DA LEI N. 13.467/2017. AGRAVO INTERNO EM AGRAVO DE INSTRUMENTO EM RECURSO DE REVISTA INTERPOSTO PELA PARTE RÉ. [...]. 6. **INTERRUPÇÃO DA PRESCRIÇÃO. AÇÃO AJUIZADA APÓS 11.11.2017. PROTESTO OCORRIDO ANTES DA VIGÊNCIA DA LEI N. 13.467/2017. DISCUSSÃO ACERCA DA APLICAÇÃO DO Art. 11, § 3º, DA CLT À HIPÓTESE. TRANSCENDÊNCIA JURÍDICA CONSTATADA** . Antes do advento Lei n. 13.467/2017, a questão da interrupção da prescrição mediante o ajuizamento de protesto judicial estava pacificada nesta Corte, conforme prevê a Orientação Jurisprudencial n. 392 da SDI-1. Posteriormente, foi acrescentado o § 3º ao art. 11 da CLT, que dispõe: "A interrupção da prescrição somente ocorrerá pelo ajuizamento de reclamação trabalhista, mesmo que em juízo incompetente, ainda que venha a ser extinta sem resolução do mérito, produzindo efeitos apenas em relação aos pedidos idênticos". Registre-se que, **apesar de o referido parágrafo estabelecer que "a interrupção da prescrição somente ocorrerá pelo ajuizamento de reclamação trabalhista", deve-se interpretar que o termo "reclamação trabalhista" abrange toda ação tendente a postular o cumprimento ou preservação de direitos, envolvendo empregado e empregador. No mesmo norte, a doutrina defende que a citada expressão deve ser interpretada de maneira sistemática e teleológica, de**

modo a ser entendida de forma ampla e em harmonia com o art. 202 do Código Civil. Portanto, o ajuizamento do protesto judicial se encontra albergado pelo art. 11, § 3º, da CLT, isto é, interrompe a prescrição quanto aos pedidos indicados. Isso porque, baseado em interpretação sistemática e teleológica das normas, não há qualquer incompatibilidade entre os dispositivos da CLT e do Código Civil. Assim, no caso específico dos autos, a discussão é inócua, visto que a possibilidade de interrupção por protesto judicial já existia antes e continua existindo. Agravo interno conhecido e não provido. (...). (Ag-RRAg-10595-65.2019.5.03.0137, 7ª Turma, relator Ministro Claudio Mascarenhas Brandão, *DEJT* 26.04.2024)

AGRAVO EM RECURSO DE REVISTA COM AGRAVO. LEI N. 13.015/14. PROTESTO INTERRUPTIVO DA PRESCRIÇÃO. INTERRUPÇÃO DAS PRESCRIÇÕES BIENAL E QUINQUENAL – SUSPEIÇÃO DE TESTEMUNHA. LITÍGIO EM FACE DO MESMO EMPREGADOR. IDENTIDADE DE PEDIDOS. NÃO CONFIGURAÇÃO. Súmula n. 357/TST – REGISTRO DAS HORAS EXTRAORDINÁRIAS. ÔNUS DA PROVA. SÚMULA N. 126/TST – INTERVALO INTRAJORNADA. JORNADA CONTRATUAL DE SEIS HORAS. PRESTAÇÃO DE HORAS EXTRAORDINÁRIAS. UMA HORA DEVIDA – REEMBOLSO DE GASTOS COM VEÍCULO PARTICULAR E ESTACIONAMENTO. SÚMULA N. 126/TST – ENQUADRAMENTO NO ART. 224, § 2º, DA CLT. COMPENSAÇÃO DA GRATIFICAÇÃO RECEBIDA. EQUIPARAÇÃO SALARIAL. BASE DE CÁLCULO DA EQUIPARAÇÃO SALARIAL. REFLEXOS NAS HORAS EXTRAORDINÁRIAS. AUSÊNCIA DE INDIVIDUALIZAÇÃO DOS TRECHOS RECORRIDOS. ART. 896, § 1º-A, I, DA CLT. Hipótese em que não foram desconstituídos os fundamentos do r. despacho agravado, conforme demonstrado no voto. **Destaque para o tema referente à prescrição, a fim de se reafirmar a jurisprudência desta c. Corte, no sentido de que o empregado pode ajuizar a ação trabalhista no prazo de cinco anos após o protesto interruptivo, ou após dois anos contados do fim do contrato**. Julgados da c. SDI-1. Agravo conhecido e desprovido. (Ag-ARR-21359-95.2014.5.04.0028, 7ª Turma, relator Ministro Alexandre de Souza Agra Belmonte, *DEJT* 22.03.2024)

AGRAVO EM RECURSO DE REVISTA COM AGRAVO. INTERRUPÇÃO DA PRESCRIÇÃO. PROTESTO INTERRUPTIVO. DUPLA INTERRUPÇÃO. PERÍODOS DISTINTOS. POSSIBILIDADE. **A jurisprudência desta Corte Superior entende que, em regra, a interrupção da prescrição somente ocorre uma única vez, conforme disposto no art. 202 do Código Civil**. Contudo, tratando de protestos judiciais referentes a períodos distintos, há possibilidade da dupla interrupção do protesto judicial. No caso em exame, proposta a presente ação em 2017, o reclamante se beneficiou apenas do segundo protesto, ocorrido em 18.11.2014, que alcançou as parcelas devidas desde novembro de 2009. Agravo a que se nega provimento. (Ag-RRAg-11751-29.2017.5.15.0136, 8ª Turma, relator Ministro Sergio Pinto Martins, *DEJT* 02.02.2024)

RECURSO DE REVISTA DA RECLAMANTE. INTERPOSTO NA VIGÊNCIA DA LEI N. 13.467/2017. 1. PROTESTO JUDICIAL. INTERRUPÇÃO DA PRESCRIÇÃO. APLICAÇÃO DO Art. 202 DO CÓDIGO CIVIL AO PROCESSO DO TRABALHO APÓS A VIGÊNCIA DA LEI N. 13.467/2017. TRANSCENDÊNCIA RECONHECIDA. Tratando-se de questão nova no âmbito desta Corte Superior, acerca da possibilidade de uso do protesto judicial para interrupção da prescrição após a vigência da Lei n. 13.467/2017, resta evidenciada a transcendência jurídica da causa, nos termos do art. 896-A, § 1º, IV, da CLT. 2. **PROTESTO JUDICIAL. INTERRUPÇÃO DA PRESCRIÇÃO. APLICAÇÃO DO Art. 202 DO CÓDIGO CIVIL AO PROCESSO DO TRABALHO APÓS A VIGÊNCIA DA LEI N. 13.467/2017**.

PROVIMENTO. Cinge-se a controvérsia em saber se o protesto judicial permanece capaz de interromper a prescrição, nas ações ajuizadas após a vigência da Lei n. 13.467/2017, que conferiu nova redação ao art. 11, § 3º, da CLT. À luz do art. 202, II, do Código Civil, ("a interrupção da prescrição, que somente poderá ocorrer uma vez, dar-se-á (...) por protesto") e da Orientação Jurisprudencial n. 392 da SBDI-1, esta Corte Superior firmou o entendimento no sentido de reconhecer a aplicabilidade do protesto judicial no processo do trabalho, para efeito de interrupção da prescrição. **Sabe-se que, com o advento da Lei n. 13.467/2017, a redação do art. 11, § 3º, da CLT foi alterada, passando a dispor que "a interrupção da prescrição somente ocorrerá pelo ajuizamento de reclamação trabalhista". Entende-se, contudo, que a nova redação do citado dispositivo não modifica a interpretação desta Corte Superior acerca do tema, de modo que o ajuizamento da ação de protesto judicial prevalece como causa interruptiva da prescrição**. Com efeito, a Reforma Trabalhista manteve a aplicação do direito processual civil como fonte subsidiária do direito do trabalho e, nesse aspecto, não se verifica qualquer incompatibilidade que impeça a utilização do protesto interruptivo da prescrição no âmbito desta Justiça Especializada. Além disso, **entende-se que o conceito de reclamação trabalhista, empregado no § 3º do art. 11 da CLT, alcança a ação de protesto judicial, ajuizada como meio de resguardar direitos sob a perspectiva das relações juslaborais**. Na hipótese, o egrégio Tribunal Regional negou provimento ao recurso ordinário da reclamante, sob o fundamento de que, diante do disposto no art. 11, § 3º, da CLT, introduzido pela Lei n. 13.467/2017, a única forma de interromper a contagem do prazo prescricional seria com o ajuizamento de reclamação trabalhista "stricto sensu", entendendo incabível para tal fim a ação de protesto judicial ajuizado pela autora. Nesse contexto, tem-se que a decisão regional está em dissonância com a jurisprudência iterativa e atual desta Corte Superior. Recurso de revista de que se conhece e a que se dá provimento. (RR-686-05.2019.5.09.0663, 8ª Turma, relator Ministro Guilherme Augusto Caputo Bastos, *DEJT* 04.09.2023)

3. Conclusão

Entendo que a única hipótese de interrupção de prescrição é a descrita no § 3º do art. 11 da CLT. Não se pode mais aplicar o protesto judicial como hipótese de interrupção de prescrição trabalhista.

Há necessidade, portanto, de se rever a jurisprudência.

Acesso à Justiça como Um Direito Humano Fundamental: Significados, Alcance e Interpretações pela Corte Interamericana de Direitos Humanos

Guilherme Guimarães Feliciano(1)

Luciana Paula Conforti(2)

"O operário não podia aguentar mais, a revolução não tinha feito mais que lhes agravar as misérias. A partir de 89, os burgueses é que se enchiam, e tão avidamente que nem deixavam o resto no fundo do prato para o trabalhador limpar. Quem poderia demonstrar que os trabalhadores tinham tido um quinhão razoável no extraordinário aumento da riqueza e bem-estar dos últimos cem anos? Zombaram deles ao declará-los livres. Livres para morrerem de fome, isso sim, do que, aliás, não se privavam. Não dava pão a ninguém o votar em malandros que, eleitos, só queriam locupletar-se, pensando tanto nos miseráveis como nas suas velhas botinas."

---

(1) Professor Associado II do Departamento de Direito do Trabalho e da Seguridade Social da Faculdade de Direito da Universidade de São Paulo (USP). Juiz Titular da 1ª Vara do Trabalho de Taubaté/SP. Doutor pela Universidade de São Paulo e pela Universidade de Lisboa. Membro Titular da Cadeira n. 53 da Academia Brasileira de Direito do Trabalho. Presidente da Associação Nacional dos Magistrados da Justiça do Trabalho (ANAMATRA) na gestão 2017-2019.

(2) Professora da Escola Superior da Magistratura do Trabalho da 6ª Região (ESMATRA 6). Juíza Titular da 1ª Vara do Trabalho de Barreiros/PE. Doutora em Direito, Estado e Constituição pela Universidade de Brasília. Integrante do Grupo de Pesquisa Trabalho, Constituição e Cidadania (UnB-CNPq). Membro da Academia Pernambucana de Direito do Trabalho (APDT). Diretora de Prerrogativas da AMATRA 6 (2020-2022) e Diretora de Formação e Cultura da ANAMATRA e da ENAMATRA (2019-2021).

(excerto de *Germinal*, de Émile Zola. Diálogos entre Etienne, Rasseneur e Souvarine, em comunidade de carvoeiros do séc. XIX, Montsou/Marchienne)

Introdução

Uma das principais garantias do Estado Democrático de Direito, do pleno exercício da cidadania e a principal garantia constitucional do processo, da qual decorrem as demais, é a possibilidade de ingresso em Juízo, quando necessário esse ingresso em razão da existência de outras formas de resolução de conflitos, para o verdadeiro acesso à justiça, considerado como alcance à ordem jurídica justa. Tal concepção foi trazida por Mauro Cappelletti e Bryant Garth na clássica obra *Acesso à Justiça*, publicada em 1973, para o aprimoramento do sistema processual, baseada em pesquisas realizadas nos mais diversos países da Europa, cujas conclusões foram sintetizadas em três ondas renovatórias(3).

A primeira onda renovatória estabelecia a superação dos obstáculos econômicos para o ingresso em juízo; a segunda onda renovatória pontuava a adequação das instituições processuais à sociedade de massas, notadamente, quanto à legitimidade para a ação, à realidade dos interesses coletivos e difusos e à massificação das relações humanas, para a superação do paradigma processual individualista; a terceira onda renovatória assentava a construção de um sistema jurídico procedimental mais humano, com implementação de formas para a simplificação de procedimentos, a fim de tornar o processo judicial um instrumento de efetiva distribuição de cidadania(4).

A Lei n. 13.467, de 13 de julho de 2017, conhecida como "Reforma Trabalhista", trouxe alterações à Consolidação das Leis do Trabalho e impôs barreiras econômicas aos trabalhadores para o ajuizamento de ações perante a Justiça do Trabalho, o que revela retrocessos nos três pilares representados pelas ondas renovatórias propostas por Mauro Cappelletti e Bryant Garth para o acesso à justiça, além de frontal violação à Constituição brasileira.

Vale aqui em breve escorço histórico. Em 2016, já sob o Governo Michel Temer, a Presidência da República pretendia promover uma "minirreforma" trabalhista por meio de uma *medida provisória* — mesmo sem os requisitos constitucionais da necessidade e da urgência (art. 62, *caput*, da CF) —, estribando-se em um argumento que depois foi insistentemente repetido pelos relatores da Reforma Trabalhista na Câmara dos Deputados (o então deputado federal — e hoje ministro do Desenvolvimento Regional — Rogério Marinho) e no Senado da República (o então senador Ricardo Ferraço): "*o Brasil tem*

---

(3) CAPPELLETTI, Mauro; GARTH, Bryant. *Acesso à justiça*. Trad. Ellen Gracie Northfleet. Porto Alegre: Sérgio Antônio Fabris, 1988.

(4) *Idem*.

pressa." Houve, todavia, uma sentida resistência da sociedade civil organizada (e, notadamente, das centrais sindicais). O Governo decidiu então encaminhar um *projeto de lei* — o PL n. 6.787/2016 — que continha, originalmente, menos de dez artigos. Nas mãos do relator Rogério Marinho, porém, a "Reforma" chegou a mais de cem artigos da CLT alterados, seguindo de perto a "cartilha" que a Confederação Nacional da Indústria havia produzido a respeito(5).

Quanto ao acesso à justiça, as principais barreiras econômicas impostas aos trabalhadores para o ajuizamento de reclamações trabalhistas pela "Reforma Trabalhista" foram: a) imposição de recolhimento das custas processuais para o ajuizamento de nova ação, quando há arquivamento considerado injustificado de reclamação trabalhista proposta anteriormente (art. 844, §§ 2º e 3º, da CLT); b) imposição de limite remuneratório para a concessão de justiça gratuita, no percentual de 40% do teto geral do Regime Geral da Previdência Social (art. 790, §§ 3º e 4º, da CLT, cujo limite não é imposto no Código de Processo Civil para o ajuizamento de ações cíveis perante a Justiça Comum(6)); c) determinação do pagamento dos honorários periciais, ainda que o trabalhador seja considerado beneficiário da justiça gratuita, com o custeio pelos créditos trabalhistas, mesmo que em outro processo e somente quando não houver esse crédito é que a União responderá pelo encargo (art. 790-B e § 4º da CLT); d) imposição do pagamento dos honorários sucumbenciais com os créditos trabalhistas e, somente no caso em que o beneficiário da justiça gratuita não tenha obtido em juízo créditos capazes de suportar a despesa, a obrigação ficará sob condição suspensiva de exigibilidade, podendo ser executada em até dois anos depois do trânsito em julgado da sentença, se o credor demonstrar que deixou de existir a situação de insuficiência de recursos que justificou a concessão da gratuidade, extinguindo-se, passado esse prazo, a obrigação (art. 791-A, §§ 3º e 4º, da CLT)(7).

---

(5) O documento, intitulado "*101 Propostas para Modernização Trabalhista*", pode ser consultado em: http://www.portaldaindustria.com.br/publicacoes/2013/2/101-propostas-para-modernizacao-trabalhista/. Acesso em: 18 out. 2020. Rogério Simonetti Marinho mantém, como se sabe, relações próximas com a Confederação Nacional da Indústria — de quem mereceu a Ordem do Mérito em setembro de 2017 — e com a Federação das Indústrias do Rio Grande do Norte (Fiern). E, entre as "101 Propostas" publicadas em 2012, várias hoje detêm positividade legal, a partir da Lei n. 13.467/2017, como a terceirização irrestrita (p. 44), a supressão do intervalo de descanso pré-prorrogação para as mulheres (p. 56), o fim das horas *in itinere* (p. 55), a inadmissibilidade da estabilidade provisória em contratos por prazo determinado (p. 60) e a possibilidade de homologação judicial de acordos trabalhistas como mecanismo de jurisdição voluntária (p. 116).

(6) Como se sabe, o direito à justiça gratuita alcança não somente as custas relativas aos atos processuais a serem praticados, como também todas as despesas decorrentes da efetiva participação do cidadão na relação processual. Diante de tal quadro, como justificar a distinção entre o demandante trabalhista e o cível? Não há como aplicar os dispositivos da Reforma Trabalhista sem considerar as distinções prejudiciais estabelecidas, o que impõe a aplicação de interpretação conforme a Constituição, para afastar tais distinções.

(7) Sobre tal aspecto, importante citar a jurisprudência do Superior Tribunal de Justiça, no julgamento do Recurso Especial n. 1.815.055, com a relatoria da Ministra Nancy Andrighi, sobre a impenhorabilidade de salários para o pagamento de honorários advocatícios, "considerando que a regra do art. 833, § 2º, do CPC, abarca somente alimentos familiares, indenizatórios ou voluntários". Disponível em: https://www.conjur.com.br/2020-ago-03/nao-possivel-penhorar-salario-pagar-honorarios-stj#:~:text=N%C3%A3o%20%C3%A9%20

Cristiano Paixão discorre sobre "a essencialidade e centralidade do acesso à justiça, como direito humano e fundamental". Em outras palavras, considera o acesso à justiça "*como elemento estruturante à consecução dos direitos previstos na Constituição*". O autor assevera que, no texto da Reforma Trabalhista, há "*uma série de dispositivos que representam verdadeiros obstáculos ao acesso à Justiça*", amesquinhando desproporcionalmente o referido direito, inerente que é à tutela dos direitos sociais e à dimensão objetiva da proteção dos direitos fundamentais (ou, no dizer do autor, "*com afronta ao acesso à Justiça considerado como garantia institucional*"[(8)]).

Com efeito, seguindo Mauro Cappelletti e Bryant Garth:

> "[a] expressão 'acesso à Justiça' é reconhecidamente de difícil definição, mas serve para determinar duas finalidades básicas do sistema jurídico — o sistema pelo qual as pessoas podem reivindicar seus direitos e/ou resolver seus litígios sob os auspícios do Estado. Primeiro, o sistema deve ser igualmente acessível a todos; segundo, ele deve produzir resultados que sejam individual e socialmente justos.
>
> O acesso à justiça pode, portanto, ser encarado como requisito fundamental — o mais básico dos direitos humanos — de um sistema jurídico moderno e igualitário que pretenda garantir, e não apenas proclamar os direitos de todos."[(9)]

O prejuízo causado pela "Reforma Trabalhista" ao acesso à justiça é indiscutível, já que logo depois de sua aprovação, houve queda substancial do número de ações ajuizadas perante a Justiça do Trabalho, o que ainda perdura três anos posteriormente à sua vigência[(10)].

---

poss%C3%ADvel%20penhorar%20sal%C3%A1rio%20para%20pagar%20honor%C3%A1rios%20advocat%C3%ADcios%2C%20diz%20STJ&text=Ao%20abrir%20exce%C3%A7%C3%A3o%20%C3%A0%20regra,alimentos%20familiares%2C%20indenizat%C3%B3rios%20ou%20volunt%C3%A1rios. Acesso em: 13 out. 2020. Mesmo no julgamento do Recurso Especial n. 1.806.438 pela 3ª Turma do STJ, também relatado pela Ministra Nancy Andrighi, em que a penhora de verba salarial foi admitida com o percentual de 30% para o pagamento dos honorários advocatícios, com base no art. 833, IV, do CPC, houve a ressalva de que a constrição somente será possível se "concretamente ficar demonstrado nos autos que tal medida não compromete a subsistência digna do devedor e de sua família". Disponível em: https://migalhas.uol.com.br/quentes/334864/stj--salario-de-devedor-pode-ser-penhorado-para-pagamento-de-honorarios-se-nao-comprometida-subsistencia. Acesso em: 14 out. 2020.

(8) PAIXÃO, Cristiano. Acesso à justiça como garantia institucional: inconstitucionalidade da Reforma Trabalhista. In: HONÓRIO, Cláudio; VIEIRA, Paulo Joarês; PINTO, Cristiano Otávio Paixão Araújo (Orgs.). *Em defesa da Constituição:* primeiras impressões do Ministério Público do Trabalho sobre a Reforma Trabalhista. Brasília: Movimento, 2018. p. 173.

(9) CAPPELLETTI, Mauro; GARTH, Bryant. *Acesso à justiça.* Trad. Ellen Gracie Northfleet. Porto Alegre: Sérgio Antônio Fabris, 1988. p. 8 e 12.

(10) A Reforma Trabalhista brasileira entrou em vigor no dia 11 de novembro de 2017, considerando a *vacatio legis* de 120 dias da aprovação da Lei n. 13.467, de 13 de julho de 2017.

Independentemente disso, como se sabe, não basta possibilitar o ingresso em Juízo, devendo-se garantir a prática dos atos processuais de forma efetiva e livre de embaraços; caso contrário, a participação no resultado do processo apenas poderá ser considerada no sentido formal e não material, da real satisfação dos direitos dos jurisdicionados.

Partindo da premissa de que todos "nascem livres e iguais em dignidade e direitos", dispõe o art. 18 da Declaração Americana dos Direitos e Deveres do Homem (1948):

> "Toda pessoa pode recorrer aos tribunais para fazer respeitar os seus direitos. Deve poder contar, outrossim, com processo simples e breve, mediante o qual a justiça a proteja contra atos de autoridade que violem, em seu prejuízo, qualquer dos direitos fundamentais consagrados constitucionalmente."[11]

No mesmo sentido, dispõe o art. 24 da Convenção Americana de Direitos Humanos, que "todas as pessoas são iguais perante a lei" e, nesse sentido, "têm direito, sem discriminação, a igual proteção da lei", com recursos judiciais efetivos contra atos que violem seus direitos fundamentais (art. 25.1)[12].

Diante de tal quadro, a metodologia adotada no artigo traz análise sobre o contexto da apresentação e aprovação da "Reforma Trabalhista", das barreiras econômicas discriminatórias impostas ao acesso à Justiça do Trabalho pelos trabalhadores e análise das (in)constitucionalidades e das (in)convencionalidades das alterações implementadas na Consolidação da Legislação do Trabalho, com base na jurisprudência do Supremo Tribunal Federal e, principalmente, da Corte Interamericana de Direitos Humanos.

A partir do momento em que o cidadão está deixando de ingressar em Juízo por receio de arcar com custos desproporcionais do processo em relação aos seus direitos, o direito de ingresso em juízo está sendo cerceado e, por consequência, interditado o acesso à justiça, o que, além de inconstitucional, no limite, é também inconvencional, segundo os ditames da Convenção Americana de Direitos Humanos, como será demonstrado.

1. Das alterações discriminatórias da legislação trabalhista: barreiras econômicas para o ingresso em juízo e queda das ações ajuizadas perante a Justiça do Trabalho

De acordo com o art. 5º, *caput*, da Constituição, "todos são iguais perante a lei, sem distinção de qualquer natureza". O direito à igualdade pressupõe igualdade em sentido material ou substancial e não meramente formal, o que impõe a correção das desigualdades por meio de normas e interpretações que possibilitem a paridade de armas entre os litigantes no processo judicial.

---

(11) Disponível em: http://pfdc.pgr.mpf.mp.br/atuacao-e-conteudos-de-apoio/legislacao/direitos-humanos/declar_dir_dev_homem.pdf. Acesso em: 11 set. 2020.

(12) Disponível em: https://www.cidh.oas.org/basicos/portugues/c.convencao_americana.htm. Acesso em: 11 set. 2020.

Ao discorrerem sobre o art. 5º, *caput*, da Constituição, asseveram Antonio Carlos de Araújo Cintra, Ada Pellegrini Grinover e Cândido Rangel Dinamarco:

> "A absoluta igualdade jurídica não pode, contudo, eliminar a desigualdade econômica; por isso, do primitivo conceito de igualdade, formal e negativa (a lei não deve estabelecer qualquer diferença entre os indivíduos), clamou-se pela passagem à igualdade substancial.
>
> (...)
>
> No processo civil legitimam-se normas e medidas destinadas a reequilibrar as partes e permitir que litiguem em paridade de armas, sempre que alguma causa ou circunstância exterior ao processo ponha uma delas em condições de superioridade ou de inferioridade em face de outra.
>
> (...)."(13)

No que diz respeito às principais barreiras impostas aos cidadãos para o acesso à justiça, é possível enfatizar, de acordo com Boaventura de Sousa Santos, três tipos de obstáculos: econômicos, sociais e culturais(14). Assim, o tema do acesso à justiça é aquele que mais diretamente equaciona as relações entre o processo e a Justiça, especialmente, a justiça social, com observância ao princípio do desenvolvimento integral(15).

Segundo dados do Tribunal Superior do Trabalho, em 2018, primeiro ano de vigência da "Reforma Trabalhista", houve queda de 34% no ajuizamento das reclamações trabalhistas, o que representou, à época, a defasagem de um milhão de processos na primeira instância(16). Dois anos depois da "Reforma Trabalhista", a queda do número de novas ações atingiu 32%, ainda de acordo com os dados do Tribunal Superior do Trabalho, com o recuo de 2,2 milhões de processos em 2017, para 1,5 milhões de novas ações em 2019(17).

---

(13) CINTRA, Antonio Carlos de Araújo; GRINOVER, Ada Pellegrini; DINAMARCO, Cândido Rangel. *Teoria geral do processo*. 26. ed. São Paulo: Malheiros. p. 60.

(14) SANTOS, Boaventura de Sousa. Introdução à sociologia da administração da justiça. In: FARIA, José Eduardo; SANTOS, Boaventura de Sousa. *Direito e justiça:* a função social do Judiciário. São Paulo: Ática, 1989. p. 46.

(15) De acordo com o art. 30 da Carta da Organização dos Estados Americanos: "Os Estados membros, inspirados nos princípios de solidariedade e cooperação interamericanas, comprometem-se a unir seus esforços no sentido de que impere a justiça social internacional em suas relações e de que seus povos alcancem um desenvolvimento integral, condições indispensáveis para a paz e a segurança. O desenvolvimento integral abrange os campos econômico, social, educacional, cultural, científico e tecnológico, nos quais devem ser atingidas as metas que cada país definir para alcançá-lo" (Disponível em: https://www.oas.org/dil/port/tratados_A-41_Carta_da_Organiza%C3%A7%C3%A3o_dos_Estados_Americanos.htm. Acesso em: 14 set. 2020).

(16) Disponível em: https://www.redebrasilatual.com.br/trabalho/2019/01/numero-de-processos-trabalhistas-despenca-em-2018/. Acesso em: 25 maio 2019.

(17) Disponível em: https://valor.globo.com/brasil/noticia/2020/01/04/numero-de-novas-acoes-trabalhistas-cai-32percent-dois-anos-apos-reforma.ghtml. Acesso em: 08 jul. 2020.

O espantoso decréscimo no número de ações trabalhistas, foi, sem dúvida, "pela imposição dos honorários advocatícios sucumbenciais, além da estipulação do pagamento de honorários periciais e de custas processuais, caso o trabalhador venha a sair perdedor em sua reclamação trabalhista"(18).

As alterações promovidas na Consolidação das Leis do Trabalho pela "Reforma Trabalhista", independentemente dos resultados concretos apontados, já justificariam entender-se pela inconstitucionalidade das barreiras econômicas impostas ao ingresso em Juízo, ainda mais considerando as equivocadas concepções a partir das quais as modificações legislativas foram implementadas.

As mudanças na legislação trabalhista partiram da consideração de que tais ações "são ajuizadas de má-fé", com a inversão da lógica de quem realmente motiva o ajuizamento das reclamações, como se fosse o trabalhador o causador do litígio e não o empregador ou contratante que descumpre, sistematicamente, a legislação trabalhista. Além disso, as modificações legislativas foram discriminatórias em relação aos trabalhadores em comparação às previsões do Código de Processo Civil(19) e desconsideraram, por completo, a amplitude do direito de ingresso em Juízo na Constituição, por meio de "assistência jurídica integral e gratuita" (art. 5º, LXXIV), além da inafastabilidade de ameaça ou de lesão de direito da apreciação do Poder Judiciário (art. 5º, XXXV).

A esse respeito, importante citar a jurisprudência do Supremo Tribunal Federal sobre a não obrigatoriedade de submissão de litígio trabalhista à Comissão de Conciliação Prévia, quando existente no âmbito da empresa ou do sindicato da categoria, de acordo com o art. 625-D da CLT. O Plenário decidiu, em sessão extraordinária do dia 1º de agosto de 2018, dar interpretação conforme a Constituição ao referido dispositivo, no julgamento conjunto das Ações Diretas de Inconstitucionalidade (ADIs) ns. 2.139, 2.160 e 2.237, que foi introduzido pela Lei n. 9.958/2000, confirmando a liminar deferida anteriormente. De acordo com a relatora, Ministra Cármen Lúcia, "*não cabe à legislação*

---

(18) A afirmação é do Professor Ricardo Calcini. Disponível em: https://www.conjur.com.br/2020-jan-06/custas-perdedor-derrubam-novas-acoes-trabalhistas. Acesso em: 08 jul. 2020.

(19) Segundo o art. 99 do CPC: "O pedido de gratuidade da justiça pode ser formulado na petição inicial, na contestação, na petição para ingresso de terceiro no processo ou em recurso. (...) § 2º O juiz somente pode indeferir o pedido se houver nos autos elementos que evidenciem a falta de pressupostos legais para a concessão da gratuidade, devendo antes de indeferir o pedido, determinar à parte a comprovação do preenchimento dos referidos pressupostos. § 3º Presume-se verdadeira a alegação de insuficiencia deduzida exclusivamente pela pessoa natural." Sobre o tema, a Súmula n. 463 do TST possui a seguinte redação: "ASSISTÊNCIA JUDICIÁRIA GRATUITA. COMPROVAÇÃO (conversão da Orientação Jurisprudencial n. 304 da SBDI-1, com alterações decorrentes do CPC de 2015) – Res. 219/2017, *DEJT* divulgado em 28, 29 e 30.06.2017 – republicada – *DEJT* divulgado em 12, 13 e 14.07.2017 – I – A partir de 26.06.2017, para a concessão da assistência judiciária gratuita à pessoa natural, basta a declaração de hipossuficiência econômica firmada pela parte ou por seu advogado, desde que munido de procuração com poderes específicos para esse fim (art. 105 do CPC de 2015); II – No caso de pessoa jurídica, não basta a mera declaração: é necessária a demonstração cabal de impossibilidade de a parte arcar com as despesas do processo."

infraconstitucional expandir o rol de exceções ao direito ao acesso à Justiça", o que contraria o art. 5º, XXXV, da Constituição, que dispõe que "a lei não excluirá da apreciação do Poder Judiciário lesão ou ameaça de direito". Na oportunidade, a relatora citou, ainda, os julgamentos da ADI n. 1.074 e do Agravo de Instrumento n. 698.626, quando o STF "reconheceu a desnecessidade de prévio cumprimento de requisitos desproporcionais, procrastinatórios ou inviabilizadores para submissão do pleito ao órgão judiciário"[(20)].

Um dos principais objetivos da "Reforma Trabalhista", como o próprio relator da proposta legislativa afirmou, "foi diminuir, na Justiça, os conflitos entre trabalhadores e empresários". Tal objetivo foi imediatamente alcançado, considerando que três meses depois da vigência das alterações legislativas, constatou-se a queda de 50% das ações trabalhistas[(21)].

Com efeito, no relatório da "Reforma Trabalhista" apresentado pelo então deputado federal, Rogério Marinho (PSDB-RN), em termos gerais, foi dito que:

> "a) Um dos problemas relacionados ao excesso de demandas na Justiça do Trabalho é a falta de onerosidade para se ingressar com uma ação, com a ausência de sucumbência e o grande número de pedidos de justiça gratuita; b) Essa litigância sem risco acaba por estimular o ajuizamento de ação trabalhista. É o que denominamos de litigância frívola. A assistência jurídica integral e gratuita é um direito assegurado constitucionalmente, porém o texto da Constituição Federal garante essa assistência aos que comprovarem insuficiência de recursos (art. 5º, LXXIV)."[(22)] (*sic*)

A suposta litigiosidade abusiva esteve em todos os debates relacionados aos dispositivos da "Reforma Trabalhista", que impuseram ônus aos trabalhadores para o ajuizamento de ações, bem como a necessidade de redução dos custos do Judiciário Trabalhista. Assim ocorreu, a título de demonstração, na passagem sobre a imposição das custas processuais[(23)];

---

(20) Disponível em: http://www.stf.jus.br/portal/cms/verNoticiaDetalhe.asp?idConteudo=385353. Acesso em: 14 set. 2020.

(21) Disponível em: http://www.tribunadonorte.com.br/noticia/a-reforma-diminuiu-aa-a-es-trabalhistas-em-mais-de-50-a/407294. Acesso em: 08 jul. 2020.

(22) Disponível em: https://www.camara.leg.br/internet/sitaqweb/TextoHTML.asp?etapa=11&nuSessao=0272/17. Acesso em: 08 jul. 2020.

(23) A redação sugerida aos §§ 3º e 4º do art. 790 da CLT, teve a motivação de afastar "pessoas que não se enquadram nos requisitos de pobreza" e garantir "que o instituto seja utilizado por aqueles que realmente necessitam dele". Mas, se isso fosse realmente verdade, não se teria imposto descontos nos créditos trabalhistas das pessoas que tiverem deferido o benefício da justiça gratuita.

na imposição do pagamento de honorários periciais[24] e dos honorários advocatícios de sucumbência[25], inclusive na previsão de penalidades por litigância de má-fé[26].

Ocorre que os conflitos trabalhistas sempre estiveram longe de serem abusivos no Brasil. Muitos processos trabalhistas versam sobre direitos básicos não observados pelos empregadores ou contratantes, como verbas rescisórias, sendo característica predominante no cenário brasileiro o frequente descumprimento da legislação trabalhista[27].

Nesse contexto, é importante destacar que mais de 40% das reclamações trabalhistas são para a cobrança de verbas rescisórias não pagas[28].

---

(24) Com relação ao art. 790-B da CLT, houve menção de que: "(...) **é superlativo o número de ações em que a parte requer a realização de perícia sem fundamento, apenas por que não decorrerá, para ela, quaisquer ônus.**" (...) "Na medida em que a parte tenha conhecimento de que terá que arcar com os custos da perícia, é de se esperar que a utilização sem critério desse instituto diminua sensivelmente. Cabe ressaltar que o objetivo dessa alteração é o de restringir os pedidos de perícia sem fundamentação, uma vez que, quando o pedido formulado é acolhido, é a parte sucumbente que arca com a despesa, normalmente, o empregador. Assim, a modificação sugerida não desamparará o trabalhador cuja reclamação esteja fundamentada. Além de contribuir para a diminuição no número de ações trabalhistas, a medida representará uma redução nas despesas do Poder Judiciário, que não mais terá que arcar com os honorários periciais." Ora, como se sabe, a concessão de adicional de insalubridade e periculosidade depende de conhecimentos específicos, mediante a realização de perícia técnica. Assim, impor esse conhecimento prévio ao trabalhador, também é uma forma de inibir a postulação dos direitos.

(25) A propósito da redação do art. 791-A da CLT, foi dito que: "(...) A ausência de um sistema de sucumbência no processo do trabalho estabeleceu um mecanismo de incentivos que resulta na mobilização improdutiva de recursos e na perda de eficiência da Justiça do Trabalho. A entrega da tutela jurisdicional consiste em dever do Estado, do qual decorre o direito de ação. Todavia, trata-se de dever a ser equilibrado contra o impulso da demanda temerária. Pretende-se com as alterações sugeridas inibir a propositura de demandas baseadas em direitos ou fatos inexistentes. Da redução do abuso do direito de litigar advirá a garantia de maior celeridade nos casos em que efetivamente a intervenção do Judiciário se faz necessária, além da imediata redução de custos vinculados à Justiça do Trabalho. Além disso, o estabelecimento do sistema de sucumbência coaduna-se com o princípio da boa-fé processual e tira o processo do trabalho da sua ultrapassada posição administrativista, para aproximá-lo dos demais ramos processuais, onde vigora a teoria clássica da causalidade, segundo a qual quem é sucumbente deu causa ao processo indevidamente e deve arcar com os custos de tal conduta."

(26) Sobre o tema, constou do relatório: "A legislação trabalhista é omissa quanto ao disciplinamento da litigância de má-fé, o que faz com que a Justiça do Trabalho tenha que se socorrer do CPC na aplicação desse instituto em sua área de abrangência. Ocorre que essa lacuna das leis do trabalho é prejudicial ao bom andamento do processo, uma vez que alguns juízes se mostram refratários à aplicação da litigância de má-fé. Nesse contexto, estamos propondo, por intermédio do art. 793-A, a inclusão de dispositivos sobre a litigância de má-fé na própria CLT, utilizando como modelo os dispositivos sobre o tema do CPC." "A ideia contida nesses dispositivos **é a de impedir as ações temerárias, ou seja, aquelas reclamações ajuizadas ainda que sem fundamentação fática e legal, baseada apenas no fato de que não há ônus para as partes e para os advogados**, contribuindo, ainda, para o congestionamento da Justiça do Trabalho. Temos que ter presente que essas ações prejudicam a coletividade, pois fazem com que a Justiça se utilize dos seus meios desnecessariamente, o que representa perda de tempo e de dinheiro, além de desviar a sua atenção das ações nas quais os trabalhadores precisam efetivamente de amparo."

(27) A esse respeito, importante citar a pesquisa de Adalberto Moreira Cardoso, que demonstrou que o aumento de demandas trabalhistas não pode ser interpretado unicamente como um fenômeno jurídico, mas como um fenômeno social, em face do reiterado descumprimento da legislação pelos empregadores. (*A década neoliberal e a crise dos sindicatos no Brasil*. São Paulo: Boitempo, 2003. p. 173)

(28) Disponível em: https://www.conjur.com.br/2015-set-15/40-acoes-trabalhistas-tratam-verbas-rescisorias. Acesso em: 14 maio 2018.

Independentemente disso e de poder existir, eventualmente, algumas demandas temerárias, o ordenamento jurídico já previa a coibição de tal prática. O art. 98, § 4º, do CPC, dispõe que a "concessão de gratuidade não afasta o dever de o beneficiário pagar, ao final, as multas processuais que lhe sejam impostas". Quanto às penalidades por litigância de má-fé, estão previstas no art. 80 do CPC e há, também, penalidades por atos atentatórios à dignidade da justiça e a repressão de atos protelatórios (art. 139, IV, do CPC)[(29)].

Como foi exposto, a Constituição de 1988, em seu art. 5º, incisos XXXV e LXXIV, garantiu ao cidadão o direito à tutela jurisdicional do Estado, ao dispor que a lei não poderá excluir lesão ou ameaça de direito da apreciação do Poder Judiciário e o direito à prestação de assistência jurídica integral e gratuita aos que comprovarem insuficiência de recursos. Tais preceitos, aliados ao princípio da igualdade, ao princípio da dignidade da pessoa humana e do direito ao devido processo legal, esteiam o direito de acesso à justiça no ordenamento jurídico brasileiro, sendo inconcebíveis as alterações na legislação do trabalho, amparadas em justificativas meramente econômicas e discriminatórias, além do propósito de afastar a litigiosidade (e não os conflitos, já que não deixarão de existir) e reduzir custos do Judiciário trabalhista.

O art. 5º, XXXV, sobre a inafastabilidade de ameaça ou lesão de direito da apreciação do Poder Judiciário, deve ser interpretado sempre conjuntamente com o art. 5º, LIV, dispositivo que prevê a cláusula do devido processo legal. Isso porque o direito de acesso à justiça abarca o direito à ordem justa, ao provimento efetivo, de acordo com o Direito, emanado de um processo legítimo, que propicie condições para o melhor resultado possível no caso *sub judice*.

Segundo Antonio Carlos de Araújo Cintra, Ada Pellegrini Grinover e Cândido Rangel Dinamarco:

> a garantia do acesso à Justiça, consagrando no plano constitucional o próprio direito de ação (como direito à prestação jurisdicional) e o direito de defesa

(29) Interessante destacar, sobre tal aspecto, o disposto no art. 187 do CPC sobre abuso de direito: "Também comete ato ilícito o titular de um direito que, ao exercê-lo, excede manifestamente os limites impostos pelo seu fim econômico ou social, pela boa-fé ou pelos bons costumes." O que já foi objeto de apreciação pela 3ª Turma do Superior Tribunal de Justiça, com o respectivo reconhecimento, no Recurso Especial n. 1.817.845-MS, com a relatoria do Ministro Paulo de Tarso Sanseverino e a redação da Ministra Nancy Andrighi, julgado em 10.10.2019 (Info 658). Disponível em: https://stj.jusbrasil.com.br/jurisprudencia/859730172/recurso-especial-resp-1817845-ms-2016-0147826-7/inteiro-teor-859730182?ref=serp. Acesso em 14 set. 2020. Ao mesmo tempo, justamente em razão do princípio do acesso à Justiça, não se pode deixar de ressaltar que, segundo já reconhecido pela SBDI-II do Tribunal Superior do Trabalho, com a relatoria do Ministro Alberto Bresciani, no Processo RO n. 293-76.2012.5.09.000, julgado em 02.02.2016: "o assédio processual é excepcional." Disponível em: https://www.jurisway.org.br/v2/sumula.asp?pagina=1&idarea=1&idmodelo=37422. Acesso em: 14 set. 2020.

(direito à adequada resistência às pretensões adversárias), tem como conteúdo o direito ao processo, com as garantias do devido processo legal.(30)

Um dos fatores que obstam o efetivo acesso à justiça é o alto custo do processo, representado pelos honorários periciais, honorários advocatícios e custas, entre outros, o que interfere diretamente no resultado do processo, motivo pelo qual, para a garantia do inafastável direito de ação, a Constituição de 1988 ampliou as possibilidades de defesa dos direitos violados, inclusive com a concessão da assistência judiciária gratuita e integral.

A crise de acesso à justiça em nível mundial nas décadas de 1970 e 1980 "*levou ao desenvolvimento de ideias que superassem os entraves processuais para a fruição dos direitos violados*", possibilitando "*ao mesmo tempo, alcançar as três ondas renovatórias de acesso à Justiça*":

a gratuidade na assistência judiciária, a resolução dos conflitos de massa (difusos ou coletivos) e a preocupação com a justiça da decisão, em especial a justiça social, sem o apego exagerado à forma.(31)

Ainda, sobre o custo do processo como barreira ao ingresso em Juízo, discorrem os precitados Cappelletti e Garth:

Afastar a 'pobreza no sentido legal', incapacidade que muitas pessoas têm de utilizar plenamente a justiça e suas instituições — não era preocupação do Estado. A justiça, como outros bens, no sistema do *laissez-faire*, só podia ser obtida por aqueles que pudessem enfrentar seus custos; aqueles que não pudessem fazê-lo eram considerados os únicos responsáveis por sua sorte. O acesso formal, mas não efetivo à justiça, correspondia à igualdade, apenas formal, mas não efetiva.(32)

No mesmo sentido, destaca Luiz Guilherme Marinoni:

> (...) não adianta simplesmente proclamar que o direito de ação não pode ser inviabilizado por questões sociais. Na verdade, o direito fundamental de ação requer uma postura ativa do Estado não somente voltada à supressão dos obstáculos sociais ao seu uso, mas também à sua plena efetividade e tempestividade (art. 5º, XXXV e LXXVIII, CF).(33)

---

(30) CINTRA, Antonio Carlos de Araújo; DINAMARCO, Cândido Rangel; GRINOVER, Ada Pellegrini. *Teoria geral do processo*. São Paulo: Malheiros, 2010. p. 90.

(31) LIMA, Carlos Eduardo de Azevedo *et al. Hermenêutica infraconstitucional da Lei n. 13.467/2017* — Reforma Trabalhista. Brasília: Movimento, 2018. p. 82-83. No trecho em destaque, os autores citam a obra *Acesso à justiça* de Mauro Cappelletti e Bryant Garth.

(32) CAPPELLETTI, Mauro; GARTH, Bryant. *Acesso à justiça*. Trad. Ellen Gracie Northfleet. Porto Alegre: Sérgio Antônio Fabris, 1988. p. 8.

(33) MARINONI, Luiz Guilherme. *Teoria geral do processo*. 3. ed. São Paulo: RT, 2008. v. 1 – Curso de processo civil, p. 206.

Algumas alterações promovidas pela Lei n. 13.467, de 13 de julho de 2017, foram objeto do ajuizamento de Ação Direta de Inconstitucionalidade pela Procuradoria-Geral da República no Supremo Tribunal Federal (ADI n. 5.766), cujo julgamento teve início, mas ainda não foi finalizado.

Em seu voto, o relator, Ministro Luís Roberto Barroso, "deu interpretação conforme a Constituição" dos dispositivos impugnados para assentar, como teses de julgamento:

> 1. O direito à gratuidade de justiça pode ser regulado de forma a desincentivar a litigância abusiva, inclusive por meio da cobrança de custas e de honorários a seus beneficiários. 2. A cobrança de honorários sucumbenciais poderá incidir: (i) sobre verbas não alimentares, a exemplo de indenizações por danos morais, em sua integralidade; (ii) sobre o percentual de até 30% do valor que exceder ao teto do Regime Geral de Previdência Social, quando pertinentes a verbas remuneratórias. 3. É legítima a cobrança de custas judiciais, em razão da ausência do reclamante à audiência, mediante sua prévia intimação pessoal para que tenha a oportunidade de justificar o não comparecimento.[(34)] (*sic*)

O Ministro Luiz Edson Fachin divergiu do relator do processo, entendendo pela inconstitucionalidade material de várias passagens do texto legal, proferindo voto favorável à ampla gratuidade da justiça, como prevê a Constituição, a fim de garantir a máxima efetividade a esse direito fundamental. Em resumo, sustentou que muitas situações dependem da dispensa inicial e definitiva das custas do processo, para que a defesa dos interesses dos trabalhadores não seja inviabilizada. Assentou que a Lei n. 13.467/2017 impõe condições restritivas ao exercício desse direito, motivo pelo qual não detém caráter constitucional. Sob o pretexto de maior responsabilidade e compromisso com a litigância, entendeu o Ministro que não pode haver o "*embarreiramento e inacessibilidade de reivindicações judiciais, o que é uma afronta ao Estado Democrático de Direito*". Destacou que "*o direito fundamental à gratuidade da Justiça*", vinculado ao acesso à justiça, "*não admite restrições relacionadas à conduta do trabalhador em outro processo trabalhista, sob pena de esvaziamento de seu âmbito de proteção constitucional*"[(35)].

Em virtude da relevância dos argumentos, na conclusão do voto divergente do Ministro Edson Fachin, constaram, ainda, os seguintes fundamentos:

> O direito fundamental à gratuidade da Justiça encontra-se amparado em elementos fundamentais da identidade da Constituição de 1988, dentre eles aqueles que visam a conformar e concretizar os fundamentos da República relacionados à cidadania (art. 1º, III), da dignidade da pessoa humana (art. 1º, III), bem como os objetivos fundamentais de construção de uma sociedade livre, justa e solidária (art. 3º, I) e de erradicação da pobreza e da marginalização, bem como a redução das desigualdades sociais (art. 3º, III).

(34) Disponível em: https://www.conjur.com.br/dl/ementa-voto-barroso-custas-processos.pd. Acesso em: 08 jul. 2020.

(35) Disponível em: https://www.conjur.com.br/dl/voto-fachin-reforma-trabalhista.pdf. Acesso em: 14 set. 2020.

> Apresenta-se relevante, nesse contexto, aqui dizer expressamente que a gratuidade da Justiça, especialmente no âmbito da Justiça Laboral, concretiza uma paridade de condições, propiciando às partes em litígio as mesmas possibilidades e chances de atuarem e estarem sujeitas a uma igualdade de situações processuais. É a conformação específica do princípio da isonomia no âmbito do devido processo legal. As limitações impostas pela Lei n. 13.467/2017 afrontam a consecução dos objetivos e desnaturam os fundamentos da Constituição da República de 1988, pois esvaziam direitos fundamentais essenciais dos trabalhadores, exatamente, no âmbito das garantias institucionais necessárias para que lhes seja franqueado o acesso à Justiça, propulsor da busca de seus direitos fundamentais sociais, especialmente os trabalhistas.[36] (*sic*)

Consoante se vê, de um lado, em defesa da litigiosidade responsável, o Ministro Barroso entende pela constitucionalidade dos dispositivos questionados, firmando a convicção de que o trabalhador se vale da Justiça do Trabalho de maneira "fútil e desmedida", o que acarreta prejuízo ao erário e à própria atividade jurisdicional. De outro, em defesa dos direitos fundamentais, o Ministro Fachin sustenta o retorno aos moldes anteriores, a fim de que o amplo acesso ao Judiciário seja de fato permitido, mantendo o *decisum* sobre conceder ou não o benefício da justiça gratuita ao juízo no caso concreto.

Sobre o tema, importante destacar que a Comissão de Direitos Humanos do Senado Federal aprovou parecer ao Projeto de Lei n. 267/2017, que retoma a redação original do art. 844 da CLT, sobre a assistência judiciária gratuita aos trabalhadores, também por considerar que a "Reforma Trabalhista" restringiu o acesso à justiça[37].

Assim, espera-se que o Supremo Tribunal Federal, em observância à Constituição e coerente com a sua própria jurisprudência, declare a inconstitucionalidade dos dispositivos da "Reforma Trabalhista" que impõem restrição ao acesso à Justiça do Trabalho aos trabalhadores. Que seja fiel, em relação às garantias do art. 5º, XXXV e LXXIV, da Constituição, ao *princípio da máxima efetividade*, pelo qual:

> (...) a uma norma deve ser atribuído o sentido que maior eficácia lhe dê. É um princípio operativo em relação a todas e quaisquer normas constitucionais, e embora a sua origem esteja ligada à tese da actualidade das normas programáticas (Thoma), é hoje sobretudo invocado no âmbito dos direitos fundamentais (*no caso de dúvida deve preferir-se a interpretação que reconheça maior eficácia aos direitos fundamentais*).[38]

---

(36) Disponível em: https://www.conjur.com.br/dl/voto-fachin-reforma-trabalhista.pdf. Acesso em: 14 set. 2020.

(37) Disponível em: https://economia.uol.com.br/empregos-e-carreiras/noticias/redacao/2019/05/23/comissao-senado-reforma-trabalhista-justica-trabalho-gratuita.htm. Acesso em: 26 maio 2019.

(38) CANOTILHO, José Joaquim Gomes. *Direito constitucional e teoria da Constituição*. 3. ed. Coimbra: Almedina, 1999. p. 1.149.

E, para além disso, espera-se que o Supremo Tribunal Federal promova controle de convencionalidade em relação aos dispositivos da Consolidação das Leis do Trabalho que violam não só a Convenção Americana de Direitos Humanos, como também a jurisprudência da Corte Interamericana de Direitos Humanos.

2. Devido processo legal e acesso à justiça na Convenção Americana de Direitos Humanos e na jurisprudência da Corte Interamericana de Direitos Humanos

O Brasil deve cumprir a Convenção Americana de Direitos Humanos, entre outros instrumentos internacionais, estando sujeito também à jurisprudência da Corte Interamericana de Direitos Humanos, já que formalizou sua aceitação à jurisdição internacional da Corte em 1998, com a aprovação pelo Congresso Nacional da Mensagem Presidencial n. 1.070, por meio do Decreto Legislativo n. 89, transmitida ao secretário-geral da OEA.

A Corte Interamericana, no exercício de sua função contenciosa, aplica e interpreta a Convenção Americana e, quando um caso é submetido a sua jurisdição, tem a faculdade de declarar a responsabilidade internacional de um Estado Parte na Convenção por violação de suas disposições.

O art. 63.1 da Convenção Americana reflete uma norma consuetudinária que constitui um dos princípios fundamentais do direito internacional contemporâneo sobre a responsabilidade dos Estados. Desta maneira, ao ocorrer um fato ilícito imputável a um Estado, surge de imediato a responsabilidade internacional deste pela violação da norma internacional de que se trata, com o consequente dever de reparação e de fazer cessar as consequências da violação.

A reparação do dano ocasionado pela infração de uma obrigação internacional requer, sempre que seja possível, a plena restituição (*restitutio in integrum*), que consiste no restabelecimento da situação anterior à violação. Caso isso não seja possível, cabe ao Tribunal internacional determinar uma série de medidas para que, além de garantir o respeito dos direitos infringidos, sejam reparadas as consequências das infrações e estabelecido o pagamento de uma indenização como compensação pelos danos ocasionados ou outras modalidades de satisfação. A obrigação de reparar, que se regulamenta em todos os aspectos (alcance, natureza, modalidades e determinação dos beneficiários) pelo direito internacional, não pode ser modificada ou descumprida pelo Estado obrigado, mediante a invocação de disposições de seu direito interno.

As reparações, como indica o termo, consistem nas medidas destinadas a fazer desaparecer os efeitos das violações cometidas. Sua natureza e seu montante dependem do dano provocado nos planos material e imaterial. As reparações não podem implicar o enriquecimento nem o empobrecimento da vítima ou seus sucessores.

Em sede de direitos fundamentais, interpreta-se sempre a favor da pessoa (princípio *pro homine*) e a norma específica só pretere a norma geral quando for mais benéfica(39).

Pela análise evolutiva da jurisprudência da Corte Interamericana de Direitos Humanos, observa-se que o direito de acesso à justiça tem sido garantido com base nos seguintes dispositivos da Convenção Americana de Direitos Humanos:

> Art. 1.1. Obrigação de respeitar os direitos. Os Estados Partes nesta Convenção comprometem-se a respeitar os direitos e liberdades nela reconhecidos e a garantir seu livre e pleno exercício a toda pessoa que esteja sujeita à sua jurisdição, sem discriminação alguma por motivo de raça, cor, sexo, idioma, religião, opiniões políticas ou de qualquer outra natureza, origem nacional ou social, posição econômica, nascimento ou qualquer outra condição social.
>
> Art. 2. Dever de adotar disposições de direito interno. Se o exercício dos direitos e liberdades mencionados no art. 1 ainda não estiver garantido por disposições legislativas ou de outra natureza, os Estados Partes comprometem-se a adotar, de acordo com as suas normas constitucionais e com as disposições desta Convenção, as medidas legislativas ou de outra natureza que forem necessárias para tornar efetivos tais direitos e liberdades.
>
> Art. 8.1. Garantias judiciais. Toda pessoa tem direito a ser ouvida, com as devidas garantias e dentro de um prazo razoável, por um juiz ou tribunal competente, independente e imparcial, estabelecido anteriormente por lei, na apuração de qualquer acusação penal formulada contra ela, ou para que se determinem seus direitos ou obrigações de natureza civil, trabalhista, fiscal ou de qualquer outra natureza.
>
> Art. 25.1. Proteção judicial. Toda pessoa tem direito a um recurso simples e rápido ou a qualquer outro recurso efetivo, perante os juízes ou tribunais competentes, que a proteja contra atos que violem seus direitos fundamentais reconhecidos pela constituição, pela lei ou pela presente Convenção, mesmo quando tal violação seja cometida por pessoas que estejam atuando no exercício de suas funções oficiais.(40)

No caso *Castillo Paez* vs. *Peru*, a sentença datada de 3 de novembro de 1997, concluiu que houve afronta ao art. 25 da Convenção, pois tal dispositivo obriga o Estado a prover um recurso efetivo perante os juízes ou tribunais nacionais competentes, assim como o art. 1.1, a observância aos direitos previstos na Convenção Americana de Direitos Humanos. Do mesmo modo, a Corte Interamericana definiu a vinculação entre o disposto no art. 25 e no art. 1.1 da Convenção Americana de Direitos Humanos, pontuando a importância do cumprimento da obrigação de investigar e punir como elementos essenciais para a garantia do respeito aos direitos humanos(41).

---

(39) DRNAS DE CLÉMENT, Zlata. La complejidad del principio pro homine. In: Jurisprudencia Argentina, Buenos Aires, número especial, fascículo n. 12, p. 98-111, mar. 2015. Jurisprudência: Corte IDH, Opinión Consultiva OC-6/86, "La expresión 'leyes" en el artículo 30 de la Convención Americana de Derechos Humanos", del 9 mayo de 1986, Serie A, n. 6, parágrafo 37.

(40) Disponível em: https://www.cidh.oas.org/basicos/portugues/c.convencao_americana.htm. Acesso em: 14 set. 2020.

(41) Disponível em: https://www.corteidh.or.cr/docs/casos/articulos/seriec_34_esp.pdf. Acesso em: 14 set. 2020. Tradução dos autores.

Em 30 de maio de 1999, no caso *Castillo Petruzzi* vs. *Peru*, observa-se a construção de um liame normativo entre os dispositivos convencionais mencionados no caso *Castillo Paez* vs. *Peru*, porém, com menção à violação ao art. 2, assentando que os Estados não podem ditar medidas que violem os direitos e liberdades reconhecidos na Convenção e que, ainda que a medida não tenha sido aplicada ao caso concreto, reconhece-se a existência do descumprimento do dever internacional de respeito aos direitos (1.1). Sobre a aplicação do art. 25 da Convenção, a CIDH asseverou que a inexistência de recurso efetivo contra as violações a direitos reconhecidos na Convenção constitui transgressão ao referido diploma internacional e, nesse sentido, deve-se ter em conta que, para que tal recurso exista, não basta que esteja previsto na Constituição ou na lei interna, exigindo-se que seja realmente idôneo para identificar as violações e apto para resolvê-las. Ademais, ao tratar sobre a violação ao art. 8.1 da Convenção, a Corte estabeleceu vínculo indissociável entre o devido processo legal, com respeito às garantias judiciais e ao acesso à justiça[(42)].

No caso *Barrios Alto vs. Peru*, na sentença de 14 de março de 2001, a Corte ressalta a inter-relação existente entre os art. 8 e 25 e os art. 1.1 e 2. A Corte enfatiza que, considerando as obrigações gerais consagradas nos art. 1.1 e 2 da Convenção Americana, os Estados Parte têm o dever de tomar as providências de toda índole para que ninguém seja subtraído da proteção judicial e do exercício de um recurso rápido e eficaz, nos termos dos art. 8 e 25 da Convenção. No caso, importante destacar, ainda, que a CIDH assentou que o Estado violou a Convenção Americana em razão da promulgação das leis de anistia, que são incompatíveis com os termos da Convenção e, portanto, que "carecem de efeitos jurídicos"[(43)].

Na sentença do dia 2 de fevereiro de 2001, do caso *Baena Ricardo e outros* vs. *Panamá*, no qual 270 trabalhadores foram arbitrariamente dispensados depois de participarem de manifestação por reclamos laborais, a Corte analisou conjuntamente as violações aos art. 1.1, 2, 8.1 e 8.2 e 25 da Convenção Americana de Direitos Humanos, reconhecendo-as. Nas suas conclusões, a Corte afirma que, embora o art. 8º da Convenção tenha como título "Garantias Judiciais", sua aplicação não se limita aos recursos judiciais em sentido estrito, abrangendo o conjunto de requisitos que devem ser observados nas instâncias processuais. Nesta decisão, a Corte relaciona o art. 8 ao devido processo legal e o art. 25 a um recurso efetivo. No referido caso, a Corte deixou claro que o direito de ingresso em juízo deve abranger o direito à Justiça, assinalando a ineficácia dos recursos internos e evidenciando

(42) Disponível em: https://www.corteidh.or.cr/docs/casos/articulos/Seriec_52_esp.pdf. Acesso em: 14 set. 2020. Tradução dos autores.

(43) Disponível em: https://www.cnj.jus.br/wp-content/uploads/2016/04/092b2fec1ad5039b26ab5f98c3f92118.pdf. Acesso em: 14 set. 2020.

que os Tribunais não observaram o devido processo legal, nem o direito a um recurso efetivo para solucionar o problema da despedida ilegal dos trabalhadores"[(44)].

O caso *Hilaire, Constantine y Benjamin y otros vs. Trinidad y Tobago*, cuja sentença data de 21 de junho de 2002, traz reflexões importantes sobre o devido processo legal, elemento que a Corte consagra como indissociável do direito de acesso à justiça. Entre os diversos dispositivos convencionais, a Comissão alegou afronta ao art. 25 e ao art. 8.1, em conjunto com o art. 1.1 e art. 2, pela falta de amparo judicial em um prazo razoável, desobediência ao direito às garantias judiciais e ao direito à proteção judicial. A Comissão também assinalou que houve violação dos mencionados dispositivos por não ter o Estado concedido às vítimas assistência advocatícia gratuita e que o recurso constante da legislação era ilusório, já que as partes não podiam exercitá-lo livremente[(45)].

No caso *Cantos vs. Argentina*, com sentença datada de 28 de novembro de 2002, a Corte analisa, já de forma mais direta, o direito de acesso à justiça, fazendo menção expressa a esta garantia e vinculando sua fonte normativa aos art. 1.1, 8 e 25 da Convenção. Na decisão, houve ampliação do alcance do art. 8, por violação da duração razoável do processo e não concessão de assistência judiciária, reconhecendo-se a imposição injustificada e de forma desproporcional, dos gastos relativos à causa, em prejuízo do acesso à justiça, previsto no art. 25 da Convenção. Entre os pedidos de condenação requeridos pela Comissão, encontravam-se as violações aos art. 1.1, 8 e 25 da Convenção, além de referência ao direito à justiça (artigo XVIII) e ao direito de petição (artigo XXIV) previstos na Declaração Americana de Direitos e Deveres do Homem. No caso, a Corte, de forma expressa, depois de transcrever os textos dos art. 8, 1.1 e 25, afirma que tais dispositivos "*são a fonte normativa do direito de acesso à Justiça*"[(46)].

Nessa decisão, entende a Corte que do art. 8 se depreende que os Estados não devem interpor obstáculos a que as pessoas demandem perante juízes ou tribunais em busca da proteção dos seus direitos. Qualquer norma ou medida de ordem interna que imponha custas ou dificulte o acesso dos indivíduos aos tribunais e não esteja justificada por razões de necessidade de administração da justiça, entende-se contrária ao art. 8.1 da Convenção. Considerando o direito ao acesso à justiça, uma das maiores preocupações da Corte é com a existência de barreiras econômicas que, na prática, imponham obstáculos à efetividade desse direito. No caso, tanto houve menção como excessiva da fixação de percentual de honorários advocatícios sobre o valor da causa quanto como violador do acesso à justiça o temor do cidadão de se ver obrigado a pagar somas desproporcionais

(44) Disponível em: https://www.corteidh.or.cr/docs/casos/articulos/Seriec_72_esp.pdf. Acesso em: 14 set. 2020. Tradução dos autores.

(45) Disponível em: https://www.corteidh.or.cr/docs/casos/articulos/Seriec_94_esp.pdf. Acesso em: 14 set. 2020. Tradução dos autores.

(46) Disponível em: https://www.corteidh.or.cr/docs/casos/articulos/seriec_97_esp.pdf. Acesso em: 14 set. 2020.

ou excessivas em relação ao processo, sobretudo quando há a possibilidade de execução forçada com a penhora de bens para o referido pagamento[(47)].

Consoante se vê, o referido caso analisado pela Corte Interamericana de Direitos Humanos pode perfeitamente inspirar o julgamento da ADI n. 5.766, no âmbito do Supremo Tribunal Federal, não só pela imposição do recolhimento de custas processuais, como também e, principalmente, em razão do temor do trabalhador de arcar com os custos do processo e, o que é pior, de ter descontadas as despesas processuais do crédito trabalhista, reconhecido judicialmente e que detém natureza alimentar e impenhorável. Em assim entendendo, além de retomar a forma normativa da Constituição, o Supremo Tribunal Federal evitará novas condenações do Brasil no âmbito da Corte Interamericana de Direitos Humanos.

3. Condenações do Brasil pela Corte e pela Comissão Interamericana de Direitos Humanos pelo desrespeito ao devido processo legal e ao acesso à Justiça, segundo a Convenção Americana de Direitos Humanos

Em julho de 2006, houve a primeira condenação formal da história do país pela Corte Interamericana de Direitos Humanos, no caso Damião Ximenes Lopes *vs*. Brasil, pela violação dos art. 4 (Direito à vida), 5 (Direito à integridade e pessoal), 8 (Garantias judiciais) e 25 (Proteção judicial), todos em consonância com a obrigação disposta no art. 1.1 (Obrigação de respeitar os direitos contidos no Pacto San José da Costa Rica), tendo em vista as flagrantes dificuldades de acesso à justiça no plano interno, por causa da absoluta ausência de investigação e impunidade dos responsáveis pela morte de Damião Ximenes Lopes em hospital psiquiátrico público[(48)].

No âmbito da referida Convenção, as obrigações constantes dos art. 1.1 e 2 constituem a base para a determinação de responsabilidade internacional de um Estado. O art. 1.1 da Convenção atribui aos Estados Partes os deveres fundamentais de respeitar e de garantir os direitos, de tal modo que todo desrespeito aos direitos humanos reconhecidos na Convenção que possa ser atribuído, segundo as normas do direito internacional, à ação ou omissão de qualquer autoridade pública, constitui fato imputável ao Estado, que compromete sua responsabilidade nos termos dispostos na mesma Convenção. Por sua vez, o dever geral do art. 2 da Convenção Americana implica a adoção de medidas em duas vertentes. Por um lado, a supressão das normas e práticas de qualquer natureza que impliquem violação das garantias previstas na Convenção e, por outro, a expedição de normas e o desenvolvimento de práticas que levem à efetiva observância dessas garantias.

---

(47) Disponível em: https://www.corteidh.or.cr/docs/casos/articulos/seriec_97_esp.pdf. Acesso em: 14 set. 2020.

(48) Disponível em: https://www.corteidh.or.cr/docs/casos/articulos/seriec_149_por.pdf. Acesso em: 14 set. 2020.

Para a realização dessa análise, como foi exposto, a Corte considera que, de acordo com a Convenção Americana, os Estados Partes estão obrigados a proporcionar recursos judiciais efetivos às vítimas de violações dos direitos humanos (art. 25), os quais devem observar as regras do devido processo legal (art. 8.1).

As mesmas interpretações foram adotadas em outros casos brasileiros.

A Comissão Interamericana de Direitos Humanos condenou o Brasil no caso de Simone André Diniz, que foi vítima de discriminação racial, por violação do direito à igualdade perante a lei, à proteção judicial e às garantias judiciais, art. 24, 25 e 8 da Convenção Americana e dos art. 1.1 e 2 do referido diploma. A decisão foi a primeira relativa ao tema(49).

No dia 20 de outubro de 2016, o Brasil foi condenado pela Corte Interamericana de Direitos Humanos no caso dos Trabalhadores da Fazenda Brasil Verde, em razão da escravização reiterada de trabalhadores, sem qualquer punição ao Estado brasileiro. Na sentença, houve a consideração de discriminação estrutural histórica, tendo em vista a maior vulnerabilidade dos trabalhadores e a posição econômica das vítimas, em face do déficit de escolaridade, da pobreza e da ausência de empregos. A CIDH reconheceu a obrigação positiva de se investigar e punir as violações da Convenção Americana de Direitos Humanos (1.1) e a violação do direito de acesso à justiça, com base nos art. 8.1 e 25 do Pacto de São José da Costa Rica(50).

Essa constatação, bem a propósito, demonstra claramente a característica da *interdependência* dos direitos humanos fundamentais: a par de definir o conteúdo e o alcance da garantia de pleno acesso à justiça e de realçar a sua importância para a efetividade dos demais direitos previstos na Convenção Americana de Direitos Humanos, a Comissão e a Corte Interamericana de Direitos Humanos têm reiteradamente manifestado que a plenitude do acesso à jurisdição imbrica-se, em relação de recíproca necessidade, com o direito à igualdade perante a lei e com o dever de não discriminação. Se tais normas-princípios são mandados de otimização (ALEXY(51)), não será possível avançar na sua concreta realização com estratégias isoladas; ao revés, será imprescindível promovê-los todos, com estratégias combinadas que não desconheçam a sua sinergia. Em termos ideais, a garantia judicial de apreciação da violação dos direitos mediante recursos efetivos pressupõe *isonomia formal e material, paridade de armas* e *acesso não discriminatório*. Qualquer reforma legislativa que ofereça maiores dificuldades de acesso a determinada coletividade — como a de trabalhadores — em detrimento dos demais grupos sociais,

(49) Disponível em: http://pfdc.pgr.mpf.mp.br/temas-de-atuacao/Discriminacao/sobras/documentos-tecnicos-de-outros-orgaos/RELATORIO%20N%2066-06.pdf. Acesso em: 14 set. 2020.

(50) Disponível em: https://www.corteidh.or.cr/docs/casos/articulos/seriec_318_por.pdf. Acesso em: 14 set. 2020.

(51) ALEXY, Robert. *Theorie* **der** *grundrechte*. 3. Aufl. Frankfurt am Main: Suhrkamp, 1996. p. 125 e ss.

afasta-se, iniludivelmente, do conteúdo convencional de proteção que a jurisprudência da CIDH vem construindo.

4. Considerações finais

Uma das principais garantias constitucionais do processo é a possibilidade de livre acesso ao Poder Judiciário para a dedução de pretensões materiais. Trata-se do direito fundamental à inafastabilidade da jurisdição, em relação a qualquer lesão ou ameaça de direito que, na perspectiva da pessoa humana, apresente-se e mereça ser arrostada. No caso brasileiro, está inserta no inciso XXXV do art. 5º da Constituição da República. Em paralelo às suas obrigações constitucionais, outrossim, o Brasil deve cumprir a Convenção Americana de Direitos Humanos – entre outros instrumentos internacionais —, sujeitando-se à jurisprudência da Corte Interamericana de Direitos Humanos.

A jurisprudência da Corte Interamericana de Direitos Humanos, sobre o conteúdo da garantia de acesso à justiça, vem sendo gradativamente assentada em torno dos art. 1.1, 2, 8 e 25 da Convenção Americana de Direitos Humanos. A satisfação do direito à tutela jurisdicional efetiva exige mais do que o procedimento legalmente instituído e mais do que igualdade de oportunidades para o acesso à justiça; exige um procedimento legítimo e democrático, em que sejam observados os princípios constitucionais e se garanta a adequada participação das partes no resultado do processo (cooperação processual).

Nessa alheta, a força normativa da Constituição de 1988 ganha reforço à luz do Pacto de San José da Costa Rica, de modo que o acesso à justiça seja compreendido em suas múltiplas dimensões: para além da mera garantia de ingresso em juízo (ou da simples admissão processual), deve-se reconhecê-lo como um direito humano fundamental, apto a assegurar o pleno acesso à ordem jurídica justa, sob balizas principiológicas que lhe dão sortimento — porque são muitas as suas implicações concretas —, forma e conteúdo.

E, com efeito, a Corte Interamericana de Direitos Humanos vincula o conteúdo convencional da garantia judicial de apreciação da violação dos direitos — ou, diremos nós, garantia de pleno acesso à justiça — à paridade de armas e à existência de recursos efetivos. Se é assim e se o Brasil está comprometido internacionalmente com a prevalência dos direitos humanos (CRFB, art. 4º, II), tal como desenhada pelos órgãos internacionais que integra (pressuposto do "Estado cooperativo", como observou o Ministro Gilmar Mendes no RE n. 466.343), então o conceito constitucional de devido processo legal (CRFB, art. 5º, LIV) inclui a assistência judiciária integral e gratuita (CRFB, art. 5º, LXXIV) na sua *mais ampla acepção*. Inadmissível, pois, qualquer interpretação "restritiva", tanto mais se calcada em razões de "análise econômica do direito" — como impropriamente insinuou fazer o Ministro Luís Roberto Barroso no voto proferido ao ensejo da ADI n. 5.766 —, quando o vetor hermenêutico, em sede de direitos humanos fundamentais, é dado pelo princípio da máxima efetividade (Canotilho) e pelo princípio *pro homine* (CIDH).

Dito de outro modo, não basta a existência formal dos recursos, exigindo-se que sejam efetivos: os "recursos" (= instrumentos processuais) previstos na legislação dos Estados Partes devem ser capazes de produzir resultados concretos em resposta às violações de direitos contemplados no Pacto de São José da Costa Rica. A existência de tal garantia constitui um dos pilares básicos do sistema de proteção instaurado pela Convenção Americana de Direitos Humanos e, mais além, do próprio Estado Democrático de Direito.

E, não por outra razão, a Corte Interamericana considera violação do acesso à justiça exigir o pagamento de valores excessivos ao cidadão para iniciar uma postulação judicial, o mesmo ocorrendo quando, embora haja a dispensa inicial de pagamento de valores, há o temor do cidadão de ser obrigado, em caso de derrota judicial, a pagar valores exorbitantes ao Estado pelo uso do Judiciário, mormente quando há o risco de perda de seus bens para pagamento dessas despesas. O entendimento da Corte nesse tema já se consolidou no sentido de que o direito de acesso à justiça não se perfaz com a simples existência de previsão legal de acesso aos órgãos judiciários, se esse acesso é obstaculizado por barreiras econômicas insuperáveis.

Como fundamento do Estado de Direito e postulado básico da proteção do ser humano, a garantia do acesso à justiça é ponto crucial para a consolidação de um regime democrático e de justiça social no continente americano. Afinal, sem a sua consagração, todos os demais direitos não passarão de meras disposições formais, destituídos de exigibilidade. Por isso mesmo, em inúmeros julgados, a CIDH exalta esse direito fundamental e manifesta a construção, tecida ao longo dos anos, de um alcance conceitual e normativo que extrapola a sua literalidade, afastando óbices de ordem econômica a fim de que esse acesso seja densificado em favor de quem dele necessita. De modo coerente, os Estados Partes devem eliminar os entraves econômicos que acaso existam, com vista à facilitação do acesso à justiça; e não, ao revés, criar normas de caráter discriminatório com o único propósito de inibir o ajuizamento de reclamações trabalhistas.

A "Reforma Trabalhista" brasileira completou três anos de vigência com a imposição de barreiras econômicas ao acesso à justiça. Seus resultados deletérios já são sentidos, precisamente nas estatísticas de acesso à jurisdição, sem que absolutamente se possa afirmar que as ações não ajuizadas eram todas "temerárias". Considerando que compete ao Supremo Tribunal Federal a guarda da Constituição, espera-se o restabelecimento da sua força normativa e a coerência com a sua própria jurisprudência (afinal, a palavra da vez, no Excelso Pretório, tem sido justamente "colegialidade"): que se eliminem os efeitos jurídicos nefastos dos dispositivos da CLT que prejudicam ou inibem o ingresso ao Judiciário trabalhista.

Por fim, é curial recuperar, para esse tema, a máxima de Ruth Bader GINSBURG (a quem dedicamos, neste ensejo, a nossa homenagem póstuma): "*Real change, enduring change, happens one step at a time*". Se é assim, impende sempre caminhar *adiante.* O Parlamento, mal-informado, quis retroceder. O que quer a Constituição?

Referências

ALEXY, Robert. *Theorie der grundrechte*. 3. Aufl. Frankfurt am Main: Suhrkamp, 1996.

CANOTILHO, José Joaquim Gomes. *Direito constitucional e teoria da Constituição*. 3. ed. Coimbra: Almedina, 1999.

CAPPELLETTI, Mauro; GARTH, Bryant. *Acesso à justiça*. Trad. Ellen Gracie Northfleet, Porto Alegre: Sérgio Antônio Fabris, 1988.

CARDOSO, Adalberto Moreira. *A década neoliberal e a crise dos sindicatos no Brasil*. São Paulo: Boitempo, 2003.

CARTA DA ORGANIZAÇÃO DOS ESTADOS AMERICANOS. Disponível em: https://www.oas.org/dil/port/tratados_A-41_Carta_da_Organiza%C3%A7%C3%A3o_dos_Estados_Americanos.htm. Acesso em: 14 set. 2020.

CINTRA, Antonio Carlos de Araújo; GRINOVER, Ada Pellegrini; DINAMARCO, Cândido Rangel. *Teoria geral do processo*. 26. ed. São Paulo: Malheiros.

CONVENÇÃO AMERICANA DE DIREITOS HUMANOS. Disponível em: https://www.cidh.oas.org/basicos/portugues/c.convencao_americana.htm. Acesso em: 11 set. 2020.

DECLARAÇÃO AMERICANA DOS DIREITOS E DEVERES DO HOMEM. Disponível em: http://pfdc.pgr.mpf.mp.br/atuacao-e-conteudos-de-apoio/legislacao/direitos-humanos/declar_dir_dev_homem.pdf. Acesso em: 11 set. 2020.

DRNAS DE CLÉMENT, Zlata. La complejidad del principio pro homine. In: *Jurisprudencia Argentina*, número especial, Buenos Aires, fascículo n. 12, p. 98-11, mar. 2015. Jurisprudência: Corte IDH, Opinión Consultiva OC-6/86, "La expresión 'leyes" en el artículo 30 de la Convención Americana de Derechos Humanos", del 9 mayo de 1986, serie A, n. 6, parágrafo 37.

FELICIANO, Guilherme Guimarães. *Por um processo realmente efetivo:* tutela processual de direitos humanos fundamentais e inflexões do *due process of law*. São Paulo: LTr, 2016.

LIMA, Carlos Eduardo de Azevedo et al. *Hermenêutica Infraconstitucional da Lei n. 13.467/2017* — Reforma Trabalhista. Brasília: Movimento, 2018.

MARINONI, Luiz Guilherme. *Curso de processo civil*. 3 ed. São Paulo: RT. v. 1 – Teoria Geral do Processo, 2008.

PAIXÃO, Cristiano. O acesso à justiça como garantia institucional: inconstitucionalidade da Reforma Trabalhista. In: HONÓRIO, Cláudio; VIEIRA, Paulo Joarês; PINTO, Cristiano Otávio Paixão Araújo (Orgs.). *Em defesa da Constituição:* primeiras impressões do Ministério Público do Trabalho sobre a Reforma Trabalhista. Brasília: Movimento, 2018.

SANTOS, Boaventura de Sousa. Introdução à sociologia da administração da justiça. In: FARIA, José Eduardo; SANTOS, Boaventura de Sousa. *Direito e justiça:* a função social do Judiciário. São Paulo: Ática, 1989.

Decisões e *sites* consultados

https://www.redebrasilatual.com.br/trabalho/2019/01/numero-de-processos-trabalhistas-despenca-em-2018/. Acesso em: 25 maio 2019.

https://valor.globo.com/brasil/noticia/2020/01/04/numero-de-novas-acoes-trabalhistas-cai-32percent-dois-anos-apos-reforma.ghtml. Acesso em: 08 jul. 2020.

https://www.conjur.com.br/2020-jan-06/custas-perdedor-derrubam-novas-acoes-trabalhistas. Acesso em: 08 jul. 2020.

http://www.stf.jus.br/portal/cms/verNoticiaDetalhe.asp?idConteudo=385353. Acesso em: 14 set. 2020.

http://www.tribunadonorte.com.br/noticia/a-reforma-diminuiu-aa-a-es-trabalhistas-em-mais-de-50-a/407294. Acesso em: 08 jul. 2020.

https://www.camara.leg.br/internet/sitaqweb/TextoHTML.asp?etapa=11&nuSessao=0272/17. Acesso em: 08 jul. 2020.

https://www.conjur.com.br/2015-set-15/40-acoes-trabalhistas-tratam-verbas-rescisorias. Acesso em: 14 maio 2018.

https://stj.jusbrasil.com.br/jurisprudencia/859730172/recurso-especial-resp-1817845-ms-2016-0147826-7/inteiro-teor-859730182?ref=serp. Acesso em: 14 set. 2020.

https://www.jurisway.org.br/v2/sumula.asp?pagina=1&idarea=1&idmodelo=37422. Acesso em: 14 set. 2020.

https://www.conjur.com.br/dl/ementa-voto-barroso-custas-processos.pd. Acesso em: 08 jul. 2020.

https://www.conjur.com.br/dl/voto-fachin-reforma-trabalhista.pdf. Acesso em: 14 set. 2020.

https://economia.uol.com.br/empregos-e-carreiras/noticias/redacao/2019/05/23/comissao-senado-reforma-trabalhista-justica-trabalho-gratuita.htm. Acesso em: 26 maio 2019.

https://migalhas.uol.com.br/quentes/334864/stj--salario-de-devedor-pode-ser-penhorado-para-pagamento-de-honorarios-se-nao-comprometida-subsistencia. Acesso em: 14 out. 2020.

https://www.corteidh.or.cr/docs/casos/articulos/seriec_34_esp.pdf. Acesso em: 14 set. 2020.

https://www.corteidh.or.cr/docs/casos/articulos/Seriec_52_esp.pdf. Acesso em: 14 set. 2020.

https://www.cnj.jus.br/wp-content/uploads/2016/04/092b2fec1ad5039b26ab5f98c3f92118.pdf. Acesso em: 14 set. 2020.

https://www.corteidh.or.cr/docs/casos/articulos/Seriec_72_esp.pdf. Acesso em: 14 set. 2020.

https://www.corteidh.or.cr/docs/casos/articulos/Seriec_94_esp.pdf. Acesso em: 14 set. 2020.

https://www.corteidh.or.cr/docs/casos/articulos/seriec_97_esp.pdf. Acesso em: 14 set. 2020.

https://www.corteidh.or.cr/docs/casos/articulos/seriec_97_esp.pdf. Acesso em: 14 set. 2020.

https://www.corteidh.or.cr/docs/casos/articulos/seriec_149_por.pdf. Acesso em: 14 set. 2020.

http://pfdc.pgr.mpf.mp.br/temas-de-atuacao/Discriminacao/sobras/documentos-tecnicos-de-outros-orgaos/RELATORIO%20N%2066-06.pdf. Acesso em: 14 set. 2020.

https://www.corteidh.or.cr/docs/casos/articulos/seriec_318_por.pdf. Acesso em: 14 set. 2020.

Meio Ambiente do Trabalho, Direitos Fundamentais e Boas Práticas Corporativas (Emprego e Empregabilidade)

Camila Franco Lisboa Coelho[(1)]

Introdução

A Constituição Federal de 1988 tem como vértice o princípio da dignidade humana (art. 1º, III), cujo ideal repercute em todos os ramos do direito, sobretudo, no laboral, para garantir que todos os trabalhadores tenham preservados os seus direitos fundamentais, sem os quais não é possível falar em trabalho digno.

De fato, ao prestar serviços em benefício de outrem, o trabalhador não se despoja de sua condição humana. Nesse contexto, ganha relevo a teoria da eficácia horizontal dos direitos fundamentais nas relações de trabalho, como forma, inclusive, de conformar o exercício do poder-dever diretivo do empregador, na medida em que o trabalho deve ser desempenhado sob a perspectiva da dignidade humana e não somente da aferição de lucro a qualquer custo por parte daquele que explora a atividade econômica.

Com base nessas premissas, o objeto do presente artigo é analisar em que medida o meio ambiente do trabalho se constitui como condição protetiva da relação de trabalho, tutelado por princípios e normas específicos, estabelecidos não somente no ordenamento jurídico interno, mas também no plano internacional.

Partindo-se do estudo de *Rogers* vs. *EEOC*, caso de destaque na jurisprudência norte-americana, que contou com o mérito de fixar importantes premissas que ecoam até os dias de hoje, intenta-se perquirir acerca da necessidade, ou não, de que o ato nocivo

---

(1) Juíza do Trabalho no TRT da 2ª Região. Mestre em Direito do Trabalho e da Seguridade Social pela Universidade de São Paulo – USP. Graduação em Direito pela Pontifícia Universidade Católica de São Paulo – PUC/SP.

ao meio ambiente laboral, praticado pelo empregador, seja eivado de intencionalidade para que justifique a intervenção judicial no sentido de responsabilizá-lo pelos eventuais danos causados ao empregado.

Busca-se investigar, ainda, qual é a abrangência do conceito de meio ambiente de trabalho e se o ato discriminatório praticado pelo empregador que não atinge aspectos "econômicos" ou "tangíveis" do contrato de trabalho, mas cria um ambiente laboral hostil, é passível de censura e enseja o cabimento de reparação por eventuais danos sofridos.

Nesse ponto, cabe uma ressalva antes de seguir adiante. Não há dúvidas de que a normatividade jusambiental se aplica a todos os trabalhadores e não somente àqueles regidos por contratos formais de emprego. A propósito, a Convenção n. 155 da Organização Internacional do Trabalho, que dispõe sobre a segurança e a saúde dos trabalhadores e foi ratificada pelo Brasil e promulgada pelo Decreto n. 1.254/1994, estabelece, em seus art. 1º e 2º, que as normas ali elencadas se aplicam a *todos* os trabalhadores, de *todas* as áreas econômicas.

Assim, eventuais referências aos termos "empregado" e "empregador" feitas no decorrer do texto não representam qualquer restrição das análises e conclusões aqui propostas aos trabalhadores contratados sob a modalidade de emprego, sem se olvidar, contudo, que em tais circunstâncias, em que a subordinação jurídica é presente e o poder-dever diretivo se impõe, é ainda mais evidente a incidência da normatividade jusambiental e, por via de consequência, a responsabilidade civil labor-ambiental do empregador.

Em seguida, pretende-se expor as bases que conferem sustentação à defesa dos direitos fundamentais à saúde do trabalhador e ao meio ambiente laboral equilibrado, tanto no plano interno quanto no plano internacional.

O escopo do presente artigo é, portanto, lançar luzes sobre as práticas corporativas boas e justas, que não afetem o ambiente laboral de forma nociva e não causem danos aos trabalhadores, pois a sociedade evoluiu ao longo dos anos e não pode mais se contentar com a garantia, pura e simples, do direito fundamental ao trabalho, estando implícita a necessidade de que este trabalho seja *qualificado*: decente, adequado e seguro.

Finalmente, propõe-se refletir em que medida a organização e as condições de trabalho integram o patrimônio do trabalhador tutelado juridicamente, ensejando a responsabilização civil labor-ambiental em caso de violação dos princípios e das normas que regem a matéria.

1. O caso Rogers *vs.* EEOC

Passados mais de 50 anos desde o julgamento do caso *Rogers* vs. *EEOC* pela Corte Distrital do Texas, nos Estados Unidos, as consequências do reconhecimento judicial do meio ambiente de trabalho como uma condição protetiva do emprego permanecem até os dias de hoje. Por ocasião do referido julgamento, que ocorreu entre os anos de 1971 e 1972, foram fixadas premissas que remanescem atuais como pontos de partida para se entender a dimensão do conceito de meio ambiente laboral e a importância de sua tutela.

O caso em comento tem origem em demanda apresentada pela Sra. Josephine Chavez, empregada de uma clínica médica no Texas, perante a *Equal Employment Opportunity Commission* (EEOC), alegando a ocorrência de práticas discriminatórias por parte do empregador, em decorrência da segregação de pacientes, e gerando, como consequência, um ambiente laboral ofensivo para os empregados.

O estudo do caso indica, ainda, que a ofensa não era dirigida à trabalhadora em si. A queixa se referia à forma como o empregador distinguia os pacientes da clínica, oferecendo tratamentos diferenciados conforme a origem étnica de cada um. Por isso, houve resistência por parte da empresa, que se opôs ao trâmite da demanda perante a EEOC, sob a justificativa de que a segregação se direcionava aos pacientes e não aos empregados, não se constituindo, portanto, prática de emprego ilegal.

Antes de prosseguir com a análise do caso e a sua relevância no contexto estudado, cabem breves parênteses acerca da competência da EEOC. Nas palavras de João Renda Leal Fernandes, a EEOC é "*uma agência especializada em receber e apurar denúncias específicas de discriminação no emprego e determinadas práticas de assédio capazes de gerar um ambiente hostil*"[(2)]. Portanto, a sua competência se restringe às matérias relacionadas nas leis federais antidiscriminação e no Título VII do *Civil Rights Act* de 1964, que se tornou um marco nos direitos civis e trabalhistas nos EUA e que proíbe a discriminação com base em raça, cor, religião, sexo, nacionalidade, orientação sexual e identidade de gênero.

Voltando à análise, o referido Título VII prevê como ilícito o ato de um empregador que se recusa a contratar ou dispensar qualquer indivíduo, assim como discriminá-lo, no que se refere à remuneração, aos termos, às condições ou aos benefícios no emprego, em virtude de sua raça, cor, religião, sexo ou origem nacional.

Assim, para que a demanda fosse processada perante a EEOC, seria necessário o reconhecimento de que a segregação de pacientes é uma prática ilícita do empregador que, apesar de não dirigida diretamente aos empregados, resulta em prejuízos concretos a eles, no que diz respeito aos termos, às condições e aos privilégios do emprego, na medida em que pode criar uma atmosfera discriminatória, tornando nocivo o meio ambiente laboral.

O parecer judicial emanado pelo Tribunal Distrital do Texas foi no sentido de que a discriminação no emprego não se limita aos "eventos isolados e distintivos" de "contratação, demissão e promoção". O Título VII também pode ser violado por um ambiente

(2) FERNANDES, João Renda Leal. *O "Mito EUA"*: Um país sem direitos trabalhistas? Salvador: JusPodivm, 2021. p. 116.

de trabalho "altamente poluído com discriminação", em razão dos efeitos deletérios de tal atmosfera no bem-estar de um empregado(3).

No mesmo sentido, outra importante premissa que foi fixada no caso e, ato contínuo, repetida em diversos outros julgados, muitos deles proferidos pela Suprema Corte dos Estados Unidos, é a de que o escopo da lei que proíbe a discriminação se dirige às *consequências* da prática laboral, e não à *intenção* do empregador.

Assim, a jurisprudência norte-americana firmou-se no sentido de que, para se reconhecer uma prática laboral como injusta, é desnecessária a presença da "intenção" do empregador.

No mesmo contexto, ao julgar o caso *Griggs* vs. *Duke Power Co.* (1971), a Suprema Corte norte-americana chancelou a teoria do impacto desproporcional, que veda determinadas práticas aparentemente neutras do empregador que sejam capazes de gerar um efeito discriminatório sobre determinado grupo de pessoas.

A propósito, João Renda Leal Fernandes explica que o caso em comento envolveu:

> uma empresa da Carolina do Norte que passou a adotar a exigência de grau de escolaridade (nível médio) ou a aprovação em testes de inteligência como requisitos para promoção e admissão de empregados, conduta que comprovadamente gerou impacto adverso aos trabalhadores negros daquela localidade. Segundo o que restou decidido, para que se configure a ilicitude da conduta, não há necessidade de haver intenção de discriminar. Para a Corte, ademais, esse tipo de exigência só teria validade se houvesse alguma correlação com o trabalho desempenhado, algo não verificado no caso concreto submetido a julgamento.(4)

No mesmo pórtico, a Convenção n. 111 da OIT, que versa sobre a discriminação em matéria de emprego, tratando de questão considerada como princípio e direito fundamental no trabalho, estabelece, em seu art. 1º, que o foco da proteção é o "*efeito*" discriminatório capaz de destruir ou alterar a igualdade de oportunidade ou de tratamento em matéria de emprego ou profissão, e não a intenção de quem praticou o ato.

No Brasil, a interpretação foi a mesma quando do julgamento da Ação Direta de Inconstitucionalidade (ADI) n. 1.946, à luz da teoria do impacto desproporcional, oportunidade em que se entendeu que o limite do teto dos benefícios previdenciários

---

(3) A.A. Civil rights-fair employment practices. Recognition of working environment as a protected condition of employment. Memphis: Memphis State Law Review, 1972. In: HeinOnline, 3 Mem. *St. U. L. Rev.* 148, 1972-1973.

(4) FERNANDES, João Renda Leal. *O "Mito EUA"*: Um país sem direitos trabalhistas**?** Salvador: JusPodivm, 2021. p. 226-227.

não poderia ser aplicado ao salário-maternidade, sob pena de inconstitucionalidade, pois teria o "*efeito*" concreto de incentivar a discriminação contra a mulher no mercado de trabalho, já que acarretaria a transferência, para o empregador, da responsabilidade pelo pagamento da diferença salarial.

Para além da ausência de intenção, ressalte-se que a discriminação, para ser reconhecida, não precisa afetar aspectos "econômicos" ou "tangíveis" da relação de emprego. Nesse diapasão, decidiu a Suprema Corte norte-americana, quando do julgamento do caso *Meritor Savings Bank* vs. *Vinson* (1986), ocasião em que fixou o entendimento de que a discriminação proibida pelo Título VII se refere também ao prejuízo não econômico, como a criação de ambientes de trabalho hostis, que interferem injustificadamente no desempenho do trabalho de um indivíduo.

Consagra-se, assim, o entendimento de que o meio ambiente de trabalho equilibrado e livre de contaminação compõe o patrimônio do trabalhador tutelável juridicamente, ensejando a intervenção do Poder Judiciário em caso de violação.

2. Eficácia horizontal dos direitos fundamentais nas relações de trabalho

A análise da jurisprudência norte-americana tem absoluta relevância no contexto do presente estudo, porque nos EUA predomina até hoje a ideia de que os direitos fundamentais previstos na Constituição se destinam à tutela das relações mantidas entre os indivíduos e o Estado. São, portanto, os direitos que enquadramos como os de primeira dimensão, estabelecidos como limites ao poder estatal, sem eficácia direta ou imediata nas relações travadas entre particulares.

Assim, no sistema norte-americano, para que os direitos fundamentais relativos à liberdade e à igualdade produzam eficácia nas relações entre particulares, nas quais se incluem as relações de trabalho, é necessário que sejam veiculados expressamente por meio de leis e atos normativos, como é o caso do *Civil Rights Act* de 1964, demandando a intervenção judicial para o reconhecimento de sua violação em determinados casos concretos.

A realidade brasileira, contudo, é distinta. A Constituição Federal de 1988, em seu art. 5º, § 1º, estabelece que as normas definidoras dos direitos e das garantias fundamentais têm aplicação imediata. Significa dizer, portanto, que a pactuação de relação de trabalho, seja ela de que modalidade for, não implica renúncia aos direitos fundamentais, porque inerentes à dignidade humana. Impõe-se, assim, a eficácia horizontal dos direitos fundamentais.

A propósito, Antonio Rodrigues de Freitas Jr. ensina que, para além da eficácia mediata (não endereçada à disciplina direta e imediata das relações particulares) ou vertical (porque destinada à proteção do súdito perante o soberano, ou seja, do indivíduo perante o Estado), os direitos fundamentais possuem também eficácia imediata ou horizontal, ou seja, atingem a relação entre particulares sem a necessária interpelação pela legislação infraconstitucional. Todos devem, portanto, conformar-se com os ditames constitucionais(5).

Freitas define, assim, a eficácia imediata dos direitos fundamentais como sendo a:

> proteção de índole constitucional, qualificada como direito humano fundamental e que, por esse motivo, não apenas observa os cânones da hermenêutica constitucional, como também, por seus predicados, sobrepõe-se e até mesmo invalida outras normas, sejam elas infraconstitucionais, sejam até mesmo emanadas do poder constituinte derivado.(6)

O reconhecimento da eficácia horizontal dos direitos fundamentais nas relações entre particulares não prescinde, entretanto, da definição de critérios para a sua incidência. A ponderação é necessária, sobretudo nas relações de trabalho, pois se tem, de um lado, os direitos e deveres do empregador, em posição superior, e, de outro, os direitos e deveres dos empregados, em posição de sujeição.

É dizer, portanto, que também no âmbito das relações particulares há assimetria, desigualdade e, até mesmo, exercício de poder, como o que o empregador exerce em relação ao empregado, o que realça a importância de que sejam definidos parâmetros que legitimem, sem inviabilizar, a incidência dos direitos fundamentais em tais situações.

A doutrina elenca alguns fatores a serem utilizados como critérios para a ponderação entre direitos fundamentais aplicados nas relações mantidas entre particulares, uma vez que, para os fins do presente estudo, com foco nas relações de trabalho, propõe-se a verificação, em primeiro lugar, da existência de igualdade ou desigualdade material entre as partes envolvidas.

Deve-se analisar, ainda, se há manifesta injustiça ou falta de razoabilidade quando da resolução do conflito aparente entre direitos fundamentais e a decisão pela prevalência de um ou outro no caso concreto.

Por fim, a ponderação deve se nortear pela preferência dos valores existenciais sobre os patrimoniais, sempre à luz da dignidade humana, insculpida como fundamento da República Federativa do Brasil (art. 1º, III, da CF) e consagrada como verdadeiro vetor axiológico a orientar a nossa sociedade.

---

(5) FREITAS JR., Antonio Carlos Rodrigues de. Direitos sociais e eficácia horizontal dos direitos fundamentais: possíveis consequências práticas para o exercício do poder disciplinar do empregador. In: SÉGUIN, Elida; FIGUEIREDO, Guilherme José Purvin de (Orgs.). *Meio ambiente do trabalho.* Rio de Janeiro: GZ Verde, 2010. p. 22-29.

(6) *Op. cit.*, p. 25.

3. Direito fundamental à saúde do trabalhador e ao meio ambiente laboral equilibrado

Os direitos fundamentais consagrados constitucionalmente são numerosos e aplicáveis de maneira imediata nas relações de trabalho, mas o recorte que é feito no presente artigo se direciona ao reconhecimento da transcendência do direito fundamental à saúde, garantido a todos os indivíduos como corolário do direito à vida, em sua feição direcionada de maneira específica à pessoa do trabalhador.

Parte-se, aqui, da premissa de que a saúde do trabalhador deve ser considerada como direito humano, na medida em que a sua validade é universal, para todos os povos e todos os tempos, revelando um caráter supranacional, e como direito fundamental, visto que é reconhecida e positivada na esfera do direito constitucional brasileiro, como se verá adiante.

A análise dos ordenamentos jurídicos interno e internacional conduz à idêntica conclusão, de que o direito à saúde do trabalhador não prescinde do reconhecimento da existência do direito fundamental ao meio ambiente laboral equilibrado, como forma de viabilizar a saúde ocupacional em sua acepção integral.

A propósito do conceito de saúde, cabe salientar que a Organização Mundial da Saúde (OMS) já reconheceu, em seu documento de constituição, datado de 1946, que a acepção deve ser positiva e negativa, na medida em que a saúde é "*um estado de completo bem-estar físico, mental e social, e não somente a ausência de doença ou enfermidade*".

No âmbito laboral, portanto, reconhecer o direito à saúde do trabalhador é reconhecer, também, o direito fundamental ao meio ambiente laboral equilibrado, pois só assim será possível concretizar o completo bem-estar físico, mental e social do ser humano trabalhador.

Nas palavras de Sebastião Geraldo de Oliveira:

> Para compreender e avaliar a extensão do direito à saúde do trabalhador, é importante registrar uma questão antecedente: a valorização do trabalho, como objeto da tutela jurídica. O florescimento do direito à saúde do trabalhador é consequência desse enfoque mais dignificante do trabalho. A lei reflete o senso moral médio da sociedade e evolui em harmonia com as mudanças dos valores sociais, numa incessante e renovada procura da Justiça. O aprimoramento ético influencia, de imediato, no comportamento social, na produção legislativa, na interpretação das leis, tudo para não divorciar o mundo do Direito da realidade fática que lhe dá sustentação.[7]

(7) OLIVEIRA, Sebastião Geraldo de. *Proteção jurídica à saúde do trabalhador.* 6. ed. rev. e atual. São Paulo: LTr, 2011. p. 137-138.

Os direitos fundamentais à saúde do trabalhador e ao meio ambiente laboral equilibrado possuem, ainda, assento internacional (ou supranacional) em algumas das mais relevantes convenções da Organização Mundial do Trabalho (OIT).

A Convenção n. 148 da OIT, ratificada pelo Brasil e promulgada pelo Decreto n. 93.413/1986, dispõe sobre a contaminação do ar, ruído e vibrações. Em seus arts. 9º e 10, destaca que, em primeiro lugar, deve-se buscar a eliminação do risco e, somente quando isso não seja possível, deve-se providenciar a neutralização do agente agressivo, mediante o fornecimento de equipamentos de proteção.

No mesmo sentido, a Convenção n. 155 da OIT, também ratificada pelo Brasil e promulgada pelo Decreto n. 1.254/1994, representa um marco internacional na proteção à saúde dos trabalhadores, pois se aplica a todas as áreas da atividade econômica, conforme estabelece o seu art. 1º. O destaque deve ser feito em relação ao seu art. 3º, *"e"*, revelando a noção de que a saúde no trabalho abarca também a saúde mental, de modo que a conceituação clássica de meio ambiente laboral restrita ao local da prestação de serviços é insuficiente, pois ele representa somente uma parcela da realidade laboral. A abrangência do conceito de meio ambiente do trabalho, aliás, será mais bem explorada adiante.

Cabe a menção, ainda, à Convenção n. 161, que trata dos serviços de saúde do trabalho (Decreto n. 127/1991), e à Convenção n. 167, dispondo sobre a segurança e a saúde na construção (Decreto n. 6.271/2007).

A Convenção n. 187 da OIT, que estabelece o marco promocional para a segurança e saúde no trabalho, foi adotada pela 95ª Conferência da OIT de 2006 e se constitui, ao lado das demais convenções supracitadas, em mais um notável instrumento na promoção da saúde do trabalhador como direito fundamental de implementação progressiva pelos Estados.

Importante salientar que, em 10 de junho de 2022, na 110ª Conferência Internacional do Trabalho, os delegados aprovaram uma resolução para a inclusão da saúde e da segurança ocupacionais como quinta categoria de princípios fundamentais do trabalho, de modo que a Convenção n. 187, ao lado da Convenção n. 155, passou a ser de observância obrigatória a todos os países-membros da Organização, ainda que não as tenham ratificado.

A ideia central da Convenção n. 187 é promover a melhoria contínua da segurança e da saúde no trabalho, com a proposta de instituição de uma cultura permanente e progressiva, que estabeleça vigilância ininterrupta no ambiente laboral para alcançar reduções sistemáticas nas estatísticas de acidentes do trabalho. Corrobora, assim, a conexão indissociável entre o direito fundamental à saúde do trabalhador e o direito fundamental ao meio ambiente laboral equilibrado.

A propósito, o art. 3º do referido instrumento assegura, de maneira expressa, o direito dos trabalhadores ao meio ambiente de trabalho seguro e saudável.

A OIT estabelece, ainda, que a política pública do trabalho decente compreende a promoção do emprego produtivo e de qualidade e deve ser implementada por meio de avaliação, incentivo e acompanhamento contínuos. De fato, não basta assegurar o direito fundamental ao trabalhador, sendo indispensável a demonstração, por meio de evidências estatísticas, de que ele está sendo efetivamente fruído.

No âmbito interno, o advento da Constituição Federal de 1988 representou a quebra do paradigma até então vigente ao consagrar a proteção ao meio ambiente laboral como condição indispensável à garantia do direito fundamental à saúde e à sadia qualidade de vida, assegurando aos trabalhadores não somente um trabalho, mas um trabalho *qualificado*: seguro, adequado e decente.

Essa conclusão se extrai pelo estudo de dispositivos constitucionais que, juntos, compõem o arcabouço normativo interno que confere sustentação aos direitos fundamentais à saúde do trabalhador e ao meio ambiente laboral equilibrado.

Trata-se da análise conjunta do art. 1º, III (que elenca a dignidade da pessoa humana como fundamento da República Federativa do Brasil); art. 5º, *caput* (que assegura o direito à vida como direito fundamental); art. 6º (estabelecendo a saúde como direito social); art. 7º, *caput*, e inciso XXII (garantindo como direito dos trabalhadores urbanos e rurais a redução dos riscos inerentes ao trabalho, por meio de normas de saúde, higiene e segurança); art. 200, inciso VIII (reconhecendo de maneira expressa que o meio ambiente do trabalho compõe o meio ambiente, para fins de proteção pelo Sistema Único de Saúde); e, por fim, o art. 225, *caput* (assegurando a todos o direito ao meio ambiente equilibrado).

Para além da nomenclatura ora adotada, cabe registrar que o desígnio da proteção que se pretende analisar é referido também de outras maneiras na doutrina pátria. Encontra-se, assim, referência ao *direito fundamental à melhoria da condição socioambiental da classe trabalhadora*, admitindo-se que a Constituição Federal reconhece que o meio ambiente do trabalho integra o meio ambiente em geral, assegurando a cada trabalhador um direito de matriz jusambiental.

José Antônio Ribeiro de Oliveira Silva se refere, de maneira expressa, ao *direito fundamental à incolumidade psicofísica do trabalhador*, ressaltando a estreita relação que existe entre o direito à saúde, o direito à vida e à incolumidade física e funcional (inclusive mental e psíquica), bem como às dimensões negativa e positiva do direito à saúde, consistentes na abstenção da prática de atos que prejudiquem a saúde, atrelada ao implemento de medidas de prevenção e tratamento de doenças[(8)].

---

(8) SILVA, José Antônio Ribeiro de Oliveira. A incolumidade psicofísica do trabalhador como direito fundamental. In: FELICIANO, Guilherme Guimarães [*et al.*]. *Direito ambiental do trabalho:* apontamentos para uma teoria geral. São Paulo: LTr, 2020. v. 5.

Nas palavras do autor sobre o tema:

> Destas breves considerações se pode dessumir que a saúde do trabalhador, como espécie da saúde em geral, é um direito humano fundamental e, como tal, é inviolável, devendo ser observado rigorosamente tanto pelo empregador quanto pelo Estado em sua atividade regulatória e de fiscalização. E que quaisquer violações a esse direito fundamental, principalmente se resultado de acidente do trabalho, devem encontrar uma resposta satisfatória do sistema jurídico, pela voz interpretativa da doutrina e da jurisprudência.[9]

Respaldando a conclusão apresentada, cabe salientar que, no plano infraconstitucional, a Lei n. 8.080/1990, que é chamada de Lei Orgânica da Saúde e que regulamenta o Serviço Único de Saúde (SUS), indica de maneira bastante clara que a execução de ações de *saúde do trabalhador* está incluída no campo de atuação do SUS (art. 6º, I, *c*). O § 3º do referido artigo traz importante contribuição, na medida em que define o conceito de saúde do trabalhador nos seguintes termos:

> Entende-se por saúde do trabalhador, para fins desta lei, um conjunto de atividades que se destina, através das ações de vigilância epidemiológica e vigilância sanitária, à promoção e proteção da saúde dos trabalhadores, assim como visa à recuperação e reabilitação da saúde dos trabalhadores submetidos aos riscos e agravos advindos das condições de trabalho, abrangendo:
>
> I – assistência ao trabalhador vítima de acidentes de trabalho ou portador de doença profissional e do trabalho;
>
> II – participação, no âmbito de competência do Sistema Único de Saúde (SUS), em estudos, pesquisas, avaliação e controle dos riscos e agravos potenciais à saúde existentes no processo de trabalho;
>
> III – participação, no âmbito de competência do Sistema Único de Saúde (SUS), da normatização, fiscalização e controle das condições de produção, extração, armazenamento, transporte, distribuição e manuseio de substâncias, de produtos, de máquinas e de equipamentos que apresentam riscos à saúde do trabalhador;
>
> IV – avaliação do impacto que as tecnologias provocam à saúde;
>
> V – informação ao trabalhador e à sua respectiva entidade sindical e às empresas sobre os riscos de acidentes de trabalho, doença profissional e do trabalho, bem como os resultados de fiscalizações, avaliações ambientais e exames de saúde, de admissão, periódicos e de demissão, respeitados os preceitos da ética profissional;
>
> VI – participação na normatização, fiscalização e controle dos serviços de saúde do trabalhador nas instituições e empresas públicas e privadas;

(9) *Op. cit.*, p. 127.

> VII – revisão periódica da listagem oficial de doenças originadas no processo de trabalho, tendo na sua elaboração a colaboração das entidades sindicais; e
>
> VIII – a garantia ao sindicato dos trabalhadores de requerer ao órgão competente a interdição de máquina, de setor de serviço ou de todo ambiente de trabalho, quando houver exposição a risco iminente para a vida ou saúde dos trabalhadores (BRASIL, 1990).

Ney Maranhão defende, ainda, a existência do *direito fundamental à contínua redução dos riscos inerentes ao trabalho*, discutindo, nesse particular, sobre a monetização da saúde e da vida, em razão da previsão do pagamento de adicionais em decorrência do trabalho em condições insalubres e perigosas, por exemplo(10).

Não remanescem dúvidas, portanto, acerca da previsão normativa de sobreditos direitos. Extrai-se, ainda, sobretudo do conceito de direito fundamental ao meio ambiente laboral equilibrado e das lições de Ney Maranhão, que a conceituação atual de meio ambiente do trabalho deve ser ampla, compreendendo as condições de trabalho (interação entre o homem e o ambiente), a organização do trabalho (interação entre o homem e a técnica) e, ainda, as relações interpessoais (interação entre os homens).

Assim, Guilherme Guimarães Feliciano propõe uma abordagem sistêmica, holística e funcional do meio ambiente laboral, conceituando-o, a partir da descrição legal do art. 3º, inciso I, da Lei n. 6.938/1981 como o "*conjunto (= sistema) de condições, leis, influências e interações de ordem física, química, biológica e psicológica que incidem sobre o homem em sua atividade laboral, esteja ou não submetido ao poder hierárquico de outrem*"(11).

Imperioso registrar que a adoção do conceito em questão endossa o mérito de seu autor de propor uma noção que, para além da amplitude do ambiente laboral em si, não distingue entre trabalhadores regidos ou não pelas normas celetistas, abarcando, ainda, aqueles sem vínculo formal de emprego, enaltecendo a sua vinculação ao direito humano e fundamental à saúde do trabalhador, de caráter universal.

Ao arcabouço normativo supramencionado, robusto nos planos interno e internacional, soma-se um conjunto de vetores, denominados por Ney Maranhão como "subprincípios" labor-ambientais, entre os quais citamos a indisponibilidade da saúde do trabalhador; a contínua melhoria ambiental ou risco mínimo regressivo; a adaptação do trabalho ao trabalhador, evidenciando que a dignidade humana deve ser sempre o valor a ser perseguido; o não improviso, indicando que a mudança de cultura, com a adoção

---

(10) MARANHÃO, Ney. Direito fundamental ao equilíbrio do meio ambiente de trabalho. In: FELICIANO, Guilherme Guimarães [*et al.*]. *Direito ambiental do trabalho:* apontamentos para uma teoria geral. São Paulo: LTr, 2020. v. 5, p. 120.

(11) FELICIANO, Guilherme Guimarães. Reconhecendo a danosidade sistêmica. In: FELICIANO, Guilherme Guimarães; URIAS, João (Coords.). *Direito ambiental do trabalho:* apontamentos para uma teoria geral. São Paulo: LTr, 2013. v. 1, p. 13.

de técnicas de planejamento responsável, é o objetivo que se impõe; além do *in dubio pro ambiente*/trabalhador e da primazia da análise contextual de causalidades[(12)].

Assim, o conjunto de normas e princípios reforça a fundamentalidade do direito à saúde do trabalhador e ao meio ambiente laboral equilibrado. Além disso, contextualiza e situa o tema de maneira precisa, a fim de delimitar as características da responsabilidade civil labor-ambiental pela não observância de tais direitos no caso concreto, viabilizando a adoção das medidas necessárias à sua efetivação, além de eventuais punições cabíveis.

4. Responsabilidade civil labor-ambiental

A importância de delimitar de forma precisa as características da responsabilidade civil labor-ambiental, conforme se propõe no presente artigo, a fim de definir quais são as boas práticas corporativas a serem adotadas pelo empregador ou tomador dos serviços, sobretudo em relação ao meio ambiente de trabalho, passa, em primeiro lugar, pela necessária distinção desta em relação à responsabilidade civil objetiva pelo risco da atividade.

O art. 927, parágrafo único, do Código Civil, estabelece que "*haverá obrigação de reparar o dano, independentemente de culpa, nos casos especificados em lei, ou quando a atividade normalmente desenvolvida pelo autor do dano implicar, por sua natureza, risco para os direitos de outrem*". Trata-se de responsabilidade civil objetiva pelo risco criado, ou seja, a obrigação do empregador de indenizar está atrelada ao risco gerado pela exploração de atividades lícitas, mas perigosas.

José Affonso Dallegrave Neto ensina que quem explora atividade que enseja perigo deve assumir os riscos dela decorrentes perante a sociedade. E, a propósito do fundamento jurídico para a adoção da responsabilidade objetiva na esfera contratual trabalhista, esclarece que:

> não se encontra restrito à teoria do risco proveito, nem no conceito legal de empregador, previsto no *caput* do art. 2º da CLT. Decorre, pois, do chamado solidarismo constitucional, traduzido em seu plexo normativo-axiológico de valorização da dignidade humana e nos fundamentos da ordem econômica: função social da propriedade, primado do trabalho, proteção ao meio ambiente do trabalho e busca de pleno emprego (arts. 1º, III; 3º, I; 170 e 193 da Constituição Federal).[(13)]

(12) MARANHÃO, Ney. Direito fundamental ao equilíbrio do meio ambiente de trabalho. In: FELICIANO, Guilherme Guimarães [*et al.*]. *Direito ambiental do trabalho:* apontamentos para uma teoria geral. São Paulo: LTr, 2020. v. 5, p. 124.

(13) DALLEGRAVE NETO, José Affonso. *Responsabilidade civil no direito do trabalho*. 5. ed. São Paulo: LTr, 2014. p. 118.

Parte da doutrina sustenta, por outro lado, que a responsabilidade civil labor-ambiental tem por fundamento o disposto no art. 14, § 1º, da Lei n. 6.938/1981, segundo o qual "*é o poluidor obrigado, independentemente da existência de culpa, a indenizar ou reparar os danos causados ao meio ambiente e a terceiros, afetados por sua atividade*".

Assim, para referida corrente doutrinária, se o meio ambiente do trabalho está compreendido no meio ambiente tutelado pelo legislador constituinte, conforme estabelece o art. 200, inciso VIII, por corolário lógico, é também tutelado pela Política Nacional do Meio Ambiente instituída pela supracitada lei, aplicando-se o princípio do poluidor-pagador, nos exatos termos ali previstos.

É, pois, a noção *gestáltica* de meio ambiente humano, visto como uma totalidade organizada, indivisível, conforme ensinam as lições de Guilherme Guimarães Feliciano sobre o tema. A dimensão laboral do meio ambiente, portanto, estaria constitucionalizada e a percepção do fenômeno deveria ser sistemática e funcional, aplicando-se a normatividade jusambiental já exposta anteriormente.

Nas palavras do autor:

> Cediço, portanto, que o constituinte reconheceu a independência conceitual do meio ambiente do trabalho; mas o fez sem perder de vista a concepção integrada do meio ambiente humano como Gestalt, recolhendo aquela primeira manifestação gestáltica sob a guarida da disciplina geral do meio ambiente.(14)

A autonomia da responsabilidade civil labor-ambiental se revelaria, ainda, na existência de características próprias dessa modalidade especial de responsabilidade, elencadas, sobretudo, pela doutrina especializada.

Inicialmente, denota-se um forte viés jurídico da causalidade jurídico-normativa, admitindo, inclusive, fixações presuntivas e de probabilidades, como o Nexo Técnico Epidemiológico Previdenciário (NTEP), inclusive com relação a doenças psicossomáticas decorrentes da gestão poluidora por estresse.

Ademais, verifica-se a forte tendência de relativização das excludentes de responsabilidade, sejam elas a cláusula de não indenizar, a força maior, o fato de terceiro ou a culpa exclusiva da vítima, bem como o acentuado viés pedagógico-punitivo, reforçando a importância da dissuasão pretendida pela proteção legal, muitas vezes, refletida na fixação do *quantum* indenizatório que deve servir, inclusive, como desestímulo para práticas danosas semelhantes.

---

(14) FELICIANO, Guilherme Guimarães. Poluição labor-ambiental: conceito e aplicações. Responsabilidade civil labor-ambiental. In: FELICIANO, Guilherme Guimarães; COSTA, Mariana Benevides da (Coords.). *Curso de direito ambiental do trabalho*. São Paulo: Matrioska, 2021. p. 245-246.

Outra importante característica é extraída do art. 225, § 3º, da Constituição Federal, segundo o qual "*as condutas e atividades consideradas lesivas ao meio ambiente sujeitarão os infratores, pessoas físicas ou jurídicas, a sanções penais e administrativas, independentemente da obrigação de reparar os danos causados*", evidenciando o vínculo de solidariedade que marca a responsabilidade civil ambiental.

É dizer, a responsabilização em casos de danos causados aos trabalhadores em decorrência da poluição labor-ambiental seria, além de objetiva, também solidária, pois atingira toda a cadeia de pessoas envolvidas, sejam elas físicas ou jurídicas, inclusive poluidores indiretos.

No caso específico da relação de emprego, soma-se a tais características a circunstância de que o poder-dever diretivo (em sentido amplo e regulatório, fiscalizatório e disciplinar) sugere que são de escolha exclusiva do empregador o local e os métodos de trabalho, a distribuição dos espaços, as ferramentas e máquinas que serão utilizadas e a direção no modo da prestação dos serviços.

Tem-se, portanto, que a responsabilidade civil labor-ambiental se acentuaria no caso da relação de emprego, diante da subordinação jurídica do empregado vulnerável diante do empregador, e do elemento da alteridade, segundo o qual os riscos da atividade econômica correm por conta do empregador, à luz do disposto no art. 2º da CLT e no art. 966 do Código Civil.

5. Boas práticas corporativas e a importância da qualidade do trabalho

Expostas as premissas, o debate gira em torno de analisar o que são as boas práticas corporativas, sobretudo aquelas relacionadas ao meio ambiente de trabalho, e a importância de mantê-lo a salvo da poluição labor-ambiental, como forma de proporcionar um trabalho digno e de qualidade.

Como visto, é preciso sedimentar a concepção de que o meio ambiente do trabalho extrapola os limites do local físico onde são prestados os serviços, compreendendo também o modo de organização e as técnicas utilizadas para o desempenho do trabalho, além das interações entre todos aqueles envolvidos no trabalho, ou seja, a maneira como o trabalhador é tratado pelo empregador, tomador de serviços e pelos demais colegas de trabalho.

Nesse contexto, impende concluir que, o meio ambiente laboral que esteja, de alguma forma, ainda que não intencional, desequilibrado e cause danos ao trabalhador, encontra-se poluído e a sua reparação é de responsabilidade patronal, à luz dos princípios e da normatividade jusambiental expostos adrede.

A propósito, cabe salientar que o direito ambiental laboral é orientado não somente pelo princípio do poluidor-pagador, supraexposto, mas também pelos vetores axiológicos da prevenção e da precaução.

É necessário, portanto, agir não somente para reparar o dano, mas principalmente para evitar que ele ocorra, seja por meio da eliminação do perigo concreto (prevenção) ou do perigo abstrato (precaução).

Assim, práticas patronais como a exigência de horas extras habituais ou de labor durante os intervalos, durante os dias de descanso ou durante o período de licença-maternidade, por exemplo, são nocivas e podem contribuir, a depender do caso concreto, para a poluição do meio ambiente laboral, pois a duração do trabalho, mais especificamente a sua limitação, é vista também como meio de proteção da segurança e da saúde no trabalho.

Como é cediço, a prestação habitual de horas extras está intimamente relacionada com o número de acidentes do trabalho, por exemplo. Estudos demonstram que os índices de acidente tendem a crescer significativamente depois da 8ª hora de labor.

De fato, a limitação da jornada de trabalho foi uma das primeiras e mais notáveis conquistas da classe operária, sendo medida de saúde pública. Consta, inclusive, do art. 24 da Declaração Universal dos Direitos Humanos de 1948, ao lado dos direitos ao repouso, ao lazer e às férias remuneradas periódicas.

Ademais, a constitucionalização do Direito do Trabalho propõe que as normas trabalhistas sejam interpretadas à luz da Constituição Federal. Como visto anteriormente, no que se refere aos direitos e às garantias fundamentais, propugna-se que deve ser observada a sua eficácia horizontal, ou seja, a sua aplicação imediata nas relações entre empregado e empregador, sobretudo no que se refere ao meio ambiente de trabalho.

Assim, o poder-dever diretivo conferido ao empregador permite-lhe organizar a atividade empresarial em conformidade com as suas necessidades e a melhor forma de produção, desde que voltado ao seu fim social, especialmente, em razão da função social da propriedade, do valor social do trabalho (art. 1º, IV, da CF), e dos direitos fundamentais assegurados pelo texto constitucional.

Tanto é assim, aliás, que o ordenamento jurídico assegura ao trabalhador o direito de resistência perante condições de trabalho inseguras, entendidas como aquelas derivadas da inobservância, pelo empregador ou tomador dos serviços, das normas de saúde e segurança.

No plano internacional, a Convenção n. 155 da OIT, em seu art. 19, item *f*, estabelece que deverão ser adotadas disposições, em nível de empresa, em virtude das quais o trabalhador informará imediatamente o seu superior hierárquico direto sobre qualquer situação de trabalho que, a seu ver e por motivos razoáveis, envolva um perigo iminente e grave para a sua vida ou sua saúde.

Prossegue, ainda, afirmando que, enquanto o empregador não tiver tomado as medidas corretivas, se forem necessárias, não poderá exigir dos trabalhadores a sua volta a uma situação de trabalho onde exista, em caráter contínuo, um perigo grave ou iminente para sua vida ou sua saúde.

Importante destacar, nesse particular, que as boas práticas corporativas não se restringem apenas ao ambiente laboral tomado em suas acepções física e organizacional, mas também se referem às relações interpessoais mantidas no contexto do exercício do trabalho.

Desse modo, práticas patronais como dispensar tratamento vexatório ou excessivamente rigoroso, quando da emanação de ordens e fiscalização dos serviços, ou exigir produtividade superior às forças físicas e mentais do trabalhador, também podem acarretar poluição do meio ambiente laboral.

A propósito do tema, o Tribunal Regional do Trabalho da 2ª Região já decidiu que a luta mundial pela qualidade de vida inclui, inegavelmente, a preservação do meio ambiente de trabalho, que deve estar livre de opressão e do tratamento despótico por parte do empregador, reconhecendo, inclusive, o impacto moral e psicológico sofrido pelo empregado em virtude da ameaça constante e quase palpável à sua dignidade e personalidade, decorrente de atos reiterados do empregador que mantinha os seus vendedores sempre sujeitos a situações vexatórias(15).

A observância do meio ambiente laboral sob tal perspectiva está diretamente conectada com as premissas fixadas no caso *Rogers* vs. *EEOC*, tratado alhures, pois as práticas corporativas nocivas, ainda que não intencionais ou direcionadas frontalmente aos empregados, são capazes de destruir a estabilidade emocional e psíquica dos trabalhadores, gerando condições degradantes e desconcertantes de emprego, o que não se pode tolerar.

É que a emancipação proveniente do estudo cada vez mais cuidadoso sobre o tema conduz à conclusão de que a sociedade atual não se contenta mais com a garantia de trabalho, sendo indispensável que se assegure, a todos e a cada um, um trabalho digno e qualificado, à luz da efetivação conjunta dos direitos à vida e à saúde e, portanto, à sadia qualidade de vida.

---

(15) Nesses termos: "[...] **2. DANO MORAL. VENDEDOR. IMPOSIÇÃO DE EMBUTIR VENDAS ACESSÓRIAS SEM CONHECIMENTO DO CLIENTE. INDENIZAÇÃO DEVIDA.** Sabe-se que o ambiente de vendas é extremamente competitivo e exige atitude ousada e aguerrida. Daí a admitir as práticas da reclamada, certamente há uma distância muito grande. O trabalhador tem o direito inalienável de ver preservada a sua dignidade como pessoa, e bem assim, a dignidade da sua profissão, por menos qualificada que seja. A destruição da auto-estima do empregado através da humilhação perante os colegas e clientes é método de gestão a ser denunciado, combatido e eliminado. As relações de trabalho são, antes de tudo, relações humanas, que devem pautar-se pelo respeito e compaixão. *In casu*, o fato de os vendedores terem que "enganar" os clientes, com a obrigação de incluir nas vendas, serviços não anteriormente ajustados (o chamado "embutec"), caracterizou forma de terror psicológico implantado pela Ré, resultando em conflito ético e constrangimentos de cunho emocional e moral que atingia a todos, e a cada um em particular, e que fez emergir o dever de indenizar. Recurso obreiro ao qual se dá provimento, no particular. (TRT-2ª Região, RO n. 1000796-44.2014.5.02.0602, 4ª T., rel. Des. Ricardo Artur Costa e Trigueiros, Publicação: 09.03.2017)

Nesse sentido, inclusive, é a orientação da OIT extraída do artigo publicado no mês de julho de 2021, na *Revista do Centenário da OIT*, n. 2, de autoria de Jill Rubery e Damian Grimshaw[(16)], que analisa o conceito de *job quality* (qualidade do trabalho) e elenca as suas principais características.

Tem-se, assim, que um trabalho de qualidade compreende, em primeiro lugar, as habilidades nele envolvidas e a oportunidade que o exercício dessas habilidades proporciona para a realização pessoal ou para o serviço social produtivo, relacionando-se, aqui, de maneira direta, com a distinção entre emprego e empregabilidade, entendendo-se essa última como a capacidade de se manter empregado.

Espera-se, ainda, do trabalho de qualidade, que propicie segurança ao trabalhador, incluindo a oportunidade de usar as habilidades adquiridas com outro empregador ou tomador de serviços, bem como que gere a oportunidade de desenvolver e aprimorar habilidades para que se passe a um emprego mais satisfatório, mais seguro ou mais bem pago ao longo de um ciclo de vida.

A noção de trabalho de qualidade está diretamente conectada, ainda, aos conceitos de saúde física e mental. O trabalho de qualidade deve garantir ao trabalhador uma vida pessoal e familiar satisfatória, de modo que as responsabilidades que estão envolvidas no trabalho e as oportunidades de satisfação que proporcionam, bem como estresse que podem induzir, sejam objeto de constante atenção.

6. Considerações finais

A importância da definição do conceito de meio ambiente do trabalho, à luz da eficácia horizontal dos direitos fundamentais e do arcabouço próprio, normativo e principiológico, que disciplina o tema, conduz à conclusão de que ao trabalhador não basta assegurar o direito ao trabalho, mas sim ao trabalho de qualidade: qualificado pela dignidade, decência, adequação e segurança.

Extrai-se, ainda, a relevância de se delimitar as características que envolvem a responsabilidade civil labor-ambiental, distinguindo-a da responsabilidade objetiva pelo risco da atividade que encontra assento constitucional e, no plano infralegal, no Código Civil, passando a situá-la como instituto jurídico próprio do sistema jusambiental.

Busca-se, ainda, reconhecer que a prática corporativa direcionada ao meio ambiente laboral, seja no tocante ao espaço físico, ao modo de organização do trabalho ou às relações interpessoais, prescinde da existência de intenção específica por parte do agente e de que esteja direcionada de maneira frontal ao trabalhador para que seja considerada

---

(16) RUBERY, Jill; GRIMSHAW, Damian. ICTs and employment: The problem of job quality. In: *International Labour Review* — Centenary Collection (2021). Date issued: 27.07.2021. Disponível em: https://www.ilo.org/global/publications/journals/international-labour-review/WCMS_819510/lang--en/index.htm. Acesso em: 12 nov. 2021.

como nociva ou danosa, ensejando a responsabilização do empregador ou tomador dos serviços.

É que o atingimento concreto da função social da empresa, prevista constitucionalmente, demanda a implementação de métodos de organização do trabalho que, simultaneamente, resguardem a integridade psicofísica dos trabalhadores e garantam o desenvolvimento pessoal destes.

A não observância das normas e princípios jusambientais que visam assegurar a prestação de serviços em um ambiente laboral sadio acarreta consequências deletérias ao trabalhador e à sociedade, como a alta rotatividade de mão de obra, por exemplo, seja pelo adoecimento, seja pelo fato de que a conveniência da manutenção do empregado é avaliada periodicamente em função de sua produtividade e do grau de lucratividade que proporciona ao empregador.

As consequências nocivas, aliás, extrapolam os muros da empresa, pois a coletividade é quem arca com o custeio de tratamentos e benefícios pecuniários disponibilizados às vítimas pelos sistemas de saúde pública e seguridade social. Por tal razão, a gestão de pessoas não é um aspecto meramente restrito à autonomia privada do empregador ou tomador dos serviços, estando diretamente relacionada à saúde pública e demandando ingerência judicial em determinados casos.

Para além de prerrogativas patronais, a organização e as condições de trabalho devem ser entendidas como o dever de exercício consciente e conformado do poder diretivo do empregador, à luz da garantia dos direitos humanos e fundamentais, sobretudo à saúde do trabalhador e ao meio ambiente de trabalho equilibrado, sendo determinantes para a qualidade de vida do trabalhador.

Referências

A.A. Civil rights fair employment practices. Recognition of working environment as a protected condition of employment. Memphis: Memphis State Law Review, 1972. In: HeinOnline, 3 Mem. *St. U. L. Rev.* 148 1972-1973.

CABRAL, Bruno Fontenele. *Aplicação das teorias do "disparate treatment" e do "adverse impact" nas relações de emprego.* Disponível em: https://jus.com.br/artigos/17034/aplicacao-das-teorias-do-disparate-treatment-e-do-adverse-impact-nas-relacoes-de-emprego. Acesso em: 22 set. 2021.

COELHO, Camila Franco Lisboa. *Impactos das doenças ocupacionais no âmbito do teletrabalho em domicílio.* 2014. Dissertação (Mestrado em Direito do Trabalho e da Seguridade Social) – Universidade de São Paulo, São Paulo, 2024.

DALLEGRAVE NETO, José Affonso. *Responsabilidade civil no direito do trabalho.* 5. ed. São Paulo: LTr, 2014.

EBERT, Paulo Roberto Lemgruber. Assédio moral organizacional: a gestão degradante como poluição do meio ambiente do trabalho. In: FELICIANO, Guilherme Guimarães; EBERT, Paulo Roberto Lemgruber (Coords.). *Direito ambiental do trabalho:* apontamentos para uma teoria geral, volume 4. São Paulo: LTr, 2018. v. 4.

FELICIANO, Guilherme Guimarães. Poluição labor-ambiental: conceito e aplicações. Responsabilidade civil labor-ambiental. In: FELICIANO, Guilherme Guimarães; COSTA, Mariana Benevides da. (Coords.). *Curso de direito ambiental do trabalho*. São Paulo: Matrioska, 2021.

______. Reconhecendo a danosidade sistêmica. In: FELICIANO, Guilherme Guimarães; URIAS, João (Coords.). *Direito ambiental do trabalho:* apontamentos para uma teoria geral. São Paulo: LTr, 2013. v. 1.

______ *et al. Direito ambiental do trabalho:* apontamentos para uma teoria geral. São Paulo: LTr, 2020. v. 5.

FERNANDES, João Renda Leal. *O "Mito EUA":* Um país sem direitos trabalhistas? Salvador: JusPodivm, 2021.

FORD, Rachel. *Sure, you were harassed at work. But were you harassed enough? A look at the Supreme Court's 'severe or pervasive' standard under Title VII*. Disponível em: https://uclawreview.org/2021/06/30/sure-you-were-harassed-at-work-but-were-you-harassed-enough-a-look-at-the-supreme-courts-severe-or-pervasive-standard-under-title-vii/. Acesso em: 22 set. 2021.

FREITAS JR., Antonio Carlos Rodrigues de. Direitos sociais e eficácia horizontal dos direitos fundamentais: possíveis consequências práticas para o exercício do poder disciplinar do empregador. In: SÉGUIN, Elida; FIGUEIREDO, Guilherme José Purvin de (Orgs.). *Meio ambiente do trabalho*. Rio de Janeiro: GZ Verde, 2010.

MARANHÃO, Ney. Direito fundamental ao equilíbrio do meio ambiente de trabalho. In: FELICIANO, Guilherme Guimarães *et al. Direito ambiental do trabalho:* apontamentos para uma teoria geral. São Paulo: LTr, 2020. v. 5.

______. Poluição labor-ambiental: aportes jurídicos gerais. In: FELICIANO, Guilherme Guimarães; EBERT, Paulo Roberto Lemgruber (Coords.). *Direito ambiental do trabalho:* apontamentos para uma teoria geral. São Paulo: LTr, 2018. v. 4.

OLIVEIRA, Sebastião Geraldo de. *Proteção jurídica à saúde do trabalhador*. 6. ed. rev. e atual. São Paulo: LTr, 2011.

RUBERY, Jill; GRIMSHAW, Damian. ICTs and employment: The problem of job quality. In: *International Labour Review* — Centenary Collection. 27.07.2021. Disponível em: https://www.ilo.org/global/publications/journals/international-labour-review/WCMS_819510/lang--en/index.htm. Acesso em: 12 nov. 2021.

SILVA, José Antônio Ribeiro de Oliveira. A incolumidade psicofísica do trabalhador como direito fundamental. In: FELICIANO, Guilherme Guimarães [*et al.*]. *Direito ambiental do trabalho*: apontamentos para uma teoria geral. São Paulo: LTr, 2020. v. 5.

VECCHIA, Manoella Rossi Keunecke; CASTRO, Victor Alexandre Esteves de. Meio ambiente do trabalho, direitos humanos e direitos fundamentais: eficácia vertical e horizontal dos direitos fundamentais labor-ambientais. In: FELICIANO, Guilherme Guimarães; COSTA, Mariana Benevides da (Coords.). *Curso de direito ambiental do trabalho*. São Paulo: Matrioska, 2021.

Projeto de Lei Complementar n. 12/2024: Uma Análise quanto à Eficácia Temporal

Rosa Fatorelli Tinti Neta[1]

> Art. 17. Fica revogado o inciso III do *caput* do art. 11-A da Lei n. 12.587, de 2012.
>
> Art. 18. Esta Lei Complementar entra em vigor no primeiro dia do quarto mês subsequente ao de sua publicação.

Introdução

Em 4 de março de 2024, o Projeto de Lei Complementar n. 12 foi encaminhado, pelo Presidente da República, para análise e aprovação pelo Congresso Nacional.

Posteriormente à aguardada regulamentação acerca do trabalho prestado por motoristas via plataformas digitais, os questionamentos e posicionamentos são diversos sobre pontos relevantes do projeto apresentado, entre os quais se destacam a eficácia temporal da futura norma quanto às relações jurídicas — sejam elas extintas, em curso ou futuras —, bem como a questão da sua aplicabilidade — e efeitos consequentes — em demandas submetidas ao Poder Judiciário.

Dessa forma, o presente artigo tem por escopo principal fazer análise, sob vieses teórico e prático, da vigência/vigor do PLP n. 12/2024, bem como dos seus efeitos nas relações jurídicas materiais e, ainda, o impacto do referido projeto em processos judiciais.

Além disso, também será feita breve análise sobre a previsão contida no art. 17 do PLP n. 12/2024, relativamente à revogação das disposições do inciso III do *caput* do art. 11-A da Lei n. 12.587, de 2012.

---

(1) Pós-Graduada em Direito e Processo do Trabalho. Integrante do Núcleo de Estudos "O Trabalho além do Direito do Trabalho", vinculado ao DTBS da FD-USP e coordenado pelo Prof. Dr. Guilherme Guimarães Feliciano. Juíza do Trabalho Substituta no Tribunal do Trabalho da 2ª Região.

1. O Projeto de Lei Complementar: Aspectos de validade formal

No último dia 4 de março de 2024, o Projeto de Lei Complementar n. 12 foi assinado pelo Presidente da República e encaminhado para análise e aprovação pelo Congresso Nacional. O projeto de lei propõe-se a regulamentar (BRASIL, 2024):

> Dispõe sobre a relação de trabalho intermediado por empresas operadoras de aplicativos de transporte remunerado privado individual de passageiros em veículos automotores de quatro rodas e estabelece mecanismos de inclusão previdenciária e outros direitos para melhoria das condições de trabalho.

Embora fosse aguardada a regulamentação legislativa das relações mantidas entre trabalhadores e empresas de aplicativos de transporte de passageiros, o PLP n. 12/2024 trouxe uma série de questionamentos acerca da sua validade constitucional, seja em aspectos formais, seja, principalmente, em aspectos materiais.

Inicialmente, no tocante aos aspectos formais, destaca-se que o PLP partiu de iniciativa do Presidente da República, depois dos relatórios conclusivos decorrentes de Grupo de Trabalho criado especialmente para analisar e propor medidas voltadas à regulamentação do trabalho via plataformas digitais. Nesse aspecto, acerca da iniciativa para leis complementares, explica José Afonso da Silva (2018, p. 529):

> Iniciativa legislativa. É, em termos simples, a faculdade que atribui a alguém ou algum órgão para apresentar projetos de lei ao Legislativo. Em rigor, não é ato de processo legislativo. É conferida a mais de uma pessoa ou órgão, mas em casos expressos, é outorgada com exclusividade a um deles apenas. (...) a iniciativa das leis complementares e ordinárias compete a qualquer membro ou comissão da Câmara de Deputados, do Senado Federal ou do Congresso Nacional, ao Presidente da República e aos cidadãos (art. 61).

Assim, sob o aspecto da validade formal, na sua dimensão do devido processo legislativo, nota-se que foi observada a competência privativa da União para legislar sobre Direito do Trabalho, conforme previsão expressa trazida no art. 22 da Constituição Federal:

> Art. 22. Compete privativamente à União legislar sobre:
>
> I – direito civil, comercial, penal, processual, eleitoral, agrário, marítimo, aeronáutico, espacial e do trabalho; (...).

A partir de perspectiva da dimensão substancial do processo legislativo (*due process of law*)[2], sob viés da legitimidade democrática, constata-se, todavia, que o supramencionado

(2) Segundo ensina Maria Helena Diniz (2017, p. 418), a observância dos procedimentos estabelecidos em lei para sua produção é conhecida, nos EUA, como *due process of law*.

projeto de lei carece de maior debate e escuta social, notadamente, acerca de temas relativos ao enquadramento jurídico da relação jurídica mantida entre motoristas e as empresas de aplicativos.

No âmbito das relações de trabalho, especificamente, a observância a um processo legislativo democrático é incorporada, expressamente, pela Convenção n. 144 da OIT, a qual estabelece, em seu art. 2º, § 2º, a necessidade de consultas prévias à representação tripartite, do Estado, dos trabalhadores e dos empregadores (OIT, 1976):

Recomendação sobre a consulta (ramos de atividade econômica no âmbito nacional), de 1960 que afirmam o direito dos empregadores e dos trabalhadores de estabelecer organizações livres e independentes e pedem para que sejam adotadas medidas para promover consultas efetivas no âmbito nacional entre as autoridades públicas e as organizações de empregadores e de trabalhadores, bem como as disposições de numerosas convenções e recomendações internacionais do trabalho que dispõem que sejam consultadas as organizações de empregadores e de trabalhadores sobre as medidas a serem tomadas para torná-las efetivas;

> (...)
>
> Art. 2.1. Todo Membro da Organização Internacional do Trabalho que ratifique a presente Convenção compromete-se a pôr em prática procedimentos que assegurem consultas efetivas, entre os representantes do Governo, dos empregadores e dos trabalhadores, sobre os assuntos relacionados com as atividades da Organização Internacional do Trabalho a que se refere ao art. 5, parágrafo 1, adiante.
>
> 2. A natureza e a forma dos procedimentos a que se refere o parágrafo 1 deste artigo deverão ser determinadas em cada país de acordo com a prática nacional, depois de ter consultado as organizações representativas, sempre que tais organizações existam e onde tais procedimentos ainda não tenham sido estabelecidos.

Ainda que criada a chamada Mesa do Grupo de Trabalho dos Aplicativos (BRASIL, 2024) pelo Ministério do Trabalho e Emprego (MTE), voltada especificamente para elaboração de proposta de regulamentação da matéria, tal iniciativa não se mostrou suficiente para alcance de um efetivo debate social acerca das diversas necessidades e interesses dos atores sociais envolvidos. Embora importantes, os debates e estudos que foram realizados em cerca de pouco mais de quatro meses do Grupo de Trabalho, de certo, não foram suficientes para amadurecer o tema e trazer a amplitude democrática necessária diante da relevância do objeto de regulação.

Dessa maneira, urge que o processo dialogal legislativo seja aperfeiçoado, ainda na fase de tramitação do projeto de lei no âmbito do Congresso Nacional (CÂMARA DOS DEPUTADOS, 2024)[3], de modo a possibilitar a elaboração de norma jurídica

(3) No último dia 12 de abril, foi enviada Mensagem de Cancelamento de Urgência, retirando o projeto do regime de tramitação em urgência, que se mostrava incompatível com a complexidade e relevância

que, verdadeiramente, reflita os anseios da sociedade brasileira acerca da matéria e, ainda, esteja em compasso com as diretrizes constitucionais e internacionais incidentes (OIT, 1999)[(4)].

2. Vigor e vigência: Aspectos temporais e *vacatio legis*

São diversos os aspectos acerca da validade da norma jurídica, destacando-se o vigor e vigência, os quais se ligam diretamente a aspectos relativos aos efeitos da lei no tempo.

No ordenamento jurídico brasileiro, a lei passa a existir com sua promulgação, mas apenas com a publicação no órgão ou na imprensa oficial que começa a vigorar. É por meio apenas da publicação que a norma passa ser obrigatória, pois é a partir desse ato que há a publicização social e sua exigibilidade ocorre. Segundo explicado por Paulo Nader (2022, p. 146), a obrigatoriedade é consequência natural da vigência da lei, que define o caráter cogente ou imperativo do Direito, a partir do qual se assenta do princípio geral de que "Ninguém se escusa de cumprir a lei alegando que não há conhece" (art. 3º da LINDB).

Por sua vez, conforme explica Maria Helena Diniz (2017, p. 420), vigor é qualidade da norma correspondente à sua força vinculante, imperatividade segundo a qual ninguém pode se escusar de seus comandos. Continua pontuando que, no ordenamento jurídico brasileiro, a obrigatoriedade da norma não se inicia no dia da publicação, exceto se assim o determinar:

> A obrigatoriedade da norma de direito não se inicia no dia da publicação, salvo se ela assim o determinar. A escolha de uma ou de outra determinação é arbitrária, pois o órgão elaborador pode fazer com que a data da publicação e a entrada em vigor coincidam, se julgar inconveniente ao interesse público a existência de um tempo de espera; pode, ainda, estipular data precisa e mais remota quando verificar que há necessidade de maior estudo e divulgação devido à importância da norma, como ocorreu com o Código Civil de 1916, promulgado a 1º de janeiro de 1916 e com início de vigência estabelecida para 1º de janeiro de 1917 (CC de 1916, art. 1.806), e com o novo Código Civil ao dispor no art. 2.044 que "este Código entrará em vigor 1

---

do debate social em torno da proposição. Disponível em: https://www.camara.leg.br/proposicoesWeb/fichadetramitacao?idProposicao=2419243. Acesso em: 15 abr. 2024.

(4) Formalizado em 1999, segundo a Organização Internacional do Trabalho — OIT, o paradigma do trabalho decente "sintetiza a sua missão histórica de promover oportunidades para que homens e mulheres obtenham um trabalho produtivo e de qualidade, em condições de liberdade, equidade, segurança e dignidade humanas, sendo considerado condição fundamental para a superação da pobreza, a redução das desigualdades sociais, a garantia da governabilidade democrática e o desenvolvimento sustentável" (OIT, 1999. Disponível em: https://www.ilo.org/brasilia/temas/trabalho-decente/lang--pt/index.htm. Acesso em: 14 abr. 2024).

> (um) ano após a sua publicação". Reza o art. 8º, §§ 1º e 2º, da Lei Complementar n, 95/08, com a redação da Lei Complementar n. 107/2001, que: 'A contagem do prazo para entrada em vigor das leis que estabeleçam período de vacância far-se-á com a inclusão da data da publicação e do último dia do prazo, entrando em vigor no dia subsequente à sua consumação integral. As leis que estabeleçam período de vacância deverão utilizar a cláusula 'esta lei entra em vigor após decorridos (o número de) dias de sua publicação oficial'.(no mesmo sentido o art. 20 do Decreto n. 4.176/2002).

No ordenamento jurídico brasileiro, segundo disposição do art. 1º da Lei de Introdução às Normas do Direito Brasileiro (LINDB), a norma jurídica entra em vigor, a um só tempo e em todo país, na data prevista na lei e, caso não exista expressa previsão legal, 45 dias depois de sua publicação.

Especificamente quanto ao PLP n. 12/2024, o seu art. 18 dispõe que a lei entrará em vigor no "*primeiro dia do quarto mês subsequente ao de sua publicação*". Assim, diante da expressa previsão, caso mantida tal disposição, a lei apenas entrará em vigor — ou seja — somente começará a exercer sua força vinculante, tornando-se de cumprimento obrigatório em todo território brasileiro, no primeiro dia do quarto mês subsequente à publicação no *Diário Oficial da União*.

Tal período de espera ou *vacatio legis* foi entendido, já quando da elaboração do projeto de lei complementar, como necessário à publicização ampla, bem como maior tempo para estudo e adaptação às regulamentações trazidas pela norma, ante o notório impacto social que irá causar.

Todavia, embora tenha sido fixado o lapso temporal de cerca de quatro meses para a *vacatio legis*, é razoável esperar que tal período seja estendido, notadamente, em razão das diversas inovações e obrigações trazidas pela lei, a exemplo das disposições relativas: à fiscalização do trabalho, ao fornecimento de informações pelas empresas de transporte via plataformas aos órgãos federais trabalhistas e previdenciários, bem como ao fornecimento, diretamente ao motorista, dos dados relativos ao serviço prestado e cadastro/descredenciamento da plataforma digital.

Nesse aspecto, em termos comparativos, destaca-se que o prazo de *vacatio legis* conferida à Lei n. 13.352/2016 (Lei do Salão Parceiro), fixado no interregno de 90 dias, mostrou-se mais consentâneo com o grau de impacto das alterações trazidas pela referida legislação, relativamente ao lapso temporal de apenas quatro meses previsto no PLP n. 12/2024, o qual apresenta inovações e obrigações muito maiores para adaptação pelos diversos atores sociais atingidos diretamente.

Assim, ante a magnitude e o impacto social ocasionados, merece ampliação o prazo da *vacatio legis* inicialmente fixado, de forma a possibilitar maior publicização, estudo e adequação pela sociedade.

3. Revogação do inciso III do art. 11-A da Lei n. 12.587/2012. Obrigações de natureza previdenciária

Conforme consignado adrede, o PLP n. 12/2024 foi apresentado pelo Presidente da República, enquanto chefe do Poder Executivo Federal, no exercício da competência privativa da União para legislar sobre Direito do Trabalho (art. 21, *caput*, da CF).

Ocorre que o referido projeto, para além de trazer regulamentação e disposições acerca da natureza da relação jurídica e obrigações de natureza trabalhista, passou a estabelecer diversas providências às empresas de transportes de passageiros via plataformas digitais, inclusive obrigações de natureza previdenciária.

Nota-se, portanto, que tais dispositivos legais acabaram por abranger, parcialmente, matéria que era anteriormente regulada pela Lei n. 12.587/2012, que em seu inciso III do art. 11-A, assim dispunha:

> Art. 11-A. Compete exclusivamente aos Municípios e ao Distrito Federal regulamentar e fiscalizar o serviço de transporte remunerado privado individual de passageiros previsto no inciso X do art. 4º desta Lei no âmbito dos seus territórios. *(Incluído pela Lei n. 13.640, de 2018)*
>
> Parágrafo único. Na regulamentação e fiscalização do serviço de transporte privado individual de passageiros, os Municípios e o Distrito Federal deverão observar as seguintes diretrizes, tendo em vista a eficiência, a eficácia, a segurança e a efetividade na prestação do serviço: *(Incluído pela Lei n. 13.640, de 2018)*
>
> I – efetiva cobrança dos tributos municipais devidos pela prestação do serviço; *(Incluído pela Lei n. 13.640, de 2018)*
>
> II – exigência de contratação de seguro de Acidentes Pessoais a Passageiros (APP) e do Seguro Obrigatório de Danos Pessoais causados por Veículos Automotores de Vias Terrestres (DPVAT); *(Incluído pela Lei n. 13.640, de 2018)*
>
> *III – exigência de inscrição do motorista como contribuinte individual do Instituto Nacional do Seguro Social (INSS), nos termos da alínea "h" do inciso V do art. 11 da Lei n. 8.213, de 24 de julho de 1991.* (Incluído pela Lei n. 13.640, de 2018) (Regulamento). (grifos nossos)

Nota-se, por conseguinte, que a aprovação do PLP, notadamente seu art. 10, acarreta conflito direto com a previsão do inciso III do art. 11-A da Lei n. 12.587, acerca da inscrição do motorista como contribuinte individual junto ao INSS.

Dessa forma, partir da vigência da lei aprovada, a União passará a exercer sua competência privativa de regular as questões relativas ao Direito do Trabalho e sobre transporte, podendo delegar a competência supletiva para Estados (parágrafo único do art. 22 da CF). Além disso, segundo disposição do art. 24, XII, compete somente à União, aos Estados e ao Distrito Federal legislar concorrentemente sobre previdência social, não havendo previsão quanto aos Municípios.

Ainda, acerca da temática, o Supremo Tribunal Federal decidiu, no bojo da ADPF n. 449/DF, que leis municipais não podem proibir o serviço de transporte individual de passageiros por meio de aplicativos, haja vista que compete à União legislar sobre diretrizes da política nacional de transportes, trânsito e transporte e condições para o exercício de profissões, conforme art. 22, IX, XI e XVI, da CF. Assim, restaria vedado aos Município dispor sobre esses temas, ainda que por delegação por lei federal diante do previsto no art. 22, parágrafo único, da CF, o qual faculta autorização apenas aos Estados para legislar sobre questões específicas, mediante Lei Complementar (STF, 2019. 2 e 3):

> 4. A União possui competência privativa para legislar sobre 'diretrizes da política nacional de transportes', 'trânsito e transporte' e 'condições para o exercício de profissões' (art. 22, IX, XI e XVI, da CRFB), sendo vedado tanto a Municípios dispor sobre esses temas quanto à lei ordinária federal promover a sua delegação legislativa para entes federativos menores, considerando que o art. 22, parágrafo único, da Constituição faculta à Lei complementar autorizar apenas os Estados a legislar sobre questões específicas das referidas matérias. Precedentes: ADI 3.136, relator(a): Min. Ricardo Lewandowski, Tribunal Pleno, julgado em 1º.08.2006, *DJ* 10.11.2006; ADI 2.606, rel. Min. Maurício Corrêa, Tribunal Pleno, *DJ* de 07.02.2003; ADI 3.135, rel. Min. Gilmar Mendes, Tribunal Pleno, *DJ* de 08.09.2006; e ADI 3.679, rel. Min. Sepúlveda Pertence, Tribunal Pleno, *DJ* de 03.08.2007; ARE 639.496 RG, relator(a): Min. Cezar Peluso, julgado em 16.06.2011; ADI 3.049, relator(a): Min. Cezar Peluso, Tribunal Pleno, julgado em 04.06.2007.
>
> 5. O motorista particular, em sua atividade laboral, é protegido pela liberdade fundamental insculpida no art. 5º, XIII, da Carta Magna, submetendo-se apenas à regulação proporcionalmente definida em lei federal, pelo que o art. 3º, VIII, da Lei Federal n. 12.965/2014 (Marco Civil da Internet) e a Lei Federal n. 12.587/2012, alterada pela Lei n. 13.640 de 26 de março de 2018, garantem a operação de serviços remunerados de transporte de passageiros por aplicativos.
>
> (...)
>
> 13. A proibição legal do livre exercício da profissão de transporte individual remunerado afronta o princípio da busca pelo pleno emprego, insculpido no art. 170, VIII, da Constituição, pois impede a abertura do mercado a novos entrantes, eventualmente interessados em migrar para a atividade como consectário da crise econômica, para promover indevidamente a manutenção do valor de permissões de táxi.

4. Eficácia temporal: Impacto nas relações jurídicas extintas, em curso e futuras

A análise da aplicação de nova lei a relações jurídicas — sejam elas já extintas, em curso ou novas — passa, diretamente, pelo exame das garantias constitucionais do ato jurídico perfeito, do direito adquirido e da coisa julgada, bem como pelo tratamento a nível infraconstitucional e, por fim, a interpretação que vem sendo conferida pela jurisprudência nacional — especialmente, a do Supremo Tribunal Federal.

Segundo o art. 5º, XXXVI, da Constituição Federal, "*a lei não prejudicará o direito adquirido, o ato jurídico perfeito e a coisa julgada*".

Em âmbito infraconstitucional, o art. 6º da Lei de Introdução às Normas do Direito Brasileiro (LINDB), ao reiterar o comando constitucional, cuida de conceituar os institutos mencionados no art. 5º, XXXVI, da CF (BRASIL, 1942):

> Art. 6º A Lei em vigor terá efeito imediato e geral, respeitados o ato jurídico perfeito, o direito adquirido e a coisa julgada. *(Redação dada pela Lei n. 3.238, de 1957)*
>
> § 1º Reputa-se ato jurídico perfeito o já consumado segundo a lei vigente ao tempo em que se efetuou. *(Incluído pela Lei n. 3.238, de 1957)*
>
> § 2º Consideram-se adquiridos assim os direitos que o seu titular, ou alguém por êle, possa exercer, como aquêles cujo comêço do exercício tenha têrmo pré-fixo, ou condição pré-estabelecida inalterável, a arbítrio de outrem. *(Incluído pela Lei n. 3.238, de 1957)*
>
> § 3º Chama-se coisa julgada ou caso julgado a decisão judicial de que já não caiba recurso. *(Incluído pela Lei n. 3.238, de 1957).*

Já o art. 912 da CLT, despontando como fonte normativa acerca da eficácia temporal do direito material do trabalho, determina a aplicação da lei nova a todas as relações jurídicas que estejam ainda em curso quando do início de sua vigência.

Por sua vez, no que diz respeito à jurisprudência do Supremo Tribunal Federal (STF) e o entendimento sobre aplicação da lei nova a contratos celebrados anteriormente — e ainda em curso —, estes passaram por significativas modificações ao longo das últimas décadas.

Inicialmente, a posição adotada no STF era no sentido de que lei nova não atingiria os contratos já celebrados antes de sua vigência, assim como — relativamente aos contratos de trato sucessivo — os efeitos futuros dos referidos contratos.

Acerca do tema, explica Augusto Cesar Leite de Carvalho (2022, p. 80) que o STF, no bojo do julgamento do RE n. 205.999-4/SP, que analisou a eficácia temporal de normas do Código de Defesa do Consumidor, acabou por entender que a disposição do art. 5º, XXXVI, abarcaria inclusive os efeitos futuros das cláusulas integrantes dos contratos (retroatividade mínima):

> A compreensão de que o contrato — inclusive o contrato de emprego é um "ato jurídico perfeito" cujas cláusulas não podem ser modificadas por lei posterior à sua celebração tem respaldo em precedentes do Supremo Tribunal Federal emblemáticos, a exemplo daquele em que a corte excelsa apreciou a incidência retroativa do art. 35-G e incisos de medida provisória que regulava os planos privados de assistência à saúde para modificar contratos celebrados anteriormente, e afirmou que haveria então "ofensa aos princípios do direito adquirido e do ato jurídico perfeito" (ADC-MC/DF 1931).

> Também quando houve de julgar se o Código de Defesa do Consumidor retroagiria para modificar cláusula contratual que previa a perda das quantias pagas na hipótese de rescisão contratual (cláusula gravosa, inclusive, ao consumidor), o STF decidiu que a retroação do CDC para "se declarar nula a rescisão feita de acordo com aquela cláusula fere, sem dúvida alguma, o ato jurídico perfeito, porquanto a modificação dos efeitos futuros de ato jurídico perfeito caracteriza a hipótese de retroatividade mínima que também é alcançada pelo disposto no art. 5º, XXXVI, da Carta Magna".

Nos últimos anos, a jurisprudência do STF, todavia, foi sendo modificada para fixar o entendimento de que devem ser analisados alguns aspectos acerca da natureza das cláusulas contratuais (se oriundas unicamente da vontade das partes ou se somente repetem preceitos legais cogentes), de modo a definir, assim, a aplicabilidade imediata ou não da lei nova.

Nesse sentido, explica André de Araújo Molina (2020, p. 19 a 22) o cenário de modificação jurisprudencial ocorrido no âmbito da Corte Suprema:

> Em um primeiro acórdão, do ano de 2000, coincidentemente relatado pelo Ministro Moreira Alves, que conduziu a fixação da primeira posição da ADI n. 493 de 1982, cuidava da situação em que se pretendia resguardar os critérios de correção dos depósitos do FGTS dos novos parâmetros instituídos pelos planos econômicos. Na ocasião, o Supremo afirmou que o FGTS "não tem natureza contratual, mas sim, estatutária, por decorrer da Lei e por ela ser disciplinado", característica que afastaria a alegação de direito adquirido e de preservação do ato jurídico perfeito, autorizando a eficácia imediata da lei nova, já que se trataria de uma relação institucional, regulada legislativamente, e não contratual, à disposição das partes.
>
> (...)
>
> Se no *leading case* da ADI n. 493 de 1992 foi afirmado que os contratos ficariam, integralmente, a salvo da eficácia da lei nova, inclusive quanto às cláusulas contratadas que eram mera repetição de disposição legislativa, a partir de 2015 a posição do Plenário do Supremo passou a ser no sentido de que, mesmo nas relações contratuais, há se observar se a natureza jurídica da cláusula é individual, com fixação de direitos e obrigações de natureza dispositiva, por mero ato de vontade, ou se trata de uma situação jurídica formadas por normas gerais e abstratas, de natureza cogente — situações estatutárias ou institucionais —, em cujo âmbito os direitos apenas podem ser adquiridos quando inteiramente formado o suporte fático previsto na lei como necessário à sua incidência, já que não há direito adquirido a regime jurídico.

> Nesse novo contexto jurisprudencial, nas relações jurídicas contratuais em cotejo com a lei nova, haverá o juiz de avaliar se, uma a uma, as cláusulas ajustadas revelam situações jurídicas individuais, espelhando atos de vontade dos contratantes, quando estariam inseridas no conceito de ato jurídico perfeito, estando protegidas da eficácia imediata da lei nova, pois, de outro lado, havendo cláusulas que repetem normas gerais e abstratas, de obrigatória inclusão e observância pelos contratantes, a sua modificação posterior terá o condão de fazer incidir de forma imediata sobre os fatos futuros dos contratos em execução, sem que se cogite de ofensa às garantias do direito adquirido e da proteção dos atos jurídicos perfeitos.

O supramencionado autor apresenta síntese, ainda, acerca da posição atual do Supremo Tribunal Federal relativamente à eficácia temporal das normas materiais de Direito do Trabalho (MOLINA, 2020, p. 59-60):

> O art. 912 da CLT e o art. 6º da LINDB, lidos pelo filtro dos art. 5º, XXXVI, 7º, *caput* e VI, da Constituição de 1988, na atual jurisprudência do Supremo Tribunal Federal, nos permite concluir que I) os contratos de trabalho já executados e extintos serão integralmente regulados pela lei antiga, ainda que eventual ação judicial seja ajuizada já na vigência da lei nova; II) Os contratos novos serão integralmente regulados pela lei nova, inclusive pelas medidas provisórias recém-editadas; III) os contratos em execução estão sujeitos à eficácia imediata da lei nova, resguardando-se a observância da lei antiga apenas quanto a período executado anteriormente (fatos passados — vedação da eficácia retroativa); IV) Havendo alguma cláusula contratual expressa ou tácita, dentro dos limites de disposição das partes (art. 444 da CLT), essa será observada, respeitando-se a ultratividade do ajuste até o final do período contratual; e V) As cláusulas das normas coletivas, resultado de ajuste expresso entre os atores coletivos, nos limites da sua disposição (arts. 611-A e 611-B da CLT), deverão ser respeitadas, até o final do período de vigência do instrumento negocial, ressalvando-se as cláusulas que forem mera repetição do texto legal, ora revogado, que serão, também, interceptadas pela eficácia da lei nova, reconfigurando-se, para reiterar a sua eficácia, prospectivamente.
>
> As alterações legislativas que sejam restritivas de direitos dos trabalhadores, muito embora sejam imediatamente incidentes nos contratos em curso de execução, devem respeitar a garantia da irredutibilidade salarial do art. 7º, VI, da Constituição, considerada a remuneração globalmente analisada, com ressalva de que a diminuição ou a supressão das parcelas salariais que

têm a natureza jurídica de 'salário-condição' não se encontram protegidas pela garantia.

Dessa forma, a leitura conjugada dos art. 5º, XXXVI, da CF, art. 6º da LINDB e art. 912 da CLT, bem como a interpretação que atualmente vem sendo conferida pelo STF induzem à conclusão de que a lei nova — no caso em exame, o PLP n. 12/2024 caso aprovado — terá aplicação imediata e geral, atingindo as relações jurídicas futuras e que estejam curso, deixando de ser aplicada, todavia, às relações já extintas, cujos atos já foram consolidados e os efeitos exauridos (ato jurídico perfeito), ou seja, a regulamentação do PLP n. 12/2024, especialmente quanto ao enquadramento da natureza jurídica do serviço de transporte de passageiros prestado via plataformas digitais, apenas será aplicável às relações jurídicas iniciadas depois de sua vigência, assim como às relações jurídicas em curso relativamente ao período a partir de sua vigência, não atingindo, portanto, o período de serviço anteriormente prestado.

Extrai-se, ademais, a conclusão de que a lei nova será aplicada também às relações jurídicas processuais no curso de sua vigência, afastando-se, todavia, da incidência as já abarcadas pela coisa julgada e as que discutam as relações jurídicas materiais já extintas e cujos efeitos já tenham sido completamente exauridos (ato jurídico perfeito). Nessa linha, eventual decisão judicial, já transitada em julgado, que tenha enquadrado a relação jurídica como vínculo de emprego, porquanto concluído pela presença dos requisitos fático-jurídicos do vínculo empregatício, não será atingida pela vigência da lei nova, sob pena de violação da garantia constitucional da coisa julgada.

Por outro lado, para as relações jurídicas ainda curso quando do início da vigência da lei nova, haverá modulação temporal da aplicabilidade da norma, de modo que o período anterior à sua vigência será analisado de acordo com o arcabouço normativo e jurisprudencial existente à época — o qual, ante a ausência de regulação anterior, será prioritariamente baseado no exame da presença ou não dos requisitos dos art. 2º e 3º da CLT, bem como precedentes jurisprudenciais incidentes —, e o período posterior à vigência já será analisado sob perspectiva do novel diploma legal.

Finalmente, importante consignar que, mesmo mantida a proposta de enquadramento dos trabalhadores via plataformas digitais como autônomos, tal previsão funcionará apenas como uma espécie de presunção relativa de tal enquadramento. Dessa forma, será possível à Justiça do Trabalho, de acordo com a moldura fática do caso concreto, verificar se, na situação específica analisada, houve tentativa de dissimular os requisitos fático-jurídicos da relação empregatícia (arts. 2º e 3º da CLT), porquanto mantida incólume a vigência do art. 9º da CLT, o qual, concretizando o princípio da primazia da realidade, culmina com nulidade todos os atos praticados em tentativa de frustrar a aplicação da lei trabalhista.

Esse foi, aliás, o entendimento recentemente adotado pelo Plenário do STF no julgamento da ADI n. 5.625, ao examinar, em situação análoga, a constitucionalidade da Lei n. 13.352/2016, conhecida como Lei do Salão Parceiro (STF, 2021, p. 13 e 16):

> A norma contra a qual se volta essa ação direta de inconstitucionalidade não tem, ademais, o efeito de afastar a priori relações de emprego em casos de constituição irregular da parceria, com todas consequências jurídicas que lhe são próprias.
>
> (...)
>
> Contratos de parceria que em verdade dissimulem vínculos empregatícios serão nulos, à luz do princípio da primazia da realidade, consagrado no art. 9º da Consolidação das Leis do Trabalho. Nessas situações, o vínculo empregatício será reconhecido *in concreto* pelas autoridades públicas, com todas as consequências legais daí resultantes.

Em síntese, continuará cabendo à Justiça do Trabalho, conforme inteligência do art. 114, I e IX, da CF, fazer análise e julgamento dos casos que envolvam a prestação de serviços de transporte individual de passageiros realizada por trabalhadores mediante plataformas digitais, a partir do arcabouço normativo aplicável na relação jurídica, inclusive eventual aplicação do art. 9º da CLT.

6. Considerações finais

Com a regulamentação do trabalho de transporte de passageiros prestado via plataformas digitais, despontaram diversos questionamentos acerca de aspectos relevantes do projeto apresentado, entre os quais se ressaltam a eficácia temporal da futura norma sobre as relações jurídicas — sejam as extintas, em curso ou futuras —, bem como a questão da sua aplicabilidade — e efeitos consequentes — em demandas submetidas ao Poder Judiciário.

Assim, o presente artigo realizou exame, sob vieses teórico e prático, da vigência/vigor do PLP n. 12/2024, bem como efeitos sobre relações jurídicas materiais e processuais (processos judiciais).

Unicamente, sob o aspecto da validade formal, conclui-se que foi observada a competência privativa da União para legislar sobre Direito do Trabalho, conforme previsão expressa trazida no art. 22, I, da Constituição Federal. Todavia, sob o óptica do devido processo legislativo — em sua dimensão substancial —, necessário que o processo dialogal legislativo seja aperfeiçoado, ainda na fase de tramitação do projeto de lei no âmbito do Congresso Nacional, de modo a possibilitar a elaboração de norma jurídica que, verdadeiramente, reflita os anseios da sociedade brasileira acerca da matéria, e ainda esteja em compasso com as diretrizes constitucionais e internacionais incidentes (paradigma do Trabalho Decente da OIT).

No tocante ao período de *vacatio legis*, propõe-se que tal período seja estendido, considerando as diversas inovações e obrigações trazidas pela lei, a exemplo das disposições relativas: à fiscalização do trabalho, ao fornecimento de informações pelas empresas de transporte via plataformas aos órgãos federais trabalhistas e previdenciários, bem como ao fornecimento, diretamente ao motorista, dos dados relativos ao serviço prestado e cadastro/descredenciamento na plataforma digital.

De outra parte, também foi pontuado que a aprovação do PLP acarreta conflito direto com a previsão do inciso III do art. 11-A da Lei n. 12.587 acerca da competência da União — concorrente apenas com Estados e Distrito Federal (art. 24, XII, da CF) — para legislar sobre previdência social. Ademais, a partir da vigência da nova lei, a União passará a exercer sua competência privativa de regular as questões relativas ao Direito do Trabalho e sobre transporte, podendo delegar a competência supletiva para Estados (parágrafo único do art. 22 da CF).

No tocante à eficácia temporal da nova lei, concluiu-se que a leitura conjugada do art. 5º, XXXVI, da CF, do art. 6º da LINDB e do art. 912 da CLT, bem como a interpretação que atualmente vem sendo conferida pelo STF induzem à conclusão de que o novel diploma terá aplicação imediata e geral, atingindo as relações jurídicas futuras e que estejam curso, deixando de ser aplicada, todavia, às relações já extintas, cujos atos já foram consolidados e os efeitos exauridos (ato jurídico perfeito). Em outras palavras, a regulamentação do PLP n. 12/2024, notadamente, quanto ao enquadramento da natureza jurídica do serviço de transporte de passageiros prestado via plataformas digitais, apenas será aplicável às relações jurídicas iniciadas depois de sua vigência, assim como às relações jurídicas em curso relativamente ao período a partir de sua vigência, não atingindo, portanto, o período de serviço anteriormente prestado.

Extrai-se, ademais, a conclusão de que a lei nova, a partir de sua vigência, será aplicada também às relações jurídicas processuais pendentes. De outro lado, afasta-se da incidência as já abarcadas pela coisa julgada e nas quais se discutam relações jurídicas materiais já extintas e cujos efeitos já tenham sido completamente exauridos (garantia constitucional do ato jurídico perfeito, art. 5º, XXXVI da CF). Nessa linha, eventual decisão judicial, já transitada em julgado, que tenha enquadrado a relação jurídica como vínculo de emprego, porquanto concluído pela presença dos requisitos fático-jurídicos pertinentes, não será atingida pela vigência da lei nova, sob pena de violação da garantia constitucional da coisa julgada.

Por outro lado, para as relações jurídicas ainda curso quando do início da vigência da lei nova, haverá modulação temporal da aplicabilidade da norma. Assim, o período anterior à sua vigência será analisado de acordo com o arcabouço normativo e jurisprudencial existente à época — o qual, ante a lacuna normativa anterior, será prioritariamente baseado no exame da presença ou não dos requisitos dos arts. 2º e 3º da CLT, bem como precedentes jurisprudenciais incidentes —, uma vez que o período posterior à vigência contará com a aplicação do novel diploma legal.

Finalmente, importante consignar que, mesmo aprovada a proposta de enquadramento dos trabalhadores via plataformas digitais como autônomos, tal previsão funcionará como uma espécie de presunção relativa de tal enquadramento, sendo possível à Justiça do Trabalho, de acordo com a moldura fática do caso concreto, verificar se, na situação específica analisada, houve tentativa de dissimular os requisitos fático-jurídicos da relação empregatícia (art. 2º e 3º da CLT), porquanto mantida incólume a vigência do art. 9º da CLT, que concretiza o princípio da primazia da realidade.

Em síntese, espera-se que, na regulamentação do trabalho mediante plataformas digitais, existam verdadeiro debate e reflexão sociais acerca da desproteção social dos trabalhadores gerada pelas novas tecnologias, bem como acerca da necessidade de construção de um modelo que seja capaz de oferecer respostas que colaborem com o equilíbrio das relações entre os diversos atores sociais, buscando-se o alcance efetivo da justiça social e da construção de uma sociedade mais equânime.

Referências

BRASIL. Constituição (1988). *Constituição da República Federativa do Brasil, de 5 de outubro de 1988.* Brasília, DF, out. 1988. Disponível em: https://www2.senado.leg.br/bdsf/bitstream/handle/id/518231/CF88_Livro_EC91_2016.pdf. Acesso em: 14 abr. 2024.

______. *Decreto-lei n. 4.657, de 4 de setembro de 1942.* Lei de Introdução às Normas do Direito Brasileiro. Brasília, DF, set. 1942. Disponível em https://www.planalto.gov.br/ccivil_03/decreto-lei/del4657compilado.htm. Acesso em: 14 abr. 2024.

______. *Decreto-lei n. 5.452, de 1º de maio de 1943.* Aprova a Consolidação das Leis do Trabalho. Brasília, DF, mai. 1943. Disponível em: https://www.planalto.gov.br/ccivil_03/decreto-lei/del5452.htm. Acesso em: 14 abr. 2024.

______. *Projeto de Lei Complementar n. 12, de 2024.* Dispõe sobre a relação de trabalho intermediado por empresas operadoras de aplicativos de transporte remunerado privado individual de passageiros em veículos automotores de quatro rodas e estabelece mecanismos de inclusão previdenciária e outros direitos para melhoria das condições de trabalho. Brasília, DF, abr. 2024. Disponível em: https://www.planalto.gov.br/CCIVIL_03/Projetos/Ato_2023_2026/2024/PLP/plp-012.htm. Acesso em: 14 abr. 2024.

______. Supremo Tribunal Federal, *ADI n. 5.625*, TP. rel. Min. Edson Fachin, red. do ac. Min. Nunes Marques, j. 08.05.2019, *DJe* 29.03.2022 – Ata n. 51/2022, *DJe* n. 59, divulgado em 28.03.2022. Disponível em: https://portal.stf.jus.br/processos/downloadPeca.asp?id=15350407676&ext=.pdf. Acesso em: 14 abr. 2024.

______. Supremo Tribunal Federal, *ADPF n. 449*, TP. rel. Min. Luiz Fux, j. 08.05.2019, *DJe* 02.09.2019 – Ata n. 123/2019, *DJe* n. 190, divulgado em 30.08.2019. Disponível em: https://portal.stf.jus.br/processos/downloadPeca.asp?id=15340970707&ext=.pdf. Acesso em: 14 abr. 2024.

CARVALHO, Augusto Cesar Leite de. *Direito do trabalho* — Curso e discurso. 4. ed. Brasília: Venturoli, 2022.

DINIZ, Maria Helena. *Compêndio de introdução à ciência do direito.* 26. ed. São Paulo: Saraiva, 2017.

MOLINA, André Araújo. A eficácia temporal do direito material do trabalho. *Revista Fórum Trabalhista*, Belo Horizonte, ano 9, n. 37, p. 15-54, abr./jun. 2020.

NADER, Paulo. *Introdução ao estudo do direito.* 44. ed. Rio de Janeiro: Forense, 2022.

ORGANIZAÇÃO INTERNACIONAL DO TRABALHO — OIT. *Convenção n. 144, 16 de maio de 1978.* Disponível em: https://www.ilo.org/brasilia/convencoes/WCMS_236116/lang--pt/index.htm. Acesso em: 14 abr. 2024.

SILVA, José Afonso da. *Curso de direito constitucional positivo.* 41. ed. rev. e atual. São Paulo: Malheiros, 2018.

Desafios e Perspectivas da Magistratura do Trabalho

Paulo Kim Barbosa[1]

Breve homenagem

É com imensa satisfação que escrevo estas breves linhas para o livro em homenagem à querida Desembargadora Jucirema Maria Godinho Gonçalves, recentemente aposentada no Tribunal Regional do Trabalho da 2ª Região, localizado em São Paulo/SP.

Tive a honra de conhecê-la quando ela ainda era Juíza Titular de Vara do Trabalho, em 1º grau de jurisdição, e eu era Juiz do Trabalho substituto designado para substituí-la em cidades do litoral paulista.

A então Juíza Jucirema me surpreendeu positivamente, pois, mesmo dispensada de comparecer, continuava indo ao Fórum Trabalhista para prestar os seus serviços, onde eu estava atuando na Vara do Trabalho de sua titularidade, ou seja, sou testemunha ocular: a dedicada Juíza Titular Jucirema nunca parou de trabalhar presencialmente, mesmo em férias e com um outro Juiz substituto em seu lugar. A sua capacidade de trabalho sempre foi admirável, aliada a um amor contagiante pela sua profissão.

Depois foi merecidamente promovida a Desembargadora do Tribunal Regional do Trabalho da 2ª Região, para onde levou toda a sua experiência acumulada em anos no 1º grau de jurisdição.

Finalmente, foi gloriosamente eleita como Vice-Presidente Administrativa do Tribunal Regional do Trabalho da 2ª Região, realizando brilhante gestão com inúmeros feitos, avanços e progressos para a Justiça do Trabalho.

Para minha tristeza aposentou-se alguns anos depois, no auge de seu vigor intelectual.

---

(1) Desembargador do Tribunal Regional do Trabalho da 2ª Região (São Paulo/SP). Professor da Universidade Municipal de São Caetano do Sul. Bacharel pela Faculdade de Direito da USP. Mestre pela Faculdade de Direito da PUC-SP.

Introdução

A magistratura atualmente tem tido um tratamento inclemente por parte da imprensa. Verifica-se enorme má vontade, pintando-se mentirosamente os juízes como pessoas recebendo salários gigantescos e com privilégios fantásticos.

Esse ataque aos juízes é um fenômeno próprio da sociedade individualista. Os egoístas não gostam de ser controlados e só querem fazer aquilo que lhes dá prazer.

Tome-se o exemplo clássico do vizinho barulhento que ouve músicas em altíssimo volume, perturbando o sossego dos moradores próximos. Se a polícia militar é acionada e vai até o local pedir para tal pessoa abaixar o som, é recebida com grosserias e ameaças. O barulhento se acha com o direito absoluto de ouvir suas músicas na altura que quiser. E pouco importa o resto do mundo. Daí o desrespeito, por parte do barulhento, ao receber a polícia.

O mesmo ocorre contra os juízes. O violador da lei não quer ser confrontado, agindo conforme seus próprios caprichos e desejos, pouco se importando com o que as leis preveem. Tal violador de leis irrita-se e grita quando é condenado pela Justiça, acusando os juízes de parcialidade. Parcela da mídia reflete essa postura, atacando injustamente os juízes naquilo que eles têm de mais precioso: sua honra.

Xinga-se quem incomoda: o policial que exige o som baixo e o juiz que aplica a lei.

Esse é um dos principais desafios atuais da magistratura: impor a obediência da lei para as pessoas desobedientes e que tentam desacreditar os poderes da Justiça com permanentes e injustas campanhas difamatórias.

E o magistrado do trabalho também se insere neste desafio.

1. Desenvolvimento do tema

A magistratura no Brasil divide-se em diferentes ramos.

Como órgão de cúpula, tem-se o Supremo Tribunal Federal, sendo a instância máxima do Poder Judiciário. É o farol do qual emanam as principais diretrizes a serem seguidas por todos os magistrados.

Logo abaixo, há o Conselho Nacional de Justiça, com funções administrativas e correicionais sobre a magistratura.

Na sequência, pode-se falar em Justiça Federal, Justiça Estadual, Justiça Eleitoral, Justiça Militar e Justiça do Trabalho.

1.1. Justiça Federal

A Justiça Federal é composta pelos magistrados federais.

Em 1ª instância, há os juízes federais e os juízes federais substitutos, atuando nas Varas Federais.

Em 2ª instância, há os desembargadores federais, atuando nos 6 (seis) Tribunais Regionais Federais distribuídos pelo Brasil.

Em 3ª instância, há os Ministros do Superior Tribunal de Justiça, sendo tal tribunal também a 3ª instância da Justiça Estadual.

1.2. Justiça Estadual

A Justiça Estadual é composta pelos magistrados estaduais.

Em 1ª instância, há os juízes de direito e os juízes de direito substitutos, atuando nas Varas Estaduais.

Em 2ª instância, há os desembargadores, atuando nos 27 (vinte e sete) Tribunais de Justiça distribuídos pelo Brasil.

Em 3ª instância, há os Ministros do Superior Tribunal de Justiça, sendo tal tribunal também a 3ª instância da Justiça Federal.

1.3. Justiça Eleitoral

A Justiça Eleitoral é composta pelos magistrados eleitorais. São magistrados temporários nessa função eleitoral, oriundos do Supremo Tribunal Federal, do Superior Tribunal de Justiça, da Justiça Federal, da Justiça Estadual e da advocacia.

Em 1ª instância, há os juízes eleitorais, atuando nos Juízos Eleitorais. São originariamente juízes de direito da Justiça Estadual.

Em 2ª instância, há os juízes do tribunal, atuando nos 27 (vinte e sete) Tribunais Regionais Eleitorais distribuídos pelo Brasil. São originalmente desembargadores dos Tribunais de Justiça, desembargador do Tribunal Regional Federal, juízes de direito e advogados.

Em 3ª instância, há os ministros do Tribunal Superior Eleitoral. São originalmente Ministros do Supremo Tribunal Federal, Ministros do Superior Tribunal de Justiça e advogados.

1.4. Justiça Militar

A Justiça Militar é composta pelos magistrados militares.

Há a Justiça Militar da União e a Justiça Militar dos Estados.

Na Justiça Militar da União em 1ª instância, há o juiz auditor concursado e os juízes militares temporários oriundos das Forças Armadas, atuando nas Auditorias Militares. Em 2ª instância, há os Ministros do Superior Tribunal Militar.

Na Justiça Militar dos Estados em 1ª instância, há o juiz auditor concursado e os juízes militares temporários oriundos da Polícia Militar, atuando nas Auditorias Militares. Em 2ª instância, há os desembargadores militares do Tribunal de Justiça Militar, só existindo esse tribunal especializado nos Estados de Minas Gerais, São Paulo e Rio Grande do Sul. Nos demais Estados, a 2ª instância é o próprio Tribunal de Justiça comum.

1.5. Justiça do Trabalho

A Justiça do Trabalho é composta pelos magistrados do trabalho.

Em 1ª instância, há os juízes do trabalho e os juízes do trabalho substitutos, atuando nas Varas do Trabalho.

Em 2ª instância, há os desembargadores do trabalho, atuando nos 24 (vinte e quatro) Tribunais Regionais do Trabalho distribuídos pelo Brasil.

Em 3ª instância, há os ministros do Tribunal Superior do Trabalho.

2. Competência da Justiça do Trabalho

A Justiça do Trabalho tem competência para julgar os conflitos oriundos das relações de trabalho.

É a previsão expressa da Constituição Federal de 1988 em seu art. 114:

> Compete à Justiça do Trabalho processar e julgar:
>
> I – as ações oriundas da relação de trabalho, abrangidos os entes de direito público externo e da administração pública direta e indireta da União, dos Estados, do Distrito Federal e dos Municípios;
>
> II – as ações que envolvam exercício do direito de greve;
>
> III – as ações sobre representação sindical, entre sindicatos, entre sindicatos e trabalhadores, e entre sindicatos e empregadores;
>
> IV – os mandados de segurança, *habeas corpus* e *habeas data*, quando o ato questionado envolver matéria sujeita à sua jurisdição;
>
> V – os conflitos de competência entre órgãos com jurisdição trabalhista, ressalvado o disposto no art. 102, I, *"o"*;
>
> VI – as ações de indenização por dano moral ou patrimonial, decorrentes da relação de trabalho;
>
> VII – as ações relativas às penalidades administrativas impostas aos empregadores pelos órgãos de fiscalização das relações de trabalho;
>
> VIII – a execução, de ofício, das contribuições sociais previstas no art. 195, I, *"a"*, e II, e seus acréscimos legais, decorrentes das sentenças que proferir;
>
> IX – outras controvérsias decorrentes da relação de trabalho, na forma da lei.

Esta previsão constitucional não foi gratuita, mas, sim, meticulosamente construída, tendo em vista a essencial função da Justiça do Trabalho dentro do sistema capitalista.

3. Sistema capitalista e o Juiz do Trabalho

No sistema capitalista, há a propriedade privada dos meios de produção, com a natural e permanente tensão na relação entre o capitalista e aqueles que só têm sua força de trabalho para vender.

Dentro desta estrutura, o ser humano ou é o proprietário da empresa, ou é aquele que presta serviços para essa empresa. E um precisa do outro para sobreviver.

Esta relação frequentemente tem conflitos que, se não bem administrados, podem levar à ruína do próprio sistema capitalista como um todo.

Imagine-se uma exploração sem limites do empresário que leve a um levante sangrento por parte dos trabalhadores, ou imagine-se uma classe de trabalhadores repletos de direitos e altamente preguiçosos que travam o funcionamento da empresa direcionando-a à paralisia total.

O Juiz do Trabalho tem esse desafio diante de si, com esse mundo do capital diante dos seus olhos e oferecendo desentendimentos diários a serem resolvidos. A falta de solução, ou a solução ruim, prejudica em última análise a própria máquina capitalista levando-a ao colapso mais adiante.

O caminho que mais tranquiliza os envolvidos no conflito é o caminho da lei: o magistrado aplica a lei existente ao litígio, e explica abertamente para as partes como chegou a essa solução. Não é um capricho ou surpresa a sentença judicial, mas sim um epílogo altamente previsível para quem atua no dia a dia do foro trabalhista.

Essa é a difícil missão do Juiz do Trabalho: resolver os conflitos dentro da lei e convencer as partes de que fez o melhor possível.

4. Conclusão

O Juiz do Trabalho é essencial para o sistema capitalista, garantindo a própria sobrevivência desse sistema. A missão do magistrado trabalhista é resolver os conflitos dentro da lei e convencer as partes de que fez o melhor possível.

Referências

BRASIL. Constituição (1988). *Constituição da República Federativa do Brasil, de 5 de outubro de 1988. Diário Oficial da União*, Brasília, 05 out. 1988.

As *Gig Economies* e a Fragilização dos Direitos dos Trabalhadores: O Despontar de Novas Tecnologias como Meio para a Legalização de Ilegalidades

Mariana Telles Cavalcanti[(1)]
Paulo Eduardo Vieira de Oliveira[(2)]

Introdução

A contemporaneidade não pode mais ser dissociada dos avanços tecnológicos que permeiam todos os aspectos da vida social. Este fenômeno também se manifesta nas relações sociais, especialmente, na dinâmica e contínua luta entre capital e trabalho. Entretanto, em que pese não ser possível frear as mudanças promovidas pela incorporação da tecnologia ao mundo do trabalho, sua recepção indistinta desembocará, em última instância, na precarização do labor.

Em se tratando da dicotomia capital-trabalho, importante a compreensão de que ambos os grupos sempre coexistiram, embora nunca de maneira pacífica. Historicamente, a tensão entre capitalistas — e aqui entende-se como detentores dos meios de produção — e proletários motivou-se por interesses conflitantes e reivindicação de protagonismo. Ao remontarmos ao final do século XVIII e início do século XIX, quando a Primeira Revolução Industrial representava a joia da coroa do modelo capitalista de exploração,

(1) Mestranda em Direito pela Faculdade de Direito do Sul de Minas (FDSM), com ênfase em Constitucionalismo e Democracia, bolsista CAPES. Graduada em Direito pela Faculdade de Direito do Sul de Minas — FDSM.

(2) Pós-Doutor em Direito do Trabalho pela Universidade Clássica de Lisboa (2007). Doutor em Direito do Trabalho pela FADUSP (2001) e Mestre em Direito do Trabalho pela FADUSP (1994). Livre-Docente em Direito do Trabalho pela FADUSP (2011). Professor do Programa de Pós-Graduação em Direito (mestrado e doutorado) na FADUSP e do Programa de Pós-Graduação em Direito Faculdade de Direito do Sul de Minas (FDSM). Desembargador Federal do Trabalho no TRT da 2ª Região/SP.

trabalhadores se organizavam em movimentos grevistas em busca de condições dignas de trabalho, ao passo que capitalistas visavam maximizar seus lucros.

A dinâmica entre capital e trabalho não apenas molda a estrutura econômica de uma sociedade, mas também exerce um impacto direto na desigualdade social, no acesso a recursos e oportunidades e, especialmente, na distribuição das riquezas. O modelo socioeconômico capitalista, centrado na exploração do trabalho para construção de riquezas, foi eleito como um dos pilares fundamentais da atual conjuntura econômico--político-social brasileira.

Nesse sentido, Paulo Eduardo Vieira de Oliveira:

> A Carta Magna não só optou pelo Estado Democrático de Direito, mas, também, pelo regime capitalista de produção, na medida em que apontou seus notórios pilares: a livre iniciativa, a propriedade privada e a livre concorrência, porém dentro de claros parâmetros a serem observados: a cidadania, a dignidade da pessoa humana, os valores sociais do trabalho, a função social da propriedade.(3) (*sic*)

Dessa forma, muito embora o próprio capitalismo — e aqui seu lado mais irrefreável pelos limites constitucionais do trabalho digno (art. I, IV, da CRFB/1988), fidelizado apenas à mais-valia e ao aumento de produtividade — seja o principal agente da precarização do trabalho, sua interseção com o que hoje é conhecido como Revolução Tecnológica adicionou uma nova dimensão a essa precarização: a rápida inserção de tecnologias ocorre simultaneamente à intensificação do trabalho(4).

Como bem observado pelo mesmo autor:

> Com efeito, a revolução tecnológica, também denominada de terceira revolução, une o conhecimento científico à produção industrial, de modo que insere tecnologias na mesma proporção que intensifica o trabalho, objetivando a diminuição dos custos, o que, por consequência, gera o aumento de capital pelos proprietários dos meios de produção, capital este que é reinvestido em tecnologias de ponta, a fim de criar novos produtos a serviço da indústria.(5) (*sic*)

Se, em um primeiro momento, o "inimigo" se materializava na concorrência, agora ele se materializa na perspectiva de que postos de trabalho deixem de existir ou, pelo

(3) OLIVEIRA, Paulo Eduardo Vieira de. *O direito do trabalho no Estado Democrático de Direito*. São Paulo: Editora Dialética, 2020. p. 84.

(4) *Ibidem*, p. 86.

(5) *Idem*.

menos, prescindam de mão de obra humana para tanto. O fato de a tecnologia estar transformando profundamente o mundo do trabalho e, a partir dessas mudanças, introduzindo novos componentes nas relações laborais, antes organizadas a partir do molde tradicional empregado-empregador, já é conhecido, embora não seja novidade.

O potencial transformador da tecnologia foi discutido, ainda no século XIX, por Karl Marx, n'*O Capital.* Marx reflete sobre a utilização da maquinaria (tecnologia da época) no modelo capitalista e conclui que ela é um meio para a produção de mais valor(6). Isso porque sua utilização enquanto ferramenta revolucionária do modo de produção não tem por objetivo diminuir a fadiga do trabalhador, mas sim "(...) baratear mercadorias e encurtar a parte da jornada de trabalho que o trabalhador necessita para si mesmo, a fim de prolongar a outra parte de sua jornada, que ele dá gratuitamente para o capitalista"(7).

Dois séculos depois, a então denominada "maquinaria" evoluiu para uma tecnologia multifacetada, tornando-se inseparável do modo de produção capitalista. Enquanto no século XIX essa mesma maquinaria possibilitou o desenvolvimento do capitalismo e ganhou uma função econômica própria, hoje a tecnologia é um elemento indissociável das relações sociais. Isso é evidenciado pelo surgimento de novas formas de trabalho que só foram viabilizadas graças à Revolução Tecnológica.

É com esse chão teórico sedimentado que se passa à discussão do que são *gig economies* e como essas novas formas de trabalho, marcadas pela informalidade e pelos mercados digitais, têm mostrado claros sintomas de precarização. A falta de uma legislação capaz de regular o "empresariamento da informalidade", isto é, o trabalho informal executado por meio de plataformas digitais, desafia as concepções de trabalho digno nas quais se sustenta o Estado Democrático de Direito, conforme preconiza o art. 1º, IV, da CF/1988.

Portanto, o objetivo da presente pesquisa é analisar os verdadeiros contornos das novas dinâmicas de trabalho nas *gig economies* no Brasil. Para atingir este objetivo, será adotada a metodologia analítica, que incluirá a técnica de revisão literária e exame de dados estatísticos, elementos imprescindíveis para uma compreensão aprofundada da precarização do trabalho.

Este trabalho foi realizado no âmbito do Grupo de Pesquisa vinculado ao CNPQ e ao PPGD da Faculdade de Direito do Sul de Minas "Direito e Democracia: Jurisdição Constitucional Agressiva". O grupo tem como objetivo discutir e investigar a democracia brasileira e sua relação com novas tecnologias, inteligência artificial e *fake news*.

(6) MARX, Karl. *O capital* — Crítica da economia política. Livro I – O processo de produção do capital. São Paulo: Editorial Boitempo, 2014.

(7) *Ibidem*, p. 457.

1. A evolução do conflito entre capital e trabalho na era das relações de trabalho tecnológicas

Muito embora Karl Marx tenha analisado, ainda no século XIX, as consequências da incorporação da tecnologia nos modelos de produção, tendo o feito com grande brilhantismo, não poderia ter previsto o que hoje se conhece por "empresariamento da informalidade". É verdade que o objetivo do capital nunca se alinhou ao objetivo da classe proletária, o que é categoricamente afirmado por Marx e Engels em seu seminal *Manifesto Comunista*, lançado em 1848.

Os autores, ao argumentarem que "a história de todas as sociedades até hoje existentes é a história das lutas de classes"[(8)], lançam luz sobre aspectos históricos fundamentais da organização das sociedades, caracterizados pela divisão de classes. Nessa estrutura, uma classe domina e controla os meios de produção, enquanto outra é essencialmente oprimida e explorada. Essa dinâmica se materializou ao longo dos séculos, repetindo-se na Idade Média, com os senhores feudais e os servos, no início do capitalismo industrial, com a burguesia e o proletariado e persiste até hoje com o predomínio do interesse de grandes empresas em detrimento do interesse dos trabalhadores, sejam eles formais ou não.

Contudo, embora a dinâmica entre capital e trabalho tenha, por muitos anos, seguido contornos tradicionais, ratificados por legislações trabalhistas como a Consolidação das Leis do Trabalho (CLT) no Brasil, a incorporação da tecnologia nas relações de trabalho obscureceu limites antes claros entre quem explora a força de trabalho e quem é explorado. Tal fenômeno é especialmente evidente a partir da despersonalização da figura do empregador e do surgimento de uma nova forma de subordinação: a algorítmica.

Com a sedimentação do modelo capitalista de produção, o trabalho passou a ser essencial para a sobrevivência, sendo essa, inclusive, a concepção marxista de trabalho obrigatório, isto é, trabalha-se para comer e come-se para trabalhar. Ricardo Antunes bem pontua que:

> (...) quando a vida humana se resume exclusivamente ao trabalho — como muitas vezes ocorre no mundo capitalista e em sua sociedade do trabalho abstrato —, ela se converte em um mundo penoso, alienante, aprisionado e unilateralizado. É aqui que emerge uma constatação central: se por um lado necessitamos do trabalho humano e de seu potencial emancipador e transformador, por outro devemos recusar o trabalho que explora, aliena e

(8) MARX, Karl.; ENGELS, Friedrich.; COGGIOLA, Osvaldo (Orgs.). *Manifesto comunista.* São Paulo: Boitempo, 2005. p. 40.

> infelicita o ser social, tal como o conhecemos sob a vigência e o comando do trabalho abstrato.[9] (*sic*)

Talvez a maior utopia tenha sido a crença de que o avanço da sociedade levaria à consolidação de um trabalho verdadeiramente emancipador, que proporciona reais benefícios aos trabalhadores, ou seja, o desejo de que sua força de trabalho fosse utilizada não para a perseguição irrestrita e incansável do lucro, mas para a produção de bens e a execução de serviços úteis à sociedade.

Quando Marx escreveu *O Capital*, a dinâmica de trabalho já alterada pelas tecnologias da época, como a máquina a vapor e o sistema fabril, era centrada na produção de mercadorias. Essas inovações tecnológicas possibilitaram a massificação e a mecanização da produção, mas ainda não foram suficientes para modificar substancialmente a relação entre os agentes políticos que ocupam os polos de uma relação de trabalho — trabalhador e empregador.

Contudo, esse modo de trabalho, que anteriormente havia sido apenas timidamente modificado por uma tecnologia que impactava apenas um aspecto da produção, foi, nas palavras de Antunes, "se metamorfoseando significativamente a partir da introdução do universo informacional-digital (...)"[10]. Hoje, mais do que nunca, é possível falar em uma nova classe trabalhadora, a qual vem se amoldando ao que Antunes chama de "universo informacional-digital". Retomando a ideia que inaugurou este tópico, a obrigatoriedade e a indispensabilidade do trabalho evidenciam a necessidade de adaptação a uma nova e até então desconhecida realidade laborativa.

Até hoje, o capital prospera e logra acumular-se por meio da transformação do dinheiro, da extração do excedente do trabalho em seu favor e do investimento desse excedente em prol de sua própria expansão, em razão do cenário favorável no qual se insere. Ele nada mais é do que o valor que se extrai do processo capitalista de produção, no qual a força de trabalho é mercadoria – e a única capaz de criar valor.

A capacidade do capitalismo de se reinventar e se reestruturar quando parece ruir já se provou notável em muitos momentos da história. Sem dúvidas, um bom exemplo dessa resiliência é a maneira como ele absorveu e se adaptou às inovações tecnológicas que revolucionaram aspectos cruciais da sociedade. Não só isso, como também foi palco do surgimento, conforme já mencionado, de um novo proletariado.

Essa nova classe trabalhadora surge e se desenvolve em um cenário caracterizado pela superexploração do trabalho, desemprego, informalidade, terceirização e flexibilidade, em um processo que afeta todo o globo, inclusive países com economias sólidas e

---

(9) ANTUNES, Ricardo. *O privilégio da servidão*. São Paulo: Boitempo, 2018. p. 24.

(10) *Ibidem*, p. 25.

robustas[11]. Embora seja recente, ela não difere substancialmente de suas predecessoras, pertencendo a uma classe maior que se caracteriza pela dinâmica de "comer para trabalhar, trabalhar para comer", na qual o trabalho é a principal fonte de subsistência.

Diante de tudo isso, talvez a principal pergunta seja: como o capitalismo consegue se reestruturar e se reerguer, mesmo quando à beira de um colapso, fortalecendo-se a ponto de permitir o surgimento de uma nova subclasse de trabalhadores que se ativa em um ambiente essencialmente precarizado? A verdade é que o outro lado dessa moeda é quase irreconhecível: inovações constantes no domínio humano sobre a natureza e agora sobre a própria tecnologia, a manipulação de elementos químicos, físicos e biológicos com o auxílio de avanços tecnológicos e a facilidade e velocidade das informações atuam como verdadeiras distrações das reais mazelas do capitalismo. Marx afirma que, sob o capitalismo:

> (...) o trabalho produz maravilhas para os ricos, mas produz privação para o trabalhador. Produz palácios, mas cavernas para o trabalhador. Produz beleza, mas deformação para o trabalhador. Substitui o trabalho por máquinas, mas lança uma parte dos trabalhadores de volta a um trabalho bárbaro e faz da outra parte máquinas. Produz espírito, mas produz imbecilidade, cretinismo para o trabalhador (...).[12]

Em outras palavras, são muitas as maravilhas que se concretizam às custas da alienação humana, especialmente da alienação da classe trabalhadora. Em verdade, esses avanços deslumbram quando posados como grandes conquistas da modernidade, ao passo que ocultam a profunda desigualdade e a exploração que sustentam o modelo capitalista de produção.

Ainda que disfarçadas pelas promessas e atrativos do capitalismo, a flexibilização e a precarização acarretaram um grande impacto na forma como as pessoas trabalham. Conquanto o conflito de interesses entre os agentes políticos tenha persistido, muito se debate sobre a verdadeira estrutura dessas novas relações de trabalho, sobretudo, quando associadas a modelos econômicos que se caracterizam pela fungibilidade do trabalhador, como as *gig economies* (ou economia de bico).

2. A natureza da mercadoria nas relações de trabalho modificadas pela revolução tecnológica

Com o terreno teórico da presente investigação estabelecido e o contexto em que ela se desenvolve claramente delineado, nos cabe agora explorar o cenário em que, para

(11) ANTUNES, Ricardo. *O privilégio da servidão*. São Paulo: Boitempo, 2018. p. 49.

(12) MARX, Karl. *Manuscritos econômico-filosóficos*. Trad. Jesus Ranieri. São Paulo: Boitempo, 2009. p. 82.

Antunes[13], "A terceirização, a informalidade e a flexibilidade se tornaram (...) partes inseparáveis do léxico e da pragmática da empresa corporativa global".

Num primeiro momento, nos cabe fazer menção ao que Marx trata como valor-trabalho[14]. Dado que o objetivo central do capitalismo é a valorização contínua mediante a realização do mais-valor, é crucial otimizar tanto o tempo de produção das mercadorias (sejam elas materiais ou imateriais) quanto o tempo de circulação delas no mercado[15]. Nesse contexto, a tecnologia incorporada aos meios de produção se torna uma ferramenta essencial para maximizar a acumulação de capital. Por isso, é fundamental analisar os novos contornos que foram adicionados à dinâmica do trabalho contemporâneo com a introdução dessas tecnologias.

A inserção da tecnologia na produção, cada vez mais ligada a plataformas digitais e aos algoritmos, tem transformado os processos produtivos e acelerado a acumulação do capital a partir da superprodução de bens materiais ou imateriais em tempo recorde, o que, em última instância, aumenta a margem de lucro das corporações globais[16]. Um conceito importante para a compreensão da extensão dessa transformação é o que Srnicek chama de "capitalismo de plataforma". Para o autor:

> (...) no século XXI o capitalismo avançado passou a se centrar na extração e uso de um tipo particular de matéria-prima: dados. Mas é importante esclarecer o que são esses dados. Em primeiro lugar, diferenciaremos dados (informação de que algo aconteceu) de conhecimento (informação acerca do porquê algo aconteceu). Dados podem envolver conhecimento, mas isso não é uma condição necessária.[17]

A compreensão dos dados enquanto mercadoria num contexto de capitalismo de plataforma passa, necessariamente, pela análise marxista do que é mercadoria. Nesse sentido, a definição dada por Marx no Livro I d'*O Capital*:

> A mercadoria é, antes de tudo, um objeto externo, uma coisa que, por meio de suas propriedades, satisfaz necessidades humanas de um tipo qualquer.

---

(13) ANTUNES, Ricardo. *Uberização, trabalho digital e Indústria 4.0*. São Paulo: Boitempo, 2020.

(14) MARX, Karl. *O capital* — Crítica da economia política. Livro II: O processo de circulação do capital. São Paulo: Boitempo, 2014. p. 216.

(15) ANTUNES, Ricardo. Uberização do trabalho e capitalismo de plataforma: uma nova era de desantropomorfização do trabalho? *Análise Social*, v. LVIII, 2023 (n. 248), p. 512-532, 2023. Disponível em: https://doi.org/10.31447/as00032573.2023248.04. p. 514. Acesso em: 23 jul. 2024.

(16) *Ibidem*, p. 517.

(17) SRNICEK, Nick. *Platform capitalism*. Cambridge: Polity, 2017, p. 28. Tradução livre do seguinte trecho: "(...) in the twenty-first century advanced capitalism came to be centred upon extracting and using a particular kind of raw material: data. But it is important to be clear about what data are. In the first place, we will distinguish *data* (information that something happened) from *knowledge* (information about why something happened). Data may involve knowledge, but this is not a necessary condition."

> A natureza dessas necessidades — se, por exemplo, elas provêm do estômago ou da imaginação — não altera em nada a questão.[18]

Essa definição pode sugerir que a mercadoria é, necessariamente, algo tangível, isto é, "um objeto externo, uma coisa (...)". Em outras palavras, o conceito não abarca de forma explícita a noção de bens intangíveis, como os dados. No entanto, a análise de Marx sobre a mercadoria não se restringe às noções introdutórias do primeiro volume d'*O Capital*, mas permeia toda sua investigação do modelo capitalista. Inicialmente, o conceito de mercadoria tende a aspectos mais concretos, mas gradualmente revela suas dimensões mais abstratas à medida que se aprofunda no tema em suas obras subsequentes.

Nesse sentido, Michael Hardt e Antonio Negri, baseando-se na concepção marxista de mercadoria, argumentam que a configuração econômica contemporânea é dominada por um processo de informatização, isto é, por uma preponderância de serviços[19]. Eles também definem o trabalho imaterial:

> A maioria dos serviços de fato se baseia na permuta contínua de informações e conhecimentos. Como a produção de serviços não resulta em bem material e durável, definimos o trabalho envolvido nessa produção como trabalho imaterial — ou seja, trabalho que produz um bem imaterial, como serviço, produto cultural, conhecimento ou comunicação.[20]

Por óbvio, a teoria de Marx encontra barreiras circunstanciais e temporais que, por vezes, resultam na percepção de que ela esteja defasada e seja incapaz de explicar o ciclo produtivo do trabalho imaterial. Entretanto, sua contribuição foi suficiente para analisar o que, à época, se vislumbrava como uma modalidade de trabalho cujo resultado não é um objeto sensível. Isso fica claro quando Marx afirma que "O resultado do processo de produção capitalista não é mero produto (valor de uso) nem mercadoria, isto é, valor de uso que tem determinado valor de troca (...)"[21].

Agora que já analisadas as particularidades de como a mercadoria pode assumir formas incorpóreas ou imateriais, a análise dos dados enquanto principal mercadoria das recém-transformadas relações de trabalho pode se completar sem pendências. Esses dados, conforme já evidenciado, são a nova matéria-prima no capitalismo de plataforma,

---

(18) MARX, Karl. *O capital* — Crítica da economia política. Livro I: O processo de produção do capital. São Paulo: Editorial Boitempo, 2014. p 142.

(19) HARDT, Michael; NEGRI, Antonio. *Império*. Rio de Janeiro: Record, 2001.

(20) *Ibidem*, p. 311.

(21) MARX, Karl. *Teorias da mais-valia* — História crítica do pensamento econômico. São Paulo: Civilização Brasileira, 1980. p. 394. v. I – livro IV de *O capital*.

no qual empresas corporativas globais mineram uma vasta quantidade de informações sobre seus usuários, sejam eles clientes ou trabalhadores, de modo a mapear suas preferências e comportamentos. Essa matéria-prima é essencial para o funcionamento da própria plataforma[(22)], por meio da qual ela consegue maximizar sua eficiência e abrangência.

A partir de mais uma reestruturação do sistema capitalista de produção como "capitalismo de plataforma", nos cabe a análise do papel do trabalho dentro dessa "repaginação". Já mencionamos anteriormente que uma nova classe trabalhadora surge com a estruturação dessa nova fase do capitalismo, mas talvez a melhor contextualização tenha ficado a cargo de Ursula Huws, como bem cita Ricardo Antunes:

> Foi refletindo sobre o papel do trabalho no capitalismo de plataforma que Ursula Huws (2014) desenvolveu sua rica conceitualização sobre o *cybertariat*, conjunto de assalariados e assalariadas da indústria de *software*, *call centers*, *telemarketing* e que trabalham com instrumentos digitais, ao mesmo tempo em que vivenciam condições de trabalho frequentemente precarizadas, especialmente quando comparadas aos períodos anteriores à era da cibernética, da informática e da telemática.[(23)] (*sic*)

A autora galgou os primeiros passos para a construção do conceito de *cybertariat* em seu artigo "The making of a cybertariat? Virtual work in a real world". Huws parte da premissa de que "(...) a concepção do capitalismo como uma força dinâmica cujo motor avança pelos processos inter-relacionados de mercantilização e acumulação"[(24)]. É nesse contexto de "mais do mesmo" — o incessante movimento do capital, que, embora se renove periodicamente para evitar sua própria ruína, opera segundo os mesmos princípios que têm orientado sua existência por séculos — que surge e se desenvolve a classe trabalhadora que Huws denomina de "*cybertariat*": o proletariado do século XXI.

(22) Aqui adotaremos o conceito de Srnicek do que são plataformas: "(...) infraestruturas digitais que possibilitam a interação de dois ou mais grupos. Portanto, elas se posicionam como intermediadoras que unem diferentes usuários: clientes, anunciantes, prestadores de serviço, produtores, fornecedores e até objetos físicos." Essa é uma tradução livre do seguinte fragmento da obra *Platform capitalism*, *cit.*, p. 30: "(...) platforms are digital infrastructures that enable two or more groups to interact. They therefore position themselves as intermediaries that bring together different users: customers, advertisers, service providers, producers, suppliers, and even physical objects".

(23) ANTUNES, Ricardo. Uberização do trabalho e capitalismo de plataforma: uma nova era de desantropomorfização do trabalho? *Análise Social*, v. LVIII, n. 248, p. 512-532, 2023. Disponível em: https://doi.org/10.31447/as00032573.2023248.04. p. 517. Acesso em: 23 jul. 2024.

(24) HUWS, Ursula. The making of a cybertariat: virtual work in a real world. socialist register: working classes. *Global Realities*, Londres, v. 37, p. 1-23, mar. 2009. Disponível em: https://socialistregister.com/index.php/srv/article/view/5753. Acesso em: 26 jul. 2024. Essa é uma tradução livre do seguinte fragmento: "a conception of capitalism as a dynamic force whose engine proceeds by the interrelated processes of commodification and accumulation".

Esse proletariado está fadado a um trabalho que já nasce precarizado. Antunes fornece um bom exemplo disso ao abordar aspectos que corroboram a tese aqui defendida:

> O algoritmo, esse novo fetiche do mundo empresarial, passou a ditar os ritmos e tempos do capital. E, se não bastasse a intensidade da exploração do trabalho humano (praticado pela Uber e por um leque imenso de empresas similares, como Cabify, 99, Rappi, Lyft, IFood etc), onde encontramos jornadas de trabalho que remetem aos primórdios da Revolução Industrial, a mesma Uber, há vários anos, vem desenvolvendo um projeto piloto de funcionamento dos carros sem motoristas, automatizados, digitalizados e comandados pela inteligência artificial (contando somente com um vigia humano interno).(25)

Talvez estejamos diante da face mais perversa do capital no século XXI: enquanto precariza, informaliza e flexibiliza as relações de trabalho, permitindo jornadas extremas, remunerações abaixo do mínimo civilizatório e, de maneira geral, enfraquecendo as disposições de trabalho digno, também opera para tornar a produção, de maneira ampla, cada vez mais independente da mão de obra humana (sem, contudo, eliminar a natureza obrigatória do trabalho). Nesse contexto, surgem, entre tantas outras, modalidades de trabalho precárias como as *gig economies* – ou economias de bico.

3. As *gig economies* e a precarização das relações de trabalho

Em seu artigo "Evolução do direito material do trabalho", Paulo Eduardo Vieira de Oliveira muito bem pontua a dificuldade inerente à aferição das reais consequências da incorporação da tecnologia nas relações laborais:

> A transição do mundo do trabalho para novos sistemas ainda mais automatizados e toda a revolução digital, que trouxe novos panoramas de alcance, propagação e velocidade de produção, informação, comunicação, ainda são muito recentes e em constante transformação e evolução, sendo muito difícil auferir as consequências no mundo jurídico, do desenrolar desse cenário.(26)

Muito embora o autor acerte ao destacar a complexidade de avaliar circunstâncias que estão em constante transformação, a presente pesquisa passa agora a uma análise mais detalhada das *gig economies* propriamente ditas e de sua relação com a (mais do que nunca) precarização do trabalho.

---

(25) ANTUNES, Ricardo. Uberização do trabalho e capitalismo de plataforma: uma nova era de desantropomorfização do trabalho? *Análise Social*, v. LVIII, 2023, n. 248 , p. 512-532, 2023. Disponível em: https://doi.org/10.31447/as00032573.2023248.04. p. 519-520. Acesso em: 23 jul. 2024.

(26) OLIVEIRA, Paulo Eduardo Vieira de. Evolução do direito material do trabalho. *Revista do Tribunal do Trabalho da 2ª Região*, São Paulo, v. 14, n. 27, p. 63-87, 2022.

A dinamização do mundo do trabalho patrocinada, sobretudo, pelos avanços tecnológicos, permitiu que o trabalho informal, terceirizado e flexível assumisse novos e heterogêneos contornos. Esse movimento, muito embora tenha se iniciado nas linhas de produção que aderiram aos modelos fordista e, posteriormente, toyotista, de fato se consolidaram com a incorporação da tecnologia nas relações de trabalho.

O termo *gig economy* já vem sendo discutido pela Organização Internacional do Trabalho (OIT) há alguns anos e refere-se a "arranjos de trabalho pouco estruturados, mediados por plataformas de internet"(27). Esse mesmo termo pode ser usado, ainda, para denominar um grupo mais amplo de trabalhadores contingentes, como diaristas e *freelancers* no entretenimento(28).

A mesma organização publicou, em fevereiro de 2021, um relatório acerca do papel das plataformas de trabalho digitais na transformação no mundo do trabalho. A pesquisa é de grande valia para a compreensão dos principais aspectos das *gig economies*, a começar pelo que a OIT chama de *gig work* ou, numa tradução livre, trabalho informal:

> Embora o trabalho informal ou "bico" não seja uma novidade, o uso da tecnologia para gerenciar uma força de trabalho contingente e oferecer seus serviços a empresas, clientes ou indivíduos é um fenômeno novo. Essas plataformas utilizam algoritmos de busca para combinar trabalhadores com empresas, permitindo que as empresas encontrem talentos mais rápido do que nunca, reduzindo assim os custos de busca.(29)

Nesse sentido, resta claro o impacto da variável "tecnologia" na redefinição do que se conhecia como trabalho informal. Para além desse impacto, o crescimento da informalidade, desregulamentado pela legislação trabalhista que não consegue acompanhar as mudanças sociais, desemboca no "empresariamento da informalidade", termo anteriormente já mencionado na presente investigação que está ligado a uma exploração econômica exacerbada de atividades informais, as quais são geridas por corporações globais.

---

(27) INTERNATIONAL LABOUR ORGANIZATION. Conceptual framework for statistics on the work relationships. *Proceedings of 20º International Conference of Labour Statisticians*, Geneva, 2018, p. 82. Disponível em: https://www.ilo.org/publications/conceptual-framework-statistics-work-relationships. Acesso em: 26 jul. 2024. Essa é uma tradução livre do seguinte fragmento: "(...) less structured work arrangements mediated through an internet platform".

(28) *Ibidem*, s.p.

(29) INTERNATIONAL LABOUR ORGANIZATION. *World Employment and Social Outlook 2021:* the role of digital labour platforms in transforming the world of work. Geneva: International Labour Office, 2021, p. 105. Essa é uma tradução livre do seguinte fragmento: "While casualization or gig work is not new, the use of technology to manage a contingent workforce and offer their services to businesses, customers or individuals is a new phenomenon. These platforms use search algorithms to match workers with businesses, allowing companies to find talent more rapidly than ever before, thereby reducing search costs".

Muito embora os ciclos de acumulação do capital e a geração de mais-valia permaneçam inalterados, tendo apenas se adaptado ao novo modelo capitalista de plataforma, tudo que é tocado pela tecnologia se transforma em algo totalmente novo, muitas vezes desconhecido. A verdadeira inovação talvez não resida na simples presença de um intermediário nas relações laborais, já que a terceirização (ou triangulação) não é novidade, mas sim na natureza do trabalho que se estabelece fora dos vínculos empregatícios tradicionais.

Esse fenômeno resulta em uma marginalização dos direitos trabalhistas fundamentais, como remuneração mínima, férias, descansos semanais remunerados, 13º salário e FGTS. Dessa forma, o que se observa é uma redefinição do trabalho que escapa da proteção legal convencional e revela uma nova face de exploração, precarização e estranhamento do trabalho.

Irrefutável, portanto, a tese de que o Direito do Trabalho precisa se movimentar na direção de estender sua proteção a essas novas formas de trabalho, as quais, convenientemente, estão na mira de um capitalismo que, nas palavras de Paulo Eduardo Vieira de Oliveira em seu artigo "A função do Direito do Trabalho no regime capitalista de produção":

> (...) tem sua "lógica", sua "ordem jurídica", seus arautos, seu dinamismo à procura de maior lucro, maior competitividade no plano nacional e mundial, tem sempre possibilidade de extrapolar, desejando sempre maior "mais valia", tratando de mera mercadoria as pessoas de que se serve.(30) (*sic*)

O mesmo autor, logo em seguida, bem pontua que:

> Em contrapartida, os direitos do trabalho nacionais, inclusive o brasileiro, têm um núcleo "pétreo" de normas cuja principal função é de resguardar os direitos humanos das pessoas envolvidas na relação de emprego, sejam elas tomadoras do serviço, sejam elas as trabalhadoras e os trabalhadores. Núcleo que se impõe resguardar no confronto com o dinamismo do processo de produção.(31)

A popularização do trabalho informal, que é um componente central das *gig economies*, é apenas um dos sintomas de uma nova ideologia econômica global, cujo objetivo é desmantelar o Estado de bem-estar social e, consequentemente, as proteções

(30) OLIVEIRA, Paulo Eduardo Vieira de. A função do direito do trabalho no regime capitalista de produção. *Revista Direito do Trabalho e Processo do Trabalho (UniAnchieta)*, Jundiaí, v. 2, p. 6-21, jan./jul. 2020. Disponível em: https://revistas.anchieta.br/index.php/Dirdotrabalhoeprocessodotrabalho/issue/view/207. Acesso em: 26 jul. 2024, p. 17.

(31) *Idem*.

conquistadas pelos trabalhadores ao longo de séculos de luta. Esse processo de desmonte inevitavelmente conduz a um cenário de desemprego estrutural(32) que, em um contexto em que se espera que a tecnologia substitua a mão de obra humana, é visto pelo capital como uma solução conveniente ao invés de um ponto de alerta.

Tanto é verdade que, embora a fantasia da autonomia laboral seja uma construção ideológica extremamente sofisticada que visa legitimar e promover formas de trabalho que, na prática, são eivadas de precarização e superexploração, uma pesquisa realizada pelo Instituto Brasileiro de Economia da Fundação Getulio Vargas (FGV IBRE) constatou que 67,7% dos trabalhadores ditos "autônomos" gostariam de ter um emprego, ou seja, trabalhar com carteira assinada. A pesquisa revelou ainda que, entre os autônomos entrevistados, 44,9% deles vivem num ambiente de insegurança econômica, isto é, sequer sabem qual será seu rendimento mensal(33).

Os trabalhadores submetidos a formas informais de trabalho laboram em um constante estado de insegurança, haja vista que muitos são os fatores dignos de preocupação: incerteza de disponibilidade de trabalho; incerteza da suficiência de rendimentos mensais; incerteza quanto à própria existência de seu posto de trabalho num futuro que não tarda a chegar. Nesse sentido, dados recentes publicados pelo *World Economic Forum* (WEF), no inquérito conduzido com o objetivo de analisar o trabalho no futuro, indicam que até 2027 estima-se que 83 milhões de postos de trabalho serão destruídos, o que acarretará numa contração dos mercados de trabalho globais de aproximadamente 14 milhões de empregos(34).

Muito embora a mesma pesquisa indique que outros 69 milhões de postos de trabalho serão criados até o ano-referência, a influência da tecnologia fará com que o trabalho do futuro se torne cada vez mais especializado, exigindo uma maior carga técnica para sua execução. Esse contexto gera uma condição perigosa para a empregabilidade no futuro, tendo em vista que a maior parte da população não dispõe de conhecimento técnico aplicado para preencher vagas de trabalho que o requerem. Lenio Streck, em sua obra *O que é fazer a coisa certa no Direito*, dedica um capítulo inteiro à discussão dos perigos de ficarmos à mercê de robôs, ou, nesse caso, da tecnologia em sentido amplo.

Muito embora Streck esteja falando sobre a tomada de decisão orientada por robôs, sua investigação em muito contribui com o problema de pesquisa aqui abordado,

(32) SOUTO MAIOR, Jorge Luiz. Do direito à desconexão do trabalho. *Blog pessoal do autor*. Disponível em: https://www.jorgesoutomaior.com/uploads/5/3/9/1/53916439/do_direito_%C3%A0_desconex%C3%A3o_do_trabalho.pdf. Acesso em: 26 jul. 2024.

(33) INSTITUTO BRASILEIRO DE ECONOMIA. *Sondagem do mercado de trabalho*. Fundação Getulio Vargas, 2022. Disponível em: https://blogdoibre.fgv.br/posts/nova-sondagem-do-fgv-ibre-mostra-lado-menos-roseo-do-atual-mercado-de-trabalho-no-brasil. Acesso em: 26 jul. 2024.

(34) WORLD ECONOMIC FORUM. Future of Jobs Report 2023. Disponível em: https://www3.weforum.org/docs/WEF_Future_of_Jobs_2023.pdf. Acesso em: 27 jul. 2024.

uma vez que o autor fornece reflexões críticas relevantes no que tange ao espaço social que a tecnologia gradativamente vem ocupando e ao seu uso indiscriminado e inconsequente:

> (...) a tecnologia até pode auxiliar o ser humano e servir como instrumento, mas jamais poderá nos substituir no processo de tomada de decisão. É uma questão filosófica (...). Enfim, minha preocupação é com a dosagem do remédio a fim de evitar que se torne veneno. Não há como terceirizar a humanidade. Tampouco o humanismo. Contudo, tenho visto tentativas nesse sentido. Meu problema não é com o uso da tecnologia, é com o intuito de delegar o raciocínio, o pensamento e a reflexão com rigor e critério.(35)

Steck é partidário da tese de que a tecnologia nos serve(36) ou, ao menos, é o que se espera de um instrumento criado por seres humanos. Portanto, é impensável que, num futuro próximo, a dinâmica de subordinação seja invertida, de modo que os humanos — criadores e idealizadores da tecnologia — curvem-se a ela, resultando no que Streck chama de "sacrifício da epistemologia". A confiança irrestrita de que a tecnologia é capaz de operar na tomada de decisão representa, em outras palavras, a chancela de um processo de redução da complexidade dessas decisões, ou melhor, o império dos processos automatizados.

Nesse sentido, Jorge Souto Maior também compartilha das mesmas percepções de Streck quanto às finalidades da tecnologia. Em seu artigo "Direito à desconexão", o autor trata essencialmente de um direito a não trabalhar — e destaca tratar-se não de um direito individual, mas sim societário. No que concerne ao papel da tecnologia, Souto Maior pondera que:

> É bom que se diga, também, que não é o caso de se amaldiçoar o avanço tecnológico. Este é inevitável e, em certa medida, tem sido benéfico à humanidade (em muitos aspectos). O desafio, sob este prisma, é buscar com que a tecnologia esteja ao serviço do homem e não contra o homem.(37) (*sic*)

O mesmo autor vai bem ao pontuar que não se pode demonizar o avanço tecnológico, uma vez que a "tecnologia fornece à sociedade meios mais confortáveis de viver, e elimina, em certos aspectos, a penosidade do trabalho"(38). Lado outro, na mesma linha

(35) STRECK, Lenio Luiz. *O que é fazer a coisa certa no direito*. São Paulo: Dialética, 2023. p. 190.

(36) *Ibidem*, p. 187.

(37) SOUTO MAIOR, Jorge Luiz. Do direito à desconexão do trabalho. *Blog pessoal do autor*. Disponível em: https://www.jorgesoutomaior.com/uploads/5/3/9/1/53916439/do_direito_%C3%A0_desconex%C3%A3o_do_trabalho.pdf. p. 4. Acesso em: 26 jul. 2024.

(38) *Idem*.

de raciocínio assumida por Lenio Streck, não pode a tecnologia ser capaz de colonizar o mundo do trabalho, sob pena de "acabar reduzindo postos de trabalho e até eliminando alguns tipos de serviços manuais"[(39)].

Talvez a maior ameaça da inserção desenfreada da tecnologia nas relações laborais seja a incapacitação de uma expressiva massa de trabalhadores ante o trabalho no futuro. Isso resulta na formação de uma população verdadeiramente inservível para o mercado de trabalho, que passará a subsistir às margens de uma sociedade onde o trabalho continuará a ser venerado como fator dignificante da existência humana e, além disso, permanecerá imprescindível para a própria subsistência.

Yuval Harari dedicou um capítulo inteiro em sua obra *21 lições para o século 21* para tratar exatamente sobre isso. Embora muito se questione sobre como será o trabalho em 20, 30 ou até mesmo 50 anos, poucas são as respostas realmente satisfatórias, haja vista que a incerteza parece ser uma constante nos processos decorrentes do avanço tecnológico. Para Harari:

> (...) apesar do aparecimento de muitos novos empregos humanos, poderíamos assim mesmo testemunhar o surgimento de uma nova classe de "inúteis". Poderíamos de fato ficar com o que há de pior nos dois mundos, sofrendo ao mesmo tempo de altos níveis de desemprego e de escassez de trabalho especializado. Muita gente poderia compartilhar do destino não dos condutores de carroça do século XIX — que passaram a ser taxistas —, mas dos cavalos do século XIX, que foram progressivamente expulsos do mercado de trabalho.[(40)]

Lenio Streck também faz alusão às conclusões de Harari ao discutir o problema do acúmulo indiscriminado de informações pela inteligência artificial, desvinculado de qualquer critério baseado no conhecimento prático e na humanidade. Streck defende a tese de que esse ciclo é justamente o que aumenta a dependência da própria IA e resulta na:

> (...) morte da cognição e se forma a classe dos inúteis, nomeada pelo historiador Yuval Harari em artigo publicado no *The Guardian* com o título "O Significado da Vida em um Mundo sem Trabalho": "são pessoas que não serão apenas desempregadas, mas que não serão empregáveis".[(41)]

---

(39) SOUTO MAIOR, Jorge Luiz. Do direito à desconexão do trabalho. *Blog pessoal do autor*. Disponível em: https://www.jorgesoutomaior.com/uploads/5/3/9/1/53916439/do_direito_%C3%A0_desconex%C3%A3o_do_trabalho.pdf. p. 4. Acesso em: 26 jul. 2024.

(40) HARARI, Yuval Noah. *21 lições para o século 21*. São Paulo: Companhia das Letras, 2018. p. 43-44.

(41) STRECK, Lenio Luiz. *O que é fazer a coisa certa no direito*. São Paulo: Dialética, 2023. p. 191.

Certamente, a ameaça de formação dessa massa de pessoas inservível para o trabalho está inserida em um ciclo de precarização e flexibilização que serve amplamente ao capital, tendo em vista que, em um regime capitalista de produção, o trabalho é alienado e estranhado por ele. Com a estruturação e a robustez do capitalismo de plataforma, a tecnologia passa a reger o fluxo de postos de trabalho, extinguindo uns e criando outros, naturalmente ligados à própria tecnologia.

Nesse cenário, o trabalho informal, precarizado e flexibilizado cresce, com a própria lógica capitalista incentivando essa expansão por meio da fetichização da autonomia laboral. Isso, em última instância, reflete diretamente no aumento da alienação da classe trabalhadora, pois a natureza individualizada do trabalho autônomo pode levar ao isolamento social e ao enfraquecimento da luta coletiva.

O crescimento desses trabalhos informais é ameaçado pela própria tecnologia, que se renova e se aprimora constantemente com o objetivo de automatizar postos de trabalho. Com essa automatização, trabalhadores informais que não possuem conhecimento técnico para assumir outros postos de trabalho são lançados à margem da sociedade, uma vez que não podem ser empregados, o que, numa última análise, precariza ainda mais as relações de trabalho e, sobretudo, as relações humanas.

4. Considerações finais

Este trabalho teve como objetivo analisar como as *gig economies*, reestruturadas no seio de um avanço tecnológico sem precedentes, têm trazido impactos nefastos para as relações de trabalho contemporâneas. A partir da flexibilização das proteções constitucionais e relativização de direitos trabalhistas básicos, essa nova dinâmica de trabalho é uma verdadeira ode à precarização da mão de obra e a precursora de um caminho eivado de práticas degradantes que servem apenas ao capital.

A análise demonstrou que o crescimento dos postos de trabalho informal se deve à incidência da tecnologia no mercado, a qual ao mesmo tempo que extingue postos de trabalho e se movimenta para substituir a mão de obra humana pela automatizada, cria outros postos que demandam um conhecimento técnico específico que uma parcela mínima dos trabalhadores possui, o que acarreta a marginalização de uma fração do proletariado que se tornará não só desempregada, mas não empregável.

Marx já denunciava a movimentação do capital que, para maximizar seu lucro, frequentemente subverte regulamentações trabalhistas que existem para proteger os trabalhadores. No contexto das *gig economies*, essa subversão toma a forma da evasão de direitos trabalhistas básicos, como remuneração mínima, férias, descansos semanais remunerados, 13º salário e FGTS. Tudo isso ganha mais uma camada de perversidade — que é uma característica do capitalismo — se considerarmos que os trabalhadores laboram sob um constante estado de incerteza quanto aos aspectos básicos do trabalho.

Em resumo, conclui-se que a novidade não está no fato de que o capital contribui para a degradação das relações de trabalho, haja vista que as forças capitalistas frequentemente impulsionam a exploração dos trabalhadores, a redução dos custos do trabalho em detrimento da maximização dos lucros aferidos durante o processo produtivo. Contudo, a introdução da tecnologia nas dinâmicas de trabalho representará uma verdadeira intensificação desse processo, uma vez que ela tem o condão de exacerbar a exploração dos trabalhadores, o estranhamento e a alienação do trabalho e, em última análise, sedimentar as já tão graves desigualdades sociais que permeiam o sistema capitalista de produção.

Referências

ANTUNES, Ricardo. O privilégio da servidão. São Paulo: Boitempo, 2018.

______. *Uberização, trabalho digital e Indústria 4.0*. São Paulo: Boitempo, 2020.

______. Uberização do trabalho e capitalismo de plataforma: uma nova era de desantropomorfização do trabalho? *Análise Social*, v. LVIII, n. 248, p. 512-532. 2023. Disponível em: https://doi.org/10.31447/as00032573.2023248.04. Acesso em: 23 jul. 2024.

HARARI, Yuval Noah. *21 lições para o século 21*. São Paulo: Companhia das Letras, 2018.

HARDT, Michael; NEGRI, Antonio. *Império*. Rio de Janeiro: Record, 2001.

HUWS, Ursula. The making of a cybertariat: virtual work in a real world. Socialist Register: Working Classes. *Global Realities*, Londres, v. 37, p. 1-23, mar. 2009. Disponível em: https://socialistregister.com/index.php/srv/article/view/5753.

INSTITUTO BRASILEIRO DE ECONOMIA. *Sondagem do mercado de trabalho*. Fundação Getulio Vargas, 2022. Disponível em: https://blogdoibre.fgv.br/posts/nova-sondagem-do-fgv-ibre-mostra-lado-menos-roseo-do-atual-mercado-de-trabalho-no-brasil. Acesso em: 26 jul. 2024.

INTERNATIONAL LABOUR ORGANIZATION. Conceptual framework for statistics on the work relationships. *Proceedings of 20º International Conference of Labour Statisticians*, Geneva, 2018. Disponível em: https://www.ilo.org/publications/conceptual-framework-statistics-work-relationships. Acesso em: 26 jul. 2024.

______. *World Employment and Social Outlook 2021:* the role of digital labour platforms in transforming the world of work. Geneva: International Labour Office, 2021.

MARX, Karl. *Manuscritos econômico-filosóficos*. Tradução de Jesus Ranieri. São Paulo: Boitempo, 2009.

______. *O capital* — Crítica da economia política. Livro I: O processo de produção do capital. São Paulo: Boitempo, 2014.

______. *O capital* — Crítica da economia política. Livro II: O processo de circulação do capital. São Paulo: Boitempo, 2014.

______. *Teorias da mais-valia* — História crítica do pensamento econômico. São Paulo: Civilização Brasileira, 1980. v. I – livro IV de *O capital*.

______; ENGELS, Friedrich; COGGIOLA, Osvaldo (Orgs.). *Manifesto comunista*. São Paulo: Boitempo, 2005.

OLIVEIRA, Paulo Eduardo Vieira de. A função do direito do trabalho no regime capitalista de produção. *Revista Direito do Trabalho e Processo do Trabalho (UniAnchieta)*, Jundiaí, v. 2, p. 6-21, jan./jul. 2020. Disponível em: https://revistas.anchieta.br/index.php/Dirdotrabalhoeprocessodotrabalho/issue/view/207. Acesso em: 26 jul. 2024.

______. Evolução do direito material do trabalho. *Revista do Tribunal do Trabalho da 2ª Região*, São Paulo, v. 14, n. 27, p. 63-87, 2022.

______. *O direito do trabalho no Estado Democrático de Direito*. São Paulo: Dialética, 2020.

SOUTO MAIOR, Jorge Luiz. Do direito à desconexão do trabalho. *Blog pessoal do autor*. Disponível em: https://www.jorgesoutomaior.com/uploads/5/3/9/1/53916439/do_direito_%C3%A0_desconex%C3%A3o_do_trabalho.pdf. Acesso em: 26 jul. 2024.

SRNICEK, Nick. *Platform capitalism*. Cambridge: Polity, 2017.

STRECK, Lenio Luiz. *O que é fazer a coisa certa no direito*. São Paulo: Dialética, 2023.

WORLD ECONOMIC FORUM. *Future of Jobs Report 2023*. Disponível em: https://www3.weforum.org/docs/WEF_Future_of_Jobs_2023.pdf. Acesso em: 27 jul.

O Direito de Acesso à Justiça como Elemento Concretizador do Estado Democrático de Direito e os Desafios à Sua Implementação

Antero Arantes Martins[1]

Introdução

O objetivo do presente trabalho é investigar a densidade do direito fundamental de acesso à justiça, suas consequências e relações com outros direitos fundamentais e direitos humanos assegurados pelo Estado brasileiro em compromissos assumidos internamente, perante seu próprio povo e, externamente, perante a comunidade internacional.

Para tanto, é preciso compreender conceitos e estabelecer relações entre estes conceitos que possam nos orientar à obtenção da solução que se busca.

1. Classificação do direito de acesso à Justiça

Embora não se ignore eventuais divergências doutrinárias, é possível afirmar que a maioria dos doutrinadores faz uma distinção entre direito humano e direito fundamental, bem explicitada no ensinamento a seguir:

> Assim, a título meramente exemplificativo, podem-se citar as seguintes distinções: os direitos fundamentais são compreendidos como aqueles que estão previstos e positivados no texto da Constituição e, dessa maneira, limitados de forma temporal e espacial, ao passo que os direitos humanos configuram posições jurídicas previstas no âmbito do direito internacional positivo ao ser humano enquanto tal, mesmo que não exista ligação com certa ordem jurídico-positiva interna. Certamente, ainda que haja um constante diálogo

(1) Desembargador do Trabalho do TRT da 2ª Região. Mestre em relações sociais pela PUC/SP. Professor universitário.

> e influência entre os âmbitos internacional e constitucional, é evidente que o tratamento dessas áreas deve ser diferenciado, principalmente em relação ao grau de eficácia alcançado por essas espécies de direito, pois dependem de instrumentos jurídicos apropriados e entidades político/jurídicas com poder necessário para sua concretização (SILVA, Túlio Macedo Rosa e. *Assistência jurídica gratuita na justiça do trabalho*. Disponível em: Minha Biblioteca, Grupo GEN, 2013).

Ao se entender que os direitos fundamentais são aqueles consagrados e positivados no texto da Constituição Federal, pode-se dizer que assim será o direito de acesso à justiça garantido no art. 5º, XXXV, da Carta Magna:

> Art. 5º Todos são iguais perante a lei, sem distinção de qualquer natureza, garantindo-se aos brasileiros e aos estrangeiros residentes no País a inviolabilidade do direito à vida, à liberdade, à igualdade, à segurança e à propriedade, nos termos seguintes:
>
> (...)
>
> XXXV – a lei não excluirá da apreciação do Poder Judiciário lesão ou ameaça a direito;" (...)

Num primeiro momento, poder-se-ia interpretar o inciso XXXV supratranscrito como uma regra direcionada ao legislador, vedando a edição de leis que excluam situações de risco a direito ou lesão de direito da apreciação do Poder Judiciário.

Entretanto, a interpretação feita sistematicamente com o *caput* demonstra que este é um direito garantido "(...) aos brasileiros e aos estrangeiros residentes no país (...)", de sorte que a interpretação não pode ser limitada a uma vedação direcionada ao Poder Legislativo. Deve, antes, ser compreendida como uma garantia de direito fundamental de obter real e efetivo acesso ao Poder Judiciário quando sofrer lesão ou ameaça a seu direito individual.

Estando, entretanto, classificado como direito fundamental, o acesso à justiça poderia ser limitado no tempo e no espaço. Mais do que isso, tal direito pode ser reduzido ou dificultado pela legislação infraconstitucional, desde que não exclua a essência do direito (acesso), segundo doutrina constitucionalista dominante.

Ocorre que este direito também é assegurado no âmbito internacional, eis que o Brasil é signatário da Declaração dos Direitos Humanos e ali se encontra reconhecido o direito de acesso à justiça:

> Art. 8
>
> Todo ser humano tem direito a receber dos tribunais nacionais competentes remédio efetivo para os atos que violem os direitos fundamentais que lhe sejam reconhecidos pela constituição ou pela lei.

Este direito foi igualmente consagrado no Pacto de San José da Costa Rica — Convenção Americana de Direitos Humanos, da qual o Brasil é signatário e que foi internalizada pelo Decreto n. 678, de 6 de novembro de 1992:

> Art. 8
>
> Garantias Judiciais
>
> 1. Toda pessoa tem direito a ser ouvida, com as devidas garantias e dentro de um prazo razoável, por um juiz ou tribunal competente, independente e imparcial, estabelecido anteriormente por lei, na apuração de qualquer acusação penal formulada contra ela, ou para que se determinem seus direitos ou obrigações de natureza civil, trabalhista, fiscal ou de qualquer outra natureza.

É possível, portanto, dizer que o acesso à justiça é um direito humano e, nesta qualidade, não se limita ao tempo e nem ao espaço. De igual forma, não pode ser limitado pela legislação infraconstitucional e sua interpretação deve ser, sempre, expansiva e não restritiva, já que assim devem ser interpretados os direitos humanos, buscando-se sempre a sua máxima eficácia.

Esta afirmação decorre do conceito básico (mas, infelizmente, muitas vezes esquecido) que é o ser humano que está na centralidade da ordem jurídica:

> O valor da dignidade humana impõese como núcleo básico e informador do ordenamento jurídico brasileiro, como critério e parâmetro de valoração a orientar a interpretação e compreensão do sistema constitucional instaurado em 1988. A dignidade humana e os direitos fundamentais vêm constituir os princípios constitucionais que incorporam as exigências de justiça e dos valores éticos, conferindo suporte axiológico a todo sistema jurídico brasileiro. Na ordem de 1988 esses valores passam a ser dotados de uma especial força expansiva, projetando-se por todo o universo constitucional e servindo como critério interpretativo de todas as normas do ordenamento jurídico nacional (PIOVESAN, Flávia. *Temas de direitos humanos*. Disponível em: Minha Biblioteca, 12. ed. Grupo GEN, 2023).

Embora a Agenda 2030 da ONU não seja um tratado propriamente dito, mas sim uma agenda de compromissos, é preciso dizer que o Brasil a ratificou e determinou sua implantação no cenário interno através do Decreto n. 8892/2016, que criou a comissão para o cumprimento dos Objetivos de Desenvolvimento Sustentável.

Entre esses, encontra-se o ODS n. 16 que prevê:

> Objetivo 16. Promover sociedades pacíficas e inclusivas para o desenvolvimento sustentável, proporcionar o acesso à justiça para todos e construir instituições eficazes, responsáveis e inclusivas em todos os níveis.

A relação entre a Agenda 2030 e os direitos humanos é bem explicada pelo Comitê Interinstitucional do Conselho Nacional de Justiça (CNJ):

> À vista do quanto foi exposto, e embora seja complexa a definição de direitos humanos, é possível delinear elementos que o identificam, concluindo-se que Direitos Humanos são valores universais inalienáveis da pessoa humana em processo de permanente construção, cuja essência nuclear é o respeito à dignidade da pessoa humana e cuja proteção é o grande desafio a ser enfrentado no campo das políticas públicas e do Direito, para que possamos viver com liberdade em um ambiente de igualdade, amor fraterno e paz.
>
> Dentro desta definição, vê-se, claramente, a interligação dos Direitos Humanos e os Objetivos de Desenvolvimento Sustentável da Agenda 2030 da ONU, aprovados pela Assembleia Geral das Nações Unidas.
>
> Com efeito, a proteção dos direitos humanos implica em conhecer e promover a sua defesa em várias dimensões, dentre elas o direito humano aos direitos civis e políticos que visam à tutela da liberdade; aos direitos sociais, econômicos e culturais que visam a igualdade; à educação; à saúde; à assistência social; à previdência social; ao desenvolvimento; à paz; ao meio ambiente; à biotecnologia; à bioética; à biogenética; às tecnologias de informação; ao ciberespaço e à inteligência artificial. (*sic*)
>
> (Agenda 2030 no Poder Judiciário — Comitê interinstitucional — CNJ. Disponível em: https://www.cnj.jus.br/programas-e-acoes/agenda-2030/qual-a-relacao-da-agenda-2030-com-direitos-humanos/. Acesso em: 06 set. 2024).

Assim, a implementação da Agenda 2030, compromisso internacionalmente assumido pelo Brasil, implica, sim, na proteção de direitos humanos, na medida em que tal agenda é instrumento de promoção dos direitos humanos anteriormente reconhecidos.

Dito de outra forma, o direito humano reconhecido no art. 8 da Declaração dos Direitos Humanos (receber dos tribunais nacionais remédio efetivo à violação do seu direito) e reafirmado também no art. 8, 1, da Convenção Americana dos Direitos Humanos, é concretizado pelo cumprimento do ODS n. 16 (promover o acesso à justiça com instituições inclusivas).

A primeira conclusão a que se chega, portanto, é de que o Brasil assumiu um compromisso interno, perante seu povo (Constituição Federal) e externo, perante a comunidade internacional (Declaração de Direitos do Homem, Convenção Americana de Direitos Humanos e Agenda 2030) de implementar o acesso à justiça de forma integral e inclusiva de sorte a garantir o direito de receber dos tribunais a solução para violação de direitos.

2. O Estado Democrático de Direito e o acesso à justiça

Pode-se dizer que Estado Democrático de Direito é um Estado que, entre outras características, se rege pelo ordenamento jurídico constituído de forma democrática. Isto quer dizer que a Constituição e o arcabouço legislativo infraconstitucional delimitam a ação do Estado contra o indivíduo, mas, também, regulam as relações sociais intersubjetivas, assegurando ao povo a garantia de que as expectativas nascidas destas relações sociais serão garantidas pelo Estado.

Assim, por exemplo, aquele que compra um automóvel tem a expectativa de que o veículo lhe será entregue, assim como aquele que presta trabalho tem a expectativa de que o salário lhe será pago.

Frise-se que, no geral, a mera presença do elemento normativo é suficiente para a realização destas expectativas, eis que direitos e deveres são observados no cotidiano na grande maioria das relações sociais.

E esta simples observância regulatória, pelo ordenamento jurídico, das relações sociais, é sem dúvida um elemento caracterizador do Estado Democrático de Direito.

Entretanto, existem situações nas quais estas expectativas são frustradas com a lesão (ou ameaça de) do direito, frustrando a expectativa inicial garantida pelo ordenamento jurídico.

Diante desta violação, nasce no titular do direito a chamada "expectativa da expectativa", ou seja, a ideia de que a lesão à expectativa original seja reparada (restaurada, garantida) pelo Estado, atendendo ao senso comum do conceito de Justiça.

A ausência de acesso à justiça em face de qualquer um dos obstáculos possíveis implica frustração desta "expectativa das expectativas", produzindo um sentimento de injustiça na sociedade ou, o que é mais grave, a decisão de reparar o direito violado pela autotutela.

A autotutela, assim considerada a solução do conflito pela imposição da vontade do mais forte ao mais fraco, ocorre na ausência do Estado e, por consequência, num grau reduzido de civilidade (ou, se preferirem, no aumento da selvageria).

Infelizmente, nosso país conta com exemplos atuais e cotidianos de situações sociais nas quais o Estado está ausente, e as regras de convivência são impostas pelo mais forte (o "dono" do pedaço) a todos que ali vivem.

Podemos exemplificar com a decisão do empregado, que não possa acessar a justiça, decidir ameaçar (ou atentar contra) a vida de seu empregador para obter a satisfação de seu direito.

Estes exemplos denotam com clareza os malefícios da ausência do Estado no regramento das relações sociais e na garantia das expectativas ali criadas.

Portanto, é de se afirmar, com bastante certeza, que o acesso à justiça é um dos elementos concretizadores do Estado Democrático de Direito, assegurando a vontade da lei e as expectativas de que essa vontade seja reafirmada (garantida) pelo Estado quando houver lesão ou ameaça a direito.

Neste sentido, a doutrina:

> Na atual concepção do Estado Democrático de Direito, o processo não é regido apenas pelas leis processuais propriamente ditas. Há toda uma sistemática normativa dentro da Constituição que inclui o acesso à Justiça e os mecanismos do devido processo legal (processo justo) entre os direitos fundamentais (direitos do homem).
>
> Uma vez que a Constituição considera de aplicação imediata todas as normas definidoras dos "direitos e garantias fundamentais" (CF, art. 5º, § 1º), os princípios que regem o processo dentro da ordem constitucional assumem a categoria de normas jurídicas e, por isso, integram o direito processual, independentemente de qualquer regulamentação. O acesso à Justiça e a tramitação do processo têm, por isso, de observar não só as leis processuais comuns, mas as regras e os princípios soberanamente fixados na Constituição (CPC, art. 1º) (THEODORO JÚNIOR, Humberto. *Curso de Direito Processual Civil.* v. 1. Disponível em: Minha Biblioteca. 64. ed. Grupo GEN, 2023).

E:

> O principal objetivo do Estado Democrático de Direito não é apenas justificar os direitos sociais como direitos humanos e fundamentais, e sim também de garanti-los.
>
> (...)
>
> O processo, no Estado Democrático de Direito, passa a ser compreendido a partir dos princípios constitucionais de acesso à justiça insculpidos no Título II ("Dos Direitos e Garantias Fundamentais"), Capítulo I ("Dos Direitos e Deveres Individuais e Coletivos"), especialmente os princípios da indeclinabilidade da jurisdição (CF, art. 5º, XXXV), do devido processo legal (idem, LIV e LV), da ampla defesa (autor e réu) e contraditório e o da duração razoável do processo (*idem*, LXXVIII).
>
> (...)
>
> Em suma, no Estado Democrático de Direito, o processo pode ser definido como o "direito constitucional aplicado", enquanto o acesso à justiça passa a ser, a um só tempo, em nosso ordenamento jurídico, direito humano e direito fundamental (BEZERRA LEITE, Carlos Henrique. *Curso de Direito Processual do Trabalho.* Disponível em: Minha Biblioteca, 22. ed. Grupo GEN, 2024).

Há quem sustente que o *custo* da Justiça do Trabalho não se justifica em face do que se distribui aos empregados em termos de reparação dos direitos reivindicados.

Com a devida vênia, esta é uma visão pequena da questão. A existência da Justiça do Trabalho, assim como do Poder Judiciário em geral, é que faz com que se cumpram espontaneamente as obrigações nas relações sociais.

A existência da Corte não é só para aqueles que dela se valem, mas, também, e talvez até principalmente, daqueles que dela não se utilizam, por saber que o descumprimento de suas obrigações lá os levaria.

Ao julgar a inconstitucionalidade da Lei que aumentou as taxas cobradas para utilização dos Tribunais do Trabalho, a Suprema Corte do Reino Unido assim decidiu:

> 71. But the value to society of the right of access to the courts is not confined to cases in which the courts decide questions of general importance. People and businesses need to know, on the one hand, that they will be able to enforce their rights if they have to do so, and, on the other hand, that if they fail to meet their obligations, there is likely to be a remedy against them. It is that knowledge which underpins everyday economic and social relations. That is so, notwithstanding that judicial enforcement of the law is not usually necessary, and notwithstanding that the resolution of disputes by other methods is often desirable.(2)

É irreal, portanto, a comparação direta do custo da Justiça do Trabalho com o benefício direto que ela traz aos litigantes. A verdadeira comparação se dá com a manutenção do império da Lei nas relações sociais daqueles que, por saber que a Corte estará lá em caso de violação, deixam de violar direitos dos trabalhadores e, assim, garante-se o Estado Democrático de Direito.

Dito de outra forma, é seguro afirmar que sem acesso à justiça não se pode falar em Estado Democrático de Direito.

3. Desafios à implementação do direito de acesso à justiça

Os obstáculos à implementação do direito de acesso à justiça podem ser classificados em quatro frentes:

a) obstáculos econômicos: elevação do custo da ação e interpretações à legislação que onerem as pessoas de menor poder aquisitivo;

---

(2) 71. Mas o valor para a sociedade do direito de acesso aos tribunais não se limita aos casos em que os tribunais decidam questões de interesse geral. As pessoas e as empresas precisam de saber, por um lado, que eles serão capazes de fazer valer os seus direitos se eles têm que fazê-lo, e, por outro lado, se eles não cumprem as suas obrigações, é provável que seja um remédio contra eles. É esse conhecimento que está subjacente a todos os dias das relações económicas e sociais. E assim, não obstante a aplicação judicial da lei não é geralmente necessária e sem prejuízo do que a resolução de disputas por outros métodos é frequentemente desejável. (*sic*) (United Kingdom Supreme Court – Unison, R v Lord chancellor, 2017. Disponível em: http://www.bailii.org/uk/cases/UKSC/2017/51.html. Consulta realizada em: 06 set. 2024 às 15:39 – Tradução livre)

b) obstáculos geográficos: dificuldade de implantar unidades judiciárias nas áreas mais afastadas dos grandes centros, como áreas rurais e áreas de difícil acesso;

c) obstáculos sistêmicos: alta complexidade do sistema jurídico e profusão de decisões divergentes, multiplicando a quantidade de recursos e o tempo da demanda, além de risco à isonomia da solução estatal para idênticos conflitos;

d) obstáculos discriminatórios: maior dificuldade de acesso à justiça por grupos menos favorecidos juridicamente.

Evidentemente que o enfrentamento de todos estes obstáculos é essencial para a concretização da promessa feita pelo Estado brasileiro de permitir o livre acesso à justiça. Neste trabalho, porém, o foco será nos obstáculos econômicos impostos aos mais necessitados.

3.1. Necessária distinção entre pobreza e improbidade processual

Antes de adentrar aos impedimentos econômicos enfrentados por aqueles que pretendem acessar o Poder Judiciário trabalhista, é preciso distinguir pobreza de improbidade processual (má-fé).

Há um engano que pode ser encontrado em diversas manifestações, inclusive da alta cúpula do Poder Judiciário nacional, no sentido de que há uma "litigiosidade frívola" na Justiça do Trabalho e que o combate a esse fenômeno ocorre com a elevação do custeio da ação.

Trata-se de um enorme equívoco. A Justiça do Trabalho tem uma grande demanda litigiosa, em primeiro lugar, porque a cultura do empresário médio brasileiro é a cultura de sonegar direitos, aumentando assim a sua lucratividade. Portanto, existem, de fato, muitas violações a direitos trabalhistas. Recentemente, pudemos observar nas redes sociais empresário afirmando (e, por esta razão, sendo enaltecido!) que aquele que não estivesse disposto a trabalhar no mínimo 12 horas por dia nos 07 dias da semana não serviria para trabalhar na sua empresa. É essa, infelizmente, a lógica empresarial brasileira.

Num segundo momento, constata-se a falência do sistema de fiscalização do Poder Executivo no cumprimento das obrigações trabalhistas, deixando assim de possibilitar a antecipação da solução do conflito de forma extrajudicial.

Poderíamos fazer ainda um terceiro destaque, que decorre da ausência da cultura das ações coletivas que poderiam solucionar múltiplos conflitos com poucas ações.

É preciso lembrar que nem sempre a improcedência de uma pretensão na Justiça do Trabalho decorre de abuso no exercício do direito de ação, já que o trabalhador é também hipossuficiente na sua capacidade probatória, uma vez que tem mais dificuldades de conseguir testemunhas e documentos e, normalmente, não tem recursos para custear um assistente técnico nas provas periciais.

O abuso no exercício do direito de ação (litigiosidade frívola) não é maior na Justiça do Trabalho do que em qualquer outro ramo do Poder Judiciário. Tal conduta deve ser repudiada pela Justiça do Trabalho com a aplicação do remédio processual adequado (litigância de má-fé) e não com o aumento do custo da ação. Aumentar o custo da ação não afasta litigância de má-fé, apenas permite que os mais abastados a pratique.

Há que se considerar ainda que o excessivo número de ações e recursos decorrem, também, de resistências injustificadas dos empregadores no cumprimento de suas obrigações legais e no acatamento das decisões judiciais, sob o manto do "mero exercício do direito de defesa".

Portanto, tanto o abuso no exercício do direito de ação quanto o abuso no exercício do direito de defesa devem ser repudiados e combatidos, mas pelos meios processuais próprios e adequados, vale dizer, multas e indenizações por litigância de má-fé e não pelo aumento do custeio da ação.

3.2. Previsão para gratuidade da Justiça e seus efeitos

A Consolidação das Leis do Trabalho (CLT) continha previsão para concessão da justiça gratuita no art. 790, § 3º, que assim dispunha:

> § 3º É facultado aos juízes, órgãos julgadores e presidentes dos tribunais do trabalho de qualquer instância conceder, a requerimento ou de ofício, o benefício da justiça gratuita, inclusive quanto a traslados e instrumentos, àqueles que perceberem salário igual ou inferior ao dobro do mínimo legal, ou declararem, sob as penas da lei, que não estão em condições de pagar as custas do processo sem prejuízo do sustento próprio ou de sua família.

Sob esta redação, o C. Tribunal Superior do Trabalho (TST) editou a Súmula n. 463, I, que assim estabelece:

> ASSISTÊNCIA JUDICIÁRIA GRATUITA. COMPROVAÇÃO (conversão da Orientação Jurisprudencial n. 304 da SBDI-1, com alterações decorrentes do CPC de 2015) – Res. n. 219/2017, *DEJT* divulgado em 28, 29 e 30.06.2017 – republicada – *DEJT* divulgado em 12, 13 e 14.07.2017
>
> I – A partir de 26.06.2017, para a concessão da assistência judiciária gratuita à pessoa natural, basta a declaração de hipossuficiência econômica firmada pela parte ou por seu advogado, desde que munido de procuração com poderes específicos para esse fim (art. 105 do CPC de 2015); (...)

Entretanto, a Lei n. 13.467/207, conhecida como "reforma trabalhista", alterou o dispositivo que passou a viger nos seguintes termos:

> § 3º É facultado aos juízes, órgãos julgadores e presidentes dos tribunais do trabalho de qualquer instância conceder, a requerimento ou de ofício, o benefício da justiça gratuita, inclusive quanto a traslados e instrumentos, àqueles que perceberem salário igual ou

> inferior a 40% (quarenta por cento) do limite máximo dos benefícios do Regime Geral de Previdência Social.
>
> § 4º O benefício da justiça gratuita será concedido à parte que comprovar insuficiência de recursos para o pagamento das custas do processo.

Verifica-se que a modificação consistiu em separar os dois critérios que estavam juntos no antigo § 3º (a existência de um valor mínimo para concessão de custas ou declaração de pobreza), dividindo-os no § 3º (a existência de um valor mínimo para concessão de custas) e no § 4º (comprovação da insuficiência de recursos).

Para além de pretender dificultar a concessão do benefício da justiça gratuita, a mesma lei introduziu a possibilidade de pagamento de honorários advocatícios e honorários periciais mesmo àquele que fosse contemplado pelo benefício e a exigência de indicação de valores aos pedidos, numa clara tentativa de intimidação para propositura do direito de ação pelo aumento de seu custo.

3.3. A interpretação do ordenamento jurídico adequada aos compromissos assumidos pelo Estado brasileiro

Como vimos, o Estado brasileiro assumiu um compromisso perante seu povo e no âmbito internacional de propiciar o acesso à justiça inclusiva, ou seja, que não fechará suas portas aos hipossuficientes econômicos (e outros grupos menos favorecidos).

A Justiça do Trabalho, como parte integrante do Estado brasileiro, tem que honrar esse compromisso através da interpretação dos dispositivos legais à luz dessa premissa maior, que visa, repita-se, à concretização de um direito humano e à concretização do próprio Estado Democrático de Direito.

Nessa linha de pensamento:

> O fenômeno da "constitucionalização" de diversos instrumentos e princípios processuais tem sugerido o surgimento de um "direito processual constitucional" cuja exegese influi em toda a interpretação da legislação ordinária. Assim, *v.g.*, o acesso ao Judiciário consagrado através do princípio da inafastabilidade (art. 5º, XXXV, da CF) tem sido interpretado como a necessidade de conferir-se ao cidadão uma acessibilidade a uma ordem jurídica "efetiva", "justa" e "tempestiva". A partir desse cânone, a hermenêutica processual iniciou uma interpretação dos dispositivos processuais, adaptando-os a essa nova realidade político-constitucional (...).[3]

---

(3) FUX, Luiz. *Curso de Direito Processual Civil*. 6. ed. São Paulo: Forense, 2023.

A questão do pagamento de honorários advocatícios e honorários periciais pelo beneficiário da Justiça gratuita foi resolvida pelo E. Supremo Tribunal Federal (STF) no julgamento da Ação Direta de Inconstitucionalidade (ADI) n. 5.766.

A questão da indicação dos valores aos pedidos foi resolvida pelo C. TST na Instrução Normativa n. 41, art. 12, § 2º, ao estabelecer que os valores são meramente estimativos.

Mais recentemente, a Subseção de Dissídios Individuais 1 do C. TST pacificou o entendimento no sentido de que estes valores, exatamente por serem estimados, não limitam a condenação (Processo: Emb-RR n. 555-36.2021.5.09.0024), e, nesta decisão, o C. TST invoca como um dos fundamentos o livre acesso ao Poder Judiciário.

Portanto, os obstáculos econômicos que a Lei n. 13.467/2017 pretendeu apresentar aos trabalhadores para o exercício do direito constitucional de ação e acesso à Justiça do Trabalho foram sendo derrubados, um a um, pelas Cortes Superiores que, assim, cumprem seu papel na interpretação dos dispositivos normativos à luz dos compromissos assumidos pelo Estado brasileiro tanto no âmbito interno quanto no âmbito externo.

Resta, entretanto, uma questão tormentosa ainda em debate na Justiça do Trabalho, que se refere à concessão do benefício da Justiça gratuita.

Algumas vozes doutrinárias e, infelizmente, também decisões judiciais, impressionaram-se com a exigência de se "(...) comprovar a insuficiência de recursos (...)", passando a sustentar que a concessão do benefício da justiça gratuita estaria condicionada à efetiva prova desta alegação, a ser realizada pelo requerente do benefício, de sorte que o entendimento consubstanciado na Súmula n. 463, I do C. TST supratranscrita não seria mais aplicável.

Por primeiro, é de se dizer que a expressão "comprovar" não é nova no ordenamento jurídico brasileiro. O art. 5º, LXXIV, da Carta Magna prevê:

> Art. 5º (...)
>
> LXXIV – o Estado prestará assistência jurídica integral e gratuita aos que comprovarem insuficiência de recursos; (...)

E jamais se cogitou a inconstitucionalidade do § 3º do art. 790 da CLT antes da alteração, quando tratava apenas de declaração, o que demonstra que a declaração pode ser o meio de comprovar a insuficiência de recursos.

De igual sorte, prevê o art. 99, § 2º, do Código de Processo Civil (CPC).

> Art. 99. (...)
>
> § 3º Presume-se verdadeira a alegação de insuficiência deduzida exclusivamente por pessoa natural.

E, da mesma maneira, ninguém cogita a inconstitucionalidade deste dispositivo que afirma que a prova da insuficiência econômica é a declaração.

Portanto, não deveria impressionar a troca da expressão "declarar" pela expressão "comprovar".

Ademais, o art. 15 do CPC informa que aquele Código é fonte subsidiária e supletiva do processo do trabalho.

Se a CLT exige "comprovação" da insuficiência de recursos, mas não indica a forma de comprovação, aplica-se supletivamente o art. 99, § 3º, do CPC.

Teratológico seria, aliás, dizer que o litigante da Justiça Comum tem maior facilidade de obtenção do benefício da justiça gratuita (apenas declarando) do que o litigante da Justiça do Trabalho (tendo o ônus de produzir outras provas) que atende, primordialmente, hipossuficientes econômicos (trabalhadores e pequenos empregadores).

Mas vamos além!

A teoria geral do ônus da prova no Brasil define que o ônus da prova é afirmativo e não negativo, vale dizer que, de regra, não se prova uma negação.

Quando o dispositivo legal prevê a comprovação da (in)suficiência de recursos está, obviamente, impondo a prova da não existência de recursos, ou seja, uma prova negativa. Neste caso, a prova da negação é a mera declaração. Aquele que impugnar a declaração afirma que o declarante tem suficiência de recursos. Logo, a quem afirma cabe o ônus da prova.

Esse é o entendimento majoritário do C. TST que continua a aplicar o entendimento da Súmula n. 463, I, daquela Corte mesmo para processos posteriores a 11.11.2017, data na qual entrou em vigor a Lei n. 13.467/2017 e a modificação suprarreferida.

4. Conclusão

Restou demonstrado que a real e efetiva consagração do direito humano e fundamental de acesso à justiça é um dos elementos concretizadores do Estado Democrático de Direito, constituindo elemento solidificador da civilidade da sociedade brasileira, assim vista como o ponto contrário à selvageria que deriva da autotutela de direitos.

A Justiça do Trabalho, como parte integrante do Estado brasileiro, deve honrar o compromisso por esse assumido diante da comunidade internacional e, também, de seu próprio povo, fortalecendo interpretações e entendimentos que facilitem o acesso à justiça.

O Direito Fundamental do Acesso à Justiça do Trabalho na Efetivação da Progressividade dos Direitos Sociais

Celso Ricardo Peel Furtado de Oliveira[1]

Introdução

O presente texto se propõe a explorar um tema de fundamental importância no âmbito do Direito do Trabalho e dos direitos fundamentais: o acesso à justiça e seu impacto na efetivação dos direitos dos trabalhadores. Abordaremos inicialmente o direito fundamental do acesso à justiça, princípio basilar do Estado Democrático de Direito, e sua relevância particular no contexto das relações trabalhistas.

Em seguida, discutiremos a importância crucial do acesso dos trabalhadores à justiça como meio de reivindicação de seus direitos. Este acesso não apenas garante a possibilidade de resolução de conflitos, como também serve como um mecanismo de equilíbrio nas relações entre empregados e empregadores, frequentemente, marcadas por disparidades de poder.

Destacaremos o papel fundamental da Justiça do Trabalho na efetivação dos direitos sociais, com ênfase em sua função social e sua contribuição para o desenvolvimento econômico. A Justiça do Trabalho, ao mediar conflitos e garantir a aplicação das leis trabalhistas, desempenha um papel crucial na promoção da justiça social e na manutenção da estabilidade nas relações de trabalho, fatores essenciais para o progresso econômico sustentável.

---

(1) Desembargador do Tribunal Regional do Trabalho da 2ª Região. Professor Universitário. Mestre em Direito. Membro da Academia Paulista de Direito do Trabalho — ADPT. Membro da Academia Brasileira de Direito Portuário e Marítimo — ABDPM.

Um foco especial será dado à Seção de Dissídios Coletivos (SDC) dos Tribunais Regionais do Trabalho e do Tribunal Superior do Trabalho. Exploraremos como estas instâncias especializadas contribuem significativamente para a melhoria da condição social dos trabalhadores, atuando na resolução de conflitos coletivos e na criação de normas que impactam categorias inteiras de trabalhadores.

Por fim, abordaremos a importância do poder normativo da Justiça do Trabalho, uma característica singular do sistema jurídico brasileiro. Este poder, exercido por intermédio da SDC, permite que a Justiça do Trabalho não apenas aplique a lei, como também crie normas para regular as relações de trabalho, desempenhando um papel ativo na evolução do Direito do Trabalho e na proteção dos direitos dos trabalhadores.

Ao longo deste texto, buscaremos demonstrar como esses elementos se interconectam para formar um sistema de proteção e promoção dos direitos trabalhistas, essencial para a construção de uma sociedade mais justa e equilibrada, tendo como ponto central o direito fundamento do acesso à justiça.

1. Do direito constitucional ao acesso à justiça

O direito fundamental de acesso à justiça é um pilar essencial do Estado Democrático de Direito, garantindo que todos os cidadãos possam buscar a tutela jurisdicional para proteger seus direitos e resolver conflitos. No âmbito trabalhista, este direito ganha ainda mais relevância, dada a natureza desigual das relações entre empregadores e empregados. O acesso à Justiça do Trabalho não apenas permite a resolução de disputas individuais, como também desempenha um papel crucial na efetivação dos direitos sociais e na promoção da justiça social.

Sobre a importância e o alcance do direito de acesso à justiça, Mauro Cappelletti e Bryant Garth oferecem uma análise abrangente em sua obra *Acesso à justiça*:

> A expressão "acesso à Justiça" é reconhecidamente de difícil definição, mas serve para determinar duas finalidades básicas do sistema jurídico — o sistema pelo qual as pessoas podem reivindicar seus direitos e/ou resolver seus litígios sob os auspícios do Estado. Primeiro, o sistema deve ser igualmente acessível a todos; segundo, ele deve produzir resultados que sejam individual e socialmente justos. [...] O enfoque sobre o acesso — o modo pelo qual os direitos se tornam efetivos — também caracteriza crescentemente o estudo do moderno processo civil. A discussão teórica, por exemplo, das várias regras do processo civil e de como elas podem ser manipuladas em várias situações hipotéticas pode ser instrutiva, mas, sob essas descrições neutras, costuma ocultar-se o modelo frequentemente irreal de

> duas (ou mais) partes em igualdade de condições perante a corte, limitadas apenas pelos argumentos jurídicos que os experientes advogados possam alinhar. O processo, no entanto, não deveria ser colocado no vácuo. Os juristas precisam, agora, reconhecer que as técnicas processuais servem a funções sociais; que as cortes não são a única forma de solução de conflitos a ser considerada e que qualquer regulamentação processual, inclusive a criação ou o encorajamento de alternativas ao sistema judiciário formal tem um efeito importante sobre a forma como opera a lei substantiva — com que frequência ela é executada, em benefício de quem e com que impacto social. Uma tarefa básica dos processualistas modernos é expor o impacto substantivo dos vários mecanismos de processamento de litígios. Eles precisam, consequentemente, ampliar sua pesquisa para mais além dos tribunais e utilizar os métodos de análise da sociologia, da política, da psicologia e da economia, e ademais, aprender através de outras culturas. O "acesso" não é apenas um direito social fundamental, crescentemente reconhecido; ele é, também, necessariamente, o ponto central da moderna processualística. Seu estudo pressupõe um alargamento e aprofundamento dos objetivos e métodos da moderna ciência jurídica (CAPPELLETTI; GARTH, 1988, p. 8-13).

Com efeito, Cappelletti e Garth destacam que o acesso à justiça vai além da mera possibilidade de ingressar com uma ação judicial, uma vez que envolve a efetiva resolução de conflitos de maneira justa e equitativa, considerando as desigualdades sociais e econômicas entre as partes.

Dentro do ordenamento jurídico brasileiro, o acesso à justiça é um direito fundamental garantido pela Constituição Federal do Brasil, consagrado no art. 5º, inciso XXXV, que estabelece que "a lei não excluirá da apreciação do Poder Judiciário lesão ou ameaça a direito". Esse princípio assegura que todos os cidadãos, independentemente de sua condição econômica, possam buscar a proteção de seus direitos. O acesso à justiça é essencial para a efetivação da cidadania e para a construção de uma sociedade mais justa e igualitária (MARTINS, 2021).

A importância do acesso à justiça se manifesta na proteção dos direitos individuais e coletivos. Como afirma Silva (2020, p. 45), "quando os cidadãos têm a possibilidade de recorrer ao Judiciário, eles podem reivindicar a reparação de danos, a defesa de seus direitos trabalhistas, a proteção contra abusos e a busca por condições de vida dignas".

Ressalte-se que a garantia do acesso à justiça ganha especial relevância em um contexto em que as desigualdades sociais e econômicas são marcantes, o que ficou acentuado com a consagração econômica do neoliberalismo.

Além disso, o acesso à justiça está intrinsecamente ligado à noção de igualdade. A Constituição prevê que "todos são iguais perante a lei", o que implica que ninguém deve ser privado do direito de buscar a justiça por questões financeiras.

O direito de acesso à justiça e o princípio da igualdade são pilares fundamentais do Estado Democrático de Direito, estando intrinsecamente ligados na busca por uma sociedade justa e equitativa. Esta relação se manifesta em diversos aspectos do ordenamento jurídico e da prática judicial.

O princípio da igualdade, consagrado em muitas constituições modernas, como a Constituição da República portuguesa, estabelece que todos os cidadãos devem ter acesso igualitário a direitos e oportunidades. Este princípio se estende naturalmente ao âmbito do acesso à justiça, garantindo que todos os indivíduos, independentemente de sua condição socioeconômica, raça, gênero ou qualquer outra característica, possam buscar a proteção de seus direitos perante o sistema judiciário.

O acesso à justiça, por sua vez, é um direito fundamental que vai além da mera possibilidade de ingressar com ações judiciais. Ele engloba a garantia de um tratamento justo e igualitário durante todo o processo judicial, bem como a efetividade das decisões proferidas. Neste sentido, o Conselho Nacional de Justiça (CNJ) do Brasil tem promovido iniciativas para democratizar o acesso à justiça, reconhecendo sua estreita relação com o princípio da igualdade e o princípio da dignidade da pessoa humana (CNJ: 2022).

No Brasil, o Estatuto da Igualdade Racial (Lei n. 12.288/2010) também evidencia a conexão entre o acesso à justiça e o princípio da igualdade. O estatuto estabelece medidas específicas para garantir à população negra o efetivo acesso à justiça, reconhecendo que grupos historicamente marginalizados podem enfrentar barreiras adicionais no exercício desse direito fundamental.

A efetivação do acesso à justiça em condições de igualdade requer não apenas a existência de leis e instituições, mas também a implementação de políticas públicas que removam obstáculos práticos, como barreiras econômicas, geográficas e culturais. Isso pode incluir a provisão de assistência jurídica gratuita, a simplificação de procedimentos judiciais, a descentralização dos serviços de justiça e a promoção de métodos alternativos de resolução de conflitos.

De fato, o direito de acesso à justiça e o princípio da igualdade são conceitos interdependentes e mutuamente reforçadores. Um sistema de justiça verdadeiramente acessível deve garantir que todos os cidadãos, independentemente de suas circunstâncias pessoais, possam buscar e obter justiça em condições de igualdade. Por outro lado, a efetivação do princípio da igualdade depende, em grande medida, da existência de mecanismos de acesso à justiça que permitam aos indivíduos reivindicarem seus direitos e corrigirem situações de desigualdade. Assim, o fortalecimento desses dois princípios é essencial para a construção de uma sociedade mais justa e democrática.

Nesse sentido, na área da justiça comum, a Defensoria Pública, por exemplo, "desempenha um papel crucial, oferecendo assistência jurídica gratuita para aqueles que não têm condições de arcar com os custos de um advogado" (COSTA, 2019, p. 30).

Este direito não se limita apenas à possibilidade de entrar com ações judiciais, mas também envolve a garantia de que os trabalhadores sejam informados sobre seus direitos e tenham meios adequados para defendê-los. A falta de informação e de recursos pode levar à negação de direitos, perpetuando a exploração e a injustiça no ambiente de trabalho (COSTA, 2020).

O direito à informação sobre direitos trabalhistas está intrinsecamente ligado ao acesso à justiça. Quando os trabalhadores têm conhecimento sobre seus direitos, eles estão mais capacitados para buscar a proteção judicial quando necessário. O Conselho Nacional de Justiça (CNJ) reconhece a importância da democratização do acesso à justiça, que inclui não apenas a possibilidade de ingressar com ações judiciais, mas também o conhecimento sobre como fazê-lo. Isso é particularmente relevante no contexto dos direitos trabalhistas, onde muitas vezes os trabalhadores podem não estar cientes de seus direitos ou dos mecanismos disponíveis para defendê-los (CNJ, 2022).

Com o advento do processo judicial eletrônico, o acesso à informação e à justiça ganhou novas dimensões. Por um lado, a digitalização dos processos pode facilitar o acesso à informação e agilizar os procedimentos judiciais; por outro, é necessário considerar a inclusão digital como um fator crucial para garantir que todos os trabalhadores possam efetivamente acessar essas informações e utilizar os sistemas eletrônicos. Isso é particularmente importante no âmbito trabalhista, onde muitos litigantes podem não ter familiaridade com tecnologias digitais (TST, 2020).

O Decreto n. 7.037/2009, que aprova o Programa Nacional de Direitos Humanos, destaca a importância do acesso à informação como um meio de garantir direitos. O decreto menciona especificamente o "Acesso da população à informação sobre seus direitos e sobre como garanti-los". Isso se aplica diretamente aos direitos trabalhistas, onde o conhecimento sobre os direitos é o primeiro passo para sua efetivação e, quando necessário, para buscar a proteção judicial (BRASIL, 2009).

O direito à informação sobre direitos trabalhistas é um pré-requisito essencial para o efetivo acesso à justiça. Sem conhecimento sobre seus direitos, os trabalhadores não podem identificar violações ou buscar proteção judicial adequada. Este princípio está alinhado com o conceito de "justiça informacional" proposto por Britz

(2008, p. 1.171-1.183), que argumenta que o acesso à informação é fundamental para a realização da justiça social.

Ao ter acesso à informação sobre seus direitos, os trabalhadores se tornam mais empoderados legalmente, o que lhes permite não apenas buscar a justiça, mas também fazê-lo de forma mais eficaz e informada.

Por outro lado, a disponibilização de informações claras e acessíveis sobre direitos trabalhistas e procedimentos judiciais pode reduzir barreiras psicológicas e práticas ao acesso à justiça. Este conceito é explorado por Rhode (2004) em seu livro sobre acesso à justiça, onde ela argumenta que a falta de informação é uma das principais barreiras ao acesso efetivo à justiça.

Com certeza, o acesso equitativo à informação sobre direitos trabalhistas contribui para um acesso mais igualitário à justiça, reduzindo disparidades baseadas em níveis de educação ou recursos financeiros. Esta ideia está alinhada com o conceito de "capacidades" de Amartya Sem (2009), que argumenta que o acesso à informação é uma capacidade fundamental para o exercício da liberdade e da justiça.

Trabalhadores bem-informados podem apresentar suas demandas de forma mais clara e fundamentada, potencialmente aumentando a eficiência do sistema judicial trabalhista. Este aspecto é abordado por Richard Süsskind (2019), em seu livro sobre o futuro dos tribunais, onde ele argumenta que a tecnologia e a informação podem melhorar significativamente a eficiência e a acessibilidade do sistema de justiça.

Assim, não resta dúvida de que o direito à informação sobre direitos trabalhistas e o direito de acesso à justiça são complementares e mutuamente reforçadores. A garantia do acesso à informação é um passo crucial para assegurar que os trabalhadores possam não apenas conhecer seus direitos, mas também buscar efetivamente a proteção judicial quando necessário, promovendo assim uma sociedade mais justa e equitativa no âmbito das relações de trabalho.

2. Da importância do acesso à justiça pelos trabalhadores

O acesso à justiça é um pilar essencial de qualquer sociedade democrática, sendo especialmente significativo para os trabalhadores, em face da sua situação de vulnerabilidade, considerando que a postulação, como regra, ocorre posteriormente à extinção do contrato de trabalho e, em muitas ocasiões, quando o trabalhador está desempregado.

O direito ao acesso à justiça garante que todos, independentemente de sua condição socioeconômica, possam buscar proteção e reparação de seus direitos, e, para os trabalhadores, essa proteção é crucial, considerando a relação assimétrica que existe entre empregadores e empregados (SILVA, 2019).

Ademais, o acesso à justiça é vital para a promoção da equidade. Nesse sentido, os trabalhadores que enfrentam discriminação, assédio ou demissões injustas precisam de um sistema judiciário que os ampare, para reivindicar seus direitos e contribuir para a construção de um ambiente de trabalho mais justo e igualitário (MARTINS, 2018).

Por outro lado, a efetividade do acesso à justiça também está relacionada à celeridade dos processos judiciais.

Com efeito, a morosidade na Justiça pode desencorajar os trabalhadores a buscarem seus direitos, especialmente, quando enfrentam situações de urgência, como demissões ou violações de contrato. É fundamental que o sistema judiciário implemente medidas para agilizar os processos, garantindo que as demandas dos trabalhadores sejam atendidas de forma rápida e eficiente (ALMEIDA, 2017).

Nesse sentido, ganha cada vez mais importância a educação jurídica, ou seja, a promoção da conscientização sobre os direitos trabalhistas e o funcionamento do sistema judiciário é essencial para empoderar os trabalhadores. Iniciativas de educação e capacitação podem ajudar a desmistificar o processo judicial, tornando-o mais acessível e compreensível para aqueles que precisam dele (RODRIGUES, 2022).

Não podemos nos olvidar que a proteção dos direitos trabalhistas é uma questão de justiça social. Assim, o acesso à justiça permite que os trabalhadores reivindiquem condições de trabalho dignas e justas, contribuindo para a melhoria da qualidade de vida e da dignidade humana.

Quando os trabalhadores se sentem seguros em reivindicar seus direitos, isso também beneficia a sociedade como um todo, promovendo um ambiente de trabalho mais saudável e produtivo (SOUZA, 2023).

Ressalte-se ainda que o fortalecimento do acesso à justiça é um fator que pode impactar positivamente a economia. Trabalhadores satisfeitos e protegidos são mais propensos a contribuir com seu trabalho e a se engajar em suas funções, o que resulta em maior produtividade e desenvolvimento econômico. Portanto, investir no acesso à justiça é também investir no futuro econômico do país (FREITAS, 2020).

Sobre a importância do acesso à justiça pelos trabalhadores, encontramos uma análise relevante no documento "Democratizando o Acesso à Justiça":

> A Constituição Federal de 1988 consagrou o acesso à justiça como direito fundamental, previsto no inciso XXXV do art. 5º. Entretanto, a Lei n. 13.467/2017, conhecida como "Reforma Trabalhista", trouxe diversas alterações à Consolidação das Leis do Trabalho (CLT) que impactaram diretamente o acesso à justiça pelos trabalhadores. Dentre as principais mudanças que afetaram o acesso à Justiça do Trabalho, destacam-se:

> a) a imposição de custas e honorários de sucumbência aos trabalhadores; b) a restrição à gratuidade judiciária; c) a limitação do valor de indenizações por danos morais; d) a previsão de honorários periciais a cargo do trabalhador beneficiário da justiça gratuita; e) a quitação anual de obrigações trabalhistas. Essas alterações têm sido objeto de intenso debate jurídico e acadêmico, uma vez que podem representar obstáculos significativos ao acesso à justiça pelos trabalhadores, especialmente aqueles em situação de vulnerabilidade econômica. A imposição de custas e honorários, por exemplo, pode desencorajar trabalhadores de buscar a tutela jurisdicional, temendo os riscos financeiros associados a uma eventual derrota na ação. Nesse contexto, é fundamental que o sistema de justiça busque mecanismos para garantir o efetivo acesso à justiça pelos trabalhadores, equilibrando a necessidade de prevenção de litígios temerários com o direito constitucional de acesso ao Judiciário. Isso pode incluir a revisão de alguns aspectos da reforma trabalhista, o fortalecimento da assistência judiciária gratuita e a promoção de meios alternativos de resolução de conflitos que não comprometam os direitos dos trabalhadores (CNJ, 2022) (*sic*)

Sobre a importância do acesso à justiça, Mauro Cappelletti e Bryant Garth (1988, p. 11-15) oferecem uma análise profunda e esclarecedora, que é perfeitamente aplicável ao contexto dos direitos trabalhistas:

> O acesso à justiça pode, portanto, ser encarado como o requisito fundamental — o mais básico dos direitos humanos — de um sistema jurídico moderno e igualitário que pretenda garantir, e não apenas proclamar os direitos de todos.
>
> O enfoque sobre o acesso — o modo pelo qual os direitos se tornam efetivos — também caracteriza crescentemente o estudo do moderno processo civil. (...) O "acesso" não é apenas um direito social fundamental, crescentemente reconhecido; ele é, também, necessariamente, o ponto central da moderna processualística. Seu estudo pressupõe um alargamento e aprofundamento dos objetivos e métodos da moderna ciência jurídica.
>
> (...) Embora o acesso efetivo à justiça venha sendo crescentemente aceito como um direito social básico nas modernas sociedades, o conceito de "efetividade" é, por si só, algo vago. A efetividade perfeita, no contexto de um dado direito substantivo, poderia ser expressa como a completa "igualdade de armas" — a garantia de que a conclusão final depende apenas dos méritos jurídicos relativos das partes antagônicas, sem relação com diferenças que sejam estranhas ao Direito e que, no entanto, afetam a afirmação e reivindicação dos direitos. Essa perfeita igualdade, naturalmente, é utópica. As diferenças entre as partes não podem jamais ser completamente erradicadas. A questão é saber até onde avançar na direção do objetivo utópico e

> a que custo. Em outras palavras, quantos dos obstáculos ao acesso efetivo à justiça podem e devem ser atacados? A identificação desses obstáculos, consequentemente, é a primeira tarefa a ser cumprida.

Esta análise de Cappelletti ressalta que o acesso à justiça pelos trabalhadores é mais do que um direito individual; é um mecanismo essencial para a manutenção do equilíbrio social e econômico. Ela destaca como a Justiça do Trabalho serve não apenas como um meio de resolução de conflitos, mas como um instrumento de transformação social, promovendo a dignidade do trabalhador e contribuindo para a construção de uma sociedade mais justa. Além disso, enfatiza a necessidade de remover barreiras que possam impedir os trabalhadores de buscar seus direitos, reforçando a ideia de que o acesso à justiça deve ser efetivo e não meramente formal.

Por fim, o acesso à justiça é um direito humano fundamental que deve ser garantido a todos, especialmente aos trabalhadores. A luta por um sistema judiciário mais acessível e eficiente é uma responsabilidade coletiva, que envolve não apenas o Estado, mas também a sociedade civil e as organizações de trabalhadores. Juntos, é possível construir um ambiente onde os direitos de todos sejam respeitados e garantidos (GOMES, 2019).

O acesso à justiça pelos trabalhadores é um pilar fundamental na construção de uma sociedade justa e equitativa, estando intrinsecamente ligado à efetivação dos direitos sociais, ao desenvolvimento econômico sustentável e à melhor distribuição de renda. Esta relação multifacetada se manifesta em diversos aspectos da organização social e econômica do país.

Primeiramente, é crucial entender que o acesso à justiça trabalhista não se limita apenas à possibilidade de ingressar com ações judiciais, mas engloba um conceito mais amplo de garantia e proteção dos direitos sociais. A Constituição Federal de 1988 estabelece como objetivos fundamentais da República Federativa do Brasil a construção de uma sociedade livre, justa e solidária, a garantia do desenvolvimento nacional, a erradicação da pobreza e da marginalização e a redução das desigualdades sociais e regionais. Neste contexto, o acesso efetivo à Justiça do Trabalho torna-se um instrumento essencial para a concretização desses objetivos (BRASIL, 1988).

Os direitos sociais, incluindo os direitos trabalhistas, são parte integrante dos direitos humanos e desempenham um papel crucial no desenvolvimento humano e social. O Programa Nacional de Direitos Humanos (PNDH-3) reconhece a importância da interação entre diversos atores sociais e instituições governamentais, incluindo o Ministério da Justiça e o Ministério do Desenvolvimento Social, na promoção e proteção desses direitos. Esta abordagem integrada ressalta a conexão entre o acesso à justiça, a garantia dos direitos sociais e o desenvolvimento socioeconômico (BRASIL, 2009).

Quando os trabalhadores têm acesso efetivo à justiça, isso contribui para o fortalecimento das relações de trabalho, a redução da informalidade e a promoção de condições laborais mais dignas. Consequentemente, isso impacta positivamente o desenvolvimento econômico, pois uma força de trabalho protegida e valorizada tende a ser mais produtiva e inovadora. Além disso, a garantia dos direitos trabalhistas por meio do sistema judicial ajuda a prevenir a exploração e promove uma competição mais justa entre as empresas, estimulando um ambiente de negócios mais ético e sustentável.

A distribuição de renda também é diretamente afetada pelo acesso à justiça trabalhista. Quando os trabalhadores podem reivindicar seus direitos de forma eficaz, isso ajuda a corrigir desequilíbrios nas relações de trabalho e a assegurar uma remuneração justa. A Política Nacional de Assistência Social (PNAS) reconhece a importância da garantia de acesso aos direitos sociais e da promoção do desenvolvimento social e econômico como formas de combater a pobreza e reduzir as desigualdades. Neste sentido, o acesso à justiça trabalhista atua como um mecanismo de redistribuição de renda, contribuindo para a diminuição das disparidades econômicas (BRASIL, 2004).

É importante notar que o acesso à justiça deve ser universal e equitativo. A Lei n. 12.288/2010, que institui o Estatuto da Igualdade Racial, por exemplo, enfatiza a necessidade de políticas públicas que garantam o acesso da população negra à justiça, à saúde, à educação, ao trabalho e a outros direitos fundamentais. Isso demonstra que o acesso à justiça trabalhista deve ser pensado de forma inclusiva, considerando as especificidades e vulnerabilidades de diferentes grupos sociais (BRASIL, 2010).

O acesso à justiça pelos trabalhadores é um elemento crucial na promoção dos direitos sociais, no fomento do desenvolvimento econômico sustentável e na melhoria da distribuição de renda. Ele atua como um catalisador para a efetivação dos princípios constitucionais de justiça social e dignidade humana, contribuindo para a construção de uma sociedade mais equitativa e próspera. Portanto, fortalecer e ampliar o acesso à Justiça do Trabalho deve ser uma prioridade em qualquer estratégia de desenvolvimento socioeconômico e de promoção dos direitos humanos.

Em suma, o acesso à justiça pelo trabalhador não é apenas uma questão legal, mas uma questão de dignidade e respeito. Garantir que todos tenham a oportunidade de buscar seus direitos é essencial para a construção de uma sociedade mais justa e igualitária. A defesa desse direito deve ser uma prioridade, pois é por meio dele que se pode efetivar a justiça social e a dignidade humana (LIMA, 2021).

3. Do papel da Justiça do Trabalho na efetivação dos direitos sociais

A Justiça do Trabalho é um ramo especializado do Poder Judiciário brasileiro que desempenha um papel fundamental na regulação das relações trabalhistas e na proteção dos direitos dos trabalhadores. Sua importância é inegável, tanto do ponto de vista social quanto econômico, contribuindo para a manutenção do equilíbrio nas relações entre empregados e empregadores. Como afirma Mauricio Godinho Delgado (2019, p. 162), "a Justiça do Trabalho é um dos mais relevantes instrumentos de pacificação social do país".

A história da Justiça do Trabalho no Brasil remonta à década de 1930, com a criação das Juntas de Conciliação e Julgamento. No entanto, foi apenas com a Constituição de 1946 que ela foi efetivamente integrada ao Poder Judiciário. Desde então, tem evoluído constantemente para atender às demandas de uma sociedade em transformação. Segundo Amauri Mascaro Nascimento (2014, p. 89), "a Justiça do Trabalho acompanhou as mudanças sociais e econômicas do país, adaptando-se para melhor atender às necessidades dos trabalhadores e empregadores".

Um dos aspectos mais relevantes da Justiça do Trabalho é seu papel na efetivação dos direitos trabalhistas. Por meio de suas decisões, ela garante que as leis sejam cumpridas e que os trabalhadores tenham acesso aos direitos que lhes são assegurados pela legislação. Como observa Bezerra Leite (2018, p. 205), "a atuação da Justiça do Trabalho é essencial para dar concretude aos direitos sociais previstos na Constituição Federal".

Ademais, a Justiça do Trabalho tem uma função importante na promoção da paz social. Ao mediar conflitos entre empregados e empregadores, ela contribui para a harmonia nas relações de trabalho e, consequentemente, para a estabilidade social. Conforme destaca Pinto Martins (2017, p. 73), "a Justiça do Trabalho atua como um agente de pacificação social, buscando o equilíbrio entre os interesses do capital e do trabalho".

Ressalte-se ainda que a especialização da Justiça do Trabalho é outro fator que reforça sua importância, uma vez que os juízes e os demais operadores do direito que atuam nessa área possuem conhecimento aprofundado das questões trabalhistas, o que permite uma análise mais precisa e justa dos casos. Segundo Saraiva e Manfredini (2020, p. 118), "a especialização da Justiça do Trabalho garante uma prestação jurisdicional mais eficiente e adequada às peculiaridades das relações laborais".

Com efeito, a Justiça do Trabalho também desempenha um papel crucial na proteção dos trabalhadores em situação de vulnerabilidade, atuando no combate ao trabalho escravo, ao trabalho infantil e a outras formas de exploração laboral. Como afirma Brito Filho (2016, p. 94), "a atuação da Justiça do Trabalho é fundamental para a erradicação das formas mais degradantes de exploração do trabalho humano".

De fato, é relevante a contribuição da Justiça do Trabalho para o desenvolvimento econômico do país, ao garantir o cumprimento das leis trabalhistas, promovendo a concorrência leal entre as empresas, estimulando a formalização do mercado de trabalho. De acordo com Delgado e Delgado (2018, p. 237), "a Justiça do Trabalho contribui para a construção de um ambiente econômico mais saudável e sustentável".

Por fim, é importante ressaltar o papel da Justiça do Trabalho na construção e consolidação da jurisprudência trabalhista, por meio de suas decisões, especialmente aquelas proferidas pela Seção de Dissídios Individuais-1 do Tribunal Superior do Trabalho, uniformizando a interpretação da legislação trabalhista federal. Como observa Vólia Bomfim Cassar (2020, p. 83), "a jurisprudência trabalhista, construída pela atuação da Justiça do Trabalho, é uma fonte fundamental do direito do trabalho, contribuindo para sua evolução e adaptação às necessidades sociais".

Como sintetiza Arnaldo Süssekind (2010, p. 45), "a Justiça do Trabalho é um pilar fundamental do Estado Democrático de Direito, essencial para a construção de uma sociedade mais justa e equilibrada".

4. Da Seção de Dissídios Coletivos e a melhoria da condição social dos trabalhadores

Dentro da estrutura da Justiça do Trabalho, ganha relevância a competência originária dos Tribunais Regionais e do Tribunal Superior do Trabalho atribuída às Seções de Dissídios Coletivos (SDC), com jurisdição para dirimir os conflitos coletivos. Esta competência está ligada diretamente aos direitos fundamentais da liberdade sindical e negociação coletiva.

Com efeito, os trabalhadores, por meio de suas assembleias gerais, aprovam uma pauta de reivindicação, buscando o estabelecimento de novas condições de trabalho para categoria, tendo em vista a melhoria da condição social dos seus membros.

Caso a negociação coletiva reste frutífera, chegamos à contratação coletiva, por meio do Acordo Coletivo de Trabalho ou Convenção Coletiva de Trabalho. Todavia, caso reste infrutífera, estaremos diante do conflito coletivo, ou seja, uma pretensão por parte da categoria profissional resistida. Nesta hipótese, a entidade sindical poderá ajuizar dissídio coletivo de natureza econômica, buscando a atuação da Seção de Dissídios Coletivos, para solução do conflito por meio do poder normativo.

Assim, a Seção de Dissídios Coletivos (SDC) dos Tribunais Regionais do Trabalho e do Tribunal Superior do Trabalho desempenha um papel crucial na efetivação dos direitos trabalhistas e na melhoria das condições sociais dos trabalhadores. Esta seção especializada é responsável por julgar os conflitos coletivos de trabalho, exercendo uma função essencial na mediação entre os interesses dos empregados e empregadores.

Sobre a natureza e o alcance deste poder normativo, Mauricio Godinho Delgado (2019, p. 1606-1607) oferece uma análise aprofundada:

> O poder normativo da Justiça do Trabalho consiste em sua prerrogativa constitucional de criar normas jurídicas gerais e abstratas, por intermédio de decisões proferidas em casos concretos de dissídios coletivos. Trata-se de função anômala do Judiciário Trabalhista, que extrapola os lindes meramente jurídicos de interpretação e aplicação do Direito preexistente. Através do poder normativo, a Justiça do Trabalho pode criar norma jurídica nova, com efeitos gerais e abstratos, em decorrência de provocação das partes coletivas envolvidas em conflito coletivo não solucionado pela via autocompositiva. O poder normativo tem sido, historicamente, um instrumento relevante de uniformização e generalização de condições de trabalho no país, atuando como veículo de certa democratização de conquistas trabalhistas além do patamar legislado. Embora tenha sofrido significativa restrição com a EC. 45/2004 (novo § 2º do art. 114 da CF/88), ainda assim preserva papel relativamente importante no sistema justrabalhista brasileiro, uma vez mantida a possibilidade de instauração do dissídio de comum acordo entre as partes coletivas trabalhistas (art. 114, § 2º, *in fine*, CF/88).
>
> Este poder normativo está intrinsecamente ligado ao objetivo fundamental do Direito do Trabalho de promover a melhoria da condição social do trabalhador. Por meio dele, a Justiça do Trabalho pode estabelecer normas e condições de trabalho que vão além do mínimo legal, contribuindo para o avanço das relações laborais.

A progressividade da proteção aos trabalhadores é um princípio fundamental do Direito do Trabalho, que encontra na atuação da SDC e no exercício do poder normativo um importante mecanismo de concretização. Nesse sentido, Homero Silva (2018, p. 89) afirma que "a progressividade dos direitos sociais é uma diretriz constitucional que impõe ao Estado o dever de ampliar continuamente a proteção social dos trabalhadores".

O papel da SDC na concretização desse objetivo se manifesta de diversas formas. Primeiramente, ao julgar os dissídios coletivos, a seção tem a oportunidade de interpretar as normas trabalhistas de maneira a favorecer a melhoria das condições de trabalho, sempre respeitando os limites legais e constitucionais.

Ademais, pelo poder normativo, a SDC pode estabelecer cláusulas em sentenças normativas que ampliem os direitos dos trabalhadores. Isso é particularmente importante em setores onde a negociação coletiva não consegue avançar satisfatoriamente.

Para Amauri Mascaro Nascimento (2014, p. 1356), "o poder normativo da Justiça do Trabalho, exercido nos dissídios coletivos, tem sido um instrumento valioso para a evolução do direito do trabalho, permitindo a criação de normas que se antecipam à legislação".

A atuação da SDC também contribui para a uniformização das condições de trabalho em determinados setores econômicos, evitando disparidades que poderiam levar a uma concorrência desleal entre empresas e à precarização das relações de trabalho.

É importante ressaltar que o exercício do poder normativo pela SDC não é ilimitado. Ele deve respeitar os parâmetros estabelecidos pela Constituição Federal e pela legislação trabalhista.

Nesse sentido, observa Brito Filho (2016, p. 287) que "o poder normativo encontra limites na própria lei, não podendo a Justiça do Trabalho criar obrigações que contrariem normas de ordem pública".

A progressividade da proteção aos trabalhadores, princípio que norteia o Direito do Trabalho, deve também dirigir a atuação da SDC, especialmente por estar esta alinhada com os compromissos internacionais assumidos pelo Brasil.

A Convenção n. 117 da Organização Internacional do Trabalho (OIT), ratificada pelo Brasil, estabelece em seu art. 1º o compromisso dos países signatários em adotar políticas que visem ao progresso social.

Nesse contexto, a SDC desempenha um papel fundamental na interpretação e aplicação das normas internacionais do trabalho, contribuindo para a harmonização do direito interno com os padrões internacionais de proteção ao trabalhador.

Ressaltam Mauricio e Gabriela Delgado (2018, p. 73) ressaltam que "a atuação da Justiça do Trabalho, especialmente através da Seção de Dissídios Coletivos, tem sido crucial para a afirmação do princípio da vedação ao retrocesso social no âmbito das relações de trabalho".

A progressividade da proteção aos trabalhadores, no entanto, enfrenta desafios no contexto atual de transformações no mundo do trabalho. As novas formas de organização do trabalho, como a economia de plataforma e o trabalho remoto, exigem uma constante atualização da interpretação das normas trabalhistas, sendo muito importante a ampliação da atuação dos sindicatos para representação dessas novas categorias profissionais.

Nesse cenário, o papel da SDC se torna ainda mais relevante. Mediante suas decisões, ela pode contribuir para a adaptação do Direito do Trabalho às novas realidades, sempre buscando a melhoria da condição social do trabalhador.

O acesso à Justiça do Trabalho, especialmente por meio da Seção de Dissídios Coletivos (SDC), é fundamental para a solução de conflitos coletivos quando há recusa na negociação coletiva por parte do empregador ou da categoria econômica. Este mecanismo garante que os interesses dos trabalhadores não sejam negligenciados e que haja um fórum adequado para a resolução de disputas trabalhistas coletivas.

A importância desse acesso é ainda mais evidente quando consideramos o princípio da inafastabilidade da jurisdição, consagrado no art. 5º, XXXV, da Constituição Federal. Bezerra Leite (2018, p. 203) ressalta que "o acesso à justiça é um direito fundamental que visa garantir a todos, sem qualquer restrição, o direito de provocar a atividade jurisdicional". No contexto dos conflitos coletivos de trabalho, esse princípio se materializa na possibilidade de acionar a SDC quando a negociação direta falha.

A recusa à negociação coletiva por parte do empregador ou da categoria econômica pode resultar em um impasse prejudicial aos trabalhadores. Nesse cenário, a SDC desempenha um papel crucial como instância de mediação e arbitragem. Sua atuação não apenas resolve o conflito imediato, como também contribui para o equilíbrio nas relações de trabalho e para a paz social.

Mauricio Delgado (2019, p. 1605) enfatiza que "a atuação da Justiça do Trabalho nos dissídios coletivos, através da SDC, tem sido historicamente um importante mecanismo de efetivação de direitos e de promoção da justiça social, especialmente em contextos de resistência patronal à negociação". Esta observação sublinha o papel da SDC como garantidora do diálogo social e da evolução das condições de trabalho.

É importante notar que o acesso à SDC não deve ser visto como um substituto à negociação coletiva, mas sim como um recurso complementar. A preferência pela solução negociada diretamente entre as partes é um princípio do Direito Coletivo do Trabalho. No entanto, quando essa via se esgota por causa da recusa de uma das partes, o acesso à Justiça do Trabalho torna-se essencial para evitar a perpetuação de conflitos e possíveis prejuízos aos trabalhadores.

Leciona Amauri Mascaro (2014, p. 1378) que "a intervenção da Justiça do Trabalho nos conflitos coletivos, longe de ser uma intromissão indevida nas relações entre capital e trabalho, representa uma garantia de equilíbrio e justiça, especialmente quando há resistência injustificada à negociação". Assim, o acesso à SDC não apenas resolve conflitos pontuais, como também incentiva uma cultura de diálogo e negociação, ao demonstrar que há consequências para a recusa injustificada ao processo negocial.

Por fim, é importante reconhecer que a efetividade da atuação da SDC e do poder normativo depende de uma série de fatores, incluindo a capacidade de organização dos trabalhadores, a atuação dos sindicatos e a própria dinâmica das relações de trabalho. No entanto, seu papel como instrumento de concretização do objetivo do Direito do Trabalho de melhoria da condição social do trabalhador permanece inegável e fundamental no contexto jurídico-laboral brasileiro.

5. Conclusão

O direito de acesso à justiça emerge como um dos direitos fundamentais mais significativos entre os direitos individuais conquistados ao longo da história. Sua importância transcende a mera possibilidade de ingressar com uma ação judicial, representando a garantia de que todo cidadão possa buscar a efetivação de seus direitos de forma equitativa e justa. As vantagens do acesso à justiça são múltiplas e profundas: promove a igualdade perante a lei, fortalece o Estado Democrático de Direito, previne abusos de poder e assegura que os direitos não sejam apenas declarações vazias, mas realidades tangíveis na vida dos cidadãos.

No âmbito trabalhista, o acesso dos trabalhadores à Justiça do Trabalho reveste-se de particular importância. Este acesso permite que os trabalhadores reivindiquem seus direitos, muitas vezes, diante de relações de poder desiguais com seus empregadores. A Justiça do Trabalho, nesse contexto, assume um papel fundamental como órgão garantidor dos direitos trabalhistas. Sua atuação vai além da mera aplicação da lei, englobando a interpretação das normas trabalhistas à luz dos princípios constitucionais e a busca pela efetiva justiça social.

O poder normativo da Justiça do Trabalho, exercido pela Seção de Dissídios Coletivos (SDC) dos Tribunais Regionais do Trabalho e do Tribunal Superior do Trabalho, representa um instrumento único e valioso no sistema jurídico brasileiro. Este poder permite que a Justiça do Trabalho não apenas resolva conflitos, como também crie normas para regular as relações de trabalho, adaptando-se às mudanças sociais e econômicas de forma mais ágil que o processo legislativo tradicional.

O direito coletivo do trabalho, por meio da negociação coletiva, desempenha um papel crucial na busca pelo equilíbrio nas relações trabalhistas. Quando as partes conseguem chegar a um acordo mediante a negociação, isso frequentemente resulta em soluções mais adequadas às realidades específicas de cada setor ou categoria. No entanto, na ausência de uma negociação bem-sucedida, o exercício do poder normativo pela SDC torna-se essencial para a concretização da progressividade dos direitos sociais.

Este poder normativo, ao estabelecer condições de trabalho e resolver conflitos coletivos, contribui significativamente para a melhoria das condições sociais dos trabalhadores. Ele permite que a Justiça do Trabalho atue de forma proativa na proteção dos direitos trabalhistas, preenchendo lacunas legislativas e adaptando-se às rápidas mudanças no mundo do trabalho.

Em suma, o direito de acesso à justiça, particularmente no âmbito trabalhista, é um pilar fundamental para a construção de uma sociedade mais justa e equitativa. A Justiça do Trabalho, com seu poder normativo e sua capacidade de resolver conflitos individuais e coletivos, desempenha um papel crucial na efetivação dos direitos sociais e na promoção do desenvolvimento econômico sustentável.

À medida que enfrentamos os desafios de um mundo do trabalho em constante evolução, o fortalecimento desses mecanismos de acesso à justiça e a preservação do papel ativo da Justiça do Trabalho tornam-se cada vez mais essenciais. Eles não apenas garantem a proteção dos direitos dos trabalhadores, como também contribuem para a estabilidade social e o progresso econômico, reafirmando o compromisso da sociedade com os princípios de justiça e equidade.

Referências

ALMEIDA, Cleber Lúcio de; SEVERO, Valdete Souto. *Direito do trabalho e novas tecnologias*. São Paulo: LTr, 2019.

ALMEIDA, Ricardo. *Celeridade processual e direitos do trabalhador*. Editora Justiça Eficiente, 2017.

BEZERRA LEITE, Carlos Henrique. *Curso de direito processual do trabalho*. 16. ed. São Paulo: Saraiva, 2018.

BRASIL. Conselho Nacional de Justiça. *Democratizando o acesso à justiça*. Brasília: CNJ, 2022. Disponível em: https://www.cnj.jus.br/wp-content/uploads/2022/02/democratizando-acesso-justica-2022-v2-01022022.pdf. Acesso em: 14 set. 2024.

______. Constituição (1988). *Constituição da República Federativa do Brasil de 5 de outubro de 1988*. Brasília: Senado Federal, 1988.

______. *Decreto n. 7.037, de 21 de dezembro de 2009*. Aprova o Programa Nacional de Direitos Humanos – PNDH-3 e dá outras providências. Diário Oficial da União, Brasília, DF, 22 dez. 2009.

______. *Lei n. 12.288, de 20 de julho de 2010*. Institui o Estatuto da Igualdade Racial. Disponível em: https://www.planalto.gov.br/ccivil_03/_ato2007-2010/2010/lei/l12288.htm. Acesso em: 24 set. 2024.

______. Ministério do Desenvolvimento Social e Combate à Fome. *Política Nacional de Assistência Social — PNAS/2004*. Brasília: Secretaria Nacional de Assistência Social, 2004.

______. TST. *Processo judicial eletrônico e inclusão digital para acesso à justiça na sociedade da informação*. Brasília: TST, 2020.

BRITO FILHO, José Claudio Monteiro de. *Direito sindical*. 7. ed. São Paulo: LTr, 2016.

______. *Trabalho decente* — Análise jurídica da exploração do trabalho. São Paulo: LTr, 2016.

BRITZ, Johannes Jacobus. Making the global information society good: A social justice perspective on the ethical dimensions of the global information society. *Journal of the American Society for Information Science and Technology*, v. 59, n. 7, p. 1.171-1.183, 2008.

CAPPELLETTI, Mauro; GARTH, Bryant. *Acesso à justiça*. Tradução de Ellen Gracie Northfleet. Porto Alegre: Fabris, 1988.

CASSAR, Vólia Bomfim. *Direito do trabalho*. 17. ed. São Paulo: Método, 2020.

COSTA, Maria. *Direitos trabalhistas e acesso à justiça*. Editora Trabalho e Justiça, 2020.

DELGADO, Mauricio Godinho. *Curso de direito do trabalho*. 18. ed. São Paulo: LTr, 2019.

______; DELGADO, Gabriela Neves. *A reforma trabalhista no Brasil:* com os comentários à Lei n. 13.467/2017. São Paulo: LTr, 2018.

FREITAS, Carlos. *Economia e acesso à justiça*. Editora Desenvolvimento Econômico, 2020.

GOMES, Gabriel. *Acesso à justiça* — Desafios e perspectivas. Editora Cidadania, 2019.

LIMA, Juliana. *Dignidade e Justiça* — Uma análise crítica. Editora Direitos Humanos, 2021.

MARTINS, Ana. *Equidade no trabalho* — O papel da justiça. Editora Sociedade Justa, 2018.

MARTINS, Sergio Pinto. *Direito processual do trabalho*. 39. ed. São Paulo: Saraiva, 2017.

NASCIMENTO, Amauri Mascaro. *Compêndio de direito sindical*. 8. ed. São Paulo: LTr, 2014.

______. *Curso de direito do trabalho*. 29. ed. São Paulo: Saraiva, 2014.

OIT — Organização Internacional do Trabalho. *Convenção n. 117 sobre Política Social (Objetivos e Normas Básicas)*, 1962. Disponível em: https://www.ilo.org/brasilia/convencoes/WCMS_235329/lang--pt/index.htm. Acesso em: 14 set. 2024.

PEREIRA, Lucas. *Assistência jurídica e inclusão social*. Editora Direitos e Cidadania, 2021.

PORTUGAL. *Constituição da República portuguesa*. Disponível em: http://www.parlamento.pt/Legislacao/Paginas/ConstituicaoRepublicaPortuguesa.aspx. Acesso em: 14 set. 2024.

RHODE, Deborah Lynn. *Access to justice*. Oxford: Oxford University Press, 2004.

RODRIGUES, Fernanda. *Educação jurídica e empoderamento trabalhista*. Editora Conhecimento e Justiça, 2022.

SARAIVA, Renato; MANFREDINI, Aryanna. *Curso de direito processual do trabalho*. 13. ed. Salvador: JusPodivm, 2020.

SEN, Amartya Kumar. *The idea of justice*. Cambridge: Harvard University Press, 2009.

SILVA, Homero Batista Mateus da. *Curso de direito do trabalho aplicado* — Direito coletivo do trabalho. 4. ed. São Paulo: RT, 2018.

SILVA, José da. *Acesso à justiça e direitos humanos*. Editora Justiça, 2019.

SOUTO MAIOR, Jorge Luiz; SOUTO SEVERO, Valdete. *O acesso à justiça sob a mira da reforma trabalhista*. São Paulo: LTr, 2018.

SOUZA, Tatiane. *Justiça social e direitos trabalhistas*. Editora Justiça Social, 2023.

SÜSSEKIND, Arnaldo Lopes. *Direito constitucional do trabalho*. 4. ed. Rio de Janeiro: Renovar, 2010.

SÜSSKIND, Richard Elliott. *Online courts and the future of justice*. Oxford: Oxford University Press, 2019.

Dilemas Históricos da Afirmação Dogmática do Processo do Trabalho e sua Articulação na Teoria Geral do Processo

Homero Batista Mateus da Silva[1]

Denise Vital e Silva[2]

I. Portas abertas para a aplicação do Código de Processo Civil

O presente artigo[3] sustenta a autonomia[4] principiológica e conceitual do Direito Processual do Trabalho[5], não sendo ele meramente um rito, mas verdadeiro Processo[6].

---

(1) Desembargador do Tribunal Regional do Trabalho da 2ª Região. Professor da Faculdade de Direito do Largo de São Francisco. Autor de diversas obras trabalhistas, como a coleção *Direito do Trabalho Aplicado* e o *Manual de Direito do Trabalho*.

(2) Doutora em Direito Político e Econômico pela Universidade Presbiteriana Mackenzie, com Pós-Doutorado concluído em Direito do Trabalho e da Seguridade Social pela Faculdade de Direito do Largo de São Francisco. Professora. Advogada. Autora de diversas obras científicas.

(3) O presente estudo, adaptado de um capítulo do livro *Direito do trabalho aplicado*, v. 4 — Processo do Trabalho, humildemente visa à celebração do cinquentenário da insuperável obra *Teoria geral do processo*, trazida à luz nos idos de 1973.

(4) E, conforme já se sustentou, "autonomia não significa independência total. Tratando-se de um ramo da ciência jurídica, que é una, as divisões se justificam sob o aspecto didático, para maior facilidade de transmissão de conhecimentos. (...) correto, portanto, cogitar da autonomia didática do Direito Processual do Trabalho" (GIGLIO, Wagner Drdla. *Direito processual do trabalho.* 8. ed. rev., ampl. e adap. de acordo com a Constituição Federal de 1988. São Paulo: LTr, 1993. p. 100).

(5) "(...): No Brasil, o Direito Processual do Trabalho teria autonomia apenas sob os aspectos doutrinário e jurisdicional; dos pontos de vista didático e legislativo, ainda não. As condições variam, de país para país, mas de uma maneira geral a maioria deles, (...), ainda não atingiu a auto-suficiência (*sic*), nesse campo, embora haja uma nítida tendência para que o Direito Processual do Trabalho venha a se transformar em setor autônomo do Direito (*Ibidem*. p. 101)."

(6) Desnecessário lembrar, conforme aprendemos com nossos mestres, que "*processo* é conceito que transcende ao direito processual. Sendo instrumento para o legítimo exercício do poder, ele está presente em todas as

E, nessa conjuntura, talvez o dispositivo mais importante de Processo do Trabalho, no texto da Consolidação das Leis do Trabalho (CLT), seja justamente aquele que tenta calibrar a abertura ou o fechamento para o processo comum.

Trata-se do sempre citado e pouco compreendido art. 769 da CLT, segundo o qual "nos casos omissos, o direito processual comum será fonte subsidiária do direito processual do trabalho, exceto naquilo em que for incompatível com as normas deste Título".

Sem chance nenhuma de erro, o art. 769 da CLT responde pela maior parte das questões controvertidas no Processo do Trabalho, não apenas na seção das disposições gerais. Cuida-se da conhecida discussão sobre aplicar ou não o Código de Processo Civil (CPC) nos casos de omissão total ou parcial da CLT.

De plano, note-se que o dispositivo não menciona que o "CPC" será utilizado em caso de omissão da "CLT": foram utilizadas as locuções "Direito Processual Comum" como fonte subsidiária do "Direito Processual do Trabalho". Como consequência, diz-se que a omissão da CLT deve ser, preliminarmente, suprida pelas outras leis processuais trabalhistas, como a Lei n. 5.584/1970 (valor da causa, remição de execução, perícias e outros temas) e Lei n. 7.701/1988 (organização dos tribunais trabalhistas e ação de cumprimento de dissídio coletivo) ou outras normas esparsas, como o Decreto-lei n. 779/1969 (prerrogativas dos entes públicos).

Somente depois de esgotadas as normas do "Direito Processual do Trabalho" é que se faz necessária a remissão ao "Direito Processual Comum".

A expressão "Direito Processual Comum", por sua vez, abarca tanto o CPC como outros diplomas do jaez da Lei da Ação Civil Pública, do Código de Defesa do Consumidor e assim por diante.

É como se houvesse *quatro degraus na elaboração do raciocínio*: 1º) CLT; 2º) leis processuais trabalhistas; 3º) CPC; e 4º) leis processuais civis.

A seu turno, o processo trabalhista de execução terá regra própria, porque o art. 889 da CLT ("aos trâmites e incidentes do processo de execução são aplicáveis, (...), os preceitos que regem o processo dos executivos fiscais para a cobrança judicial da dívida ativa da Fazenda Pública Federal") requer que a Lei de Execução Fiscal, hoje representada pela Lei n. 6.830/1980, tenha prioridade sobre o CPC na construção daqueles degraus (que, então, serão cinco: 1º) CLT; 2º) leis processuais trabalhistas; 3) Lei de Execução Fiscal; 4º) CPC; e 5º) leis processuais civis).

---

atividades estatais (processo administrativo, legislativo) e mesmo não estatais (processos disciplinares dos partidos políticos ou associações, processos das sociedades mercantis para aumento de capital *etc)*" (grifos do original) (CINTRA, Antonio Carlos de Araújo; GRINOVER, Ada Pellegrini; DINAMARCO, Cândido Rangel. *Teoria geral do processo*. 29. ed. São Paulo: Malheiros, 2013. p. 310).

Tudo seria muito simples se a investigação sobre omissão da CLT pudesse ser feita de modo estanque, ou seja, se acaso fosse possível formular uma pergunta acerca da presença ou da ausência de determinado instituto na legislação trabalhista, e, ato contínuo, sobre a conveniência de se importar a regulamentação diretamente das normas do Processo Civil.

Esse instituto, todavia, simplesmente não existe, tampouco há um rol de questões controvertidas predeterminadas. Encontram-se, ao revés, dezenas de temas de maior ou de menor complexidade, cada qual se desdobrando em vários itens menores, sem prejuízo de questões desconhecidas que ainda clamam por sua descoberta e aprofundamento[(7)], como pode ser constatado quando da reforma de 2006 do CPC de 1973.

> Ainda que ao longo dos últimos (...) anos o Código de 1973 tenha sofrido diversas reformas que o mantiveram em condições de fazer frente ao desafio de oferecer adequada, efetiva e tempestiva tutela jurisdicional, as sucessivas alterações que começaram em 1994 afetaram-lhe a coerência sistêmica, que, (...), ficou abalada por inovações como a antecipação de tutela, as medidas de coerção destinas a assegurar a obediência às ordens judiciais, o regime de cumprimento de sentença.[(8)]

Referida reforma de 2006 trouxe assuntos inéditos, como a multa de 10% para a dívida incontroversa, impactando drasticamente os cânones do Processo do Trabalho.

II. Teoria da subsidiariedade por instituto

Inicialmente, concebeu-se o tema da aplicação subsidiária do CPC concentrando-se em grandes institutos do processo.

A palavra instituto é aqui utilizada para significar as categorias nucleares do ramo jurídico.

---

(7) A propósito, o que se almeja é uma calibragem da temática. E "Essa busca de adequação processual pode ser entendida em dois sentidos. (...) Primeiro, enquanto esforço interpretativo para melhor aplicação de uma norma processual, pertencente a um quadro normativo já estabelecido. Ao intérprete, nesse caso, cabe desvendar ou explicitar a racionalidade valorativa contida em determina estratégia procedimental. Em segundo lugar, na condição de agente ativo na construção de desenhos processuais adequados para atender a situações específicas. Nessa última hipótese não se trata apenas de prever a atuação do processualista na produção legislativa, em sua acepção convencional, mas, também, na elaboração normativa de procedimentos de uma esfera inteiramente privada ou interna à Administração Pública" (SALLES, Carlos Alberto. Processo: procedimento dotado de normatividade — uma proposta de unificação conceitual. In: ZUFELATO, Camilo; YARSHELL, Flávio Luiz (Orgs.). *40 anos da teoria geral do processo no Brasil* — Passado, presente e futuro. São Paulo: Malheiros, 2013. p. 201-217).

(8) LAURINO, Salvador Franco de Lima. *O art. 15 do novo Código de Processo Civil e os limites da autonomia do processo do trabalho.* 2015. Disponível em: https://juslaboris.tst.jus.br/bitstream/handle/20.500.12178/89497/2015_laurino_salvador_artigo_novo.pdf?sequence=1&isAllowed=y. Acesso em: 27 nov. 2023.

> Conforme ensina a Teoria Geral do Processo, há uma unidade fundamental no direito processual. (...) Como se sabe, o direito processual é como uma árvore, cujo tronco comum cresce até certa altura quando começam a surgir os seus variados ramos: processo penal, (...), processo civil, processo do trabalho, processo eleitoral. Apesar das diferenças que existem entre eles, todos derivam de uma mesma base jurídica, o que lhes condiciona a estrutura, o funcionamento e a finalidade na ordem jurídica.(9)

Essa interpretação do art. 769 da CLT tende a ser a mais arriscada, a mais corajosa e a mais complexa: propugna que, caso o instituto tenha sido tratado pela lei trabalhista, vedado estará o acesso à norma processual civil. A se adotar tal entendimento, pouca lacuna existiria na lei trabalhista e, por conseguinte, quase nenhuma aplicação subsidiária do Processo Civil se faria necessária. É a tese preferida dos tratadistas das décadas de 1940 e 1950 e, de maneira geral, do processo trabalhista-raiz.

Por exemplo, a CLT trata da fase postulatória, como no art. 840, da fase instrutória, com as parcas recomendações sobre colheita da prova no espectro dos art. 818 a 830, assim como da fase decisória e recursal. Logo, cotejando instituto por instituto, praticamente, não haveria omissão na CLT, mas apenas imperfeição.

Todas as audiências deveriam ser unas em sua pureza ideológica — tentativa de conciliação, apresentação da defesa, colheita das provas e prolação da sentença no mesmo ato processual. Muitos juízos que afirmam praticar a audiência una costumam aprazar data para a prolação da sentença, o que, portanto, quebra a unidade preconizada, em outro contexto histórico, pela mesma CLT.

Não poderia haver Oficial de Justiça na fase de conhecimento: a citação e as intimações deveriam todas ser remetidas pela via postal e, em caso de insucesso, passar-se diretamente para a publicação de editais.

Tampouco poderia haver réplica, pois o reclamante, tomando conhecimento da defesa durante a audiência, somente poderia se manifestar no prazo de dez minutos para as razões finais, que, a propósito, seriam sempre orais. A lei processual trabalhista desconhece a apresentação escrita de memoriais de razões finais.

E, certamente, não haveria apresentação prévia dos nomes das testemunhas e sua prévia intimação postal.

III. Teoria do isolamento dos atos processuais

Foi assim que, em meio a tantas adversidades sobre o direito ao contraditório e à ampla defesa, amadureceu tese de abrandamento do conceito de autossuficiência da

(9) LAURINO, Salvador Franco de Lima. *O art. 15 do novo Código de Processo Civil e os limites da autonomia do processo do trabalho*. 2015. Disponível em: https://juslaboris.tst.jus.br/bitstream/handle/20.500.12178/89497/2015_laurino_salvador_artigo_novo.pdf?sequence=1&isAllowed=y. Acesso em: 27 nov. 2023.

lei processual trabalhista, tendente a admitir maior e melhor conexão com o processo laboral.

Pela teoria do isolamento dos atos processuais, em vez de perquirir se a CLT cuida de determinada fase, indaga-se se ela possui plenitude para a prática de determinados atos processuais.

Por exemplo, ainda que ela possua normas alusivas à fase probatória, indaga-se se a lei trabalhista dispõe de normas exaurientes sobre a produção da prova testemunhal ou sobre a prova documental.

Se houver omissão quanto ao tema da prova testemunhal, a CLT é considerada suficiente e as portas para o Processo Civil são fechadas.

A pretexto, contudo, de se resolver um problema (troca de institutos do processo por atos ou etapas do processo), cria-se outro: saber se a omissão da CLT foi proposital, exigindo que o ato seja praticado com a devida simplicidade e celeridade, ou se a omissão da CLT foi acidental, podendo ser suplementada pelas normas processuais civis.

Apesar das boas intenções de se efetuar a troca das fases processuais pelos atos processuais, os problemas persistem, porque tecnicamente a CLT não é omissa quanto a quase nenhum ato processual.

Há, sim, dispositivos sobre provas testemunhais e documentais, sobre intimações e citações, sobre praças e leilões, sobre recursos e remédios jurídicos, embora, quase sempre, de forma modesta.

Enquanto a primeira tese (comparação por fases processuais) está em desuso, a segunda tese (comparação por atos processuais) encontra defensores enfáticos, que sustentam a premissa segundo a qual é preferível o Processo do Trabalho ter soluções incompletas a ser hipoteticamente desnaturado com a invasão dos dispositivos do Processo Civil.

Vista a questão de outro ângulo, é como se o Processo do Trabalho devesse aprender a lidar com o pouco que tem e cuidar de suas próprias adversidades, em vez de partir para uma aventura processual civil da qual não sairá ileso.

Sairá desfigurado, e, ainda, com grande insegurança para as relações jurídicas, dado o potencial de interpretações conflituosas entre um juízo trabalhista e o outro.

Pode-se discordar da teoria do isolamento dos atos processuais, mas não se pode negar a virtude que ela tem ou teria para a afirmação dogmática do Processo do Trabalho e sua autonomia.

IV. Teoria dos procedimentos concretizadores

Nada obstante a virtude de se estabelecerem parâmetros genuinamente trabalhistas para o processo não precisar se socorrer do Direito Processual comum, há ainda uma terceira teoria, recebida com entusiasmo nas rotinas forenses: a teoria que propõe comparação, não por fases nem por atos processuais, mas por procedimentos, também chamada de comparação por soluções, por técnicas ou por mecanismos.

Exemplos não faltam.

Retomando-se a ilustração quanto à fase probatória (pela fase, a CLT não é omissa) e quanto ao meio de prova testemunhal (quanto ao ato, a CLT tampouco é omissa), há de se admitir que a Consolidação contém omissões inquietantes sobre a produção, a coleta e a aferição do valor probante da prova testemunhal.

Basta lembrar que nada é dito sobre a coleta de um testemunho de outra Comarca, impondo-se o socorro do processo comum quanto à Carta Precatória Inquiritória. Por mais que os defensores da segunda tese se esforçassem, haveria grande inconveniente no deslocamento da testemunha para ser ouvida no Juízo da causa ou simplesmente com a perda do direito de se ouvir aquela pessoa importante para o esclarecimento dos fatos, ao passo que a lei processual civil dispõe de regulamento relativamente eficaz e sem maior contestação, representado pelo pedido a que outra autoridade judicial colha o depoimento em sua região de domicílio e, em seguida, envie o teor das declarações para a apreciação do magistrado de origem.

O exemplo da Carta Precatória Inquiritória — que, aliás, toca na ferida por serem encontradas hipóteses em que o Processo Civil é mais célere e econômico do que o Processo do Trabalho — não é nem o melhor nem o pior no estudo do Processo do Trabalho, mas serve para alertar quanto aos riscos do excesso de apego à primeira e à segunda tese, haja vista que o conceito de omissão no Processo do Trabalho vai muito além de omissão conceitual ou de omissão estrutural.

A esse exemplo, podem ser somadas várias outras questões próprias da prova testemunhal, como a acareação, a prerrogativa de autoridades na escolha do dia e do horário a serem ouvidas e os conceitos detalhados de incapacidade, impedimento e suspeição das testemunhas, tudo enfrentado pelo CPC e de cuja omissão a CLT se ressente.

Fica fácil perceber que o hibridismo das regras será inevitável — por exemplo, a quantidade máxima de testemunhas será aquela prevista na CLT (três testemunhas para os processos em geral e duas testemunhas para os processos em rito sumaríssimo), mas os modos de operação, contradita e acareação devem ser tomados pelas normas do Processo Civil.

Além do enfoque no binômio prova testemunhal/procedimentos de colheita da prova testemunhal, lembre-se do que seria do Oficial de Justiça no Processo do Trabalho sem as técnicas ou os procedimentos do Processo Civil.

Citação por hora certa, recurso aos vizinhos ou parentes, conceito de Comarca contígua, citação na fase de conhecimento (para tal fase, a CLT prevê apenas via postal ou edital, sem passar pela tentativa salutar de atuação do Oficial de Justiça), tudo escaparia à percepção do Processo do Trabalho, truncando-o. Em outras palavras, a CLT possui diretrizes para este ou aquele assunto, mas mostra vulnerabilidade no momento da concretização dos atos, na hora de delinear os procedimentos e a forma de sua operacionalização.

Por isso, a identificação dessa vertente como a teoria dos procedimentos concretizadores.

Conquanto não seja a solução sonhada pelos apreciadores do Processo do Trabalho, é a terceira vertente que melhor explica o conceito de omissão adotado pelo art. 769 da CLT, isto é, a omissão diz respeito ao procedimento ou à técnica utilizada para se atingir a finalidade procurada.

V. Incompatibilidades processuais e procedimentais

Quanto maior a fragmentação do conceito de omissão (como é o caso da terceira tese em relação às demais), tanto maior será o uso do CPC, evidentemente.

> (...), se a CLT não oferecer resposta, mas ela for alcançada com auxílio do processo comum, será meramente "lacônica", pois bastará a atividade interpretativa. Entende-se por "lacônica" o fato de ser sucinta na descrição dos procedimentos específicos, remetendo ao processo comum a disciplina dos genéricos. Logo, se adoto um preceito do processo comum no processo do trabalho, não o faço por analogia, em vistas ao preenchimento de uma lacuna, mas porque ele verdadeiramente regula a situação concreta, por expressa autorização da CLT.(10)

E isso não é desejável nem é auspicioso para o ramo processual à procura de sua identidade. É como se fosse erguida uma blindagem contra os excessos e os devaneios na importação do procedimento do Processo Civil.

Assim, seria possível conciliar a terceira teoria – que é paradoxalmente a mais permeável ao Processo do Trabalho e a que mais vezes admitirá o socorro interprocessual – com a pureza dos princípios e valores do Processo do Trabalho, nomeadamente aqueles princípios que envolvem a facilitação do acesso judicial, dimensões ampliadas de oralidade e de concentração dos atos, irrecorribilidade das decisões interlocutórias e o mais.

A integração das normas do processo comum, (...), está condicionada à compatibilidade com os dispositivos que regem o processo do trabalho, conforme expressa determinação trazida pelo art. 769. Essa regra não foi alterada pelo novo CPC e se justifica

---

(10) CUNHA NETO, Adhemar Prisco da. *Aspectos da aplicação do processo comum ao processo do trabalho*. 2007. Disponível em: https://juslaboris.tst.jus.br/bitstream/handle/20.500.12178/105310/2007_cunha_neto_adhemar_aspectos_aplicacao.pdf?sequence=1&isAllowed=y. Acesso em: 27 nov. 2023.

diante do caráter instrumental do processo. Visando dar concretude ao direito material do trabalho, o processo do trabalho não pode sofrer influxos que atentem contra seus princípios basilares, (...).(11)

O conceito de incompatibilidade ainda está por ser estudado em maior profundidade. Por ora, há consenso apenas no sentido de que o processo trabalhista possui acervo de princípios que não podem ser atropelados com a chegada da norma processual civil, ainda que em tese isto fosse aprimorar a entrega da prestação jurisdicional.

O percurso sobre os mecanismos de incompatibilidade com o Processo Civil pode ser feito, também, a partir da carga de valores que norteiam o Processo do Trabalho. Por causa do uso da palavra valor, é comum se referir a tal conceito como sendo subsidiariedade axiológica (ou compatibilidade axiológica), ou seja, além de haver a omissão, o processo de aplicação subsidiária do Direito Processual Comum deverá ser efetuado com observância dos valores alicerçados no Processo do Trabalho.

Por exemplo, os dispositivos do CPC que inibem o desenvolvimento da oralidade tendem a ser axiologicamente incompatíveis com o Processo do Trabalho e não merecem a aplicação subsidiária, ainda que superficialmente se note alguma omissão da lei trabalhista.

Afigurem-se alguns exemplos.

Há um interessante exemplo no contexto da contagem de prazos. Durante muitos anos, se discutiu o cabimento ou não da regra da dobra de prazos para os litisconsortes providos de advogados diferentes, em homenagem ao contraditório e à ampla defesa, mas prevaleceu a ideia de que a celeridade trabalhista tem primazia sobre eventuais desconfortos que os advogados de dois réus diferentes (prestador e tomador de serviços, por exemplo) possam sofrer.

Nesse caso, a CLT é realmente omissa sobre possibilidade de dobra de prazo para falar ou para recorrer, em se tratando de dois réus com estratégias de defesa diferentes, mas a omissão não pode ser suprida com a importação de regra do CPC, sob pena de se ferir o postulado da celeridade que norteia todo o sistema processual trabalhista.

Conclui-se que a omissão trabalhista foi deliberada e não fruto de um descuido do legislador.

Outro exemplo de como a incompatibilidade suplanta a omissão trabalhista pode ser encontrado no trâmite da Ação Rescisória.

---

(11) FERNANDES, Suzidarly Ribeiro Teixeira. 2016. *Aplicação subsidiária e supletiva do novo Código de Processo Civil ao processo do trabalho.* Disponível em: https://juslaboris.tst.jus.br/bitstream/handle/20.500.12178/99300/2016_fernandes_suzidarly_aplicacao_subsidiaria.pdf?sequence=1&isAllowed=y. Acesso em: 27 nov. 2023.

Em princípio, toda a regulamentação da Ação Rescisória é oriunda do CPC, dada a ausência de dispositivos processuais trabalhistas. A singeleza do art. 836 da CLT ["é vedado aos órgãos da Justiça do Trabalho conhecer de questões já decididas, excetuados os casos expressamente previstos neste Título e a ação rescisória, que será admitida (...), sujeita ao depósito prévio (...)"] está muito longe de suportar a avalanche de questões sobre o tema.

Esse dispositivo apenas faz considerações sobre a necessidade de depósito prévio (que durante décadas era refutado no Processo do Trabalho). Tudo o mais é oriundo do Processo Civil, a começar pelos fundamentos da rescisão do julgado, prazo bienal decadencial e legitimidade de parte.

No entanto, o CPC tem uma forma peculiar de contagem de prazo, a partir da juntada aos autos do comprovante de intimação, ao passo que a CLT prescinde desta formalidade e manda que os prazos sejam disparados tão logo a parte tenha tomado ciência (art. 774 da CLT). É óbvio que a contagem trabalhista imprime maior celeridade, ou seja, valoriza-se o princípio da celeridade, de novo. Foi assim que contestação apresentada em Ação Rescisória passou a obedecer a regra relativa à contagem de prazo constante do art. 774 da CLT, sendo inaplicável o art. 231 do CPC de 2015.

Em resumo, enquanto a primeira e a segunda teses sobre a aplicação subsidiária do Direito Processual Comum sobre o Direito Processual do Trabalho pecam pelo excesso de resistência, bloqueando quase todos os dispositivos civis, a terceira tese corre o risco de excesso de liberdade, admitindo que numerosos dispositivos venham povoar o Processo do Trabalho, assumindo o risco de seu desvirtuamento.

Então, a melhor solução parece ser o temperamento da terceira tese (comparação por procedimentos ou por técnicas) com uma boa compreensão dos princípios do Processo do Trabalho[(12)], em busca da compatibilidade dos instrumentos[(13)].

---

(12) Há de haver também, e por certo, a inserção dos princípios da adequação e da adaptabilidade na Teoria Geral do Processo. Tais princípios, "apesar de não gozarem de previsão legal específica, (...) parecem estar implícitos no sistema processual civil brasileiro, a ponto de festejados autores, pese à omissão de tantos outros, os indicarem como integrantes do que se convencionou chamar Teoria Geral do Processo. (...) São princípios, portanto, de aplicação também nos outros tipos de processos (penal, tributário, trabalhista etc), inclusive fora do âmbito judicial (processo administrativo, processo legislativo, processo arbitral). Por isto, se o legislador não foi capaz de modelar adequadamente os procedimentos para a exata tutela do direito material, ou se ele não atentou para a especial condição da parte litigante (princípio da adequação), nada impede que o juiz, percebendo a necessidade de variação ritual, a faça no caso concreto (princípio da adaptabilidade)" (*sic*) (GAJARDONI, Fernando da Fonseca. Os princípios da adequação e da adaptabilidade (flexibilidade) procedimental na teoria geral do processo. In: ZUFELATO, Camilo; YARSHELL, Flávio Luiz (Orgs.). *40 anos da teoria geral do processo no Brasil* — Passado, presente e futuro. São Paulo: Malheiros, 2013. p. 305-325).

(13) Aliás, como preconiza o art. 265-A do Decreto-lei n. 329-A/95, de 12 de dezembro (Código de Processo Civil português): "Quando a tramitação processual prevista na lei não se adequar à especificidades da causa, deve o juiz oficiosamente, ouvidas as partes, determinar a prática dos actos que melhor se ajustem ao fim do processo, bem como as necessárias adaptações." (*sic*) (Procuradoria-Geral Distrital de Lisboa.

VI. Confronto do art. 15 do CPC de 2015 com o art. 769 da CLT

Durante mais de 70 anos, a discussão sobre a aplicabilidade das normas de Processo Civil ao Processo do Trabalho estive concentrada na interpretação de uma norma trabalhista — art. 769 da CLT — que dizia qual a abertura que se deve dar ao mundo processual civil.

A partir da entrada em vigor do CPC de 2015, houve dúvidas se o panorama sofreria alteração, para mais ou para menos.

Em termos normativos, existem disposições legais que demonstram a incidência do Código de Processo Civil (CPC/15) à Consolidação das Leis do Trabalho (CLT). O art. 15 do CPC/15 designa que as previsões por ele preconizadas são aplicáveis à esfera legislativa trabalhista, tanto em um sentido subsidiário quanto supletivo, quando da inexistência de normas na CLT. Nesse mesmo sentido, o art. 769, da CLT também corrobora para essa conexão legislativa, acrescendo, para tanto, o requisito da conformidade dessa aplicação com a normatividade trabalhista.(14) (*sic*)

Explica-se.

Embora o art. 769 da CLT esteja intacto e nada tenha a ver com as reformas do Processo Civil, o fato é que o novo CPC insere dispositivo expresso em que cita, pela primeira vez, o Processo do Trabalho. Trata-se do art. 15: "Na ausência de normas que regulem processos eleitorais, trabalhistas ou administrativos, as disposições deste Código lhes serão aplicadas supletiva e subsidiariamente."

Como é possível perceber, o art. 15 do CPC/15 previu de forma expressa a incidência da legislação processual civil à trabalhista, tanto em termos supletivos como subsidiários. Essa previsão pode ser entendida de modo mais completo ao se considerar que não apenas o que está estritamente disposto no CPC é aplicável, mas também outros dispositivos que estejam em outras previsões que digam respeito ao processo civil e guardem possibilidade de aplicação à esfera trabalhista.(15)

Indaga-se, então, se a inversão de papéis poderá ter impacto no campo do Processo do Trabalho: antigamente, era o Processo do Trabalho que admitia sua insuficiência

---

Ministério Público. Disponível em: https://www.pgdlisboa.pt/leis/lei_mostra_articulado.php?artigo_id=570A0265A&nid=570&tabela=leis&pagina=1&ficha=1&so_miolo=&nversao=#artigo. Acesso em: 03 dez. 2023) Dispositivo este que traz o chamado "Princípio da adequação formal" lembrado nas lições de Carlos Alberto Alvaro de Oliveira (Efetividade do processo de conhecimento. *Revista de Processo*, São Paulo, v. 24, n. 96, p. 66, out./dez. 1999).

(14) ZUFELATO, Camilo; CHIUZULI, Danieli Rocha. 2019. *A aplicação do IRDR ao processo do trabalho:* possibilidades e coerência principiológica. Disponível em: https://www.jusbrasil.com.br/doutrina/secao/2-a-aplicacao-do-irdr-ao-processo-do-trabalho-possibilidades-e-coerencia-principiologica-estudos-nacionais-revista-de-direito-do-trabalho-07-2019/1188256931. Acesso em: 28 nov. 2023.

(15) *Idem*.

normativa e dava abertura para o acesso ao Processo Civil, ao passo que, doravante, é o processo mais afamado que se oferece para suprir as lacunas do processo com reputação de incompleto.

Se não houver conhecimento amplo da matéria e se forem ignoradas as décadas de amadurecimento dos princípios processuais trabalhistas, corre-se o risco da completa aniquilação do Processo do Trabalho, ainda que sob a aparência de uma interpretação gramatical do art. 15 do CPC de 2015.

Vejam-se diferenças e semelhanças entre o dispositivo de 2015 e aquele de 1943:

a) Enquanto o art. 769 da CLT refere "casos omissos", o art. 15 do CPC de 2015 menciona "ausência de normas". Por este ângulo, o art. 769 da CLT é mais genérico e mais permissivo do que o CPC, porquanto admite a abertura para o processo comum quando houver situações de incompletude ou circunstâncias de omissão, o que é diferente de "ausência de normas". Conforme o exposto, situações como carta precatória inquiritória, acareação de testemunhas, uso da citação por hora certa e outros detalhes na concretização dos atos e provas processuais podem ser considerados exemplos de "casos omissos", mas não necessariamente são exemplos de "ausência de normas", a menos que se dissesse "ausência de normas sobre casos específicos". A expressão "ausência de normas", que, aliás, nem é admitida na teoria pura do direito, geralmente diz respeito à completa ausência de tratamento legal deste ou daquele instituto. Não se usa a expressão "ausência de normas" para se dizer que a CLT deixou de separar impedimento e suspeição do magistrado, por exemplo. Este é apenas mais um exemplo de "casos omissos". Por que o dispositivo mais antigo (art. 769 de 1943) tem espectro mais amplo do que o dispositivo mais recente (art. 15 de 2015), entende-se que nada muda nesta parte da interpretação. Aliás, dada a inclinação favoravelmente à terceira teoria para explicação da subsidiariedade (por omissão na concretização de procedimentos), a expressão "casos omissos" é mais adequada porquanto mais maleável.

b) Enquanto a CLT faz menção à aplicação subsidiária do "Direito Processual Comum", o art. 15 do CPC de 2015 se atém a dizer que "as disposições deste Código" terão aplicação extensiva. Logo, o art. 769 da CLT não pode, nem de longe, ser considerado revogado ou em colisão com o art. 15 do CPC de 2015, porquanto ele é mais abrangente nas hipóteses ("casos omissos") e nos textos alcançados ("Direito Processual Comum"). Do contrário, cair-se-ia na interpretação conflituosa de se exigir que o Processo do Trabalho aplique o CPC, mas não aplique o Código de Defesa do Consumidor e a Lei da Ação Civil Pública, normas que contêm Direito Processual Comum, mas não se confundem com o CPC.

> Cogitou-se que, com a ascensão do CPC/15 e o seu respectivo art. 15, as disposições trabalhistas que norteavam a aplicação subsidiária da legislação comum ao seu bojo haviam sido revogadas pelo critério temporal, isto é,

pelo fato de a legislação processual civil ser mais recente do que a trabalhista. Todavia, (...), o mencionado artigo não foi responsável pela revogação dos artigos respectivos da CLT. Pelo contrário, essas disposições das duas esferas se harmonizam e criam conjuntamente a regra da aplicação da normatividade processual civil à trabalhista que, por sua vez, deve contemplar não apenas a possibilidade de aplicação subsidiária e supletiva, como também a coerência procedimental.

Acresce-se a isso que, além de não existir divergência na aplicação desses artigos conjuntamente, a regra de intervenção prevista no CPC/15 tem natureza geral, visto que prevê a sua aplicação aos "processos especiais", entre os quais se inclui o processo do trabalho. Sendo geral, essa regra não tem o condão de revogar lei especial anteriormente vigente, como é o caso do art. 769, da CLT, tal como preconiza o art. 2º da LINDB.(16)

c) Necessária atenção, outrossim, quanto ao conceito dos advérbios de modo "subsidiariamente" e "supletivamente". A CLT se atém ao movimento da subsidiariedade, ao passo que o CPC, mais moderno, refere duplo movimento de cobertura e de suplemento de lacunas. O que o CPC quis prever, em apertada síntese, foi a possibilidade de serem aplicados seus comandos, mesmo naqueles casos em que a CLT não é omissa, mas que, com ajuda do CPC, poderia ter maior concretização, enriquecimento ou eficácia. Assim, embora não seja uma aplicação subsidiária — porque desnecessária quando a CLT já dispõe de tratamento sobre a mesma matéria —, pode haver uma aplicação supletiva – assim entendida uma aplicação complementar, adicional, concretizadora de uma norma igualmente tratada tanto pela CLT quanto pelo CPC. De certa forma, a aplicação supletiva sempre foi praticada pelo Processo do Trabalho. Com efeito, a aplicação seria subsidiária apenas em caso de omissão completa do instituto como um todo ou do ato processual por inteiro. A aplicação suplementar do CPC ocorre no tocante a procedimentos ou modos de operação de uma norma já prevista na lei trabalhista. Contanto que não sejam violados os princípios do Processo do Trabalho e que não haja a importação do instituto sem passar pelo crivo dos valores que norteiam a lei trabalhista, então a aplicação suplementar é adequada, como já o era antes de 2015. O suplemento vitamínico, de que trata o art. 15 do CPC de 2015, não é, por assim dizer, mandatório, mas certamente incrementará a versatilidade do Processo do Trabalho, nuns ou noutros casos em que ele foi surpreendido pela norma processual civil superveniente mais célere e mais eficaz.

d) Diferença fundamental entre o art. 769 da CLT e o art. 15 do CPC do 2015 diz respeito aos valores do Processo do Trabalho. A parte final do art. 769 da CLT determina que não se fará a aplicação subsidiária naquilo que for "incompatível

(16) ZUFELATO, Camilo; CHIUZULI, Danieli Rocha. *Op. cit.*, 2019.

com as normas" dispostas naquele título de processo judiciário do trabalho. Assim, ficou resguardada a necessidade imperiosa de serem respeitados os princípios e as singularidades do processo trabalhista. Ao vedar a contagem em dobro do prazo dos litisconsortes, a jurisprudência deu sopro de vida aos princípios processuais trabalhistas. Interpretação mais ligeira poderia dizer que a contagem dobrada seria um "caso omisso" da CLT ou, usando a linguagem do CPC, uma situação de "ausência de norma". Sendo a omissão do prazo dobrado uma opção deliberada do legislador de 1943 ou fruto de mero esquecimento, o fato é que sua adoção no Processo do Trabalho, a esta altura de seu desenvolvimento, conspiraria contra os princípios da celeridade e da economia processual, de modo que a subsidiariedade é, de fato e de direito, "incompatível" com as normas trabalhistas. Daí por que se pode afirmar que o art. 15 do CPC de 2015 é uma norma geral, conquanto superveniente, e o art. 769 da CLT, uma norma especial, concentrada num ramo específico do Direito Processual e com regras e valores próprios.

e) Pelos fundamentos supramencionados, sustenta-se que o art. 15 do CPC de 2015 em nada afetou a interpretação do art. 769 da CLT, nem abalou o acervo doutrinário e jurisprudencial que foi construído ao longo das décadas sobre a aplicação subsidiária, com reservas, do Direito Processual Comum ao Direito Processual do Trabalho. O art. 15 do CPC de 2015 representa, por assim dizer, um reforço de argumento e o reconhecimento do Processo Civil quanto ao papel do Processo do Trabalho.

VII. Casuística: Alguns impasses da subsidiariedade processual

Em resumo, o art. 769 da CLT pode ter três formas distintas de abordagem (comparação por fases processuais, por atos processuais ou por procedimentos particulares), contanto que sejam respeitados ao menos alguns postulados principiológicos do Processo do Trabalho (celeridade e oralidade, simplicidade e capacidade postulatória, facilitação das despesas processuais e irrecorribilidade das decisões interlocutórias), a fim de que haja harmonia entre as regras e os princípios.

De maneira geral, a jurisprudência majoritária considera compatíveis os seguintes procedimentos e técnicas do Processo Civil no Processo do Trabalho:

a) Confissão expressa e ficta. Embora o art. 844 da CLT ("..., e o não comparecimento do reclamado importa revelia, além de confissão quanto à matéria de fato") mencione confissão apenas do empregador, o conceito foi estendido também ao empregado, naqueles casos em que ele se ausentar injustificadamente da audiência em prosseguimento ou se recusar a responder questões em depoimento pessoal, sem que a confissão do reclamante prejudique os princípios do Processo do Trabalho.

> NÃO COMPARECIMENTO DA RECLAMADA À AUDIÊNCIA INAUGURAL. EFEITOS. REVELIA. CONFISSÃO FICTA. ART. 844 DA CLT. A ausência injustificada da reclamada à audiência inicial importa em revelia, além de confissão, quanto à matéria de fato, na forma prevista no art. 844, *caput*, da CLT. No processo do trabalho a confissão ficta é consequência imediata da revelia, significando dizer que a revelia sempre implicará em confissão quanto à matéria de fato, produzindo efeitos de ordem material, ou seja, a presunção de veracidade dos fatos narrados na petição inicial, e de ordem processual, consistindo no encerramento da instrução, com julgamento antecipado da lide. Portanto, inexistindo nos autos qualquer outra prova capaz de desconstituir as alegações do autor, presumem-se verdadeiros os fatos narrados pelo reclamante na exordial.[17]

b) Formação da coisa julgada. Dada a pouca técnica processual da CLT na abordagem da sentença (art. 832) e do acórdão, prevaleceu o conceito de que este substitui aquela, tornando juridicamente impossível o pedido de corte rescisório de sentença quando substituída por acórdão do Tribunal Regional ou homologação de acordo superveniente. O julgado mais recente prefere ao mais antigo:

> SENTENÇA FIXANDO HONORÁRIOS ADVOCATÍCIOS EM FAVOR DO ADVOGADO DA RECLAMANTE. POSTERIOR TRANSAÇÃO, ANTES DO TRÂNSITO EM JULGADO DA SENTENÇA E DO JULGAMENTO DOS RECURSOS INTERPOSTOS PELAS PARTES. SUBSTITUIÇÃO DA SENTENÇA PELA DECISÃO HOMOLOGATÓRIA DE ACORDO. A conciliação entabulada, em qualquer fase, substituiu a sentença transitada em julgado, passando a constituir novo título executivo judicial. Logo, a sentença homologatória de acordo judicial substituiu a sentença proferida na fase de conhecimento, sendo aquela a última decisão de mérito proferida na lide. Portanto, com o acordo entabulado entre as partes, os honorários fixados na r. sentença deixaram de existir, já que a sentença foi substituída pela decisão homologatória de acordo. Agravo de petição desprovido. (TRT, 17ª R., AP 0001800-12.2015.5.17.0011, Divisão da 1ª Turma, *DEJT* 26.11.2019)[18]

c) Modificação, emenda e aditamento da petição inicial. Mesmo o processualista mais apaixonado pela CLT terá de admitir que a petição inicial pode sofrer aditamento e alteração (art. 264 e 294 no Código de 1973 e art. 329 no Código de 2015), bem como emenda (determinação judicial para maior clareza, art. 284 do CPC de 1973 e art. 321 do CPC de 2015). Circunstâncias variadas levam à omissão na apresentação de pedidos. A questão mais importante aqui já não é mais saber se o Processo do Trabalho admite a oscilação da petição inicial, mas saber em que momentos processuais tais digressões podem ser ventiladas. A admissão pelo Processo do Trabalho dos mecanismos de modificações dos pedidos e causas

---

(17) BRASIL. TRT-10, RO n. 131481.2017.5.10.0001/DF, relª. Desª. Elaine Machado Vasconcelos, *DEJT* 17.07.2018. Disponível em: https://www.jusbrasil.com.br/jurisprudencia/busca?q=o+n%C3%A3o+comparecimento+-do+reclamado+%C3%A0+audi%C3%AAncia+importa+em+revelia. Acesso em: 27 nov. 2023.

(18) BRASIL. TRT-17, AP n. 180012.2015.5.17.0011, rel. Des. Cláudio Armando Couce de Menezes, *DEJT* 26.11.2019. Disponível em: https://www.jusbrasil.com.br/jurisprudencia/busca?q=acordo+posterior+homologado+por+senten%C3%A7a. Acesso em: 29 nov. 2023.

de pedir representa um exemplo eloquente do conjunto de "casos omissos", "compatibilidade" e ganho valorativo do segmento processual:

> RECURSO DE REVISTA. APELO INTERPOSTO SOB A ÉGIDE DO NOVO CPC. CERCEAMENTO DO DIREITO DE DEFESA. ADITAMENTO À PETIÇÃO INICIAL APÓS A NOTIFICAÇÃO E A APRESENTAÇÃO DA CONTESTAÇÃO, MAS ANTES DA AUDIÊNCIA INAUGURAL. No processo do trabalho, regido pelos princípios da celeridade, economia processual, simplicidade e instrumentalidade das formas, o momento para o exercício do direito de defesa é a data da audiência inaugural, de acordo com o previsto no art. 847 da CLT, independentemente da data da citação. Dessa forma, admite-se o aditamento da inicial até a apresentação da defesa em audiência, visto que é neste momento que se dá a estabilização da lide trabalhista, desde que seja garantido o direito do contraditório ao Reclamado. No caso concreto, não houve prejuízo ao pleno exercício do contraditório e da ampla defesa da Reclamada, visto que o Tribunal Regional informou que o pedido de aditamento da petição inicial ocorreu após a apresentação da contestação, mas consignou expressamente que a audiência inaugural ainda não havia ocorrido e que, naquela oportunidade, foi deferido prazo à Reclamada para apresentação de contestação complementar, devidamente observado, e somente após esse prazo e a apresentação da contestação complementar é que o Juiz procedeu à estabilização da lide. Precedentes. Recurso de Revista não conhecido. (RR n. 1652-59.2014.5.06.0005, 4ª Turma, relatora Ministra Maria de Assis Calsing, *DEJT* 30.06.2017)[19]

d) Alterações da petição inicial, deliberadas em audiência. Como a audiência é o momento em que o juiz toma ciência da petição inicial pela primeira vez (princípio da concentração dos atos), e, ainda, o empregador apresentará a defesa, normalmente é nesta oportunidade que a parte requer a modificação ou que o juiz determina a emenda, impondo-se, evidentemente, o adiamento da sessão. Tema mais polêmico se refere ao aditamento, porque, no caso, haverá efetivo incremento de pretensão e, de qualquer forma, o réu já estava citado antes da audiência, não sendo correto dizer que ele está obrigado a aceitar a majoração dos pedidos. Diferem a simples modificação da causa de pedir e o aditamento ao rol de pedidos, justificando-se o espírito do CPC, no sentido de que o réu não pode se opor antes da citação, mas pode se opor se o ato ocorrer entre a citação e o saneamento do processo. O Processo do Trabalho, neste quesito, exala discórdia. Há julgados que aceitam o aditamento contra a vontade do réu já citado (o que viola o contraditório e, ainda, desrespeita o direito à entrega da prestação jurisdicional tal como proposta), e casos em que são aceitas modificações à causa de pedir quando já entregue a defesa, no meio da instrução ou por vezes posteriormente à instrução.

> AGRAVO DE INSTRUMENTO EM RECURSO DE REVISTA DO AUTOR. LEI N. 13.467/2017. TRANSCENDÊNCIA ECONÔMICA DA CAUSA RECONHECIDA. Em relação à transcendência econômica, esta Turma estabeleceu como referência, para o recurso do empregado,

(19) BRASIL. TST, RR n. 1652-59.2014.5.06.0005, 4ª T., relª. Minª. Maria de Assis Calsing, *DEJT* 30.06.2017. Disponível em: https://www.jusbrasil.com.br/artigos/aditamento-modificacao-ou-emenda-a-peticao-inicial-no-processo-do-trabalho/780414380. Acesso em: 27 nov. 2023.

o valor fixado no art. 852-A da CLT. Na hipótese dos autos, tendo sido atribuído à causa o importe de R$ 40.000,00 (quarenta mil reais), e versando a tese recursal sobre temas gerais que refletem nas pretensões formuladas, admite-se a transcendência da causa. NULIDADE PROCESSUAL. ADITAMENTO DA PETIÇÃO INICIAL APÓS A CITAÇÃO. PROCESSO DO TRABALHO. POSSIBILIDADE. Constatada possível violação ao art. 5º, LIV, da Constituição Federal, dá-se provimento ao agravo de instrumento para determinar o processamento do recurso de revista. RECURSO DE REVISTA DO AUTOR. LEI N. 13.467/2017. TRANSCENDÊNCIA ECONÔMICA DA CAUSA RECONHECIDA. NULIDADE PROCESSUAL. ADITAMENTO DA PETIÇÃO INICIAL APÓS A CITAÇÃO. PROCESSO DO TRABALHO. POSSIBILIDADE. Na regra processual comum (art. 329 do CPC), o aditamento da petição inicial, com alteração do pedido ou da causa de pedir, sem anuência da parte adversa, é admitido até a citação, momento a partir do qual corre o prazo para apresentação da defesa, garantida no art. 5º, LV, da Constituição Federal. Não obstante, na Justiça do Trabalho, por força dos princípios da economia processual, celeridade, instrumentalidade das formas e simplicidade, o momento para o exercício do direito de defesa é a data da audiência inaugural, independentemente da data da citação (art. 847 da CLT). Firmou-se nesta Corte o entendimento no sentido de que o aditamento da petição inicial é possível, mesmo após a citação da ré e sem a sua anuência, desde que seja notificada e tenha oportunidade de se manifestar no prazo do art. 841, *caput*, da CLT, procedimento observado no caso concreto. Importa ressaltar que o acréscimo feito à petição inicial, desde que assegurado o prazo mínimo de cinco dias para a manifestação do reclamado antes da audiência designada, contribui para a redução do número de ações, na medida em que se evita a formulação da pretensão em outra, posteriormente ajuizada. Ademais, as normas que regem a declaração de nulidade no processo do trabalho vinculam o desfazimento do ato à ocorrência de prejuízo à parte, inocorrente no caso em tela. Assim, a decisão do Tribunal Regional no sentido de ser defeso ao autor modificar o pedido ou a causa de pedir após a citação implica obstar ao recorrente o direito ao devido processo legal, consagrado no art. 5º, LIV, da Constituição Federal. Recurso de revista conhecido e provido.[20]

e) Hipóteses de concordância da parte contrária. Algumas pequenas alterações não molestam o direito de defesa e podem tranquilamente ser ajustadas com a parte contrária, na própria mesa de audiência. Contanto que conste a anuência expressa da reclamada, a modificação ou o breve aditamento são admissíveis, ainda que fora do tempo previsto pela lei processual civil.

ADITAMENTO À INICIAL. PROCESSO DO TRABALHO. POSSIBILIDADE DE REALIZAÇÃO ATÉ A REALIZAÇÃO DA PRIMEIRA AUDIÊNCIA. No processo do trabalho inexiste a figura da citação nos moldes do processo civil e da regulamentação conferida pelo CPC, sendo que, como a defesa é apresentada em primeira audiência, o entendimento remansoso e pacífico desta Justiça Especializada é no sentido de que, até a realização da sessão judicial, pode o autor aditar a petição inicial, visto que é com a sua realização e com o recebimento, pelo órgão julgador, das defesas que ocorre a estabilização da lide. Nulidade que se acolhe a fim de que seja processado o aditamento à inicial apresentado

---

(20) BRASIL. TST, RRAg n. 59724.2017.5.09.0122, publ. 09.09.2022. Disponível em: https://www.jusbrasil.com.br/jurisprudencia/busca?q=aditamento+da+peti%C3%A7%C3%A3o+inicial. Acesso em: 27 nov. 2023.

pela consignante nos autos, com oportuna apresentação de nova defesa pela parte contrária e prolação de novo julgamento com enfrentamento das questões e pretensão nele aduzidas, prosseguindo o feito como de direito.(21)

f) Obrigatoriedade de prazo para emenda. No caso específico da emenda à petição inicial, por ser benéfica à parte e, por dar nova chance de vida a um processo fadado à extinção, considera-se obrigatória a aplicação do CPC, e não meramente facultativa.

RECURSO ORDINÁRIO EM MANDADO DE SEGURANÇA. INDEFERIMENTO DA PETIÇÃO INICIAL. INÉPCIA. VÍCIO SANÁVEL. NECESSIDADE DE CONCESSÃO DE PRAZO PARA REGULARIZAÇÃO. INCIDÊNCIA DO PARÁGRAFO ÚNICO DO ART. 321 DO CPC DE 2015. RETORNO DOS AUTOS À ORIGEM. 1. Nos termos do *caput* do art. 321 do CPC de 2015, se o julgador constatar que a petição inicial não preenche os requisitos previstos nos art. 319 e 320 do mesmo diploma legal, ou que apresente vícios que possam dificultar o exame do mérito, deve determinar a emenda, no prazo de 15 (quinze) dias. Somente se o Impetrante não cumprir a diligência é que a petição inicial do mandado de segurança poderá ser indeferida. *In casu*, não se assinou prazo ao Impetrante para a correção do vício observado, concernente à inépcia da petição inicial (mero erro material, segundo o Impetrante). 2. (...). 3. Tratando-se de vício passível de regularização e que pode, portanto, ser suplantado com a concessão de prazo para a correção, cumpre ao TRT, antes de indeferir a petição inicial da ação mandamental, intimar o Impetrante para sanar a irregularidade detectada, pelo que equivocada a imediata extinção do processo sem resolução do mérito (art. 321 do CPC de 2015). Recurso ordinário conhecido e provido.(22)

g) Conceito de inépcia da petição inicial. Se houver aplicação subsidiária do conceito de emenda da petição inicial (art. 284 do CPC de 1973 e art. 321 do CPC de 2015), então, é inerente que haja também o conceito de inépcia da petição inicial, porque a parte que descumprir a determinação judicial de oferecer maior clareza ao postulado deverá sofrer as consequências próprias de sua inércia, a saber, a extinção do feito, sem resolução de mérito. Cumpre lembrar que são várias as formas de inépcia previstas no Processo Civil, como naqueles casos em que não há correspondência entre pedido e causa de pedir, ausência de conclusão lógica e o mais. Logo, conquanto a CLT seja omissa quanto à inépcia da petição inicial, o conceito cabe dentro do Processo do Trabalho, sendo até mesmo indispensável, e a aplicação subsidiária do CPC se faz necessária.

---

(21) BRASIL. TRT-2, RO n. 100167934.2018.5.02.0025/SP, rel. Des. Sergio Roberto Rodrigues, 11ª T., *DEJT* 25.05.2021. Disponível em: https://www.jusbrasil.com.br/jurisprudencia/busca?q=aditamento+da+peti%C3%A7%C3%A3o+inicial. Acesso em: 27 nov. 2023.

(22) BRASIL. TST, ROT n. 28025.2017.5.19.0000, publ. 09.08.2019. Disponível em: https://www.jusbrasil.com.br/jurisprudencia/busca?q=concess%C3%A3o+de+prazo+para+emenda+%C3%A0+inicial. Acesso em: 29 nov. 2023.

> I – AGRAVO EM RECURSO DE REVISTA INTERPOSTO PELO RECLAMANTE NA VIGÊNCIA DA Lei n. 13.467/2017. INÉPCIA DA INICIAL. PREQUESTIONAMENTO. TRANSCRIÇÃO EM CONSONÂNCIA COM O ART. 896, § 1º-A, I, DA CLT. Diferentemente do que restou consignado na decisão agravada, o agravante destacou expressamente as teses jurídicas controvertidas nos trechos do acórdão do TRT que acompanham as razões da revista, consoante o art. 896, § 1º-A, I, da CLT. Agravo provido. II – RECURSO DE REVISTA INTERPOSTO PELO RECLAMANTE NA VIGÊNCIA DA LEI N. 13.467/2017. INÉPCIA DA INICIAL. EXTINÇÃO DO FEITO SEM RESOLUÇÃO DO MÉRITO. AUSÊNCIA DE LIQUIDAÇÃO DOS PEDIDOS. PRAZO PARA EMENDA (Súmula n. 263 DO TST). 1. Não se encontra superado o entendimento de que deve ser oportunizada à parte autora a emenda a seu pedido, no prazo de dez dias, quando estiver desacompanhado de documento indispensável à propositura da ação ou não preencher outro requisito legal. 2. O art. 321 do CPC mostra-se compatível com a nova redação do art. 840 da CLT, introduzida pela Lei n. 13.467/2017, bem como guarda consonância com a concepção substancial do devido processo legal, ao prestigiar os princípios da primazia do julgamento de mérito e da vedação à decisão surpresa. (...).[23]

h) Litigância de má-fé. Outro ponto de antiga discórdia diz respeito à litigância de má-fé. O conceito foi desenvolvido aos poucos pelo Processo Civil, passando de disposições tímidas inseridas no art. 17 do CPC de 1973 para panorama mais abrangente do livro processual civil de 2015, espalhando-se por hipóteses de ausência injustificada à audiência de tentativa de conciliação, criação de embaraços à execução e condutas maliciosas do executado. Apesar da omissão da CLT sobre a matéria, já não cabe mais o antigo bordão de que normas restritivas de direito não podem ser aplicadas subsidiariamente, sob pena de se criar, na Justiça do Trabalho, uma redoma para todo tipo de abuso. A jurisprudência majoritária é consensual a respeito da aplicação subsidiária da litigância de má-fé, em suas várias modalidades. Resiste-se, entretanto, à aplicação subsidiária do art. 940 do Código Civil vigente (CC/2002) — art. 1.531 do CC de 1916 — no tocante à devolução em dobro da dívida sabidamente quitada, por entender incompatível tal forma de punição por deslealdade processual com os princípios do Processo do Trabalho.

> AGRAVO DE INSTRUMENTO. RECURSO DE REVISTA INTERPOSTO A ACÓRDÃO PUBLICADO NA VIGÊNCIA DA LEI N. 13.467/2017. PENALIDADE PREVISTA NO Art. 940 DO CÓDIGO CIVIL DE 2002. APLICAÇÃO SUBSIDIÁRIA À RELAÇÃO DE EMPREGO. INCOMPATIBILIDADE. TRANSCENDÊNCIA DA CAUSA NÃO RECONHECIDA. 1. Cinge-se a controvérsia em estabelecer se a penalidade prevista no art. 940 do Código Civil de 2002 pode ou não ser aplicada subsidiariamente ao Processo do Trabalho. 2. Constatado o preenchimento dos demais requisitos processuais de admissibilidade, o exame do Recurso de Revista sob o prisma do pressuposto de transcendência revelou que: a) não demonstrada

(23) BRASIL. TST, Ag n. 100100335.2019.5.02.0063, publ. 25.06.2021. Disponível em: https://www.jusbrasil.com.br/jurisprudencia/busca?q=concess%C3%A3o+de+prazo+para+emenda+%C3%A0+inicial. Acesso em: 29 nov. 2023.

a transcendência política da causa, na medida em que o acórdão recorrido revela consonância com o entendimento pacificado neste Tribunal Superior, segundo o qual é inaplicável ao processo do trabalho a multa prevista no art. 940 do Código Civil; (...).[24]

i) Regularização da representação processual. A CLT é escassa em dispositivos sobre capacidade postulatória, atendo-se a poucas previsões nos art. 791 a 793 sobre a presença de advogados, sobre a faculdade de a parte prosseguir no exercício de sua própria capacidade postulatória e sobre a suficiência da presença dos pais ou responsáveis em se tratando de adolescente empregado. Logo, ficaram de fora as disposições sobre a capacidade para assumir encargos, firmar procuração para advogados, renunciar, transigir e exercer os poderes de maneira geral. Ora, se o art. 75 do CPC de 2015 necessita ser transplantado para o Processo do Trabalho, quanto aos responsáveis pela assunção dos encargos (gerente da pessoa jurídica, administrador da massa falida, prefeito da municipalidade etc), o art. 76 é indispensável para que se possa consertar eventual lapso cometido pela parte, pois sem eles não haveria espaço para o desenvolvimento da capacidade de estar em Juízo no Processo do Trabalho e, de qualquer forma, haveria uma conspiração contra a celeridade, caso a todo instante o processo fosse extinto. Tanto é assim que há a previsão sumular:

SÚMULA N. 383 DO TST

RECURSO. MANDATO. IRREGULARIDADE DE REPRESENTAÇÃO. CPC DE 2015, ARTS. 104 E 76, § 2º.

I – É inadmissível recurso firmado por advogado sem procuração juntada aos autos até o momento da sua interposição, salvo mandato tácito. Em caráter excepcional (art. 104 do CPC de 2015), admite-se que o advogado, independentemente de intimação, exiba a procuração no prazo de 5 (cinco) dias após a interposição do recurso, prorrogável por igual período mediante despacho do juiz. Caso não a exiba, considera-se ineficaz o ato praticado e não se conhece do recurso. II – Verificada a irregularidade de representação da parte em fase recursal, em procuração ou substabelecimento já constante dos autos, o relator ou o órgão competente para julgamento do recurso designará prazo de 5 (cinco) dias para que seja sanado o vício. Descumprida a determinação, o relator não conhecerá do recurso, se a providência couber ao recorrente, ou determinará o desentranhamento das contrarrazões, se a providência couber ao recorrido (art. 76, § 2º, do CPC de 2015). Observação: (nova redação em decorrência do CPC de 2015) – Res. 210/2016, *DEJT* divulgado em 30.06.2016 e 01 e 04.07.2016.[25]

---

(24) BRASIL. TST, AIRR n. 26748.2018.5.17.0161, publ. 30.04.2021. Disponível em: https://www.jusbrasil.com.br/jurisprudencia/busca?q=aplica%C3%A7%C3%A3o+do+art.+940+do+c%C3%B3digo+civil+no+processo+do+trabalho. Acesso em: 29 nov. 2023.

(25) BRASIL. TST, Súmula n. 383. Disponível em: https://jurisprudencia.tst.jus.br/?tipoJuris=SUM&orgao=TST&pesquisar=1. Acesso em: 27 nov. 2023.

j) Ônus da prova. Tema bastante intrincado dizia respeito à distribuição do ônus da prova, porque o art. 818 da CLT, de 1943 a 2017, cuidava do assunto de forma tão genérica ("prova quem alega") que, para muitos, acabava sendo frustrante. Era comum o convívio com a inteligência dos art. 333 do CPC de 1973 e 373 do CPC de 2015, pelo menos na ideia de distribuição diferente, deixando com o autor a prova do fato constitutivo da pretensão (negada pela defesa, evidentemente) e com o réu o ônus da prova dos fatos impeditivos, modificativos e extintivos da pretensão. Houve corrente doutrinária que chegou a propor que praticamente todos os ônus ficariam com o empregador, a se adotar interpretação radical do art. 818 da CLT, porque em todas as vezes que, para contestar um fato ele opusesse outro, então haveria a necessidade da prova deste fato e não do fato alegado pelo autor. Tal entendimento, porém, não encontrou guarida, porque exigiria que o empregador comprovasse a negativa ou o não fato (o trabalhador não realizou horas extras), deixando de lado a necessidade da prova do fato constitutivo (as horas extras). O entendimento intermediário, com distribuição de acordo com a aptidão maior para a prova (ônus que está ao alcance fácil da prova e não necessariamente para quem alega o fato), amadureceu no âmbito doutrinário e jurisprudencial e, nas Reformas Trabalhistas de 2017, foi incorporado ao texto do art. 818 da CLT, hoje, portanto, muito próximo dos conceitos do Processo Civil.

> O ônus da prova surge, portanto, a cada alegação feita pelas partes. Todavia, a sua incumbência pode alterar durante o processo, antes ou depois da produção de prova. Entretanto, o Juiz só deve decidir com base no ônus da prova quando não tiver sido produzida a prova sobre um fato, porque, caso a prova tenha sido produzida, ela será do processo e não da parte, pelo princípio da aquisição (art. 371 do CPC de 2015). Dessa forma, se o ônus de provar determinado fato for de "A", mas a prova for feita por "B", o Juiz conhecerá da prova normalmente, sem qualquer empecilho.[26]

k) Da sentença e da coisa julgada. Também o amálgama de dispositivos sobre a sentença e a formação da coisa julgada estão a depender fundamentalmente do CPC. É fato que o reexame obrigatório para decisões em que a Fazenda Pública sucumbir traz dispositivo específico no art. 1º do Decreto-lei n. 779/1969, que seria, portanto, um raro exemplo de norma processual trabalhista esparsa, com prioridade sobre o Processo Civil. Mas este dispositivo é modesto, quando se sabe que a lei processual civil trará os requisitos essenciais da sentença, a vedação ao julgamento fora ou além do pedido, o cumprimento específico da obrigação de fazer, o conhecimento de fato superveniente e o delineamento da coisa julgada.

---

(26) LIMA, Leonardo Tibo Barbosa. *Lições de direito processual do trabalho*. Teoria e prática — atualizado à luz do CPC de 2015 e da Reforma Trabalhista (Lei n. 13.467/17). 4. ed. São Paulo, LTr, 2017. p. 234.

Não há chance de sobrevida para o Processo do Trabalho se permanecer alheio a tais questões. E nesta linha é a seguinte Súmula:

> SÚMULA N. 303 DO TST
>
> I – Em dissídio individual, está sujeita ao reexame necessário, mesmo na vigência da Constituição Federal de 1988, decisão contrária à Fazenda Pública, salvo quando a condenação não ultrapassar o valor correspondente a:
>
> *a)* 1.000 (mil) salários mínimos para a União e as respectivas autarquias e fundações de direito público;
>
> *b)* 500 (quinhentos) salários mínimos para os Estados, o Distrito Federal, as respectivas autarquias e fundações de direito público e os Municípios que constituam capitais dos Estados;
>
> *c)* 100 (cem) salários mínimos para todos os demais Municípios e respectivas autarquias e fundações de direito público.
>
> II – Também não se sujeita ao duplo grau de jurisdição a decisão fundada em:
>
> *a)* súmula ou orientação jurisprudencial do Tribunal Superior do Trabalho;
>
> *b)* acórdão proferido pelo Supremo Tribunal Federal ou pelo Tribunal Superior do Trabalho em julgamento de recursos repetitivos;
>
> *c)* entendimento firmado em incidente de resolução de demandas repetitivas ou de assunção de competência;
>
> *d)* entendimento coincidente com orientação vinculante firmada no âmbito administrativo do próprio ente público, consolidada em manifestação, parecer ou súmula administrativa.
>
> III – Em ação rescisória, a decisão proferida pelo Tribunal Regional do Trabalho está sujeita ao duplo grau de jurisdição obrigatório quando desfavorável ao ente público, exceto nas hipóteses dos incisos anteriores. *(ex-OJ n. 71 da SBDI-1 – inserida em 03.06.1996)*
>
> IV – Em mandado de segurança, somente cabe reexame necessário se, na relação processual, figurar pessoa jurídica de direito público como parte prejudicada pela concessão da ordem. Tal situação não ocorre na hipótese de figurar no feito como impetrante e terceiro interessado pessoa de direito privado, ressalvada a hipótese de matéria administrativa. *(ex-OJs ns. 72 e 73 da SBDI-1 – inseridas, respectivamente, em 25.11.1996 e 03.06.1996)*
>
> Observação: (nova redação em decorrência do CPC de 2015) – Res. n. 211/2016, *DEJT* divulgado em 24, 25 e 26.08.2016.[27]

l) Processamento dos recursos nos tribunais. Evidentemente, a CLT cuida com atenção dos pressupostos intrínsecos (ou seja, quanto ao conteúdo) dos recursos que ela própria estipula a partir do art. 893, quais sejam, o Recurso Ordinário (art. 895), o

(27) BRASIL. TST, Súmula n. 303. Disponível em: https://jurisprudencia.tst.jus.br/?tipoJuris=SUM&orgao=TST&pesquisar=1 Acesso em: 30 nov. 2023.

Recurso de Revista (art. 896), os Embargos de Divergência (art. 894) e os Agravos (art. 897). No entanto, a lei trabalhista é desprovida de mais informações, sendo insuficiente quanto aos pressupostos extrínsecos e quanto ao processamento dos recursos nos tribunais. Daí a aplicação subsidiária necessária quanto a quase todos os trâmites da fase recursal, incluso o assunto quanto aos efeitos devolutivo e suspensivo dos recursos.

> Brasília — Reunida na tarde desta quarta-feira (28), a Comissão Especial de Análise da Regulamentação do Novo Código de Processo Civil saudou a Orientação Jurisprudencial (OJ) 140 emitida pelo Tribunal Superior do Trabalho (TST). A OJ determina que o pagamento a menor do depósito recursal não gera deserção. A parte poderá ser intimada a fazer a complementação. Para recorrer na Justiça do Trabalho, deve-se fazer o pagamento do depósito recursal e das custas processuais. Antes do Novo Código de Processo Civil, a ausência de pagamento resultava no não reconhecimento do recurso.
>
> "O TST reconheceu a aplicabilidade do Novo Código de Processo Civil de forma subsidiária permitindo que os recorrentes complementem eventual falta do depósito recursal e das custas processuais. Foi um avanço porque isso vai gerar uma otimização e segurança jurídica nos procedimentos da justiça como um todo e reconhece a aplicação do novo CPC. Para nós, é importante o reconhecimento pelo TST da aplicação subsidiária do novo Código de Processo Civil no tocante ao art. 1007º, § 2º", disse a presidente da comissão Estefania Ferreira de Souza de Viveiros.
>
> Além dela, participaram da reunião desta tarde o vice-presidente, Luiz Carlos Levenzon, e os membros Antonio Adonias Aguiar Bastos, Fabiano Carvalho e Pedro Donizete Biazotto.
>
> O texto da OJ n. 140 diz que "em caso de recolhimento insuficiente das custas processuais ou do depósito recursal, somente haverá deserção do recurso se, concedido o prazo de 5 (cinco) dias previsto no § 2º do art. 1.007 do CPC de 2015, o recorrente não complementar e comprovar o valor devido". (quarta-feira, 28 de junho de 2017 às 17h10)[28]

m) Efeito devolutivo e suspensivo dos recursos. Originalmente concebido para a apelação cível, a compreensão da devolução em profundidade dos temas recursais para a reapreciação dos tribunais se tornou sinônimo de celeridade processual (art. 515 do CPC do 1973; art. 1.013 do CPC do 2015), haja vista permitir às Cortes Recursais a análise de matérias não examinadas em sentença, contanto tenha sido objeto da apelação em sentido amplo (devolução em profundidade verticalmente ampla, apesar de limitação horizontal quanto aos capítulos da sentença). Tal conceito, implementado no Processo Civil pelas reformas de 2001 e de 2006, concorre para os anseios da celeridade processual. Também a necessidade de impugnação específica em sede recursal é exigida pela jurisprudência trabalhista, inspirada no CPC.

---

(28) Conselho Federal da Ordem dos Advogados do Brasil (OAB). *TST reconhece aplicação de novo CPC em matéria de custa*. Disponível em: https://www.oab.org.br/noticia/55261/tst-reconhece-aplicacao-de-novo-cpc-em-materia-de-custas-e-depositos-recursaiss e depósitos recursais (oab.org.br). Acesso em: 29 nov. 2023.

n) Postulados da execução (ordem de bens; figura do depositário). Quase todos os procedimentos executórios requerem um delicado equilíbrio entre as parcas disposições trabalhistas e as minúcias do Processo Civil. Ao que parece, o processo de execução se reassenta ainda mais das omissões de normas e de procedimentos, tornando a execução trabalhista muito mais parecida com a execução civil do que se poderia supor. Exceto por alguns requisitos próprios quanto à contagem dos prazos e a sempre citada irrecorribilidade das decisões interlocutórias, o Processo do Trabalho convive com as mesmas dicotomias da penhora em dinheiro *versus* penhora de bens, substituição por seguro-garantia, entraves da hasta pública quanto à avaliação dos bens e alegação de preço vil e outros elementos típicos da execução civil. Não há tradição no manejo de títulos executivos extrajudiciais, é verdade, mas também tal paradigma foi quebrado na década de 2000, com a inserção de algumas modalidades.

> SUSPENSÃO DE CNH E BLOQUEIO DE CARTÃO DE CRÉDITO DE DEVEDOR **TRABALHISTA**. **APLICAÇÃO** DO ART. 139, III, DO **CPC**. MEDIDA ATÍPICA. ESGOTAMENTO DAS VIAS EXECUTIVAS TÍPICAS. A determinação de suspensão e apreensão da CNH e do cartão de crédito do sócio executado, depois de exauridas, em face da empresa e dos sócios, todas as tentativas de satisfação do débito executado, não constitui ato ilícito. A matéria está disciplinada no art. 139, III, do **CPC**, dispositivo aplicado subsidiariamente ao processo de **execução trabalhista** tanto por força do art. 15 do **CPC** quanto do art. 3º, III, da Instrução Normativa n. 39/2016 do c. TST. Ademais, as restrições não violam garantias constitucionais. Agravo de petição provido. (TRT-18, AP 0010139-46.2019.5.18.0122, rel. Eugênio Jose Cesário Rosa, 2ª Turma, 16.07.2020)[29]

o) Aceitação de outros remédios jurídicos cabíveis em execução. A CLT prevê embargos à penhora a serem suscitados pelo devedor e impugnação à sentença de liquidação por parte do credor (art. 884). Insatisfeitos, terão acesso ao recurso chamado agravo de petição, para a 2ª Instância (art. 897). No entanto, cada vez mais a jurisprudência se convence da insuficiência destes remédios jurídicos. Aos poucos, obtiveram guarida no processo de execução trabalhista, por exemplo, os Embargos de Terceiro, que ficaram por décadas num limbo no Processo do Trabalho, a exceção de pré-executividade, os embargos à arrematação, à adjudicação e à remissão (conquanto substituídos por simples petição indicativa dos vícios executórios, segundo o disposto no Processo Civil de 2015), a Ação Anulatória da arrematação e incidentes de mesmo jaez.

> RECURSO DE REVISTA. ACÓRDÃO PUBLICADO APÓS A VIGÊNCIA DA LEI N. 13.467/2017. EMBARGOS DE TERCEIRO. TEMPESTIVIDADE. CARACTERIZADA A TRANSCENDÊNCIA ECONÔMICA. A causa oferece transcendência econômica, tendo em vista o alto valor

(29) BRASIL. TRT-18, AP n. 0010139-46.2019.5.18.0122/GO, rel. Des. Eugênio José Cesário Rosa, 2ª T., *DEJT* 16.07.2020. Disponível em: https://www.jusbrasil.com.br/jurisprudencia/busca?q=execu%C3%A7%C3%A3o+trabalhista+-+aplica%C3%A7%C3%A3o+subsidi%C3%A1ria+CPC sbrasil. Acesso em: 29 nov. 2023.

> da ação de embargos de terceiro (pág. 7-PE). Em se tratando de recurso de revista interposto em processo de execução, a única hipótese de cabimento é a alegação de ofensa direta e literal a preceito constitucional, nos termos do art. 896, § 2º, da CLT, combinado com a Súmula n. 266 do TST. Na espécie, a matéria enfrentada pelo acórdão recorrido e levantada no recurso em exame qual seja, o prazo para ajuizamento de embargos de terceiro na fase de execução, está regida pelos arts. 674 e 675 do CPC de 2015: (...). No caso, o Tribunal de origem entendeu que "embora o texto legal mencione expressamente a existência de adjudicação, alienação por iniciativa particular ou arrematação, o prazo para a impugnação pelo terceiro deve iniciar a partir do momento em que tenha ocorrido a efetiva constrição ou ameaça de constrição sobre bens, conforme o *caput* do art. 674 do CPC", reconhecendo assim o início do prazo a partir da penhora de dois terrenos urbanos em 18/09/2019, terminando em 26/09/2019. O Tribunal a quo deixou de aplicar norma processual que beneficiaria a parte, pois reconhece o art. 675 supracitado que o prazo de embargos no processo de execução vai até 5 (cinco) dias depois da adjudicação, da alienação por iniciativa particular ou da arrematação, mas sempre antes da assinatura da respectiva carta, o que impõe reconhecer a violação do art. 5º, II, da CF. Recurso de revista conhecido e provido.[30] (*sic*)

p) Adoção do princípio da forma menos gravosa ao devedor, dentro de um processo que prioriza o credor. Houve rápida aceitação da jurisprudência trabalhista na aplicação do princípio da forma menos gravosa ao devedor, apesar de ser um processo destinado maciçamente à cobrança de créditos de natureza alimentar para o credor, tido por hipossuficiente. Havia, neste momento, várias condições para quebrar o bloqueio do CPC, declamando a independência da lei trabalhista e a necessidade de imprimir rito mais célere para a satisfação do julgado. Não foi bem isto o que aconteceu. Em diversos momentos, o Processo do Trabalho é paralisado para se prestigiar a forma menos gravosa ao devedor, sendo suficientes dois exemplos: vedação de penhora em dinheiro na execução provisória e vedação de penhora de conta-salário, apesar de haver essa autorização no próprio Direito Processual Comum.

> EMENTA: EXECUÇÃO. SUBSTITUIÇÃO DE BEM PENHORADO. APLICAÇÃO DO PRINCÍPIO DA EXECUÇÃO MENOS GRAVOSA – A execução deve ser equilibrada, devendo estar pautada no princípio da proporcionalidade, pois, se de um lado, busca-se a plena satisfação do crédito exequente, de outro, busca-se preservar o patrimônio executado contra atos desnecessariamente invasivos. Nesse sentido, o art. 805, do CPC/2015, consagra o princípio da execução menos gravosa ao devedor. Agravo de petição conhecido e provido.[31]

Esse talvez seja o exemplo mais inquietante da lista supracitada, porque, a pretexto da comissão da lei trabalhista, foi importado um conceito do Processo Civil que não

---

(30) BRASIL. TST, RR n. 105694.2019.5.08.0118, publ. 30.06.2023. Disponível em: https://www.jusbrasil.com.br/jurisprudencia/busca?q=prazo+embargos+de+terceiro. Acesso em: 29 nov. 2023.

(31) BRASIL. TRT-16, 1621583.2017.5.16.0002, rel. Des. Ilka Esdra Silva Araujo, *DEJT* 25.10.2021. Disponível em: https://www.jusbrasil.com.br/busca?q=Princ%C3%ADpio+da+execu%C3%A7%C3%A3o+menos+onerosa+ao+devedor. Acesso em: 29 nov. 2023.

preenche nem o requisito da suplementação nem o requisito da valoração do Processo do Trabalho. A primazia, no particular, parece ter sido de valores tidos por constitucionais, como o contraditório e a ampla defesa, e não dos valores inerentes ao segmento processual destinado a concretizar o direito assimétrico.

Referências

BRASIL. Conselho Federal da Ordem dos Advogados do Brasil (OAB). *TST reconhece aplicação de novo CPC em matéria de custa.* Disponível em: https://www.oab.org.br/noticia/55261/tst-reconhece-aplicacao-de-novo-cpc-em-materia-de-custas-e-depositos-recursaiss-e-depósitos recursais (oab.org.br). Acesso em: 29 nov. 2023.

______. Constituição (1988). *Constituição da República Federativa do Brasil, de 5 de outubro de 1988.* Disponível em: https://www.planalto.gov.br/ccivil_03/constituicao/constituicao.htm.

______. *Decreto-lei n. 5.452, de 1º de maio de 1943.* Aprova a Consolidação das Leis do Trabalho (CLT). Disponível em: https://www.planalto.gov.br/ccivil_03/decreto-lei/del5452.htm.

______. *Lei n. 10.406, de 10 de janeiro de 2002.* Código Civil. Disponível em: https://www.planalto.gov.br/ccivil_03/LEIS/2002/L10406compilada.htm.

______. TRT-2. *RO n. 100167934.2018.5.02.0025/SP.* Rel. Des. Sergio Roberto Rodrigues, 11ª T., *DEJT* 25.05.2021. Disponível em: https://www.jusbrasil.com.br/jurisprudencia/busca?q=aditamento+da+peti%C3%A7%C3%A3o+inicial. Acesso em: 27 nov. 2023.

______. TRT-10. *RO n. 131481.2017.5.10.0001/DF.* Relª. Desª. Elaine Machado Vasconcelos, *DEJT* 17.07.2018. Disponível em: https://www.jusbrasil.com.br/jurisprudencia/busca?q=o+n%-C3%A3o+comparecimento+d T., o+reclamado+%C3%A0+audi%C3%AAncia+importa+em+revelia. Acesso em: 27 nov. 2023.

______. TRT-16. *RO n. 1621583.2017.5.160002.* Relª. Desª. Ilka Esdra Silva Araujo, *DEJT* 25.10.2021. Disponível em: https://www.jusbrasil.com.br/busca?q=Princ%C3%ADpio+da+execu%C3%A7%C3%A3o+menos+onerosa+ao+devedor. Acesso em: 29 nov. 2023.

______. TRT-17. *AP n. 180012.2015.5.17.0011.* Rel. Des. Cláudio Armando Couce de Menezes, *DEJT* 26.11.2019. Disponível em: https://www.jusbrasil.com.br/jurisprudencia/busca?q=acordo+posterior+homologado+por+senten%C3%A7a. Acesso em: 29 nov. 2023.

______. TRT-18. AP n. 1013946.2019.5.18.0122/GO, rel. Des. Eugênio Jose Cesário Rosa, 2a T., DEJT 16.07.2020. Disponível em: https://www.jusbrasil.com.br/jurisprudencia/busca?q=exe cu%C3%A7%C3%A3o+trabalhista+-+aplica%C3%A7%C3%A3o+subsidi%C3%A1ria+CPCsb rasil. Acesso em: 29 nov. 2023.

______. TST. *Ag n. 100100335.2019.5.02.0063.* Publ. 25.06.2021. Disponível em: https://www.jusbrasil.com.br/jurisprudencia/busca?q=concess%C3%A3o+de+prazo+para+emenda+%-C3%A0+inicial. Acesso em: 29 nov. 2023.

______. TST. *AIRR n. 26748.2018.5.17.0161.* Publ. 30.04.2021. Disponível em: https://www.jusbrasil.com.br/jurisprudencia/busca?q=aplica%C3%A7%C3%A3o+do+art.+940+do+c%-C3%B3digo+civil+no+processo+do+trabalho. Acesso em: 29 nov. 2023.

______. TST. *ROT n. 28025.2017.5.19.0000*. Publ. 09.08.2019. Disponível em: https://www.jusbrasil.com.br/jurisprudencia/busca?q=concess%C3%A3o+de+prazo+para+emenda+%C3%A0+inicial. Acesso em: 29 nov. 2023.

______. TST. *RR n. 1652-59.2014.5.06.0005*. 4ª T., relª. Minª. Maria de Assis Calsing, *DEJT* 30.06.2017. Disponível em: https://www.jusbrasil.com.br/artigos/aditamento-modificacao-ou-emenda-a-peticao-inicial-no-processo-do-trabalho/780414380. Acesso em: 27 nov. 2023.

______. TST. *RR n. 105694.2019.5.08.0118*. Publ. 30.06.2023. Disponível em: https://www.jusbrasil.com.br/jurisprudencia/busca?q=prazo+embargos+de+terceiro. Acesso em: 29 nov. 2023.

______. TST. *RRAg n. 59724.2017.5.09.0122*. Publ. 09.09.2022. Disponível em: https://www.jusbrasil.com.br/jurisprudencia/busca?q=aditamento+da+peti%C3%A7%C3%A3o+inicial. Acesso em: 27 nov. 2023.

______. TST. *Súmula n. 303*. Disponível em: https://jurisprudencia.tst.jus.br/?tipoJuris=SUM&orgao=TST&pesquisar=1 Acesso em: 30 nov. 2023.

______. TST. *Súmula n. 383*. Disponível em: https://jurisprudencia.tst.jus.br/?tipoJuris=SUM&orgao=TST&pesquisar=1. Acesso em: 27 nov. 2023.

CINTRA, Antonio Carlos de Araújo; GRINOVER, Ada Pellegrini; DINAMARCO, Cândido Rangel. *Teoria geral do processo*. 29. ed. São Paulo: Malheiros, 2013. p. 310.

CUNHA NETO, Adhemar Prisco da. *Aspectos da aplicação do processo comum ao processo do trabalho*. 2007. Disponível em: https://juslaboris.tst.jus.br/bitstream/handle/20.500.12178/105310/2007_cunha_neto_adhemar_aspectos_aplicacao.pdf?sequence=1&isAllowed=y. Acesso em: 27 nov. 2023.

DELGADO, Gabriela Neves; DUTRA, Renata Queiroz. A aplicação das convenções processuais do novo CPC ao processo do trabalho na perspectiva dos direitos fundamentais. In: MIESSA, Élisson (Org). *O novo Código de Processo Civil e seus reflexos no processo do trabalho*. Salvador: JusPodivm, 2015.

DINAMARCO, Cândido Rangel. *A instrumentalidade do processo*. 15. ed. São Paulo: Malheiros, 2013.

______. *Instituições de direito processual civil*. 6. ed. São Paulo: Malheiros, 2009. t. III.

DUARTE NETO, Bento Herculano. Repercussões relevantes do novo CPC na execução trabalhista. *Revista Fórum Trabalhista*, Belo Horizonte, ano 6, n. 25, p. 9-48, abr./jun. 2017.

FERNANDES, Suzidarly Ribeiro Teixeira. *Aplicação subsidiária e supletiva do novo Código de Processo Civil ao processo do trabalho*. 2016. Disponível em: https://juslaboris.tst.jus.br/bitstream/handle/20.500.12178/99300/2016_fernandes_suzidarly_aplicacao_subsidiaria.pdf?sequence=1&isAllowed=y. Acesso em: 27 nov. 2023.

GAJARDONI, Fernando da Fonseca. Os princípios da adequação e da adaptabilidade (flexibilidade) procedimental na teoria geral do processo. In: ZUFELATO, Camilo; YARSHELL, Flávio Luiz (Orgs.). *40 anos da teoria geral do processo no Brasil* — passado, presente e futuro. São Paulo: Malheiros, 2013.

GIGLIO, Wagner Drdla. *Direito processual do trabalho*. 8. ed. rev., ampl. e adap. de acordo com a Constituição Federal de 1988. São Paulo: LTr, 1993.

KOURY, Suzy Elizabeth Cavalcante. As repercussões do novo Código de Processo Civil no direito do trabalho: avanço ou retrocesso? *Revista do Tribunal Superior do Trabalho*, v. 21, n. 1, p. 254-268, 2012.

LAURINO, Salvador Franco de Lima. *O art. 15 do novo Código de Processo Civil e os limites da autonomia do processo do trabalho*. 2015. Disponível em: https://juslaboris.tst.jus.br/bitstream/handle/20.500.12178/89497/2015_laurino_salvador_artigo_novo.pdf?sequence=1&isAllowed=y. Acesso em: 27 nov. 2023.

LIMA, Leonardo Tibo Barbosa. *Lições de direito processual do trabalho. Teoria e prática* — atualizado à luz do CPC de 2015 e da reforma trabalhista (Lei n. 13.467/17). 4. ed. São Paulo: LTr, 2017.

MEIRELES, Edilton. O novo CPC e sua aplicação supletiva e subsidiária no processo do trabalho. In: MIESSA, Élisson (Org). *O novo Código de Processo Civil e seus reflexos no processo do trabalho*. Salvador: JusPodivm, 2015.

NERY JUNIOR, Nelson; ABBOUD, Georges Abboud. *Direito constitucional brasileiro:* curso completo. São Paulo: RT, 2017.

OLIVEIRA, Carlos Alberto Alvaro de. Efetividade do processo de conhecimento. *Revista de Processo*, São Paulo, v. 24, n. 96, p. 66, out./dez. 1999.

SALLES, Carlos Alberto. Processo: procedimento dotado de normatividade — Uma proposta de unificação conceitual. In: ZUFELATO, Camilo; YARSHELL, Flávio Luiz (Orgs.). *40 anos da teoria geral do processo no Brasil* — passado, presente e futuro. São Paulo: Malheiros, 2013.

PORTUGAL. Procuradoria-Geral Distrital de Lisboa. Ministério Público. *DL 329-A/95, de 12 de dezembro (Código de Processo Civil português), art. 265-A*. Disponível em: https://www.pgdlisboa.pt/leis/lei_mostra_articulado.php?artigo_id=570A0265A&nid=570&tabela=leis&pagina=1&ficha=1&so_miolo=&nversao=#artigo. Acesso em: 03 dez. 2023.

SALLES, Carlos Alberto. Processo: procedimento dotado de normatividade — uma proposta de unificação conceitual. In: ZUFELATO, Camilo; YARSHELL, Flávio Luiz (Orgs.). *40 anos da teoria geral do processo no Brasil* — Passado, presente e futuro. São Paulo: Malheiros, 2013.

SARLET, Ingo Wolfgang. *A eficácia dos direitos fundamentais* — Uma teoria geral dos direitos fundamentais na perspectiva constitucional. 10. ed. Porto Alegre: Livraria do Advogado, 2009.

SCHIAVI, Mauro. *A reforma trabalhista e o processo do trabalho:* aspectos processuais da Lei n. 13.467/17. 1. ed. São Paulo: LTr, 2017.

SILVA, Homero Batista Mateus da. *Comentários à reforma trabalhista*. São Paulo: RT, 2017.

______. *Direito do trabalho aplicado* — Processo do trabalho. São Paulo: Thomson Reuters/RT, 2021. v. 4.

______. *Responsabilidade patrimonial no processo do trabalho*. Rio de Janeiro: Elsevier, 2008.

ZUFELATO, Camilo. Reflexões acerca da sindicabilidade de certas decisões administrativas e a noção de inafastabilidade da tutela jurisdicional no contexto atual das competências estatais. In: ZUFELATO, Camilo; YARSHELL, Flávio Luiz (Orgs.). *40 anos da teoria geral do processo no Brasil* — Passado, presente e futuro. São Paulo: Malheiros, 2013.

______; CHIUZULI, Danieli Rocha. *A aplicação do IRDR ao processo do trabalho* — Possibilidades e coerência principiológica. 2019. Disponível em: https://www.jusbrasil.com.br/doutrina/secao/2-a-aplicacao-do-irdr-ao-processo-do-trabalho-possibilidades-e-coerencia-principiologica-estudos-nacionais-revista-de-direito-do-trabalho-07-2019/1188256931. Acesso em: 28 nov. 2023.

Direito de Personalidade e a LGPD e a RGPD no Brasil e em Portugal

Elizabeth Mostardo[1]

1. Introdução

De modo geral, o mundo do trabalho sofre com o avanço e a sofisticação de tecnologias da informação em empresas. O crescente número de usuários da internet e o aparecimento de novos meios de interação e comunicação social, propiciam o acesso e o armazenamento de incontáveis informações, além de alteração na forma de produção e do trabalho.

Como destaca o Professor Leonardo Cervera Navas, abraçando os fundamentos do Professor Calvo, a revolução digital é considerada a terceira revolução industrial:

> (...) el Internet o las nuevas tecnologias de la información y la comunicación, fenómenos vislumbrados apenas por la injectiva de protección de datos que entró en vigor a finales del siglo pasado, están en la origen de la que ya se conoce como la revolución digital o la terceira revolución digital.[2]

Com isso, o cidadão perde o controle de como e de que forma estão sendo utilizadas suas informações.

Na medida em que os dados pessoais são conhecidos, utilizados e armazenados, o indivíduo passa a ter sua privacidade totalmente desprotegida, pois desconhece, dentro desse processo de coleta, armazenamento e transferência de dados, os destinos que podem tomar.

---

(1) Juíza do Trabalho no TRT da 2ª Região, desde janeiro de 1993. Desembargadora do Trabalho do TRT da 2ª Região, desde março de 2015. Vice-Presidente Administrativa do TRT da 2ª Região de 2022/2024. Mestre em Direito pela Universidade Autônoma de Lisboa.

(2) CALVO, José López. *La adaptación al nuevo marco de protección de datos tras el RGPD y la LOPDGDD*. 2. ed. Espanha: Wolters Kluwer España S.A., 2019. p. 72. ISBN 978-84-9090-345-2.

2. Direito à privacidade e as leis de proteção de dados

O direito de privacidade e o direito da reserva da vida privada podem ser potencialmente atingidos, pelo uso do correio eletrônico, pelo controle de comunicações eletrônicas efetuado pelo empregador, em relação a seus trabalhadores, no tocante aos endereços eletrônicos corporativos.

Nesse cenário, destaca a Professora Redinha que "o direito à privacidade aqui convocado é o direito à privacidade do "homem comum", concretamente do trabalhador por conta de outrem"[3]. Em razão disso, o Código de Trabalho de Portugal preocupou-se em tratar do assunto, em seu art. 20º, que assim dispõe:

> **Art. 20. Meios de vigilância a distância**
>
> 1 – O empregador não pode utilizar meios de vigilância a distância no local de trabalho, mediante o emprego de equipamento tecnológico, com a finalidade de controlar o desempenho profissional do trabalhador. 2 – A utilização de equipamento referido no número anterior é lícita sempre que tenha por finalidade a protecção e segurança de pessoas e bens ou quando particulares exigências inerentes à natureza da actividade o justifiquem. 3 – Nos casos previstos no número anterior, o empregador informa o trabalhador sobre a existência e finalidade dos meios de vigilância utilizados, devendo nomeadamente afixar nos locais sujeitos os seguintes dizeres, consoante os casos: "Este local encontra-se sob vigilância de um circuito fechado de televisão" ou "Este local encontra-se sob vigilância de um circuito fechado de televisão, procedendo-se à gravação de imagem e som", seguido de símbolo identificativo. 4 – Constitui contra-ordenação muito grave a violação do disposto no n. 1 e constitui contra-ordenação leve a violação do disposto no n. 3.

Clive Humby, matemático britânico, disse *data is the new oil*, ou seja, dados são o novo petróleo. Tal frase é utilizada mundialmente para ressaltar o valor e a importância dos dados pessoais.

Por isso, se fez necessária a proteção de dados pessoais, também, das pessoas naturais, no intuito de se preservar direitos fundamentais de liberdade e privacidade, além do livre desenvolvimento da personalidade da pessoa natural, encontrando amparo no ordenamento jurídico brasileiro, em especial, na Constituição Federal (art. 5º, incisos X, XI e XII), no Código Civil[4] (art. 20 e 21), no Código do Consumidor[5] (Lei n. 8.078/1990), no Código de Processo Penal[6] (art. 201, § 6º), na Lei Geral de

---

(3) REDINHA, Maria Regina; GUIMARÃES, Maria Raquel. *Estudos em homenagem ao professor doutor Jorge Ribeiro de Faria*. Coimbra: Coimbra Editora, 2003. p. 649. ISBN 972-32-1190-4.

(4) Código Civil brasileiro. Disponível em: http://www.planalto.gov.br/ccivil_03/leis/2002/l10406compilada.htm. Acesso em: 30 out. 2021.

(5) Código do Consumidor. Disponível em: http://www.planalto.gov.br/ccivil_03/leis/l8078compilado.htm. Acesso em 30 out. 2021.

(6) Código de Processo Penal. Disponível em: http://www.planalto.gov.br/ccivil_03/decreto-lei/del3689.htm. Acesso em: 30 out. 2021.

Proteção de dados Pessoais — LGPD[7] — Lei n. 13.709/2018 e no Marco Civil da Internet[8].

Tanto é certo que a Lei Geral de Proteção de Dados Pessoais – LGPD dispõe em seu art. 1º o objetivo que visa alcançar: "Esta Lei dispõe sobre o tratamento de dados pessoais (...) com o objetivo de proteger os direitos fundamentais de liberdade e de privacidade e o livre desenvolvimento da personalidade da pessoa natural."

Não há dúvidas de que a LGPD se aplica a todos e está voltada à proteção de dados pessoais dos trabalhadores e, em seu art. 3º, estabelece que "Esta Lei aplica-se a qualquer operação de tratamento realizada por pessoa natural ou por pessoa jurídica de direito público ou privado, independentemente do meio, do país de sua sede ou do país onde estejam localizados os dados (...)".

A preocupação com a proteção dos direitos da personalidade, voltada aos trabalhadores, titulares de direitos fundamentais, ocorre exatamente pelo fato de os empregadores coletarem, utilizarem, transferirem e armazenarem vasta quantidade de dados dos seus empregados. A privacidade do trabalhador é tida como um direito de personalidade e, como tal, se traduz em valores morais inerentes ao ser humano.

Muitas vezes, o vazamento de algum dado pessoal pode ocasionar dano moral ao cidadão e, de acordo com o art. 20 da LGPD, pode "o titular dos dados solicitar a revisão de decisões tomadas unicamente com base em tratamento automatizado de dados pessoais que afetam seus interesses".

Ainda pode ocorrer de empresas que mantêm o processo de trabalho totalmente automatizado passarem a ter todas as informações da produção de seus empregados e, por isso, o próprio sistema consegue verificar se estes se enquadram nos limites esperados pela empresa. Em caso negativo, emite até cartas de dispensa, sem qualquer consulta aos superiores hierárquicos, em total afronta ao § 1º do art. 20 da LGPD: "O controlador deverá fornecer, sempre que solicitadas, informações claras e adequadas a respeito dos critérios e dos procedimentos utilizados para a decisão automatizada, observados os segredos comercial e industrial."

Em Portugal, o art. 20º do Código de Trabalho prevê a ilicitude da utilização de meios de vigilância que tenham por finalidade o controle do desempenho profissional dos empregados, mas será lícita sua utilização quando destinada à proteção e segurança de pessoas e bens ou quando as exigências inerentes à natureza da atividade o justifiquem, o que torna imprescindível o cumprimento pela empregadora do dever de informar o trabalhador.

---

(7) Lei Geral de Proteção de Dados-LGPD. Disponível em: http://www.planalto.gov.br/ccivil_03/_ato2015-2018/2018/lei/l13709.htm. Acesso em: 30 out. 2021.

(8) Lei n. 13.709/2018. Marco Civil da Internet. Disponível em: http://www.planalto.gov.br/ccivil_03/_ato2011-2014/2014/lei/l12965.htm. Acesso em: 30 out. 2021.

Por outro lado, a tecnologia da informação é indispensável para o desenvolvimento mundial, quer na área econômica, no direito, na medicina, nas artes, na engenharia, na arquitetura, na educação etc.

A inteligência artificial já está entre nós e se apresenta na forma de intensificação de computadores e máquinas que conseguem imitar os recursos da mente humana, com capacidade de solucionar problemas e tomar decisões, por meio de um conjunto de instruções eletrônicas ou sequência de regras e de procedimentos lógicos, para se obter determinado resultado — o algoritmo.

Enfim, a inteligência artificial é um caminho sem volta. A inteligência artificial pode trazer influências até mesmo nas relações trabalhistas, como na seleção de candidatos a emprego e em relação aos empregados já contratados, quanto à produtividade e até dispensa, além de outros.

A utilização desse meio, no trato de seleção de empregados, por exemplo, pode acarretar o risco de erros e findar por discriminar pessoas, quer em relação a sexo, idade, raça, estado civil etc., gerando tratamento discriminatório em face da proteção conferida ao ser humano e, principalmente, das normas que regulamentam a proteção de dados, já que todos somos deles titulares.Tal fato, amplamente divulgado nas redes sociais, efetivamente, ocorreu com a empresa Amazon, onde o sistema de inteligência artificial, por ela utilizado, apresentou fortes indícios de discriminação de gênero. O sistema já estava em uso havia dez anos, tinha por função receber currículos e, nesse período, priorizou apenas candidatos do sexo masculino. O algoritmo findou sendo abandonado. "O sistema da Amazon aprendeu por si só que candidatos homens eram melhores. Resumos com a palavra mulher eram descartados sem cerimônia", diz a reportagem da Reuters[9].

A História nos revela que Alan Turing (1912/1954) foi um matemático britânico, cientista da computação, criptógrafo etc., denominado pai da ciência da computação e da inteligência artificial. Durante a Segunda Guerra Mundial, trabalhou para a Escola de Códigos e Cifras do Governo Inglês, muito contribuindo para a vitória aliada na Segunda Guerra[10].

Antecipando o futuro, Alan Turing previu que a inteligência artificial, por meio da máquina ou do computador, poderia pensar e imitar o comportamento humano. Assim, criou a máquina chamada de "Ultra", que tinha por função decifrar as comunicações da máquina "Enigma" alemã, a qual era usada para comunicações operacionais das forças armadas alemãs, principalmente da marinha.

---

(9) Disponível em https://www.hypeness.com.br/2018/10/inteligencia-artificial-do-sistema-de-recrutamento-da-amazon-discrimina-mulheres/. Acesso em: 28 set. 2021.

(10) Disponível em: https://pt.wikipedia.org/wiki/Alan_Turing. Acesso em: 28 set. 2021.

Em 2014, foi produzido o filme "O Jogo da Imitação" que retrata a criação da máquina "Ultra", onde a personagem Alan Turing, lidera seus companheiros na construção dessa máquina que analisa e decifra todas as variantes da linguagem cifrada das comunicações das forças armadas alemãs.

Na atualidade, nos deparamos com vários Países que estão à frente no uso da inteligência artificial. Assim, se apresenta a Estônia, pequeno País europeu e independente da União Soviética, que, desde 1991, está 99% digitalizado. Os serviços são disponibilizados pela internet, à exceção do divórcio e da transferência de imóvel. É o primeiro país a conceder a um algoritmo o poder de decisão. Lá, já existe a figura do juiz-robô, o qual decide causas de pequeno valor(11).

Foi desenvolvido um algoritmo, por pesquisadores da Inglaterra e dos EUA, que consegue acertar em 80% dos casos as posições jurídicas do Tribunal Europeu de Direitos Humanos(12).

Em 2019, por alteração legislativa (art. 33 da Lei de Reforma da Justiça Francesa – Lei n. 2.019-222), a França proibiu a publicação de estatísticas relacionadas a decisões judiciais, bem como o nome dos magistrados, sob pena de prisão a quem a descumprisse, estabelecendo limites à utilização de ferramentas de inteligência artificial, evitando a reutilização desses dados com intuito de análise, comparação ou avaliação das práticas efetivas(13).

Por outro lado, em Estrasburgo, nos dias 3 e 4 de dezembro de 2018, a Comissão Europeia para a Eficácia da Justiça (CEPEJ) adotou a Carta Europeia de Ética sobre o uso da inteligência artificial em sistemas judiciais em seu ambiente, dando ênfase a cinco princípios: 1. Princípio de respeito aos direitos fundamentais; 2. Princípio da não discriminação; 3. Princípio de qualidade e segurança quanto ao processamento de dados; 4. Princípio da transparência, imparcialidade e equidade; 5. Princípio sobre o controle do usuário (permitindo ao usuário que seja um ator esclarecido em relação a suas escolhas)(14).

Como dissemos no início desse tópico, são incontáveis e inevitáveis as inovações na área tecnológica em termos mundiais, mas não se pode perder de vista que a inteligência artificial e todas as novidades que surgem no dia a dia devem ser utilizadas tendo em vista a eliminação de desigualdades e não causando mais discriminação, sobretudo na relação empregado-empregador, em que há o fornecimento, utilização e armazenamento

(11) Disponível em https://www.conjur.com.br/2019-out-27/algoritmos-ia-sao-usados-robos-decidam-pequenas-causas. Acesso em: 4 out. 2021.

(12) *Idem.*.

(13) *Idem.*

(14) Disponível em: https://rm.coe.int/carta-etica-traduzida-para-portugues-revista/168093b7e0. Acesso em: 16 out. 2021.

de uma enormidade de dados pessoais, nas diversas fases da relação empregatícia, o que acarreta uma maior assunção de responsabilidades e obrigações por parte dos empregadores, sem se descurar dos direitos conferidos ao trabalhador, evitando-se, assim, a incidência de sanções administrativas, como previstas na LGPD, sem prejuízo de responsabilização civil e penal. Diz a Professora Ana Frazão que "a LGPD pode igualmente ser vista como um freio e um agente transformador das técnicas atualmente utilizadas pelo capitalismo de vigilância, a fim de conter a maciça extração de dados e as utilizações que a eles podem ser dadas sem a ciência ou o consentimento informado dos usuários"[(15)].

3. RGPD e LGPD

O direito de privacidade encontra-se cada vez mais suscetível de ser violado, diante da tecnologia que se encontra instalada no mundo, principalmente, pela chegada da internet. Exemplo: as assistentes virtuais que, ao comando de voz de seu usuário, são capazes de realizar alguma tarefa, esclarecer dúvidas e dar respostas aos questionamentos. Assim, tem-se a Cortona e a Siri, nos equipamentos da Apple, a Alexa, na Amazon e a Google Assistente, além de refrigeradores e televisores também comandados pela voz e que a cada dia se tornam mais inteligentes e competentes.

Com tantas inovações e facilidades na obtenção de equipamentos que podem monitorar o cidadão, no que se refere sobretudo ao direito à reserva da intimidade da vida privada, exigem-se especiais cuidados para que não ocorra um verdadeiro abuso ou invasão da tutela dos direitos da personalidade.

Segundo o Professor Victor Correia, o direito à privacidade surgiu na Grécia antiga, onde Aristóteles distinguiu a esfera privada da esfera pública. O conceito de privacidade sofreu ampliação e, atualmente, abrange tudo que é contido na esfera pessoal, familiar e outras relações de cada indivíduo, até "à dimensão de ação e à esfera protegida, em que os indivíduos podem agir dentro de um caminho que é independente das decisões e das influências da esfera pública, do Estado, das instituições e da sociedade"[(16)] (*sic*).

Como elementos essenciais ao significado do conceito de privacidade, o autor designa a informação (proteção de dados), a comunicação (inviolabilidade dos telefonemas e da correspondência postal e informática), a privacidade territorial (proteção contra a invasão do lar, do escritório pessoal, do atelier pessoal..) e intimidade corporal. Ainda demonstra que, em nossa cultura, as matérias da vida privada são entendidas como:

> "a imagem física, a anatomia ou a intimidade corporal, a voz, o estado de saúde, as origens sociais e familiares, os tempos livres, os hábitos de consumo, a correspondência epistolar e eletrônica, os amigos, a família, a vida amorosa

(15) FRAZÃO, Ana. Direitos básicos dos titulares de dados pessoais. *Revista do Advogado*, São Paulo, ano 39, n. 144, nov. 2019. ISSN 0101-7497.

(16) CORREIA, Victor. *Da privacidade* — Significado e valor. Coimbra: Almedina, 2018. p. 45. ISBN 978-972-40-7744.

e sexual, a situação patrimonial, os aspectos sigilosos ligados à profissão, o salário, a situação fiscal, a conta bancária, as convicções político-partidárias e as crenças religiosas.(17)

Diz o Professor Victor Correia que o direito à privacidade do cidadão equivale a um determinado poder, isto é, o poder de exigir que sua privacidade não seja invadida e, mais, o poder de reivindicação em Tribunal, caso sofra alguma invasão contra seu direito. Nesse ponto, o autor enaltece a Comissão Nacional de Proteção de Dados, de Portugal, a qual zela de forma especial pela proteção da privacidade dos cidadãos(18).

A vida privada, familiar e a esfera trabalhista são considerados direitos fundamentais, o que justifica a proteção de dados. Na Europa, o primeiro instrumento internacional oficial, relacionado à proteção de dados pessoais, foi criado em Hessen, na Alemanha, na década de 1970.

Em 1978, França, Suécia, Noruega e Áustria passaram a ter leis que regulavam como as informações de seus cidadãos poderiam ser utilizadas.

Foi em 1981 que se realizou uma Convenção, depois denominada de Convenção n. 108, pelos membros do Conselho da Europa, para a proteção de pessoas singulares, quanto ao tratamento automatizado de dados pessoais e que foi considerada um marco internacional, com o objetivo de garantir o direito fundamental à privacidade, servindo de base para regulamentar a proteção de dados em diversos países.

Atualmente, há 55 países signatários da Convenção n. 108. O Brasil não aderiu a ela, mas é um dos seus observadores. Fora da União Europeia, têm-se Argentina, México, Uruguai e Cabo Verde que a ela se tornaram signatários.

A Diretiva 95/46/CE do Parlamento Europeu e do Conselho, de 24 de outubro de 1995, relativa à proteção das pessoas singulares no que diz respeito ao tratamento de dados pessoais e à livre circulação desse dados, instituiu um quadro regulamentar para cumprimento por todos os países da União Europeia, os quais deveriam adequar suas leis nacionais para se conformarem à Diretiva, com o objetivo de tratamento de dados pessoais e a livre circulação desses dados. Esta Diretiva previa que cada Estado-membro da UE deveria aprovar sua própria legislação.

Já o Regulamento (UE) 2016/679 do Parlamento Europeu e do Conselho, de 27 de abril de 2016, relativo à proteção das pessoas singulares no que diz respeito ao tratamento de dados pessoais e à livre circulação desses dados e que revoga a Diretiva 95/46/CE (Regulamento Geral sobre a Proteção de Dados) se aplica a todos os Estados-membros

(17) CORREIA, Victor. *Da privacidade* — Significado e valor. Coimbra: Almedina, 2018. p. 49. ISBN 978-972-40-7744.

(18) *Ibdem*, p. 56 e 67.

da UE, assegura sua execução jurídica em âmbito nacional e garante proteção das pessoas singulares quanto ao tratamento de dados pessoais e sua livre circulação[19].

A privacidade de cada indivíduo, na forma como nossa sociedade a define, no sentido de abranger o que está inserido na esfera pessoal, familiar e outras relações de cada indivíduo, desde 1948, contava com previsão na Declaração Universal dos Direitos do Homem, que a contemplou, em seu art. 12º:

> Ninguém sofrerá intromissões arbitrárias na sua vida privada, na sua família, no seu domicílio ou na sua correspondência, nem ataques à sua honra e reputação. Contra tais intromissões ou ataques toda a pessoa tem direito a protecção da lei.[20] (*sic*)

Também, em 1950, a Convenção Europeia de Direitos Humanos, com vigência em 1953, estabeleceu, em seu art. 8º, o direito ao respeito pela vida privada e familiar, pelo domicílio e sua correspondência, não podendo haver qualquer ingerência de autoridade pública quanto ao exercício desses direitos de forma arbitrária, salvo quando disposto em lei, com vistas à segurança nacional, à segurança pública, ao bem-estar econômico, à defesa da ordem, à prevenção de infrações penais, à proteção da saúde ou da moral ou à proteção dos direitos e das liberdades de terceiros[21]. Assim, a preocupação com o direito à privacidade já existia desde 1948, com a DUDH e em 1950, com a CEDH.

Em 25 de maio de 2018, passou a vigorar o Regulamento Geral sobre a Proteção de Dados na UE, 2016/679, de 27 de abril de 2016, denominado GDPR — *General Data Processing Regulation* ou RGPD — Regulamento Geral sobre a Proteção de Dados, em português, revogando a Diretiva 95/46/CE e lei de proteção de dados pessoais. O RGPD teve impacto nas organizações de recolhimento, tratamento e utilização de dados, na UE.

No Brasil, a Constituição de 1988, em seu art. 5º, incisos V, X, XII, XIV, que se referem a direitos e deveres individuais e coletivos dos brasileiros e estrangeiros residentes no País, trata da privacidade, e ainda, que de forma geral, "do direito à vida, à liberdade, à igualdade, à segurança e à propriedade", da privacidade, são invioláveis a intimidade, a vida privada, a honra e a imagem das pessoas, assegurado o direito à indenização pelo dano material ou moral decorrente de sua violação".

A Lei n. 9.296, de 24 de julho de 1996, regulamenta o inciso XII, parte final, do art. 5º, da Constituição Federal, dispondo que: "XII – é inviolável o sigilo da correspondência e das comunicações telegráficas, de dados e das comunicações telefônicas, salvo,

---

(19) Lei n. 58, de 8 de agosto de 2019. Disponível em: https://dre.pt/pesquisa/-/search/123815982/details/maximized. Acesso em: 19 set. 2021.

É importante que se relate que o RGDP carece de ser executado mediante leis internas de cada Estado-membro da UE e que, em Portugal, essa execução ocorreu por meio da Lei n. 52, de 8 de agosto de 2019.

(20) Disponível em: https://dre.pt/declaracao-universal-dos-direitos-humanos#12. Acesso em: 20 set. 2021.

(21) Disponível em: https://www.echr.coe.int/documents/convention_por.pdf. Acesso em: 21 set. 2021.

no último caso, por ordem judicial, nas hipóteses e na forma que a lei estabelecer para fins de investigação criminal ou instrução processual penal." O inciso XIV, dispõe que "é assegurado a todos o acesso à informação e resguardo o sigilo da fonte, quando necessário ao exercício profissional". Ainda, os art. 11 a 19 do Código Civil brasileiro trata do Direito à Personalidade.

Assim, os principais bens jurídicos protegidos por lei se encontram no art. 5º da CF, incisos V, X, XII, XIV, e art. 11 a 21 do Código Civil brasileiro.

O Código de Defesa do Consumidor, Lei n. 8.078, de 11 de setembro de 1990, trouxe sua contribuição na defesa de informações ao consumidor, dispensando o Capítulo III aos direitos básicos do consumidor e a Seção VI aos bancos de dados e cadastros de consumidores, estabelecendo no art. 43 que "O consumidor (...) terá acesso às informações existentes em cadastros, fichas, registros e dados pessoais e de consumo arquivados sobre ele, bem como sobre as suas respectivas fontes".

A Lei n. 12.965, de 23 de abril de 2014, estabeleceu princípios, garantias, direitos e deveres para o uso da internet no Brasil. Denominada como Marco Civil da Internet, foi a primeira lei brasileira a regular o uso da internet. Em seu art. 3º disciplina o uso da internet e tem por princípios, entre outros, o da proteção da privacidade (inciso II) e da proteção dos dados pessoais (inciso III).

Nesse compasso, no Brasil, tem-se a Lei Geral de Proteção de Dados — LGPD, Lei n. 13.709/2018[22], composta por 65 artigos. Em princípio, seria vigente a partir de 14 de agosto de 2018, no entanto, em 28 de dezembro de 2018, passou a vigorar apenas em relação aos artigos referentes à Autoridade Nacional de Proteção de Dados (ANPD), quanto aos arts. 55-A, 55-B, 55-C, 55-D, 55-E, 55-F, 55-G, 55-H, 55-I, 55-J, 55-K, 55-L, e ao Conselho Nacional de Proteção de Dados Pessoais e da Privacidade, quanto aos art. 58-A e 58-B (nos termos da Lei n. 13.853/2019). A partir de 1º de agosto de 2021, em relação às sanções administrativas, previstas nos art. 52, 53 e 54 (nos termos da Lei n. 14.010/2020) e 24 meses posteriormente à data de sua publicação, quanto aos demais artigos (nos termos da Lei n. 13.853, de 2019).

A Lei n. 13.709/2018 entrou em vigor, em 18 de agosto de 2021, quando em plena pandemia da Covid-19, causada pelo Coronavírus, o que foi objeto de crítica pela sociedade brasileira, diante da importância que a lei de proteção de dados representa e da necessidade de adequação a ela, já que é uma lei de interesse de toda a sociedade e que traz mudanças de mentalidade, de prevenção de danos e que exige a organização de dados pessoais e que tem por objetivo a proteção dos direitos fundamentais de liberdade e privacidade, bem como o desenvolvimento da personalidade da pessoa natural.

(22) Disponível em: http://www.planalto.gov.br/ccivil_03/_ato2015-2018/2018/lei/l13709.htm. Acesso em: 19 set. 2021.

A Lei Geral de Proteção de Dados Pessoais – LGPD, assim denominada, dispõe sobre o tratamento de dados das pessoas, até em meios digitais, por pessoa natural ou por pessoa jurídica de direito público ou privado e tem por objetivo a proteção dos direitos fundamentais de liberdade e de privacidade, além do livre desenvolvimento da personalidade da pessoa natural, com interesse nacional, devendo, as normas gerais, ser observadas pela União, pelos Estados, pelo Distrito Federal e pelos Municípios conforme dispõe o art. 1º e seu parágrafo único.

Nos termos do art. 2º, a LGPD disciplina a proteção de dados pessoais, no respeito à privacidade, na liberdade de expressão, de informação, de comunicação e de opinião, a inviolabilidade da honra, da intimidade e da imagem, os direitos humanos, o livre desenvolvimento da personalidade, da dignidade e o livre exercício da cidadania pelas pessoas naturais.

Essa proteção não está adstrita ao direito de personalidade dos titulares de dados, mas sobretudo na responsabilidade de violação a normas que dispõem sobre a segurança e à proteção de dados pessoais.

Nesse sentido, "fica claro que o objetivo da LGPD é o de conferir uma ampla proteção ao cidadão e às situações existenciais mais importantes que são afetadas pelo tratamento de dados"(23).

A responsabilidade pela violação a normas encontra amparo no art. 944 do Código Civil, quanto à análise e extensão do dano: "A indenização mede-se pela extensão do dano", e deve ser conjugado com o art. 50 da LGPD, que trata das boas práticas e da governança.

Os art. 31 e 32 da LGPD tratam da responsabilidade do ente público, em caso de infração à lei e de medidas que podem ser tomadas.

No entanto, a Agência Nacional de Proteção de Dados, vetou as sanções pecuniárias que estavam previstas no art. 52 específicas aos entes públicos.

A LGPD atinge diretamente o direito contratual, em todas as áreas, obrigando que as empresas reavaliem seus modelos de negócio, com inserção da proteção de dados em seus contratos negociais. Deve ser repensada a forma de contratar na relação com o titular de dados, exigindo deste apenas os dados estritamente necessários. Não se pode descuidar da responsabilidade administrativa de ser multado e da responsabilidade civil, da responsabilidade no âmbito da relação de consumo que, mesmo antes da LGPD, permitia a propositura de ações perante o Judiciário. Ainda em relação a contratos com

(23) FRAZÃO, Ana. *Direitos básicos dos titulares de dados pessoais, cit.*, p. 34.

cláusulas de responsabilidade, deve ser observada a corresponsabilidade objetiva e solidária, por exemplo, do advogado que compartilha dados nas nuvens[(24)].

Podemos dizer que a LGPD é uma lei baseada e inspirada no Regulamento da União Europeia 2016/679, do Parlamento Europeu de 27 de abril de 2016, denominado GDPR — *General Data Processing Regulation* ou RGPD — Regulamento Geral sobre a proteção de Dados, em português, com vigência em 25 de maio de 2.018, que revogou a Diretiva n. 95/46/CE.

Ressalta-se que Portugal, no plano constitucional (em 1976), foi o pioneiro Estado europeu a reconhecer a proteção de dados pessoais, conforme art. 35.º que regula o uso dos dados pessoais informatizados[(25)]:

> "1. Todos os cidadãos têm o direito de acesso aos dados informatizados que lhes digam respeito, podendo exigir a sua rectificação e actualização, e o direito de conhecer a finalidade a que se destinam, nos termos da lei.
>
> 2. A lei define o conceito de dados pessoais, bem como as condições aplicáveis ao seu tratamento automatizado, conexão, transmissão e utilização, e garante a sua protecção, designadamente através de entidade administrativa independente.
>
> 3. A informática não pode ser utilizada para tratamento de dados referentes a convicções filosóficas ou políticas, filiação partidária ou sindical, fé religiosa, vida privada e origem étnica, salvo mediante consentimento expresso do titular, autorização prevista por lei com garantias de não discriminação ou para processamento de dados estatísticos não individualmente identificáveis.
>
> 4. É proibido o acesso a dados pessoais de terceiros, salvo em casos excepcionais previstos na lei.
>
> 5. É proibida a atribuição de um número nacional único aos cidadãos.
>
> 6. A todos é garantido livre acesso às redes informáticas de uso público, definindo a lei o regime aplicável aos fluxos de dados transfronteiras e as formas adequadas de protecção de dados pessoais e de outros cuja salvaguarda se justifique por razões de interesse nacional.
>
> 7. Os dados pessoais constantes de ficheiros manuais gozam de protecção idêntica à prevista nos números anteriores, nos termos da lei.

O Código do Trabalho de Portugal de 2009 trouxe em relação aos trabalhadores proteção à reserva da intimidade da vida privada, devendo o empregador e o trabalhador respeito aos direitos da personalidade, de forma mútua, conforme art. 16º e, no art. 17º,

(24) MACHADO, André Roberto, palestrante do tema: *LGPD e o direito contratual, sua dinâmica e impactos sobre os contratos*. FGV, Webinar Lei Geral de Proteção de Dados e seus impactos no direito e nos negócios, realizada em 11.08.2020. Disponível em: https://www.youtube.com/watch?v=AoCzQTqgsyE.

(25) Disponível em: https://www.parlamento.pt/Legislacao/Paginas/ConstituicaoRepublicaPortuguesa.aspx. Acesso em: 19 out. 2021.

que sofreu alterações[26], trouxe a proteção de dados pessoais, onde, em relação ao empregado ou candidato, o empregador não pode exigir informações de "sua vida privada, salvo quando estas sejam estritamente necessárias e relevantes para avaliar a respectiva aptidão no que respeita a execução do contrato de trabalho e seja fornecida por escrito a respectiva fundamentação"[27], também, da "sua saúde ou estado de gravidez, salvo quando particulares exigências inerentes à natureza da atividade profissional o justifiquem e seja fornecida por escrito a respetiva fundamentação"[28].

Iniciou-se nos Estados Unidos a história do Direito da proteção de dados, quando se fez sentir a importância da recolha e do tratamento de dados e a necessidade da troca do tratamento automatizado em substituição ao manual, na década de 1960.

No entanto, em 1970, foi aprovada, pelo Parlamento do Estado de Hesse, na Alemanha, o *Hessisches Datenschutzgesetz* (HDSG), primeira lei relativa à proteção de dados e, em 1974, o Parlamento do Estado da Renânia-Palatinado aprovou a segunda Lei Estadual e, assim, se seguiram em relação aos demais Estados alemães[29].

Noticia o autor que, na Europa, o primeiro diploma com aplicação nacional e transversal, foi aprovado na Suécia, em 1973, denominado *Datalag*, apenas com caráter experimental. Na década de 1980, iniciaram-se os primeiros passos do Direito Europeu de proteção de dados, pelo Conselho da Europa, com a Convenção n. 108[30].

Em julho de 1981, "a Comissão Europeia, em uma recomendação, sugeriu aos Estados-membros que assinassem e ratificassem a Convenção 108. Passaram-se quase 10 anos para que a Comissão apresentasse um primeiro projeto legislativo"[31].

Ainda, a ratificação em Portugal, ocorreu em 1993, pela Resolução da Assembleia da República n. 23/93, de 12 de maio; e Decreto do Presidente da República n. 21/93, de 9 de julho.

Segundo o Professor Menezes de Cordeiro, com a entrada em vigor do RGPD, foi elaborado "senão um diploma transversal, pelo menos um que cobrisse todo o sector

(26) DRAY, Guilherme. Código do Trabalho: "(...) o CT de 2009 suprimiu a possibilidade de o trabalhador autorizar o médico a comunicar ao empregador outras informações para além das que decorrem da aptidão (ou não aptidão) do trabalhador para o exercício da atividade contratada, possibilidade esta que constava do art. 17º, n. 3, do CTP 2003, p. 151."

(27) *Ibidem. Op. cit.*, n. 1, "a", p. 150.

(28) *Ibidem. Op. cit.*, n. 1, "b", p. 150.

(29) CORDEIRO, A. Barreto Menezes. *Direito da proteção de dados, à luz do RGPD e da Lei n. 58/2019*. Coimbra: Almedina, 2020. p. 64-65. ISBN 978-972-40-8304-9.

(30) CORDEIRO, A. Barreto Menezes. *Op. cit.*, p. 66-67.

(31) CORDEIRO, A. Barreto Menezes. *Op. cit.*, p. 68.

privado. Um primeiro passo nesse sentido foi dado pelo Estado da Califórnia, com a *California Consumer Privacy Act*, 2018"[(32)].

O RGPD tem por princípio geral, nos termos do art. 2º/1, o tratamento de dados pessoais realizados: 1) por meios totalmente automatizados; 2) parcialmente automatizados; 3) por meios não automatizados desde que contidos em ficheiros ou a eles destinados[(33)].

É importante mencionar os passos que foram dados no ordenamento jurídico português, em relação à proteção de dados.

Entre eles podemos citar, de modo simplificado, a Lei n. 43/2004, de 18 de agosto, que instituiu a Comissão Nacional de Proteção de Dados. Com a revisão Constitucional de 1997, o art. 35º passou a prever a proteção dos dados pessoais e o art. 26º, n. 1, da Constituição da República, consagra o direito de reserva da intimidade na vida privada e familiar.

A Diretiva 95/46/CE foi objeto de transposição para o ordenamento jurídico português pela Lei n. 67/1998, de 26 de outubro – Lei da Proteção de Dados Pessoais, a qual confirma a vedação quanto à vida privada e à origem, além de convicções filosóficas, saúde, genética e vida sexual.

Por meio da Diretriz (UE) n. 2016/680, de 27 de abril, do Parlamento Europeu e do Conselho, executada para a ordem jurídica interna pela Lei n. 59/2019, de 8 de agosto, regem-se o tratamento de dados efetuado pelas autoridades competentes para efeitos de prevenção, investigação, detecção e repressão de infrações penais ou da execução de sanções penais, incluindo a salvaguarda e a prevenção e ameaças à segurança pública[(34)].

3.1. RGPD, LGPD e o direito do trabalho

A lei que regulamenta a proteção de dados tem por destinatários as pessoas naturais ou pessoas jurídicas de direito público ou privado que tratam de dados pessoais de pessoas naturais, bem como as relações de trabalho e de consumo, sempre tendo em vista garantir a proteção de direitos fundamentais, relacionados à privacidade, à informação, à liberdade e ao livre desenvolvimento da personalidade da pessoa natural.

Muitas vezes, vamos nos referir a "dados pessoais", sendo necessária a sua definição. De forma precisa, a Professora Teresa Coelho Moreira conceitua dados pessoais como "todo o tipo de informação de forma que abarque as avaliações e apreciações sobre

(32) CORDEIRO, A. Barreto Menezes. *Op. cit.*, p. 62-63.

(33) CORDEIRO, A. Barreto Menezes. *Op. cit.*, p. 85.

(34) CORDEIRO, A. Barreto Menezes. *Op. cit.*, p. 91.

o interessado, ou mesmo opiniões sobre este, optando-se, desta forma, por um critério subjectivo, compreendendo aqueles que podem afectar direitos fundamentais das pessoas"[35].

Continua a autora a definição, já com olhos na relação de trabalho, os quais "podem ser incluídos na noção de dados pessoais quaisquer informações pessoais que possam ser obtidas na execução do contrato ou na gestão do mesmo, (...) obrigações derivadas da lei ou das convenções colectivas (...) na organização do trabalho, incluindo os dados obtidos através da videovigilância"[36].

Da mesma forma que o Regulamento Geral de Proteção de Dados da UE, a Lei Geral de Proteção de Dados brasileira se aplica ao tratamento de dados pessoais de pessoas naturais, sem fazer exclusão aos empregados e trabalhadores e empregadores e tomadores de serviços.

Não se trata de proibição de tratamento de dados, mas sim de regulamentação tendo por objetivo estabelecer limites e condições de manuseio e recolha.

No Capítulo II da LGPD, que trata de forma específica do "Tratamento dos dados pessoais", poderemos fazer a relação do quanto previsto na lei, com os contratos de trabalho, envolvendo diretamente a relação empregado (titular) e empregador (controlador/ operador), os quais são protegidos desde a fase de pré-contratação da celebração do contrato até sua cessação.

A proteção dos dados pessoais encontra justificativa diante do fluxo de dados que são colhidos e no objetivo de se preservar o direito de personalidade do candidato a emprego. Assim, na fase da pré-contratação, são fornecidas informações referentes ao currículo do candidato à vaga. Quando da contratação, dados cadastrais, filiação, endereço, estado civil, nome do cônjuge e filhos, tipo sanguíneo, escolaridade etc. Durante a execução do contrato, o empregador dispõe de informações sobre os horários de trabalho, valor do salário, planos de saúde etc.; e, do contrato, os valores rescisórios e o motivo da ruptura contratual do empregado. Na primeira fase, a pré-contratual, onde acontece o processo de seleção e demais atos até a efetiva celebração do contrato, deve ser observado que, apesar da proibição de coleta de dados relativos a exames toxicológico, de sangue, de gravidez e atestado de antecedentes, existem exceções previstas em lei.

Assim, o exame de gravidez, na fase admissional, é proibido pela Lei n. 9.029/1995[37], mas não o é quando da cessação contratual, com o objetivo de se evitar a dispensa de empregada grávida que detém o direito à estabilidade previsto na Constituição Federal.

---

(35) MOREIRA, Teresa Alexandra Coelho. *A privacidade dos trabalhadores e as novas tecnologias de informação e comunicação* — Contributo para um estudo dos limites do poder de controlo electrónico do empregador. Coimbra: Almedina, 2010. p. 815. ISBN 978-972-40-4208-4.

(36) *Idem.*

(37) Lei n. 9.029/95. Disponível em: http://www.planalto.gov.br/ccivil_03/leis/l9029.htm. Acesso em: 20 out. 2021.

O exame toxicológico é obrigatório para os motoristas profissionais, por força do art. 168, § 6º, da CLT[38].

Da mesma forma, é obrigatória a apresentação de antecedentes criminais para o exercício da função de vigilante, conforme Lei n. 7.102/1983[39], art. 16, inciso VI. c/c o art. 4º da Lei n. 10.826/2003, inciso I[40].É na fase pré-contratual que o empregador recebe do candidato dados denominados sensíveis pela LGPD, como dados pessoais, currículo, endereço e estado civil.

Na fase contratual, por causa da natureza sensível dos dados que são coletados, o empregador, denominado controlador ou operador pela LGPD, deve ter cuidados especiais quando da realização do contrato de trabalho, com os fichários de registro, de exames médicos e periódicos, com a recolha de atestados médicos, informações repassadas à empresa seguradora de plano de saúde e sindicatos, para não cometer qualquer infringência ou violação à lei.

Todo esse cuidado se deve em cumprimento ao art. 7º da LGPD que assim dispõe: que o tratamento de dados pessoais somente poderá ser realizado se o titular assim o consentir; para cumprimento de obrigação legal ou regulatória pelo controlador (exames admissionais ou demissionais etc); pela administração pública, em relação a tratamento e uso compartilhado de dados necessários à execução de políticas públicas, com observância do disposto no Capítulo IV da lei, quanto ao tratamento e dados pessoais pelo poder público; estudos por órgão de pesquisa, quando possível, com a anonimização dos dados pessoais; quando necessário para execução de contrato ou procedimentos a ele relacionados e a pedido do titular dos dados (exemplo: currículo, ficha de processo seletivo); exercício regular de direitos em processo judicial, administrativo ou arbitral; proteção da vida ou da incolumidade física do titular ou de terceiro (exemplo: câmaras de segurança); para a tutela da saúde; quando se fizer necessário para atender a legítimos interesses do controlador ou de terceiro, salvo se prevalecerem direitos e liberdades fundamentais do titular que exijam a proteção de dados pessoais; proteção do crédito.

O art. 10 da LGPD estabelece que o "legítimo interesse do controlador somente poderá fundamentar tratamento de dados pessoais para finalidades legítimas, consideradas a partir de situações concretas".

---

(38) Consolidação das Leis do Trabalho.

Art. 168. Será obrigatório exame médico, por conta do empregador, nas condições estabelecidas neste artigo e nas instruções complementares a serem expedidas pelo Ministério do Trabalho: (...)

6º Serão exigidos exames toxicológicos, previamente à admissão e por ocasião do desligamento, quando se tratar de motorista profissional, assegurados o direito à contraprova em caso de resultado positivo e a confidencialidade dos resultados dos respectivos exames. Disponível em: http://www.planalto.gov.br/ccivil_03/decreto-lei/del5452.htm. Acesso em: 20 out. 2021.

(39) Lei n. 7.102/1983. Disponível em: http://www.planalto.gov.br/ccivil_03/leis/l7102.htm. Acesso em: 20 out. 2021.

(40) Lei n. 10.826/2003. Disponível em: http://www.planalto.gov.br/ccivil_03/leis/2003/l10.826.htm. Acesso em: 20 out. 2021.

Por força do art. 11º, o tratamento de dados pessoais sensíveis (de forma geral, aqueles que podem causar discriminação e se encontram relacionados no art. 5º da LGPD: sobre a origem racial ou étnica; convicção religiosa; opinião política ou filiação a sindicato ou à organização religiosa; dados que se refiram à vida sexual ou à saúde, além dos dados genéticos e biométricos) pode ocorrer nos seguintes casos: quando houver consentimento da pessoa natural ou de seu responsável e de modo específico para cada finalidade; sem consentimento do titular, quando for indispensável para o cumprimento de obrigação legal ou regulatória pelo controlador; dados necessários à execução, pela administração pública, de políticas públicas com previsão em lei e regulamentos; estudos por órgão de pesquisa, com a possível anonimização de dados pessoais sensíveis; exercício regular de direitos, inclusive, em contrato e em processo judicial, administrativo e arbitral; proteção da vida do titular ou terceiro; tutela da saúde; prevenção à fraude e à segurança do titular, em processos de identificação e autenticação de cadastro em sistemas eletrônicos.

Na fase pós contratual, deve o empregador ter o mesmo cuidado com os dados relacionados ao motivo da rescisão contratual, aos valores pagos ao empregado e às referências solicitadas pelo novo empregador.

Toda essa proteção, que se dá na forma de tratamento de dados, se estende às empresas terceirizadas, quando a elas são repassadas quaisquer informações sobre dados pessoais dos empregados, como convênios médicos, planos de saúde, doenças porventura existentes, vales-refeição etc.

No entanto, deve-se ter em conta que o tratamento de dados pessoais sensíveis pode ocorrer se o titular ou o responsável legal assim o consentir, de forma específica e destacada (art. 11º), sendo dispensada a exigência de consentimento previsto no art. 7º, *caput*, para os dados tornados públicos pelo titular, conforme § 4º do referido artigo. Assim, como regra geral, se faz desnecessário o consentimento para tratamento de dados.

Por outro lado, deve ser observado que não é dispensável a proteção de dados se utilizados para outra finalidade ou se tratados de forma ilícita, pois o tratamento requer observância de princípios constitucionais, como os previstos no § 3º do art. 7º da LGPD, como a boa-fé e o interesse público que possam justificar sua utilização.

Em relação a dados constantes em processos judiciais, deve ser pontuada a diferença entre a publicidade dos atos processuais e a publicidade de dados pessoais. Pelo princípio da publicidade, constante do art. 5º, inciso LX, da CRFB, os atos processuais são públicos, "a lei só poderá restringir a publicidade dos atos processuais quando a defesa da intimidade ou o interesse social o exigirem". Nesse sentido, com menção expressa aos atos que correm em segredo de justiça, o art. 189 do Código de Processo Civil brasileiro[41]

(41) Código de Processo Civil brasileiro. Art. 189. Os atos processuais são públicos, todavia tramitam em segredo de justiça os processos:

apresenta limites objetivos que disciplinam a necessidade do sigilo de determinados atos processuais. Tem-se, assim, por regra, a publicidade dos atos e a exceção, o segredo.

A Constituição Federal contempla, em seu art. 5º, a proteção da vida privada e a intimidade, entre o elenco dos direitos e garantias fundamentais. A proteção aos dados pessoais se encontra inserida na CF, de forma implícita, como uma "extensão do direito à intimidade e vida privada" e, em face dos "riscos inerentes ao tratamento dos dados pessoais" e "alteridade dos conceitos de privacidade e proteção de dados pessoais", conclui-se que pela "inclusão da proteção de dados pessoais no rol dos direitos e garantias fundamentais"[(42)].

Considerando que a proteção de dados é um direito fundamental, poderíamos questionar se haveria um desencontro de normas entre o princípio da publicidade dos atos processuais previsto no art. 5º, LX, da CF, das regras contidas no art. 189 do CPC, quanto aos atos processuais que correm em segredo de justiça, e do art. 2º, inciso II, da LGPD, que trata da proteção de dados pessoais e tem como fundamento a autodeterminação informativa.

Segundo Gomes Canotilho "O segredo não é compatível com as liberdades e direitos do homem" (...) e "Contrapondo-se à ideia de *arcana práxis* (...) a autodeterminação informativa se traduz (...) na faculdade de o particular determinar e controlar a utilização dos seus dados pessoais (cfr. CRP, art. 35º, e Leis 10/91, de 29-4 e 28/94, de 29-8, reguladoras da protecção de dados pessoais face à informática)". Ainda, cita o autor que "a autodeterminação pode exigir a criação de meios de defesa jurisdicionais" e menciona, como exemplo, *o direito de Habeas Data*, previsto na Constituição brasileira de 1988[(43)].

A questão a ser resolvida é exatamente a forma como a LGPD buscou para conformar o tratamento de dados pessoais ou dados sensíveis dos cidadãos "por pessoa jurídica de direito público ou privado", sem perder de vista a proteção de "direitos fundamentais de liberdade e privacidade e o livre desenvolvimento da personalidade da pessoa natural", nos termos do art. 1º.

I – e que o exija o interesse público ou social;

II – que versem sobre casamento, separação de corpos, divórcio, separação, união estável, filiação, alimentos e guarda de crianças e adolescentes;

III – em que constem dados protegidos pelo direito constitucional à intimidade;

IV – que versem sobre arbitragem, inclusive sobre cumprimento de carta arbitral, desde que a confidencialidade estipulada na arbitragem seja comprovada perante o juízo.

(42) OLIVEIRA, Dânton Hilário Zanetti de; FREITAS, Cinthia Obladen de Almendra. A proteção de dados pessoais como direito e garantia fundamental na Constituição da República de 1988. In: FERRAZ, Miriam Olivia Knopik; VETTORAZZI, Karlo Messa (Orgs.). *Law Experience 2020* — Direitos fundamentais e a era tecnológica. Curitiba: FAE/Bom Jesus, 2020. p. 37. Disponível em: https://drive.google.com/file/d/1Bl6r8vXEtomkhsKN7SNwX0W-ypSrVKVn/view. Acesso em: 30 out. 2021.

(43) CANOTILHO, José Joaquim Gomes. *Direito constitucional e teoria da Constituição*. 7. ed. Coimbra: Almedina, 1997. p. 514/537. ISBN 978-972-40-2106-5.

Aqui, comparando-se a LGPD com o RGPD, ambos regulamentaram o tratamento de direitos pessoais de forma semelhante, exigindo-se o prévio consentimento do titular de dados e, nos casos de dispensa do tratamento, este poderá ser utilizado com o objetivo de dar cumprimento à obrigação legal pelo poder público ou pelo controlador.

Os art. 9º/2, h), 77º/1 e, de forma especial, o 88º da RGPD referem-se a dados pessoais de trabalhadores[44], dentro do conceito de informação pessoal, engloba aspectos ligados à pessoa, familiares ou sociais, públicos, privados, físicos e mentais.

Como suprarreferido, o inciso II, do art. 2º, da LGPD, trata de dados pessoais, sob o fundamento da autodeterminação informativa, que garante ao cidadão o direito de exercer o controle sobre seus dados pessoais, com a opção de decidir se podem ou não ser objeto de tratamento (recolha, uso, transferência) por terceiros, bem como acesso a banco de dados, com o objetivo de corrigir ou cancelar informações que nele constam.

Assim, no Brasil, pela CF de 1988 (art. 5º, incisos X, XI, XII e LXXII), foi declarado como direito fundamental do cidadão a inviolabilidade de dados e a autodeterminação informativa.

3.1.1. RGPD — Em Portugal

Em razão da incessante busca de lucros e diminuição de custos, muitas vezes, deixa-se de lado ou até passa-se em cima de valores e direitos, como a intimidade e privacidade, reconhecidos até em tratados internacionais de Direitos Humanos, como bens de grande relevo, deixando o titular desses direitos sem o controle sobre eles, daí, o surgimento do "direito fundamental à autodeterminação informativa (*Grundrecht auf informationelle Selbstbestimmung*) que foi declarado pela vez primeira pelo Tribunal Constitucional alemão em 1983, no julgamento de causa (*BVerfGE 65, 1*) referente à coleta de dados pessoais pelo poder público, autorizada pela Lei do Censo (*Volkszählungsgesetz*), coleta esta que não conferia adequadas garantias de uso das informações às únicas finalidades da lei e de anonimato dos indivíduos participantes. Aplicando em conjunto as normas dos arts. 1º e 2º da Lei Fundamental, o Tribunal declarou a existência desse direito como emanado dos princípios da dignidade da pessoa humana e do livre desenvolvimento da personalidade. Atualmente, se entende que esse direito é de natureza material, oponível não apenas em

(44) Art. 88º da RGPD: "(...) no contexto laboral, nomeadamente para efeitos de recrutamento, execução do contrato de trabalho, incluindo o cumprimento das obrigações previstas no ordenamento jurídico ou em convenções coletivas, de planeamento e organização do trabalho, de igualdade e diversidade no local de trabalho, de saúde, e segurança no trabalho, de proteção dos bens do empregador ou do cliente e para efeitos do exercício e gozo, individual ou coletivo, dos direitos e benefícios relacionados com o empregado, bem como para efeitos de cessação da relação de trabalho(...)." Disponível em: https://eur-lex.europa.eu/legal-content/PT/TXT/PDF/?uri=CELEX:32016R0679. Acesso em: 18 jun. 2022.

face do Estado, mas também em relação aos particulares, considerada a eficácia horizontal dos direitos fundamentais"[(45)].

É importante, também, que se faça a referência que a Declaração contida na Carta dos Direitos Fundamentais da União Europeia, acompanhou o julgado do Tribunal Constitucional da Alemanha e das Constituições de Portugal e da Espanha, quanto ao direito à autodeterminação informativa[(46)].

Como referido anteriormente, Portugal passou a ter em sua Constituição, de 1976, o direito fundamental à proteção de dados pessoais, em número específico do art. 35º, que regula o uso dos dados pessoais informatizados, relativamente à proteção da reserva da intimidade da vida privada e familiar, conforme previsto no art. 26º.

A figura do Encarregado de Proteção de Dados — EPD está prevista no art. 37º do RGPD e nos art. 9º e seguintes da Lei n. 58/2019, a qual assegura a execução, na ordem jurídica nacional, do Regulamento (UE) 2016/679 do Parlamento e do Conselho, de 27 de abril de 2016, relativo à proteção das pessoas singulares no que diz respeito ao tratamento de dados pessoais e à livre circulação desses dados.

O Encarregado de Proteção de Dados (EPD) já era previsto na Diretriz n. 95/46/CE, a qual fora revogada pelo RGPD, a partir de 25 de maio de 2018, "embora com uma reduzida visibilidade e sem assumir uma natureza imperativa, a possibilidade de os Direitos internos consagrarem, internamente, esta função"[(47)].

O art. 37º do RGPD, intitulado designação do encarregado da proteção de dados, dispõe que o responsável pelo tratamento e o subcontratante designam o encarregado da proteção de dados, sempre que o tratamento for efetuado por autoridade ou organismo público, com exceção dos tribunais no exercício de sua função jurisdicional; quando as atividades principais do responsável pelo tratamento ou do subcontratante consistam em operações de tratamento que, em virtude de sua natureza, âmbito e/ou finalidade, exijam um controlo regular e sistemático dos titulares dos dados em grande escala; quando as principais atividades do responsável pelo tratamento ou do subcontratante consistam em operações de tratamento em grande escala de categorias especiais de dados, nos termos

(45) LIMA FILHO, Francisco das Chagas. Direito à autodeterminação informativa: Limite ao poder de recolhimento, armazenamento, manipulação e uso dos dados do trabalhador. *Revista Magister de Direito do Trabalho*, v. 12, n. 67, p. 85-94, jul./ago. 2015. Também, Victor Gabriel Rodriguez, ao fazer referência ao trabalho de Erhard Denninger, que considera — na realidade — que o Ministério Federal do Interior da Alemanha é que definiu as estruturas fundamentais do direito à autodeterminação informativa em 1971. "De qualquer modo, seja na década de 1970 ou 1980, a origem germânica do instituto é inequívoca." In: RODRÍGUEZ, Victor Gabriel. *Tutela penal da intimidade:* perspectivas da atuação penal na sociedade da informação. São Paulo: Atlas, 2008, *apud* ELIAS, Paulo Sá, Autodeterminação Informativa do Trabalhador. *Dicionário de direito do Trabalho, de direito processual do trabalho e de direito previdenciário aplicado ao direito de trabalho.* São Paulo: LTr, 2012. p. 179.

(46) *Idem.*

(47) CORDEIRO, A. Barreto Menezes, *Op. cit.*, p. 357.

do art. 9º, e o de dados pessoais relacionados com condenações penais e infrações, referidas no art. 10º.

Ressalta-se aqui a obrigatoriedade de designação de EPD, nos termos do art. 37º/1, quando se trata de autoridades e organismos públicos, à exceção dos tribunais e somente no exercício da função jurisdicional.

O art. 9º da Lei n. 58/2019 dispõe que o EPD é designado na forma do n. 5 do art. 37 do RGPD e exerce sua função com autonomia técnica perante a entidade responsável pelo tratamento ou pelo subcontratante e nos termos do art. 10º: "obrigando-se a dever de sigilo profissional e todas as pessoas que intervenham em qualquer operação de tratamento de dados, estão obrigadas a um dever de confidencialidade".

Nos termos dos art. 13º e 14º do RGPD, é necessária a comunicação do CNPD, além de publicação dos contactos do encarregado de proteção de dados e conhecimento aos titulares dos dados desses contados quando forem prestadas algumas informações.

O EPD tem por função assegurar o comprimento das políticas de privacidade e proteção de dados; desburocratizar e descentralizar a proteção dos interesses dos titulares dos dados pessoais; controlar e regular o cumprimento do RGPD; cooperar com a autoridade de controlo; informar e aconselhar o responsável pelo tratamento ou o subcontratante e os trabalhadores, no tocante a suas obrigações constantes do RGPD; manter a atualização dos registros de atividades de tratamento de dados; atuar como intermediário entre a autoridade de controlo em questões relacionadas ao tratamento; quando necessário, consultar a autoridade de controlo; exercício de questões que se relacionem com segurança e proteção de dados; responsabilidade de estratégia para proteção de dados nos termos do RGPD; prestar aconselhamento em relação à avaliação do impacto; assegurar a realização de auditorias; além de outras.

3.1.1.1. RGPD — Em Portugal e o Código de Trabalho português

O art. 88 do Regulamento Europeu de Proteção de Dados, destinado especificamente ao tratamento de dados relacionados ao trabalho, dispõe que "Os Estados-Membros podem estabelecer normas mais específicas, no seu ordenamento jurídico ou em convenções coletivas, para garantir a defesa dos direitos e liberdades no que respeita ao tratamento de dados pessoais dos trabalhadores no contexto laboral, nomeadamente para efeitos de recrutamento, execução do contrato de trabalho, incluindo o cumprimento das obrigações previstas no ordenamento jurídico ou em convenções coletivas, de gestão, planeamento e organização do trabalho, de igualdade e diversidade no local de trabalho, de saúde e segurança no trabalho, de proteção dos bens do empregador ou do cliente e para efeitos do exercício e gozo, individual ou coletivo, dos direitos e benefícios relacionados com o emprego, bem como para efeitos de cessação da relação de trabalho"[(48)].

---

(48) RGPD –*Regulamento Europeu de Proteção de Dados*. Disponível em: https://eur-lex.europa.eu/legal-content/PT/TXT/HTML/?uri=CELEX:32016R0679. Acesso em: 28 out. 2021.

A Lei n. 58/2019, de 8 de agosto, a qual assegura a execução, na ordem jurídica nacional, do Regulamento (UE) 2016/679 do Parlamento e do Conselho, de 27 de abril de 2016, relativo à proteção das pessoas singulares no que diz respeito ao tratamento de dados pessoais e à livre circulação desses dados, dispõe no art. 28º de forma específica, as relações laborais, quanto ao tratamento de dados pessoais de seus trabalhadores, observando as finalidades e os limites estipulados no CT e legislação complementar, assim como em outros regimes setoriais.

Ainda, o inciso 3 destaca que o consentimento do trabalhador não constitui requisito de legitimidade do tratamento de seus dados pessoais, salvo norma legal em contrário, se do tratamento resultar uma vantagem jurídica ao trabalhador, se este tratamento estiver abrangido pelo disposto na alínea b) do n. 1 do art. 6º do RGPD:

> Art. 6º O tratamento só é lícito se e na medida em que se verifique pelo menos uma das seguintes situações:
>
> *b)* O tratamento for necessário para a execução de um contrato no qual o titular dos dados é parte, ou para diligências pré-contratuais a pedido do titular dos dados;

Nos termos dos incisos 4 e 5, as imagens gravadas somente podem ser utilizadas no âmbito do processo penal, podendo ser utilizados para efeitos de apuramento de processo disciplinar, conforme se encontra especificado no art. 20º do CT.

O inciso 6 trata de dados biométricos dos trabalhadores, cujo tratamento só é legítimo para controlo de assiduidade e de acesso às instalações do empregador, em consonância com o art. 18º do CT.

Ainda, podemos citar o art. 170º do CT que se refere à privacidade do trabalhador em regime de teletrabalho. Este artigo sofreu alteração da Lei n. 83/2021, de 6 de dezembro, além de outros, principalmente, no que se refere ao direito de privacidade e desconexão ao trabalho, em controle de jornada, fiscalização, deveres, segurança e saúde no trabalho, dever de abstenção de contacto por parte do empregador em relação a seu empregado e teletrabalho no âmbito da Administração Pública.

Especificamente em relação ao art. 170º, é dever do empregador respeitar a privacidade do trabalhador, seu horário de trabalho, intervalos para descanso e repouso com a família, boas condições de trabalho no que se refere ao estado físico e psíquico do trabalhador.

Ainda, a visita ao trabalhador em teletrabalho em domicílio, deverá ser previamente comunicada com aviso prévio de 24 hs e, mediante sua concordância.

Também, fica vedada qualquer tipo de captura de imagem, de som, de escrita, de histórico ou qualquer outro meio que possa infringir o direito de privacidade do trabalhador.

O que se conclui é que as alterações sofridas em alguns artigos do CT vieram em benefício do empregado, como já dissemos, a parte mais fraca na relação empregatícia, e em nome da dignidade da pessoa humana, em total respeito aos direitos da personalidade.

Essas alterações legislativas vieram acompanhadas de coimas ou contraordenações de natureza grave ou muito grave, em caso de violação dos direitos de personalidade do trabalhador, com o objetivo de coibir abusos e desestimular o empregador de ultrapassar os limites do seu direito de fiscalização e controle que a lei lhe defere e, acima de tudo, essas penalidades têm um fim pedagógico para que violações não venham a ser repetidas.

3.1.2. LGPD — No Brasil

No Brasil, a LGPD contempla expressamente a autodeterminação informativa, como um dos seus principais fundamentos. Não há dúvida de que é um direito fundamental autônomo, sem previsão expressa na Constituição Federal. No entanto, fazendo-se uma interpretação de princípios e direitos, como o princípio da dignidade da pessoa humana, o direito à intimidade e privacidade e o da garantia do *habeas data*(49), constantes dos arts. 1º, III, e 5º, X e LXXII, nela encontramos seus fundamentos.

Em ação direta de inconstitucionalidade, ADI n. 6.387(50), o Supremo Tribunal Federal reconheceu o direito à autodeterminação informativa, proposta pelo Conselho

---

(49) LXXII – conceder-se-á *habeas-data:*

a) para assegurar o conhecimento de informações relativas à pessoa do impetrante, constantes de registros ou bancos de dados de entidades governamentais ou de caráter público;

b) para a retificação de dados, quando não se prefira fazê-lo por processo sigiloso, judicial ou administrativo. In: *Constituição da República Federativa do Brasil*, art. 5º.

(50) BRASIL. STF, Ref. na MC na ADI n. 6.387, TP, relª. Minª. Rosa Weber, j. 07.05.2020, *DJe* 12.11.2020: EMENTA – MEDIDA CAUTELAR EM AÇÃO DIRETA DE INCONSTITUCIONALIDADE. REFERENDO. MEDIDA PROVISÓRIA N. 954/2020. EMERGÊNCIA DE SAÚDE PÚBLICA DE IMPORTÂNCIA INTERNACIONAL DECORRENTE DO NOVO CORONAVÍRUS (COVID-19). COMPARTILHAMENTO DE DADOS DOS USUÁRIOS DO SERVIÇO TELEFÔNICO FIXO COMUTADO E DO SERVIÇO MÓVEL PESSOAL, PELAS EMPRESAS PRESTADORAS, COM O INSTITUTO BRASILEIRO DE GEOGRAFIA E ESTATÍSTICA. *FUMUS BONI JURIS. PERICULUM IN MORA*. DEFERIMENTO. 1. Decorrências dos direitos da personalidade, o respeito à privacidade e à autodeterminação informativa foram positivados, no art. 2º, I e II, da Lei n. 13.709/2018 (Lei Geral de Proteção de Dados Pessoais), como fundamentos específicos da disciplina da proteção de dados pessoais. 2. Na medida em que relacionados à identificação — efetiva ou potencial — de pessoa natural, o tratamento e a manipulação de dados pessoais hão de observar os limites delineados pelo âmbito de proteção das cláusulas constitucionais assecuratórias da liberdade individual (art. 5º, *caput*), da privacidade e do livre desenvolvimento da personalidade (art. 5º, X e XII), sob pena de lesão a esses direitos. O compartilhamento, com ente público, de dados pessoais custodiados por concessionária de serviço público há de assegurar mecanismos de proteção e segurança desses dados. 3. O Regulamento Sanitário Internacional (RSI 2005) adotado no âmbito da Organização Mundial de Saúde exige, quando essencial o tratamento de dados pessoais para a avaliação e o manejo de um risco para a saúde pública, a garantia de que os dados pessoais manipulados sejam "adequados, relevantes e não excessivos em relação a esse propósito" e "conservados apenas pelo tempo necessário" (art. 45, § 2º, alíneas *"b"* e *"d"*). 4. Consideradas a necessidade, a adequação e a proporcionalidade da medida, não emerge da Medida Provisória n. 954/2020, nos moldes em

Federal da Ordem dos Advogados do Brasil, em face da Medida Provisória n. 954/2020[51] que permitia que empresas de telecomunicações pudessem compartilhar dados pessoais de seus consumidores com o IBGE — Fundação Instituto Brasileiro de Geografia e Estatística, com o intuito obter suporte à produção estatística oficial durante a situação de emergência de saúde pública de importância internacional decorrente do coronavírus (Covid-19), de que trata a Lei n. 13.979, de 6 de fevereiro de 2.020.

O direito à autodeterminação informativa não se encerra no âmbito do controle de dados pessoais, pois se alonga até a proteção da vida privada. No dizer de Teresa Alexandra Coelho Moreira, a preocupação com os dados pessoais ocorreu quando se percebeu que era possível não só armazenar grande quantidade de informações, mas também de submetê-la a um tratamento informatizado. Esses tratamentos punham em risco a privacidade das pessoas[52].

Continuando, a Professora Teresa Alexandra Coelho Moreira afirma que o direito fundamental à autodeterminação informativa "trata-se de um direito que é uma das manifestações concretas do âmbito individual da privacidade, direito mais amplo que o conceito de intimidade, não se circunscrevendo ao lado mais sagrado e irredutível de

---

que editada, interesse público legítimo no compartilhamento dos dados pessoais dos usuários dos serviços de telefonia. 5. Ao não definir apropriadamente como e para que serão utilizados os dados coletados, a MP n. 954/2020 desatende a garantia do devido processo legal (art. 5º, LIV, da CF), na dimensão substantiva, por não oferecer condições de avaliação quanto à sua adequação e necessidade, assim entendidas como a compatibilidade do tratamento com as finalidades informadas e sua limitação ao mínimo necessário para alcançar suas finalidades. 6. Ao não apresentar mecanismo técnico ou administrativo apto a proteger, de acessos não autorizados, vazamentos acidentais ou utilização indevida, seja na transmissão, seja no tratamento, o sigilo, a higidez e, quando o caso, o anonimato dos dados pessoais compartilhados, a MP n. 954/2020 descumpre as exigências que exsurgem do texto constitucional no tocante à efetiva proteção dos direitos fundamentais dos brasileiros. 7. Mostra-se excessiva a conservação de dados pessoais coletados, pelo ente público, por trinta dias após a decretação do fim da situação de emergência de saúde pública, tempo manifestamente excedente ao estritamente necessário para o atendimento da sua finalidade declarada. 8. Agrava a ausência de garantias de tratamento adequado e seguro dos dados compartilhados a circunstância de que, embora aprovada, ainda não vigora a Lei Geral de Proteção de Dados Pessoais (Lei n. 13.709/2018), definidora dos critérios para a responsabilização dos agentes por eventuais danos ocorridos em virtude do tratamento de dados pessoais. O fragilizado ambiente protetivo impõe cuidadoso escrutínio sobre medidas como a implementada na MP n. 954/2020. 9. O cenário de urgência decorrente da crise sanitária deflagrada pela pandemia global da Covid-19 e a necessidade de formulação de políticas públicas que demandam dados específicos para o desenho dos diversos quadros de enfrentamento não podem ser invocadas como pretextos para justificar investidas visando ao enfraquecimento de direitos e atropelo de garantias fundamentais consagradas na Constituição. 10. *Fumus boni juris* e *periculum in mora* demonstrados. Deferimento da medida cautelar para suspender a eficácia da Medida Provisória n. 954/2020, a fim de prevenir danos irreparáveis à intimidade e ao sigilo da vida privada de mais de uma centena de milhão de usuários dos serviços de telefonia fixa e móvel. 11. Medida cautelar referendada. Disponível em: https://jurisprudencia.stf.jus.br/pages/search?base=acordaos&pesquisa_inteiro_teor=false&sinonimo=true&plural=true&radicais=false&buscaExata=true&page=1&pageSize=10&queryString=adi%206.389&sort=_score&sortBy=desc. Acesso em: 15 jan. 2022,

(51) Disponível em: https://www.planalto.gov.br/ccivil_03/_ato2019-2022/2020/Mpv/mpv954.htm. Acesso em: 15 jan. 2022.

(52) MOREIRA, Teresa Alexandra Coelho. *Op. cit.*, p. 293.

uma pessoa, mas a um outro mais genérico, que se traduz no direito de todas as pessoas a controlar e conhecer os dados que sobre si estão contidos em ficheiros informatizados ou manuais". Conclui dizendo que "a privacidade contém o próprio direito à intimidade e à autodeterminação informativa"(53).

Nesse sentido, "enquanto o direito à privacidade visa garantir ao indivíduo um âmbito de reserva e o excluir do conhecimento alheio, o direito à autodeterminação informativa reconhece à pessoa um poder de controle sobre as informações que lhe digam respeito, incluindo-se a utilização e o destino que se possa dar a essas informações, visando evitar sejam utilizadas de forma ilícita"(54).

Não se pode entender que dado pessoal, assim definido, "informação relacionada a pessoa natural identificada ou identificável", nos termos do art. 5º, inciso I, da LGPD, seja sempre considerada como direito à intimidade, em sentido estrito, em face do constante no art. 7º do mesmo diploma legal, o qual estabelece as hipóteses em que poderá ser realizado o tratamento de dados pessoais e, entre elas, a prevista no inciso III, "pela administração pública, para ao tratamento e uso compartilhado de dados necessários à execução de políticas públicas previstas em leis e regulamentos (...)".

Assim, a LGPD dispõe sobre a necessidade de consentimento prévio do titular de dados para que seja realizada qualquer operação de tratamento de dados pessoais.

Como já dito anteriormente, o Código de Processo Civil delimita quais os atos processuais que devem ter o necessário sigilo, constantes do art. 189: interesse público ou social; casamento, separação de corpos, divórcio, separação, união estável, filiação, alimentos e guarda de crianças e adolescentes; dados protegidos pelo direito constitucional à intimidade; arbitragem, inclusive sobre cumprimento de carta arbitral, desde que a confidencialidade estipulada na arbitragem seja comprovada perante o juízo.

O que se depreende é que o inciso III do art. 189 do CPC, "em que constem dados protegidos pelo direito constitucional à intimidade", melhor se encaixa na ideia de necessidade de "Segurança e do sigilo de dados", na forma prevista na Lei Geral de Proteção de Dados, nos arts. 46 a 49: "Os agentes de tratamento devem adotar medidas de segurança, técnicas e administrativas aptas a proteger os dados pessoais de acessos não autorizados e de situações acidentais ou ilícitas (...)" (art. 46); "Os agentes de tratamento (...) obriga-se a garantir a segurança da informação prevista nesta Lei em relação aos dados pessoais (...)" (art. 47); "O controlador deverá comunicar (...) a ocorrência de incidente de segurança que possa acarretar risco ou dano (...)" (art. 48); "Os sistemas utilizados para o tratamento de dados pessoais devem (...) atender aos requisitos de segurança, aos padrões de boas práticas e de governança (...)" (art. 49).

(53) MOREIRA, Teresa Alexandra Coelho. *Op. cit.*, p. 295.

(54) LIMA FILHO, Francisco das Chagas. Direito à autodeterminação informativa: Limite ao poder de recolhimento, armazenamento, manipulação e uso dos dados do trabalhador. In: *Revista Magister de Direito do Trabalho*, v. 12, n. 67, p. 85-94, jul./ago. 2015.

Na fase pós-contratual, o empregador deve observar o período da prescrição trabalhista, nos termos do art. 11 da CLT e do art. 7º, inciso XXIX, da CF, que, em regra, é de dois anos, a contar da rescisão contratual, para fins de arquivamento de documentos pessoais de seus empregados(55).

Diferentemente, em Portugal, a prescrição trabalhista, nos termos do disposto no art. 337º, n. 1, do Código do Trabalho, estabelece que "o crédito de empregador ou de trabalhador emergente de contrato de trabalho, da sua violação ou cessação prescreve quando decorrido um ano a partir do dia seguinte àquele em que cessou o contrato de trabalho".

Também, como regra, por outro lado, o empregado sempre terá acesso a seus dados pessoais, podendo exigir informações sobre o repasse a outras entidades e até o descarte de alguns dados, se entender necessário.

A legislação da UE regulamenta o que seria a violação de dados pessoais no art. 4º, n. 12, do RGPD: "uma violação da segurança que provoque, de modo acidental ou ilícito, a perda, a alteração, a divulgação ou o acesso, não autorizados, a dados pessoais transmitidos, conservados ou sujeitos a qualquer outro tipo de tratamento."

A LGPD, em seu art. 46, adotou o conceito de privacidade por concepção, nos moldes previstos no art. 25 do RGPD(56), mas, de forma diferente desta quanto à expressa menção do que seria um incidente de segurança, estabelece o dever de se "adotar medidas de segurança, técnicas e administrativas aptas a proteger os dados pessoais de acessos não autorizados e de situações acidentais ou ilícitas de destruição, perda, alteração, comunicação ou qualquer forma de tratamento inadequado ou ilícito" e, o § 2º estabelece que tais medidas "deverão ser observadas desde a fase de concepção do produto ou do serviço até a sua execução".

---

(55) CARLOTO, SELMA. *Lei Geral da Proteção de Dados* — Enfoque nas relações de trabalho. 2. ed. São Paulo: LTr, 2021. p. 182. ISBN 978-65-5883-072-6.

(56) Art. 25º Proteção de dados desde a conceção e por defeito:1. Tendo em conta as técnicas mais avançadas, os custos da sua aplicação, e a natureza, o âmbito, o contexto e as finalidades do tratamento dos dados, bem como os riscos decorrentes do tratamento para os direitos e liberdades das pessoas singulares, cuja probabilidade e gravidade podem ser variáveis, o responsável pelo tratamento aplica, tanto no momento de definição dos meios de tratamento como no momento do próprio tratamento, as medidas técnicas e organizativas adequadas, como a pseudonimização, destinadas a aplicar com eficácia os princípios da proteção de dados, tais como a minimização, e a incluir as garantias necessárias no tratamento, de uma forma que este cumpra os requisitos do presente regulamento e proteja os direitos dos titulares dos dados. 2. O responsável pelo tratamento aplica medidas técnicas e organizativas para assegurar que, por defeito, só sejam os dados pessoais que forem necessários para cada finalidade específica do tratamento. Essa obrigação aplica-se à quantidade de dados pessoais recolhidos, à extensão do seu tratamento, ao seu prazo de conservação e à sua acessibilidade. Em especial, essas medidas asseguram que, por defeito, os dados pessoais não sejam disponibilizados sem intervenção humana a um número indeterminado de pessoas singulares. 3. Pode ser utilizado como elemento para demonstrar o cumprimento das obrigações estabelecidas nos n.s. 1 e 2 do presente artigo, um procedimento de certificação aprovado nos termos do art. 42º.

Segundo a Professora Selma Carloto, "A concepção da premissa do *Privacy by Design* nasceu no Canadá, da preocupação com a coleta indiscriminada de dados e com a proteção à privacidade"(57). Do fato de se coletar quantidade infindável de dados de pessoas, nasce a necessidade de se repensar na forma de se prevenir o direito à privacidade, desde sua concepção.

Em consequência, o art. 50º da LGPD recomenda que sejam observadas regras das boas práticas e da governança, para o estabelecimento efetivo de adequação, não somente em face das regras, mas, principalmente, em relação aos princípios fundamentais, no tocante à proteção de dados: "condições de organização, o regime de funcionamento, os procedimentos, incluindo reclamações e petições de titulares, as normas de segurança, os padrões técnicos, as obrigações específicas para os diversos envolvidos no tratamento, as ações educativas, os mecanismos internos de supervisão e de mitigação de riscos e outros aspectos relacionados ao tratamento de dados pessoais."

Desta forma, os arts. 47 e 48 da LGPD tratam da segurança e do sigilo de dados. O primeiro, da obrigação de garantia de segurança da informação em relação aos dados pessoais e o segundo informa o passo a passo de como concretizá-la.

A Professora Selma Carloto cita como exemplo um fato ocorrido com a empresa Netshoes que, foi multada em R$ 500.000,00, por vazamento de dados de quase dois milhões de clientes, no ano de 2018. O caso findou em acordo com o Ministério Público do Distrito Federal e Territórios, sendo firmado um TAC — Termo de Ajustamento de Conduta(58).

O poder diretivo exercido pelo empregador decorre da subordinação jurídica do empregado. Como já vimos, o empregado se encontra em condição de inferioridade e até de dependência, além de conviver com o temor reverencial em face do empregador.

É do fato do trabalhador estar empregado e exercer suas funções que recebe o salário. Este, por sua vez, possui caráter de retribuição e de reciprocidade tanto em direitos quanto em obrigações, pois o empregado trabalha e, em contraprestação, recebe salário, o que determina o aspecto sinalagmático do contrato de trabalho. Além disso, o salário possui caráter alimentar, pois, como regra geral, supre as necessidades pessoais e essenciais do trabalhador e de sua família.

Daí, podem advir vários problemas em relação à violação dos direitos do empregado. Um deles é o uso da tecnologia pelo empregador, para o controle ou fiscalização, que pode gerar alguma ameaça ou até a violação do direito de privacidade do trabalhador.

---

(57) CARLOTO, Selma. *Op. cit.*, p. 197.

(58) CARLOTO, Selma. *Op. cit.*, p. 204.

Nesse sentido, "a legislação se preocupou em disciplinar as relações laborais, tanto na fase contratual quanto na pós-contratual. Por vez, a boa-fé que norteia os contratantes apresenta arraigada nos princípios civilistas, os quais designam o agir pautados nos padrões éticos, corretos, honestos e sem intenção de prejudicar"(59).

Esse poder diretivo que é exercido pelo empregador, a ele é conferido por força do art. 2º da CLT:" Considera-se empregador a empresa, individual ou coletiva, que, assumindo os riscos da atividade econômica, admite, assalaria e dirige a prestação pessoal de serviço." Assim, é da competência do empregador estabelecer a forma e as regras de como o trabalho deve ser prestado, respeitando-se os limites do contrato de trabalho e o ordenamento jurídico.

Não se pode olvidar que o empregado se encontra subordinado ao empregador, o qual detém o poder de direção.

A subordinação, a qual o empregado está sujeito, por sua vez, não confere ao empregador o direito de violar a privacidade do empregado, muito menos o de a ela dar publicidade.

Nesse sentido, encontramos o art. 20 da LGPD(60) que prevê ao titular dos dados, o empregado, o direito de "solicitar a revisão de decisões de seus dados pessoais; terá o direito de receber informações claras e adequadas a respeito de critérios e procedimentos utilizados para a decisão automatizada; o não fornecimento de informações, baseado na observância de segredo comercial e industrial, autoriza a autoridade nacional a realizar auditoria para verificação de aspectos discriminatórios em tratamento de dados".

Na CLT, o artigo que trata do conceito de contrato de trabalho não estabelece o caráter de subordinação do empregado ao empregador, apenas o define: "Art. 442. Contrato individual de trabalho é o acordo tácito ou expresso, correspondente à relação de emprego." Por outro lado, o art. 2º da CLT, que define a pessoa do empregador, estabelece a subordinação ("Considera-se empregador a empresa, individual ou coletiva, que, assumindo os riscos da atividade econômica, admite, assalaria e dirige a prestação pessoal de serviço") e o art. 3º, que define a pessoa do empregado, prevê a dependência jurídica ("Considera-se empregado toda pessoa física que prestar serviços de natureza não eventual a empregador, sob a dependência deste e mediante salário").

Independentemente de como estão previstas na lei a subordinação e a dependência, elas existem e os empregados a elas estão sujeitos, o que justifica o princípio da proteção do empregado, como forma de compensar a desigualdade existente entre empregador e

(59) SANTOS, Marcia Cristina dos. Disponível em: https://ambitojuridico.com.br/edicoes/revista-98/a-aplicabilidade-do-principio-da-dignidade-da-pessoa-humana-na-relacao-de-emprego/442.

(60) *Lei Geral de Proteção de Dados*. Disponível em: http://www.planalto.gov.br/c civil_03/_ato2015-2018/2018/lei/l13709.htm. Acesso em: 4 out. 2021.

empregado e a previsão legislativa do direito do empregado em poder revisar os dados pessoais em poder de seu empregador (art. 20 da LGPD).

Ressalta-se que a LGPD, expressamente, não traz em seu corpo, de forma particular, qualquer proteção a dados pessoais nas relações de trabalho, como ocorre com o Regulamento Geral de Proteção de Dados da União Europeia. Por outro lado, se extrai que a LGPD se destina ao tratamento de dados pessoais de pessoa natural ou jurídica de direito público ou privado, abrangendo, assim, os empregados e prestadores de serviço e, de forma geral, na fase de pré-contratação, durante o contrato de trabalho ou depois do término do contrato de trabalho. Assim, dispõe art. 1º:

> Esta Lei dispõe sobre o tratamento de dados pessoais, inclusive nos meios digitais, por pessoa natural ou por pessoa jurídica de direito público ou privado, com o objetivo de proteger os direitos fundamentais de liberdade e de privacidade e o livre desenvolvimento da personalidade da pessoa natural.

3.2. Sanções

A LGPD traz um capítulo destinado às sanções, as quais possuem caráter administrativo e não impedem a aplicação de outras sanções de natureza civil, conforme previsto nos arts. 52 a 54, cabendo análise de cada caso pela Autoridade Nacional de Proteção de Dados (ANPD), esta com vigência em 01.08.2021.

Em relação a sanções pelo descumprimento ou falta de adequação às normas, nos ensina a Professora Selma Carloto que, diante dos elevados valores atribuídos às sanções administrativas, as quais podem atingir o montante de 50 milhões de reais, por infração, a LGPD, por isso, é "uma lei que exige *compliance*"

Em comparação com o RGPD, as "multas da LGPD são menos severas, já que na legislação da União Europeia poderão chegar em até 20.000.000 de euros ou, no caso de uma empresa, até 4% do seu volume de negócios anual a nível mundial correspondente ao exercício financeiro anterior, consoante o montante que for mais elevado, nos do art. 83, número 5: Art. 83 – Condições gerais para a aplicação de coimas (...) 5. A violação das disposições a seguir enumeradas está sujeita, em conformidade com o n. 2, a coimas até 20.000.000 EUR ou, no caso de uma empresa, até 4% do seu volume de negócios anual a nível mundial correspondente ao exercício financeiro anterior, consoante o montante que for mais elevado (...)"[(61)].

Os art. 42 a 45 da LGPD se referem à responsabilidade civil patrimonial e extrapatrimonial dos empregadores (controladores ou operadores) e ao ressarcimento de danos, que vão além das sanções administrativas referidas. Assim, dispõe o *caput* do art. 42: "(...) em razão do exercício de atividade de tratamento de dados pessoais, causar a outrem dano patrimonial, moral, individual ou coletivo, em violação à legislação de proteção de dados pessoais, é obrigado a repará-lo." Ainda, o § 2º dispõe sobre a possibilidade

(61) CARLOTO, SELMA. *Op. cit.*, p. 183-185.

de inversão do ônus da prova, a favor do titular dos dados, se assim o juiz do processo entender necessário, quando a seu juízo "for verossímil a alegação, houver hipossuficiência para fins de produção de prova ou quando a produção de prova pelo titular resultar-lhe excessivamente onerosa". Nesse mesmo sentido, o art. 6º, inciso VIII, do Código de Defesa do Consumidor, também, prevê a inversão do ônus da prova, como um dos direitos básicos do consumidor(62).

Os art. 12 e 14 do Código de Defesa do Consumidor mencionam "independentemente de culpa", o que nos leva à conclusão de que o legislador adotou a responsabilidade objetiva. Já não se pode dizer o mesmo da LGPD, pois, ao fazermos uma interpretação sistemática da lei, podemos afirmar que a responsabilidade a que se referem os arts. 42 a 45 é a subjetiva (a qual encontra fundamento na culpa). O art. 42 do referido diploma não faz qualquer menção à culpa que se pudesse entender como fundamento à responsabilidade subjetiva e, ao mesmo tempo, não faz referência ao risco como fundamento da responsabilidade objetiva.

Da análise do art. 43º da LGPD extrai-se que o legislador ao adotar a exclusão da responsabilidade, que "os agentes de tratamento só não serão responsabilizados quando provarem (...) que não realizaram o tratamento de dados pessoais que lhes é atribuído (...)", deixa claro que somente haverá obrigação de ressarcimento quando ocorrer violação à lei, ou seja, caracterização de ato ilícito, o que configura a responsabilidade subjetiva.

Assim, ao titular dos dados pessoais é garantida ampla defesa e, em caso de lesão, pode se socorrer em juízo de forma individual ou coletiva, como dispõe o art. 22 da LGPD: "A defesa dos interesses e dos direitos dos titulares de dados poderá ser exercida em juízo, individual ou coletivamente, na forma do disposto na legislação pertinente, acerca dos instrumentos de tutela individual e coletiva."

Ainda, nesse sentido, o art. 5º, inciso X, da Constituição Federal, que assegura ao cidadão brasileiro ou estrangeiro residente no País o direito à inviolabilidade em relação "a intimidade, a vida privada, a honra e a imagem das pessoas, assegurado o direito a indenização pelo dano material ou moral decorrente de sua violação" (*sic*).

Nas relações de trabalho, como regra geral, não se adota a responsabilização objetiva, conforme disposto no art. 7º, inciso XXVIII, da CF(63), pelos danos morais e patrimoniais, ocorridos com o empregado.

(62) VIII – a facilitação da defesa de seus direitos, inclusive com a inversão do ônus da prova, a seu favor, no processo civil, quando, a critério do juiz, for verossímil a alegação ou quando for ele hipossuficiente, segundo as regras ordinárias de experiências. Disponível em: http://www.planalto.gov.br/ccivil_03/leis/l8078compilado.htm. Acesso em: 21 out. 2021.

(63) Constituição Federal: Art. 7º São direitos dos trabalhadores urbanos e rurais, além de outros que visem à melhoria de sua condição social:

(...)

XVIII – Seguro contra acidentes de trabalho, a cargo do empregador, sem excluir a indenização a que este está obrigado, quando incorrer em dolo ou culpa.

No entanto, verificam-se exceções quando as atividades forem de risco acentuado, conforme previsto no parágrafo único do art. 927 do CC[(64)], a culpa do empregador passa a ser presumida, como nos casos de acidente de trabalho, incluindo aqui as doenças profissionais ou do trabalho, por força do art. 20 da Lei n. 8.213/1991[(65)].

No Brasil, tem-se entendido e defendido a presunção de culpa do empregador e, consequentemente, a inversão do ônus da prova em favor do empregado, em atividades de risco acentuado, adotando-se a responsabilidade objetiva, nesse sentido, o Tribunal Superior do Trabalho. A culpa é caracterizada pela infração a dever de cuidado que se espera em um padrão de normalidade e esse dever é mais acentuado em relação ao empregador, pois a ele cabe garantir a integridade física e psíquica de seus trabalhadores, no que tange aos limites de sua propriedade e ambiente laboral, nos termos do art. 7º, XXII, da CF[(66)].

Nesse sentido, a seguinte ementa:

> **3. Responsabilidade objetiva e inversão da prova nos acidentes de trabalho**
>
> Analisa os fundamentos da responsabilidade dos empregadores e tomadores de serviços, com relação às reparações por danos materiais, morais e estéticos decorrentes de acidentes de trabalho (CF/88, arts. 5º, X e 7,º XXVIII). Para tanto, foram analisadas as questões referentes às doenças ocupacionais e acidentes causados por danos gerais ao meio ambiente do trabalho, os acidentes nas atividades de risco, por falta de descumprimento de normas-padrão, por ato de terceiro (terceirizações), em relação ao servidor público e por ato inseguro de culpa exclusiva da vítima. Utiliza o princípio da harmonização das normas constitucionais para analisar o ônus da prova nos acidentes de trabalho, dando uma nova interpretação ao art. 7º, XXVIII da Constituição brasileira quanto à responsabilidade do empregador, fundamentando os casos em que a mesma deixa de ser subjetiva, tornando-se objetiva, invertendo-se o ônus da prova quanto à responsabilidade pelos prejuízos à saúde do trabalhador (MELO, Raimundo Simão de, jan. 2006. Disponível em: https://hdl.handle.net/20.500.12178/2696).

---

(64) Art. 927. Aquele que, por ato ilícito (arts. 186 e 187), causar dano a outrem, fica obrigado a repará-lo. Parágrafo único. Haverá obrigação de reparar o dano, independentemente de culpa, nos casos especificados em lei, ou quando a atividade normalmente desenvolvida pelo autor do dano implicar, por sua natureza, risco para os direitos de outrem. Disponível em: http://www.planalto.gov.br/ccivil_03/leis/2002/l10406compilada.htm. Acesso em: 21 out. 2021.

(65) Lei n. 8.213, de 24 de julho de 1991. Art. 20. Consideram-se acidente do trabalho, nos termos do artigo anterior, as seguintes entidades mórbidas: I – doença profissional, assim entendida a produzida ou desencadeada pelo exercício do trabalho peculiar a determinada atividade e constante da respectiva relação elaborada pelo Ministério do Trabalho e da Previdência Social; II – doença do trabalho, assim entendida a adquirida ou desencadeada em função de condições especiais em que o trabalho é realizado e com ele se relacione diretamente, constante da relação mencionada no inciso I.

(66) Art. 7º São direitos dos trabalhadores urbanos e rurais, além de outros que visem à melhoria de sua condição social (...)
XXII –redução dos riscos inerentes ao trabalho, por meio de normas de saúde, higiene e segurança; (...).

Quando se está diante de um dano patrimonial ou moral, no tratamento de dados do empregado pelo empregador, adota-se a responsabilidade subjetiva, nos termos do art. 42 da LGPD. No entanto, poderá haver inversão do ônus da prova a favor do titular dos dados, "se o juiz entender que há verossimilhança quanto à alegação, houver hipossuficiência para fins de produção de prova ou quando a produção de prova pelo titular resultar-lhe excessivamente onerosa", conforme § 2º do referido artigo.

4. Conclusão

O Direito de Personalidade se incorpora ao próprio conceito de pessoa, uma vez que a ele é inerente e decorre da proteção da dignidade humana. Assim, os direitos de personalidade tutelam a pessoa em diversos âmbitos, como o corpo, o nome, a voz, a intimidade, a privacidade, a honra subjetiva e honra objetiva, a imagem, a reputação, a dignidade, a integridade, entre outros.

Vale ressaltar que o Direito de Personalidade foi consagrado em normas jurídicas, primeiramente, no Direito Civil e, posteriormente, em previsões constitucionais, sendo contemplados na Constituição da República portuguesa de 1976 e na Constituição Federal brasileira de 1988.

Ocorre que em Portugal, o Direito de Personalidade foi tratado, expressamente, no Código do Trabalho português de 2003, no Título II – Contrato de Trabalho, Capítulo I – Disposições Gerais, Secção II – Sujeitos, Subsecção II – Direitos da Personalidade, nos art. 14º a 22º, enquanto o legislador brasileiro infraconstitucional não o fez expressamente.

No contrato de trabalho, o Direito de Personalidade deve ser exercido com dupla baliza, onde existe o limite ao poder diretivo do empregador e, em contrapartida, o limite do direito do empregado, quanto à prática de atos da esfera extralaboral que possam comprometer a imagem do empregador perante terceiros, bem como a confiança que o empregador nele deposita.

O ordenamento jurídico português abraçou a tutela dos direitos de personalidade em todas as suas dimensões, seja no campo do Direito Civil, seja de forma expressa no art. 16º do Código do Trabalho, tornando-se o direito português como protagonista do sistema jurídico efetivo, transformando o direito de personalidade como a espinha dorsal do sistema jurídico em Portugal.

Considerando que os Direitos de Personalidade e seus reflexos dentro do Direito à Intimidade e à Privacidade levou à necessidade de leis de proteção de dados, sendo o RGPD exemplo disso, que abriu espaço para tratar o assunto em nível laboral, enquanto a LGPD no Brasil trata da proteção de dados, de modo geral, sem especificar o âmbito de atuação na seara contratual laborista.

Referências

CALVO, José López. *La adaptación al nuevo marco de protección de datos tras el RGPD y la LOPDGDD*. 2. ed. Espanha: Wolters Kluwer España S.A., 2019. ISBN 978-84-9090-345-2.

CANOTILHO, Jose Joaquim Gomes. *Direito constitucional e teoria da Constituição*. 7. ed. Coimbra: Almedina, 1997. ISBN 978-972-40-2106-5.

CARLOTO, Selma. *Lei Geral da Proteção de Dados* — Enfoque nas relações de trabalho. 2. ed. São Paulo: LTr, 2021. ISBN 978-65-5883-072-6.

CORDEIRO, A. Barreto Menezes. *Direito da proteção de dados, à luz do RGPD e da Lei n. 58/2019*. Coimbra: Almedina, 2020. ISBN 978-972-40-8304-9.

CORREIA, Victor. *Da privacidade* — Significado e valor. Coimbra: Almedina, 2018. ISBN 978-972-40-7744-4.

FRAZÃO, Ana. Direitos básicos dos titulares de dados pessoais. *Revista do Advogado*, São Paulo, ano 39, n. 144, nov. 2019. ISSN 0101-7497.

LIMA FILHO, Francisco das Chagas. Direito à autodeterminação informativa: Limite ao poder de recolhimento, armazenamento, manipulação e uso dos dados do trabalhador. *Revista Magister de Direito do Trabalho*, v. 12, n. 67, p. 85 -94, jul./ago. 2015.

MOREIRA, Teresa Alexandra Coelho. *A privacidade dos trabalhadores e as novas tecnologias de informação e comunicação* — Contributo para um estudo dos limites do poder de controlo electrónico do empregador. Coimbra: Almedina, 2010. ISBN 978-972-40-4208-4.

OLIVEIRA, Dânton Hilário Zanetti de; FREITAS, Cinthia Obladen de Almendra. A proteção de dados pessoais como direito e garantia fundamental na Constituição da República de 1988. In: FERRAZ, Miriam Olivia Knopik; VETTORAZZI, Karlo Messa (Orgs.). *Law Experience 2020* — Direitos fundamentais e a era tecnológica. Curitiba: FAE/Bom Jesus, 2020. p. 37. Disponível em: https://drive.google.com/file/d/1Bl6r8vXEtomkhsKN7SNwX0W-ypSrVKVn/view. Acesso em: 30 out. 2021.

REDINHA, Maria Regina; GUIMARÃES, Maria Raquel. *Estudos em homenagem ao professor doutor Jorge Ribeiro de Faria*. Coimbra: Coimbra Editora, 2003. ISBN 972-32-1190-4.

RODRÍGUEZ, Victor Gabriel. *Tutela penal da intimidade:* perspectivas da atuação penal na sociedade da informação. São Paulo: Atlas, 2008.

Divisão Sexual do Trabalho. Gênero: Discriminação e Desigualdade de Oportunidades. Julgamento com Perspectiva Antidiscriminatória

Regina Aparecida Duarte[1]

Introdução

Honrada com o convite da Desembargadora Jucirema Godinho Gonçalves, para escrever artigo que comporá a próxima Revista da nossa Associação, a AMATRA, deliberei escrever sobre a Divisão Sexual do Trabalho com foco na discriminação de gênero, uma vez constatarmos, num mundo pós-moderno[2], que se diz atualizado e evoluído, uma renitência no reconhecimento de verdade atenuada pela aquarela da neutralidade e da imparcialidade que, a nosso ver, não corrigem desigualdades estruturais.

Assim, neste texto, iniciamos com uma abordagem sobre a origem e a permanência da divisão sexual do trabalho até nossos tempos, discorremos sobre a igualdade e a não discriminação perante a lei, mencionando as principais normas cogentes a este respeito e ousamos analisar, ainda que resumidamente, o Protocolo para Julgamento com Perspectiva de Gênero, de 2021, elaborado pelo Conselho Nacional de Justiça, como forma de orientação de magistradas e magistrados.

A intenção é demonstrar como a divisão sexual do trabalho, que nasce no âmbito familiar, tem efeitos nefastos para a mulher em sua colocação e permanência no mercado de trabalho, para o que citamos, no fim, como referência, acórdãos de nossa relatoria, em que procuramos utilizar o referido Protocolo, na busca de uma justiça mais humana.

---

(1) Graduada pela FADUSP — Faculdade de Direito da Universidade de São Paulo. Doutora em Direito pela FADUSP. Desembargadora do Trabalho, TRT-2-Tribunal Regional do Trabalho da 2ª Região. Presidente do Subcomitê de Gestão Socioambiental e do Plano de Logística Sustentável do TRT-2. Integra a APDT — Academia Paulista de Direito do Trabalho na cadeira 24.

(2) CHEVALIER, Jacques. *O Estado Pós-Moderno*. 1. ed. Belo Horizonte: Fórum, 2009. p. 20.

I. Origem e permanência da divisão sexual do trabalho

Falar sobre a divisão sexual do trabalho, com foco em gênero e nas decorrências que advêm deste fato incontestável, nos remete precisamente a um lugar, a um período da nossa vida, do qual nunca nos esquecemos. A infância.

Em casa, éramos meu pai, minha mãe e 3 (três) filhos, sendo eu a do meio, mulher, e meus irmãos, homens.

Eu me lembro bem. Tinha 8 (oito) anos.

Havia um programa na TV, de final de tarde, por volta das 17:30h, a que eu adorava assistir. O jantar em casa era cedo, pois o dia também se iniciava muito cedo, quando o sol só principiava a nos banhar calidamente.

Chegávamos da Escola por volta das 17:30h e era obrigatório tirar o uniforme, procedimento de que eu não gostava, pois me atrasava demais. Queria ir direto para a TV assistir ao programa de uma linda moça, de nome Marcia.

Porém, eu podia ficar ali só uns 20 (vinte) minutos, pois teria de colocar a toalha, os pratos, os copos, os talheres, os guardanapos e os aparadores na mesa da sala de jantar. Esta cena me vem rotineiramente à cabeça porque se refere, intrinsecamente, à questão objeto deste texto, ou seja, a divisão sexual do trabalho e sua histórica origem,

Assim, porque, enquanto eu deixava de assistir ao meu programa favorito, meu irmão mais velho podia ficar assistindo, ou fazendo o que desejasse.

Por qual razão?

Todos sabem:

O papel de arrumar a mesa era das meninas.

E a cena volta à minha mente e continuo a me lembrar, como se fosse hoje, dado o meu desagrado, não pelo trabalho em si, mas porque se meu irmão me ajudasse a enxaguar e enxugar os pratos, após o jantar, na sequência que se repetia diariamente, o trabalho seria dividido e todos poderíamos fazer o que nos aprouvesse mais cedo. Brincar, ler etc.

A discriminação de gênero era patente, pelo que me lembro, em quase todas as casas das pessoas com quem eu convivia e nas quais habitassem meninas, minhas amigas.

Da mesma forma, se notava a discriminação quando da distribuição de livros para nossa leitura.

Eu ficava embevecida quando tateava os livros de capa dura que meu irmão ganhava. Eram os Doze Trabalhos de Hércules, a coleção do Monteiro Lobato e muitos outros.

Para mim, libretos do tipo brochuras com ilustrações contendo fadas e príncipes encantados. Nunca uma coleção.

Marcou.

E foi, exatamente, me lembrando disso tudo a que me referi acima, que o tema da divisão sexual do trabalho veio à tona e que pude constatar o acerto das minhas conclusões, agora na vida mais do que adulta, e das consequências que tais procedimentos poderiam ter me acarretado, caso eu não tivesse o temperamento aguerrido que o viver me atribuiu.

Conheci, pois, a SOF — Sempreviva Organização Feminista, cujo sítio contém várias publicações, entre elas, uma que me encantou não só por sua clareza, mas também pela suavidade com que uma das autoras, Nalu Faria, psicóloga, discorre sobre a divisão sexual do trabalho em termos bastante amplos, adjetivando tal divisão como histórica, não imutável, mas, permanente, com foco em 2 (dois) princípios, quais sejam, o da separação e o da hierarquia(3).

Ao discorrer sobre o tema chama nossa atenção como a autora citada se refere à naturalização da desigualdade "que empurra para o biológico as construções sociais e as práticas de homens e mulheres. Ou seja, atribui a uma essência biológica como parte da natureza, a construção do masculino e do feminino. Mas é preciso articular a ideologia, a reprodução simbólica, com a existência de uma base material. Neste sentido, é importante chamar a atenção para o fato de que, muitas vezes, o conceito de divisão sexual do trabalho fica reduzido às estatísticas sobre as diferenças de inserção no mercado de trabalho de homens e mulheres. Isso não dá conta da complexidade deste conceito, que faz parte de um processo da luta e da organização feminista, e que busca justamente entender como se transforma em desigualdade o trabalho entre homens e mulheres"(4).

O assunto deve, assim, ser colocado sob análise mais profunda, porque atribuir a divisão do trabalho em causa e nos remeter a diferenças sobre a integração de homens e mulheres no mercado de trabalho pode não explicar tudo.

É fato que estudos existentes sobre o mercado de trabalho e, principalmente, sobre a inserção da mulher, questões sobre as quais já nos debruçamos anteriormente, podem explicar em números como ocorre esta inserção. São dados estatísticos.

Foi sob esse prisma que publicamos artigo intitulado "O Mercado de Trabalho e a Mulher", em que dissemos em termos bastante objetivos que, se perquirirmos a razão de toda essa problemática, a eleição da renda para medir a discriminação, padronizada pelo número de horas trabalhadas em todos os tipos de trabalho, foi uma escolha feliz do Ministério do Trabalho, Planejamento, Orçamento e Gestão, por intermédio do IPEA

---

(3) FARIA, Nalu. Divisão Sexual do Trabalho. *Sempreviva Organização Feminista.* Disponível em: https://www.sof.org.br.

(4) *Idem.*

— Instituto de Pesquisa Econômica Aplicada. Sob o título "O Perfil da Discriminação no Mercado de Trabalho — Homens Negros, Mulheres Brancas e Mulheres Negras", o IPEA realizou interessante pesquisa na qual baseei o trabalho mencionado[(5)].

As estatísticas, por certo, nos auxiliam na constatação da existência de diferença de oportunidades de admissão ao emprego e de permanência em empregos, sobre o que inúmeros trabalhos sérios já foram publicados.

Há de se ver, no entanto, ao considerarmos a convicção recorrente de que a mulher trabalha em dobro, porque em proveito de outrem e no âmbito residencial, que tal fato constitui-se de uma verdade incontestável.

A respeito do assunto, ao discorrer sobre a divisão sexual do trabalho, a autora que já citei se refere como se enuncia:

> "A emergência do conceito da divisão sexual do trabalho teve um papel muito importante para questionar o que era a definição clássica de trabalho. As feministas que discutiram a divisão sexual do trabalho estavam no campo do marxismo. Elas problematizaram que o debate de classe não explicava e não dava conta do conjunto da realidade do trabalho. Num primeiro momento, parecia haver uma destinação dos homens ao trabalho chamado produtivo e uma destinação prioritária das mulheres ao trabalho reprodutivo. Mas o que se viu foi muito mais do que isso. Nós, mulheres, estávamos e estamos simultaneamente nas duas esferas: no trabalho produtivo e no trabalho reprodutivo.[(6)]

Dessa ordem de ideias, vem a questão que o capitalismo nos impõe, como de fato o faz, na medida em que só é reconhecido como trabalho aquele que pode ser vendido, comprado ou trocado, ou aquele que tem algum valor neste sentido, deixando de ser consideradas aquelas atividades atribuíveis a todo ser humano e necessárias à sua existência e sobrevivência.

Entre as atividades citadas, se insere com força o trabalho doméstico e o de cuidados em geral, que têm como regra sido atribuídos a mulheres. Tais atividades, de extrema necessidade no âmbito residencial e familiar, constituem-se de atividades não monetárias que, por certo, deveriam ser consideradas como integrantes da economia. Ninguém pode se ativar fora do âmbito residencial sem a prestação de serviços domésticos contratados e aqui há valor econômico.

---

(5) DUARTE, Regina A. A Mulher e a Justiça. *Revista do IASP*, São Paulo, p. 39-59, 2009.

(6) *Idem*.

Porém, não é raro encontrarmos situações de famílias em que mulheres, nascidas antes de homens e solteiras. sacrificam sua vida em prol de cuidados dos idosos da família. E dizem que este trabalho não tem valor monetário.

É claro, assim, que o trabalho de reprodução, além de outras várias atividades que, aparentemente, não têm valor monetário, integram a economia, independentemente de a pessoa, seja homem ou mulher, estar formalmente inserida no mercado de trabalho. Pensar assim, o que eu reputo correto, implica, há alguns anos, a retomada da agenda econômica pela mulher e por seus próprios méritos, considerando-se que a sociedade em geral tem uma dívida histórica para conosco, que precisa ser paga, e a luta deve ser de todas nós, a par do fato de muitas de nós termos conseguido galgar postos de trabalho e cargos que a sociedade valoriza.

A conclusão, a respeito da divisão sexual do trabalho, nos remete ao reconhecimento de que estamos a tratar de procedimento histórico. Repete-se ao longo dos anos sob várias modalidades porque o entendimento desta questão parte da necessidade de entendermos tudo numa visão de conjunto, que envolve solidariedade, reciprocidade, identificação de questões a serem narradas por aqueles que podem fazê-lo, diante de experiências concretas, e que vão muito além da análise de dados sobre se evoluiu ou não o acesso e a permanência da mulher no mercado formal de trabalho. A discussão também passa pela análise de políticas públicas e privadas, em todos os níveis, que, muitas vezes, têm bom conteúdo, mas, na prática, não são respeitadas.

II. Igualdade perante a lei e a não discriminação. Principais normas internacionais e nacionais aplicáveis

A desigualdade de gênero é um fato que não pode ser negado no mundo todo. Nem os países mais desenvolvidos são uma exceção à regra, de acordo com as estatísticas disponíveis. O fato não decorre da inexistência de regras legais, mesmo porque em todos os países pesquisados por nós há leis afirmativas no sentido da proteção das mulheres e da igualdade de gênero, numa tentativa de se estabelecer tal igualdade pelo viés da isonomia. Em verdade, a desigualdade de gênero existe devido a práticas sociais que, por diferentes razões, tenham se tornado usuais desde tempos antigos.

A questão da igualdade é o foco deste subtítulo, para cuja reflexão a todos convidamos, inclusive por meio da análise de questões deduzidas em juízo, que demonstram como a lei, por vezes, pode significar um obstáculo à contratação das mulheres.

No Brasil, aparentemente, não seria necessário promulgar leis de proteção da igualdade de gênero se as práticas sociais fossem modificadas, de acordo com as regras já existentes.

Dessa forma, a divulgação da ideia da igualdade de gênero, em especial entre operadores do Direito, partindo-se de uma visão mais ampla e diversa, e não apenas por se considerar suficiente que mulheres se igualem aos homens, mas no sentido da prática de um exercício contra a discriminação, deveria ser o nosso objetivo principal.

Igualdade significa a correspondência e proporção que se origina a partir de muitas partes de um todo uniforme. A igualdade de gênero revela, num conceito social, direitos iguais e as mesmas oportunidades para mulheres e homens compartilhados de forma justa.

Igualdade refere-se a direitos iguais perante a lei, como está expresso em inúmeros Diplomas, que contêm regras cogentes.

Liberdade, valorização de mulheres e homens em todos os aspectos da sociedade, como os políticos, econômicos, profissionais, familiares e pessoais, são os alvos a serem atingidos, tendo em vista o conceito de igualdade.

Igualdade, como princípio jurídico, constitui ideia reduzida que encontramos na lei (igualdade formal). Embora seja indiscutível a necessidade de regras escritas, em determinados períodos, por exemplo, com o fito de se abolirem privilégios, a ideia de igualdade percola seu sentido isonômico, que se traduz no fato de se tratar desigualmente aos desiguais.

Considerando-se a igualdade formal e material, **podemos dizer que o formal deve existir para proteger o direito à diferença.**

Sob o aspecto da distinção que se deva fazer entre sexo e gênero, é possível dizer que o primeiro se refere às peculiaridades biológicas e fisiológicas do ser humano, enquanto o segundo refere-se a uma construção cultural, de características masculinas e femininas. A partir desta diferença, o conceito de gênero é um conceito social, que toca diferenças entre homens e mulheres em seu processo de socialização, envolvendo qualidades e comportamentos esperados pela sociedade.

Na legislação brasileira, existem leis afirmativas estabelecendo a igualdade de gênero em vários Diplomas legais e lei esparsas que contemplam proteção específica para homens e mulheres.

Embora sejam necessárias leis para a proteção de trabalhadores, num país de diferentes regiões, condições socioeconômicas e educacionais, nossa experiência, como advogada por 33 (trinta e três) anos e, agora, no exercício da judicatura há 13 (treze) anos, revela a existência de uma verdadeira discriminação contra as mulheres, que pode até mesmo ser reforçada a partir da própria proteção legal. Tal discriminação se identifica em ações judiciais com relação a assuntos diversos, porquanto envolvem admissões e dispensas, promoção, equiparação salarial, bem como o tratamento dispensado pelos empregadores aos trabalhadores, em geral, sejam eles homens ou mulheres, no mundo do trabalho. Assim, vamos, de forma sucinta, discorrer sobre estes assuntos como segue.

Leis Antidiscriminação

Regras legais antidiscriminação no Brasil estão previstas, a título exemplificativo, na Constituição Federal, na Consolidação das Leis do Trabalho, no Estatuto da Criança e do Adolescente, na Lei de Proteção aos Idosos e no Código Penal.

A Constituição Federal de 1988 proíbe todas as formas de discriminação, concernente à idade, à raça, à cor, à nacionalidade, à deficiência, à religião, ao sexo, ao estado civil, à filiação política, à gravidez e à cidadania, pelos governos federal e estaduais e pela população brasileira.

Para facilitar a compreensão das leis e de diferentes regras em suas especificidades e complexidade, optei, neste texto, por uma visão simplificada da proteção em debate a partir já do **preâmbulo, da Constituição da República** do seguinte teor:

> Nós, representantes do povo brasileiro, reunidos em Assembleia Nacional Constituinte para instituir um Estado Democrático com o propósito de assegurar o exercício dos direitos sociais e individuais, a liberdade, a segurança, o bem-estar, o desenvolvimento, a igualdade e a justiça como valores supremos de uma sociedade fraterna, pluralista e sem preconceitos, fundada na harmonia social e comprometida, na esfera interna e internacional, com a solução pacífica das controvérsias, promulgamos, sob a proteção de Deus, a presente Constituição da República Federativa do Brasil.

Sobre **princípios constitucionais**, a Constituição Federal os enumera como sendo o da soberania, cidadania, dignidade da pessoa humana, valores sociais do trabalho e pluralismo político.

Quanto aos **objetivos do Estado**, a Constituição da República faz referência a se construir uma sociedade livre, justa e solidária; garantir o desenvolvimento nacional; erradicar a pobreza e a marginalização e reduzir as desigualdades sociais e regionais e a promover o bem de todos, sem preconceitos de origem, raça, sexo, cor, idade e quaisquer outras formas de discriminação.

Sobre **direitos constitucionais e garantias**, as regras aludem a direitos e garantias fundamentais e, no Capítulo I – Dos direitos e deveres individuais e coletivos dispõe que:

> Art. 5º **Todos são iguais perante a lei, sem distinção de qualquer natureza**, garantindo-se aos brasileiros e aos estrangeiros residentes no País a inviolabilidade do direito à vida, à liberdade, à igualdade, à segurança e à propriedade, nos termos seguintes: (...).[7]

No âmbito de proteção da criança e do adolescente, o **Estatuto da Criança e do Adolescente — Lei n. 8.069, de 31 de julho de 1990**, dispõe, em seu art. 5º, que nenhuma

(7) Disponível em: https://www.planalto.gov.br. Acesso em: 10 set. 2024.

criança ou adolescente será objeto de qualquer forma de negligência, discriminação, exploração, violência, crueldade e opressão, punido na forma da lei qualquer atentado, por ação ou omissão, aos seus direitos fundamentais. Contém complementação no sentido de que a crianças e adolescentes têm direito à liberdade, ao respeito e à dignidade como pessoas humanas em processo de desenvolvimento e como sujeitos de direitos civis, humanos e sociais garantidos na Constituição e nas leis(8).

A Lei n. 9.029, de 31 de abril de 1995, dispõe sobre **práticas consideradas discriminatórias no âmbito do trabalho**, tendo como principal lastro a proibição da adoção de qualquer prática discriminatória e limitativa para efeito de acesso à relação de emprego, ou sua manutenção, por motivo de sexo, origem, raça, cor, estado civil, situação familiar ou idade, ressalvadas, neste caso, as hipóteses de proteção ao menor previstas no inciso XXXIII do art. 7º da Constituição Federal. A mesma lei dispõe sobre quais são as práticas consideradas crime registrando cominações(9).

Sobre a **igualdade salarial**, promulgaram-se a Lei n. 14.611/2023, o Decreto n. 11.795/2023 e a Portaria n. 3.714/2023. Estas normas legais revelam preocupação e intenção de corrigir lacunas e de combater e eliminar as disparidades salariais com fundamento em gênero, proporcionando maior segurança atribuível às mulheres(10).

Na mesma esteira, o **Estatuto do Idoso** — Lei n. 10.741, de 1º de outubro de 2003, dispõe que nenhum idoso será objeto de qualquer tipo de negligência, discriminação, violência, crueldade ou opressão, e todo atentado aos seus direitos, por ação ou omissão, será punido na forma da lei. Dispõe sobre deveres e obrigações neste sentido da proteção do idoso, responsabilidade que atribui ao Estado, à sociedade considerando-se aqui todo e qualquer cidadão(11).

A promulgação da **Lei Maria da Penha** foi de grande valia e repercussão, promulgada como Lei n. 11.340/2006, que criou elementos para a prevenção e para se coibir a violência doméstica e familiar contra as mulheres, tendo sido reconhecida a discriminação com fundamento em gênero.

Além das proteções legais acima anotadas, registre-se a importância da Declaração Universal dos Direitos Humanos, de 1948, que estabelece a igualdade entre seres humanos que nascem livres e iguais em dignidade e direitos, e mesmo assim as mulheres só puderam exercer o direito de voto em 1932 e a união homoafetiva só foi objeto de lei específica em 2011(12).

---

(8) Disponível em: https://www.planalto.gov.br. Acesso em: 10 set. 2024.

(9) Disponível em: https://www.planalto.gov.br.

(10) *Idem.*

(11) *Idem.*

(12) Disponível em: https://pp.nexojornal.com.br/linha-do-tempo/2020/11/12/as-leis-antidiscriminacao-1988-a-2016.

Anote-se, ainda, a **Convenção n. 111 da OIT — Organização Internacional do Trabalho**, de 1958 (Decreto n. 62.150, de 19.01.1968) sobre discriminação em matéria de emprego e profissão, o Pacto Internacional sobre Direitos Civis e Políticos, de 1966 (Decreto n. 592, de 1922), o Pacto Internacional de Direitos Econômicos, Sociais e Culturais (1969), o Decreto n. 678, de 1922, e o Decreto n. 4.377, de 2002, que ratificou a Convenção sobre a Eliminação de Todas as Formas de Discriminação contra a Mulher, aprovada em 1979 pela ONU — Organização das Nações Unidas[(13)].

A Convenção de 1979 implicou a criação de um Comitê, cuja responsabilidade é garantir a aplicação da Convenção para a Eliminação de Todas as Formas de Discriminação contra a Mulher, composto por 23 (vinte e três) peritas de prestígio moral e de alta competência abarcada pela Convenção[(14)].

Registre-se a Lei n. 12.852/2013, o **Estatuto da Juventude**, que em seu art. 17 garante aos jovens a igualdade de direitos e oportunidades proibindo a discriminação por motivo de orientação sexual, além de raça e etnia, religião, opinião etc.[(15)].

Como se vê, temos leis que deveriam ser bastantes, aqui no sentido de suficientes, para regular o reconhecimento da igualdade e punir procedimentos antidiscriminatórios. Ocorre que a efetividade das leis entre nós é fluida.

Olhando para o passado de meio século, a Consolidação das Leis do Trabalho ainda congrega as regras mais importantes que regulam as relações de trabalho no Brasil. A formação de sua classe trabalhadora e das relações de trabalho não é compreensível sem se considerar a intervenção do Estado. Tal fato leva o ser trabalhador a demandar perante a Justiça de forma recorrente na busca da solução de litígios, o que revela uma liberdade limitada que, ao contrário de diminuir, aumenta o poder dos sindicatos, em meio a uma economia capitalista dependente.

A conclusão, no entanto, é que, em termos gerais, apesar de sua abundante e avançada legislação, os brasileiros e brasileiras se encontram mergulhados num mar de leis frustrantes.

No que se refere à efetividade das leis e ao tema central de nosso estudo, entendemos que a ação afirmativa — também denominada medida positiva, para combater a discriminação voltada a gênero — compreende especiais medidas para corrigir os efeitos da discriminação passada ou contínua, geralmente com efeitos temporários, de modo a estabelecer de fato a igualdade de oportunidades e de tratamento entre homens e mulheres.

(13) Disponível em: https://pp.nexojornal.com.br/linha-do-tempo/2020/11/12/as-leis-antidiscriminacao--1988-a-2016.

(14) Disponível em: https://www.gov.br-onu-1.

(15) Disponível em: https://www.planalto.gov.br.

Estas medidas destinam-se a um grupo particular, para eliminar e prevenir a discriminação, compensando desvantagens, decorrentes de atitudes e de estruturas baseadas em estereótipos relativas à divisão de papéis sociais entre homens e mulheres.

Algumas situações, que envolvem as relações entre quem contrata e quem é contratado, relacionadas ao ambiente de trabalho e ao tema da igualdade, nos faz lembrar de que a admissão da mulher ao trabalho já se inicia em desvantagem em relação aos homens, o que ousamos atribuir à fragilidade política feminina, de necessário reconhecimento numa sociedade em que, a maioria das regras foi idealizada e concretizada por homens. Neste cenário, o Brasil tem legislação suficiente e políticas públicas que contemplam a proteção da mulher sob o aspecto da não discriminação. No entanto, embora se note uma alteração comportamental no sentido de uma visível melhora na leitura do que é discriminação ou não, o fato é que atitudes enraizadas estruturalmente na nossa sociedade ainda permanecem e impedem o estabelecimento de verdadeira igualdade.

III. Protocolo: A atuação e julgamento com perspectiva antidiscriminatória e de gênero

O Conselho Nacional de Justiça desenvolveu e publicou, em 27.01.2021, a Portaria CNJ n. 27, que se constitui de um Protocolo denominado "Protocolo para Julgamento com Perspectiva de Gênero", com o objetivo de colaborar com a implementação de políticas de enfrentamento à violência contra as mulheres pelo Poder Judiciário e ao incentivo à participação feminina no mesmo Poder[16].

O Protocolo foi elaborado com a participação de todos os segmentos do Poder Judiciário, com o fito de alcançar a igualdade de gênero, Objetivo de Desenvolvimento Sustentável — ODS 5 da Agenda 2030 da ONU — Organização das Nações Unidas, a que se comprometeram o Supremo Tribunal Federal e o Conselho Nacional de Justiça.

Trata-se de uma direção no sentido de que, com base em considerações teóricas sobre a questão da igualdade, os julgamentos que ocorrem nos diversos âmbitos da Justiça possam ser aqueles que realizem o direito à igualdade e à não discriminação de todas as pessoas, de tal forma que, no exercício da jurisdição, no lugar da repetição de estereótipos e da perpetuação de diferenças, o juiz e a juíza consigam romper a cultura da discriminação e do preconceito.

No item 4 do Protocolo sob análise, o título foi destinado à Justiça do Trabalho.

Antes de discorrermos sobre o item 4 do Protocolo referido, nos propomos a, em breve relato, resumir as ideias que dele depreendemos, a começar de sua introdução.

Assim é que, em seu preâmbulo, o Protocolo sob análise contém a assertiva de que o Brasil, apesar de possuir uma Constituição comprometida com a igualdade, seja no

(16) Disponível em: htpps://www.cnj.jus.br.

tratamento igualitário, seja no dever positivo de promoção da igualdade, ainda enfrenta grandes desafios em termos de desigualdades sociais. Estas desigualdades são continuamente reiteradas por práticas políticas, culturais e institucionais, criando um cenário que revela frequentes discriminações de gênero. Tendo como premissa que o Direito exerce papel crucial em nossa sociedade, o Protocolo dispõe que, se interpretado e utilizado com comprometimento à **igualdade substancial**, o Direito se transforma em poderosa ferramenta para a promoção da justiça social. Foi neste sentido que ocorreu a criação do Protocolo, para orientar a magistratura a julgar casos concretos sob a ótica de gênero, com o objetivo de avançar na efetivação da igualdade e das políticas de equidade.

Alinhado com experiências internacionais de proteção, o Protocolo revela nítida intenção de impactar positivamente operadores do Direito no âmbito da Magistratura, numa tentativa de operar mudança cultural para a construção de um dos objetivos inscritos na Constituição da República, ou seja, o de construir uma sociedade mais livre, justa e solidária. Para tanto, o Protocolo contém as ferramentas necessárias em termos conceituais e como um guia traça orientação para quem desejar julgar com perspectiva de gênero. O que significa julgar com atenção às desigualdades existentes com o objetivo de neutralizá-las, para o alcance da igualdade substantiva almejada.

Nessa esteira, o Protocolo dispõe sobre conceitos que intitula de básicos, tais como os de sexo, gênero, identidade de gênero e sexualidade, a cuja leitura lhes convidamos.

Ainda, nessa primeira parte, que estou denominando de conceitual, o protocolo faz referência à desigualdade de gênero e este relacionando-o com o Direito. Em destaque, fala-se em **diferenças de valor entre gêneros** (a cultura valoriza mais o masculino em detrimento do feminino), **assimetria de poder** (relações interpessoais como a violência doméstica e sexual, mas que também existe numa estrutura social hierárquica que influencia o Direito), **patriarcado e interseccionalidade** (a complexidade das desigualdades de gênero variam conforme marcadores do tipo raça, classe, idade, por exemplo, que o conceito de patriarcado não consegue abarcar; a interseccionalidade incorporada em convenções internacionais dá conta de que diferentes formas de opressão interagem, criando múltiplos níveis de desigualdade) e **desigualdade e raça** (mulheres negras enfrentam opressões específicas devido a estereótipos racistas de gênero como a hipersexualização e o trabalho doméstico revelando tripla discriminação).

Sobre o tema central deste texto — a divisão sexual do trabalho e discriminação —, o Protocolo refere-se à construção histórica da divisão sexual, à associação do gênero masculino ao trabalho produtivo e do gênero feminino ao trabalho reprodutivo e de cuidado, como já mencionamos, e à desigualdade de oportunidades e de salários no mercado de trabalho. Ainda, sobre conceitos, o Protocolo menciona os estereótipos de gênero, que prejudicam grupos subordinados, perpetuando hierarquias sociais e a influência no Direito, por exemplo, no momento da apreciação de provas e tomada de decisões pelas magistradas e magistrados. A questão da violência de gênero é abordada como manifestação de desigualdade que não se resume a agressões físicas, porque inclui violência sexual, psicológica, patrimonial, moral, institucional e política, muitas vezes, relacionadas à subordinação e ao controle. E, ao se referir a **gênero e Direito, o Protocolo, a nosso ver, contém menção a ponto substancial para o entendimento de toda essa problemática, qual seja, a ideia de neutralidade e imparcialidade judicial.** A neutralidade, segundo entendi do protocolo, e me inspirando no conceito de imparcialidade a que se refere Amartya Sen(17), é um mito no contexto das influências do patriarcado e racismo na sociedade e no Direito, de tal forma que julgamentos imparciais estão a requerer posturas ativas para a desconstrução destes vieses. A aplicação igualitária do direito, sem consideração pelo contexto das desigualdades estruturais, não consegue oferecer soluções verdadeiramente emancipatórias uma vez que o direito reflete, historicamente, perspectivas de grupos dominantes, excluindo a experiência de grupos subordinados.

Em sequência, o Protocolo contém um guia para magistradas e magistrados para julgamento com perspectiva de gênero que, de forma didática, elenca os passos necessários ao julgamento com a perspectiva em causa. Mencionando a primeira aproximação do processo, os passos seriam a contextualização do conflito, a identificação de questões de gênero, e em que contexto o conflito está inserido, considerando-se assimetrias e interseccionalidade; identificação de questões, como a da violência contra a mulher, e situações em disputas trabalhistas envolvendo licença-maternidade e assédio sexual mediante análise com perspectiva de gênero. O guia reforça a necessidade de se ter atenção às desigualdades que podem afetar a participação da mulher no processo, levando em conta, por exemplo, a situação das lactantes ou de mães de filhos pequenos, fatores que podem implicar a necessidade de se considerarem riscos e necessidade de proteção com afastamento do agressor; a atenção também deve-se voltar à situação de privação econômica e cultural, motivos de perpetuação recorrente da violência de gênero. Consta do Protocolo referência ao momento da instrução processual, em audiência, produção e análise de provas, valoração destas e análise dos fatos, nestes, com ênfase na palavra da vítima e na consistência de seus depoimentos, evitando-se deixar de reconhecer que tais depoimentos não são lineares devido a trauma e evitando-se preconceitos de gênero quando da análise dos fatos. O guia contém menção à identificação das normas nacionais e internacionais aplicáveis, bem como a precedentes que possam influenciar o julgamento com a perspectiva de gênero. Contém referência ao controle de convencionalidade ou da compatibilidade das normas internas com os tratados internacionais de direitos humanos para garantia e proteção do direito das partes. Quanto à interpretação do Direito, o Protocolo enfatiza a interpretação não abstrata na busca das realidades de grupos subordinados com o fito de se evitar julgamento que não considere desigualdades estruturais. Cuida de demonstrar a necessidade de se analisar normas, evitando-se estereótipos que

(17) SEN, Amartya. *A Ideia de Justiça*. 1. ed. São Paulo: Companhia das Letras, 2011. p. 147.

possam afetar grupos subordinados, bem como de se cuidar do impacto que uma norma aparentemente neutra pode ter sobre grupos específicos, na busca de eliminar estas desigualdades.

No item 4, da Parte III, o Protocolo contém as regras que requerem nossa atenção, com foco específico na Justiça do Trabalho. O item se subdivide em outros 4 (quatro): Desigualdades e Assimetrias, Discriminação, Violência e Assédio no Ambiente de Trabalho e Segurança e Medicina do Trabalho.

Nossa proposta é analisar aqui o Protocolo em termos quanto à divisão sexual do trabalho e à discriminação, com o que, de início, a norma já se refere ao que caracteriza a divisão sexual do trabalho, nos mesmos termos que já foram acima analisados. A ênfase é no impacto que a desigualdade causa, tendo em vista a dupla jornada das mulheres, que combina trabalho remunerado com responsabilidades domésticas e de cuidado, limita seu tempo e energia para se dedicar à carreira, perpetuando desigualdades salariais e dificultando o acesso a melhores oportunidades de emprego. O Protocolo faz referência à persistência de padrões patriarcais ainda presentes, apesar do aumento da participação feminina em áreas tradicionalmente masculinas, numa demonstração de que mulheres que conseguem ascender profissionalmente muitas vezes precisam delegar atividades domésticas a outras mulheres, com o que se perpetua a baixa remuneração nestas últimas funções. Aqui cabe dizer o que contém o Protocolo no sentido de que há uma barreira que impede a ascensão da mulher na carreira, uma falsa impressão de igualdade de oportunidades, porquanto estereótipos machistas e a maternidade são utilizados como justificativas para limitar a progressão das mulheres.

Consta do Protocolo fato que é público, no sentido de que mulheres recebem salários inferiores aos dos homens mesmo no exercício da mesma função. Anote-se a menção ao fato de que, após a Reforma Trabalhista de 2017, a situação piorou, uma vez que foram reduzidas as oportunidades das mulheres que têm menor disponibilidade para fazer horas extras e cumprir outros requisitos do mercado de trabalho.

Os impactos da maternidade são expressamente referidos no Protocolo revelando discriminação e exclusão, visto que o mercado de trabalho é estruturado a partir de um padrão masculino, e as necessidades específicas das mulheres incomodam (gestação e lactação).

Segundo o Protocolo, fica evidente a discriminação já na fase pré-contratual, ou na seleção automatizada, embora velada, porque realizada por algoritmos automatizados que perpetuam vieses discriminatórios. Este sistema de seleção costuma penalizar grupos minoritários como o de mulheres negras e LGBTQIA+ ao replicar padrões históricos de exclusão, segundo o Protocolo. Fica difícil combater esta prática dada a falta de transparência que revela. Na fase contratual, propriamente dita, o Protocolo contém referência à reprodução de preconceitos, arraigados no imaginário social, que incluem desde tratamento desigual até a indução de pedidos de demissão em ambientes de trabalho tóxicos.

Finalizando, o item que aborda questões relativas à Justiça do Trabalho, o Protocolo se refere a assédio moral e sexual, sendo relevante registrar que as relações assimétricas de poder no ambiente de trabalho expõem trabalhadores e trabalhadoras, em especial, a situações de assédio moral e sexual, que ficam naturalizadas e impedem sua identificação e combate. Isso tudo impacta a carreira de mulheres e contribui para a disparidade salarial, dificultando a permanência no mercado de trabalho. O estigma associado à denúncia dessas práticas pode levar ao silenciamento e à revitimização das vítimas. Procedimentos conhecidos como *manterrupting* — interrupções de fala, *mansplaining* — explicações desnecessárias, *bropriating* – apropriação de ideias, contribuem para um ambiente de trabalho hostil. São práticas sutis que vão se acumulando e impactam a autoestima e o desempenho das mulheres no trabalho. Tudo isso consta do Protocolo. Estas práticas, segundo o Protocolo, são microagressões que, quando combinadas com outras, podem configurar um ambiente de assédio sexual, que é legalmente reconhecido mesmo na ausência de contato físico.

Com todas as dificuldades na constatação dos fatos, como acima demonstrado, é necessário reconhecer e valorizar as provas indiretas ou os indícios para a garantia de justiça às vítimas.

IV. Acórdãos do TRT da 2ª Região ilustrativos de atuação com perspectiva antidiscriminatória e de gênero

Transcrevemos, abaixo, ementas de acórdãos de nossa relatoria sobre julgamento com perspectiva de gênero e uma ementa do Tribunal Superior do Trabalho, procedimento que tem sido por nós adotado porque objeto de nossa preocupação.

PROCESSO TRT/SP N. 1001144-05.2023.5.02.0713

RECURSO ORDINÁRIO

RECORRENTE: M. J. M.

RECORRIDO: GOL LINHAS AÉREAS S.A.

ORIGEM: 13ª VARA DO TRABALHO DE SÃO PAULO – ZONA SUL

COMPANHIA AÉREA. COMISSÁRIAS DE BORDO. UNIFORMIDADE ESTÉTICA. EXIGÊNCIA DE MAQUIAGEM E APARÊNCIA PADRONIZADA. RESPONSABILIDADE PELOS CUSTOS. DECISÃO EM CONFORMIDADE COM O PROTOCOLO PARA JULGAMENTO COM PERSPECTIVA DE GÊNERO DO CONSELHO NACIONAL DE JUSTIÇA. A exigência imposta pelas companhias aéreas às comissárias de bordo para utilizarem maquiagem e manterem uma aparência padronizada guarda semelhanças com a exigência do uniforme tradicional. A padronização da maquiagem e da aparência visa à manutenção de uma imagem corporativa coesa e à projeção de uma identidade visual específica desejada pela empresa. Tal como o uniforme, esta padronização não é uma escolha pessoal das empregadas, mas sim um requisito imposto pela empresa. Deste modo, os custos adicionais decorrentes da necessidade de adquirir produtos de maquiagem e de manter a aparência conforme as diretrizes estabelecidas devem ser suportados pelo empregador. Recurso da autora ao qual se dá provimento.

PROCESSO TRT/SP N. 1001814-20.2023.5.02.0074

RECURSO ORDINÁRIO

RECORRENTE: L. F. S.

RECORRIDO:

P. P. S.

ORIGEM: 74ª VARA DO TRABALHO DE SÃO PAULO

LICENÇA DECORRENTE DE ABORTO ESPONTÂNEO – ART. 395 DA CLT – VIOLAÇÃO DOS DIREITOS DA EMPREGADA – DECISÃO EM CONFORMIDADE COM O PROTOCOLO PARA JULGAMENTO COM PERSPECTIVA DE GÊNERO DO CONSELHO NACIONAL DE JUSTIÇA. A empregada possui direito ao gozo de férias, afastamentos previdenciários, licenças e faltas justificadas, eis que destinados ao descanso e recuperação. A solicitação pelo empregador para que a empregada trabalhe durante tais períodos, deve ser interpretada como uma violação a este direito. É responsabilidade do empregador assegurar que o período de afastamento seja respeitado. Deste modo, quando tarefas são designadas a uma empregada durante um período de licença, não se deve presumir que o trabalho foi realizado por vontade própria e a licença não pode ser vista como regularmente usufruída. Devida a indenização substitutiva de duas semanas prevista no art. 395 da CLT. Recurso da autora ao qual se dá provimento. (*sic*)

PROCESSO TRT/SP N. 1000810-55.2022.5.02.0082

RECURSO ORDINÁRIO

RECORRENTE: I. S. P.

ASSOCIAÇÃO SAÚDE DA FAMÍLIA

RECORRIDO: I. S. P.

ASSOCIAÇÃO SAÚDE DA FAMÍLIA

ORIGEM: 82ª VARA DO TRABALHO DE SÃO PAULO

DANO MORAL. DISCRIMINAÇÃO. GESTANTE. O contrato de trabalho é sinalagmático, pois as partes se obrigam entre si, com satisfação de prestações recíprocas: força de trabalho *"versus"* salário. Observo, porém, que a força de trabalho tem a peculiar característica de estar intrinsecamente vinculada ao seu portador, o ser humano, com todos os seus limites físicos, psicológicos e morais. O empregado, pelo contrato laboral, negocia com a empresa unicamente sua força de trabalho, mas não seus direitos de personalidade, os quais são indisponíveis. A violação dos direitos de personalidade do trabalhador no processo de exploração da força de trabalho caracteriza o dano moral. No caso dos autos, considerando-se que a autora não foi promovida em virtude da gestação, correto o d. juiz de origem ao reconhecer o dano moral e fixar indenização correspondente.

No mesmo sentido, tem sido a jurisprudência do TST, no que concerne à necessidade de indenização pelos gastos com a aparência, conforme o seguinte aresto:

> (...) INDENIZAÇÃO POR GASTOS COM MAQUIAGEM, MANICURE, DEPILAÇÃO, RELÓGIOS E BRINCOS. IMPOSIÇÃO PATRONAL. TESE DO TRIBUNAL REGIONAL NO SENTIDO DE QUE É DO "SENSO COMUM" POR SER ADOTADA PELAS MULHERES "EM QUALQUER OUTRO EMPREGO QUE ENVOLVA EXPOSIÇÃO PÚBLICA". MAQUIADA. JULGAMENTO COM PERSPECTIVA DE GÊNERO. EXIGÊNCIAS QUE INTERFEREM NA CONDIÇÃO PESSOAL DA MULHER. NECESSIDADE DE RESPEITO À SUA AUTORREFERÊNCIA. PRÁTICA CARACTERIZADORA DO "DEVER SER" DE CADA SEXO. O entendimento pacífico desta Corte Superior é o de que devem ser restituídas as despesas com apresentação de pessoal — maquiagens, esmaltes, calçados e outros itens específicos de uso compulsório —, exigidos pelo empregador, em decorrência da natureza da atividade, considerando que o risco do empreendimento é do empregador, na forma do art. 2º da CLT. Ademais, não subsiste o entendimento de que a utilização de maquiagem era apenas recomendação da empresa e não constituía obrigatoriedade. Precedentes. Vale ressaltar que o Protocolo para Julgamento com Perspectiva de Gênero 2021, formulado pelo Conselho Nacional de Justiça, recomenda o uso de lentes de gênero, quando se observa relações assimétricas de poder, de modo a evitar avaliações baseadas em estereótipos e preconceitos existentes na sociedade, como ocorreu no caso concreto. Conforme orientação formulada pelo Conselho Nacional de Justiça, no referido protocolo, o Poder Judiciário deve ficar atento à presença de estereótipos e adotar postura ativa em sua desconstrução. De acordo com a citada recomendação, tal mudança impõe tomar consciência da existência de estereótipos, identificá-los em casos concretos, refletir sobre os prejuízos potencialmente causados e incorporar essas considerações em sua atuação jurisdicional. Em vista de tais fundamentos, verifica-se que a decisão recorrida parte de estereótipo atribuído à mulher, adota visão machista, ao presumir que o uso de maquiagem integra o senso comum, ou seja, todas as mulheres devem sempre se apresentar maquiadas e muito provavelmente de acordo com padrões estabelecidos por consenso fixado a partir da ótica do julgador, o que constitui equívoco e caracteriza o que a doutrina qualifica como "dever ser de cada sexo", ao considerar que certas características ou condutas humanas são mais apropriadas para um sexo do que para outro (estereótipos e papéis de gênero). A mulher tem o direito de se maquiar ou não e a ela cabe definir a forma como se apresenta na vida, para si, para a sociedade e para o mundo, sem estar vinculada a estereótipos, da mesma forma como ocorre com o homem. Cada um decide segundo a sua ótica pessoal. Se o empregador exige uniforme, a jurisprudência antiga e remansosa desta Corte lhe atribui o custeio. Se há exigências impostas por regras outras (saúde pública, higiene alimentar ou segurança do trabalho, por exemplo), de igual forma o custeio a ele pertence. A mesma compreensão deve estar presente nos demais itens que fazem parte de exigências semelhantes. Recurso de revista conhecido e provido. (...) (RR n. 1001898-12.2016.5.02.0706, 7ª Turma, relator Ministro Claudio Mascarenhas Brandao, *DEJT* 30.06.2023)

Como visto, vários são os casos que comportam análise e atenção ao que dispõe o Protocolo para Julgamento com Perspectiva de Gênero, como se demonstra por meio da transcrição acima. O exercício que todos devemos incorporar ao nosso olhar no ato de julgar é urgente, para que se complete, a nosso ver, de maneira mais humana e justa a prestação jurisdicional.

VI. Conclusão

Atendendo ao escopo deste trabalho, urge que possamos influenciar nossos pares no sentido da adoção, incontinenti, de toda ideia proveniente da identificação e do reconhecimento de que o mundo entre gêneros não é igual. Partindo desta premissa inquestionável, aceitar, sem preconceitos, a existência das desigualdades e da discriminação de gênero, e não só nos termos colocados neste texto singelo, é o ponto inicial, a fonte, na qual podemos beber ideias comprometidas com foco em nossas condutas futuras, quando do julgamento dos recursos que chegam às nossas mãos.

É importante, ainda, que reconheçamos a divisão sexual do trabalho como uma conduta de raiz histórica e como um dos propulsores de desigualdades, de tal forma que, entendendo os efeitos desta divisão, possamos discutir, informar e corrigir, quando possível, o olhar inebriado por estereótipos que nos entranham, em nossas relações sociais.

É lembrarmos que a divisão sexual do trabalho se inicia no âmbito familiar e se perpetua, repetidamente, em detrimento da mulher, de maneira a impedi-la de prosseguir, no mundo do trabalho, em igualdade de condições com o gênero masculino.

É nosso desejo que, num futuro próximo, o tema da igualdade substancial nem seja mais tema a ser debatido, mas apenas uma lembrança fugidia, de tempos que já passaram.

Referências

CHEVALIER, Jacques. *O Estado Pós-Moderno*. 1. ed. Belo Horizonte: Fórum, 2009.

FARIA, Nalu. Divisão Sexual do Trabalho. *Sempreviva Organização Feminista.* Disponível em: https://www.sof.org.br.

DUARTE, Regina A. A Mulher e a Justiça. *Revista do IASP*, São Paulo, p. 39-59, 2009.

SEN, Amartya. *A Ideia de Justiça*. 1. ed. São Paulo: Companhia das Letras, 2011.

Da Definição da Escravidão de Acordo com a Corte Interamericana de Direitos Humanos à Luz do Caso Trabalhadores da Fazenda Brasil Verde *vs.* Brasil

Rodrigo Rocha Gomes de Loiola[(1)]

Francisco José Rocha Pereira[(2)]

Resumo: Objetiva-se neste artigo analisar a sentença da Corte Interamericana de Direitos Humanos (CIDH) que se debruçou sobre o assunto ao tratar do caso Trabalhadores da Fazenda Brasil Verde *vs.* Brasil. Tem-se, como pergunta de pesquisa, a seguinte: o que a CIDH entende como escravidão? Foram adotadas abordagens variadas de pesquisa qualitativa, a partir de revisão bibliográfica disponível sobre o tema. Concluiu-se que a escravidão é forma de exploração que rouba a dignidade do trabalhador, muitas vezes, mediante o cerceamento da liberdade.

Palavras-chave: Trabalho — Escravidão — Dignidade — Ilegalidade.

Introdução

O trabalho escravo é secular e sempre foi um problema global que, ao longo dos anos, vem sendo combatido ferozmente por institutos e organismos internacionais ligados aos direitos humanos, principalmente depois da Primeira Guerra Mundial, com a criação da Organização Internacional do Trabalho (OIT), em 1919.

---

(1) Mestre em Direito Internacional pela Universidade Católica de Santos (UNISANTOS). Especialista em Direito e Processo do Trabalho pela Universidade de Fortaleza. Graduado em Direito pela Universidade Federal do Ceará (UFC). Juiz do Trabalho Substituto do Tribunal Regional da 2ª Região.

(2) Mestre em Direito Internacional pela Universidade Católica de Santos (UNISANTOS). Especialista em Direito Processual (Civil, Penal e Trabalhista) pela Faculdade Maurício de Nassau de Recife (PE). Graduado em Direito pela Universidade Federal de Campina Grande (UFCG). Analista Judiciário, Área Judiciária, do Tribunal Regional do Trabalho da 13ª Região – PB. 7ª Vara do Trabalho de Campina Grande-PB.

Inúmeras são as nomenclaturas atribuídas ao que se pode chamar de fenômeno de exploração ilícita e precária do trabalho, que também pode ser denominado de trabalho forçado, trabalho escravo, exploração do trabalho, semiescravidão, trabalho degradante, entre outros, e tais denominações são utilizadas indistintamente para tratar da mesma realidade jurídica.

Dados do ano de 2016 da OIT estimam que mais de 40 milhões de pessoas no mundo foram vítimas da escravidão moderna naquele ano. No Brasil, segundo dados do Observatório Digital do Trabalho Escravo, órgão de monitoramento criado pelo Ministério Público do Trabalho em parceria com a OIT, estima-se que de 1995 a 2023, foram libertados 63.516 trabalhadores que estavam em situação análoga à escravidão(3). É nesse contexto que se insere o objeto deste estudo, na medida em que se propõe a analisar decisão da Corte Interamericana de Direitos Humanos (CIDH) datada de 20 de outubro de 2016 onde se julgou o Caso dos Trabalhadores da Fazenda Brasil Verde *vs.* Brasil.

O caso se referia à suposta prática de trabalho forçado e servidão por dívidas na Fazenda Brasil Verde, localizada no Estado do Pará, fatos estes que se enquadravam em um contexto, à época, no qual milhares de trabalhadores eram submetidos anualmente a trabalho escravo. Fundamenta-se a decisão, entre outras provas, em depoimentos de trabalhadores que conseguiram fugir da Fazenda em questão e que declararam a existência de ameaças de morte caso abandonassem a fazenda, o impedimento de saírem livremente, a falta de salário ou a existência de um salário ínfimo, o endividamento com o fazendeiro, a falta de moradia, alimentação e saúde dignas.

Além disso, imputou-se ao Estado brasileiro suposta responsabilidade sobre esta situação por ter conhecimento da existência destas práticas em geral e não teria adotado as medidas razoáveis de prevenção e resposta, nem fornecido às supostas vítimas um mecanismo judicial efetivo para a proteção de seus direitos, a punição dos responsáveis e a obtenção de uma reparação.

Por fim, alega-se a responsabilidade internacional do Estado pelo desaparecimento de dois adolescentes que haviam sido cooptados a trabalhar na Fazenda Brasil Verde, o qual foi denunciado a autoridades estatais sem que, supostamente, houvessem sido adotadas medidas efetivas para determinar o seu paradeiro.

Nesse contexto, busca-se compreender o conceito de trabalho escravo, partindo do estudo da importância do princípio da dignidade da pessoa humana, passando pela conceituação de trabalho escravo e finalizando com a análise do caso em si.

Assim, tem-se como pergunta de pesquisa a seguinte: o que a CIDH entende como escravidão? A hipótese a ser testada é a de que a escravidão moderna é uma forma

(3) MINISTÉRIO PÚBLICO DO TRABALHO. *Observatório Digital do Trabalho Escravo no Brasil:* 2017. Disponível em: http://observatorioescravo.mpt.mp.br. Acesso em: 18 set. 2024.

de labor que desrespeita a dignidade humana por não oferecer as mínimas condições de trabalho tendo, ainda, como característica, muitas das vezes, a privação da liberdade do trabalhador.

Para tanto, em virtude da temática proposta na pesquisa se constituir como fenômeno multifacetado e amplo, composto de aspectos diversificados, foram adotadas abordagens variadas de pesquisa, aplicando métodos específicos, conforme o tipo de informação a ser encontrada ou fonte de pesquisa a ser trabalhada, mediante pesquisa qualitativa, a partir de uma revisão bibliográfica (livros, periódicos, jornais, revistas, trabalhos acadêmicos, normas nacionais e internacionais pertinentes à matéria, decisões judiciais e demais fontes sobre o assunto) de parte da literatura jurídica disponível sobre o tema, bem como pesquisa quantitativa, e, primordialmente, a análise da sentença da Corte Interamericana no Caso dos Trabalhadores da Fazenda Brasil Verde *vs.* Brasil.

1. Da definição da escravidão de acordo com a Corte Interamericana de Direitos Humanos à luz do caso Trabalhadores da Fazenda Brasil Verde *vs.* Brasil

1.1. O princípio da dignidade da pessoa humana e o trabalho escravo

A dignidade do trabalhador e a busca do trabalho descente são questões que ocupam o debate nacional e internacional, pondo-se como ponto relevante para todo e qualquer pensamento jurídico que se pretenda sério. Nessa seara, o Brasil, apesar de signatário de diversos tratados internacionais que disciplinam o tema, e tratar expressamente em sua Carta Magna a dignidade da pessoa humana como preceito fundamental, ainda traz, entre seus domínios, o atraso do trabalho análogo à escravidão(4).

Década após década, esse tipo de trabalho foi evoluindo em sua formatação, deixando para trás aquele modelo de escravidão tradicional, em que os indivíduos nascem dentro de famílias escravas e continuam nessa condição até o fim de suas vidas, com pouca ou nenhuma chance de deixarem a escravidão, para constituir-se em modelo servil que abarca as mais diversas formas de coerção, o que vem sendo chamado de "escravidão moderna"(5).

Não obstante as diversas denominações, podemos afirmar que qualquer trabalho que não reúna as condições mínimas necessárias para garantir os direitos do trabalhador, seja cerceando sua liberdade, seja menosprezando sua dignidade, ou até mesmo sujeitando-o

(4) KERSTING, Thais Pereira; PUHL, Andressa Janaína. Trabalho Escravo frente os Direitos Fundamentais do Trabalhador: Perspectiva de Erradicação. *Revista Jurídica UNIGRAN*, Dourados, v. 11, n. 22, jul./dez. 2009. Disponível em: http://www.unigran.br/revista_juridica/ed_anteriores/22/artigos/artigo10.pdf. Acesso em: 18 set. 2024.

(5) MERINO, Lucyla Tellez. *Direitos Humanos e Direito do Trabalho:* Enfoques Humanistas na Proteção dos Direitos Sociais. 2006. Dissertação (Mestrado em Direito) – Universidade de São Paulo, São Paulo, 2006.

a condições degradantes, inclusive em relação ao meio ambiente de trabalho, deve ser considerado trabalho em condição análoga à de escravo[6].

O princípio da dignidade da pessoa humana sempre foi tema de grande relevância para os estudiosos do assunto. A palavra princípio tem vários sentidos e, usualmente significa o começo, o início de tudo, a causa primária. Neste sentido, Espíndola[7] comenta que:

> Pode-se concluir que a ideia de princípio ou sua conceituação, seja lá qual for o campo do saber que se tenha em mente, designa a estruturação de um sistema de ideias, pensamentos ou normas por uma ideia mestra, por um pensamento chave, por uma baliza normativa, donde todas as demais ideias, pensamentos ou normas derivam, se reconduzem e/ou se subordinam.[8]

Em se tratando de normatividade, qualquer norma que venha surgir em um ordenamento jurídico não pode se contrapor ao princípio antes reconhecido para aquele tema, e o Princípio da Dignidade da Pessoa Humana é reconhecido pela Constituição brasileira. Assim sendo, normas secundárias não podem se contrapor a esse princípio.

A palavra dignidade acompanha o homem desde sua essência, quando se agregou a outros temas para sobreviverem às intempéries da vida. A dignidade da pessoa humana é tema corrente na sociedade, em qualquer que seja a época analisada, por abranger diversos valores comuns a qualquer sociedade. A dignidade da pessoa humana é conceituada por diversos estudiosos, porém, Sarlet[9] tem o seguinte magistério sobre o assunto:

> (...) temos por dignidade da pessoa humana a qualidade intrínseca e distintiva de cada ser humano que o faz merecedor do mesmo respeito e consideração por parte do Estado e da comunidade, implicando, neste sentido, um complexo de direitos e deveres fundamentais que asseguram a pessoa tanto contra todo e qualquer ato de cunho degradante e desumano, como venham a lhe garantir as condições existenciais mínimas para uma vida saudável, além de propiciar e promover sua participação ativa e corresponsável nos destinos da própria existência e da vida em comunhão com os demais seres humanos.[10] (*sic*)

---

(6) LYRA, Alexandre Rodrigo T da C. O Enfrentamento do Trabalho em Condição Análoga à de Escravo. *Revista Estudos Avançados*, v. 28, n. 81, p. 213-227, 2014. Disponível em: http://www.scielo.br/scielo.php?script=sci_arttext&pid=S010340142014000200015. Acesso em: 8 set. 2024.

(7) ESPÍNDOLA, Ruy Samuel. *Conceito de Princípios Constitucionais*. 2. ed. São Paulo: RT, 2001.

(8) *Idem*.

(9) SARLET, Ingo Wolfgang. *Dignidade da Pessoa Humana e Direitos Fundamentais na Constituição Federal de 1988*. 5. ed. Porto Alegre: Livraria do Advogado, 2007.

(10) *Ibidem*, p. 62.

Tem-se por esses fundamentos que dignidade é atributo intrínseco, da essência da pessoa humana, único ser que compreende o valor interno, superior a qualquer preço, que não admite substituição equivalente. Assim, a dignidade entranha e se confunde com a própria natureza do ser humano, por isso, a necessidade da constitucionalização do princípio da dignidade da pessoa humana, que se torna símbolo supremo da Democracia.

A Constituição Federal do Brasil, promulgada em 1988, como mencionado acima, colaciona o Princípio da Dignidade da Pessoa Humana em seu art. 1º, entre um dos fundamentos do Estado Democrático de Direito:

> Art. 1º A República Federativa do Brasil, formada pela união indissolúvel dos Estados e Municípios e do Distrito Federal, constitui-se em Estado Democrático de Direito e tem como fundamentos:
>
> (...)
>
> III – a dignidade da pessoa humana; (...).[11]

É por ferir gravemente esse princípio que o trabalho escravo ou, "modernamente", análogo à escravidão torna-se um tema tão importante, pois a escravidão é tão antiga quanto a história do homem e qualquer consideração sobre o trabalho escravo é sempre árdua por envolver diversos aspectos, conforme Melo[12]:

> (...) Com efeito, é necessário entender que 'a categoria trabalho não se circunscreve ao processo de produção e organização do trabalho dentro dos muros e paredes da empresa, mas se estende para fora, invade e modela a vida do trabalhador e suas relações com seus familiares, amigos e vizinhos'. A sua compreensão, portanto, vai além da dimensão exclusivamente socioeconômica, para alcançar os importantes aspectos social, moral e humano, o que incompreensivelmente não encontra guarida em certas formas de trabalho contemporâneo que se restringem a uma fria relação homem-máquina. [...] Finalmente é preciso compreender que o trabalho é meio de se ganhar a vida, e não de se perdê-la e, que, o ser humano, é o valor mais importante. Ele é o sujeito-fim de qualquer atividade ou ato humano.

Ainda é recorrente a ideia do estereótipo que surge no imaginário da maioria das pessoas, no qual o trabalho escravo é ilustrado pelo trabalhador acorrentado, morando na senzala, açoitado e ameaçado constantemente, quando, em verdade, o trabalho em

(11) BRASIL. Constituição (1988). *Constituição da República Federativa do Brasil*, de 5 de outubro de 1988.

(12) MELO, Raimundo Simão de. Dignidade da Pessoa Humana e Meio Ambiente do Trabalho. *Revista Direito do Trabalho*, v. 31, n. 117, p. 204-220, jan./mar. 2005. Disponível em: http://boletimcientifico.escola.mpu.mp.br/boletins/boletim-cientifico-n.-14-2013-janeiro-marco-de-2005/dignidade-humana-e-meio-ambiente-do-trabalho. Acesso em: 8 out. 2019.

condição análoga à de escravo não se caracteriza apenas por aquelas características, mas também pelas más condições de trabalho impostas ao trabalhador, ampliando a abrangência de seu conceito.

O conceito de trabalho forçado esteve presente desde 1930 nos debates da Organização Internacional do Trabalho, em especial, na Convenção n. 29, que teve sua ratificação no Brasil no ano de 1957. Este documento define o trabalho forçado como "todo trabalho ou serviço exigido de uma pessoa sob a ameaça de sanção e para qual ela não tiver se oferecido espontaneamente". A Convenção n. 105 (de 1957) também corrobora essa definição e teve sua ratificação no Brasil em 1965. De acordo com essas convenções, o trabalho forçado não pode ser equiparado a baixos salários ou más condições de trabalho. Ele inclui uma situação em que os trabalhadores perdem a liberdade.

Referida Organização Internacional do Trabalho (OIT) acompanha e monitora, mundialmente, as diversas formas de prática do trabalho escravo. A principal característica do trabalho escravo, segundo a OIT, é a falta de liberdade, cujas formas mais comuns de cerceamento são: servidão por dívida, retenção de documentos, dificuldade de acesso ao local e presença de guardas armados. Essas características, frequentemente acompanhadas de condições precárias de vida e de trabalho, são um absoluto desrespeito à dignidade de uma pessoa. Segundo Girardi *et al.*[13] (2014, p. 4):

> (...) as origens e as formas do cerceamento de liberdade dos trabalhadores são diversas, indo desde o isolamento geográfico até comportamentos ameaçadores dos empregadores. Elas envolvem, grosso modo, aspectos ligados ao local, transporte e alimentação. O trabalho ocorre em locais de difícil acesso, cujo custo de transporte normalmente é caro e debitado aos trabalhadores; a intermediação entre o trabalhador e o empregador é feita por pessoas inescrupulosas, conhecidas como "gato"; a alimentação, comprada em armazéns dos proprietários das fazendas a preços elevadíssimos, transforma-se em dívidas crescentes, as quais se acumulam com o pagamento da viagem e dos instrumentos de trabalho e proteção, que deveriam ser fornecidos pelo patrão. As atividades desenvolvidas pelos trabalhadores escravizados são árduas, geralmente associadas às condições degradantes, visto que geralmente os trabalhadores moram em barracos ou em alojamentos comunitários, cujas condições de higiene são as piores possíveis. (...)

A maioria dos trabalhadores libertados estão, predominantemente, nas zonas rurais e ligados às atividades agropecuárias, situação do caso em análise, uma vez que os trabalhadores, recrutados de diversas partes do país, foram prestar serviços numa fazenda de

(13) GIRARDI, Eduardo Paulon *et al.* Mapeamento do Trabalho Escravo Contemporâneo no Brasil: Dinâmicas Recentes. *Espaço e Economia*, v. 2, n. 4, p. 1-26, 2014. Disponível em: http://journals.openedition.org/espacoeconomia/804. Acesso em: 8 out. 2024.

grande porte no interior do Estado do Pará. Contudo, o crime também é cometido nas áreas urbanas relacionado, principalmente, às atividades de confecção e construção civil.

Exemplificativamente, o art. 149 do Código Penal vigente tipifica penalmente o trabalho em condição análoga à de escravo diante de quatro condutas específicas, quais sejam: a) sujeição da vítima a trabalhos forçados; b) sujeição da vítima à jornada exaustiva; c) sujeição da vítima a condições degradantes de trabalho; d) restrição, por qualquer meio, da locomoção da vítima em razão de dívida contraída com o empregador ou preposto(14). Cada um dos modos de execução, embora sejam caracterizados de maneira distinta, pode ser verificado na realidade das relações de trabalho combinados entre si.

Dito isso, é de se fazer uma análise do caso Fazenda Brasil Verde *vs.* Brasil, a fim de se estudar os elementos trazidos pela CIDH para reconhecer o trabalho escravo e, mais ainda, responsabilizar o Estado brasileiro.

1.2. O caso Trabalhadores da Fazenda Brasil Verde vs. *Brasil e sua conceituação do trabalho escravo*

Feitas tais considerações, passa-se à análise do caso Trabalhadores da Fazenda Brasil Verde *vs.* Brasil.

Segundo sentença da CIDH(15), a Fazenda Brasil Verde, de propriedade, na época dos fatos, de João Luiz Quagliato Neto, fica localizada no município de Sapucaia, no Pará, tendo uma área total de 8.544 hectares e sendo utilizada para a criação de gado.

Ocorre que, nos meses de dezembro de 1988 e janeiro de 1989, a Comissão Pastoral da Terra e a Diocese de Conceição de Araguaia, acompanhados de familiares de Iron Canuto da Silva e Luis Ferreira da Cruz, ambos menores, se direcionaram à Polícia Federal a fim de denunciar que seus parentes haviam sido vítimas da prática de trabalho escravo. É que tais trabalhadores foram arregimentados para o exercício profissional em tal fazenda. Ao tentarem abandonar esta, foram ameaçados e, posteriormente, desapareceram. No mesmo dia, um trabalhador que havia conseguido escapar narrou que os "peões" que desejassem sair de em paz precisavam fugir, caso contrário, sofriam ameaças de agressão ou mesmo de morte(16).

Segundo a sentença da CIDH(17), a Polícia Federal chegou a visitar o local, em 20 de fevereiro de 1989, não tendo encontrado vestígios de trabalho escravo. Entretanto, depois de entrevistas feitas com 51 trabalhadores, constataram-se os baixos salários e

(14) BRASIL. *Decreto n. 2.848, de 7 de dezembro de 1940*. Código Penal. Disponível em: http://www.planalto.gov.br/ccivil_03/decreto-lei/Del2848compilado.htm. Acesso em: 27 out. 2024.

(15) CORTE INTERAMERICANA DE DIREITOS HUMANOS (CIDH). *Caso Trabalhadores da Fazenda Brasil Verde* vs. *Brasil*. Exceções Preliminares, Mérito, Reparações e Custas, Sentença de 20 de outubro de 2016.

(16) *Idem.*

(17) *Idem.*

diversas infrações à legislação trabalhista. Observou-se, ainda, que os trabalhadores comumente fugiam em razão das dívidas contraídas para com a fazenda.

Cumpre salientar que houve diversas diligências ao longo dos anos em citada fazenda, sem qualquer punição aos responsáveis pela exploração dos trabalhadores. Em verdade, as autoridades, em quase todas as oportunidades, informaram não ter achado pessoas reduzidas à condição análoga à de escravo(18).

No ano de 1997, as pessoas de José da Costa Oliveira e José Ferreira dos Santos prestaram depoimento perante a sede da Polícia Federal em Marabá/PA, afirmando que, ao aportarem na fazenda para trabalhar, já se achavam devedores de valores relativos à hospedagem e a utensílios de trabalho. Além disso, informaram que recebiam ameaça de morte caso denunciassem o arregimentador, que a sentença chama pelo adágio popular de gato(19), bem como se tentassem fugir. Não bastasse isso, informaram que era prática comum os trabalhadores serem escondidos quando ocorria qualquer fiscalização por parte do Ministério do Trabalho(20).

Baseado nesta denúncia:

> o Grupo Móvel do Ministério do Trabalho realizou uma nova visita de fiscalização à Fazenda Brasil Verde nos dias 23, 28 e 29 de abril de 1997. O relatório da visita de fiscalização do Ministério do Trabalho concluiu que: i) os trabalhadores se encontravam alojados em barracões cobertos de plástico e palha nos quais havia uma "total falta de higiene"; ii) vários trabalhadores eram portadores de doenças de pele, não recebiam atenção médica e a água que ingeriam não era apta para o consumo humano; iii) todos os trabalhadores haviam sofrido ameaças, inclusive com armas de fogo, e iv) declararam não poder sair da Fazenda. Além disso, comprovou a prática de esconder trabalhadores quando se realizam as fiscalizações. No momento da fiscalização foram encontradas 81 pessoas. "Aproximadamente 45" dessas 81 pessoas não possuíam carteiras de trabalho (CTPS) e tiveram esse documento emitido naquele momento.(21) (*sic*)

Em razão do relatório do Ministério do Trabalho, o Ministério Público Federal apresentou denúncia contra Raimundo Alves da Rocha, gato, Antônio Alves Vieira, gerente da fazenda, e João Luiz Quagliato Neto, proprietário desta(22). Duarte(23) ressalta que,

---

(18) CORTE INTERAMERICANA DE DIREITOS HUMANOS (CIDH). *Caso Trabalhadores da Fazenda Brasil Verde* vs. *Brasil*. Exceções Preliminares, Mérito, Reparações e Custas, Sentença de 20 de outubro de 2016.

(19) ROCHA, Cristina Costa da. O Caso "Trabalhadores da Fazenda Brasil Verde *vs.* Brasil": Trajetórias de Luta por Justiça de Trabalhadores Escravizados. *Revista do Arquivo Geral da Cidade do Rio de Janeiro*, Rio de Janeiro, n. 11, p. 357-374, 2016.

(20) CORTE INTERAMERICANA DE DIREITOS HUMANOS (CIDH). *Caso Trabalhadores da Fazenda Brasil Verde* vs. *Brasil*. Exceções Preliminares, Mérito, Reparações e Custas, Sentença de 20 de outubro de 2016.

(21) *Idem*.

(22) *Idem*.

(23) DUARTE, Lorena Paula José. *O Caso Fazenda Brasil Verde:* Capital, Trabalho, Dependência e Direito no Sistema Interamericano de Direitos Humanos. 2017. Dissertação (Mestrado em Direito) – Universidade Federal de Santa Catarina, Florianópolis, 2017.

no caso deste último, houve a suspensão condicional do processo prevista no art. 89 da Lei n. 9.099/1995[24] e que, em 2002, o processo foi extinto. Semelhante destino sofreu o processo contra os outros dois denunciados, ocorrendo o arquivamento, desta vez, pela prescrição[25].

Já no ano de 1997, a Procuradoria Regional do Trabalho (PRT) da 22ª Região, responsável pelo Estado do Piauí, informou à PRT da 8ª Região, competente pelo Estado do Pará, que a Fazenda Brasil Verde estaria cooptando irregularmente trabalhadores daquela região. Em razão disso, houve nova fiscalização, dessa vez, realizada pela então Delegacia Regional do Trabalho, a qual encontrou algumas irregularidades, tais como cobrança pelos calçados dos trabalhadores e falta de elementos referentes à segurança e higiene no trabalho. Entretanto, preferiu simplesmente orientar os fazendeiros a sanarem tais vícios[26].

A sentença da CIDH[27] ainda cita caso ocorrido no ano de 2000, em que o gato, conhecido como Meladinho, aliciou trabalhadores no município de Barras, PI, com promessa de pagamento de R$ 10,00 por alqueire[28] roçado.

Em verdade, o pagamento estava longe disso. Já no transporte, percebeu-se que tudo não passava de vãs promessas. Os trabalhadores foram transportados em ônibus, trens, os quais não tinham acentos, e caminhões de transporte de animais. Já os alojamentos contavam apenas com telhado de lona. O banheiro era ao ar livre. Os alimentos eram preparados também ao ar livre, em quantidade insuficiente e, ao serem fornecidos, logo eram anotados em caderneta para se realizar o desconto do salário[29].

Ademais, em razão de realizarem os seus trabalhos sob chuva e com os pés encharcados, os trabalhadores comumente contraíam doenças. Os responsáveis pelas fazendas compravam os medicamentos na cidade e descontavam as importâncias do que era devido a cada trabalhador. Como o pagamento ocorria por produção, os obreiros tinham que trabalhar, mesmo doentes. Não bastasse isso, somente recebiam salários se atingissem uma meta de produção, a qual era bastante difícil de ser alcançada, razão pela qual não recebiam pagamento algum por seus serviços[30].

---

(24) BRASIL. *Lei n. 9.099, de 26 de setembro de 1995.* Dispõe sobre os Juizados Especiais Cíveis e Criminais e dá outras providências. Disponível em: http://www.planalto.gov.br/ccivil_03/LEIS/L9099.htm. Acesso em: 27 out. 2024.

(25) CORTE INTERAMERICANA DE DIREITOS HUMANOS (CIDH). *Caso Trabalhadores da Fazenda Brasil Verde* vs. *Brasil.* Exceções Preliminares, Mérito, Reparações e Custas, Sentença de 20 de outubro de 2016.

(26) *Idem.*

(27) *Idem.*

(28) 2,72 hectares.

(29) CORTE INTERAMERICANA DE DIREITOS HUMANOS (CIDH). *Caso Trabalhadores da Fazenda Brasil Verde* vs. *Brasil.* Exceções Preliminares, Mérito, Reparações e Custas, Sentença de 20 de outubro de 2016.

(30) *Idem.*

Em verdade, conforme se constatou em 2000, os trabalhadores sofriam grave cerceamento do seu direito de ir e vir, chegando a ser ameaçados pelos capatazes, os quais portavam armas de fogo e, frequentemente, comentavam já terem assassinado um obreiro em uma discussão, tendo este sido enterrado na própria fazenda[(31)].

Em citado ano, dois trabalhadores conseguiram fugir, direcionando-se a Marabá, PA, onde denunciaram a situação em que viviam. Em razão disso, houve mais uma fiscalização do Ministério do Trabalho, a qual realizou-se em 15 de março de 2000, mas libertou os trabalhadores apenas no dia seguinte. Desta forma, os obreiros tiveram que dormir na fazenda fiscalizada, temendo pela própria vida[(32)].

Para piorar a situação, as autoridades policiais apenas entregaram aos trabalhadores suas carteiras de trabalho e algum dinheiro, sem qualquer explicação. Ocorre que se tratava de pessoas analfabetas, de sorte que não sabiam quais documentos estavam recebendo nem a que se devia os recursos financeiros[(33)].

Essa foi a situação fática posta perante a CIDH.

De fato, a Convenção Americana de Direitos Humanos, ao falar sobre o trabalho escravo assim, aduz:

> Art. 6. Proibição da escravidão e da servidão
>
> 1. Ninguém pode ser submetido a escravidão ou a servidão, e tanto estas como o tráfico de escravos e o tráfico de mulheres são proibidos em todas as suas formas.
>
> 2. Ninguém deve ser constrangido a executar trabalho forçado ou obrigatório. Nos países em que se prescreve, para certos delitos, pena privativa da liberdade acompanhada de trabalhos forçados, esta disposição não pode ser interpretada no sentido de que proíbe o cumprimento da dita pena, imposta por juiz ou tribunal competente. O trabalho forçado não deve afetar a dignidade nem a capacidade física e intelectual do recluso.
>
> 3. Não constituem trabalhos forçados ou obrigatórios para os efeitos deste artigo:
>
> a) os trabalhos ou serviços normalmente exigidos de pessoa reclusa em cumprimento de sentença ou resolução formal expedida pela autoridade judiciária competente. Tais trabalhos ou serviços devem ser executados sob a vigilância e controle das autoridades públicas, e os indivíduos que os executarem não devem ser postos à disposição de particulares, companhias ou pessoas jurídicas de caráter privado;
>
> b) o serviço militar e, nos países onde se admite a isenção por motivos de consciência, o serviço nacional que a lei estabelecer em lugar daquele;

---

(31) CORTE INTERAMERICANA DE DIREITOS HUMANOS (CIDH). *Caso Trabalhadores da Fazenda Brasil Verde* vs. *Brasil*. Exceções Preliminares, Mérito, Reparações e Custas, Sentença de 20 de outubro de 2016.

(32) *Idem*.

(33) *Idem*.

c) o serviço imposto em casos de perigo ou calamidade que ameace a existência ou o bem-estar da comunidade; e

d) o trabalho ou serviço que faça parte das obrigações cívicas normais.[34]

É de se dizer que a escravidão é, em qualquer situação, afastada pelo Direito Internacional, o qual se ocupa inclusive em citar em quais situações não ocorre tal fenômeno.

Ora, hodiernamente, não é tão comum a escravidão legalmente prevista nos ordenamentos jurídicos como em tempos outros. Em razão disso, a Convenção sobre a Escravatura, de 1926, se preocupou em trazer ao conceito a escravidão por dívidas, ocorrente de fato, não de direito, como a que ocorreu no caso em comento.

Nota-se que os trabalhadores da Fazenda Brasil Verde estavam submetidos a uma relação laboral por tempo indeterminado em que assumiam dívidas constantes para com o empregador, as quais não conseguiam saldar ou sequer diminuir.

Não bastasse isso, viviam no interior dos locais onde trabalhavam, tendo seus movimentos cuidadosamente monitorados pelos capatazes, que exerciam controle psicológico e físico sobre os obreiros, os quais não conseguiam modificar sua condição.

Ademais, os trabalhadores eram tratados de forma abusiva e cruel, não podendo ser atendidos por médicos, ver seus familiares ou mesmo fazer suas necessidades fisiológicas com a privacidade que tais atos requerem.

Moura e Diehl[35] relembram que esses requisitos, conforme trazidos na sentença ora comentada, advêm, em verdade, da Convenção de 1926, com alterações trazidas pela Convenção Suplementar de 1956. É bem verdade que tais requisitos não estão expressamente previstos na Convenção Americana de Direitos Humanos, mas, como falado na própria sentença em comento, um tratado internacional é algo vivo e deve ser interpretado de forma atualizadora e dentro do sistema de proteção em que se insere[36].

Tal conclusão da Corte é de uma importância ímpar. É que a própria defesa do Estado brasileiro argumentou que somente se pode considerar escravidão aquela em que ocorre o exercício de propriedade ou quaisquer de seus efeitos de uma pessoa sobre

---

(34) ORGANIZAÇÃO DOS ESTADOS AMERICANOS (OEA). *Convenção Americana sobre Direitos Humanos*. 1969. Ratificada pelo Brasil em 1992. Disponível em: http://www.direito.usp.br/pos/pos_stricto_2006_diss_teses_def_dtb_01.php. Acesso em: 05 out. 2024.

(35) MOURA, Analice Schaefer; DIEHL, Rodrigo Cristiano. A Condenação do Brasil no Caso Trabalhadores da Fazenda Brasil Verde pela Corte Interamericana de Direitos Humanos: As Possíveis Alterações nas Políticas Públicas de Erradicação do Trabalho Escravo. *XIII Seminário Nacional Demandas Sociais e Políticas Públicas na Sociedade Contemporânea*. Santa Cruz do Sul, RS, 2017.

(36) CORTE INTERAMERICANA DE DIREITOS HUMANOS (CIDH). *Caso Trabalhadores da Fazenda Brasil Verde* vs. *Brasil*. Exceções Preliminares, Mérito, Reparações e Custas, Sentença de 20 de outubro de 2016.

outra[37]. Em outras palavras, o Brasil buscava que se aplicasse ao caso apenas a conceituação trazida pela Convenção da OIT de 1926, coincidente com o que consta da Convenção Americana de Direitos Humanos.

A sentença analisada traz, ainda, conceitos sobre trabalho escravo, conforme fora definido pela Comissão Interamericana de Direitos Humanos:

> A ***Comissão*** afirmou que o Direito Internacional proíbe a escravidão, a servidão, o trabalho forçado e outras práticas análogas à escravidão. A proibição da escravidão e de práticas similares forma parte do Direito Internacional consuetudinário e do jus cogens. A proteção contra a escravidão é uma obrigação *erga omnes* e de cumprimento obrigatório por parte dos Estados, a qual emana das normas internacionais de direitos humanos. A proibição absoluta e inderrogável de submissão de pessoas a escravidão, servidão ou trabalho forçado está também estabelecida na Convenção Americana e em outros instrumentos internacionais dos quais o Brasil é parte. A Comissão realizou precisões a respeito dos conceitos mencionados anteriormente. Em primeiro lugar, afirmou que a escravidão, de acordo com a Convenção sobre a Escravatura de 1926 (doravante denominada a "Convenção de 1926"), deve ser entendida como o exercício dos atributos do direito de propriedade sobre uma pessoa. Em segundo lugar, afirmou que o conceito contemporâneo de escravidão inclui a servidão por dívidas como uma prática análoga à escravidão e, portanto, também proibida pela Convenção Americana. Os elementos da servidão por dívidas seriam: i) a prestação de serviços como garantia de uma dívida que, no entanto, não diminui com esses pagamentos; ii) a falta de limites à duração dos serviços; iii) a falta de definição da natureza dos serviços; iv) que as pessoas vivam na propriedade onde prestam os serviços; v) o controle sobre os movimentos das pessoas; vi) a existência de medidas para impedir as fugas; vii) o controle psicológico sobre as pessoas; viii) as vítimas não podem modificar sua condição; e ix) a existência de tratamentos cruéis e abusivos.[38] (*sic*)

Na análise meritória, a CIDH[39], aplicando conceitos trazidos pelo Tribunal Penal Internacional *ad hoc* para a antiga Iugoslávia, o Tribunal Especial para Serra Leoa e a Corte de Justiça da Comunidade Econômica da África Ocidental, estabeleceu que, a fim de se determinar o exercício do direito de propriedade sobre alguém, deve-se observar se, no caso concreto, ocorreram os seguintes elementos:

a) restrição ou controle da autonomia individual;

b) perda ou restrição da liberdade de movimento de uma pessoa;

c) obtenção de um benefício por parte do perpetrador;

---

(37) DUARTE, Lorena Paula José. *O Caso Fazenda Brasil Verde:* Capital, Trabalho, Dependência e Direito no Sistema Interamericano de Direitos Humanos. 2017. Dissertação (Mestrado em Direito) – Universidade Federal de Santa Catarina, Florianópolis, 2017.

(38) CORTE INTERAMERICANA DE DIREITOS HUMANOS (CIDH). *Caso Trabalhadores da Fazenda Brasil Verde* vs. *Brasil.* Exceções Preliminares, Mérito, Reparações e Custas, Sentença de 20 de outubro de 2016. p. 56.

(39) *Idem.*

d) ausência de consentimento ou de livre-arbítrio da vítima, ou sua impossibilidade ou irrelevância devido à ameaça de uso da violência ou outras formas de coerção, o medo de violência, fraude ou falsas promessas;

e) uso de violência física ou psicológica;

f) posição de vulnerabilidade da vítima;

g) detenção ou cativeiro,

i) exploração.[(40)]

Além disso, a CIDH[(41)] afirmou que, para os fins previstos no art. 6.1 da Convenção Americana de Direitos Humanos, tráfico de escravos e de mulheres se refere ao recrutamento, transporte, alojamento ou acolhimento de pessoas mediante recurso à violência ou grave ameaça, ou mesmo outras formas de coação, tais como sequestro, fraude ou abuso de autoridade e com fins de exploração. Ressaltou, ainda, que, para o menor de 18 anos, o requisito de ameaça, fraude ou coação não é necessário.

Já a definição de trabalho forçado é no sentido de que será assim considerado todo serviço exigido de alguém sob ameaça e para o qual não se submeteu de livre e espontânea vontade[(42)]. Especificamente quanto ao último requisito, tal "situação pode ocorrer por distintas causas, tais como a privação ilegal da liberdade, o engano ou a coação psicológica"[(43)].

Conforme rememora Duarte[(44)], no caso concreto a Corte reconheceu, a partir das provas trazidas aos autos, que houve um verdadeiro sistema de aliciamento de trabalhadores por meios ardilosos, submetendo-os a um regime de escravidão por dívidas, uma vez que, desde o traslado até coisas mais mundanas, havia cobrança irregular por parte do empregador, importando em elevados descontos salariais. Não bastasse isso, os trabalhadores eram submetidos a jornadas extremamente cansativas, em condições incondizentes com a de um ser humano, sob constante ameaça de violência física e psicológica, bem como efetivo controle por parte dos gatos, seguranças e, em última análise, do proprietário da fazenda. Nesse sentido, a sentença em comento:

> A Corte constata que: i) os trabalhadores se encontravam submetidos ao efetivo controle dos gatos, gerentes, guardas armados da fazenda, e, em última análise, também de seu

(40)CORTE INTERAMERICANA DE DIREITOS HUMANOS (CIDH). *Caso Trabalhadores da Fazenda Brasil Verde* vs. *Brasil*. Exceções Preliminares, Mérito, Reparações e Custas, Sentença de 20 de outubro de 2016. p. 62.

(41) *Idem*.

(42) *Idem*.

(43) *Ibidem*, p. 78.

(44) DUARTE, Lorena Paula José. *O Caso Fazenda Brasil Verde:* Capital, Trabalho, Dependência e Direito no Sistema Interamericano de Direitos Humanos. 2017. Dissertação (Mestrado em Direito) – Universidade Federal de Santa Catarina, Florianópolis, 2017.

> proprietário; ii) de forma tal que sua autonomia e liberdade individuais estavam restringidas; iii) sem seu livre consentimento; iv) através de ameaças, violência física e psicológica, v) para explorar seu trabalho forçado em condições desumanas. Além disso, as circunstâncias da fuga realizada pelos senhores Antônio Francisco da Silva e Gonçalo Luiz Furtado e os riscos enfrentados até denunciarem o ocorrido à Polícia Federal demonstram: vi) a vulnerabilidade dos trabalhadores e vii) o ambiente de coação existente nesta fazenda, os quais viii) não lhes permitiam alterar sua situação e recuperar sua liberdade. Por todo o exposto, a Corte conclui que a circunstância verificada na Fazenda Brasil Verde em março de 2000 representava uma situação de escravidão.[45]

Assim, nota-se que a CIDH, neste que foi o seu primeiro caso relativo à escravidão[46], tomou o cuidado de não só trazer os requisitos que considera para configurar uma situação "moderna" de escravidão, como também de fazer um *distinguish* entre esta e a servidão por dívida, menos gravosa.

Portanto, conforme se observa do julgado do caso Trabalhadores da Fazenda Brasil Verde *vs.* Brasil, a fim de se caracterizar situação de escravidão, a teor do disposto no art. 6 da Convenção Americana de Direitos Humanos, devem ocorrer a restrição ou o controle da autonomia individual, a perda ou restrição à liberdade de movimento, a obtenção de benefício por parte do perpetrador, a ausência de consentimento ou de livre-arbítrio, ou mesmo sua irrelevância em face do uso de violência ou fraude, do emprego de violência física ou psicológica, da posição de vulnerabilidade da vítima, da detenção ou cativeiro e da exploração.

2. Considerações finais

O princípio da dignidade da pessoa humana evoluiu bastante com o passar dos anos, bem como o próprio conceito de trabalho escravo.

Em um primeiro momento, tal instituto achava-se completamente atado a uma condição juridicamente reconhecida.

Entretanto, com a compreensão do verdadeiro conceito de trabalho escravo, partindo do estudo da importância do princípio da dignidade da pessoa humana, passando pela conceituação de trabalho escravo e finalizando com a análise do caso em si, observa-se que não há mais a necessidade de que, para que se tenha uma atividade escravagista, haja uma autorização ou mesmo uma permissão fática do Estado.

Em verdade, a escravidão moderna é uma forma de labor que desrespeita a dignidade humana por não oferecer as mínimas condições de trabalho, tendo, ainda, como característica, muitas das vezes, a privação da liberdade do trabalhador.

---

(45) CORTE INTERAMERICANA DE DIREITOS HUMANOS (CIDH). *Caso Trabalhadores da Fazenda Brasil Verde* vs. *Brasil*. Exceções Preliminares, Mérito, Reparações e Custas, Sentença de 20 de outubro de 2016. p. 79-80.

(46) DUARTE, Lorena Paula José. *O Caso Fazenda Brasil Verde:* Capital, Trabalho, Dependência e Direito no Sistema Interamericano de Direitos Humanos. 2017. Dissertação (Mestrado em Direito) – Universidade Federal de Santa Catarina, Florianópolis, 2017.

A CIDH, de forma coerente com seu papel de salvaguarda continental dos Direitos Humanos, compreendeu, a partir do caso concreto sob análise, que, para se caracterizar situação de escravidão, a teor do disposto no art. 6 da Convenção Americana de Direitos Humanos, devem ocorrer a restrição ou o controle da autonomia individual, a perda ou restrição à liberdade de movimento, a obtenção de benefício por parte do perpetrador, a ausência de consentimento ou de livre-arbítrio, ou mesmo sua irrelevância em face do uso de violência ou fraude, do emprego de violência física ou psicológica, da posição de vulnerabilidade da vítima, da detenção ou cativeiro e da exploração.

Estando presentes tais características, de forma contumaz, estar-se-á perante atividade escravagista.

Além do mais, citada Corte ainda deu interpretação atualizadora ao preceito do art. 6.1 da Convenção Americana de Direitos Humanos. É que afirmou que tráfico de escravos e de mulheres se refere, em verdade, ao recrutamento, transporte alojamento ou acolhimento de pessoas mediante recurso à violência ou grave ameaça, ou mesmo outras formas de coação, tais como sequestro, fraude ou abuso de autoridade e com fins de exploração. Ressaltou, ainda, que, para o menor de 18 anos, o requisito de ameaça, fraude ou coação não é necessário.

Os Relatórios ESG como Ferramenta de Interface Direito e Contabilidade no Estudo da Igualdade de Gênero nas Relações Laborais

Samantha Fonseca Steil Santos e Mello[(1)]

Marcelo Francisco Nogueira[(2)]

Introdução e contextualização

A questão alusiva à problemática do gênero tem raízes históricas, em nível global, decorrentes de sociedades patriarcais, ou seja, construídas para atender aos interesses dos homens ("varões") que, regra geral, são bastante divergentes com os interesses do sexo oposto.

Essa questão, aliás, é posta desde o conceito bíblico que está explicitado em Efésios 5:21-24[(3)] do seguinte modo:

> 21 Sujeitando-vos uns aos outros no temor de Deus.
>
> 22 Vós, mulheres, sujeitai-vos a vossos maridos, como ao Senhor;

---

(1) Possui Graduação em Direito pela Universidade Metropolitana de Santos (2007). Possui Pós-Graduação *lato sensu* em Direito material e processual do Trabalho pela Universidade Anhanguera (2013). É Mestra pelo IDP/SP (2020). É docente nas cadeiras de Processo do Trabalho e Preparação para Carreiras Jurídicas na ESAMC Santos (desde 2017). É docente no Proordem Santos, em cursos de pós graduação (desde 2021). É professora de cursos preparatórios para a Magistratura do trabalho e Ministério Público do Trabalho. É Juíza do Trabalho Substituta no TRT/2.

(2) Graduado em Administração de Empresas (1991), Ciências Contábeis (1993) e Direito (1999). Possui Especialização em Controladoria (UEL/2003) e Mestrado em Ciências Contábeis (FECAP/2006). Doutor Ciências – Área: Administração de Organizações – FEARP/USP (2016). Atua como Perito Judicial Contábil e Administrador Judicial, tendo apresentado mais de 13.500 laudos na condição de perito do juízo. Pesquisador nas áreas de perícia contábil, interface Direito — Contabilidade e passivo trabalhista.

(3) BÍBLIA. Efésios. In: *Bíblia Sagrada Nova Versão Internacional*. Rio de Janeiro: Thomas Nelson Brasil, 2017.

> 23 Porque o marido é a cabeça da mulher, como também Cristo é a cabeça da igreja, sendo ele próprio o salvador do corpo.
>
> 24 De sorte que, assim como a igreja está sujeita a Cristo, assim também as mulheres sejam em tudo sujeitas a seus maridos.

Não se discutem, aqui, as questões religiosas e as eventuais crenças que estão correlatas a essas disposições bíblicas, tão somente, é necessário reportar a esse tema para que se reconheça que há várias questões que afetaram (e ainda afetam) a questão alusiva à igualdade de gênero ao longo dos tempos.

Nesse sentido, Sestari e Toledo Filho(4) explicitaram que:

> Se bem seja certo que a história universal registre a ocorrência de sociedades matriarcais, ou nas quais as mulheres assumiam uma função preponderante de direção e prestígio superlativo, parece claro que a regra geral coincidiu com o domínio quase exclusivo dos homens, que, inicialmente imposto pela mera brutalidade da força física, foi ao depois assimilado pelos ordenamentos políticos das nações, como se de um direito natural ou de uma imposição intuitiva e inevitável se tratasse.

Essa remissão ao uso da força física, à imposição do medo e de pressões psicológicas diversas ainda não se dissipou e, ainda subsiste, nos dias atuais, pelo simples fato de que há quem defenda que sempre foi assim, que isso perdurou por séculos, desde a origem da humanidade e que é natural a submissão da mulher ao homem, seja pela questão biológica ou, como acima exposto, por uma determinação divina.

Ademais, há traços culturais, históricos e comportamentais que remetem à não necessidade ou não aceitação da sociedade em relação ao trabalho da mulher, como preleciona Falci(5):

> As mulheres de classe mais abastada não tinham muitas atividades fora do lar. Eram treinadas para desempenhar o papel de mãe e as chamadas 'prendas domésticas' — orientar os filhos, fazer ou mandar fazer a cozinha, costurar e bordar. Outras, menos afortunadas, viúvas ou de uma elite empobrecida, faziam doces por encomenda, arranjos de flores, bordados a crivo, davam aulas de piano e solfejo [...]. Essas atividades, além de não serem muito valorizadas, não eram muito bem-vistas socialmente. Tornavam-se

---

(4) SESTARI, Bruna Rosa; TOLEDO FILHO, Manoel Carlos. Lugar de mulher: uma breve análise acerca da discriminação de gênero nas relações de trabalho. *Revista Eletrônica do TRT da 9ª Região*, Curitiba, v. 12, n. 120, p. 211-223, maio 2023.

(5) FALCI, Miridan Knox. Mulheres do Sertão Nordestino. In: PRIORE, Mary Del (Org). *História das Mulheres no Brasil*. 9. ed. São Paulo: Contexto, 2010. p. 241-277.

> facilmente alvo de maledicência [...] que acusavam a incapacidade do homem da casa, ou observavam sua decadência econômica. Por isso, muitas vendiam o produto de suas atividades através de outras pessoas por não querer aparecer. Na época, era voz comum que a mulher não precisava, e não deveria, ganhar dinheiro.

Não obstante, como ensina Andreassy(6), a questão do tratamento diferenciado não tem, efetivamente, relação com questões biológicas e nem é uma lei natural ou uma mera questão histórica que se manteve constante. Trata-se, sim, de um "produto de transformações nos meios pelos quais os seres humanos produzem coletivamente as necessidades da vida".

Essas transformações, continua Andreassy(7), não surgem com o desenvolvimento industrial e comercial e nem com o avanço do capitalismo, mas, com esses fatores, adquire "traços particulares", do seguinte modo:

> Ao despedaçar a antiga economia familiar, o capitalismo destruiu as bases econômicas do patriarcado, mas ao fazê-lo incorporou a opressão da mulher e a modificou, de modo que a opressão segue existindo só que agora sobre bases materiais distintas.

Somado a isso, o contexto histórico de guerras em níveis regionais e globais impôs, também aqui, um contexto marcado por desigualdades. Isso porque o campo de trabalho, dominado e pensado para os homens, não tinha regras mínimas de proteção à mulher, que só vieram a existir décadas depois.

Evidente que um local – seja ele qual for e, principalmente, o local de trabalho – não atenderá de forma adequada as mulheres, se para elas não foi criado, pensado e desenvolvido. Até hoje, há restrições à atuação de mulheres em alguns ambientes sob argumento de que não há banheiros e vestiários apropriados, por exemplo.

Nessa linha de raciocínio, Silva Pinto e Dantas(8), tratando da busca da igualdade de gênero nas relações de trabalho, afirmaram que:

> [...] a contribuição mais expressiva feminina, nos postos de trabalho, se deu após a década de 1940 com o aumento das siderúrgicas, petrolíferas,

---

(6) ANDREASSY, Érika. *Sobre a origem da opressão da mulher*. Disponível em: https://www.sintrajud.org.br/wp-content/uploads/2018/04/sobre-a-origem-da-opressao-da-mulher_ErikaAndreassy.pdf. Acesso em: 06 set. 2024.

(7) Ob. cit.

(8) SILVA PINTO, Ana Clara; Adriana Gomes Medeiros de Macedo. Uma Análise do Papel da Mulher no Mercado de Trabalho e a Busca pela Igualdade de Gênero. *Revista de Estudos Jurídicos do UNI-RN*, [S.l.], n. 5, p. 724-744, 2021. Disponível em: https://revistas.unirn.edu.br/index.php/revistajuridica/article/view/794. Acesso em: 10 set. 2024.

> químicas, farmacêuticas e automobilísticas, onde as mulheres começaram, então, a assumir diferentes cargos, mas, sem garantias legislativas e vítimas de preconceitos, tendo a mão de obra barateada e sendo constantemente explorada, situação que trabalhava excessivas jornadas e recebiam baixos salários, devido à sua imagem idealizada pela sociedade relacionado aos afazeres domésticos, tornava-se um "custo-benefício" a visão dos chefes das indústrias. (*sic*)

Esse cenário indicava, desde logo, dois problemas: (a) o uso da mão de obra da mulher como um recurso mais barato que o do homem e (b) a imposição da dupla jornada à mulher que, se ativava no dito trabalho convencional (nas indústrias, comércio, serviços e no campo) mas, também, preservava suas "obrigações" no lar.

De modo efetivo, parafraseando os preceitos da Revolução Industrial, a divisão sexual do trabalho seguia a todo vapor, pois os homens eram (e ainda são) destinados para tarefas produtivas, com melhor remuneração, e mulheres para atividades reprodutivas, especialmente de cuidados com a maternidade e a velhice, implicando em perda, por consequência, de oportunidades de entrada e ascensão no mercado de trabalho.

Fato é que os números sintetizados em vários (e vários) relatórios estatísticos, elaborados por órgãos e institutos nacionais e internacionais convergem no sentido de que ainda há violência de gênero em relação às mulheres no ambiente laboral no que concerne (não só, mas, principalmente), em relação à progressão na carreira e aos ganhos salariais. Não se constata, ainda, a efetiva ocorrência de proteção e estímulo para a atuação das mulheres no mercado de trabalho.

Lima(9) menciona que, "em pleno 2022, conseguir a inserção no mercado de trabalho, consolidar-se e ter perspectivas de crescimento profissional ainda são obstáculos enfrentados pelas mulheres, em níveis mais acentuados que os homens, e que foram intensificados ao longo da pandemia de Covid-19". E aponta que as desigualdades acompanham todo o período em que a mulher pode ser considerada como pessoa economicamente ativa, para o que destaca:

> A Taxa de Participação, que tem como objetivo medir a parcela da População em Idade de Trabalhar (PIT) que está na força de trabalho, ou seja, trabalhando ou procurando trabalho e disponível para trabalhar, é um dos indicadores que também merecem destaque, pois aponta a maior dificuldade de inserção das mulheres no mercado de trabalho. Em 2019, a taxa

(9) LIMA, Ewerton. *Mulheres no mercado de trabalho:* avanços e desafios. Disponível em https://portal.fiocruz.br/noticia/mulheres-no-mercado-de-trabalho-avancos-e-desafios. Acesso em: 10 set. 2024.

> de participação das mulheres com 15 anos ou mais de idade foi de 54,5%, enquanto entre os homens esta taxa chegou a 73,7%, uma diferença de 19,2 pontos percentuais, o que evidencia uma desigualdade expressiva entre gêneros.

A desigualdade é ampliada quando, além do gênero, alia-se a questão da cor ou da raça e, então, Lima(10) explicita "que uma mulher negra recebe em média cerca de 44,4% da renda média dos homens brancos, que estão no topo da escala de remuneração no Brasil". E, por questões assim que é que o "*Global Gender Gap Report 2020* (Relatório Global sobre a Lacuna de Gênero), do Fórum Econômico Mundial, divulgou que o Brasil figura a 130ª posição em relação à igualdade salarial entre homens e mulheres que exercem funções semelhantes, em um ranking com 153 países".

Tais diferenças, por si sós, são graves e preocupantes, mas se acentuam quando se observa que, no Brasil, em conformidade com os dados do Censo de 2022(11), a população, em sua maioria, é formada por mulheres, o que confirma o cenário de exclusão.

Tem-se, até esse ponto, que historicamente, o acesso das mulheres ao mercado de trabalho foi mais difícil do que para os homens e que, ainda, uma vez no mercado de trabalho, os ganhos tendem a ser menores. Porém, as questões que impactam o trabalho das mulheres não se limitam ao acesso e aos ganhos.

Isso é o que demonstra a pesquisa quantitativa efetuada em 2022, conjuntamente, pelo Instituto Locomotiva, pela Laudes Foundation e pelo Instituto Patrícia Galvão e cujo relatório foi denominado como "Percepções sobre violência e assédio contra mulheres no trabalho"(12).

Essa pesquisa revelou que, na percepção de 92% dos entrevistados (ou seja, quase a totalidade dos entrevistados), mulheres sofrem mais situações de constrangimento e assédio no ambiente de trabalho que os homens.

Entre outras constatações, o relatório indica que 40% delas dizem que já foram xingadas ou já ouviram gritos no trabalho, contra 13% dos homens que vivenciaram a

---

(10) LIMA, Ewerton. *Mulheres no mercado de trabalho:* avanços e desafios. Disponível em https://portal.fiocruz.br/noticia/mulheres-no-mercado-de-trabalho-avancos-e-desafios. Acesso em: 10 set. 2024.

(11) IBGE — INSTITUTO BRASILEIRO DE GEOGRAFIA E ESTATÍSTICA. *Censo Brasileiro de 2022*. Rio de Janeiro: IBGE, 2022. Disponível em: https://censo2022.ibge.gov.br/panorama/. Acesso em: 05 set. 2024.

(12) INSTITUTO LOCOMOTIVA; LAUDES FOUNDATION; INSTITUTO PATRÍCIA GALVÃO. *Percepções sobre a violência e o assédio contra mulheres no trabalho:* relatório de pesquisa quantitativa. Disponível em: https://ilocomotiva.com.br/wp-content/uploads/2022/01/percepcoes-sobre-violencia-assedio-mulheres-trabalho.pdf. Acesso em: 10 set. 2024.

mesma situação. De outra parte, constatou-se que, entre os trabalhadores que tiveram seu trabalho excessivamente supervisionado, 40% também são mulheres e 16% são homens[13].

Tem-se, pois, um cenário histórico de opressão ao trabalho da mulher e o desafio é conceber modelos de proteção jurídica — denominados como "regras de proteção" — que permitam a ampliação do acesso das mulheres ao mercado de trabalho, em igualdade de condições com os homens e com igualdade de trabalhos e de condições laborais e salariais, no contexto mais amplo possível.

Regras de proteção na contemporaneidade

Adentrando ao exame das regras de proteção contemporâneas e, ainda continuando na questão dos números e dos dados, em 2023, a Organização Internacional do Trabalho[14] publicou a pesquisa *"World Employment and Social Outlook 2023: The value of essential work"*[15], cujo relatório evidencia que as mulheres representam apenas 38% de todos os trabalhadores-chave em todo o mundo.

Esse fator, por exemplo, pode explicar muito das dificuldades nas condições laborais das mulheres porque, como poderiam, por exemplo, reclamar (de modo amplo e sem medo de represálias) do comportamento de um colega de trabalho homem para um chefe homem?

Então, essa predominância masculina nos cargos de chefia, gerência e gestão explica, em muito, o assédio vivenciado nas relações, justamente porque, não ocupando cargos de gestão, as mulheres estão mais sujeitas a abusos decorrentes de posição hierárquica inferior.

No contexto legislativo nacional, vigente desde a década de 1940, a Consolidação das Leis Trabalhistas garante em seu Capítulo 3, denominado como "Proteção do Trabalho da Mulher", entre outros direitos:

(i) a proibição da discriminação por sexo, idade, cor ou situação familiar;

(ii) exigir atestado ou exame, de qualquer natureza, para comprovação de esterilidade ou gravidez, na admissão ou permanência no emprego;

(iii) proceder o empregador ou preposto a revistas íntimas nas empregadas ou funcionárias;

(iv) garantia de emprego à empregada gestante;

(13) FUNDAÇÃO OSWALDO CRUZ. *Mulheres no mercado de trabalho:* avanços e desafios. Disponível em: https://portal.fiocruz.br/noticia/mulheres-no-mercado-de-trabalho-avancos-e-desafios. Acesso em: 05 set. 2024.

(14) OIT. Organização Internacional do Trabalho. *The value of essential work*. Disponível em https://www.ilo.org/digitalguides/en-gb/story/weso2023-key-workers#chapter4-specific-challenges. Acesso em: 06 jun. 2024.

(15) O valor do trabalho essencial, em tradução livre dos autores.

(v) licença-maternidade;

(vi) afastamento de atividades insalubres durante a gravidez.

A menção genérica contida na alínea (i) supra foi acolhida pela Constituição de 1988 em seu art. 5º. Não obstante, não se alocou no dispositivo legal em questão, nenhuma especificação de penalidade efetiva para os casos de desrespeito às citadas medidas protetivas.

Apenas na década de 60, contudo, com a edição do Estatuto da Mulher Casada (Lei n. 4.121/1962), a mulher passou a ter capacidade plena, já que, anteriormente, o contrato de trabalho deveria ser autorizado pelo marido. Assustador pensar o quão recente as mulheres tiveram direito ao mínimo, ou seja, na seara laboral, a decidir se querem firmar contrato de trabalho.

Nos anos 80, quase na chegada dos 90, a edição da Constituição Cidadã, reflexo do pós-ditadura, previu normas de igualdade e proteção ao trabalho da mulher (art. 3º, 5º, I e 7º, incisos XX e XVIII).

Nos anos 90, a edição da Lei n. 9.029/1995, passou a condenar práticas discriminatórias contra o gênero feminino e outros grupos vulneráveis.

O avanço da legislação nacional é palpável, porém, ainda está distante da devida conscientização social que permita o trabalho em igualdade de condições e sem assédios, independente do gênero.

No cenário comunitário, igualmente há proteção. Nesse sentido, em 1948, a Declaração Universal de Direitos Humanos da Organização das Nações Unidas (ONU) disciplinou em seu art. 2º a "não distinção de qualquer ser humano baseado em sexo". O mesmo órgão em 1979 criou a Convenção sobre a Eliminação de Todas as Formas de Discriminação contra a Mulher.

A Organização Internacional do Trabalho elaborou em 1919 a Convenção n. 3 sobre a proteção à maternidade, originalmente ratificada pelo Brasil.

E, como supradestacado, será que a mera existência de arcabouço legislativo é suficiente para a efetivação da igualdade entre os gêneros, nas questões laborais, em seu contexto mais amplo?

Não há resposta efetiva e única para essa questão, mas parece, no mínimo, razoável supor que os empregadores e a sociedade têm papel relevante nesta questão e, assim, uma das vertentes de análise para reduzir os conflitos, o assédio e ampliar o acesso das mulheres ao trabalho consiste em (a) mostrar a realidade e (b) evidenciar as práticas que são adotadas em relação a tal questão pelos empregadores.

Interface com a contabilidade — O ESG — *Environmental, Social and Governance*

O termo ESG — *Environmental, Social and Governance* (e que pode ser traduzido, livremente, para Ambiental, Social e Governança surgiu em Zurique em 25 de agosto 2005, como resultado de iniciativas da Organização das Nações Unidas (ONU)[(16)], materializado no relatório denominado como "*Who Cares Wins*"[(17)].

Esse relatório tinha como objeto a análise de investimentos para obter valor a longo prazo e, nesse contexto, considerou que o pilar da análise deveria ser constituído por um tripé formado por valores ambientais e por valores sociais com a governança adequada na gestão de ativos e na pesquisa financeira. Naquele momento, isso foi tratado como estado da arte.

O início do trabalho que culminou nesse relatório ("quem se importa vence") foi a formação de um grupo de 20 instituições financeiras, com gestão combinada de ativos de mais de US$ 6 trilhões. Buscou-se promover diálogo entre atores importantes, como institucionais e gestores de fundos, analistas de pesquisa (do lado da compra e do lado da venda), consultores de investimento e seus clientes, gestores de investimento especializados no ambiente globalizado.

Nos painéis de apresentação do trabalho e, especificamente, na Sessão 3 (que tratou das inovações em processos e produtos de investimento), restou consignado que os produtos financeiros são, em essência, *commodities* e que, portanto, os *designs* de processos de investimento particularmente inovadores para investimentos de longo prazo devem considerar os fatores ambientais, sociais e de governança.

E isso porque, com o aumento dos preços das *commodities* e empresas operando cada vez mais em países em desenvolvimento, uma boa gestão de relações com as partes interessadas e a comunidade se tornará um fator cada vez mais importante no futuro.

Essa contextualização alusiva ao surgimento do ESG tem a finalidade de desmistificar que a preocupação de tal relatório é, meramente social ou ambiental. Não. Não é. Não foi e não será. A finalidade de tal relatório é financeira e está associada ao custo de capital.

Um investidor racional aceita o risco desde que haja um retorno compensador para tanto. Esse retorno, no mais das vezes, está associado, diretamente, ao valor da empresa

(16) UN Global Compact. (2005). *Who Cares Wins 2005 Conference Report* — Investing for Long-term Value. Recuperado de: https://pt.scribd.com/fullscreen/16876744?access_key=key-mfg3d0usaiuaob4taki. Acesso em: 10 set. 2024.

(17) Em tradução livre, "quem se importa vence".

em que ele fez (ou fará) o investimento. E, desse modo, tem-se a lição de Accorsi[18] no sentido de que o investidor racional toma suas decisões baseado na seguinte matriz:

Para investimentos de igual retorno	Escolher o de menor risco
Para investimentos de igual risco	Escolher o de menor retorno

A métrica básica para decisões de investimento é o custo de capital, seja ele próprio ou de terceiros, posto que é essa métrica que baliza o retorno necessário para determinado nível de risco e, bem assim, para parametrizar investimentos.

Nogueira[19] ensina que "para que a empresa exista é necessário que exista um capital o qual, obviamente, terá um custo. As empresas podem ter, desde 100% de capital próprio até 100% de capital de terceiros, conquanto nenhuma dessas duas situações extremas seja comum".

Esse capital que é necessário para as empresas é limitado e não gratuito e, portanto, tem um custo que, assim, é denominado custo de capital.

Com relação ao custo do capital, uma primeira definição, dada por STEWART III[20] (1990, p. 431) diz que "*the cost of capital is the minimum acceptable return on investment*"[21].

Damodaran[22] (1996, p. 47) define o custo de capital como:

> *The cost of equity is the rate of return that investors require to make an equity investment in a firm. There are two approaches to estimating the cost of equity: The first is to use a risk and return model, and the second is to apply a dividend growth model.*[23]

(18) ACCORSI, André. *Finanças corporativas. Slides* apresentados em sala de aula na disciplina Finanças Corporativas do Programa de Mestrado em Controladoria e Contabilidade Estratégica do Centro Universitário Álvares Penteado — UNIFECAP. 2º trimestre de 2004.

(19) NOGUEIRA, Marcelo Francisco. *Mensuração do valor de empresas uma abordagem quanto à aplicação do Fluxo de Caixa Descontado e do Modelo de Gordon*. Seminário apresentado na disciplina Finanças Corporativas. Programa de Mestrado em Ciências Contábeis. Centro Universitário Álvares Penteado – UNIFECAP. 2004. Disponível em: https://www.mfpericias.com/admin/docs_upload/Fluxo%20De%20Caixa%20Descontado.pdf. Acesso em: 10 set. 2024.

(20) STEWART III, G. Bennett. *The Question for Value* — A Guide for Senior Managers. New York: Harper Business, 1990.

(21) Em tradução livre dos autores: o custo de capital é o retorno mínimo aceitável em um investimento.

(22) DAMODARAN, Aswath. *Investment valuation* — Tools and techniques for determining the value of any asset. New York: John Wiley & Sons, 1996.

(23) Em tradução livre dos autores: o custo de capital é a taxa de retorno que os investidores requerem para fazer um investimento de capital na empresa. Há duas abordagens para estimar o custo de capital. A primeira é usar um modelo de risco e retorno e a segunda é aplicar um modelo de crescimento de dividendos.

Os tomadores de recursos no mercado não detêm controle total dos fatores que impactam o custo de capital, mas, sabidamente, é certo que, quanto menor for esse custo, mais fácil será obtê-lo.

Por isso, Brigham, Gapenski e Ehrhardt[(24)] (2001, p. 379) classificam os fatores que afetam o custo médio ponderado de capital em controláveis e não controláveis, do seguinte modo:

a. Fatores controláveis — são aqueles que decorrem de uma intervenção da empresa, tais como:

- Política de estrutura de capital;
- Política de dividendos;
- Política de investimento.

b. Fatores não controláveis — independem de qualquer ato de gestão. No mais das vezes, estão ligados aos cenários econômicos e às práticas governamentais. Os mais relevantes são:

- Nível das taxas de juros;
- Alíquotas de impostos.

Concatenando os conceitos e começando a construção da interface, tem-se que a criação de relatórios de transparência, entre os quais aquele alusivo ao modelo ESG, tem, em essência, a intenção de aumentar os fatores controláveis, sobretudo quando é possível mostrar aos *stakeholders* que aquela empresa é sólida, segura, comprometida com as melhores práticas ambientais, sociais e que possui elevados níveis de governança.

Engelmann e Nascimento[(25)], ao tratar do ESG, reforçam as proposições anteriores e consignam que suas práticas:

> (...) estão relacionadas com a facilitação do crescimento da receita, com a redução dos custos, com a minimização de intervenções regulatórias e legais, com o aumento da produtividade dos funcionários e com a otimização dos investimentos e gastos de capital. Do ponto de vista dos trabalhadores, quando há uma maior inclusão, diversificação e melhores retornos sociais

(24) BRIGHAM, Eugene F.; GAPENSKI, Louis C.; EHRHARDT, Michael C. *Administração Financeira* — Teoria e Prática. São Paulo: Atlas, 2001.

(25) ENGELMANN, Wilson; NASCIMENTO, Hérica Cristina Paes. O desenvolvimento dos direitos humanos nas empresas por meio do ESG como forma de qualificar as relações de trabalho. *Revista da Escola Judicial do TRT4*, [S.l.], v. 3, n. 6, 2021. Disponível em: https://rejtrt4.emnuvens.com.br/revistaejud4/article/view/157. Acesso em: 10 set. 2024.

por parte da empresa, cria-se o senso não apenas de satisfação entre eles, mas também o de conexão e pertencimento a algo maior e mais importante, uma vez que a percepção do empregado sobre o impacto que o seu trabalho tem para os beneficiários aumenta, ao passo que há o aumento também da sua motivação para atuar a favor de questões sociais de igual valor e igual relevância no seu núcleo de convivência e influência.

E o que a evidenciação disso tudo configura? Uma possível solidez que faz com que o risco de investir nesta empresa seja menor do que em outra e, assim, para essa empresa o custo para tomar capital também será menor.

De qualquer modo — seja por conta desta finalidade financeira ou por conta de efetivo compromisso social —, sob o prisma da análise aqui desenvolvida, que é a análise do trabalho da mulher e da proposição de caminhos que reduzam (ou eliminem) as diferenças em relação ao trabalho do homem, não é relevante que o ESG tenha surgido com propósito financeiro. Basta aferir se ele é útil, também, para a mitigação de tais desigualdades.

Aplicação do ESG como ferramenta para a redução das desigualdades no trabalho da mulher

Azevedo e Sant'Anna discutiram a questão do *"S"*, ou seja, o lado social do ESG na pauta da equidade de gênero e de raça e propuseram que:

> (...) assumir que faz parte da agenda do "S" do ESG a implantação dessas políticas, a criação de comitês de diversidade, o treinamento dos funcionários, a promoção de palestras e discussões sobre o tema e a responsabilidade pela mudança de toda uma cultura corporativamente excludente, e cobrar isso de todos os envolvidos no processo — os chamados *stakeholders* — é trilhar um caminho mais equânime e humano, e de bandeja ainda estar em dia com o *Social* da pauta mais poderosa do momento.

Engelmann e Nascimento[26] lembram que "quando se fala em implementar critérios socialmente considerados no âmbito das empresas é perceptível a associação de seu conceito a questões relacionadas ao assistencialismo e à filantropia".

Não é, contudo, assistencialismo à mulher que se busca. O que se busca é a ampla igualdade de condições.

Historicamente, dados alusivos à participação no mercado de trabalho estão disponíveis para consultas em várias bases, especialmente, naquelas alusivas aos entes governamentais, tais como o Ministério do Trabalho e IBGE.

(26) *Op. cit.*

Não obstante, os dados disponíveis não eram, tão específicos e detalhados por empregador e, ainda, não permitiam a análise completa da atuação social de determinado empregador em nível nacional.

Tratando da exposição da atuação social, Rampini(27) consigna que "em uma sociedade atenta às alterações climáticas, questões de meio ambiente e desigualdades sociais, as exposições a estes tipos de riscos impactam diretamente nos objetivos estratégicos e consequentemente afetam a reputação organizacional". E, portanto, "as práticas de ESG cada vez mais não são vistas como um diferencial, mas sim um fator crítico de sucesso nos negócios".

Nesse ponto, a interface começa a ser concluída, formalizando a relação direito e contabilidade porque a Ciência Contábil passa a ser responsável pela coleta e tratamento dos dados, organizando-os de modo a apresentar os relatórios de ESG, em todas as suas dimensões, com todos os preceitos e regras de evidenciação já aplicados às demonstrações financeiras.

Isso é importante porque os dados contábeis devem ser comparáveis e a base de comparação não pode, a todo instante, ser alterada.

Sendo dados que serão examinados por investidores e pelos demais *stakeholders* quer-se crer que os níveis de confiabilidade e credibilidade consignados nas demonstrações financeiras deverão ser mantidos e, eventualmente, ampliados.

Ponto positivo — em relação aos informes enviados ao governo — é que há "espaço" para que informações adicionais (quantitativas e qualitativas) sejam apresentadas, com vistas à melhoria da sua compreensibilidade. E, ainda, é interesse da entidade a divulgação para que isso melhore sua imagem no mercado e reduza o custo de capital.

Parece que, a partir da ocorrência da divulgação do primeiro relatório ESG, a empresa adotará caminho sem volta porque, dificilmente, o mercado aceitará não receber mais aquela informação.

No caso em exame, para aferir, em relação ao aspecto do trabalho da mulher, como o ESG trata de tal questão, promoveu-se análise dos relatórios divulgados pelos 4 maiores bancos do Brasil, quais sejam: Banco do Brasil, Bradesco, Itaú e Caixa.

Para tanto, nos meses de agosto de setembro de 2024, promoveu-se acesso nos sítios de tais instituições financeiras junto à internet, na aba de relação com investidores.

Na sequência, passa-se à análise dos achados que, como supramencionado, serão observados, exclusivamente, sob o aspecto da desigualdade de gêneros.

---

(27) RAMPINI, Gabriel Henrique Silva. *Estudo do impacto das práticas ESG nos resultados das organizações*. 2024. Tese (Doutorado em Engenharia de Produção) – Escola Politécnica, Universidade de São Paulo, São Paulo, 2024. DOI:10.11606/T.3.2024.tde-10072024-140408. Acesso em: 2024-09-10.

Banco do Brasil

No exercício de 2023, o Banco do Brasil efetuou 2.327 contratações, das quais 1.960 foram de homens.

A rotatividade dos homens é de 1,38, ao passo que a das mulheres é de 0,73.

O nível gerencial era composto, em 2021, por 63,04% de homens. Em 2022, o número pouco reduz (passa para 62,82%) e se mantém estável em 2023 (62,83%), o que evidencia que não houve acesso das mulheres aos cargos gerenciais no período.

No Banco do Brasil, não há diferença entre os valores salariais porque o ingresso ocorre por concurso público e as tabelas salariais não estão vinculadas a gênero.

Bradesco

No Bradesco, dos 85.000 funcionários, 51% são mulheres. Contudo, essa maioria é gerada pela predominância na Região Sudeste, posto que, em todas as demais, há mais funcionários do gênero masculino.

Em relação às contratações no exercício de 2023, apesar dos números próximos, houve maior admissão de homens (3.114) do que de mulheres (3.049).

Dado relevante é que, em relação à capacitação dos empregados, a média de horas gastas em treinamento pelas mulheres nos níveis hierárquicos mais elevados foi superior à média dos homens.

Há indicação de que, 53% dos cargos de gestão e que geram receitas são ocupados por mulheres. Não obstante, na diretoria e no Conselho de Administração, a proporção é de 1 cargo ocupado por mulher para 7,5 cargos ocupados por homens. Na superintendência, a relação é de 1 cargo ocupado por mulher para 4 cargos ocupados por homens.

Foram evidenciados dois programas alusivos à equidade de gêneros, ou seja, o Grupo de Afinidade Mulheres Pra Frente e o Programa de Lideranças Femininas.

Itaú

Das contratações realizadas no exercício de 2023, 50,8% foram de mulheres. A tendência é de alta quando se analisa o horizonte 2021 (42,5%), 2022 (45,6%) e 2023 (50,8%).

Contudo, há outro lado nessa questão que é o fato de que mais mulheres que homens são desligadas. E a tendência também é de alta, posto que em 2021 representaram 48,6%, o que foi elevado para 55,0% em 2023. Assim, o maior volume de contratações de mulheres foi mera reposição.

Nos cargos de alta e média liderança, a presença das mulheres representa 35,4% dos ocupantes.

Ponto de destaque é que mais mulheres participaram dos treinamentos (49.298) do que os homens (40.799), com média de 16 horas de treinamento para as mulheres e 14 para os homens.

Nos níveis de superintendência, gerência, coordenação, administrativo, comercial e operacional, as mulheres recebem menos que os homens, com defasagem de até 16%.

Caixa

A Caixa indicou a existência de 86.962 empregados em 2023, dos quais 47.835 são homens que predominam, quantitativamente, em todos os níveis hierárquicos.

Há registro de ações e programas internos alusivos às mulheres, à equidade de gêneros e ao enfrentamento da violência contra as mulheres.

A Caixa não divulgou índices de rotatividade, novas contratações, relação de remuneração e tempo de treinamento dedicado aos colaboradores.

Considerações finais

A desigualdade entre homens e mulheres em relação ao trabalho (oportunidades, ambiente, remuneração e tratamento) ainda é presente, apesar da evolução dos costumes, das mudanças da tecnologia e do acesso à informação.

Necessário que o problema seja enfrentado e, para isso, o primeiro ponto é evidenciá-lo, cada vez mais, seguindo com a sua quantificação, porque é preciso mensurar, de alguma forma, para que controles, metas e objetivos específicos possam sem implementados.

A simples adoção de medidas legislativas pode não ser suficiente para que o problema seja mitigado eis que, ainda que ocorra a imposição de multas e de outras penalidades, não faz sentido que contratações de mulheres ocorram, tão somente, como forma de preencher cotas, por exemplo.

O caminho a ser trilhado é incerto, mas uma das possibilidades é aplicar o viés de origem financeira do ESG para que — ainda que buscando a redução do custo de capital — os empregadores adotem comportamentos com maior responsabilidade social e que incluam a efetiva disponibilização de oportunidades e condições às mulheres.

Ações afirmativas que impeçam os vários tipos de assédio e de violência também devem ser implementados pelos empregadores e evidenciados nos relatórios ESG.

Na pesquisa realizada com os 4 maiores bancos brasileiros no exercício de 2023, verificou-se que as diferenças ainda estão presentes, porém, cada vez mais evidenciadas.

E, com exceção da Caixa, as demais instituições analisadas apresentam metas de progressão social em relação ao trabalho da mulher, que podem ser acompanhadas e cobradas pelos *stakeholders*.

Por fim, a relação entre a Contabilidade e o Direito apresenta aproximação, também nessa questão da desigualdade entre o trabalho de homens e das mulheres, sendo que o Direito pode valer-se dos dados, relatórios e demais informações contábeis para, se o caso, parametrizar ações afirmativas e avaliar omissões e negligências dos gestores e responsáveis pelas empresas na contratação e no trato com as mulheres.

Referências

ACCORSI, André. *Finanças corporativas. Slides* apresentados em sala de aula na disciplina Finanças Corporativas do Programa de Mestrado em Controladoria e Contabilidade Estratégica do Centro Universitário Álvares Penteado – UNIFECAP. 2º trimestre de 2004.

ANDREASSY, Érika. *Sobre a origem da opressão da mulher.* Disponível em: https://www.sintrajud.org.br/wp-content/uploads/2018/04/sobre-a-origem-da-opressao-da-mulher_ErikaAndreassy.pdf. Acesso em: 06 set. 2024.

AZEVEDO, Flávia; SANT'ANNA, Mayara. O lugar da diversidade no "s" do ESG. *Jota*, São Paulo, 14 jul. 2021. Disponível em: https://www.jota.info/opiniao-e-analise/colunas/vozes-negras-no-direito/o-lugar-da-diversidade-no-s-do-esg-14072021?utm_campaign=jota_info_ultimas_noticias__destaques__14072021&utm_medium=email&utm_source=RD+Statio. Acesso em: 10 set. 2024.

BÍBLIA. Efésios. In: *Bíblia Sagrada Nova Versão Internacional.* Rio de Janeiro: Thomas Nelson Brasil, 2017.

BRIGHAM, Eugene F.; GAPENSKI, Louis C.; EHRHARDT, Michael C. *Administração Financeira* — Teoria e Prática. São Paulo: Atlas, 2001.

DAMODARAN, Aswath. *Investment valuation* – Tools and techniques for determining the value of any asset. New York: John Wiley & Sons, 1996.

ENGELMANN, Wilson; NASCIMENTO, Hérica Cristina Paes. O desenvolvimento dos direitos humanos nas empresas por meio do ESG como forma de qualificar as relações de trabalho. *Revista da Escola Judicial do TRT4*, [S.l.], v. 3, n. 6, 2021. Disponível em: https://rejtrt4.emnuvens.com.br/revistaejud4/article/view/157. Acesso em: 10 set. 2024.

FALCI, Miridan Knox. Mulheres do Sertão Nordestino. In: PRIORE, Mary Del (Org). *História das Mulheres no Brasil.* 9. ed. São Paulo: Contexto, 2010.

FUNDAÇÃO OSWALDO CRUZ. *Mulheres no mercado de trabalho: avanços e desafios.* Disponível em: https://portal.fiocruz.br/noticia/mulheres-no-mercado-de-trabalho-avancos-e-desafios. Acesso em: 05 set. 2024.

IBGE — Instituto Brasileiro de Geografia e Estatística. *Censo Brasileiro de 2022.* Rio de Janeiro: IBGE, 2022 Disponível em: https://censo2022.ibge.gov.br/panorama/. Acesso em: 05 set. 2024.

INSTITUTO LOCOMOTIVA; LAUDES FOUNDATION; INSTITUTO PATRÍCIA GALVÃO. *Percepções sobre a violência e o assédio contra mulheres no trabalho: relatório de pesquisa quantitativa.* Disponível em: https://ilocomotiva.com.br/wp-content/uploads/2022/01/percepcoes-sobre-violencia-assedio-mulheres-trabalho.pdf. Acesso em: 10 set. 2024.

LIMA, Ewerton. *Mulheres no mercado de trabalho:* avanços e desafios. Disponível em: https://portal.fiocruz.br/noticia/mulheres-no-mercado-de-trabalho-avancos-e-desafios. Acesso em: 10 set. 2024.

NOGUEIRA, Marcelo Francisco. *Mensuração do valor de empresas uma abordagem quanto à aplicação do Fluxo de Caixa Descontado e do Modelo de Gordon*. Seminário apresentado na disciplina Finanças Corporativas. Programa de Mestrado em Ciências Contábeis. Centro Universitário Álvares Penteado — UNIFECAP. 2004. Disponível em: https://www.mfpericias.com/admin/docs_upload/Fluxo%20De%20Caixa%20Descontado.pdf. Acesso em: 10 set. 2024.

OIT — Organização Internacional do Trabalho. *The value of essential work.* Disponível em: https://www.ilo.org/digitalguides/en-gb/story/weso2023-key-workers#chapter4-specific-challenges. Acesso em: 06 jun. 2024.

RAMPINI, Gabriel Henrique Silva. *Estudo do impacto das práticas ESG nos resultados das organizações.* 2024. Tese (Doutorado em Engenharia de Produção) – Escola Politécnica, Universidade de São Paulo, São Paulo, 2024. DOI:10.11606/T.3.2024.tde-10072024-140408. Acesso em: 2024-09-10.

SESTARI, Bruna Rosa; TOLEDO FILHO, Manoel Carlos. Lugar de mulher: uma breve análise acerca da discriminação de gênero nas relações de trabalho. *Revista Eletrônica do TRT da 9ª Região*, Curitiba, v. 12, n. 120, p. 211-223, maio 2023.

SILVA PINTO, Ana Clara; DANTAS, Adriana Gomes Medeiros de Macedo. Uma Análise do Papel da Mulher no Mercado de Trabalho e a Busca pela Igualdade de Gênero. *Revista de Estudos Jurídicos do UNI-RN*, [S.l.], n. 5, p. 724-744, 2021. Disponível em: https://revistas.unirn.edu.br/index.php/revistajuridica/article/view/794. Acesso em: 10 set. 2024.

STEWART III, G. Bennett. *The Question for Value* — A Guide for Senior Managers. New York: Harper Business, 1990.

UN Global Compact. (2005). *Who Cares Wins 2005 Conference Report* — Investing for Long-term Value. Recuperado de: https://pt.scribd.com/fullscreen/16876744?access_key=key-mfg3d0usaiuaob4taki. Acesso em: 10 set. 2024.

Acidentes de Trabalho e Riscos na Era da Inteligência Artificial Generativa. Reflexões sobre Responsabilidade Civil, Segurança do Trabalho e Modernização Normativa

Jobel Amorim das Virgens Filho(1)

Dispositivos autônomos e acidentes de trabalho

Na Coreia do Sul, um trabalhador de uma indústria de pimentas foi agarrado por um braço mecânico do sistema robótico, em seguida, foi pressionado contra uma esteira rolante, vindo a falecer.

O operário havia se aproximado para conferir o funcionamento do sensor e se estava de acordo com os padrões, antes de iniciar a operação. Entretanto, o robô o confundiu com uma caixa de legumes, de que habitualmente fazia a gestão. Como resultado, o trabalhador teve o rosto e o peito esmagados.

No mesmo país, em uma usina de peças automobilísticas, um outro trabalhador também sofreu acidente de trabalho e chegou a ter o corpo colhido por um robô, ficando gravemente ferido.

Essas informações foram divulgadas pelo jornal francês *Le Figaro*, em novembro de 2023(2).

---

(1) Juiz do Trabalho Substituto (TRT da 2ª Região). Graduado em Direito pela Universidade Potiguar (UnP). Especialista *lato sensu* pela UCDB/MS, com dissertação em Direito Processual Civil.

(2) Disponível em: https://www.lefigaro.fr/societes/coree-du-sud-un-employe-tue-par-le-robot-dont-il-assurait-la-maintenance-20231109. Acesso em: 20 set. 2024.

Outros acidentes de trabalho envolvendo robôs ou mesmo ataque causados por robôs autônomos aconteceram em outros países, como o caso de um trabalhador de 22 anos morto em uma indústria automotiva alemã[(3)] ou, ainda, o caso de um engenheiro da multinacional Tesla, ferido em uma fábrica no Texas/EUA[(4)].

Eventos como os noticiados supra, são novos desafios contemporâneos à chamada revolução 4.0 e suscitam uma série de reflexões envolvendo segurança do trabalho, limites da chamada inteligência artificial e como compatibilizar a realidade da expansão tecnológica com o amparo aos direitos fundamentais.

Ao mesmo tempo que algumas empresas de transporte de pessoas investem em veículos guiados apenas por inteligência artificial, dispensando a necessidade de condutor humano para conduzir o passageiro cliente, o ordenamento jurídico nacional se depara com o risco à existência de diversos empregos. Enfrenta ainda o grande desafio de assegurar a proteção contra a automação (art. 7º, XXVII, da CRFB), nesse cenário em expansão.

O tema é tão instigante que gera repercussões importantes na esfera da responsabilidade civil. Com efeito, na mesma matéria já citada do jornal *Le Figaro*, este noticiou que, em 02.10.2023, um táxi robótico da empresa Cruise atropelou uma mulher em São Francisco/EUA, resultando em diversos traumas.

Imagine-se, a partir desse exemplo, que um veículo autônomo qualquer suba uma calçada e atinja um vendedor de loja que atende um cliente em frente à vitrine. Seria o caso de força maior? Haveria possibilidade de ser o veículo autônomo considerado um "terceiro" para fins de excludente de responsabilidade civil de quem fosse acionado? Haveria a possibilidade de punição da empresa dona do robô, mesmo que ela não fabrique o robô e seja, por exemplo, uma empresa de publicidade que apenas anuncia propagandas na pintura do veículo?

As possibilidades e as nuances são diversas e tornam urgente a necessidade de regulação da inteligência artificial, em um cenário no qual as possibilidades de uso e do aprimoramento dessa nova tecnologia, assim como dos dispositivos autônomos, crescem em ritmo exponencial.

Responsabilidade civil tradicional e Inteligência Artificial Generativa

A respeito da responsabilidade civil envolvendo veículos autônomos e dos impactos de reflexões como as postas acima no âmbito da responsabilidade civil, Maria Clara Cunha Farias e Rodrigo Faria Vieira dos Anjos, assim pontuam:

---

(3) Disponível em: https://www.theguardian.com/world/2015/jul/02/robot-kills-worker-at-volkswagen-plant-in-germany. Acesso em: 20 set. 2023.

(4) Disponível em: https://economictimes.indiatimes.com/news/international/world-news/tesla-engineer-attacked-by-robot-in-us-machine-pins-him-down-digging-metal-claws-into-workers-back-and-arm/articleshow/106323330.cms?from=mdr.

> Em 2016, um carro autônomo da Google colidiu com um ônibus na Califórnia. Após as investigações preliminares, concluiu-se que o carro estava a apenas duas milhas por hora na pista, mas o seu sensor informou que estariam presentes sacos de areia na frente do veículo. Então, o robô decidiu trocar da pista direita para a esquerda, sem que a tecnologia percebesse que um ônibus estava trocando de pista no mesmo momento (MINGTSUNG; QIAOYING; YOU, 2020, p. 624).
>
> Esse caso ilustra a primeira dificuldade para o Estado-Regulador: nos próximos vinte anos, seres humanos e carros com condução automática irão dividir as estradas (ZMOGINSKI, 2021). A legislação sobre o assunto já começou a surgir nos Estados Unidos: nos estados de Nevada e Califórnia, os legisladores explicitamente previram que a responsabilidade por qualquer acidente referentes a carros autônomos recai sobre o operador do veículo, definindo- se operador como a pessoa que 'ativa a tecnologia'(CALIFORNIA, 2021). Ou seja, o que determina a responsabilidade é o elemento de controle sobre a tecnologia. O ser humano que assumiu o risco de controlar o carro autônomo irá arcar com as consequências da responsabilidade civil (U.S. CHAMBER, 2018).[5]

Para traçar um paralelo entre os novos desafios, a necessidade de regulação da Inteligência Artificial e o instituto clássico da responsabilidade civil, destaque-se inicialmente o conceito apresentado por Dallegrave Neto:

> A responsabilidade civil, vista como instituto jurídico, não contém definição legal, contudo, doutrinariamente, pode ser concebida como a sistematização de regras e princípios que objetivam a reparação do dano patrimonial e a compensação do dano extrapatrimonial causados diretamente por agente — ou por fato de coisas ou pessoas que dele dependam — que agiu de forma ilícita ou assumiu o risco de atividade causadora da lesão.[6]

Pelo conceito acima ilustrado, nota-se que a responsabilidade civil é originalmente concebida para o exame de situações causadas por agente humano ou que dele dependam. No caso de dispositivos autônomos e com o incremento das tecnologias de Inteligência Artificial, a própria noção de dependência do ser humano, para fins de responsabilidade, é posta em dúvida, eis que o campo mais atual eleva a Inteligência

(5) FARIAS, Maria Clara Cunha; ANJOS, Rodrigo Faria Vieira dos. O ser humano e a inteligência artificial: a proteção dos direitos fundamentais face ao uso da tecnologia. *Res Severa Verum Gaudium*, Porto Alegre, v. 6, n. 1, 2021. Disponível em: https://seer.ufrgs.br/index.php/resseveraverumgaudium/article/view/114264. Acesso em: 20 set. 2024.

(6) DALLEGRAVE NETO, José Affonso. *Responsabilidade Civil no Direito do Trabalho*. 4. ed. São Paulo: LTr, 2010.

Artificial do campo da mera programação repetitiva ao espaço da chamada Inteligência Artificial generativa, capaz não apenas de "aprender" por si só, como de se aprimorar a partir de conhecimentos acumulados. E a fonte desses conhecimentos pode advir de uma coletividade de seres humanos, inclusive sem nenhuma relação de propriedade ou outra natureza com o objeto dito autônomo.

Com efeito, a Inteligência Artificial dita como generativa é capaz de criar conteúdos imprevisíveis. Daí ser comum a utilização de expressões como redes neurais. Nesse sentido, ao ilustrar com o exemplo do ChatGPT, Regina Rossetti e Kethly Garcia assim pontuam acerca da Inteligência Artificial generativa:

> Ao permitir seu acesso ao público em geral, o ChatGPT causou um grande alvoroço entre professores, acadêmicos e profissionais de diversas áreas. Em poucas semanas, esse *chatbot* ganhou destaque na mídia mundial pela infinita gama de possibilidades que oferece. A produção de conteúdo é realizada de forma rápida e estruturada e a cada solicitação do usuário, novos resultados são gerados. Por meio do ChatGPT é possível, por exemplo, organizar apresentações, fazer *brainstormings*, elaborar textos de pesquisa e traduções.
>
> O chatbot pode ser classificado como uma Inteligência Artificial *generativa, que por definição, é uma tecnologia que utiliza categorias de algoritmos de aprendizagem (machine learning) autônoma para criar conteúdo originais (WE Fórum, 2023)*. O ChatGPT utiliza a LLMs (*large language models*), baseada em redes neurais e, mais especificamente, artificiais (ANNs) (International Business Machines — IBM, 2023) treinadas com uma grande quantidade de dados e que se baseiam no *aprendizado não supervisionado* (sem categorias pré-definidas direcionadas ao modelo para aprendizagem) (WEI, *et al.*, 2022). O aprendizado profundo ou deep learning é uma subcategoria das redes neurais. As redes neurais possuem até três camadas e o deep learning mais de três camadas. As lógicas de camadas e nós de entradas e saídas e camadas ocultas e são semelhantes aos neurônios humanos (IBM, 2023).[7] (*sic*) (grifos nossos)

Dadas as peculiaridades da IA generativa e, partindo da regra de necessidade do elemento culpa, para fins de responsabilidade civil, surgem novas reflexões: seria possível culpar-se alguém por um conteúdo original, criado por um sistema autônomo, com aprendizagem própria, não desejada e nem prevista pelo proprietário do equipamento? Essa responsabilidade seria do proprietário ou do fabricante do equipamento autônomo?

---

(7) ROSSETTI, Regina; GARCIA, Kethly. Inteligência artificial generativa – Questões jurídicas e éticas em torno do ChatGPT. *VirtuaJus*, Belo Horizonte, v. 8, n. 15, p. 253-264, 2º sem. 2023 – ISSN 1678-3425. Disponível em: https://periodicos.pucminas.br/index.php/virtuajus/article/download/30769/21848/. Acesso em: 20 set. 2024.

E se esse equipamento é aplicado em uma empresa, por meio de um contrato de fornecimento de equipamentos de automação, haveria responsabilidade civil do empregador por um dano causado a trabalhador por robô da empresa que forneceu o equipamento? Considerando que o robô não é uma pessoa (terceiro, no sentido tradicional), a empresa fornecedora não é uma empresa de terceirização (não forneceu mão de obra e sim alugou um robô) e o empregador apenas alugou um equipamento, qual seria o regramento da responsabilidade? Seria o caso de aplicar responsabilidade objetiva ao empregador? Seria o caso dele poder invocar força maior ou fato exclusivo de "terceiros"? Seria o caso de considerar a culpa presumida? Quem denunciaria à lide quem, em um acidente causado ao fim das contas por um ato decisório produzido por Inteligência Artificial generativa?

Da normatização do tema. Proteção em face da automação. Direito comparado e necessidade de modernização da legislação

Postas algumas reflexões, importa destacar que o ordenamento jurídico não admite que o magistrado se furte a decidir, pois não se aplica no direito brasileiro o chamado *non liquet* ou negativa de decisão por dúvida, de modo que cabe ao Magistrado, no exercício de decisão tomada com sua inteligência humana, aplicar as regras vigentes e, em último caso, valer-se da analogia, dos costumes e dos princípios gerais do direito (art. 4º da LINDB). No âmbito do direito do trabalho, agregam-se ainda outras fontes como o direito comparado, conforme art. 8º da CLT. Tal fato assegura um maior aparato aos magistrados do trabalho, no enfrentamento das questões, em caso de lacunas normativas ou mesmo ontológicas.

Seria impossível, no escopo do presente artigo, esgotar as situações diversas de responsabilidade civil e soluções possíveis com base no regramento atual. A intenção é despertar algumas reflexões e evidenciar a necessidade de regulamentação específica da matéria, de modo a evitar lacunas diante da nova e crescente realidade.

E a regulamentação legal da Inteligência Artificial, deve se dar, de modo a permitir uma utilização ética e que afaste ao máximo possível as situações de vulnerabilidade humana diante das novas tecnologias. Deve ter como objetivo central assegurar a máxima efetividade dos direitos fundamentais, notadamente a proteção dos trabalhadores em face da automação (art. 7º, XXVII), observado o caráter antropocêntrico das novas tecnologias.

Com efeito, acerca da substituição de tarefas tipicamente exercidas por seres humanos e dos riscos, Harari[(8)] destaca que esse cenário está gradativamente não apenas eliminando trabalho humano, mas tornando-o em diversos casos inútil ou irrelevante.

---

(8) HARARI, Noah Yuval. *21 Lições para o Século 21*. São Paulo: Companhia das Letras, 2018.

Ao se constatar a existência de transportes de passageiros que não possuem nenhum condutor humano, observa-se que o fenômeno já conhecido da precarização, em último caso, alcança a total exclusão da utilidade do trabalho.

Desse modo, sem ignorar que o trabalho é não apenas um meio de subsistência, como ainda o modo como os seres humanos realizam e concretizam a própria dignidade e sentimento social de utilidade, a regulamentação deve considerar também o uso ético das modalidades de Inteligência Artificial e a ideia de que estejam a serviço dos seres humanos e não como fatores de anulação das diversas potencialidades humanas.

No âmbito do direito internacional, a União Europeia normatizou diretrizes envolvendo o uso adequado das tecnologias de Inteligência Artificial. Trata-se do Regulamento (UE) 2024/1689 do Parlamento Europeu e do Conselho, de 13 de junho de 2024[9].

O referido regramento apresenta diversas diretrizes como o maior rigor das regras, à medida que maior seja o risco, o apoio à inovação, além de apresentar nitidamente a busca pelo amparo dos direitos fundamentais como um norte diante das ameaças decorrentes das novas tecnologias. Entre as diversas disposições, algumas delas visam proteger as pessoas inclusive da manipulação por meio de algoritmos ou outros modos de influenciar nocivamente no comportamento. Nesse sentido, vale destacar as seguintes disposições[10]:

> (28) Além das suas inúmeras utilizações benéficas, a IA, pode também ser utilizada indevidamente e conceder instrumentos novos e poderosos para práticas manipuladoras, exploratórias e de controlo social. Essas práticas são particularmente prejudiciais e abusivas e deverão ser proibidas por desrespeitarem valores da União, como a dignidade do ser humano, a liberdade, a igualdade, a democracia e o Estado de direito, bem como os direitos fundamentais consagrados na Carta, nomeadamente o direito à não discriminação, à proteção de dados pessoais e à privacidade, e os direitos das crianças.
>
> (29) As técnicas de manipulação propiciadas pela IA podem ser utilizadas para persuadir as pessoas a adotarem comportamentos indesejados, ou para as enganar incentivando-as a tomar decisões de uma forma que subverta e prejudique a sua autonomia, a sua tomada de decisões e a sua liberdade de escolha. A colocação no mercado, a colocação em serviço ou a utilização de determinados sistemas de IA com o objetivo ou o efeito de distorcer substancialmente o comportamento humano, sendo passível a ocorrência de danos significativos, em especial com repercussões negativas suficientemente

(9) O inteiro teor pode ser consultado em: https://eur-lex.europa.eu/legal-content/PT/TXT/PDF/?uri=OJ:L_202401689. Acesso em: 20 set. 2024.

(10) Disponível no sítio eletrônico referido acima.

importantes na saúde física, psicológica ou nos interesses financeiros, são particularmente perigosas e deverão, por isso, ser proibidas. Esses sistemas de IA utilizam quer componentes subliminares, como estímulos de áudio, de imagem e de vídeo dos quais as pessoas não se conseguem aperceber por serem estímulos que ultrapassam a perceção humana, quer outras técnicas manipuladoras ou enganadoras que subvertem ou prejudicam a autonomia, a tomada de decisões ou a liberdade de escolha das pessoas de uma maneira de que estas não têm consciência dessas técnicas ou que, mesmo que tenham consciência das mesmas, ainda possam ser enganadas ou não as possam impedir de controlar ou não lhes possam resistir. Tal poderá ser facilitado, por exemplo, por interfaces máquina-cérebro ou por realidade virtual, que permitem um maior nível de controlo do tipo de estímulos apresentados às pessoas, na medida em que podem distorcer substancialmente o seu comportamento de uma forma significativamente nociva. Além disso, os sistemas de IA podem também explorar vulnerabilidades de uma pessoa ou de um grupo específico de pessoas devido à sua idade, à sua deficiência na aceção da Diretiva (UE) 2019/882 do Parlamento Europeu e do Conselho (16), ou a uma situação social ou económica específica suscetível de tornar essas pessoas mais vulneráveis à exploração, como as pessoas que vivem em situação de pobreza extrema ou as minorias étnicas ou religiosas. Esses sistemas de IA podem ser colocados no mercado, colocados em serviço ou utilizados com o objetivo ou o efeito de distorcer substancialmente o comportamento de uma pessoa e de uma forma que cause ou seja razoavelmente suscetível de causar danos significativos a essa ou a outra pessoa ou grupos de pessoas, incluindo danos que possam ser acumulados ao longo do tempo, razão pela qual deverão ser proibidos Pode não ser possível presumir que existe intenção de distorcer o comportamento se a distorção resultar de fatores externos ao sistema de IA que estejam fora do controlo do prestador ou do responsável pela implantação, nomeadamente fatores que podem não ser razoavelmente previsíveis e que, por conseguinte, o prestador ou responsável pela implantação do sistema de IA não possam atenuar. De qualquer modo, não é necessário que o prestador ou o responsável pela implantação tenha a intenção de causar danos significativos, basta que tal dano resulte das práticas manipuladoras ou exploratórias baseadas na IA. As proibições de tais práticas de IA complementam as disposições da Diretiva 2005/29/CE do Parlamento Europeu e do Conselho (17), nomeadamente as que proíbem as práticas comerciais desleais que causam danos económicos ou financeiros aos consumidores, em quaisquer circunstâncias, independentemente de serem aplicadas através de sistemas de IA ou de outra forma. As proibições de práticas manipuladoras e exploratórias previstas no presente regulamento não deverão afetar as

> práticas lícitas no contexto de tratamentos médicos, como o tratamento psicológico de uma doença mental ou a reabilitação física, sempre que tais práticas sejam realizadas em conformidade com a lei e as normas médicas aplicáveis, como, por exemplo, o consentimento explícito das pessoas ou dos seus representantes legais. Além disso, as práticas comerciais comuns e legítimas, como por exemplo no domínio da publicidade, que cumpram a lei aplicável não deverão, por si só, ser consideradas práticas manipuladoras prejudiciais tornadas possíveis pela IA. (*sic*)

Dentro da regulamentação dos robôs autônomos, segurança do trabalho e do primado dos direitos fundamentais, o regramento europeu igualmente abordou em seu campo de proteção, com nítido viés antropocêntrico, como se observa sobretudo dos itens abaixo transcritos:

> (47) Os sistemas de IA poderão ter repercussões negativas na saúde e na segurança das pessoas, em particular quando esses sistemas funcionam como componentes de segurança de produtos. Em conformidade com os objetivos da legislação de harmonização da União, designadamente facilitar a livre circulação de produtos no mercado interno e assegurar que apenas os produtos seguros e conformes entram no mercado, é importante prevenir e atenuar devidamente os riscos de segurança que possam ser criados por um produto devido aos seus componentes digitais, incluindo sistemas de IA. A título de exemplo, os robôs, cada vez mais autónomos, deverão poder operar com segurança e desempenhar as suas funções em ambientes complexos, seja num contexto industrial ou de assistência e cuidados pessoais. De igual forma, no setor da saúde — um setor no qual os riscos para a vida e a saúde são particularmente elevados —, os sistemas de diagnóstico e os sistemas que apoiam decisões humanas, que estão cada vez mais sofisticados, deverão produzir resultados exatos e de confiança.
>
> (48) A dimensão das repercussões negativas causadas pelo sistema de IA nos direitos fundamentais protegidos pela Carta é particularmente importante quando se classifica um sistema de IA como sendo de risco elevado. Esses direitos incluem o direito à dignidade do ser humano, o respeito da vida privada e familiar, a proteção de dados pessoais, a liberdade de expressão e de informação, a liberdade de reunião e de associação, o direito à não discriminação, o direito à educação, a defesa dos consumidores, os direitos dos trabalhadores, os direitos das pessoas com deficiência, a igualdade de género, os direitos de propriedade intelectual, o direito à ação e a um tribunal imparcial, o direito à defesa e a presunção de inocência, e o direito a uma boa administração. Além desses direitos, é importante salientar o facto

> de que as crianças têm direitos específicos, consagrados no art. 24º da Carta e na Convenção das Nações Unidas sobre os Direitos da Criança, desenvolvidos com mais pormenor no Comentário Geral n. 25 da Convenção das Nações Unidas sobre os Direitos da Criança no respeitante ao ambiente digital, que exigem que as vulnerabilidades das crianças sejam tidas em conta e que estas recebam a proteção e os cuidados necessários ao seu bem-estar. O direito fundamental a um nível elevado de proteção do ambiente consagrado na Carta e aplicado nas políticas da União também deverá ser tido em conta ao avaliar a gravidade dos danos que um sistema de IA pode causar, nomeadamente em relação à saúde e à segurança das pessoas.

Por fim, especificamente no campo da responsabilidade e dadas as diversas possibilidades de dúvidas e lacunas ontológicas, o regramento europeu prevê a responsabilidade do responsável pela colocação do sistema ou pela implantação do sistema de Inteligência Artificial, como se observa, por exemplo, nos itens 79 e, sobretudo, 91 do Regulamento:

> (79) É apropriado que uma pessoa singular ou coletiva específica, identificada como "prestador", assuma a responsabilidade pela colocação no mercado ou pela colocação em serviço de um sistema de IA de risco elevado, independentemente de ser ou não a pessoa que concebeu ou desenvolveu o sistema.
>
> (91) Dada a natureza dos sistemas de IA e os riscos para a segurança e os direitos fundamentais possivelmente associados à sua utilização, nomeadamente no que respeita à necessidade de assegurar um controlo adequado do desempenho de um sistema de IA num cenário real, é apropriado determinar responsabilidades específicas para os responsáveis pela implantação. Em particular, os responsáveis pela implantação deverão tomar medidas técnicas e organizacionais adequadas para assegurar que utilizam os sistemas de IA de risco elevado de acordo com as instruções de utilização e deverão ser equacionadas outras obrigações relativas ao controlo do funcionamento dos sistemas de IA e à manutenção de registos, se for caso disso. Além disso, os responsáveis pela implantação deverão assegurar que as pessoas encarregadas de aplicar as instruções de utilização e de supervisão humana, tal como estabelecido no presente regulamento, têm as competências necessárias, em especial um nível adequado de literacia, formação e autoridade no domínio da IA para desempenhar adequadamente essas funções. Essas obrigações não deverão prejudicar outras obrigações do responsável pela implantação em relação a sistemas de IA de risco elevado nos termos do direito da União ou do direito nacional.

No Brasil, tramita no Congresso Nacional o Projeto de Lei n. 2.338/2023 de autoria do Senador Rodrigo Pacheco, que visa à regulamentação da Inteligência Artificial no país[(11)].

Entre os pontos positivos, o referido projeto prevê como um dos fundamentos para desenvolvimento, implantação e uso da Inteligência Artificial no país, a centralidade da pessoa humana (art. 2º, I, da CRFB), o que revela adequação com as diretrizes constitucionais de proteção aos direitos fundamentais. Prevê ainda como fundamentos o respeito aos direitos humanos, valores democráticos, livre desenvolvimento da personalidade, a inovação, entre outros.

No campo da responsabilidade, em seu art. 3º, X, prevê a responsabilização e a reparação integral de danos como um dos princípios, o que está em sintonia com a necessidade de adaptar a disciplina da responsabilidade civil aos novos tempos e evitar que argumentos retóricos ou dúvidas decorrentes das reflexões como as suscitadas no início deste artigo militem em prol da impunidade.

Notas conclusivas

A Inteligência Artificial e as novas tecnologias tornaram possíveis a existência de dispositivos autônomos, com possibilidade de atuação generativa e resultados não previstos ou, mesmo excepcionalmente, não desejados.

Diante disso, o tradicional sistema de responsabilidade civil, assim como os novos desafios decorrentes da contemporaneidade, demanda a modernização da regulamentação atual acerca da responsabilidade civil, proteção em face da automação, prevenção de acidentes de trabalho e, em linhas gerais, a primazia dos direitos fundamentais numa visão antropocêntrica do ordenamento jurídico e da aplicação das novas tecnologias.

Os exemplos de acidentes de trabalho ocorridos em outros países, com dispositivos de atuação autônoma, bem como o pioneiro regramento da União Europeia, revelam a necessidade e a importância de uma legislação atualizada acerca do tema, de modo a permitir melhor prevenção e repressão de danos decorrentes da utilização das novas tecnologias, de modo a gerar segurança jurídica e afastar o risco de lacunas ontológicas ou mesmo situações de impunidade, quanto a danos causados na era da Inteligência Artificial generativa.

O Brasil já possui projetos de lei em tramitação no Congresso Nacional, mas ainda pende de regulamentar com especificidade a Inteligência Artificial, de modo a gerar mais segurança jurídica no tema da responsabilidade civil em caso de danos, incluindo acidentes de trabalho, tendo como norte a proteção de busca da máxima efetividade dos direitos fundamentais.

(11) O inteiro teor está disponível em: https://legis.senado.leg.br/sdleg-getter/documento?dm=9347622&ts=1726246471835&disposition=inline. Acesso em: 20 set. 2024.

Referências

BRASIL. *Projeto de Lei n. 2.338/2023.* Disponível em: https://legis.senado.leg.br/sdleg-getter/documento?dm=9347622&ts=1726246471835&disposition=inline. Acesso em: 20 set. 2024.

DALLEGRAVE NETO, José Affonso. *Responsabilidade Civil no Direito do Trabalho.* 4. ed. São Paulo: LTr, 2010.

ECONOMIC TIMES. *Engenheiro da Tesla atacado por robô nos EUA:* máquina o prende, cravando garras de metal nas costas e no braço do trabalhador. Disponível em: https://economictimes.indiatimes.com/news/international/world-news/tesla-engineer-attacked-by-robot-in-us-machine-pins-him-down-digging-metal-claws-into-workers-back-and-arm/articleshow/106323330.cms?from=mdr.

FARIAS, Maria Clara Cunha; ANJOS, Rodrigo Faria Vieira dos. O ser humano e a inteligência artificial: a proteção dos direitos fundamentais face ao uso da tecnologia. *Res Severa Verum Gaudium*, Porto Alegre, v. 6, n. 1, 2021. Disponível em: https://seer.ufrgs.br/index.php/resseveraverumgaudium/article/view/114264. Acesso em: 20 set. 2024.

HARARI, Noah Yuval. *21 Lições para o Século 21.* São Paulo: Companhia das Letras, 2018.

PENNORS, Jérémy. Coreia do Sul: um funcionário morto pelo robô que ele mantinha. *Le Figaro*, 9 nov. 2023. Disponível em: https://www.lefigaro.fr/societes/coree-du-sud-un-employe-tue-par-le-robot-dont-il-assurait-la-maintenance-20231109. Acesso em: 20 set. 2024.

ROSSETTI, Regina; GARCIA, Kethly. Inteligência artificial generativa — questões jurídicas e éticas em torno do ChatGPT. *VirtuaJus*, Belo Horizonte, v. 8, n. 15, p. 253-264, 2º sem. 2023 – ISSN 1678-3425. Disponível em: https://periodicos.pucminas.br/index.php/virtuajus/article/download/30769/21848/. Acesso em: 20 set. 2024.

THE GUARDIAN. Volkswagen: Robô mata trabalhador quando o instalava. The Guardian. Disponível em: https://www.theguardian.com/world/2015/jul/02/robot-kills-worker-at-volkswagen-plant-in-germany. Acesso em: 20.09.2023.

UNIÃO EUROPEIA. *Regulamento (UE) 2024/1689 do Parlamento Europeu e do Conselho, de 13 de junho de 2024.* Disponível em: https://eur-lex.europa.eu/legal-content/PT/TXT/PDF/?uri=OJ:L_202401689. Acesso em: 20 set. 2024.

Assédio Moral em *Home Office*

Soraya Galassi Lambert[1]

Introdução

A pandemia de Covid-19 trouxe um cenário de medo e incerteza. O número de mortos, no Brasil, chegou a 700 mil e era difícil ver uma luz no final do túnel.

O medo de ser infectado e a possibilidade de ser entubado sem caminho de volta, além da incerteza do futuro, com a falência batendo à porta de um sem-número de pequenas e médias empresas, deram o norte aos dias de grande parte da população brasileira. Será que um dia voltaremos ao normal? Ou o "novo normal" é que dará o tom para a vida daqui por diante?

Foram muitas as indagações nesse momento e algumas certezas. E uma das certezas, nessa pandemia, foi o aumento das enfermidades de natureza psicológica. Cresceu o número de suicídios, fruto do estresse elevado e acometimento de ansiedade e depressão.

Segundo o diretor-geral da Organização Mundial da Saúde (OMS), Tedros Adhanom Ghebreyesus, "o impacto da pandemia na saúde mental das pessoas é extremamente preocupante".

Assim, diante da pandemia, não bastava tomar todas as precauções contra o contágio, que iam da utilização obrigatória de máscaras, passando pela higienização frequente das mãos e uso ininterrupto do álcool gel até o distanciamento seguro. Era preciso, mais do que nunca, cuidar da mente e do coração.

A nova realidade do isolamento necessário fez com que o *home office*, antes concedido ao empregado em situações pontuais, se tornasse o "novo normal". Foi um impulso irresistível para fomentar o trabalho a distância.

---

(1) Mestranda em Direito do Trabalho. Especialista em Economia do Trabalho e Direito Sindical pela UNICAMP. Especialista em Direito do Trabalho pela Faculdade de Direito da Universidade de São Paulo. Especialista em Direito Individual do Trabalho, Direito Coletivo do Trabalho e Processo do Trabalho pela Pontifícia Universidade Católica de São Paulo — PUC. Juíza do Trabalho do TRT da 2ª Região. Juíza Auxiliar da Vice-Presidência Judicial do TRT da 2ª Região (biênio 2022/2024). Coordenadora do Núcleo de Gerenciamento de Precedentes e Núcleo de Ações Coletivas (NUGEPNAC). Membro da Comissão do Núcleo de Gerenciamento de Precedentes e Núcleo de Ações Coletivas (CNugepnac). Membro da Comissão de Inteligência do TRT da 2ª Região (CIT TRT-2).

A Lei n. 13.467/2017 promoveu uma ampla transformação no mundo do trabalho, destacando-se a regulamentação do teletrabalho. Posteriormente, a Lei n. 14.442/2022 complementou essa regulamentação impulsionada pelas mudanças provocadas pela pandemia.

Referida inovação, embora tenha sido absorvida com entusiasmo pela sociedade, oferece desafios aos paradigmas do direito do trabalho.

E, junto com o *home office*, vieram a solidão do trabalho em casa, a desconexão social, as incertezas quanto ao próprio futuro dentro da empresa, tendo em vista a instabilidade econômica gerada pela situação de calamidade advinda da pandemia.

Nesse panorama, cresceram as reclamações trabalhistas denunciando o assédio moral, que viola a dignidade física e psíquica do empregado e pode acarretar quadros de depressão, de nível leve a grave, e até mesmo o suicídio.

O assédio moral foi e é causa de inúmeros pedidos de indenização formulados perante a Justiça do Trabalho.

E nova realidade do trabalho em *home office* trouxe à tona novas formas da prática odiosa do assédio moral.

Este artigo pretende analisar o assédio moral sofrido pelos trabalhadores em *home office*.

1. Conceito e diferenciação do *home office*

A origem do teletrabalho encontra-se na Terceira Revolução Industrial que se caracteriza pela revolução digital.

A Terceira Revolução Industrial iniciou-se na década de 1960 com o desenvolvimento de semicondutores, o advento da computação em computadores de grande porte (mainframe) e seguiu-se pela década de 1970 que marcou o início da computação pessoal e pela internet na década de 1990 (SCHWAB, 2016, p. 15-16).

No contexto da Terceira Revolução Industrial ganha força o modelo de organização do trabalho denominado toyotismo que preconiza uma produção parcelada e personalizada de acordo com o interesse do consumidor (SILVA; COELHO, 2023, p. 324).

Durante a Segunda Revolução Industrial estava consagrado o modelo fordista de produção e trabalho caracterizado pela fragmentação do trabalho em série, formação de grandes estoques e estrutura verticalizada na qual todas as áreas e fases de produção concentram-se num único local geográfico. Acrescente-se que o gerenciamento e o controle de qualidade eram unificados na pessoa de um superior hierárquico (DALLEGRAVE NETO, 2014, p. 8-9).

No Toyotismo, o trabalhador é polivalente pois deve ser capaz de operar diversas máquinas e exercer múltiplas funções simultaneamente. Foram criados os círculos de controle de qualidade (CCQ) e os controles de qualidade total (CQT) nos quais os próprios grupos de empregados eram incumbidos da fiscalização mútua, eliminando a figura do gerente presencial como superior hierárquico (DALLEGRAVE NETO, 2014, p. 9).

Além disso, no Toyotismo, houve uma descentralização da cadeia produtiva com a adoção da terceirização. No modelo fordista, havia a grande fábrica que deveria produzir tudo que fosse utilizado no seu produto final. Com o advento do modelo toyotista, a fábrica funciona como uma unidade central que convive com fornecedores satélites (OLIVEIRA NETO, 2022, p. 30).

Ao mesmo tempo as fábricas já não mantêm grandes estoques de seus produtos. A produção passa a ser orientada pela demanda. Por isso, os estoques armazenam apenas o necessário para atender aos consumidores. Com essa nova realidade, as fábricas optam por modelos flexíveis no engajamento da mão de obra, tais como terceirização de parcela da produção e contratação temporária (OLIVEIRA NETO, 2022, p. 30).

Esse cenário de flexibilização do trabalho foi acentuado pela crise do petróleo na década de 1970.

O teletrabalho surgiu como uma resposta do Ocidente à crise econômica mundial do petróleo que gerou um problema prático de deslocamento. Constatou-se que a prestação de serviços poderia ocorrer não apenas num único local, mas também de forma descentralizada graças às novas tecnologias de informação e comunicação (BOONEN, 2003, p. 110; MEDEIROS, 2023, p. 56-57).

Jack Nilles, que trabalhava para a NASA, em 1971, defendeu a possibilidade de trazer o trabalho até o trabalhador, invertendo a relação clássica então existente entre trabalhador e o local de trabalho (SILVA; COELHO, 2023, p. 324).

A palavra teletrabalho vem do prefixo grego *tele*, que significa distância.

Tem-se assim que o primeiro elemento caracterizador do teletrabalho é a execução das tarefas de forma remota, ou seja, fora das instalações do empregador (VALENTIM, 2015, p. 249).

Todavia, é importante registrar que, para a caracterização do teletrabalho, não é necessário que a totalidade das tarefas sejam executadas fora das instalações do empregador. É necessário apenas que a execução seja preponderantemente fora das instalações, conforme *caput* do art. 75-B da CLT (SILVA; COELHO, 2024, p. 325; VALENTIM, 2015, p. 249).

O segundo elemento caracterizador do teletrabalho é o emprego da tecnologia da informação e da comunicação para a execução da tarefa e sua entrega (VALENTIM, 2015, p. 249).

Mas há um terceiro elemento caracterizador do teletrabalho que merece destaque.

Trata-se do contato entre empregador e empregado por meio de mídias eletrônicas, tais como: internet, correio eletrônico, teleconferência, ou seja, a transferência de dados, sons e imagens em tempo real ou não. Não há o contato direto e permanente entre empregador e empregado (VALENTIM, 2015, p. 248-249).

Assim, além do trabalho fora do estabelecimento físico do empregador, há o emprego da tecnologia da comunicação e informação, seja como ferramenta de trabalho, seja como mediadora da distância relacional (FINCATO, 2023, p. 57).

A partir das características, é possível estabelecer um conceito para teletrabalho.

Para Jack M. Nilles, o teletrabalho corresponde a:

> Qualquer forma de substituição de deslocamentos relacionados com a atividade econômica por tecnologias da informação, ou a possibilidade de enviar o trabalho ao trabalhador, no lugar de enviar o trabalhador ao trabalho (1997, p. 15 *apud* OLIVEIRA NETO, 2022, p. 101).

E Célio Pereira Oliveira Neto (2022, p. 101) em obra de fôlego oferece uma ampla definição de teletrabalho que contempla seus elementos caracterizadores:

> O teletrabalho pode ser conceituado como trabalho prestado, ao menos em parte a distância, fora da sede da organização empresarial, mediante o uso da telemática, ou seja, comunicação mais informação e/ou informática. Na sua essência, o teletrabalho, especialmente antes da pandemia da Covid-19, era realizado com flexibilidade de jornada e ausência de fiscalização direta, empoderando o teletrabalhador diante da auto-organização e autonomia da gestão do tempo, e em certa medida de suas atividades.

Também merece registro a definição de teletrabalho criada pela Organização Internacional do Trabalho e pela Eurofundação:

> O teletrabalho pode ser definido como o uso de Tecnologias da Informação e da Comunicação (TIC) — como *smartphones*, *tablets*, *laptops* e computadores *desktop* — para fins de trabalhar fora das instalações do empregador (tradução nossa) (2017, p. 1).

O teletrabalho, regulamentado pela Lei n. 13.467/2017, com alterações da Lei n. 14.442/2022, outrora adotado pelas empresas em situações excepcionais, teve seu *boom* com a pandemia de Covid-19.

Nesse momento, em que tanto se fala em teletrabalho e *home office*, resta importante estabelecer a diferenciação entre as duas modalidades de trabalho.

O gênero é o trabalho a distância. As espécies são o trabalho em domicílio e o teletrabalho.

A esse respeito, cita-se o magistério de Gustavo Filipe Barbosa Garcia (2023, p. 148):

> O teletrabalho é uma modalidade de trabalho a distância, típica dos tempos contemporâneos, em que o avanço da tecnologia permite o labor fora do estabelecimento do empregador (normalmente na própria residência do empregado), embora mantendo o contato com este por meio de recursos eletrônicos e de informática, principalmente o computador e a internet.

Já o trabalho em domicílio é aquele realizado pelo trabalhador em seu próprio domicílio. O trabalho em domicílio é mais comum em atividades da indústria têxtil, do couro, do ferro, do metal, do papel e do papelão. Ao passo que o teletrabalho envolve atividades mais complexas pois abrange setores como: tratamento, transmissão e acumulação de informação; atividade de investigação; secretariado, consultoria, assistência técnica e auditoria; gestão de recursos, vendas e operações mercantis em geral; desenho, jornalismo, digitação, redação, edição, contabilidade, tradução, além da utilização de novas tecnologias como informática e telecomunicação (BARROS, 2016, p. 210-214).

Se o trabalho executado no domicílio envolver a tecnologia de transmissão a distância, caracterizar-se-á o teletrabalho (BARROS, 2016, p. 212).

Enfim, o teletrabalho pode se confundir com o termo *home office* (estrangeirismo atualmente mais utilizado para substituir trabalho em domicílio) caso o trabalho seja prestado no domicílio e a execução e entrega da tarefa demanda o emprego de equipamentos de informática e comunicação (telemática) (OLIVEIRA NETO, 2022, p. 102).

O art. 165 do Código do Trabalho português contemplou os elementos acima citados na definição do teletrabalho:

> Art. 165º
>
> Noção de teletrabalho e âmbito do regime
>
> 1 – Considera-se teletrabalho a prestação de trabalho em regime de subordinação jurídica do trabalhador a um empregador, em local não determinado por este, através do recurso a tecnologias de informação e comunicação.
>
> 2 – As disposições contidas nos art. 168º, 169º-A, 169º-B, 170º e 170º-A aplicam-se, na parte compatível, a todas as situações de trabalho à distância sem subordinação jurídica, mas em regime de dependência económica.

Célio Pereira Oliveira Neto (2022, p. 104) destaca que a anterior redação do art. 165 do Código do Trabalho português incluía no conceito de teletrabalho a prestação de serviços com habitualidade fora do estabelecimento do empregador. Após a edição da Lei n. 83, de 6 de dezembro de 2021, o conceito de teletrabalho foi alterado pois foi excluído o vocábulo habitualmente, de modo que na redação atual o teletrabalho é o trabalho prestado em regime de subordinação jurídica, em local não determinado pelo empregador, por meio da telemática.

No Brasil, a Lei n. 13.467/2017 incluiu o Capítulo II-A na CLT para regular o teletrabalho e posteriormente as Leis ns. 14.437/2022 e 14.442/2022 complementaram a sua regulação.

O art. 75-B da CLT conceituou o teletrabalho de forma semelhante ao diploma português:

> (...) a prestação de serviços preponderantemente fora das dependências do empregador, com a utilização de tecnologias de informação e de comunicação que, por sua natureza, não se constituam como trabalho externo.

Um detalhe importante é que a prestação de serviço híbrida, ou seja, aquela que combina o trabalho dentro e fora das dependências do empregador enquadra-se no conceito de teletrabalho desde que prepondere a primeira (GARCIA, 2023, p. 150).

Assim, o comparecimento do empregado ao estabelecimento do empregador, ainda que habitualmente, não descaracteriza o teletrabalho, conforme § 1º do art. 75-B da CLT.

É importante destacar que, por ocasião da pandemia, o trabalho na residência do empregado, seja na modalidade de *home office* ou teletrabalho, abrangeu cerca de 90% dos empregados com contrato de trabalho em vigor.

Hoje, no pós-pandemia, boa parte dos contratos de trabalho em vigor adotou a modalidade híbrida e, dessa forma, as modalidades de *home office* e teletrabalho se incorporaram à realidade das empresas, ainda que parcialmente.

Em que pese a mudança no local da prestação de serviços, da sede da empresa para o domicílio do empregado, os direitos e deveres inerentes ao pacto laboral permanecem inalterados.

Assim, subsiste o exercício do poder diretivo do empregador em todas as suas formas, bem como a responsabilidade da empresa pela manutenção de ambiente de trabalho seguro, conforme inciso XXII do art. 7º c/c inciso VIII do art. 200 c/c *caput* do art. 225 da CF, art. 75-E e 157 da CLT.

2. Assédio moral no trabalho

O assédio moral pode atingir vários campos da vida de um indivíduo, da família, passando pelo relacionamento afetivo, chegando ao trabalho.

Para Hirigoyen (1998, p. 5), o assédio moral é um conjunto de agressões incluído em um processo inconsciente de destruição psicológica, constituído por atos hostis evidentes ou ocultos, de um ou alguns indivíduos em face de um sujeito em específico. Trata-se de um processo concreto de destruição moral, podendo conduzir um indivíduo a uma doença mental ou mesmo ao suicídio.

No caso do trabalho, tal fenômeno de caráter psicossocial tem existência que remonta ao próprio início da atividade laboral, atividade essa marcada pelo desequilíbrio entre as partes.

Nesse caso, o assédio moral é caracterizado por comportamentos repetitivos que visam desestabilizar emocionalmente o indivíduo, levando à sua desvalorização no ambiente de trabalho.

Assevera Hirigoyen que, no âmbito do trabalho, o fenômeno se caracteriza como toda conduta abusiva que tenha como intuito lesionar a integridade (física e psíquica), a dignidade ou mesmo a personalidade do trabalhador.

Sergio Pinto Martins (2017, p. 44-46) afirma que a vítima do assédio moral no trabalho pode possuir as seguintes características: timidez, um grau de escolaridade maior do que outros funcionários da empresa, bem como uma sensibilidade maior que os demais empregados. Destaca, ainda, que a vítima pode ser servil e/ou possuir medo extremo de perder o emprego ou até mesmo cometer um erro.

Márcia Novaes Guedes (2008, p. 34-37), por sua vez, pontua, que assédio moral na esfera laboral consiste em todos os atos, sejam comissivos ou omissivos, atitudes, gestos e comportamentos, praticados pelo patrão, pela direção, pela empresa, pelo gerente, pelo chefe, pelo superior hierárquico ou mesmo pelos colegas, que traduzem uma atitude contínua e extensiva de perseguição que possa gerar danos relevantes às condições físicas, psíquicas, morais e existenciais da vítima. Assevera, outrossim, que a violência psicológica pode afetar a comunicação, quando é negado o diálogo com a vítima, mas também pode afetar a reputação, quando são praticados atos que objetivam acabar com a autoestima da vítima, bem como pode visar a própria prestação de serviços, quando o trabalho do laborista é depreciado.

Importante destacar que a Convenção n. 190 da Organização Internacional do Trabalho foi o primeiro tratado internacional que reconheceu o direito de todas as pessoas a um mundo de trabalho livre de violência e assédio, incluindo violência e assédio com base em gênero. Referida Convenção "trata, especificamente, da violência e do assédio como violação ou abuso de direitos que ameaçam a igualdade de oportunidades e sua incompatibilidade com o trabalho decente". Em seu art. 1º, é cristalina ao definir violência e assédio: "conjunto de comportamentos e práticas inaceitáveis, ou de suas ameaças, de ocorrência única ou repetida, que visem, causem, ou sejam susceptíveis de causar dano físico, psicológico, sexual ou econômico, e inclui a violência e o assédio com base no gênero".

Cumpre destacar que a Convenção n. 190 da OIT traz a expressão "mundo do trabalho", deixando claro que o assédio e a violência podem acontecer além das dependências físicas do empregador, mas em todo e qualquer ambiente onde o trabalhador seja remunerado, o que abrange o trabalho em *home office*.

3. Assédio moral em *home office*

As inovações tecnológicas trouxeram novas possibilidades para o assédio e a violência aos direitos fundamentais do trabalhador.

No trabalho em *home office*, o assédio moral assume as mais diversas nuances.

Muitos trabalhadores se veem às voltas com a exigência de jornada de trabalho que excede e, muito, as 8 horas diárias e 44 horas semanais, previstas no art. 7º, XIII, da Constituição Federal, e se submetem a controle de jornada que revela abuso do poder diretivo, com determinação, pelo empregador, do envio de imagens da estação de trabalho no decorrer do dia, o que, pode configurar, inclusive, invasão da privacidade do laborista.

O adoecimento do trabalhador, nesses casos, é consequência direta da jornada de trabalho excessiva e sem observância do direito à desconexão.

Jorge Luiz Souto Maior (jul.-dez. 2023) afirma que o direito à desconexão deveria ser um direito, uma garantia assegurada a todos os trabalhadores e, com maior razão, aos teletrabalhadores, pela característica peculiar desta modalidade. Pontua, ainda, que o respeito a esses descansos, o direito do trabalhador de permanecer "desconectado" do trabalho e a não exigência de labor nos períodos de lazer é fundamental para a saúde do trabalhador, assim como para a relação empregatícia, visto que, é por meio do trabalho, do esforço humano, que se constrói riquezas e desenvolve a atividade empresarial no mercado econômico. Assevera, ainda, que o empregado que atua em regime de teletrabalho tem o direito fundamental à sadia qualidade de vida no seu meio ambiente de trabalho, tem direito a descanso e lazer, direito à desconexão, direitos estes que não podem ser suprimidos pela Lei n. 13.467/2017.

O art. 170 do Código de Trabalho de Portugal, em seu item 1, é cristalino ao dispor que o empregador deve respeitar a privacidade do trabalhador, o horário de trabalho e os tempos de descanso e de repouso da família deste, bem como proporcionar-lhe boas condições de trabalho, tanto do ponto de vista físico quanto do psíquico. Privilegia, dessa forma, o direito do trabalhador à desconexão.

Assim se manifestou o Ministro Cláudio Mascarenhas Brandão, do Tribunal Superior do Trabalho:

> AGRAVO DE INSTRUMENTO EM RECURSO DE REVISTA EM FACE DE DECISÃO PUBLICADA ANTES DA VIGÊNCIA DA LEI N. 13.015/2014. JORNADA DE TRABALHO. HORAS DE SOBREAVISO. O regime de sobreaviso caracteriza-se como o tempo, previamente ajustado, em que o empregado permanece, fora do horário normal de serviço, à disposição do empregador, no aguardo de eventual chamada para o trabalho. Tal situação importa diminuição ou cerceamento da liberdade de dispor do seu próprio tempo, pois a constante expectativa de ser chamado ao serviço no momento de fruição do seu descanso, seja em casa ou em qualquer outro lugar que possa vir a ser acionado por meios de comunicação, impede que desempenhe as suas atividades regulares. A regra do art. 244, § 2º, da CLT deve ser compreendida à luz da realidade da época de sua edição, nos idos de 1943, quando os meios de comunicação eram rudimentares e, por isso, era exigida a permanência do empregado em sua casa, a fim de ser localizado de maneira mais rápida. Hoje, porém, é possível que o trabalhador tenha certa mobilidade e, ainda assim, seja prontamente contatado pela empresa, por meio de pager, celular ou outros recursos tecnológicos. Nesse sentido é a Súmula n. 428 do TST. Na hipótese, o quadro fático delineado no acórdão regional comprova, efetivamente, a ocorrência de restrição à liberdade do autor, já que, quando escalado em regime de plantão, deveria ficar com o telefone celular e notebook disponíveis a fim de prestar suporte técnico ao cliente que necessitava. Incidência do art. 896, §§ 4º e 5º, da CLT. Agravo de instrumento a que se nega provimento. RESPONSABILIDADE CIVIL DO EMPREGADOR. DANOS MORAIS CAUSADOS AO EMPREGADO. CARACTERIZAÇÃO. DIREITO À DESCONEXÃO. HORAS DE SOBREAVISO. PLANTÕES HABITUAIS LONGOS E DESGASTANTES. DIREITO AO LAZER ASSEGURADO NA CONSTITUIÇÃO E EM NORMAS INTERNACIONAIS. COMPROMETIMENTO DIANTE DA AUSÊNCIA DE DESCONEXÃO DO TRABALHO. A responsabilidade civil do empregador pela reparação decorrente de danos morais causados ao empregado pressupõe a existência de três requisitos, quais sejam: a conduta (culposa, em regra), o dano propriamente dito (violação aos atributos da personalidade) e o nexo causal entre esses dois elementos. O primeiro é a ação ou omissão de alguém que produz consequências às quais o sistema jurídico reconhece relevância. É certo que esse agir de modo consciente é ainda caracterizado por ser contrário ao Direito, daí falar-se que, em princípio, a responsabilidade exige a presença da conduta culposa do agente, o que significa ação inicialmente de forma ilícita e que se distancia dos padrões socialmente adequados, muito embora possa haver o dever de ressarcimento dos danos, mesmo nos casos de conduta lícita. O segundo elemento é o dano que, nas palavras de Sérgio Cavalieri Filho, consiste na "[...] subtração ou diminuição de um bem jurídico, qualquer que seja a sua natureza, quer se trate de um bem patrimonial, quer se trate de um bem integrante da própria personalidade da vítima, como a sua honra, a imagem, a liberdade etc. Em suma, dano é lesão de um bem jurídico, tanto patrimonial como moral, vindo daí a conhecida divisão do dano em patrimonial e moral". Finalmente, o último elemento é o nexo causal, a consequência que se afirma existir e a causa que a provocou; é o encadeamento dos acontecimentos derivados da ação humana e os efeitos por ela gerados. No caso, o quadro fático registrado pelo Tribunal Regional revela que "o autor permaneceu conectado, mentalmente, ao trabalho durante os plantões, que ocorriam 14 dias seguidos. Além de cumprir sua jornada, o autor permanecia à disposição da empresa, chegando a trabalhar de madrugada em algumas ocasiões, como no dia 06.01.2008, por exemplo, em que trabalhou das 2h às 5h, no dia 27 do mesmo mês,

das 4h40min às 11h30min (fl. 416), e no dia 13.09.2013, das 0h às 3h30min (fl. 418). "A precarização de direitos trabalhistas em relação aos trabalhos à distância, pela exclusão do tempo à disposição, em situações corriqueiras relacionadas à permanente conexão por meio do uso da comunicação telemática após o expediente, ou mesmo regimes de plantão, como é o caso do regime de sobreaviso, é uma triste realidade que se avilta na prática judiciária. A exigência para que o empregado esteja conectado por meio de *smartphone*, *notebook* ou BIP, após a jornada de trabalho ordinária, é o que caracteriza ofensa ao direito à desconexão. Isso porque não pode ir a locais distantes, sem sinal telefônico ou internet, ficando privado de sua liberdade para usufruir efetivamente do tempo destinado ao descanso. Com efeito, o excesso de jornada aparece em vários estudos como uma das razões para doenças ocupacionais relacionadas à depressão e ao transtorno de ansiedade, o que leva a crer que essa conexão demasiada contribui, em muito, para que o empregado cada vez mais, fique privado de ter uma vida saudável e prazerosa. Para Jorge Luiz Souto Maior, "quando se fala em direito a se desconectar do trabalho, que pode ser traduzido como direito de não trabalhar, não se está tratando de uma questão meramente filosófica ou ligada à futurologia (...), mas sim numa perspectiva técnico-jurídica, para fins de identificar a existência de um bem da vida, o não trabalho, cuja preservação possa se dar, em concreto, por uma pretensão que se deduza em juízo". Não fossem suficientes as argumentações expostas e a sustentação doutrinária do reconhecimento do direito aludido, há que se acrescentar o arcabouço constitucional que ampara o direito ao lazer, com referência expressa em vários dispositivos, a exemplo dos art. 6º; 7º, IV; 217, § 3º; e 227. O direito à desconexão certamente ficará comprometido, com a permanente vinculação ao trabalho, se não houver critérios definidos quanto aos limites diários, os quais ficam atrelados à permanente necessidade do serviço. Resultaria, enfim, em descumprimento de direito fundamental e no comprometimento do princípio da máxima efetividade da Carta Maior. Finalmente, a proteção não se limita ao direito interno. Mencione-se, na mesma linha, diversos diplomas normativos internacionais, que, ou o reconhecem de modo expresso, ou asseguram o direito à limitação do número de horas de trabalho, ora destacados: art. 4º do Complemento da Declaração dos Direitos do Homem (elaborado pela Liga dos Direitos do Homem e do Cidadão em 1936); XXIV da Declaração Universal dos Direitos Humanos, de 1948; 7º do Pacto Internacional Relativo aos Direitos Econômicos, Sociais e Culturais, de 1966; e 7º, *"g"* e *"h"* do Protocolo de San Salvador (Protocolo Adicional à Convenção Interamericana sobre Direitos Humanos em Matéria de Direitos Econômicos, Sociais e Culturais), os dois últimos ratificados pelo Brasil. Nesse contexto, mostra-se incontroversa a conduta antijurídica da empresa que violou direito fundamental decorrente de normas de ordem pública. Os danos causados, pela sua natureza *in re ipsa*, derivam na própria natureza do ato e independem de prova. Presente o nexo de causalidade entre este último e a conduta patronal, está configurado o dever de indenizar. Agravo de instrumento a que se nega provimento. DANOS MORAIS. VALOR DA INDENIZAÇÃO. DECISÃO GENÉRICA. INÉRCIA DA PARTE, QUANTO À OPOSIÇÃO DE EMBARGOS DE DECLARAÇÃO. IMPOSSIBILIDADE DE REVISÃO. O Tribunal Regional não especificou os parâmetros concretos que o levaram a manter a sentença que fixou a indenização por danos morais em R$ 25.000,00. Diante da omissão da Corte *a quo*, caberia a oposição de embargos de declaração, a fim de que explicitasse os fundamentos que conduziram ao valor arbitrado e demonstrasse a proporcionalidade com relação à extensão do dano. Como a parte não tomou tal providência afigura-se inviável o exame da tese recursal, no sentido de que não há razoabilidade no montante da indenização. Incidência da Súmula n. 297 do TST. Agravo de instrumento a que se nega provimento. (*sic*) (AIRR n. 2058-43.2012.5.02.0464, 7ª Turma, relator Ministro Claudio Mascarenhas Brandão, *DEJT* 27.10.2017)

Outra forma de assédio moral aparece nas reuniões telepresenciais, onde são estabelecidos *rankings* de trabalhadores e tratamento por alcunhas pejorativas, como "tartaruga", em razão do desempenho do empregado.

A cobrança de metas inatingíveis e ameaças reiteradas de demissão também são graves vertentes do assédio moral em teletrabalho, causando esgotamento físico e mental do empregado, que passou a conviver com o pânico de perder o posto de trabalho e não conseguir nova colocação diante da realidade financeira difícil que se abateu sobre grande parte das empresas a partir da pandemia.

Talita Camila Gonçalves Nunes (2022, p. 183-208) afirma que o teleassédio se caracteriza como a exposição do trabalhador a situações vexatórias e reiteradas, de forma encoberta ou não, através de *e-mails* corporativos, aplicativos de mensagens instantâneas, reuniões por videoconferência. Trata-se do assédio moral, porém, de maneira mais acentuada no teletrabalho, porquanto os interlocutores não estão próximos fisicamente, de modo a existir certa "blindagem oferecida pela ferramenta, porque à distância o indivíduo se sente mais confortável em assediar em qualquer nível de crueldade", ou seja, o teleassédio moral é uma nova faceta do assédio moral.

O ambiente digital, ao favorecer a comunicação assíncrona, pode facilitar o surgimento de práticas abusivas, tais como: comunicação agressiva, microgerenciamento e isolamento.

Na comunicação agressiva, são enviadas mensagens abruptas ou desdenhosas em *chats* corporativos que desqualificam o trabalho do colaborador. Já no microgerenciamento, verifica-se a supervisão excessiva que impede a autonomia do trabalhador, criando um clima de desconfiança. O isolamento, por sua vez, se verifica na ausência de inclusão em reuniões ou decisões importantes, levando o colaborador a se sentir excluído e desvalorizado.

O assédio moral pode ter efeitos devastadores e se estender além do ambiente de trabalho.

Os colaboradores submetidos a essas práticas podem ter elevado estresse e ansiedade, vez que o constante temor de ser desmerecido gera um ambiente de tensão, que pode culminar em transtornos mentais. A produtividade também é reduzida, porquanto a desmotivação e a falta de engajamento afetam diretamente a eficiência e a qualidade do trabalho. Frise-se, ainda, que o aumento da rotatividade é uma consequência comum, pois os profissionais buscam escapar de um ambiente tóxico.

A prática de assédio moral pelos prepostos do empregador ocasiona inegáveis danos à imagem, honra e dignidade do trabalhador e enseja a responsabilização da empresa pelo pagamento de indenização por danos morais, nos termos do disposto no art. 186 do Código Civil, sem prejuízo da indenização por danos materiais caso reste demonstrado o acometimento de enfermidade física e/ou psíquica decorrente da conduta assediadora.

Resta patente, outrossim, a possibilidade de rescisão indireta do pacto laboral, nos termos do disposto no art. 483 da CLT, por exigência de serviços superiores às forças do laborista, tratamento com rigor excessivo, descumprimento das obrigações contratuais pelo empregador.

David Pitel (maio 2019) conclui que apenas com ações que imputem ao empregador condenações financeiras por abuso do seu poder potestativo, ao violar direitos trabalhistas constitucionalmente garantidos, principalmente ao descanso, à folga e às férias, é que poderemos ver o teletrabalho atingir o seu real objetivo, qual seja, a melhora das relações de trabalho, bem como o uso da tecnologia a favor da relação de trabalho. Afirma, ainda, que impor uma escravidão ao trabalho, via conexão permanente, com certeza, não é de interesse de uma sociedade moderna.

Considerando a gravidade das práticas de assédio moral e os efeitos altamente danosos à integridade física e mental dos trabalhadores, cabe às empresas estabelecerem mecanismos para coibir referidas práticas, mecanismos esses que vão desde a implementação de manual de conduta, palestras para orientação e treinamento dos empregados até canais de denúncia com a efetiva punição dos assediadores, sem prejuízo de sistemas eficazes de auditoria e *compliance* trabalhista.

Algumas estratégias incluem a capacitação das lideranças com treinamentos focados em gestão emocional e comunicação eficaz, os quais podem equipar os líderes com ferramentas para evitar práticas abusivas. Também é imprescindível estabelecer diretrizes rigorosas contra o assédio moral e garantir que todos os colaboradores estejam cientes delas. Os chamados "ambientes de escuta", ou seja, canais de comunicação onde os colaboradores possam relatar comportamentos abusivos sem medo de retaliação, também fazem a diferença como instrumentos de combate ao assédio moral.

O assédio moral em *home office* é um desafio que requer atenção e ação imediata.

A construção de um ambiente de trabalho saudável e respeitoso não apenas favorece a saúde mental dos colaboradores, mas também potencializa a produtividade e a inovação nas organizações.

A responsabilidade de combater essa prática é compartilhada por todos: empregadores, gestores e colegas de trabalho.

Assim, a criação de uma cultura organizacional baseada no respeito e na empatia torna-se fundamental para enfrentar esse fenômeno silencioso, mas profundamente corrosivo.

É importante não nos esquecermos de que o sucesso verdadeiro e duradouro de um empreendimento econômico está diretamente ligado a um ambiente de trabalho saudável, onde é respeitada a dignidade do empregado.

4. Conclusão

Hoje, no pós-pandemia, boa parte dos contratos de trabalho em vigor adotou a modalidade híbrida e, dessa forma, as modalidades de *home office* e teletrabalho se incorporaram à realidade das empresas, ainda que parcialmente.

Em que pese a mudança no local da prestação de serviços, da sede da empresa para o domicílio do empregado, os direitos e deveres inerentes ao pacto laboral permanecem inalterados.

Assim, subsiste o exercício do poder diretivo do empregador em todas as suas formas, bem como a responsabilidade da empresa pela manutenção de ambiente de trabalho seguro, conforme inciso XXII do art. 7º c/c inciso VIII do art. 200 c/c *caput* do art. 225 da CF, e art. 75-E e 157 da CLT.

O assédio moral pode atingir vários campos da vida de um indivíduo, da família, passando pelo relacionamento afetivo, chegando ao trabalho.

No caso do trabalho, tal fenômeno de caráter psicossocial tem existência que remonta ao próprio início da atividade laboral, atividade essa marcada pelo desequilíbrio entre as partes.

Nesse caso, o assédio moral é caracterizado por comportamentos repetitivos que visam desestabilizar emocionalmente o indivíduo, levando à sua desvalorização no ambiente de trabalho.

As inovações tecnológicas trouxeram novas possibilidades para o assédio e violência aos direitos fundamentais do trabalhador.

No trabalho em *home office*, o assédio moral assume as mais diversas nuances.

Muitos trabalhadores se veem às voltas com a exigência de jornada de trabalho que excede e, muito, as 8 horas diárias e 44 horas semanais, previstas no art. 7º, XIII, da Constituição Federal, e se submetem a controle de jornada que revela abuso do poder diretivo, com determinação, pelo empregador, do envio de imagens da estação de trabalho no decorrer do dia, o que, pode configurar, inclusive, invasão da privacidade do laborista.

O adoecimento do trabalhador, nesses casos, é consequência direta da jornada de trabalho excessiva e sem observância do direito à desconexão.

Outra forma de assédio moral aparece nas reuniões telepresenciais, onde são estabelecidos *rankings* de trabalhadores e tratamento por alcunhas pejorativas, como "tartaruga", em razão do desempenho do empregado.

A cobrança de metas inatingíveis e ameaças reiteradas de demissão também são graves vertentes do assédio moral em teletrabalho, causando esgotamento físico e mental do empregado, que passou a conviver com o pânico de perder o posto de trabalho e não conseguir nova colocação diante da realidade financeira difícil que se abateu sobre grande parte das empresas a partir da pandemia.

A prática de assédio moral pelos prepostos do empregador ocasiona inegáveis danos à imagem, honra e dignidade do trabalhador e enseja a responsabilização da empresa pelo pagamento de indenização por danos morais, nos termos do disposto no art. 186 do Código Civil, sem prejuízo da indenização por danos materiais caso reste demonstrado o acometimento de enfermidade física e/ou psíquica decorrente da conduta assediadora.

Considerando a gravidade das práticas de assédio moral e os efeitos altamente danosos à integridade física e mental dos trabalhadores, cabe às empresas estabelecerem mecanismos para coibir referidas práticas, mecanismos esses que vão desde a implementação de manual de conduta, palestras para orientação e treinamento dos empregados até canais de denúncia com a efetiva punição dos assediadores, sem prejuízo de sistemas eficazes de auditoria e *compliance* trabalhista.

Algumas estratégias incluem a capacitação das lideranças com treinamentos focados em gestão emocional e comunicação eficaz, os quais podem equipar os líderes com ferramentas para evitar práticas abusivas. Também é imprescindível estabelecer diretrizes rigorosas contra o assédio moral e garantir que todos os colaboradores estejam cientes delas. Os chamados "ambientes de escuta", ou seja, canais de comunicação onde os colaboradores possam relatar comportamentos abusivos sem medo de retaliação, também fazem a diferença como instrumentos de combate ao assédio moral.

O assédio moral em *home office* é um desafio que requer atenção e ação imediata.

A construção de um ambiente de trabalho saudável e respeitoso não apenas favorece a saúde mental dos colaboradores, mas também potencializa a produtividade e a inovação nas organizações.

A responsabilidade de combater essa prática é compartilhada por todos: empregadores, gestores e colegas de trabalho.

Assim, a criação de uma cultura organizacional baseada no respeito e na empatia torna-se fundamental para enfrentar esse fenômeno silencioso, mas profundamente corrosivo.

Referências

ANAMATRA — Associação Nacional dos Magistrados da Justiça Do Trabalho. *1ª Jornada de Direito Material e Processual na Justiça do Trabalho*. Disponível em: https://www.anamatra.org.br/jornada/a-jornada/1-edicao-aprovados. Acesso em: 18 jul. 2024.

______. *Reforma Trabalhista* — Enunciados aprovados na 2ª Jornada de Direito Material e Processual do Trabalho (2017) – XIX Congresso Nacional dos Magistrados da Justiça do Trabalho – Conamat (2018). Disponível em https://www.anamatra.org.br/conamat/19-edicao. Acesso em: 18 jul. 2024.

BARROS, Alice Monteiro de. *Curso de direito do trabalho*. 10 ed. São Paulo: LTr, 2016.

BELTRAN, Ari Possidonio. Relações de trabalho e responsabilidade civil. *Revista do Advogado*, São Paulo, a. 22, n. 66, p. 31-40, jun. 2002.

BOONEN, Eduardo Mago. As várias faces do teletrabalho. *E&G Economia e Gestão*, Belo Horizonte, v. 2 e 3, ns. 4 e 5, p. 106-127, dez. 2002/jul. 2003.

BRASIL. *Decreto-lei n. 5.452, de 1º de maio de 1943*. Disponível em: https://www.planalto.gov.br/ccivil_03/decreto-lei/del5452.htm. Acesso em: 17 jul. 2024.

______. Tribunal Superior do Trabalho. *Ag-RR n. 83000-35.2009.5.01.0322*. 5ª Turma, relator Ministro Emmanoel Pereira, *DEJT* 03.11.2021. Disponível em: https://jurisprudencia.tst.jus.br/#64ee7e666ad4aa788db18091942eed67. Acesso em: 17 jul. 2024.

______. Superior Tribunal de Justiça. *Revista das jornadas do CJF:* direito civil, direito comercial, direito processual civil, prevenção e solução extrajudicial de litígios. Gabinete do Ministro Diretor da Revista, Conselho da Justiça Federal. Brasília: Superior Tribunal de Justiça, 2018.

COELHO, Fábio Ulhoa. *Curso de Direito Civil*. 2. ed. em *e-book* baseada na 8. ed. impressa. São Paulo: Thomson Reuters, 2020. v. 2 – Responsabilidade civil [livro eletrônico]. 6 Mb; *ePub*.

CONSELHO DA JUSTIÇA FEDERAL. Centro de Estudos Judiciários. *Jornadas de direito civil I, III, IV e V:* enunciados aprovados. Coordenador científico Ministro Ruy Rosado de Aguiar Júnior. Brasília: 2012. Disponível em: https://www.cjf.jus.br/cjf/corregedoria-da-justica-federal/centro-de-estudos-judiciarios-1/publicacoes-1/jornadas-cej. Acesso em: 18 jul. 2024.

DALLEGRAVE NETO, José Affonso. O teletrabalho: importância, conceito e implicações jurídicas. *Revista Eletrônica do Tribunal Regional do Trabalho da 9ª Região*, Curitiba, v. 3, n. 33, p. 8-27, set. 2014.

______. *Responsabilidade civil no direito do trabalho*. 6. ed. São Paulo: LTr, 2017.

______. O teletrabalho: importância, conceito e implicações jurídicas. *Revista Eletrônica do Tribunal Regional do Trabalho da 9ª Região*, Curitiba, set. 2014, v. 3, n. 33, p. 8-27.

DINIZ, Maria Helena. *Curso de direito civil brasileiro*. 38. ed. São Paulo: SaraivaJur, 2024. v. 7 – Responsabilidade civil (livro eletrônico).

EUROFOUND AND THE INTERNATIONAL LABOUR OFFICE. *Working anytime, anywhere:* The effects on the world of work. Publications Office of the European Union, Luxembourg, and the International Labour Office, Geneva, 2017. Disponível em: http://eurofound.link/ef1658. Acesso em: 17 jul. 2024.

FINCATO, Denise Pires. Teletrabalho no Brasil: regulamentação pós-pandêmica. *Revista de Direito do Trabalho*, São Paulo, ano 49, n. 228, p. 57-71, mar./abr. 2023.

GARCIA, Gustavo Filipe Barbosa. Regime jurídico do teletrabalho. In: ZAVANELLA, Fabiano; PINTO, Luís Otávio Camargo; LEGENTIL, Juliana (Orgs.). *A Evolução do Teletrabalho*. Campinas: Lacier, 2023. t. V – Uma visão multidisciplinar.

GONÇALVES, Carlos Roberto. *Responsabilidade Civil*. 23. ed. São Paulo: Saraiva, 2024. *E-book*.

GUEDES, Márcia Novaes. *Terror Psicológico no Trabalho*. 3. ed. São Paulo: LTr, 2008.

HIRIGOYEN, Marie-France. *Le Harcèlement Moral* — La Violence Perverse au Quotidien. Paris: Syros, 1998.

MARTINS, Sergio Pinto. *Assédio Moral no Emprego*. 5. ed. São Paulo: Saraiva, 2017. p. 44-46.

______. *Direito da seguridade social*. 41. ed. São Paulo: Saraiva, 2023.

MEDEIROS, Breno. *A Sociedade 5.0 e o Novo Balizamento Normativo das Relações de Trabalho no Plano das Empresas*. 1. ed. Brasília: Venturoli, 2023.

NUNES, Talita Camila Gonçalves. O Acidente de Teletrabalho e a Fiscalização da Tecnologia da Telemática — Aspectos e Consequências do Teleassédio Moral e do Teletrabalho Escravo. *Revista de Direito do Trabalho*, São Paulo, v. 42, n. 167, p. 183-208, jan./fev. 2016.

OIT — Organização Internacional do Trabalho. *Convenção n. 190 sobre violência e assédio*. 2019. Disponível em: https://www.ilo.org/wcmsp5/groups/public/--europe/--ro-geneva/--ilo-lisbon/documents/genericdocument/wcms_729459.pdf. Acesso em: 16 set. 2024.

OLIVEIRA, Sebastião Geraldo de. *Indenizações por Acidente do Trabalho ou Doença Ocupacional*. 13. ed. rev., ampl. e atual. São Paulo: JusPodivm, 2022.

OLIVEIRA NETO, Célio Pereira. *Trabalho em ambiente virtual:* causas, efeitos e conformação. 2. ed. rev., atual. e ampl. São Paulo: LTr, 2022.

PITEL, David. A responsabilidade civil do empregador pelos danos morais causados ao empregado em face da não observância do direito de desconexão. *IOB*, São Paulo, v. 29, n. 359, p. 37-56, maio 2019.

PORTUGAL. *Lei n. 7, de 12 de fevereiro de 2009*. Código do Trabalho. Disponível em: https://diariodarepublica.pt/dr/legislacao-consolidada/lei/2009-34546475. Acesso em: 17 jul. 2024.

SCHWAB, Klaus. *A quarta revolução industrial*. Trad. Daniel Moreira Miranda. 1. ed. 7. reimp. São Paulo: Edipro, 2016.

SILVA, Homero Batista Mateus da; COELHO, Camila Franco Lisboa. A limitação da jornada do teletrabalhador e a efetivação do valor social do trabalho. In: LACERDA, Leonardo Lopes Rodrigues de (Org). *Princípio constitucional do valor social do trabalho*. Leme: Mizuno, 2024.

SOUTO MAIOR, Jorge Luiz. Do Direito à Desconexão do Trabalho. *Revista do Tribunal Regional do Trabalho da 15ª Região*, Campinas, n. 23, p. 297 e 310, jul./dez. 2023.

STOCO, Rui. *Tratado de responsabilidade civil: doutrina e jurisprudência* (livro eletrônico). 2. ed. baseada na 10. ed. impressa. São Paulo: RT, 2015. 195 Mb; PDF (livro eletrônico).

VALENTIM, João Hilário. Teletrabalho e relações de trabalho. *Revista do Ministério Público do Trabalho*, Brasília, ano 25, n. 50, p. 245-253, set. 2015.

ZWICKER, Igor de Oliveira. O teletrabalho e sua evolução na jurisprudência do Tribunal Superior do Trabalho. *Revista do Tribunal Regional do Trabalho da 3ª Região*, Belo Horizonte, v. 59, n. 90, p. 175-191, jul./dez. 2014.

Os Paradoxos do Princípio da Segurança Jurídica e seus Impactos na Jurisdição Trabalhista

Adalberto Martins[1]

Introdução

O princípio da segurança jurídica não tem previsão expressa na Constituição Federal, mas sua existência é inquestionável na atualidade, mesmo porque desempenha importante papel na estabilidade das relações jurídicas e está vinculado ao Estado Democrático de Direito. Trata-se de princípio atrelado à garantia de que os direitos subjetivos sejam respeitados e que as decisões do poder público sejam consistentes, sem mudança brusca ou arbitrária das regras que regem determinada relação jurídica.

Neste sentido, alude-se à segurança jurídica como espécie de mecanismo de proteção dos direitos individuais e coletivos, com vistas à confiança de que as justas expectativas, amparadas pela legislação, não deixarão de ser atendidas, possibilitando a confiança nas instituições e no sistema jurídico. Enfim, são elementos da segurança jurídica a proteção dos direitos fundamentais e a observância de vários princípios consagrados na própria Constituição Federal, com especial destaque para os que regem a atividade da administração pública: legalidade, impessoalidade, moralidade, publicidade e eficiência.

A segurança jurídica, enquanto verdadeiro pilar da democracia, possibilita a convivência harmoniosa entre o Estado e os cidadãos, inibindo práticas arbitrárias e abusos de poder, em ambiente no qual esteja assegurado o amplo acesso a uma ordem jurídica justa.

Em síntese, vislumbra-se no princípio da segurança jurídica um elemento necessário no fortalecimento das instituições democráticas e na promoção do Estado de Direito, e sua aplicação se estende aos diversos aspectos que envolvem a vida em sociedade, passando

---

(1) Professor Doutor da Faculdade de Direito da PUC/SP (graduação, mestrado e doutorado). Desembargador aposentado do TRT da 2ª Região. Diretor da Ejud-2 no biênio 2016-2018.

pela atuação de todas as esferas de Poder, desde o cuidado na elaboração das leis até a efetiva solução dos conflitos intersubjetivos por meio da atuação jurisdicional do Estado.

Os desafios na aplicação do mencionado princípio emergem das mudanças sociais e políticas, as quais demandam inovações legislativas que não podem comprometer a confiança no sistema jurídico, e daí a necessidade de não se olvidar dos três pilares do art. 5º, XXXVI, da Constituição Federal, que amparam a proteção ao ato jurídico perfeito, à coisa julgada e ao direito adquirido.

No presente artigo, após breve digressão sobre a origem do princípio da segurança jurídica e seus possíveis enfoques, serão levadas à reflexão algumas questões relacionadas a sua aplicação pelo Supremo Tribunal Federal e sobre o papel do Poder Legislativo, bem como os impactos na atuação judicante no âmbito da Justiça do Trabalho.

1. Origem do princípio da segurança jurídica

A partir dos estudos de Maria Sylvia Zanella Di Pietro(2), vislumbramos o princípio da segurança jurídica sob dois enfoques distintos: a) subjetivo, em que se apresenta como sinônimo da proteção à confiança ou princípio da proteção legítima; e b) objetivo, no sentido de estabilidade das relações jurídicas.

Conforme ensinamentos de Almiro do Couto e Silva(3), a segurança jurídica, enquanto princípio constitucional, surgiu em decisão de 14.11.1956 do Superior Tribunal Administrativo de Berlim, em que se questionava a anulação da pensão concedida à viúva de servidor público, vantagem que lhe fora prometida caso se transferisse da Alemanha Oriental para Berlim Ocidental, o que ela fez. Após 1 ano de percepção da pensão, o benefício lhe foi retirado, sob o fundamento de que o ato que o concedera era ilegal, por vício de competência, o que de fato ocorrera. Na ocasião, o Tribunal manteve o benefício, invocando a proteção da confiança que, na atualidade, é um dos significados do princípio da segurança jurídica na Alemanha. Trata-se do princípio da segurança jurídica sob o enfoque subjetivo, e que objetiva a proteção do cidadão em face do poder público, impondo limitações ao direito de anular seus próprios atos.

No Brasil, o art. 2º da Lei n. 9.784, de 29.01.1999, que regula o processo administrativo na esfera federal, impõe a vedação de aplicação, a fatos pretéritos, da nova

---

(2) Princípio da Segurança Jurídica no Direito Administrativo. In: BOTTINO, Marco Tullio (Org). *Segurança Jurídica no Brasil*. São Paulo: RG Editores, 2012. p. 170.

(3) Princípio da Segurança Jurídica no Direito Administrativo Brasileiro. In: CAMPILONGO, Celso Fernandes; GONZAGA, Alvaro de Azevedo; FREIRE, André Luiz (Coords.). *Enciclopédia jurídica da PUC-SP*. 2. ed. São Paulo: Pontifícia Universidade Católica de São Paulo, 2021. t. 2 – Direito Administrativo e Constitucional. Vidal Serrano Nunes Jr., Maurício Zockun, Carolina Zancaner Zockun, André Luiz Freire (Coords.). Disponível em: https://enciclopediajuridica.pucsp.br/verbete/17/edicao-2/principio-a-seguranca-juridica-no-direito-administrativo-brasileiro. Acesso em: 20 set. 2024.

interpretação de uma determinada norma administrativa, adotando o princípio da segurança jurídica no sentido subjetivo. Na sequência, tivemos o art. 27 da Lei n. 9.868, de 10.11.1999, que dispõe sobre o julgamento das ações declaratórias de inconstitucionalidade e ações declaratórias de constitucionalidade perante o STF, e o art. 11 da Lei n. 9.882, de 03.12.1999, que dispõe sobre a arguição de descumprimento de preceito fundamental, ambos estabelecendo a possibilidade de modulação dos efeitos da decisão que seria genuinamente declaratória, revelando também a preocupação com a segurança jurídica. Enfim, apenas no final do século XX a segurança jurídica, na acepção de proteção à confiança, inicia a caminhada para reconhecimento como princípio constitucional.

2. A segurança jurídica e o Supremo Tribunal Federal

O Supremo Tribunal Federal (STF) exerce papel importante na manutenção da segurança jurídica, na medida em que suas decisões, que muitas vezes consagram precedentes a partir da interpretação das normas constitucionais, se prestam à consolidação do entendimento uniforme sobre questões jurídicas e contribuem para a estabilidade das relações sociais. Em verdade, ao decidir casos que envolvem direitos fundamentais e interpretação das leis, o STF não apenas resolve litígios, mas também fortalece a confiança no sistema jurídico, assegurando que a justiça e a previsibilidade sejam respeitadas em um ambiente democrático.

No âmbito do Supremo Tribunal Federal, nos anos de 2003 e 2004, tivemos três decisões pioneiras, sob relatoria do Ministro Gilmar Mendes[(4)], em que se reconheceu o princípio da segurança jurídica, na espécie de proteção à confiança, como princípio constitucional rompendo com os paradigmas eloquentes das Súmulas ns. 346 ("A Administração Pública pode declarar a nulidade dos seus próprios atos") e 473 ("A administração pode anular seus próprios atos, quando eivados de vícios que os tornam ilegais, porque deles não se originam direitos, ou revogá-los, por motivo de conveniência ou oportunidade, respeitados os direitos adquiridos, e ressalvada, em todos os casos, a apreciação judicial").

Dessas decisões do Supremo Tribunal Federal, dos anos 2003 e 2004, é importante destacar o reconhecimento de um princípio, que estava latente, mas não está explícito na Constituição, e o fato de que existem freios ao direito da administração anular seus próprios atos, em face da necessidade de proteção à confiança e da estabilidade das relações jurídicas. Trata-se, pois, de um princípio constitucional, que deve ser observado pelos órgãos da Administração Pública, apesar de não explicitado no rol do art. 37 da Constituição Federal, que alude à legalidade, impessoalidade, moralidade, publicidade e eficiência.

---

(4) Trata-se das decisões no MS n. 2.900/RS, 2ª Turma; MS n. 24.268/MG e MS n. 22.357, conforme referido por Almiro do Couto e Silva no verbete Princípio da segurança jurídica no direito administrativo brasileiro, elaborado para *Enciclopédia jurídica da PUC-SP*, 2021. p. 10-11.

A propósito, no julgamento da ADI n. 7.212, no dia 1º.08.2024), o STF, por maioria de votos (prevaleceu o voto do Ministro Gilmar Mendes, que divergiu do relator Ministro André Mendonça), declarou inconstitucional a EC n. 123, de 14.07.2022[5], que teve seus efeitos exauridos em 31.12.2022, mas não impôs aos beneficiários a obrigação de devolver os valores recebidos, o que nada mais representa senão um reflexo do princípio da segurança jurídica.

Verifica-se, portanto, que em grande medida, no âmbito do Poder Judiciário, o Supremo Tribunal Federal se apresenta como protagonista na disseminação do princípio constitucional da segurança jurídica no Brasil, e espera-se que o Ministro Gilmar Mendes, esteja com a mesma inspiração ao elaborar o voto de desempate nas ADIs (6.254, 6.255, 6.256, 6.258, 6.271, 6.279, 6.289, 6.361, 6.367, 6.384, 6.385, 6.731 e 6.916) que questionam a Emenda Constitucional n. 103/2019, que trata da contribuição previdenciária de aposentados e pensionistas, com a possibilidade de majoração e adoção de progressividade das alíquotas, e que atenta contra a proteção à confiança. O pedido de vista data de 20.06.2024.

Na atualidade, a discussão da segurança jurídica alcança, inclusive, o debate em torno da competência da Justiça do Trabalho, mormente após a promulgação da Emenda Constitucional n. 45/2004, que nos trouxe a reforma do Poder Judiciário e a nova redação para o art. 114 da Constituição Federal. Isso porque ainda não se concebeu uma definição nominal para a expressão "relação de trabalho" estampada no art. 114, I, do texto constitucional, já não se tendo a certeza de que o constituinte derivado teve em mira a expressão como gênero que comporta diversas espécies que envolvem a prestação do trabalho humano e, entre elas, a relação de emprego.

Nos diversos julgados em que enfrentou a discussão acerca do alcance do art. 114, I, CF, o Supremo Tribunal Federal afastou a competência da Justiça do Trabalho, sob o fundamento de que a situação não envolve uma relação de trabalho. Enfim, a Corte Suprema parece sinalizar que a expressão "relação de trabalho", mesmo após a promulgação da EC n. 45/2004, deve ser compreendida como "relação de emprego" e não como o gênero que comporta diversas espécies.

E, a partir da compreensão supra, foram afastadas da competência da Justiça do Trabalho as demandas que envolvem os transportadores autônomos de carga (Lei n. 11.442/2007 — decisão na ADC n. 48 e na ADI n. 3.961, em julgamento virtual encerrado no dia 15.04.2020, publicada em 19.05.2020), sob relatoria do Ministro Roberto Barroso, cuja ementa é a seguinte:

---

(5) Referida Emenda Constitucional é oriunda da "PEC Kamikaze" ou PEC das Bondades" que, ao declarar estado de emergência em face do aumento do preço do petróleo e seus derivados combustíveis em 2022, criou vantagens para tornar competitivos os biocombustíveis, aumentou o valor de alguns benefícios sociais e criou auxílio financeiro para caminhoneiros autônomos e motoristas de táxi.

> DIREITO DO TRABALHO. AÇÃO DECLARATÓRIA DA CONSTITUCIONALIDADE E AÇÃO DIRETA DE INCONSTITUCIONALIDADE. TRANSPORTE RODOVIÁRIO DE CARGAS. LEI N. 11.442/2007, QUE PREVIU A TERCEIRIZAÇÃO DA ATIVIDADE-FIM. VÍNCULO MERAMENTE COMERCIAL. NÃO CONFIGURAÇÃO DE RELAÇÃO DE EMPREGO. 1. A Lei n. 11.442/2007 (i) regulamentou a contratação de transportadores autônomos de carga por proprietários de carga e por empresas transportadoras de carga; (ii) autorizou a terceirização da atividade-fim pelas empresas transportadoras; e (iii) afastou a configuração de vínculo de emprego nessa hipótese. 2. É legítima a terceirização das atividades-fim de uma empresa. Como já foi decidido pelo Supremo Tribunal Federal, a Constituição não impõe uma única forma de estruturar a produção. Ao contrário, o princípio constitucional da livre iniciativa garante aos agentes econômicos liberdade para eleger suas estratégias empresariais dentro do marco vigente (CF/1988, art. 170). A proteção constitucional ao trabalho não impõe que toda e qualquer prestação remunerada de serviços configure relação de emprego (CF/1988, art. 7º). Precedente: ADPF 524, rel. Min. Luís Roberto Barroso. 3. Não há inconstitucionalidade no prazo prescricional de 1 (um) ano, a contar da ciência do dano, para a propositura de ação de reparação de danos, prevista no art. 18 da Lei n. 11.442/2007, à luz do art. 7º, XXIX, CF, uma vez que não se trata de relação de trabalho, mas de relação comercial. 4. Procedência da ação declaratória da constitucionalidade e improcedência da ação direta de inconstitucionalidade. Tese: "1 – A Lei n. 11.442/2007 é constitucional, uma vez que a Constituição não veda a terceirização, de atividade-meio ou fim. 2 – O prazo prescricional estabelecido no art. 18 da Lei n. 11.442/2007 é válido porque não se trata de créditos resultantes de relação de trabalho, mas de relação comercial, não incidindo na hipótese o art. 7º, XXIX, CF. 3 – Uma vez preenchidos os requisitos dispostos na Lei n. 11.442/2007, estará configurada a relação comercial de natureza civil e afastada a configuração de vínculo trabalhista. (*sic*)

Na mesma linha do julgamento supramencionado, tivemos o desfecho do Tema de Repercussão Geral 550, RE n. 606.003, em que o Ministro Roberto Barroso assumiu a condição de redator designado, que alude aos representantes comerciais autônomos, em julgamento virtual encerrado em 25.09.2020, publicado em 14.10.2020) cuja decisão é a seguinte:

> DIREITO CONSTITUCIONAL E DO TRABALHO. REPERCUSSÃO GERAL. CONTRATO DE REPRESENTAÇÃO COMERCIAL AUTÔNOMA, REGIDO PELA LEI N. 4.886/65. NÃO CONFIGURAÇÃO DE RELAÇÃO DE TRABALHO PREVISTA NO ART. 114, CF.
>
> 1. Recurso Extraordinário interposto contra decisão proferida pelo Tribunal Superior do Trabalho, em que se alega afronta ao art. 114, incisos I e IX, da Constituição Federal, com redação dada pela EC 45/2004. Na origem, cuida-se de ação de cobrança de comissões sobre vendas decorrentes de contrato de representação comercial autônoma, ajuizada pelo representante, pessoa física, em face do representado.
>
> 2. As atividades de representação comercial autônoma configuram contrato típico de natureza comercial, disciplinado pela Lei n. 4.886/65, a qual prevê (i) o exercício da representação por pessoa jurídica ou pessoa física, sem relação de emprego, que desempenha, em caráter não eventual por conta de uma ou mais pessoas, a mediação para a realização de negócios mercantis e (ii) a competência da Justiça comum para o julgamento das controvérsias que surgirem entre representante e representado.

> 3. Na atividade de representação comercial autônoma, inexiste entre as partes vínculo de emprego ou relação de trabalho, mas relação comercial regida por legislação especial (Lei n. 4.886/65). Por conseguinte, a situação não foi afetada pelas alterações introduzidas pela EC n. 45/2004, que versa sobre hipótese distinta ao tratar da relação de trabalho no art. 114 da Constituição.
>
> 4. A proteção constitucional ao trabalho não impõe que toda e qualquer relação entre o contratante de um serviço e o seu prestador seja protegida por meio da relação de trabalho (CF/1988, art. 7º). Precedentes.
>
> 5. Ademais, os autos tratam de pedido de pagamento de comissões atrasadas. O pedido e a causa de pedir não têm natureza trabalhista, a reforçar a competência do Juízo Comum para o julgamento da demanda.
>
> 6. Recurso extraordinário a que se dá provimento, para assentar a competência da Justiça comum, com a fixação da seguinte tese: *"Preenchidos os requisitos dispostos na Lei n. 4.886/65, compete à Justiça Comum o julgamento de processos envolvendo relação jurídica entre representante e representada comerciais, uma vez que não há relação de trabalho entre as partes."* (grifos do original)

Além dos exemplos já mencionados, ainda devemos considerar o Tema de Repercussão Geral n. 1.291, reconhecido em 1º.03.2024, no RE n. 1.446.336, que trata da relação jurídica que envolve os motoristas de aplicativos e as respectivas plataformas digitais, que está sob relatoria do Ministro Edson Fachin, cuja ementa é a seguinte:

> CONSTITUCIONAL. TRABALHO. VÍNCULO DE EMPREGO. MOTORISTA DE APLICATIVO. ARTS. 5º, II E 170, IV, DA CONSTITUIÇÃO DA REPÚBLICA. QUESTÃO RELEVANTE DO PONTO DE VISTA SOCIAL, JURÍDICO E ECONÔMICO. REPERCUSSÃO GERAL RECONHECIDA. A controvérsia acerca do reconhecimento de vínculo empregatício entre motorista de aplicativo de prestação de serviços de transporte e a empresa criadora e administradora de plataforma digital tem repercussão geral.

Não se pode olvidar, contudo, que, por mais de 70 anos, a Justiça do Trabalho arrogou para si a competência para declarar a existência ou inexistência da relação de emprego, com força de coisa julgada, sempre pautada na verificação dos requisitos de existência da mencionada relação jurídica de trabalho, com estrita observância do princípio da primazia da realidade, insculpido no art. 9º da Consolidação das Leis do Trabalho, o que jamais sofreu questionamentos no âmbito do Supremo Tribunal Federal.

Neste sentido, foi possível coibir, nos anos 1990, a proliferação de cooperativas de trabalho fraudulentas, constituídas para frustrar direitos trabalhistas em nome do então parágrafo único do art. 442 da CLT (acrescentado pela Lei n. 8.949/1994), renumerado como § 1º pela Lei n. 13.467/2017), convicção essa que pareceu ainda mais reforçada com a Emenda Constitucional n. 45, de 31.12.2004.

No entanto, passados cerca de 20 anos da promulgação da EC n. 45/2004, alguns julgados do Supremo Tribunal Federal parecem sinalizar o entendimento de que a Justiça do Trabalho não teria competência para desconsiderar uma relação jurídica formalmente estabelecida fora do manto da legislação trabalhista. Enfim, não temos condições de prever o que aconteceria se hoje fossem recriadas as diversas cooperativas de multiprofissionais que surgiram na década de 1990 para que milhares de trabalhadores passassem a prestar serviços na condição de cooperados, e a isso podemos facilmente designar por suprema insegurança jurídica.

Coincidentemente, em trabalho publicado no ano de 2012, Ives Gandra da Silva Martins já dizia que estávamos vivendo "um momento de insegurança jurídica máxima"(6), e que ainda não era percebida na seara trabalhista. Em síntese, não se desconhece o protagonismo do STF no debate que envolve a segurança jurídica, mas é preocupante a possibilidade de que esteja sendo transmitida a mensagem de que a legislação trabalhista se tornou facultativa, diante das várias possibilidades que permeiam a contratação do trabalho humano na atualidade, fazendo tábula rasa da concepção de contrato-realidade que sempre permeou o vínculo empregatício.

3. A segurança jurídica e o papel do Poder Legislativo

Desde que reconhecida a segurança jurídica como princípio constitucional, impõe-se a observância também pelo Poder Legislativo, que não pode editar leis que afrontem referido princípio. Nas palavras de Humberto Theodoro Júnior, "a lei nova não pode desorganizar o sistema, criando contradições ou dificuldades insuperáveis de compatibilização e interpretação"(7).

A lição supramencionada não foi observada na idealização do art. 844, § 2º, CLT, trazido com a lei de reforma trabalhista (Lei n. 13.467/2017), segundo o qual o pagamento de custas será obrigatório ao reclamante, no caso de arquivamento da reclamação, independentemente da sua condição de beneficiário da justiça gratuita, "salvo se comprovar, no prazo de quinze dias, que a ausência ocorreu por motivo legalmente justificável".

Referida disposição consolidada trouxe quatro inconvenientes: 1) não se sabe quais são os motivos legalmente justificáveis; 2) não se explica como fica o prazo recursal, que é de 8 dias, em contraposição ao prazo de 15 dias para apresentar a referida justificativa; 3) ignora as inúmeras vicissitudes da vida que podem inviabilizar o comparecimento do trabalhador em audiência, sem que haja a possibilidade de qualquer comprovação; 4) impõe uma obrigação tributária ao trabalhador que pode não ter a mínima condição de solvê-la com recursos próprios e que, por isso, ainda sofrerá a cominação do art. 844, § 3º, CLT ("O pagamento das custas a que se refere o § 2º é condição para a propositura de nova demanda").

---

(6) Visão Histórica da Segurança Jurídica. In: BOTTINO, Marco Túlio (Org). *Segurança Jurídica no Brasil*. São Paulo: RG Editores, 2012. p. 107.

(7) A Onda Reformista do Direito Positivo e suas Implicações com o Princípio da Segurança Jurídica. *Revista de Processo*, São Paulo, v. 136, p. 36, jun. 2006.

No entanto, precisaremos conviver com a imprecisão do disposto no § 2º do art. 844 da CLT, até que haja mudança legislativa, pois foi reputado constitucional pelo Supremo Tribunal Federal, no julgamento da ADI n. 5.766, em 20.10.2021.

Ademais, não se pode desconsiderar a existência de leis incompletas e imprecisas, as quais contribuem para a não efetivação da segurança jurídica, e o mesmo se diga do abuso de cláusulas gerais, conforme já alertara Humberto Theodoro Júnior:

> "Por simples modismo e, às vezes por comodismo, o legislador contemporâneo é levado à edição de normas incompletas e vagas, que importam em verdadeira delegação de poder normativo aos órgãos da Administração e do Judiciário. Não que se deve impedir a adoção de cláusulas gerais nos textos legislativos. Valores éticos, para serem incorporados ao direito positivo reclamam a observância dessa técnica. O abuso, contudo, do emprego constante e injustificado de cláusulas gerais pelo legislador pode desestabilizar o ordenamento jurídico, gerando dúvidas, incertezas e mesmo imprevisibilidade no meio social."(8)

A lei vaga ou incompleta é geradora de conflitos que, muitas vezes, são remetidos ao Poder Judiciário, sem a possibilidade de previsão acerca da medida de colmatação. Por isso, afirma-se que o Poder Legislativo desempenha importante papel na concretização do princípio da segurança jurídica, e daí a necessidade da elaboração de leis claras e consistentes, que dispensem a integração pelo intérprete, garantindo previsibilidade e estabilidade no ordenamento jurídico.

Com vistas à satisfação dos pressupostos da segurança jurídica, a própria Constituição Federal impõe que o processo de elaboração, redação, alteração e consolidação das leis deve ser disciplinado em lei complementar, sendo certo que, na atualidade, a LC n. 95, de 26.02.1998, cumpre exatamente essa missão.

Ocorre que o art. 7º da LC n. 95/1998 estabelece que cada lei deve se limitar a objeto único, estando vedada a inclusão de matérias estranhas a seu objeto (os conhecidos "jabutis"), bem como inibe a disciplina do mesmo assunto em mais de uma lei; e sabemos perfeitamente da existência de exemplos que atestam a não observância do mencionado dispositivo da Lei Complementar n. 95/1998.

Um exemplo de afronta ao art. 7º da LC n. 95/1998 reside nos art. 6º e 6º-A da Lei n. 10.101/2000, que aludem à possibilidade de trabalho aos domingos e feriados nas atividades de comércio em geral e à respectiva disciplina do repouso semanal remunerado, não obstante tratar-se de lei destinada a regular a participação dos trabalhadores nos lucros ou resultados.

---

(8) A Onda Reformista do Direito Positivo e suas Implicações com o Princípio da Segurança Jurídica. *Revista de Processo*, São Paulo, v. 136, p. 36, jun. 2006.

Em síntese, a segurança jurídica não pode ser olvidada pelo legislador, por se tratar de um princípio constitucional e que, para alguns doutrinadores, ostenta igualmente a condição de direito fundamental, a exemplo de Ingo Wolfgang Sarlet[(9)], que defende a não dissociação da proibição do retrocesso social e do princípio da dignidade da pessoa humana.

Por último, ainda dentro dessa necessidade de reflexão do princípio sob a ótica da estabilidade das relações jurídicas, se revela digna de nota, mais uma vez, a lição de Humberto Theodoro Júnior, ao afirmar que "é inadmissível uma sociedade que se diz fundada na liberdade e na legalidade, e que pretenda tutelar a dignidade da pessoa humana, relegar a plano secundário a segurança das relações jurídicas travadas em seu seio"[(10)].

Neste contexto, lembramo-nos dos diversos institutos que estão relacionados com o princípio da segurança jurídica na mencionada acepção. É o caso da prescrição, da decadência, da preclusão e dos três pilares insculpidos no art. 5º, XXXVI, da CF, com especial destaque para a importância da coisa julgada neste cenário.

Por muito tempo se afirmou, até de forma jocosa, que a coisa julgada transforma o redondo em quadrado. Na atualidade, somos obrigados a reconhecer que essa mágica nem sempre acontece, pois precisamos considerar as situações de relativização da coisa julgada em face de pronunciamentos do Supremo Tribunal Federal, no exercício do controle concentrado da constitucionalidade ou no controle difuso com o reconhecimento de repercussão geral em recurso extraordinário, e que foram contempladas no atual Código de Processo Civil (art. 525, § 12, do CPC).

Nesse aspecto, podemos dizer que o processo do trabalho foi pioneiro, pois mesmo antes da promulgação do atual CPC, já estabelecia o art. 884, § 5º, da CLT (acrescentado pela Medida Provisória n. 2.180-35, de 24.08.2001), a inexigibilidade do título judicial fundado em lei ou ato normativo declarado inconstitucional pelo Supremo Tribunal Federal ou em aplicação ou interpretação considerados incompatíveis com a Constituição Federal.

A perplexidade reside no fato de que, em algumas situações, referida inexigibilidade pode ser alegada nos embargos à execução, mesmo após o prazo decadencial reservado à propositura da ação rescisória. Trata-se de hipótese flagrante de desprestígio à coisa

(9) A Eficácia do Direito Fundamental à Segurança Jurídica: dignidade da pessoa humana, direitos fundamentais e proibição de retrocesso social no direito constitucional brasileiro. *Revista Eletrônica sobre a Reforma do Estado*, Salvador, n. 21, mar./abr./maio 2010. Disponível em: https://www.olibat.com.br/documentos/SARLET.pdf. Acesso em: 21 set. 2024.

(10) A Onda Reformista do Direito Positivo e suas Implicações com o Princípio da Segurança Jurídica. *Revista de Processo*, São Paulo, v. 136, p. 40, jun. 2006.

julgada em nome do que se poderia entender como segurança que emerge da obrigatoriedade de cumprimento das decisões emanadas do STF e, paradoxalmente, insegurança jurídica daquele que possui o título judicial obtido a partir de sua diligência e correta observância do devido processo legal.

4. Considerações finais

A reflexão acerca dos paradoxos da segurança jurídica remete a inúmeros desafios que decorrem da sua condição de princípio constitucional amplamente reconhecido pela doutrina e jurisprudência do Supremo Tribunal Federal, e abrigado na legislação infraconstitucional, a exemplo das Leis ns. 9.784/1999, 9.868/1999 e 9.882/1999.

Trata-se de temática que permeia a atuação da Justiça do Trabalho, e vem impactando a sua vocação de assegurar os direitos sociais trabalhistas desde a sua criação, cabendo ao Supremo Tribunal Federal, como guardião da interpretação e aplicação da Constituição Federal, assegurar que suas decisões sejam consistentes e respeitem os princípios constitucionais, sem olvidar a sensibilidade para as demandas sociais e sem comprometer a segurança jurídica.

Além disso, não se pode dissociar a segurança jurídica da atuação do Poder Legislativo, que deve atentar para a necessidade de aprimorar a legislação, com vistas a torná-la clara e consistente e, assim, assegurar a previsibilidade e uma jurisprudência estável. Isso porque o papel do legislador não se resume à criação das normas, devendo considerar as novas demandas sociais e econômicas, evitando lacunas, contradições ou expressões que possam gerar incertezas.

Em síntese, os aspectos abordados anteriormente tiveram como objetivo suscitar a reflexão em torno de um tema necessário e relevante, notadamente quando se considera a normatividade dos princípios constitucionais, a partir dos fundamentos do Estado Democrático de Direito (art. 1º da CF), com especial destaque para a dignidade da pessoa humana, para o valor social do trabalho e para o exercício da cidadania.

Os desafios estão colocados, pois se, de um lado, sabemos que a segurança jurídica é um princípio constitucional que deve ter sua normatividade reconhecida, por outro, identificamos que o maior paradoxo é a insegurança jurídica que insiste em permanecer na espreita. Por isso, destaca-se a necessidade de estarmos firmes, atentos e que as diversas esferas do Poder estejam irmanadas no sincero desejo de que os paradoxos não sejam insuperáveis.

Com o presente estudo, que não teve a pretensão de ser perfeito nem de exaurir a discussão, rendo minhas homenagens à **desembargadora Jucirema Maria Godinho Gonçalves**, que inspirou a necessidade desta obra coletiva.

Referências

BRASIL. Constituição (1988). *Constituição da República Federativa do Brasil, 5 de outubro de 1988. Diário Oficial da União*, Brasília, 5 out. 1988. Disponível em: https://www.planalto.gov.br/ccivil_03/constituicao/constituicao.htm. Acesso em: 21 et. 2024.

______. *Decreto-lei n. 5.452, de 1º de maio de 1943*. Aprova a Consolidação das Leis do Trabalho. Disponível em: https://www.planalto.gov.br/ccivil_03/decreto-lei/del5452.htm. Acesso em: 21 set. 2024.

______. *Lei n. 9.784, de 29 de janeiro de 1999*. Regula o processo administrativo no âmbito da Administração Pública Federal. Disponível em: https://www.planalto.gov.br/ccivil_03/leis/l9784.htm. Acesso em: 21 set. 2024.

______. *Lei n. 9.868, de 10 de novembro de 1999*. Dispõe sobre o processo de julgamento da ação direta de inconstitucionalidade e da ação declaratória de constitucionalidade perante o Supremo Tribunal Federal. Disponível em: https://www.planalto.gov.br/ccivil_03/leis/l9868.htm. Acesso em: 21 set. 2024.

______. *Lei n. 9.882, de 3 de dezembro de 1999*. Dispõe sobre o processo e julgamento da arguição de descumprimento de preceito fundamental, nos termos do § 1o do art. 102 da Constituição Federal. Disponível em: https://www.planalto.gov.br/ccivil_03/leis/l9882.htm. Acesso em: 21 set. 2024.

______. *Lei n. 10.101, de 19 de dezembro de 2000*. Dispõe sobre a participação dos trabalhadores nos lucros ou resultados da empresa e dá outras providências. Disponível em: https://www.planalto.gov.br/ccivil_03/LEIS/L10101.htm#. Acesso em: 23 set. 2024.

______. *Lei Complementar n. 95, de 26 de fevereiro de 1998*. Dispõe sobre a elaboração, a redação, a alteração e a consolidação das leis, conforme determina o parágrafo único do art. 59 da Constituição Federal, e estabelece normas para a consolidação dos atos normativos que menciona. Disponível em: https://www.planalto.gov.br/ccivil_03/leis/lcp/lcp95.htm. Acesso em: 21 set. 2024.

______. Supremo Tribunal Federal. *ADC n. 48*. Relator: Ministro Luís Roberto Barroso, julgado em 15.04.2020. Disponível em: https://portal.stf.jus.br/processos/detalhe.asp?incidente=5245418 Acesso em: 21 set. 2024.

______. Supremo Tribunal Federal. *ADI n. 3.961*. Relator: Ministro Luís Roberto Barroso, julgado em 15.04.2020. Disponível em: https://portal.stf.jus.br/processos/detalhe.asp?incidente=5245418 Acesso em: 21 set. 2024.

______. Supremo Tribunal Federal. *ADI n. 5. 766*. Redator designado Ministro Alexandre de Moraes, julgado em 20.10.2021. Disponível em: https://portal.stf.jus.br/processos/detalhe.asp?incidente=5250582. Acesso em: 21 set. 2024.

______. Supremo Tribunal Federal. *ADI n. 7.212*. Redator designado Ministro Gilmar Mendes, julgado em 01.08.2024. Disponível em: https://portal.stf.jus.br/processos/detalhe.asp?incidente=6446436. Acesso em: 19 set. 2024.

COUTO E SILVA, Almiro do. Princípio da Segurança Jurídica no Direito Administrativo Brasileiro. In: CAMPILONGO, Celso Fernandes; GONZAGA, Alvaro de Azevedo; FREIRE, André Luiz (Coords.). *Enciclopédia jurídica da PUC-SP*. 2. ed. São Paulo: Pontifícia Universidade Católica de São Paulo, 2021. t. 2 – Direito Administrativo e Constitucional. Vidal Serrano Nunes

Jr., Maurício Zockun, Carolina Zancaner Zockun, André Luiz Freire (Coords.). Disponível em: https://enciclopediajuridica.pucsp.br/verbete/17/edicao-2/principio-da-seguranca-juridica-no-direito-administrativo-brasileiro. Acesso em: 20 set. 2024.

DI PIETRO, Maria Sylvia Zanella. Princípio da Segurança Jurídica no Direito Administrativo. In: BOTTINO, Marco Túlio (Org). *Segurança Jurídica no Brasil.* São Paulo: RG Editores, 2012.

MARTINS, Ives Gandra da Silva. Visão Histórica da Segurança Jurídica. In: BOTTINO, Marco Túlio (Org). *Segurança Jurídica no Brasil.* São Paulo: RG Editores, 2012.

SARLET, Ingo Wolfgang. A Eficácia do Direito Fundamental à Segurança Jurídica: dignidade da pessoa humana, direitos fundamentais e proibição de retrocesso social no direito constitucional brasileiro. *Revista Eletrônica sobre a Reforma do Estado*, Salvador, n. 21, mar./abr./maio 2010. Disponível em: https://www.olibat.com.br/documentos/SARLET.pdf. Acesso em: 21 set. 2024.

THEODORO JÚNIOR, Humberto. A Onda Reformista do Direito Positivo e suas Implicações com o Princípio da Segurança Jurídica. *Revista de Processo*, São Paulo, v. 136, p. 32-57, jun. 2006.

Notas Descritivas sobre A Improcedência Liminar do Pedido

Ítalo Menezes de Castro[1]

Introdução

Não é novidade a preocupação que tem sido gerada em torno dos chamados *litígios de massa*. Já de há muito — pelo menos, desde a década de 1980 —, observa-se uma crescente onda de reformas nas regras que balizam o processo não penal, voltadas para a solução das demandas repetitivas, não só no Brasil, como também em diversos países do globo. A situação decorre da denominada *sociedade de massas*, caracterizada por certa uniformidade nas relações jurídicas estabelecidas entre os indivíduos, o que acarreta, como consequência lógica, conflitos também uniformes, massificados e repetidos. Esses conflitos, uma vez trazidos às portas do Judiciário, assumem a feição de litígios repetitivos, isto é, demandas caracterizadas por um forte traço de identidade, as quais reclamam uma resposta igualmente uniforme do ordenamento jurídico.

É nesse contexto que o tema desafia o cientista do Direito a pensar mecanismos capazes de gerenciar essa pletora de processos repetitivos, de forma a evitar a prolação de decisões conflitantes para casos idênticos, assim como a inundação do Judiciário com um sem-número de demandas sobre a mesma matéria. Seguindo essa tônica, o Código do Processo Civil brasileiro de 2015 (Lei n. 13.105, de 16 de março) previu uma série de institutos vocacionados a combater a verdadeira epidemia de processos repetitivos que se instalou na Justiça brasileira, aspecto que prejudica a concessão de uma tutela jurisdicional efetiva, célere e justa.

Entre esses mecanismos, destaca-se, por constituir o objeto central deste trabalho, o instituto da improcedência liminar do pedido, previsto no art. 332 do *Codex*, ao permitir que o juiz, em determinados casos, julgue liminarmente improcedente o pedido formulado pelo autor da demanda. Muito embora o CPC/1973 já contasse com uma primeira

---

(1) Juiz do Trabalho Substituto no Tribunal Regional do Trabalho da 2ª Região. Doutor e Mestre em Direito do Trabalho pela Faculdade de Direito da Universidade de São Paulo. Professor. Membro do Instituto Brasileiro de Direito Processual — IBDP.

versão do instituto — o que ocorreu a partir da inovação trazida pela Lei . 11.277/2006 —, o CPC/2015 promoveu significativas e substanciosas alterações no regramento da matéria, inspirado, exatamente, na lógica de tratamento e gestão de processos repetitivos. Por tanto, interpretar corretamente os novos contornos conferidos a essa técnica de julgamento representa missão de extrema relevância, lembrando sempre que essa epopeia hermenêutica não pode ser empreendida sem o resgate das promessas feitas pelo legislador na Exposição de Motivos daquele diploma, ao proclamar que o "novo Código de Processo Civil tem o potencial de gerar um processo mais célere, mais justo, porque mais rente às necessidades sociais e muito menos complexo"(2).

1. A improcedência liminar no CPC/1973

1.1. A improcedência liminar no CPC/1973 como mecanismo de gestão de processos repetitivos e eficiência

Já na vigência do CPC/1973, verificavam-se inúmeras ações referentes a matérias que dispensavam a realização de fase instrutória – impropriamente denominadas por aquele texto legal de *matérias de direito*(3) —, cuja apreciação meritória já havia sido objeto de outros pronunciamentos de improcedência por parte do órgão jurisdicional competente. Considerando que boa parte dessa espécie de ações correspondia a litígios de vieses repetitivos, os quais, em princípio, resultariam em idêntica solução àquela anteriormente adotada pelo órgão jurisdicional, o legislador reformador do Código Buzaid, por meio da Lei n. 11.277/2006, inseriu o art. 285-A naquele diploma, passando a prever:

> Art. 285-A. Quando a matéria controvertida for unicamente de direito e no juízo já houver sido proferida sentença de total improcedência em outros casos idênticos, poderá ser dispensada a citação e proferida sentença, reproduzindo-se o teor da anteriormente prolatada.
>
> § 1º Se o autor apelar, é facultado ao juiz decidir, no prazo de 5 (cinco) dias, não manter a sentença e determinar o prosseguimento da ação.
>
> § 2º Caso seja mantida a sentença, será ordenada a citação do réu para responder ao recurso.

---

(2) BRASIL. Senado Federal. *Exposição de Motivos do Novo Código de Processo Civil (Lei n. 13.105, de 16 de março de 2015)*. Disponível em: https://www2.senado.leg.br/bdsf/bitstream/handle/id/512422/001041135.pdf. Acesso em: 20 set. 2024.

(3) "Além disso, não é correto falar em matéria exclusiva de direito, pois nos processos os fatos jurídicos e suas eficácias é que são analisados, pelo que é impossível conceber demandas pautadas exclusivamente em normas jurídicas, sem tratar de sua incidência em fatos concretos que deflagrem uma situação jurídica." (MACEDO, Lucas Buril. Improcedência Liminar do Pedido. *Revista dos Tribunais*, São Paulo, n. 973, p. 247-270, nov. 2016)

Utilizando-se de mecanismo de eficiência[4] e gestão de processos repetitivos[5], o legislador autorizou o julgamento da demanda, sem a citação do réu, nas situações em que o órgão jurisdicional já tivesse se pronunciado de maneira contrária ao pleito do autor em outros casos idênticos. Muito embora pecasse em alguns aspectos terminológicos[6], era digna de aplausos a criação do legislador. Ora, se o resultado da demanda seria a improcedência — uma vez que o juízo já havia assim se pronunciado na análise da questão em outros processos idênticos —, não haveria razão para prolongar desnecessariamente o feito e cumprir todas as fases do procedimento, sob pena de se atentar contra a ideia de eficiência no exercício da atividade jurisdicional.

A aplicação do dispositivo, entretanto, exigia a presença de alguns requisitos.

Primeiramente, cogita-se que a técnica criada com o art. 285-A conferiria uma faculdade ao juízo na sua utilização ("*poderá*"), e não uma obrigatoriedade. Isso se justificava, pois o juízo, não obstante as sentenças anteriormente prolatadas, poderia entender necessário o aprofundamento do exame da matéria, em virtude de mudanças na jurisprudência ou de novos estudos em sede doutrinária, ou, ainda, em razão de não estar mais devidamente convicto como outrora acerca do *thema decidendum*.

No entanto, não havendo razão apta a justificar a determinação de citação do réu, como nas situações acima aventadas, o juiz deveria — e não poderia[7] — julgar, desde logo, a demanda liminarmente improcedente, com espeque no mencionado art. 285-A do CPC/1973. Entendimento contrário encontraria dificuldade de passar pelo crivo dos princípios da razoável duração do processo (art. 5º, LXXVIII, da CRFB/1988), da economia processual, da eficiência, entre outros.

Segundo, o caso deveria corresponder à *matéria unicamente de direito*, isto é, a situação fática descrita na demanda deveria estar demonstrada exclusivamente pelas provas que acompanharam a petição inicial.

---

(4) O princípio da eficiência, em sede processual, informa que o processo deve proporcionar o máximo de resultados possíveis com o emprego do mínimo de meios necessários para atingi-los, "*como resultado de uma atuação que observou dois deveres:* a) *o de obter o máximo de um fim com o mínimo de recursos* (efficiency)*;* b) *o de, com um meio, atingir o fim ao máximo* (effectiveness)" (DIDIER JÚNIOR, Fredie. *Curso de Direito Processual Civil*. 18. ed. Salvador: JusPodivm, 2016. v. I, p. 103).

(5) "Por esta razão é que o art. 285-A deve ser entendido como uma forma de debelar o que a prática judiciária costuma denominar, com frequência, de 'processos repetitivos', em que o que se discute basicamente é uma *mesma tese jurídica* aplicada a uma *mesma situação fática* que em si mesma considerada não desperta maiores dúvidas ou indagações das partes e do próprio magistrado." (BUENO, Cassio Scarpinella. *Curso Sistematizado de Direito Processual Civil*. São Paulo: Saraiva, 2007. v. 2, t. I, p. 125)

(6) Além da menção à "matéria de direito", incorria também o texto em impropriedade técnica ao aludir a "matéria controvertida", uma vez que, no momento do julgamento conforme o art. 285-A do CPC/1973, não havia ainda sido oportunizada a resposta do réu e, consequentemente, não haveria falar ainda em controvérsia.

(7) "O poder tem para o juiz o significado de dever para com os jurisdicionados, no sentido de que seu titular não pode dele dispor nem deixar de exercitá-lo" (MIRANDA, Vicente. *Poderes do Juiz no Processo Civil Brasileiro*. São Paulo: Saraiva, 1992. p. 101).

Terceiro, deveria haver já pelo menos duas sentenças de total improcedência prolatadas anteriormente pelo juízo sobre a mesma matéria.

A doutrina e a jurisprudência proclamavam, ainda, um requisito adicional: que a decisão não veiculasse entendimento conflitante com o dos Tribunais Superiores(8). Justificava-se tal postulado na ideia de que, se a decisão pudesse conflitar com a jurisprudência dos tribunais de sobreposição, em nada contribuiria para a razoável duração e economia processual. Afinal, o processo seria igualmente prolongado por meio dos recursos, os quais, em razão da enorme chance de êxito, evidentemente, seriam interpostos.

O problema, contudo, não estava exatamente no âmbito da improcedência *prima facie*, mas, sim, na premissa de que a independência funcional do juiz o permitiria julgar livremente a demanda, de maneira contrária, inclusive, ao entendimento esposado pelas Cortes Superiores. Afinal, os seus precedentes, jurisprudência, súmulas etc. seriam meramente persuasivos(9). A questão nevrálgica, pois, estava em chancelar a possibilidade de o juízo divergir do entendimento das Cortes Superiores, e não propriamente no instituto da improcedência *prima facie*.

Entretanto, não se pode deixar de reconhecer que, mesmo no sistema de súmulas e jurisprudência meramente persuasivas do CPC/1973, a aplicação do art. 285-A atendia ao objetivo de aceleração do processo mesmo que a decisão viesse a contrariar os entendimentos persuasivos dos tribunais de sobreposição. Explica-se. Se o juízo, formado o seu convencimento, já julgaria a demanda improcedente, com ou sem a citação do réu, em razão de sua convicção formada sobre a matéria, melhor, então, que o fizesse logo sob o manto da improcedência *prima facie*, evitando-se, assim, a movimentação vã da máquina judiciária. Não se está a defender que o juiz poderia decidir de maneira diversa do quanto foi esposado pelas Cortes Superiores. Em verdade, trata-se apenas de uma constatação prática. Ora, se o sistema anteriormente vigente convivia de forma relativamente harmônica com a possibilidade de a decisão contrariar o entendimento das cortes

---

(8) Havia, ainda, quem sustentasse a necessidade de observância cumulativa do entendimento do tribunal intermediário a que estivesse vinculado o juízo prolator da sentença (critério da dupla conformidade), destacando-se o seguinte julgado no âmbito do Superior Tribunal de Justiça: "DIREITO PROCESSUAL CIVIL. RECURSO ESPECIAL. AÇÃO REVISIONAL DE CONTRATO BANCÁRIO. SENTENÇA LIMINAR DE IMPROCEDÊNCIA. ART. 285-A DO CPC. NECESSIDADE DE CONFORMIDADE COM O ENTENDIMENTO DO TRIBUNAL LOCAL E DOS TRIBUNAIS SUPERIORES. 1. Sentença de improcedência proferida com fulcro no art. 285-A do CPC que, embora esteja em consonância com a jurisprudência do STJ, diverge do entendimento do Tribunal de origem. 2. O art. 285-A do CPC constitui importante técnica de aceleração do processo. 3. É necessário, para que o objetivo visado pelo legislador seja alcançado, que o entendimento do Juiz de 1º grau esteja em consonância com o entendimento do Tribunal local e dos Tribunais Superiores (dupla conforme). 4. Negado provimento ao recurso especial" (BRASIL. Superior Tribunal de Justiça. Recurso Especial n. 1.225,227/MS, Terceira Turma, relatora Ministra Nancy Andrighi. 28 de maio de 2023. Disponível em: https://processo.stj.jus.br/processo/pesquisa/?num_registro=201002234470. Acesso em: 20 set. 2024).

(9) Excepcionando-se, é claro, as hipóteses de institutos vinculantes aos demais órgãos do Poder Judiciário, como a decisão do Supremo Tribunal Federal em controle concentrado de constitucionalidade, a edição de súmula vinculante, o julgamento do recurso especial sob o rito dos recursos repetitivos, entre outros.

de sobreposição, não haveria razão para afastar a aplicação do art. 285-A do CPC/1973 também nessas hipóteses, pois, fatalmente, ainda que citado o réu, o resultado seria o mesmo: o juízo, louvando-se da sua independência, livre convencimento e do caráter meramente persuasivo da jurisprudência dos tribunais superiores, manteria inalterado o seu entendimento.

Associadas a essa, outras ainda eram as críticas postas contra a técnica.

Além de algumas respeitáveis vozes que a consideravam inconstitucional[(10)], a norma sofria severos ataques por conta do indevido prestígio que dava ao entendimento reiterado do juízo prolator da decisão — a que se chamava jocosamente de "jurisprudência da Vara". Não eram incomuns as situações em que, não obstante tivessem diversas sentenças reformadas, muitos juízes persistiam em julgar de forma contrária à orientação do tribunal local ou mesmo da jurisprudência das Cortes Superiores, fazendo com que o instituto, em vez de acelerar a tramitação do processo e materializar a regra de eficiência no funcionamento da máquina judiciária, atuasse, com efeito, em sentido contrário, aumentando o tempo de tramitação do feito, gerando quebra de isonomia e aumento do custo do processo.

Tais críticas eram parcialmente procedentes. De fato, se o dispositivo visava a consagrar regra de aceleração, gestão de processos repetitivos e eficiência, deveria também ter previsto a utilização de sua técnica apenas quando o entendimento adotado pelo juízo fosse coincidente com aquele aprovado pelos tribunais de sobreposição ou pelo tribunal a que estivesse vinculado. Nessas hipóteses, corrigir-se-ia a possibilidade de a técnica atuar contra a sua missão de racionalizar a atividade processual.

No entanto, nas hipóteses em que ainda não formada jurisprudência, ausente súmula ou mesmo inexistente qualquer precedente sobre a matéria, a regra continuava a ser benfazeja e acorde a seus propósitos vocacionais, notadamente, no que tange à aceleração do processo. No afã de responder a essas críticas, o legislador, ao editar o CPC/2015, promoveu o deslocamento do prestígio ao entendimento da Vara para o prestígio ao entendimento dos tribunais, como se verá adiante.

---

(10) "O CPC 285-A é inconstitucional por ferir garantias da isonomia (CF 5º *caput* e I), do devido processo legal (CF 5º *caput* e LIV), do direito de ação (CF 5º XXXV) e do contraditório e ampla defesa (CF 5º LV), bem como o princípio do dispositivo, entre outros fundamentos, porque o autor tem direito de ver efetivada a citação do réu, que pode abrir mão do seu direito e submeter-se à pretensão, independentemente do precedente jurídico do juízo. Relativamente ao autor, o contraditório significa o direito de demandar e fazer-se ouvir, inclusive produzindo provas e argumentos jurídicos e não pode ser cerceado nesse direito fundamental. De outro lado, o sistema constitucional não autoriza a existência de 'súmula vinculante' do juízo de primeiro grau, impeditiva da discussão do mérito de acordo com o due process." (NERY JR., Nelson; NERY, Rosa Maria de Andrade. *Código de Processo Civil Comentado e Legislação Extravagante*. 12. ed. São Paulo: RT, 2012. p. 1.467). Digno de nota, ainda, o estudo desenvolvido por Bruno Dantas sobre o tema, posicionando-se, ao final, pela constitucionalidade da referida técnica de julgamento (Análise Constitucional do Julgamento Liminar de Improcedência. *Revista de Processo*, São Paulo, n. 187, p. 141-159, set. 2010). Registre-se que a matéria foi levada ao conhecimento do STF por meio da ADI n. 3.695, ajuizada pelo Conselho Federal da Ordem dos Advogados do Brasil, julgada prejudicada, antes que se fizesse a análise do seu mérito, em razão da edição do CPC/2015.

1.2. Breve notícia sobre o striking out *e o* summary judgment *do processo civil inglês*

Antes de se passar ao estudo da matéria no CPC/2015, importante fazer breves apontamentos comparatísticos entre a improcedência liminar e os institutos similares previstos no processo civil inglês.

Com efeito, circunstância que sempre chamou a atenção no sistema de justiça da Inglaterra repousava no fato de aquele país não possuir um diploma normativo que regulasse de forma sistemática o desenrolar do processo civil em seus domínios. Como manifestação de um sistema jurídico filiado à *common law*, as regras processuais aplicadas no âmbito do processo civil inglês também não estavam compiladas em um diploma normativo único e sistemático.

No entanto, seguindo o movimento de busca pela efetividade processual que permeou todo o século XX, perceberam os ingleses a necessidade de estabelecer uma legislação que pudesse aumentar os poderes de atuação do juiz. Afinal, a Inglaterra sempre teve o seu sistema processual mais afinado com um modelo adversarial e com uma postura bastante passiva do magistrado no desenrolar do processo. Por outro lado, a opção pela codificação pretendia reduzir os custos do processo, torná-lo mais célere e simples e fortalecer os mecanismos alternativos de resolução de disputas[(11)].

Nesse contexto, foram editadas em 1998 as *Civil Procedure Rules*, correspondendo ao primeiro diploma normativo que passou a estabelecer de forma sistemática o conjunto de regras regulatórias do processo civil inglês. Seguindo a tônica de celeridade, eficiência e redução de custos, as *CPR* previram, em suas regras 1.4(3) e 1.5. e 24.2, os institutos do *striking out* e do *summary judgment*, a partir dos quais, entre outros aspectos, estaria o juiz autorizado a julgar, ainda na fase de *pre-trial* (fase preparatória), pela improcedência da demanda quando preenchidas as hipóteses previstas nos referidos dispositivos.

Entre as hipóteses previstas para adoção das referidas técnicas de julgamento, destacam-se a falta de razoabilidade dos fundamentos invocados na petição inicial (*striking out*) e a inexistência de real perspectiva de sucesso por parte do autor na pretensão apresentada (*summary judgment*)[(12)].

---

(11) Para uma visão panorâmica e crítica dos efeitos do novo Código de Processo Civil Inglês, conferir: JOLOWICZ, John Anthony. *On Civil Procedure*. Cambridge: Cambridge University Press, 2000. p. 389-394.

(12) "The other cornerstone of the success of the introduction of the CPR was the basis on which the judge was to determine issues, namely: 'The court will give summary judgment (...)if it considers that the claimant/ defendant has no real prospect of succeeding on the claim/defence or issue ant there is no other compelling reason why the case or issue should be disposed of at a trial' (r 24.2(a)-(b)). This concept that a party should not proceed with civil litigation unless it has a real prospect of success now pervades all case management. The test under r 3.4(2) (a) for striking out a pleading, namely that '[t]he statement of case discloses no reasonable grounds' and the test for setting aside a default judgment where the defendant 'has no real prospect of defending the claim' in r 13.3(1) (b) are no more than the reverse of the coin of the test for summary judgment

A principal diferença entre as referidas técnicas está no fato de que, no âmbito do *striking out*, a análise da falta de razoabilidade dos fundamentos da petição inicial é feita a partir dos fatos descritos na própria peça. Já no caso do *summary judgment*, o exame da perspectiva de êxito é apurado também a partir do acervo probatório produzido na fase de *pre-trial*(13), a demonstrar que, embora semelhantes, este último instituto decorreria de uma análise ainda mais rigorosa(14).

No que interessa ao presente trabalho, pode-se fazer estreita correlação entre os referidos institutos alienígenas e a técnica de improcedência liminar do pedido prevista no ordenamento jurídico pátrio, com a ressalva de que a utilização daqueles não pressupõe necessariamente um quadro de litigiosidade repetitiva, como sugere ser o caso brasileiro. Referida previsão estrangeira pode atuar, todavia, como importante modelo inspirador para a eficaz atualização legislativa pátria, assim também como critério auxiliar de compreensão da referida técnica de julgamento.

2. A improcedência liminar do pedido no CPC/2015

2.1. Considerações gerais

Não é difícil entender o motivo pelo qual, não obstante as mais diversas críticas que sofria a improcedência liminar do pedido na vigência do CPC/1973, conforme comentado alhures, o legislador, ao editar o CPC/2015, tenha mantido o instituto no ordenamento jurídico processual civil brasileiro. Entendeu-se — com acerto — que o regramento da

---

under r 24.2(a). Some may seek to debate the semantics of these three sets of words but the procedural judge charged with managing scores of cases daily will find no difficulty in adopting a fair and broad brush approach to determining such issues. (...) The next great advance was the ability of the court at any stage and especially at the start of litigation, to act on its own initiative (r 3.3)." (TURNER, Robert. "Actively": the word that changed the civil courts. In: DWYER, Déirdre (Org). *The Civil Procedure Rules Ten Years On*. Oxford: Oxford University Press, 2009. p. 83)

(13) "A principal diferença é o estágio da cognição quando da aplicação de cada uma dessas espécies de julgamento antecipado. No *striking out*, o exame é realizado *in statu assertionis*, isto é, somente se verificam as alegações da parte, contidas no *statement of case*. Para que um requerimento de *striking out* seja acolhido, a pretensão (ou a defesa) deve se apresentar insustentável por si só, não havendo sequer a necessidade de investigação dos fatos para se concluir pela sua inviabilidade (...).

O *summary judgment*, por sua vez, exige uma análise mais abrangente. Além das teses desenvolvidas pelas partes, o juiz deve examinar as provas então produzidas. Ainda que as alegações sejam verossímeis, os elementos probatórios já apresentados podem demonstrar que a versão dos fatos apresentada não se sustenta, o que leva à falta de perspectiva de sucesso." (ALMEIDA, Diogo Assumpção Rezende de. O *Case Management* Inglês — Um Sistema Maduro? *Revista Eletrônica de Direito Processual*, v. 7, n. 7, p. 312-313, 2011. Disponível em: https://www.e-publicacoes.uerj.br/redp/article/view/21127/15217. Acesso em: 20 set. 2024)

(14) "Both pre-trial procedures serve the function of enabling the court to weed out bad or tenuous claims or defenses. Both are subject to the evidential constraint that the court can only receive oral evidence at trial (on the absence of oral examination of witnesses at pre-trial hearings, see 2.38 and 5.16). As we shall see, the summary judgment sieve has slightly finer mesh than the striking out jurisdiction." (ANDREWS, Neil. *The Modern Civil Process* — Judicial and Alternative Forms of Dispute Resolution in England. Tübingen: Mohr Siebeck, 2008. p. 89)

matéria poderia ser melhorado, servindo as críticas doutrinárias como mola propulsora para corrigir distorções de outrora e aumentar o rendimento da referida técnica de julgamento.

Com efeito, a temática veio tratada no art. 332 do CPC/2015, ao dispor:

> Art. 332. Nas causas que dispensem a fase instrutória, o juiz, independentemente da citação do réu, julgará liminarmente improcedente o pedido que contrariar:
>
> I – enunciado de súmula do Supremo Tribunal Federal ou do Superior Tribunal de Justiça;
>
> II – acórdão proferido pelo Supremo Tribunal Federal ou pelo Superior Tribunal de Justiça em julgamento de recursos repetitivos;
>
> III – entendimento firmado em incidente de resolução de demandas repetitivas ou de assunção de competência;
>
> IV – enunciado de súmula de tribunal de justiça sobre direito local.
>
> § 1º O juiz também poderá julgar liminarmente improcedente o pedido se verificar, desde logo, a ocorrência de decadência ou de prescrição.
>
> § 2º Não interposta a apelação, o réu será intimado do trânsito em julgado da sentença, nos termos do art. 241.
>
> § 3º Interposta a apelação, o juiz poderá retratar-se em 5 (cinco) dias.
>
> § 4º Se houver retratação, o juiz determinará o prosseguimento do processo, com a citação do réu, e, se não houver retratação, determinará a citação do réu para apresentar contrarrazões, no prazo de 15 (quinze) dias.

De plano, como principal característica das novas regras produzidas, pode-se destacar — além da sensível melhora redacional quando comparada com a do texto da legislação revogada — o deslocamento do parâmetro autorizador do julgamento liminar de improcedência. Abandona-se a menção expressa às decisões uniformes do juízo sobre o *thema decidendum* para valorizar as decisões das cortes de sobreposição e do tribunal a que o magistrado estiver vinculado. Referida iniciativa melhorou sobremaneira o rendimento do instituto como mecanismo de gestão de processos repetitivos. Em vez de observar a sua própria "jurisprudência", o juízo está jungido ao que os órgãos *ad quem* estabeleceram sobre a matéria. Atende-se, assim, muito mais precisamente aos reclamos da eficiência, pois, se àqueles órgãos cabe dar a palavra final sobre dada matéria, que seja essa orientação a guiar os órgãos jurisdicionais a eles vinculados.

Muito embora a alteração esteja acorde ao manifesto traço de valorização dos precedentes trazido pelo CPC/2015, cabe obtemperar que a redação impressa à norma não é estreme de dúvidas no tocante ao seu alcance, sendo certo que o princípio da eficiência deve ser o vetor da interpretação do dispositivo na solução dessas questões mais candentes, como se tentará demonstrar nas linhas que seguem.

2.2. *Requisitos*

2.2.1. Causas que dispensem a realização de fase instrutória

O primeiro requisito autorizador da adoção da técnica do julgamento antecipadíssimo do mérito consiste nas causas que dispensem a fase instrutória, como expressamente estabelecido no *caput* do art. 332 — o que segue a mesma noção já existente no CPC/1973, mas com louvável melhora redacional.

Por causa que dispensa a fase instrutória, deve-se entender *"aquela cuja matéria fática pode ser comprovada pela prova documental"*[(15)] ou aquela em que, mesmo desafiando, em tese, a sua realização, a fase instrutória se revela desnecessária, em razão de a questão jurídica subjacente já infirmar a pretensão do autor, ainda que considerados verdadeiros os fatos alegados na petição inicial[(16)].

Essa segunda premissa, entretanto, sofre temperamentos na hipótese de o juízo proceder ao julgamento liminar de improcedência, calcado, por exemplo, no seu entendimento anterior, quando inexistente precedente, súmula ou jurisprudência dos órgãos funcionalmente superiores — hipótese ainda possível de justificar o julgamento liminar de improcedência, como se desenvolverá adiante. Nesse caso, como há risco de o órgão revisor eventualmente entender em sentido diverso — já que ainda não dispõe de orientação sedimentada sobre o assunto —, seria contraproducente autorizar que o juízo de primeira instância pudesse dispensar a realização da fase instrutória, considerando o risco de anulação do processo por *error in procedendo*, com o consequente retorno do processo à instância originária para complementação probatória.

2.2.2. Obrigatoriedade

Outro elemento relevante na interpretação do dispositivo diz respeito à imperatividade na adoção da técnica de julgamento de improcedência liminar. Como já analisado, mesmo sob a égide do CPC/1973, a improcedência liminar já constituía norma a ser observada de maneira obrigatória pelo juiz, caso inexistente qualquer elemento justificador da necessidade de integração do réu à lide.

---

(15) DIDIER JÚNIOR, Fredie. *Curso de Direito Processual Civil*. 18. ed. Salvador: JusPodivm, 2016. v. I, p. 601.

(16) "A dispensa da instrução probatória é consequência da presunção de veracidade dos fatos alegados pelo autor. É como se o juiz dissesse: mesmo que o autor tenha alegado somente fatos verdadeiros não tem o direito que alega ter, nos termos dos incisos do dispositivo, o que justifica o julgamento de liminar de improcedência do seu pedido.

Nesse caso entendo que nem é preciso que exista prova a corroborar as alegações do autor, porque sua derrota pela parte jurídica da pretensão já entrega o réu o melhor resultado possível." (NEVES, Daniel Amorim Assumpção. *Manual de Direito Processual Civil*. 8. ed. Salvador: JusPodivm, 2016. p. 547-548) Veja-se que, no processo civil inglês, como comentado alhures, a legislação é expressa em autorizar a improcedência liminar nessa hipótese (r 1.4 (3) da *Practice Direction 3A* das *Civil Rules Procedure*).

No CPC/2015, cujo sistema é expressamente erigido a partir da ideia de eficiência e de gestão de processos repetitivos, com maior razão esse raciocínio se justifica. Aliás, o próprio legislador suprimiu a partícula "*poderá*", existente na legislação revogada, para utilizar o verbo "*julgará*", denotando a imperatividade da adoção da técnica quando presentes os seus pressupostos(17).

2.2.3. Questão jurídica objeto de precedente obrigatório

Requisito dos mais relevantes trazidos pelo novo diploma normativo para a aplicação da técnica de julgamento liminar de improcedência diz respeito à necessidade de a questão jurídica objeto do processo ter sido, em princípio(18), objeto de uma das hipóteses dos incisos do art. 332 do CPC/2015.

Com efeito, acolhendo a severa crítica doutrinária acerca do antigo art. 285-A do CPC/1973, o legislador promoveu a uma alteração no eixo metodológico da técnica de julgamento: do entendimento do juízo de primeira instância sobre a matéria, passou-se a exigir a observância do entendimento dos órgãos de revisão e sobreposição, prestigiando a sua jurisprudência, como forma de manter coerência com o sistema de precedentes inaugurado com a codificação(19).

Entre os precedentes obrigatórios previstos no art. 332 do CPC/2015, o inciso I autoriza o julgamento liminar de improcedência quando a pretensão contrariar "*enunciado de súmula do Supremo Tribunal Federal ou do Superior Tribunal de Justiça*". Muito embora não tenha havido disposição expressa, as súmulas vinculantes do STF também devem ser consideradas como incluídas no texto, e não apenas as súmulas de jurisprudência uniforme, seja porque o dispositivo não acenou para qualquer distinção nesse

---

(17) "O julgamento liminar de improcedência, desde que preenchidos os seus requisitos, passa a ser um dever do juiz, e não mera faculdade como era à luz do CPC/1973, e essa conclusão não depende de expressa previsão legal, mas sim da eficácia vinculante dos entendimentos consolidados pelos tribunais que admitem essa espécie de julgamento liminar." (NEVES, Daniel Amorim Assumpção. *Manual de Direito Processual Civil*. 8. ed. Salvador: JusPodivm, 2016. p. 550)

(18) Utiliza-se a expressão "em princípio", por se considerar que o rol estabelecido no dispositivo não é taxativo, admitindo-se a adoção da técnica do julgamento antecipadíssimo do mérito todas as vezes em que o juiz vislumbrar a possibilidade de aceleração do julgamento sem contrariar precedentes obrigatórios dos órgãos a que estiver vinculado.

(19) "Por outro lado, a força que o novo Código confere à jurisprudência, manifesta-se em dois planos: (*i*) o horizontal, de que decorre a sujeição do tribunal à sua própria jurisprudência, de modo que os órgãos fracionários fiquem comprometidos com a observância dos precedentes estabelecidos pelo plenário ou órgão especial (art. 927, V); (*ii*) o vertical, que vincula todos os juízes ou tribunais inferiores às decisões do STF em matéria de controle concentrado de constitucionalidade e de súmulas vinculantes; aos julgamentos do STF e do STJ; e, finalmente, à orientação jurisprudencial relevante de todo tribunal revisor das respectivas decisões, a exemplo das decisões nas resoluções de demandas repetitivas, nos incidentes de assunção de competência (art. 927, I a IV)." (THEODORO JR., Humberto. Regime de Demandas Repetitivas no Novo Código de Processo Civil. In: DIDIER JR., Fredie (Coord); FREIRE, Alexandre; MACEDO, Lucas Buril de; PEIXOTO, Ravi (Orgs.). *Coleção Novo CPC* — Processo nos Tribunais e Meios de Impugnação às Decisões Judiciais. Salvador: JusPodivm, 2015. v. 6, p. 423)

tocante, seja porque as súmulas vinculantes são de observância obrigatória pelos órgãos do Poder Judiciário por expressa disposição constitucional (art. 103-A da CRFB/1988).

O inciso II do dispositivo também segue esse mesmo caminho: o julgamento de recursos especiais e recursos extraordinários repetitivos, os quais, por força também do disposto nos art. 988, § 5º, II, e 1.040, do CPC/2015, são de observância obrigatória pelos órgãos do Poder Judiciário.

No inciso III, o legislador prestigiou os institutos inovadores que criou na tentativa de combater o mal da litigiosidade repetitiva no país: autorizou-se o julgamento antecipadíssimo do mérito nos casos de decisões calcadas em teses firmadas em incidentes de resolução de demandas repetitivas (art. 976 do CPC/2015) ou em incidentes de assunção de competência (art. 947 do CPC/2015). As decisões proferidas em tais incidentes devem igualmente ser observadas pelos órgãos jurisdicionais vinculados à corte formadora do precedente (art. 947, § 3º, 985 e 988, IV, do CPC/2015).

Por fim, a hipótese do inciso IV contempla o "*enunciado de súmula de tribunal de justiça sobre direito local*". Tratando o Tribunal de Justiça de último intérprete do direito local, obviamente, seus entendimentos cristalizados em súmulas sobre o assunto devem necessariamente ser observados.

2.2.4. Reconhecimento da decadência ou prescrição

A técnica de julgamento da improcedência liminar do pedido se ancora em diversos princípios, como os da isonomia, da razoável duração do processo, entre outros. No entanto, os reclamos da eficiência e da gestão mais efetiva de processos repetitivos podem ser considerados como os principais elementos justificadores de sua adoção. Ocorre que o instituto também se justifica quando, muito embora não trate de combater o mal da litigiosidade repetitiva, possa trazer algum contributo de eficiência para o processo.

É nesse contexto que se justifica a previsão contida no § 1º do art. 332 do CPC/2015, ao autorizar a utilização da técnica da improcedência liminar quando o juiz verificar a ocorrência das hipóteses de decadência ou prescrição[(20)]. A pronúncia da prescrição ou da decadência não está obrigatoriamente ligada ao fenômeno das demandas repetitivas. Mais especificamente, liga-se à simples ideia de celeridade, demonstrando, pois, que a adoção da técnica de improcedência liminar se justifica mesmo quando venha a consagrar somente o princípio da eficiência, na medida em que o ordenamento processual civil prevê a possibilidade de decretação *ex officio* da prescrição e da decadência (art. 487, II, do CPC/2015).

---

(20) Naturalmente, a decadência referida deve ser entendida apenas como a de origem legal, por força do art. 210 do Código Civil.

A possibilidade de incidência do instituto em tais hipóteses não está a salvo de críticas.

Primeiramente, aponta-se que a prescrição é exceção renunciável — até mesmo de maneira tácita (art. 191 do CC) — e, portanto, a postura do juiz na pronúncia liminar da prescrição poderia tolher o direito de o réu eventualmente deixar, por opção própria(21), de argui-la. Todavia, a raiz de tal problemática está na possibilidade do reconhecimento *ex officio* da prescrição, e não propriamente na adoção do instituto da improcedência liminar. Ora, se o juiz pode conhecer da prescrição em qualquer tempo e grau de jurisdição ordinária, inclusive, de ofício, não há sentido algum em vedar a adoção da técnica do julgamento antecipadíssimo do mérito também nessa hipótese. A cruzada, portanto, deveria ser travada contra o "real inimigo".

Por outro lado, aponta-se, ainda, a infelicidade da regra contida no § 1º do art. 487 do CPC/2015, que expressamente excepcionou a necessidade de contraditório prévio (art. 10) quando o juiz pronunciar a prescrição ou decadência em sede de improcedência liminar(22). No âmbito processual civil, de fato, não haveria razão justificadora para tal hipótese de exceção, até porque o autor poderia ter alguma causa interruptiva da prescrição. Seja como for, nada impede o magistrado de intimar o autor para manifestação acerca da prescrição eventualmente verificada.

2.3. O caráter exemplificativo do rol de hipóteses

Aspecto dos mais intrigantes na definição dos contornos da improcedência liminar do pedido no CPC/2015 diz respeito à exaustividade ou não do rol de hipóteses previsto

(21) "Exatamente por isso, os autores sempre identificaram, na exigência de o devedor alegar a prescrição, uma regra de profundo conteúdo moral: como o crédito continua existindo, o devedor inadimplente que alega a prescrição continua com a 'marca' de devedor impontual, que lhe pode prejudicar em outros negócios perante outros credores.

Também há razões normativas para limitar o reconhecimento da prescrição à provocação do interessado. O art. 940 do Código Civil confere o direito do demandado por quantia já paga a pedir o *dobro* do que foi indevidamente cobrado. Se a improcedência do pedido se fundar em prescrição, não incide o dispositivo, pois não houve o reconhecimento da *inexistência* da dívida, que, como visto, permanece íntegra." (DIDIER JÚNIOR, Fredie. *Curso de Direito Processual Civil*. 18. ed. Salvador: JusPodivm, 2016. v. I, p. 609-610)

(22) "Para bem do sistema processual brasileiro, recomenda-se uma leitura conciliadora, cujas premissas estejam assentadas — como não poderia ser diferente — nas normas fundamentais da nova codificação: arts. 9º e 10. De modo que não se proferirá decisão contra uma das partes sem que ela seja previamente ouvida, vedando-se, outrossim, que o juiz apoie-se em fundamento a respeito do qual a parte afetada desfavoravelmente com a decisão não tenha tido oportunidade de manifestação prévia.

Daí que o modelo interpretativo de aplicação das hipóteses dos incs. I a IV do art. 332 do CPC/2015 descortina-se a partir das citadas normas fundamentais. Em outras palavras, o procedimento previsto art. 332, *caput*, não pode ser entendido a partir da dicção isolada do art. 487, parágrafo único, no ponto em que afasta o contraditório no caso do art. 332, § 1º. Dizendo ainda de outro modo, para bem da compreensão, é preciso afastar toda e qualquer influência do art. 487, parágrafo único, na interpretação do art. 332, *caput*, visto que este sofre influência direta do comando dos arts. 9º e 10." (SANTOS, Silas Silva. Improcedência Liminar no Novo Código de Processo Civil – Contraditório Prévio para o Autor? *Revista de Processo*, São Paulo, n. 249, p. 287-299, nov. 2015)

nos incisos do art. 332. Uma leitura inicial do texto poderia sugerir que o rol é taxativo, de modo que a improcedência liminar só se daria quando a pretensão contrariasse uma das espécies de pronunciamentos dos tribunais ali previstas.

Essa compreensão, contudo, não pode prevalecer. A espinha dorsal da vinculação dos precedentes se encontra no art. 927 do CPC/2015, que prevê as hipóteses de pronunciamentos dos tribunais que ensejam a necessária observância — e não mera persuasão — por parte dos órgãos jurisdicionais funcionalmente inferiores, isto é, o art. 927 do CPC/2015 estabelece toda a base normativa do sistema de precedentes que o Código pretendeu instaurar, impondo a observância por parte dos juízes e tribunais do quanto ali estabelecido[(23)].

Nesse contexto, uma análise comparativa entre as hipóteses dos art. 332 e 927 do CPC/2015 demonstra que o rol daquele é inferior ao deste. Assim, sustentar a taxatividade do rol de hipóteses da improcedência liminar do pedido implicaria a seguinte situação: o juiz deve observar, obrigatoriamente, os precedentes listados no art. 927, mas aqueles que não estiverem contemplados no rol do art. 332 não permitem o julgamento antecipadíssimo de improcedência. Em último caso, obriga-se a realização vã da atividade processual, cujo resultado final, por imperativo do próprio Código, deve ser a improcedência.

Cite-se, por exemplo, a hipótese de decisões em controle concentrado de constitucionalidade. O art. 927, I, do CPC/2015, prevê que os juízes e tribunais devem observar "*as decisões do Supremo Tribunal Federal em controle concentrado de constitucionalidade*". A rigor, o dispositivo se revela até ocioso, considerando que o efeito vinculante dessas decisões do STF já era a regra em nosso sistema, conforme os art. 28, parágrafo único, da Lei n. 9.868/1999, e 10, § 3º, da Lei n. 9.882/1999. Ocorre que a referida espécie de precedente — notoriamente vinculante — não está contemplada no art. 332 do CPC/2015. Assim, a se sustentar a exaustividade do rol, o juiz estaria a autorizado a julgar liminarmente improcedente a demanda quando contrária à Súmula do STF (art. 332, I), por exemplo, mas não poderia fazê-lo para acompanhar decisão daquela Corte em controle concentrado de constitucionalidade, ainda que tivesse obrigatoriamente de adotar o entendimento esposado pelo Pretório Excelso sobre a matéria, quando do julgamento da ação, após citado o réu. Salta aos olhos a inconsistência desse viés interpretativo acerca do art. 332 do CPC/2015, até porque totalmente contrário ao princípio da eficiência, expressamente previsto como norma fundamental do sistema processual trazido com o Código de 2015.

---

(23) "Com efeito, nada obstante não se faça referência à obrigatoriedade dos precedentes nos arts. 1º a 12, trata-se de uma norma fundamental em substância, já que é um verdadeiro pilar do novo sistema processual, permeando muitos institutos processuais, causando a modificação de vários outros e dando razão à previsão de novos. A sistemática de precedentes é, enfim, uma das maiores apostas do Código e exige o desenvolvimento da teoria dos precedentes, a permitir a compreensão do tema e o uso adequado e funcional das técnicas processuais correlatas." (MACEDO, Lucas Buril. Improcedência Liminar do Pedido. *Revista dos Tribunais*, São Paulo, n. 973, p. 247-270, nov. 2016)

Por essa razão, conclui-se que o rol de hipóteses do art. 332 do CPC/2015 é meramente exemplificativo, e não taxativo[(24)].

Uma vez estabelecido o caráter exemplificativo do rol de hipóteses do julgamento antecipadíssimo do mérito, cabe definir o parâmetro a ser fornecido ao juízo para que avalie quando estará ou não autorizado a adotar o instituto. Do que até aqui se expôs, entende-se que o critério definidor da utilização do referido instituto será exatamente o já citado princípio da eficiência. Sempre que o julgamento liminar de improcedência implicar racionalização da atividade processual 3 sem sacrifício das outras garantias constitucionais do processo, evidentemente —, estará o juiz autorizado a dele lançar mão.

Nesse contexto, a situação descrita no antigo art. 285-A do CPC/1973 (existência de outras decisões anteriores do próprio juízo sobre a matéria), por exemplo, continua sendo hipótese autorizadora do manejo da técnica de julgamento de improcedência liminar[(25)], desde que o entendimento do juízo — como já se defendia no sistema revogado, por força de construção jurisprudencial — não contrarie os precedentes obrigatórios a que aludem os art. 332 e 927 do CPC/2015.

Veja-se que essa situação ocorrerá, no mais das vezes, no período em que a matéria jurídica subjacente à causa ainda não tiver sido objeto de formação de precedente por parte dos órgãos de revisão e sobreposição. Seria atentatório à noção de eficiência aguardar a formação desses precedentes para, só então, o juízo de primeira instância poder se valer da técnica da improcedência liminar. Afinal, não haveria utilidade e racionalidade prosseguir em todo o *iter* procedimental para, ao final, o juiz simplesmente decidir com base naquela convicção formada inicialmente, uma vez que, não tendo a questão jurídica sido objeto de decisão pelos órgãos *ad quem*, o magistrado estaria livre para emprestar o entendimento jurídico que reputasse mais adequado à matéria.

---

(24) "Na verdade, o rol é exemplificativo e é impositiva a interpretação sistemática extensiva, integrando ao dispositivo o julgamento liminar pela improcedência nos casos em que houver decisão do STF em controle concentrado de inconstitucionalidade (art. 927, I) e, também e especialmente, quando houver precedente relevante do STF em matéria constitucional, decidido pelo pleno, e do STJ em matéria infraconstitucional federal, decidido pela Corte Especial ou pelas Seções Especializadas (art. 927, V)." (MACEDO, Lucas Buril. Improcedência Liminar do Pedido. *Revista dos Tribunais*, São Paulo, n. 973, p. 247-270, nov. 2016)

(25) "Destarte, entendemos que seria suficiente que o NCPC vedasse o julgamento liminar de improcedência em contrariedade aos precedentes elencados no art. 332, não sendo proibido, no entanto, que o magistrado proferisse sentença liminar de improcedência sem que já existissem tais precedentes. Em outras palavras: em nossa opinião, o magistrado deveria poder julgar liminarmente improcedente o pedido, desde que não atentasse contra os precedentes referidos no art. 332. Tal interpretação seria suficientemente equilibrada para, a um só tempo, proteger a integridade da jurisprudência e resguardar a solução dos processos em tempo razoável. Não vemos sentido em aguardar todo o trâmite processual se o magistrado já tem posição firmada em caso que não necessite de dilação probatória se, ao final, mesmo sem a presença de nenhum dos precedentes indicados nos incisos do art. 332, poderá proferir a sentença de improcedência." (KOEHLER, Frederico Augusto Leopoldino. As Novidades do NCPC com relação à Improcedência Liminar do Pedido. In: DIDIER JR., Fredie (Coord); FREIRE, Alexandre; MACEDO, Lucas Buril de; PEIXOTO, Ravi (Orgs.). *Coleção Novo CPC* — Procedimento Comum. Salvador: JusPodivm, 2015. v. 2, p. 128)

Aliás, o princípio da eficiência autorizaria até mesmo o julgamento de improcedência liminar da demanda quando inexistentes decisões anteriores do juízo sobre a questão jurídica(26) — isto é, mesmo se tratando da primeira decisão sobre o tema —, desde que o magistrado já houvesse formado seu convencimento sobre a matéria jurídica e — repita-se — tal entendimento não contrastasse com a necessária observância dos precedentes dos arts. 332 e 927 do CPC/2015. Em outras palavras, se, a partir do relato constante da inicial, o juiz já vislumbra que o ordenamento jurídico não ampara a pretensão formulada pelo autor, mesmo considerando verídico o relato fático descrito na inicial, razão não haveria para se promover a citação do réu e dar regular andamento ao processo, quando o resultado do julgamento seria, mais adiante, igualmente pela improcedência. Relembre-se que a argumentação do réu atuará apenas como reforço da convicção do juiz, uma vez que, citado, apenas traria fundamentos agregadores à tese abstratamente concebida pelo magistrado.

Nesse contexto, pode-se concluir que a técnica da improcedência liminar prevista no art. 332 do CPC/2015 deve ser objeto de interpretação ampliativa, para abarcar outras hipóteses não previstas expressamente no referido dispositivo, observando-se sempre o princípio da eficiência como vetor interpretativo dos limites de atuação do juízo nesse tocante.

2.4. Regime de impugnação

A sentença de liminar de improcedência corresponde à decisão de mérito, fruto de cognição exauriente, e, assim, apta a produzir a coisa julgada material. Nesse ínterim, prevê o Código que a sentença prolatada é impugnável por meio do recurso de apelação (art. 332, § 2º, do CPC/2015), mantendo-se a previsão contida na legislação anterior da possibilidade de retratação por parte do juízo sentenciante (art. 332, § 3º, do CPC/2015).

Caso não se retrate, o juiz deverá citar o réu para responder ao recurso, e, por ocasião do julgamento, poderá o tribunal: a) negar provimento ou não conhecer do recurso; b) reconhecer a ocorrência de *error in judicando*, ocasião em que, por força do art. 1.013, § 3º, do CPC/2015, deverá julgar desde logo a matéria — pois estará madura para tanto e não desafia fase instrutória —(27); ou c) reconhecer a ocorrência de *error in procedendo*

---

(26) Fredie Didier Jr. se posiciona em sentido semelhante, fazendo alusão, entretanto, à ideia de manifesta improcedência como hipótese igualmente válida para a adoção da técnica da improcedência liminar: "Surge, então, a seguinte dúvida: pode o juiz, antes de citar o réu, julgar liminarmente improcedente o pedido, em situações atípicas, consideradas como de manifesta improcedência? Alguns exemplos: demanda para reconhecimento de usucapião de bem público, pedir autorização para matar alguém ou determinar que o Brasil declare guerra aos EUA; também serve de exemplo o pedido que contrarie expressamente texto normativo não reputado inconstitucional.

É possível, e recomendável, construir essa possibilidade a partir dos princípios da eficiência (art. 8º, CPC), da boa-fé (art. 5º, CPC) e da duração razoável do processo (art. 5º, LXXVIII, CF/1988; art. 4º, CPC)." (DIDIER JÚNIOR, Fredie. *Curso de Direito Processual Civil.* 18. ed. Salvador: JusPodivm, 2016. v. I, p. 613)

(27) No mesmo sentido: NEVES, Daniel Amorim Assumpção. *Manual de Direito Processual Civil.* 8. ed. Salvador: JusPodivm, 2016. p. 552.

e anular a sentença, determinando o retorno dos autos à instância *a quo* para produzir eventuais provas que se fizerem necessárias, quando a causa não dispensar a fase instrutória e a improcedência liminar tiver sido indevidamente utilizada.

3. Conclusão

O CPC/2015 mostrou-se extremamente preocupado com os males da litigiosidade repetitiva. Não por outra razão, previu uma vasta gama de mecanismos tendentes a gerenciar a solução desse tipo de demanda, como a técnica da improcedência liminar do pedido prevista no art. 332 do CPC/2015. Em razão das hipóteses expressas previstas para aplicação do dispositivo, fica clara a opção do sistema por uma inegável valorização da força dos precedentes.

No entanto, como comentado no curso do presente estudo, o princípio da eficiência também atua como sustentáculo do referido instituto, demonstrando, pois, que a sua adoção atende a reclamos de diversos matizes. É nesse contexto que o princípio da eficiência deve informar a não exaustividade do rol dos incisos do art. 332 do CPC/2015, de modo a autorizar a improcedência liminar do pedido sempre que a adoção da técnica se mostre concorde com aquela norma principiológica. De se observar, entretanto, a necessidade de a causa não desafiar a realização de fase instrutória e de o entendimento adotado pelo juízo sentenciante não contrariar os precedentes a que está obrigatoriamente vinculado. Trilhando esse caminho, o processo poderá ter seus resultados maximizados, gerando um aumento do rendimento da atividade processual e potencializando o mandamento constitucional de um processo legalmente devido.

Referências

ALMEIDA, Diogo Assumpção Rezende de. O Case Management Inglês — Um Sistema Maduro? *Revista Eletrônica de Direito Processual*, v. 7, n. 7, p. 287-335, 2011. Disponível em: https://www.e-publicacoes.uerj.br/redp/article/view/21127/15217. Acesso em: 20 set. 2024.

ANDREWS, Neil. *The Modern Civil Process* — Judicial and Alternative Forms of Dispute Resolution in England. Tübingen: Mohr Siebeck, 2008.

BRASIL. Senado Federal. *Exposição de Motivos do Novo Código de Processo Civil (Lei n. 13.105, de 16 de março de 2015)*. Disponível em: https://www2.senado.leg.br/bdsf/bitstream/handle/id/512422/001041135.pdf. Acesso em: 20 set. 2024.

BUENO, Cassio Scarpinella. *Curso Sistematizado de Direito Processual Civil*. São Paulo: Saraiva, 2007. v. 2, t. I.

DANTAS, Bruno. Análise constitucional do julgamento liminar de improcedência. *Revista de Processo*, São Paulo, n. 187, p. 141-159, set. 2010.

DIDIER JÚNIOR, Fredie. *Curso de Direito Processual Civil*. 18. ed. Salvador: JusPodivm, 2016. v. I.

JOLOWICZ, John Anthony. *On Civil Procedure*. Cambridge: Cambridge University Press, 2000.

KOEHLER, Frederico Augusto Leopoldino. As novidades do NCPC com relação à improcedência liminar do pedido. In: DIDIER JR., Fredie (Coord); FREIRE, Alexandre; MACEDO, Lucas Buril de; PEIXOTO, Ravi (Orgs.). *Coleção Novo CPC* — Procedimento comum. Salvador: JusPodivm, 2015. v. 2.

MACEDO, Lucas Buril. Improcedência Liminar do Pedido. *Revista dos Tribunais*, São Paulo, n. 973, p. 247-270, nov. 2016.

MIRANDA, Vicente. *Poderes do Juiz no Processo Civil Brasileiro*. São Paulo: Saraiva, 1992.

NERY JR., Nelson; NERY, Rosa Maria de Andrade. *Código de Processo Civil Comentado e Legislação Extravagante*. 12. ed. São Paulo: RT, 2012.

NEVES, Daniel Amorim Assumpção. *Manual de Direito Processual Civil*. 8. ed. Salvador: JusPodivm, 2016.

SANTOS, Silas Silva. Improcedência Liminar no Novo Código de Processo Civil: contraditório prévio para o autor? *Revista de Processo*, São Paulo, n. 249, p. 287-299, nov. 2015.

THEODORO JR., Humberto. Regime de Demandas Repetitivas no Novo Código de Processo Civil. In: DIDIER JR., Fredie (Coord); FREIRE, Alexandre; MACEDO, Lucas Buril de; PEIXOTO, Ravi (Orgs.). *Coleção Novo CPC:* processo nos tribunais e meios de impugnação às decisões judiciais. Salvador: JusPodivm, 2015. v. 6.

TURNER, Robert. "Actively": The Word that Changed the Civil Courts. In: DWYER, Déirdre (Org). *The Civil Procedure Rules Ten Years On*. Oxford: Oxford University Press, 2009.

Sítios eletrônicos consultados

www.planalto.gov.br

www.stf.jus.br

www.tst.jus.br

www.stj.jus.br

www.senado.leg.br

Programa Trabalho, Justiça e Cidadania: 20 Anos Restaurando Sonhos

Daiana Monteiro Santos[(1)]

Introdução

Os grandes objetivos preconizados pela sociedade brasileira como justiça, igualdade, bem-estar comum, desenvolvimento, democracia, liberdade e harmonia social, só poderão ser atingidos, em sua plenitude, por meio da educação[(2)].

A educação é um direito de todos e dever do Estado[(3)], cuja materialização deve ocorrer com qualidade e efetividade, para que o estudante se torne um sujeito ativo no processo de mudança e progresso da nação.

Corroborando com a norma exposta no art. 205 da Constituição da República, o Programa Trabalho, Justiça e Cidadania (TJC), uma iniciativa da Associação Nacional dos Magistrados da Justiça do Trabalho (ANAMATRA), criado em 2004, é aplicado

---

(1) Juíza do Trabalho do Tribunal Regional do Trabalho da 2ª Região. Membro do Grupo de Pesquisa Trabalho e Capital da Universidade de São Paulo. Mestre em Direito Social pela Universidade Paris 1 – Panthéon Sorbonne. Especialista em Direito e Processo do Trabalho pela Pontifícia Universidade Católica de São Paulo. Graduada em Direito pela Universidade São Judas Tadeu.

(2) CAVALCA, Renata Falson; CESAR, João Batista Martins. Criança Hoje, Cidadão Amanhã: A Educação como Instrumento de Combate ao Trabalho Infantil. In*:* AQUINO, Gabriela Marcassa Thomas de; CESAR, João Batista Martins; NOGUEIRA, Eliana dos Santos Alves (Coords.). *Trabalho Infantil* — Tantas mãos pequenas privadas de dignidade. 1. ed. Campinas: Lacier, 2023. p. 33.

(3) Art. 205 da Constituição da República: "A educação, direito de todos e dever do Estado e da família, será promovida e incentivada com a colaboração da sociedade, visando ao pleno desenvolvimento da pessoa, seu preparo para o exercício da cidadania e sua qualificação para o trabalho". Disponível em: https://www.planalto.gov.br/ccivil_03/constituicao/constituicao.htm.

pelas associações regionais por todo país com a participação de magistrados do trabalho, entre outros profissionais da área jurídica(4).

O programa tem por objetivo levar a estudantes, oriundos especialmente de escolas públicas, noções básicas de direitos fundamentais, direito do trabalho, direito da criança e do adolescente, direito penal, direito previdenciário, tripartição de poderes, ética e cidadania.

No âmbito da Amatra-2, o Programa Trabalho, Justiça e Cidadania teve, ao longo dos anos, atuações práticas variadas, como realização de palestras, tira dúvidas, visitas a unidades judiciárias, voltadas a estudantes e imigrantes. Desde 2022, sua atuação está voltada mais especificamente a estudantes do ensino fundamental.

As atividades realizadas pelo Programa TJC viabilizam igualmente a aproximação do Poder Judiciário com a sociedade sob um olhar de integração de jovens estudantes, profissionais da educação, com reflexos no entorno social da instituição escolar, materializando, dessa forma, objetivos e direitos fundamentais previstos na Constituição da República(5).

1. Direito fundamental à educação

A norma constitucional reconhece o direito à educação como um direito fundamental social (art. 6º), como direito de todos e dever do Estado (art. 205).

Conforme dispõe o art. 1º da Lei de Diretrizes e Bases da Educação Nacional (Lei n. 9.394/1996): "A educação abrange os processos formativos que se desenvolvem

---

(4) Disponível em: https://www.anamatra.org.br/tjc.

(5) Art. 1º, 3º e 6º da Constituição da República:

"Art. 1º A República Federativa do Brasil, formada pela união indissolúvel dos Estados e Municípios e do Distrito Federal, constitui-se em Estado Democrático de Direito e tem como fundamentos:

I – a soberania;

II – a cidadania;

III – a dignidade da pessoa humana;

IV – os valores sociais do trabalho e da livre iniciativa; *(vide Lei n. 13.74, de 2019)*

V – o pluralismo político.

Art. 3º Constituem objetivos fundamentais da República Federativa do Brasil:

I – construir uma sociedade livre, justa e solidária;

II – garantir o desenvolvimento nacional;

III – erradicar a pobreza e a marginalização e reduzir as desigualdades sociais e regionais;

IV – promover bem de todos, sem preconceitos de origem, raça, sexo, cor, idade e quaisquer outras formas de discriminação.

Art. 6º São direitos sociais a educação, a saúde, a alimentação, o trabalho, a moradia, o transporte, o lazer, a segurança, a previdência social, a proteção à maternidade e à infância, a assistência aos desamparados, na forma desta Constituição."

Disponível em: https://www.planalto.gov.br/ccivil_03/constituicao/constituicao.htm.

na vida familiar, na convivência humana, no trabalho, nas instituições de ensino e pesquisa, nos movimentos sociais e organizações da sociedade civil e nas manifestações culturais." Isso demonstra que a educação não é estática e tampouco possui uma única fonte e todos os atores deste processo são seres em constante transformação.

O direito fundamental à educação, para ser efetivado, demanda ações concretas de estrutura física e humana e de observância aos princípios e diretrizes básicas trazidos pela mencionada Lei de Diretrizes e Bases da Educação Nacional.

A redação do art. 205 da Constituição da República impõe ao Estado, à família e à sociedade não apenas a educação formal, mas a formação de um cidadão consciente de sua capacidade e potencial para ser um sujeito ativo, crítico e transformador. A educação não pode se limitar à dinâmica na qual o educando recebe passivamente as informações passadas pelos educadores e estes participam como "um ser superior que ensina ignorantes"(6). As escolas precisam de "educadores e educandos criadores, instigadores, inquietos, rigorosamente curiosos, humildes e persistentes"(7).

Nesse sentido, o educador Paulo Freire elenca, em sua obra *Educação e Mudança*, as características da consciência crítica:

> 1. Anseio de profundidade na análise de problemas. Não se satisfaz com as aparências. Pode-se reconhecer desprovida de meios para a análise do problema.
>
> 2. Reconhece que a realidade é mutável.
>
> 3. Substitui situações ou explicações mágicas por princípios autênticos de causalidade.
>
> 4. Procura verificar ou testar as descobertas. Está sempre disposta às revisões.
>
> 5. Ao se deparar com um fato, faz o possível para livrar-se de preconceitos. Não somente na captação, mas também na análise e na resposta.
>
> 6. Repele posições quietistas. É intensamente inquieta. Torna-se mais crítica quanto mais reconhece em sua quietude a inquietude, e vice-versa. Sabe que é na medida que é e não pelo que parece. O essencial para parecer algo é ser algo; é a base da autenticidade.
>
> 7. Repele toda transferência de responsabilidade e de autoridade e aceita a delegação das mesmas.
>
> 8. É indagadora, investiga, força, choca.

---

(6) FREIRE, Paulo. *Educação e Mudança*. 47. ed. Rio de Janeiro: Paz e Terra, 2021. p. 49.

(7) FREIRE, Paulo. *Pedagogia da Autonomia* — Saberes necessários à prática educativa. 76. ed. Rio de Janeiro: Paz e Terra, 2023. p. 28.

9. Ama o diálogo, nutre-se dele.

10. Face ao novo, não repele o velho por ser velho, nem aceita o novo por ser novo, mas aceita-os na medida em que são válidos.(8) (*sic*)

Muito embora o direito à educação esteja alçado à categoria de direito fundamental e seja reconhecido igualmente como um direito humano, o nível educacional no Brasil é muito baixo, tanto no que se refere à qualidade de ensino, à estrutura física das instituições de ensino como nos investimentos públicos em materiais escolares e remuneração dos profissionais na educação, quando comparado com outros países(9).

Não existe uma regra predeterminada sobre quais políticas públicas voltadas à educação são as mais adequadas, mas é certo que é imprescindível implementar um sistema educacional de ensino público de qualidade para todos, independentemente da classe social e região do país. Para tanto, é fundamental encarar a situação atual de forma mais realística adotando uma "lógica educacional regida por princípios sociais, democráticos, de justiça, de igualdade, contrapondo-se àquela sustentada por valores econômicos e empresariais de produtividade, competitividade, eficiência, modelos ideais, que tantas exclusões têm provocado na educação, em todos os níveis, sobretudo o ensino fundamental do país — alicerce de tudo que vem a seguir"(10).

No intuito de fomentar o aprendizado e disseminar noções de direito, de responsabilidade, ética e cidadania para estudantes de escolas públicas, a Associação dos Magistrados da Justiça do Trabalho da 2ª Região vem implementando ações sociais em instituições situadas em regiões de maior vulnerabilidade social na região metropolitana da cidade de São Paulo.

O trabalho realizado por meio do Programa TJC visa igualmente incentivar a autonomia de jovens estudantes, "a reflexão sobre si, sobre seu estar no mundo, associada indissoluvelmente à sua ação sobre o mundo"(11), bem como conscientizá-los de que podem mudar a realidade social na qual vivem e que a educação e o empenho nos estudos é o meio mais viável para tanto.

---

(8) FREIRE, Paulo. *Educação e Mudança*. 47. ed. Rio de Janeiro: Paz e Terra, 2021. p. 53-54.

(9) Brasil tem baixo desempenho e estagna em *ranking* mundial da educação básica. "No Brasil, menos da metade dos estudantes de 15 anos de idade conseguiu atingir um nível mínimo de aprendizado em matemática e ciências, de acordo com os resultados obtidos no Programa Internacional de Avaliação de Estudantes (Pisa). Apesar do baixo desempenho, a pontuação dos alunos brasileiros nas disciplinas avaliadas teve pouca variação". Disponível em: https://www.cnnbrasil.com.br/nacional/brasil-estaciona-em-ranking-de-avaliacao-internacional-de-educacao-basica/.

(10) CAVALCA, Renata Falson; CESAR, João Batista Martins. Criança Hoje, Cidadão Amanhã – A Educação como Instrumento de Combate ao Trabalho Infantil. In*:* AQUINO, Gabriela Marcassa Thomas de; CESAR, João Batista Martins; NOGUEIRA, Eliana dos Santos Alves (Coords.) *Trabalho Infantil* — Tantas mãos pequenas privadas de dignidade. 1. ed. Campinas: Lacier, 2023. p. 41.

(11) FREIRE, Paulo. *Educação e Mudança*. 47. ed. Rio de Janeiro: Paz e Terra, 2021. p. 19.

2. Programa Trabalho, Justiça e Cidadania: Aplicação pela AMATRA-2

O Programa Trabalho, Justiça e Cidadania idealizado pela ANAMATRA está completando vinte anos de atuação. A associação nacional fornece materiais didáticos[12] e concede o apoio e orientações necessárias para que as associações regionais concretizem o Programa em seus Estados. O formato do trabalho idealizado pela ANAMATRA consiste na formação de multiplicadores, isto é, representantes da associação ministram palestras ou cursos a professores da rede de ensino e estes, como multiplicadores, lecionam e repassam os materiais e conhecimento adquiridos aos estudantes. A partir daí, é dado início a um ciclo de atividades nas escolas, com programação de comparecimento de juízas e juízes do trabalho, entre outros profissionais participantes, e encerramento com uma culminância, a qual corresponde a um evento com apresentações artísticas e premiações.

A Amatra-2, por meio do Programa Trabalho, Justiça e Cidadania, aspira contribuir com o trabalho das instituições de ensino na educação e na conscientização dos estudantes como sujeitos de direitos e deveres e sua relevância na sociedade. Pretende-se não apenas difundir regras jurídicas vigentes em nosso país, mas também promover a troca de experiências e opiniões, considerando a realidade concreta de cada participante e respeitando sua individualidade, de modo a associar o conteúdo ensinado às suas realidades sociais, tornando, assim, mais efetivo o trabalho realizado.

Entre as atividades da AMATRA-2 pelo Programa TJC ao longo dos últimos vinte anos, temos registros de realização de palestras com a entrega de cartilhas relacionadas ao Direito do Trabalho e Trabalho Seguro, fornecidas pela associação nacional, além de atendimentos para tirar dúvidas de estudantes em instituições de ensino e de trabalhadores estrangeiros no Centro de Apoio Pastoral do Migrante (CAMI).

A atuação da associação regional no atendimento ao migrante se destacou mais especificamente com realização de palestras, tira dúvidas e distribuição de cartilhas elaboradas e fornecidas pela ANAMATRA em inglês, francês e espanhol, buscando facilitar a comunicação e a aproximação do Judiciário de maneira instrutiva e previamente a enfrentamentos judiciais, ultrapassando barreiras sociais e linguísticas.

Precisamente acerca da aplicação do programa em instituições de ensino de forma contínua, por muitos anos, membros da associação regional buscaram celebrar convênios com o município de São Paulo — cidade-sede da associação e do Tribunal Regional do

(12) A ANAMATRA fornece às associações regionais cartilhas sobre os temas trabalhados pelo TJC para serem distribuídas a todos os participantes. O material base consiste na "Cartilha do Trabalhador", mas além dessas outras são de forma permanente ou temporária, tais como: "Cartilha do Trabalho Seguro", "Cartilha do Direito Internacional do Trabalho", esta apresentada nos idiomas espanhol, inglês e francês na versão digital, "Turma da Mônica e o Poder Judiciário", "Trabalho infantil, nem de brincadeira!" e guia de bolso sobre os Direitos dos Trabalhadores Migrantes e Refugiados.

Trabalho da 2ª Região — para celebrar convênio e executar o Programa TJC nas escolas conforme formato idealizado e praticado pela ANAMATRA e outras Associações regionais. Entretanto, por razões burocráticas e devido à dimensão da cidade de São Paulo, as tratativas não puderam ser concluídas.

Em 2019, com apoio da diretoria de direitos humanos da ANAMATRA, em nova tentativa de buscar meios de consolidar o Programa TJC na Segunda Região, passou-se a estudar novos caminhos e municípios para sua implantação e, assim foram iniciadas as tratativas com a prefeitura de Barueri, cidade localizada na região metropolitana de São Paulo. Após diversas reuniões, finalmente, em 2022, a AMATRA-2 firmou convênio com o município de Barueri para aplicar o Programa Trabalho, Justiça e Cidadania em escolas públicas para os estudantes dos nonos anos do ensino fundamental.

A execução do Programa TJC nas escolas de Barueri sofreu alguns ajustes em relação a seu formato original a fim de viabilizar sua efetivação. Desse modo, distintamente do modelo nacional, a AMATRA-2 aplica o programa em ciclos semestrais por meio de palestras celebradas por juízes do trabalho e convidados, todos atuando voluntariamente[13]. Ademais, a sistemática de ranque e premiação de alunos no encerramento de ciclo — idealizado pela associação nacional e aplicado em outras regiões — não foi aprovada pela Secretaria de Educação do município conveniado, pois entendeu-se por bem incentivar o trabalho coletivo e não competitivo entre os educandos e educadores.

A partir da dinâmica convencionada entre a AMATRA-2 e o município de Barueri-SP para a aplicação do Programa Trabalho, Justiça e Cidadania, programamos um ciclo de palestras nas escolas situadas em locais de maior vulnerabilidade social para tratar de temas direcionados à idade e realidade dos estudantes — entre 14 e 15 anos — isto é, no tocante aos primeiros passos para ingressar no mercado de trabalho e sobre as experiências vividas em seu meio social. As instituições de ensino são escolhidas pela Secretaria de Educação do Município com a orientação de priorizar aquelas localizadas em regiões de maior vulnerabilidade social.

A palestra inicial tem por finalidade introduzir noções básicas de direito e cidadania aos estudantes, lhes apresentando a Constituição Federal e os direitos fundamentais nela previstos, além da diferença conceitual e relação com os direitos humanos. O foco está em transmitir aos alunos a relevância dos direitos fundamentais em nosso país e sua aplicabilidade em âmbito individual e coletivo. Seguindo a parte introdutória e, em complementação ao currículo escolar, fala-se sobre a tripartição de Poderes, sua origem histórica, a finalidade de cada Poder, sistema de freios e contrapesos e detalhamento do Poder Judiciário e da função do juiz, ingresso na carreira pública, garantias e responsabilidades.

---

(13) Os juízes do trabalho, por meio de convênio celebrado entre AMATRA-2 e Escola Judicial do Tribunal Regional do Trabalho da 2ª Região (EJUD-2), são certificados no tocante às horas despendidas em suas participações pelo Programa TJC.

Os temas que seguem relacionam-se ao ingresso no mercado de trabalho, seleção e contratação e orientações para obtenção da Carteira de Trabalho e Previdência Social. Além disso, considerando a inexperiência profissional de grande parte dos estudantes, são abordados temas sensíveis, tais como os riscos de discriminação na fase pré-contratual e explicações sobre as relações de trabalho formais e informais e para quais situações há efetiva proteção trabalhista e previdenciária ao trabalhador.

Outros temas diretamente relacionados aos interesses dos estudantes ou do meio onde vivem são aqueles concernentes ao trabalho infantil e em condições análogas às de escravo, destacando-se a gravidade, a vedação e as consequências àqueles que exploram a fragilidade humana. Para melhor entendimento do tema, parte-se das vedações legais por idade e atividades, bem assim os direitos mínimos que devem ser observados em toda em qualquer relação de trabalho. No tocante aos contratos formais e legítimos permitidos a menores de dezoito anos, explanamos sobre os contratos de trabalho de estágio e de aprendiz e seus requisitos legais de validade.

Demais disso, considerando que no Brasil o trabalho doméstico é realizado em grande parte por mulheres com renda média de R$ 1.146,00[(14)], isto é, inferior a um salário-mínimo e que essas trabalhadoras residem, em regra, em regiões de maior vulnerabilidade social, reputamos substancial incluir a relação de trabalho doméstica como um dos temas das palestras ministradas aos estudantes. Acerca desse tema, explanamos os direitos da trabalhadora doméstica devidamente registrada, as vedações legais e a diferença em relação às diaristas.

Em conclusão às relações de trabalho explicadas, destacamos a importância do trabalho seguro e saudável para evitar doenças e acidentes de trabalho, um tema de extrema relevância no Brasil — reiteradamente enfatizado pela ANAMATRA e pelo Poder Judiciário Trabalhista —, dado o elevadíssimo número de registros nesse sentido. A respeito disso, recentemente foi publicada notícia em página digital do Tribunal Superior do Trabalho destacando a ocorrência de um acidente de trabalho por minuto no país e que, em menos de quatro horas, mais uma pessoa morrerá em decorrência de acidente de trabalho no Brasil[(15)]. Em face deste cenário aterrorizante, se torna essencial e urgente que a população brasileira, independentemente da idade e, preferencialmente desde os anos escolares, seja devidamente instruída para rechaçar o trabalho inseguro e evitar que venha a sofrer danos, muitas vezes, irreversíveis à sua saúde e à vida.

---

(14) Emprego doméstico no Brasil é formado por mulheres. "Segundo dados da Pesquisa Nacional por Amostra por Domicílio (Pnad) de dezembro de 2023, o país tem 6,08 milhões de empregados domésticos (são todos os que prestam serviços em residências como doméstica, jardineiro, motorista, mordomo) trabalhando. Destes, 5.539 milhões são mulheres (91,1%), e homens são apenas 540 mil (8,9%). Os dados da Pnad mostram ainda que a grande maioria são mulheres negras, com média de idade de 49 anos e apenas 1/3 têm carteira assinada, recebendo em média um salário-mínimo." Disponível em: https://www.gov.br/trabalho-e-emprego/pt-br/noticias-e-conteudo/2024/Marco/emprego-domestico-no-brasil-e-formado-por-mulheres.

(15) Acidentes de trabalho matam ao menos uma pessoa a cada 3h47min no Brasil. Disponível em: https://tst.jus.br/-/acidentes-de-trabalho-matam-ao-menos-uma-pessoa-a-cada-3h47min-no-brasil-1.

Não menos importante e lamentavelmente muito presente em todos os meios sociais, inclusive no ambiente escolar, discorremos sobre igualdade formal e material, respeito à diversidade, toda forma de discriminação, assédio moral, assédio sexual e registro ou divulgação não autorizada de imagens de terceiros, com destaque também para as consequências legais em âmbito trabalhista, civil e penal.

Além das palestras acima relatadas, compõe o ciclo de atividades do Programa TJC, a visita dos estudantes à sede da primeira instância do Tribunal Regional do Trabalho da 2ª Região, Fórum Trabalhista Ruy Barbosa, ocasião em que os estudantes, acompanhados de juízes voluntários, assistem audiências trabalhistas reais, participam de audiências simuladas e recebem lanche oferecido pela associação em sua sede(16).

O ciclo se encerra com a organização de culminância pelos educandos e educadores participantes do programa, em data previamente definida. Na ocasião, os estudantes apresentam trabalhos artísticos relacionados aos temas desenvolvidos ao longo do período, podendo ser desenhos, pinturas, poemas, músicas, peças teatrais, entre outros. Ao final, são entregues certificados emitidos pela AMATRA-2 para todos os alunos e profissionais envolvidos, bem como uma placa elaborada pela ANAMATRA para a instituição de ensino, atestando sua participação no Programa Trabalho, Justiça e Cidadania.

A execução do TJC importa no deslocamento de juízes do trabalho de sua atuação passiva, ou seja, saem da posição de agentes de solução de conflitos oriundos de processos judiciais propostos por terceiros para obter uma participação ativa a serviço da cidadania. A aproximação do magistrado à realidade social da grande maioria dos trabalhadores do país proporciona experiências transformadoras e de grande aprendizado eis que o envolvimento com a comunidade se dá sob um olhar de acolhimento, de trocas e de solidariedade.

Ao mencionar relato de Noêmia Porto, Juíza associada da AMATRA-10, afirma Fábio Bonisson, Juiz associado da Amatra 17(17), em livro da ANAMATRA que:

> O programa é fundamental para a magistratura do trabalho porque representa um processo, necessário e esperado, de legitimação do próprio juiz. A legitimidade dos juízes não se encerra com o recrutamento (concurso) e tampouco no exercício do poder que constitucionalmente lhes compete (jurisdição). No Estado Democrático de Direito, deve prevalecer o compromisso com o exercício pleno da cidadania social, o que envolve boa parcela de responsabilidade dos magistrados.

---

(16) A AMATRA-2 possui convênios com o Tribunal Regional do Trabalho da 2ª Região para viabilizar a visita dos estudantes à sua sede.

(17) ALVES, Gustavo Di Angellis da Silva. *Memórias em Criação* — A História e as Conquistas do TJC. Brasília: Editora Rede, 2016. p. 19.

Como visto, os benefícios sociais trazidos pela atividade desempenhada no Programa Trabalho, Justiça e Cidadania são evidentes e vão além dos estudantes, destinatários diretos do programa.

3. Estudantes em situação de vulnerabilidade social e aplicação do Programa Trabalho Justiça e Cidadania

A pobreza no Brasil ainda se encontra em níveis alarmantes e tal retrato afeta diretamente a realidade das crianças que, obrigadas a contribuir com a subsistência da família, muitas vezes, são retiradas das escolas e têm sua infância roubada pela miséria. É o retrato da perversidade da exploração do trabalho infantojuvenil, destruindo o futuro de crianças e adolescentes.

Os dados sobre o número de crianças que realizam trabalho infantil no Brasil revelam um cenário muito grave, apesar da existência de programas sociais condicionados à matrícula escolar. Segundo Pesquisa Nacional por Amostra de Domicílios Contínua (PNAD Contínua) realizada em 2022, houve um aumento nos casos de trabalho infantil no país, havendo 1,881 milhão de crianças de 05 a 17 anos nessa situação, sendo 23,9% entre 5 a 13 anos e 23,6% entre 14 e 15 anos, ou seja, quase um quarto das crianças trabalha em situação ilegal e outro quarto somente pode trabalhar como aprendiz, com a observância de rigorosos requisitos legais[18].

A realidade é que as variadas intervenções ao debate sobre a "questão social" envolvendo as classes sociais menos favorecidas se mostraram insuficientes do ponto de vista teórico e ineficientes no tocante às políticas públicas e das transformações sociais.

Em nossas vivências com estudantes de escolas públicas, notamos que aqueles que trabalham costumam perguntar mais sobre a legalidade e limites do trabalho infantil e relatam suas realidades. Evidentemente que os palestrantes elucidam sobre as dúvidas apresentadas sem, contudo, olvidar a fragilidade econômico-social vivida pelas crianças e adolescentes. Quando trazidas questões sensíveis como essa, o juiz, juíza ou convidado palestrante busca manter uma conduta humanizada, pois isso demonstra respeito em relação a jovens que, muitas vezes, explorados em seu dia a dia, sentem-se constrangidos de abordar o tema e, por consequência, tal postura fraterna propicia um maior entendimento do conteúdo tratado.

Considerando o meio sensível em que vivem crianças e adolescentes de baixa renda no Brasil, submetidos às mais variadas formas de exploração, o trabalho realizado pelo Programa TJC, em contato direto com os educandos, se insere como um alento de esperança na mente de jovens que desistiram ou, nem sequer tentaram sonhar com melhores panoramas em suas vidas.

---

(18) Estatísticas: Trabalho Infantil no mundo. Disponível em: https://livredetrabalhoinfantil.org.br/trabalho-infantil/estatisticas/.

Os relatos de professores e gestores das instituições de ensino nas quais a AMATRA-2 aplicou o Programa Trabalho, Justiça e Cidadania são extraordinários no que concerne à evolução e ao comprometimento dos estudantes dos nonos anos do ensino fundamental II em um curto período de seis meses. Adolescentes antes apáticos e desinteressados mudam suas perspectivas de vida, percebem a importância dos estudos e passam a se enxergar como protagonistas de sua própria história. Voltam a sonhar, apesar das dificuldades.

4. Do direito de sonhar à realidade

Durante as atividades do TJC, buscamos aplicar dinâmicas para instigar os estudantes e conhecê-los melhor, sem ser invasivos, apreender suas visões de mundo para podermos levar uma abordagem mais construtiva em nossos trabalhos. Com esse objetivo, além das temáticas tratadas em palestras e nos materiais apresentados, também fazemos atividades dinâmicas diretamente com os alunos.

A primeira dinâmica proposta é a organização dos alunos em nações de sua escolha e, após, ministrarmos a palestra sobre direitos humanos e fundamentais, os convidamos a criar algumas normas fundamentais para o país escolhido. A partir dessa atividade, numa forma de introdução ao ciclo semestral, podemos compreender o que aqueles grupos de estudantes entendem por essenciais em suas vidas e percebemos quão elevada é a consciência de coletividade e de respeito ao próximo entre eles. Notamos como as experiências do meio onde vivem influenciam em seu pensar. Como exemplo de direitos fundamentais por eles definidos e que demonstram nitidamente a influência do meio, podemos citar: "o direito de serem tratados de forma digna e não discriminatória pela polícia", "o direito a saneamento básico", "o direito à educação de qualidade", "direito à alimentação básica", "direito de ter liberdade para estudar", "transporte público gratuito" etc.

Para os demais encontros, já conhecendo melhor os estudantes, sua realidade e suas prioridades, buscamos outras práticas específicas para serem executadas naquele ciclo. Em uma escola nos foi solicitado falar sobre "*bullying* em redes sociais" ante situações vividas na escola entre alunos e professores e, para tanto, convidamos um delegado da polícia civil para discorrer sobre o tema. Em outra escola, tratamos sobre profissões e convidamos profissionais de outras áreas para falar sobre suas histórias de vida, de superação e de sua profissão.

Outrossim, no intuito de despertar nos estudantes o direito de sonhar e ter esperanças, ao final de cada palestra, apresentamos a história de alguma personalidade de destaque nacional ou mundial cuja vida foi de superação[(19)].

---

(19) Atualmente, as personalidades selecionadas para falarmos sobre sua história de vida e de superação são: Carolina Maria de Jesus, Luis Gonzaga Pinto da Gama, Martin Luther King Jr. e Nelson Mandela.

Reiteradamente, ressaltamos a importância dos estudos, de cuidar da escola, de respeitar os professores e da riqueza que representa o aprendizado, pois, a despeito das adversidades enfrentadas, o conhecimento jamais poderá lhes ser retirado.

A todos os jovens alunos, mesmo àqueles há tempos alheios às atividades escolares, embora matriculados e frequentadores regulares da escola, reforçamos nunca ser tarde para retomarem os estudos e, além disso, destacamos que terão o ensino médio ou técnico para prosseguir na recuperação e no comprometimento com os estudos.

Por meio dessa aproximação da magistratura com a sociedade, à parte de qualquer conflito, mostramos, de forma lúdica e humanizada, a importância de cada aluno em nossa sociedade, bem assim sua responsabilidade e potencial, como cidadãos detentores de direitos e deveres, na construção de seu futuro.

Resgatar sonhos é o primeiro e mais importante passo para a mudança de uma nação e, por meio do TJC, juízes e juízas do trabalho atuam nessa via de mão dupla, aprendendo e ensinando jovens estudantes e, com isso, contribuindo com a transformação de suas vidas, suas escolas, suas famílias e suas comunidades.

5. Conclusão

A educação deve estar sempre no protagonismo das políticas públicas sociais, pois é essencial à legitimidade da noção de povo e, portanto, da própria "democracia".

O Programa Trabalho, Justiça e Cidadania, iniciado na ANAMATRA e difundido por todas as regiões do país, representa uma das formas de materialização do direito fundamental à educação sob a perspectiva de consolidação da cidadania e, portanto, da democracia, para jovens estudantes e seu entorno.

Nas palavras de Rosemeire Lopes Fernandes, juíza associada da AMATRA-5, em seu depoimento no livro que traz a história e as conquistas do TJC no país, a atuação do juiz e sua proximidade com a sociedade se dá de forma diferente, representando um "potencial transformador tanto para a sociedade como para o juiz"(20).

Em nosso regional, o TJC, aplicado pela AMATRA-2, é realizado com muita dedicação por juízes e juízas do trabalho que atuam voluntária e ativamente na transformação social por meio da educação humanizada, dispondo e compartilhando seu tempo e conhecimento para levar noções de direito, de justiça, de ética, de fraternidade e de cidadania àqueles que são o presente e o futuro de nosso país.

O Programa Trabalho, Justiça e Cidadania pretende se perpetuar em nosso regional, transformando a vida de crianças, adolescentes, trabalhadores, juízes e outros profissionais

(20) ALVES, Gustavo Di Angellis da Silva. *Memórias em Criação* — A História e as Conquistas do TJC. Brasília: Editora Rede, 2016. p. 59.

do direito, por meio da educação, de modo a preparar cada pessoa envolvida "para o exercício da cidadania plena, para o reconhecimento dos direitos associados às suas responsabilidades, para formar o cidadão consciente e crítico, e, ao mesmo tempo, oferecer a todos a oportunidade de realizar o potencial de inteligências e de trabalho produtivo"(21). Como fonte vital de cidadania, a educação deve ser posta como um instrumento do aprendizado, da segurança, da proteção e inserção do indivíduo no seu meio social.

Por fim, um modo escolhido pela magistratura do trabalho, por meio da ANAMATRA, para eternizar a essência do TJC foi a criação de um hino(22):

Hino do TJC

(Programa Trabalho, Justiça e Cidadania)
Letra e música: Vicente José Malheiros
da Fonseca

I

Lema do trabalho social
A cidadania é sempre um bem,
Canto neste hino o ideal
Do Programa TJC também.
(Estribilho)
A Justiça do Trabalho
Nos ensina na Cartilha
Que na agenda da escola
Haverá sempre a lição:
Os direitos do operário
Estão na Constituição.

II

Nada de trabalho infantil,
Nós queremos mais educação
E o trabalhador do meu Brasil,
O alicerce e a riqueza da nação.
(Estribilho)
A Justiça do Trabalho
Nos ensina na Cartilha

(21) CAVALCA, Renata Falson; CESAR, João Batista Martins. Criança Hoje, Cidadão Amanhã — A Educação como Instrumento de Combate ao Trabalho Infantil. In: AQUINO, Gabriela Marcassa Thomas de; CESAR, João Batista Martins; NOGUEIRA, Eliana dos Santos Alves (Coords.) *Trabalho Infantil* — Tantas mãos pequenas privadas de dignidade. 1. ed. Campinas: Lacier, 2023. p. 49.

(22) ALVES, Gustavo Di Angellis da Silva. *Memórias em Criação* — A História e as Conquistas do TJC. Brasília: Editora Rede, 2016. p. 129.

Que na agenda da escola
Haverá sempre a lição:
Os direitos do operário
Estão na Constituição.

Referências

ALVES, Gustavo Di Angellis da Silva. *Memórias em Criação* — A História e as Conquistas do TJC. Brasília: Editora Rede, 2016.

ANAMATRA. *Trabalho, Justiça e Cidadania*. Associação Nacional dos Magistrados da Justiça do Trabalho. Disponível em: https://www.anamatra.org.br/tjc.

BRASIL. Constituição (1988). *Constituição da República Federativa do Brasil, de 5 de outubro de 1988*. Disponível em: https://www.planalto.gov.br/ccivil_03/constituicao/constituicao.htm.

______. Ministério do Trabalho e Emprego. *Emprego doméstico no Brasil é formado por mulheres*. Disponível em: https://www.gov.br/trabalho-e-emprego/pt-br/noticias-e-conteudo/2024/Marco/emprego-domestico-no-brasil-e-formado-por-mulheres.

______. Tribunal Superior do Trabalho. *Acidentes de trabalho matam ao menos uma pessoa a cada 3h47min no Brasil*. Disponível em: https://tst.jus.br/-/acidentes-de-trabalho-matam-ao-menos-uma-pessoa-a-cada-3h47min-no-brasil-1.

CUNHA JÚNIOR, Dirley da. *Curso de Direito Constitucional*. 4. ed. Salvador: JusPodivm, 2010.

ESTATÍSTICAS. *Trabalho Infantil no Mundo*. Disponível em: https://livredetrabalhoinfantil.org.br/trabalho-infantil/estatisticas/.

FREIRE, Paulo. *Educação e Mudança*. 47. ed. Rio de Janeiro: Paz e Terra, 2021.

FREIRE, Paulo. *Pedagogia da Autonomia* — Saberes Necessários à Prática Educativa. 76. ed. Rio de Janeiro: Paz e Terra, 2023.

O Supremo Tribunal Federal, a Análise Econômica do Direito e o Direito do Trabalho

Luciana Yeung[(1)]

1. A natureza dinâmica das relações econômicas e do mundo do trabalho

Assim como no mundo biológico, a vida econômica também evolui constantemente ao longo dos tempos. Essa evolução envolve melhorias, mudanças e, sim, a extinção de formas e métodos obsoletos. Diferente do que ocorre na natureza, não se trata da extinção de indivíduos, mas de organizações, tecnologias e modos de produção que já não se adequam ao desenvolvimento. Sem essa renovação, ainda estaríamos utilizando energias e métodos ultrapassados, como carvão ou óleo de baleia, e nossa qualidade de vida seria drasticamente inferior. Esse processo é complexo, sendo objeto de estudo de diversos especialistas desde o início das ciências sociais.

Diversos economistas têm estudado a natureza da evolução econômica, social e tecnológica, e o motor que faz essa dinâmica acontecer. Joseph Schumpeter, economista austríaco e Nobel de 1974, é um dos grandes pensadores sobre o desenvolvimento dos sistemas produtivos. Para ele, o sistema econômico que vivemos é, por definição, um sistema de mudanças contínuas. Novos bens, mercados e métodos organizacionais são constantemente criados, transformando a estrutura econômica de maneira irreversível.

O século XXI demonstra com clareza a relevância dessas ideias: vivemos em um período de saltos tecnológicos e econômicos a cada par de anos. Em cada um deles, a estrutura de mercados, empresas e processos se altera de forma profunda. Isso, embora traga grandes avanços, também gera impactos negativos, como a extinção de postos de

---

(1) Professora Associada do Insper. Membro fundador e ex-presidente da Associação Brasileira de Direito e Economia (ABDE). Diretora da Associação Latino-Americana de Direito e Economia (ALACDE). Pesquisadora--visitante no *Institute of Law and Economics*, da Universidade de Hamburgo (Alemanha). Autora de *O Judiciário Brasileiro*: uma análise empírica e econômica, *Introdução à Análise Econômica do Direito* (juntamente com Bradson Camelo) e *Análise Econômica do Direito* — Temas Contemporâneos (Coord), além de dezenas de artigos científicos e estudos técnicos e capítulos de livro.

trabalho e o desaparecimento de setores inteiros — como certamente todos nós já testemunhamos acontecer. Organizações que não se adaptam tendem a perecer, independentemente dos esforços para mantê-las. Mesmo quando há tentativas de proteção por meio de políticas, leis ou ação judicial, tais mecanismos que tentam obstruir o avanço violento tendem a ser temporários, já que as mudanças são sempre irresistíveis.

A pergunta que se coloca é qual é o papel do Direito, sobretudo do Direito do Trabalho, no que se refere à proteção de trabalhadores. Ao tentar salvaguardar determinados grupos dos impactos dessas mudanças, é inevitável que outros sejam prejudicados. Leis que visam proteger trabalhadores contra mudanças sociais e tecnológicas podem gerar custos significativos, atingindo tanto empresas quanto consumidores ou mesmo outros trabalhadores. A dicotomia entre capital e trabalho, muitas vezes simplificada, se revela inadequada; o confronto hoje é mais entre trabalho e consumo, ou entre diferentes formas de trabalho. Além disso, no Brasil, há o constante embate entre trabalho formal e informal – sempre para além de qualquer tipo de proteção normativa.

Assim, uma das grandes preocupações no enfrentamento dessas transformações é se, ao tentar proteger certos trabalhadores, o Direito do Trabalho acaba gerando uma destruição ainda maior para o conjunto da sociedade. Em muitos casos, pode ser mais benéfico permitir que as mudanças sigam seu curso natural, ao mesmo tempo que se buscam soluções compensatórias que atendam ao bem comum, evitando a preservação de práticas ou estruturas que já não têm lugar no mundo moderno.

2. Questões para o direito do trabalho e para o Supremo Tribunal Federal

Em meio a esse cenário de mudanças permanentes, o Direito, especialmente seus intérpretes — os magistrados —, são chamados a agir. Espera-se que magistrados e magistradas não sejam apenas imparciais e equilibrados, mas que também compreendam todas as repercussões de suas decisões. Muitas vezes, decisões motivadas pelas melhores intenções podem, em alguns casos, gerar efeitos inesperados e até contrários ao desejado, criando verdadeiros "efeitos bumerangues" (YEUNG, 2020[(2)]; YEUNG e TIMM, 2017[(3)]). Julgar, especialmente quando as decisões terão impactos amplos na sociedade, não é uma tarefa trivial.

Ronald Coase, pioneiro na análise dos impactos da Justiça sobre os resultados econômicos, afirmava que as decisões judiciais influenciam diretamente a economia e

(2) YEUNG, Luciana. Comportamento Judicial, Decisões Judiciais, Consequencialismo e "Efeitos Bumerangues". In: Luciana YEUNG (Org). *Análise Econômica do Direito* — Temas Contemporâneos. 1. ed. São Paulo: Almedina Brasil, 2020. p. 321-342.

(3) YEUNG, Luciana; TIMM, Luciano. A Justiça do Trabalho e o Efeito Bumerangue. *Coluna ABDE Jota*, 18 jul. 2017. Disponível em: https://www.jota.info/opiniao-e-analise/colunas-acervo/coluna-da-abde/a-justica-do-trabalho-e-o-efeito-bumerangue-18072017.

a maximização do bem-estar social (1960)[4]. Portanto, é evidente que as decisões dos magistrados afetam significativamente a vida das pessoas.

Para minimizar os impactos negativos, ou os chamados "efeitos bumerangues", é crucial que os magistrados se certifiquem de que seus objetivos iniciais estejam bem delineados. Isso significa atentar não apenas aos efeitos imediatos, mas também aos efeitos que não são visíveis de imediato. Na célebre analogia usada pela análise econômica do direito (AED), é necessário ver "a floresta além da árvore", entender como a pedra lançada no lago gerará ondas e reverberará. É preciso compreender tanto as partes quanto o todo, avaliando as repercussões de curto, médio e longo prazos.

As sociedades humanas são sistemas complexos, todos interconectados. Ao proteger um grupo, pode-se acabar prejudicando outro, que pode ser igualmente vulnerável e necessitado da atenção do Direito.

3. A análise econômica do direito

Defendemos que a análise econômica do direito pode fornecer uma visão mais clara e objetiva para que os julgadores enfrentem os desafios de um ambiente econômico e de trabalho em constante transformação e crescente complexidade. O conceito de eficiência pode ser uma ferramenta valiosa para a tomada de decisões difíceis em sociedades e economias modernas. Entretanto, este é frequentemente mal compreendido por não economistas. Em outras ocasiões, já explicamos o que significa uma decisão "eficiente". Inicialmente, apresentamos o raciocínio básico por trás do conceito de eficiência e porque ele é tão central para a análise econômica:

> [I]ndependentemente de qual definição exata assumirmos, a ideia de eficiência invoca a ideia de 'melhor ou máximo de aproveitamento' possível dos recursos humanos, monetários, materiais, de tempo, energia, etc. Por outro lado, opções que são ineficientes são aquelas que geram desperdício, perdas desnecessárias, gastos. Portanto, optar pela solução mais eficiente quer dizer optar por aquela que gera o menor desperdício, que minimiza as perdas. Pode-se inclusive dizer, de maneira bem geral e simples, que a alternativa eficiente é aquela que minimiza as perdas e maximiza os ganhos. Parece ser bastante razoável aceitar que um critério como esse seja escolhido como o parâmetro prático de desejabilidade de alguma ação.
>
> Para o jurista que tem dificuldade de entender a 'obsessão' dos economistas com o critério de eficiência basta lembrar que, enquanto o Direito tem como parâmetro principal de escolhas o critério de Justiça e de Legalidade, a Economia, por sua vez, tem como parâmetro principal o critério de eficiência. Da

(4) COASE, Ronald H. The Problem of Social Cost. *Law and Economics*, 3, 1-44, 1960.

> mesma maneira que o entendimento do que seja Justo ou Injusto guia as decisões do jurista, o entendimento do que seja Eficiente e Ineficiente guia as decisões do economista (YEUNG; CAMELO, 2024, p. 72-3).[5]

Outros autores, como Gico Jr., também destacam a importância da eficiência nas decisões judiciais:

> [P]odemos reiterar que um determinado processo terá sido resolvido de maneira alocativamente eficiente se o bem da vida sob litígio for corretamente adjudicado a quem de direito [*sic*] e será produtivamente eficiente se a adjudicação for realizada ao menor custo possível (GICO JR., 2020, p. 63).[6]

Além disso, vale mostrar que o conceito de eficiência, especialmente o critério de eficiência de "Kaldor-Hicks", pode ser uma ferramenta útil para decisões de políticas públicas, incluindo decisões judiciais:

> Segundo o critério de Kaldor-Hicks, é considerada uma melhora de eficiência se uma medida social trouxer mudança que melhore a situação de alguns indivíduos, mesmo que haja outros que acabem sendo prejudicados, mas de tal forma que os ganhos dos ganhadores sejam maiores do que as perdas dos perdedores. Baseia-se então em uma avaliação dos efeitos líquidos de medidas de políticas públicas (*Ibidem*, p. 82).

Essa última passagem demonstra como o critério de eficiência pode ajudar os julgadores em decisões complexas que afetam diversos grupos de pessoas. O critério de Kaldor-Hicks visa justamente a maximização do bem-estar coletivo ou social. No entanto, para isso, é necessário que os impactos sejam estimados adequadamente, o que envolve a utilização de novas abordagens, como a Avaliação de Impacto Regulatório (AIR) e a Análise Empírica do Direito, ou Jurimetria.

Em resumo, a análise empírica, que se baseia em dados e impactos no mundo real, combinada com a análise econômica, focada na eficiência, pode garantir que as decisões judiciais, especialmente em questões trabalhistas de grande repercussão, resultem no menor custo e no maior benefício líquido para a sociedade. Isso evitaria o risco de negligenciar certos grupos em detrimento de outros, ou de gerar efeitos bumerangues inesperados e prejudiciais.

---

(5) YEUNG, Luciana; CAMELO, Bradson. *Introdução à Análise do Direito*. 2. ed. Salvador: JusPodivm, 2024.

(6) GICO JR., Ivo. *Análise Econômica do Processo Civil*. Indaiatuba: Foco, 2020.

4. Um novo mundo e os desafios ao direito do trabalho

Levando-se em consideração a discussão no começo deste artigo, o novo mundo econômico e do trabalho, com as constantes evoluções tecnológicas e do mercado, estão colocando grandes desafios para os órgãos e agentes cuja missão diária é pacificar os conflitos aí gerados. Os casos não são triviais e tendem a ser cada vez mais desafiadores, cada vez mais complexos. Não há respostas fáceis para ninguém.

Um exemplo evidente é a questão da terceirização de mão de obra. Em outro momento, já destaquei a dificuldade enfrentada pelos magistrados em julgar esses casos, mesmo quando havia critérios aparentemente objetivos sobre o que a legislação permitia ou não terceirizar (como o critério de "atividade-meio" *versus* "atividade-fim):

> Percebe-se que, de maneira geral, existe atualmente grande divergência e não consistência no entendimento judicial sobre esta questão [da licitude na terceirização da mão de obra]. (...) A experiência mostra que, para cada nova regra criada, surgem dezenas de questionamentos, exceções e circunvenções — e isso tende a ser mais verdade quanto mais complexa for a nova regra. Assim sendo, idealmente, recomenda-se a criação de uma regra que seja o mais geral e flexível possível. Talvez só assim para se minimizar as incoerências e inseguranças ainda existentes sobre o tema da terceirização de mão de obra pelas empresas no Brasil (YEUNG, 2016, p. 13).(7)

Mesmo depois da Reforma Trabalhista de 2017, que abordou novamente a terceirização, o consenso judicial ainda não foi plenamente alcançado. Há evidências de que, apesar das mudanças normativas, a pacificação sobre o tema ainda não foi atingida.

Outro assunto de grandes questionamentos pelo Direito e Justiça do Trabalho envolve as atividades econômicas de franquia, especialmente quando exercidas por pessoas jurídicas unipessoais. Curiosamente, a Lei de Franquias (Lei n. 13.966/2019) parecia ser explícita ao estabelecer que não há vínculo empregatício entre franqueador e franqueado:

> Art. 1o Esta Lei disciplina o sistema de franquia empresarial, pelo qual um franqueador autoriza por meio de contrato um franqueado a usar marcas e outros objetos de propriedade intelectual (...) mediante remuneração direta ou indireta, sem caracterizar relação de consumo ou vínculo empregatício em relação ao franqueado ou a seus empregados, ainda que durante o período de treinamento.(8)

---

(7) YEUNG, LUCIANA. *Terceirização de Mão de Obra no Brasil*. São Paulo: CEDES – Centro de Estudos de Direito Econômico e Social, 2016 (Relatório Executivo e Acadêmico). Disponível em: https://www.cedes.org.br/_files/ugd/e2107f_3a82545a36ec42de84a5b5d8117d0052.pdf.

(8) Vale lembrar que tal orientação já existia na lei anterior, Lei n. 8.955/1994 em seu art. 2º.

Decisões judiciais, contudo, continuam a reconhecer a formação de vínculo trabalhista entre franqueadoras e franqueados, mesmo quando esses últimos obtêm rendimentos substanciais, como no caso das franquias de seguros. Isso levanta questionamentos sobre a relação entre franqueados e franqueadores, especialmente em relação às pessoas jurídicas unipessoais. A prática da pejotização é frequentemente vista como um problema jurídico, pois envolve a dúvida sobre se essas empresas têm uma relação contratual ou de emprego com outras entidades.

Finalmente, um tema que tem perturbado magistrados e juristas de todo mundo: existe o fenômeno das plataformas de serviços *online*, como Uber e iFood. Certamente, esse deverá ser um dos maiores desafios regulatórios da primeira metade do século XXI. Essas plataformas conectam consumidores, fornecedores e prestadores de serviços intermediários, mas geram controvérsias sobre a natureza jurídica dessas relações. Diversos autores têm explorado esse fenômeno. Alguns, como Oliveira (2020)[(9)], questionam a viabilidade desse ambiente empresarial, enquanto outros, como Azevedo (2024)[(10)], discutem se essas plataformas realmente precarizam o trabalho. O desafio está em definir se essas atividades econômicas, que mesclam elementos empresariais e individuais, como nas franquias unipessoais, se encaixam no arcabouço jurídico existente.

Finalmente, vale mencionar brevemente a Reforma Trabalhista de 2017. Como discutido em outro momento (YEUNG, 2017[(11)]), essa reforma foi vista como uma tentativa de trazer novas regras para as relações de trabalho no Brasil. No entanto, as opiniões divergentes geraram insegurança jurídica, o que, por sua vez, tem consequências econômicas. Como mencionado por Yeung, "regras ruins são melhores do que regras inseguras", já que as primeiras ao menos proporcionam previsibilidade. No entanto, a falta de clareza nas interpretações judiciais desde a implementação da reforma tem mantido o cenário de incerteza.

5. A análise econômica do direito, o Supremo Tribunal Federal e o direito do trabalho no novo mundo das relações econômicas e do trabalho

Infelizmente, existem pouquíssimos trabalhos usando a Análise Econômica do Direito (AED) aplicada às questões trabalhistas, sobretudo no Supremo Tribunal Federal. Não é fácil saber, de maneira compilada e agregada, qual tem sido o posicionamento do STF perante os questionamentos trazidos pelas novas atividades econômicas e as novas relações de trabalho delas derivadas.

(9) OLIVEIRA, Cristiano Aguiar. Regulação de Aplicativos de Transporte. In: YEUNG, Luciana. *Análise Econômica do Direito* — Temas Contemporâneos. São Paulo: Actual Almedina Brasil, 2020. p. 445-76.

(10) AZEVEDO, Paulo Furquim. Uma lei para a 'uberização': muito barulho por pouco". Coluna Direito e Economia: sob as lentes de Coase. *Revista Veja Negócios* (*online*), 12 abr. 2024. Disponível em: https://veja.abril.com.br/coluna/direito-e-economia/uma-lei-para-a-uberizacao-muito-barulho-por-pouco/.

(11) YEUNG, Luciana Luk-Tai. Análise Econômica do Direito do Trabalho e da Reforma Trabalhista (Lei n. 13.467/2017). *Revista Estudos Institucionais*, v. 3, n. 2, p. 891-921, 2017.

Menos ainda tem sido o emprego da AED pelos próprios Ministros da alta Corte em questões do Direito do Trabalho – talvez até por desconhecer a sua real utilidade, tal como demonstramos na seção acima, onde expusemos alguns de seus valiosos conceitos.

Em um outro recente estudo[(12)], fiz um exercício nesse sentido no âmbito do STF. Analisei alguns casos de repercussão julgados pela Suprema Corte e tentei fazer uma análise objetiva de como ocorreram esses julgados. A ideia foi seguir a chamada Jurimetria, ou seja, a maneira científica de se olhar para o Direito, como propunha Lee Loevinger, na primeira metade do século XX. O jurista norte-americano foi o primeiro a propor este conceito para uma maneira diferente de se estudar o Direito:

> O próximo passo no longo caminho do progresso humano deve ser da jurisprudência (que é mera especulação sobre a lei) para a jurimetria — que é a investigação científica dos problemas legais (p. 483, tradução livre).

E no que consiste a Jurimetria? Conforme explicado em outra oportunidade[12], ela tem num forte aparato para a Análise Econômica no Direito, consistindo no aprendizado jurídico com base em dados empíricos. No caso, foi muito interessante investigar como estão sendo as decisões do STF relacionadas ao Direito do Trabalho. Mesmo assim, aquele foi um trabalho pioneiro, com amostra reduzida. Muito caminho ainda há para estudos dessa natureza, e certamente nos anos vindouros, projetos nessa linha haverão de aparecer mais, o que muito contribuirá para o entendimento da relação entre AED, STF e Direito do Trabalho, ao menos na perspectiva das pesquisas científicas.

6. Conclusão: O papel da AED auxiliando no STF a pacificar questões do direito do trabalho

Neste capítulo, discutimos como o sistema econômico é caracterizado por uma constante onda de inovações. No entanto, essas transformações podem prejudicar significativamente as relações de trabalho, principalmente com a extinção de empregos que se tornam obsoletos. Independentemente de nossas tentativas — incluindo medidas jurídicas — para "proteger" esses postos em extinção, a força da inovação é incontrolável e inevitável.

Diante disso, nossa principal preocupação deveria ser como utilizar o Direito, especialmente o Direito do Trabalho, para atenuar as perdas geradas por esse processo contínuo e acelerado de inovação. Economistas há muito estudam estratégias para minimizar

(12) YEUNG, Luciana. O direito, as novas relações de trabalho e a 'destruição criativa': quem será destruído? In: MANNRICH, Nelson; BOSKOVIC, Alessandra (Coords.). *Novas Relações de Trabalho e Novos Modelos de Proteção* — O Novo Pragmatismo do Direito do Trabalho e a recente jurisprudência do Supremo Tribunal Federal. São Paulo: Amanuense, 2024. p. 19-38.

os impactos negativos, ao mesmo tempo que buscam maximizar os ganhos sociais. O conceito de eficiência de Kaldor-Hicks, por exemplo, é amplamente reconhecido como uma referência útil na formulação de decisões políticas e judiciais, como já argumentado por diversos autores. Além disso, métodos empíricos aplicados à avaliação de políticas públicas, legislações e decisões judiciais, como a Avaliação de Impacto Regulatório (AIR), têm se mostrado eficazes, complementados por análises consequencialistas, inclusive previstas na Lei de Introdução às Normas do Direito Brasileiro (LINDB).

O Supremo Tribunal Federal (STF) tem sido cada vez mais pressionado a assumir um papel ativo na interpretação e posicionamento perante as novas questões do Direito do Trabalho, surgidas das recentes formas de produção e organização econômica. A capacidade da Corte em pacificar os conflitos inevitáveis e proporcionar segurança jurídica aos agentes econômicos dependerá de sua abordagem. Se o STF conseguirá oferecer previsibilidade e, de certa forma, suavizar os choques do processo de destruição criativa, dependerá de como ele enfrentará esses desafios: de maneira rígida e dogmática, ou com base em fatos concretos e no contexto real.

Nós, no meio acadêmico, estamos prontos para oferecer as ferramentas, conceitos e modelos necessários para contribuir objetivamente com essas decisões. A análise econômica do direito desempenha um papel central nesse desafio, fornecendo uma perspectiva crucial para enfrentar as questões emergentes.

Referências

AZEVEDO, Paulo Furquim. Uma lei para a 'uberização': muito barulho por pouco". Coluna Direito e Economia: sob as lentes de Coase. *Revista Veja Negócios* (*online*), 12 abr. 2024. Disponível em: https://veja.abril.com.br/coluna/direito-e-economia/uma-lei-para-a-uberizacao-muito-barulho-por-pouco/.

COASE, Ronald H. The Problem of Social Cost. *Law and Economics*, 3, 1-44, 1960.

GICO JR., Ivo. *Análise Econômica do Processo Civil*. Indaiatuba: Foco, 2020.

OLIVEIRA, Cristiano Aguiar. Regulação de Aplicativos de Transporte. In: YEUNG, Luciana. *Análise Econômica do Direito* — Temas Contemporâneos. São Paulo: Actual Almedina Brasil, 2020.

YEUNG, Luciana. Comportamento Judicial, Decisões Judiciais, Consequencialismo e "Efeitos Bumerangues". In: YEUNG, Luciana (Org.). *Análise Econômica do Direito* — Temas Contemporâneos. 1. ed. São Paulo: Almedina Brasil, 2020.

______. O Direito, as novas relações de trabalho e a "destruição criativa": quem será destruído? In: MANNRICH, Nelson; BOSKOVIC, Alessandra (Coords.). *Novas Relações de Trabalho e Novos Modelos de Proteção* — O novo pragmatismo do Direito do Trabalho e a recente jurisprudência do Supremo Tribunal Federal. São Paulo: Amanuense, 2024.

______. Terceirização de Mão de Obra no Brasil. São Paulo: *CEDES Centro de Estudos de Direito Econômico e Social, 2016 (Relatório Executivo e Acadêmico)*. Disponível em: https://www.cedes.org.br/_files/ugd/e2107f_3a82545a36ec42de84a5b5d8117d0052.pdf.

YEUNG, Luciana; CAMELO, Bradson. *Introdução à Análise do Direito*. 2. ed. Salvador: JusPodivm, 2024.

YEUNG, Luciana Luk-Tai. Análise econômica do direito do trabalho e da reforma trabalhista (Lei n. 13.467/2017). *Revista Estudos Institucionais*, v. 3, n. 2, p. 891-921, 2017.

YEUNG, Luciana Luk-Tai; VASCONCELOS, Breno Ferreira Martins; SILVA; Daniel Souza Santiago da; CARLOTTI, Danilo Panzeri Nogueira; ALVIM, Leonardo de Andrade Rezende; NOVO, Carla Mendes; SAFIEH, João Victor Emile Andrade; LONGO, Larissa Luzia; MATTHIESEN, Maria Raphaela Dadona. Diagnóstico do contencioso judicial tributário brasileiro: relatório final de pesquisa. *Insper-CNJ*. Brasília: Conselho Nacional de Justiça, 2022. Disponível em: https://www.cnj.jus.br/wp-content/uploads/2022/05/sumario-contencioso-tributario.pdf.

***Sites* consultados**

AZEVEDO, Paulo Furquim. Uma lei para a 'uberização': muito barulho por pouco". Coluna Direito e Economia: sob as lentes de Coase. *Revista Veja Negócios* (*online*), 12 abr. 2024. Disponível em: https://veja.abril.com.br/coluna/direito-e-economia/uma-lei-para-a-uberizacao-muito-barulho-por-pouco/.

International Franchise Association (Associação Internacional de Franquias). Disponível em: https://www.franchise.org/blog/the-history-of-modern-franchising.

MAIA, Flávia; RECONDO, Felipe. As Principais Medidas Econômicas Judicializadas no STF nos últimos 20 anos. *Relatório Jota PRO* (*online*), jun. 2023.

YEUNG, Luciana; TIMM, Luciano. A Justiça do Trabalho e o Efeito Bumerangue. *Coluna ABDE Jota*, 18 jul. 2017. Disponível em: https://www.jota.info/opiniao-e-analise/colunas-acervo/coluna-da-abde/a-justica-do-trabalho-e-o-efeito-bumerangue-18072017.

Responsabilidade Civil por Acidente e Doenças Causados ao Teletrabalhador

Willian Alessandro Rocha[1]

Introdução

A CLT, na sua redação original, já continha previsão do trabalho em domicílio, cujo art. 6º previa: *"Não se distingue entre o trabalho realizado no estabelecimento do empregador e o executado no domicílio do empregado, desde que esteja caracterizada a relação de emprego"*.

A redação do referido dispositivo legal foi alterada em 2011 pela Lei n. 12.551 para incluir a previsão de que os meios telemáticos e informatizados se equiparam aos meios pessoais e diretos de comando, controle e supervisão.

O texto legal passou a ter a seguinte redação:

> Art. 6º Não se distingue entre o trabalho realizado no estabelecimento do empregador, o executado no domicílio do empregado e o realizado a distância, desde que estejam caracterizados os pressupostos da relação de emprego.
>
> Parágrafo único. Os meios telemáticos e informatizados de comando, controle e supervisão se equiparam, para fins de subordinação jurídica, aos meios pessoais e diretos de comando, controle e supervisão do trabalho alheio.

O tema teve importantes novidades com a Lei n. 13.467/2017, que tratou especificamente do teletrabalho nos art. 75-A a 75-E da CLT.

Recentemente, a Lei n. 14.442/2022 fez alterações nos art. 75-B e 75-C e incluiu o art. 75-F na CLT.

---

(1) Juiz do Trabalho Substituto no Tribunal Regional do Trabalho da 2ª Região. Graduado em Direito pela UCP — Faculdades do Centro do Paraná, em 27.02.2009. Pós-graduado (especialização) em "Direito Processual Civil: a Práxis Jurídica após Reformas", pela FACINTER – Faculdade Internacional de Curitiba, em 09.03.2010, e em "Direito e Processo do Trabalho", pelo CESUL – Centro Sulamericano de Ensino Superior, em 25.10.2014. Professor de cursos preparatórios para o concurso de ingresso na carreira da Magistratura do Trabalho.

A despeito de o trabalho ser executado a distância, o teletrabalhador conserva o seu direito constitucional à *redução dos riscos inerentes ao trabalho, por meio de normas de saúde, higiene e segurança* (CRFB, art. 7º, XXII).

No presente estudo, vamos abordar a responsabilidade do empregador por acidentes e doenças causadas ao teletrabalhador.

Para tanto, nos propomos a tratar, inicialmente, do conceito e das características do teletrabalho.

Na sequência, abordaremos algumas vantagens e desvantagens do teletrabalho, assim como os riscos que esta modalidade de trabalho pode oferecer à saúde física e mental do trabalhador. Trataremos, também, da responsabilidade pelo fornecimento e custeio dos materiais e equipamentos necessários à prestação dos serviços pelo teletrabalhador.

Posteriormente, faremos um estudo acerca do sistema jurídico de proteção da saúde e segurança do trabalho.

Por fim, trataremos da responsabilidade civil do empregador por doenças e acidentes do trabalho, abordando os elementos caracterizadores da responsabilidade, requisitos e consequências jurídicas.

1. Teletrabalho: Conceito e características

Na redação dada pela Lei n. 13.467/2017, a CLT considerava *"teletrabalho a prestação de serviços preponderantemente fora das dependências do empregador, com a utilização de tecnologias de informação e de comunicação que, por sua natureza, não se constituam como trabalho externo"* (art. 75-B).

A Lei n. 14.442/2022 alterou a redação do art. 75-B para dispor que *"Considera-se teletrabalho ou trabalho remoto a prestação de serviços fora das dependências do empregador, de maneira preponderante ou não, com a utilização de tecnologias de informação e de comunicação, que, por sua natureza, não configure trabalho externo"*.

Dita lei incluiu o § 1º ao art. 75-B, prevendo que *"O comparecimento, ainda que de modo habitual, às dependências do empregador para a realização de atividades específicas que exijam a presença do empregado no estabelecimento não descaracteriza o regime de teletrabalho ou trabalho remoto"*.

Do conceito legal, pode-se inferir que, para que o empregado se enquadre na figura do teletrabalhador, não é necessário que a prestação dos serviços se dê exclusivamente fora das dependências do empregador, tampouco que se dê preponderantemente nestas condições, ou seja, o fato de o empregado comparecer à sede física do empregador em alguns momentos e lá prestar os serviços não desnatura a condição de teletrabalho, desde que, em parte do tempo à disposição do empregador, o trabalho se dê em casa (ou, ainda, em outro local distinto do oferecido pelo empregador).

Outro elemento importante do conceito é a utilização de tecnologia de informação ou de comunicação, ou melhor, é o fato de o empregado utilizar sua residência (ou outro local, desde que fora dos domínios do empregador) para o trabalho, aproveitando-se dos benefícios que o avanço tecnológico proporcionou, tais como computadores, *laptops* e outros equipamentos.

Não se enquadraria, portanto, no conceito de teletrabalhador de que trata o Capítulo II-A do Título II da CLT o trabalhador que exerça atividades braçais no âmbito de sua residência.

Do mesmo modo, o equipamento de informação ou de comunicação não pode ser daqueles que, por sua natureza, se constituam em equipamento de trabalho externo, a exemplo dos celulares e *palmtops* utilizados pelos vendedores externos, que também não se incluem no conceito legal de teletrabalho.

Assim, pode-se conceituar teletrabalho como a *"organização laboral por meio da qual o prestador dos serviços encontra-se fisicamente ausente da sede do empregador, mas virtualmente presente, por meios telemáticos, na construção de objetivos contratuais do empreendimento"* (LUCIANO MARTINEZ, 2018).

O contrato de teletrabalho pode ser considerado formal, pois o art. 75-C da CLT se refere a ajuste expresso desta modalidade no contrato individual de trabalho, sendo prevista no § 1º a possibilidade de alteração entre regime presencial e de teletrabalho, mediante registro em aditivo contratual, dando a ideia de que deve ser encetado por escrito.

Além disso, o art. 75-D faz expressa referência a contrato escrito.

A nosso ver, ante o princípio da primazia da realidade, tão caro ao Direito do Trabalho, não se trata de formalidade *ad solemnitatem* (ou seja, essencial à validade do contrato), mas sim de forma *ad probationem* (isto é, a formalidade é exigida para fins de prova).

Desse modo, ainda que as partes não entabulem o contrato por escrito, havendo outros elementos de prova, suficientes a demonstrar o negócio jurídico (confissão, por exemplo), é possível considerar o ajuste para a realização de teletrabalho.

Outra questão tratada pela lei é a possibilidade de alteração do regime de presencial para teletrabalho e vice-versa.

Reza o § 1º do art. 75-C que *"Poderá ser realizada a alteração entre regime presencial e de teletrabalho desde que haja mútuo acordo entre as partes, registrado em aditivo contratual"*.

Já o § 2º do mesmo artigo prevê que o empregador poderá, unilateralmente, determinar o retorno do trabalhador ao regime presencial, assegurando-se ao empregado um tempo de transição mínimo de quinze dias.

Assim, para que o empregador altere o regime de trabalho para o remoto é indispensável a anuência do empregado, ao passo que na situação inversa (mudança de teletrabalho para presencial) o empregador pode, no exercício do *jus variandi*, alterar a condição de trabalho independentemente da vontade do empregado.

A lei presume, portanto, que o regime presencial é mais benéfico ao empregado. O que não necessariamente é verdadeiro.

Pode ocorrer, por exemplo, de o empregado ter necessidade de estar em sua casa em tempo integral em razão de cuidados com os filhos ou mesmo com pais idosos, e a alteração para o regime presencial pode inclusive inviabilizar a continuidade da prestação dos serviços, em detrimento do princípio da continuidade da relação de emprego.

Outra situação que se vislumbra é a reversão para o regime presencial com intuito punitivo por parte do empregador, o que não é o intuito da nova legislação.

Assim, a despeito da previsão legal, cabe ao intérprete, diante do caso concreto, utilizar de técnicas de *defeasibility* para afastar a aplicação da lei quando ela se mostrar injusta e desarrazoada, desatendendo aos fins sociais a que se destina (LINDB, art. 5º).

Sobre a superação da regra, ensina Humberto Ávila (2018):

> A superação de uma regra deverá ter, em primeiro lugar, uma justificativa condizente. Essa justificativa depende de dois fatores. Primeiro, da demonstração de incompatibilidade entre a hipótese da regra e sua finalidade subjacente. É preciso apontar a discrepância entre aquilo que a hipótese da regra estabelece e o que sua finalidade exige. Segundo, da demonstração de que o afastamento da regra não provocará expressiva insegurança jurídica. Com efeito, as regras configuram meios utilizados pelo Poder Legislativo para eliminar ou reduzir a controvérsia, a incerteza e a arbitrariedade e evitar problemas de coordenação, de deliberação e de conhecimento. Sendo assim, a superação das regras exige a demonstração de que o modelo de generalização não será significativamente afetado pelo aumento excessivo das controvérsias, da incerteza e da arbitrariedade, nem pela grande falta de coordenação, pelos altos custos de deliberação ou por graves problemas de conhecimento. Enfim, a superação de uma regra condiciona-se à demonstração de que a justiça individual não afeta substancialmente a justiça geral.

O afastamento da regra, em casos de alteração arbitrária do contrato de trabalho, não causa expressiva insegurança jurídica, pois não se tolera o abuso de direito, de modo que não se pode resguardar ao empregador que abusa do seu *jus variandi* a prerrogativa de alterar significativamente as condições de trabalho sem justificativas plausíveis.

Logo, em se verificando que o empregador alterou, de modo arbitrário e prejudicial ao trabalhador, sem justificativa plausível, o regime de trabalho de remoto para presencial, afastando-se do escopo da norma legal, ainda que a lei autorize a alteração unilateral nesta hipótese, é possível ao Judiciário anular a alteração do contrato de trabalho, por considerá-la ilícita (art. 468 da CLT), determinando o retorno do empregado ao teletrabalho.

Na mesma linha teórica, é a contribuição de Manoel Carlos Toledo Filho (2019):

> Nada obstante, tal exercício unilateral do poder de comando patronal somente fará sentido quando se encontre satisfatoriamente escorado em razões de ordem fática organizacional, sob pena de cometimento de ato ilícito na modalidade de abuso de direito (Código Civil, art. 187), passível, por conseguinte, de correção pela via judicial.

Outra questão relevante a abordar sobre o teletrabalho, para os fins do presente estudo, é a responsabilidade pelo fornecimento e custeio dos materiais e equipamentos necessários para a execução do trabalho remoto.

Nos termos da CLT, *"As disposições relativas à responsabilidade pela aquisição, manutenção ou fornecimento dos equipamentos tecnológicos e da infraestrutura necessária e adequada à prestação do trabalho remoto, bem como ao reembolso de despesas arcadas pelo empregado, serão previstas em contrato escrito"* (art. 75-D).

A despeito de o dispositivo legal deixar às partes o estabelecimento da responsabilidade pelos custos dos equipamentos de trabalho, deve-se interpretá-lo em conformidade com os princípios do direito do trabalho, mormente o da alteridade (que determina a assunção dos riscos da atividade econômica pelo empregador) e o da proteção, cabendo a lembrança de que o empregado, seja presencial ou teletrabalhador, é a parte mais frágil da relação empregatícia, não podendo negociar em igualdade de condições com o empregador.

A propósito, acentua o Ministro Augusto César Leite de Carvalho (2018): "*Em se tratando de contrato assimétrico, que o mais das vezes se apresenta como contrato de adesão, aguarda-se que o empregador dite as regras do teletrabalho, como se tudo se modificasse para que continuássemos onde estávamos.*"

No mesmo sentido, Manoel Carlos Toledo Filho (2019): "*Logo, o dispositivo ora em comento somente pode ser interpretado no sentido de que, a rigor, todas as despesas referentes à aquisição, uso ou manutenção dos equipamentos necessários à consecução do trabalho correm sob responsabilidade patronal.*"

Assim, o contrato não poderá fixar a responsabilidade por todas as despesas a cargo do empregado, pois se estaria transferindo ao empregado os custos da atividade econômica.

Com isso, não se quer dizer que o empregado não possa utilizar o seu próprio computador (ou outro equipamento eletrônico) para a prestação dos serviços, desde que, para o exercício do seu trabalho, não seja necessário nenhum investimento adicional e, principalmente, que os equipamentos a serem utilizados estejam em conformidade com as normas de saúde e segurança do trabalhador.

Se, por exemplo, for necessária a instalação de programas específicos no equipamento, os eventuais custos desta tarefa serão necessariamente custeados pelo empregador.

De igual modo, caberá ao empregador fornecer mobiliário adequado à execução das tarefas, caso o empregado não os possua. Se o empregador fornecer computador portátil (*notebook*), deverá fornecer também equipamentos para ajuste de altura e/ou monitor auxiliar e teclado auxiliar (NR-17)[(2)].

Esse dever de fornecer os equipamentos de trabalho, mormente os relacionados à saúde e segurança do trabalho, decorre do art. 157, I, da CLT, que prevê ser obrigação patronal "*cumprir e fazer cumprir as normas de segurança e medicina do trabalho*".

A propósito, o próprio parágrafo único do art. 75-D prevê que "*as utilidades mencionadas no caput deste artigo não integram a remuneração do empregado*", o que indica que a intenção do legislador foi a de fixar a responsabilidade dos custos decorrentes do exercício do teletrabalho a cargo do empregador. Do contrário, não os teria chamado de utilidade, que, como se sabe, é o fornecimento de bens ou equipamentos pelo empregador ao empregado.

2. Vantagens e desvantagens do teletrabalho

Como benefícios aos empregados, proporcionados pelo teletrabalho, pode-se citar a (i) melhoria na qualidade de vida; (ii) redução dos riscos de acidente de trajeto; (iii) eliminação (ou, ao menos, redução) do tempo despendido diariamente com o trânsito; (iv) redução do impacto ambiental; (v) melhoria da mobilidade urbana.

Pode haver melhoria na qualidade de vida dos empregados submetidos ao teletrabalho, na medida em que eles podem organizar melhor a sua rotina de trabalho, tendo melhores condições de conciliar as suas atividades pessoais (lazer, compromissos familiares, educação, entre outras) com as atividades profissionais, já que tendem a ter maior flexibilidade no cumprimento de horários de trabalho. Essa melhoria depende, naturalmente, de que seja respeitada a jornada normal de trabalho dos empregados, seja não impondo a prestação de horas extras em demasia quando o empregado estiver submetido ao controle de jornada, seja não atribuindo metas de difícil cumprimento ou quantidade exacerbada de tarefas para o empregado que não tenha controle de jornada.

(2) NR-17, item 17.7.3.2: "*Nas atividades com uso de computador portátil de forma não eventual em posto de trabalho, devem ser previstas formas de adaptação do teclado, do mouse ou da tela a fim de permitir o ajuste às características antropométricas do trabalhador e à natureza das tarefas a serem executadas.*"

Outrossim, ao não se deslocar diariamente da residência ao local de trabalho, o teletrabalhador não se submete aos riscos do deslocamento, reduzindo as chances de acidente de trajeto.

Igualmente, ao não precisar se deslocar diariamente da casa para o trabalho e vice-versa, o empregado tem mais tempo livre para se dedicar a outras atividades. O fato de o empregado não ter que se deslocar ao trabalho lhe permite mais tempo livre e o afasta do estresse causado pelo trânsito das grandes cidades.

De igual modo, a desnecessidade de deslocamento diário reduz os impactos ambientais provocados pelo consumo de combustível.

Além disso, o teletrabalho contribui para o descongestionamento do trânsito de veículos, problema recorrente nas grandes cidades, facilitando a mobilidade urbana.

Por outro lado, a par desses benefícios, o instituto suscita preocupações dos juslaboralistas em diversos aspectos, pois a sua inserção desmedida pode precarizar as relações de trabalho.

Pondera o Ministro do Colendo Tribunal Superior do Trabalho, Augusto César Leite de Carvalho (2018) que: "*se é certo que o labor em domicílio pode concorrer para uma maior liberdade de o trabalhador definir o seu horário de trabalho, também o é que a rotina empresarial se transfere para o ambiente doméstico, podendo virtualmente contaminar as relações de família e promover alguma porosidade entre o tempo de trabalho e o tempo de lazer*".

Acrescente-se que, ao trabalhar em sua própria residência, o empregado acaba se isolando, o que dificulta o associativismo e enfraquece a luta de classes e a atuação sindical, sendo sabido que a atuação coletiva dos empregados historicamente é fonte de inúmeras conquistas sociais.

Neste sentido, ensina o citado Ministro que:

> Talvez o prejuízo maior para o trabalhador, quando atua a distância de quem o contrata, seja o fato de afastar-se de outros trabalhadores que vivenciam a mesma angústia ou quiçá a mesma satisfação com as condições de trabalho. (...) o labor no antigo chão da fábrica é ilustrativo de como a aproximação física de empregados os fez mais fortes historicamente, na organização de movimentos reivindicatórios e na prática do associativismo, assim em benefício de um habitat laboral mais justo e solidário.

Além disso, ao não ser submetido ao controle de jornada (art. 62, III, da CLT)[(3)], corre-se o risco de o empregador exigir do empregado volume muito alto de trabalho, o que, combinado com o pagamento por produção, pode estimular o teletrabalhador a se submeter a longas jornadas de trabalho, em prejuízo ao seu convívio social e familiar, com aumento dos riscos à sua saúde física e mental.

(3) O art. 62, III, da CLT, afasta da proteção tratada no Capítulo II (Duração do trabalho) os empregados em regime de teletrabalho que prestam serviço por produção ou tarefa.

De igual modo, o trabalho em casa dificulta a ação da fiscalização do trabalho, seja em função da "diluição" dos postos de trabalho, seja em função do direito constitucional à inviolabilidade domiciliar (art. 5º, XI, da CRFB).

Outrossim, o empregador pode deslocar a sua sede física para um local onde as normas trabalhistas são menos protetivas, reduzindo seus custos com o trabalho humano.

A esse expediente, chama-se fenômeno da "deslocalização" da empresa. A Lei n. 14.442/2022 acrescentou o § 7º ao art. 75-B, prevendo que "*aos empregados em regime de teletrabalho aplicam-se as disposições previstas na legislação local e nas convenções e nos acordos coletivos de trabalho relativas à base territorial do estabelecimento de lotação do empregado*".

A disposição legal abre margem para fraudes, pois a empregadora pode abrir um estabelecimento em região com menor atuação sindical, para se valer de normas coletivas menos protetivas, malgrado atue e contrate empregados em área territorial cujas normas sejam mais protetivas.

Assim, hipoteticamente, o empregador pode fechar uma unidade em um local cujas normas coletivas aplicáveis preveem diversos direitos aos trabalhadores e piso salarial de R$ 3.500,00, e abrir nova unidade em outro local, lotando seus empregados neste novo estabelecimento, situado em território onde as normas coletivas não preveem os mesmos direitos e o piso salarial é de apenas R$ 1.412,00, contratando teletrabalhadores da região primitiva, mas que, por estarem virtualmente vinculados ao estabelecimento de lotação, estariam submetidos ao regime das normas coletivas daquele local, e não as do local da sua residência.

Os operadores do Direito devem estar atentos a esse subterfúgio, podendo, caso constatar a atitude fraudulenta do empregador na "deslocalização da empresa", com apoio no art. 9º da CLT, ser declarada a nulidade do ato de vinculação do contrato de trabalho a uma determinada base territorial, vinculando a relação ao local onde o empregador concentra os seus negócios, com adoção da teoria do centro de gravidade, já aplicada pela jurisprudência trabalhista nos casos de fraude na contratação de trabalhadores marítimos, com utilização de "bandeiras de favor"(4).

---

(4) Sobre as bandeiras de conveniência, ensina José Carlos de Carvalho Filho (2019) que: "*As bandeiras de conveniência nascem como forma de burlar regras que possam burocratizar o transporte garantindo a agilidade que os armadores e proprietários das embarcações necessitam quando se trata de comércio exterior. Atrelada a essa questão estão às condições subumanas que os tripulantes são expostos já que não há regras que previnam que maus tratos sejam evitados e a eles sejam garantidos direitos e deveres como qualquer outro trabalhador.*" (*sic*)

Em situações deste jaez, em busca de evitar que a fraude perpetrada pelo empregador alcance seus objetivos, a doutrina criou a teoria do centro de gravidade, afastando-se a aplicação da lei do pavilhão e determinando-se a aplicação da legislação do país onde o empregador realiza as suas atividades empresariais, de modo preponderante.

Sobre o assunto, cita-se a contribuição de Fabiano Coelho de Souza (2019): "*Na realidade, o empregador do trabalhador marítimo é o armador, e não o navio. Não bastasse, ocorre do armador eleger seu centro principal de negócios localidade diversa do registro da embarcação. Nestas situações, a lei do pavilhão deve ser relativizada,*

3. Riscos da atividade em teletrabalho para a saúde e segurança do trabalhador

Embora em uma primeira impressão, o trabalho em casa possa parecer menos agressivo à saúde física e mental do trabalhador, estudos de profissionais das áreas de saúde e segurança do trabalho indicam que essa modalidade de trabalho apresenta riscos ao trabalhador, tanto de ordem física quanto psíquica.

Não estamos nos referindo a acidentes domésticos propriamente ditos, como queda de escada, escorregões etc. O que estamos a tratar são os riscos decorrentes da execução do trabalho em domicílio.

A doutrina especializada em saúde e segurança do trabalho aponta diversos riscos à saúde, destacando-se: riscos ergonômicos em função de má postura e utilização de equipamentos de informática e mobiliário sem ajustes adequados à altura e às características físicas do trabalhador; riscos oftalmológicos causados por problemas de iluminação inadequada ou excesso de tempo em frente a telas de equipamentos de informática; estresse mental causado por excesso de cobranças, dificuldades de adaptação com os equipamentos tecnológicos, isolamento social, dificuldades de organização e separação do trabalho com a vida privada (ante a instalação do posto de trabalho na residência do trabalhador).

---

de modo a aproximar a situação com a regra geral da territorialidade, definindo a regência normativa do contrato pelas leis do local em que o empregado fica habitualmente à disposição do empregador antes ou depois da realização das viagens. Caso esteja evidenciada a intenção fraudulenta, a questão resolve-se pelo art. 9º da CLT, a impedir a frustração dos direitos trabalhistas conferidos ao empregado brasileiro, aplicando-se a legislação nacional. É o que ocorre para as situações de 'bandeiras de favor', amplamente denunciadas no Direito Marítimo, prática pela qual o navio é registrado intencionalmente num determinado país em razão de legislação mais permissiva a uma determinada conduta (geralmente considerada irregular nas legislações nacionais), pretendida pelo empresário." (sic)

A tese do centro de gravidade também já foi adotada em julgado do Colendo Tribunal Superior do Trabalho, conforme ementa abaixo transcrita:

TRABALHO EM NAVIO ESTRANGEIRO – EMPREGADO PRÉ-CONTRATADO NO BRASIL – CONFLITO DE LEIS NO ESPAÇO – LEGISLAÇÃO APLICÁVEL. 1. O princípio do centro de gravidade, ou, como chamado no direito norte-americano, most significant relationship, afirma que as regras de Direito Internacional Privado deixarão de ser aplicadas, excepcionalmente, quando, observadas as circunstâncias do caso, verifica-se que a causa tem uma ligação muito mais forte com outro direito. É o que se denomina "válvula de escape", dando maior liberdade ao juiz para decidir que o direito aplicável ao caso concreto. 2. Na hipótese, em se tratando de empregada brasileira, pré-contratada no Brasil, para trabalho parcialmente exercido no Brasil, o princípio do centro de gravidade da relação jurídica atrai a aplicação da legislação brasileira. (Processo: ED-RR n. 12700-42.2006.5.02.0446 Data de Julgamento: 06.05.2009, relatora Ministra Maria Cristina Irigoyen Peduzzi, 8ª Turma, Data de Publicação: *DEJT* 22.05.2009)

A solução apresentada para os casos de trabalhadores em navios mercantes pode perfeitamente ser aplicada para os casos de empregadores que alteram o local do seu estabelecimento empresarial para região com normas coletivas menos protetivas, contratando empregados em regime de teletrabalho, para o fim de vincular as relações de trabalho às normas autônomas vigentes no local onde a empresa de fato centraliza os seus negócios.

Antônio Nunes Barbosa Filho (2023), Engenheiro de Segurança do Trabalho, pontua que:

> Quando o trabalhador é compelido ou levado a trabalhar em domicílio, é devido questionar se neste ambiente há a efetiva disponibilidade de espaço para tal fim, de modo que se possa comportar as medidas para a sua adequação ao usuário, para fins de conforto, do contrário, por vezes insanável esta limitação, a condição de trabalho imposta se tornará ameaça à sua integridade, por impor posturas forçadas ou outras impropriedades.

Citado autor destaca, também, os riscos do trabalho contínuo ou em larga duração com computadores portáteis, alertando que "*os* notebooks *não são adequados ao uso prolongado, por imporem aos seus usuários posturas não naturais, forçadas e que, para a minimização de potenciais consequências danosas resultantes, é preciso a aquisição de recursos como teclados e telas ou monitores auxiliares, além de suportes para a elevação do conjunto*".

Convém lembrar o que acima foi dito acerca da responsabilidade do empregador pela aquisição e disponibilização destes equipamentos, pois a lei lhe incumbe o dever de *cumprir e fazer cumprir as normas de segurança e medicina do trabalho* (CLT, art. 157, I).

A propósito, a Associação Internacional de Ergonomia (IEA) expediu sete recomendações de Ergonomia para o teletrabalho em casa e/ou ensino/aprendizagem a distância para utilizadores de computadores portáteis, *tablets* e outros dispositivos móveis. As recomendações são as seguintes, conforme publicado no sítio eletrônico: https://m4v.211.myftpupload.com/wp-content/uploads/2021/03/7-Recomendacoes-da-Ergonomia-Versao-em-Portugues-Brasil-Edited-Final-20210227.pdf (acesso em: 19 set. 2024):

> 1) Aplique a regra 20-20-10[5] ao utilizar dispositivos informáticos no teletrabalho em casa ou no ensino/aprendizagem a distância.
>
> 2) Alterne entre a posição sentada e a posição em pé durante a utilização de equipamentos informáticos, como *tablet* e/ou computador portátil.[6]
>
> 3) Apoie o braço enquanto segura o celular com a outra mão e levante o telefone para manter o pescoço o mais vertical possível.[7]

(5) A cada vinte minutos de trabalho, deve-se fazer uma pausa de pelo menos 20 segundos e olhar fixamente numa paisagem ou objeto a pelo menos dez metros de distância.

(6) A recomendação inclui a utilização de mesas com ajustes de altura, possibilitando alternância entre as posições sentado e em pé.

(7) A recomendação visa evitar cefaleias e dores no pescoço e na região cervical, ocasionadas pela postura de flexão do pescoço, que aumenta a carga musculoesquelética nesta região.

4) Utilize um suporte para o computador portátil, o *tablet* ou o celular e tente elevar sua altura para o nível dos olhos ou ligeiramente abaixo, por exemplo, colocando o dispositivo sobre livros ou revistas.

5) Mantenha a orientação "paisagem" como padrão enquanto utiliza dispositivos informáticos ou assiste a conteúdos nesses aparelhos.

6) Pare – Solte – Relaxe. Tente adotar este comportamento como um hábito para fazer micropausas.(8)

7) Utilize um teclado externo, preferencialmente ergonômico, ao enviar mensagens via *tablet*/celular durante muito tempo.

Destacamos, também, a contribuição da médica Márcia Agosti (2023), para quem "*o olhar cuidadoso da área de saúde na avaliação da organização do espaço e tempo de cada teletrabalhador, somado aos cuidados ergonômicos e sociais é fundamental para que, de forma sistemática, sejam oferecidas alternativas de atenção e cuidado com a saúde e o bem-estar*". Acrescenta a autora que os empregadores "*devem desenvolver programas para promover o teletrabalho saudável e seguro*".

Especialmente acerca da postura ergonômica, a citada autora menciona que "*a cadeira deve ter ajustes ergonômicos de encosto, altura, mecanismo de inclinação, apoio lombar, apoios de braço e assento com largura e comprimento adequados, de modo que o trabalhador possa apoiar bem seu corpo*". Agosti recomenda o seguinte para prevenir doenças em razão da postura na realização das atividades laborais:

> *É preciso variar a postura e fazer pausas regulares para alongamento, de modo a reduzir o impacto da tensão estática sobre os grupos musculares. Isso pode ser feito, por exemplo,* por meio de envio de alertas virtuais para promover a atividade dos trabalhadores.

A especialista em fisioterapia, educação física e ergonomia, Maria Aparecida Pereira Machado (2023), chama a atenção para o fato de que a "*exposição ao comportamento sedentário (período sentado ou deitado), tem sido considerado* (sic) *um forte agravante para o adoecimento da população mundial e contribui para o desenvolvimento de diversas doenças*". A autora sugere a prática de ginástica laboral para os teletrabalhadores, com a realização de *pausas ativas* durante a jornada de trabalho, para realização de exercícios físicos e aplicação de aulas de ginástica laboral através de videochamadas.

---

(8) Esta recomendação se refere ao trabalho de digitação em equipamentos com teclados pequenos, tais como celular e *tablet*. Recomenda-se soltar o dispositivo sobre a mesa logo após finalizar o envio de uma mensagem, com vistas a relaxar a musculatura do pescoço e dos dedos.

Por sua vez, o médico do trabalho, Ruddy Facci sugere que o empregador disponibilize mobiliário ergonômico para o teletrabalho e proporcione treinamento postural teórico e prático aos seus empregados.

Com relação à saúde mental, destacamos a importante contribuição de Lourdes da Conceição Ferreira Lopes (socióloga) e de Valter Nilton Félix (médico e advogado), que apontam como riscos psicossociais no teletrabalho (2023): (i) a hiperconvivência entre os familiares, podendo ser objeto de sentimento de culpa e frustração pela divisão das atenções, caso o teletrabalho seja muito exigente; (ii) o tecnoestresse, causado pela ausência de recursos tecnológicos adequados e de suporte para a execução das tarefas; (iii) a falta de autonomia e pressão do tempo para execução das tarefas; (iv) a fiscalização exagerada de metas e prazos, gerando "telepressão".

A já citada médica Márcia Agosti (2023) pondera, por sua vez, que a preferência do trabalhador pela modalidade do teletrabalho afeta o potencial impacto na sua saúde mental, sendo menor o sofrimento psíquico quando o empregado tem a liberdade de escolher entre trabalhar remota ou presencialmente.

Na mesma linha, o médico do trabalho Ruddy Facci pontua que dois tipos de características pessoais provocaram diferentes reflexões nas atividades de teletrabalho. Os empregados que vivenciam isolamento social, pressão da família, realização concomitante de atividades domésticas e laborativas e têm dificuldades com a gestão do tempo apresentam maiores queixas, indicando preferência para o labor presencial na empresa. Já outros empregados conseguem gerir melhor o tempo, fazendo com que possa dar maior atenção à família, evitando tempo de trânsito e tendo a sensação de ser "dono do tempo", o que melhora o seu bem-estar, o que indica preferência pelo trabalho remoto.

4. Sistema jurídico de proteção à saúde e segurança do trabalho

A Constituição brasileira prevê a saúde como direito social (art. 6º).

Outrossim, a CRFB garante a todos os trabalhadores urbanos e rurais a "*redução dos riscos inerentes ao trabalho, por meio de normas de saúde, higiene e segurança*" (art. 7º, XXII).

Já no seu art. 196, a Constituição disciplina que "*A saúde é direito de todos e dever do Estado, garantido mediante políticas sociais e econômicas que visem à redução do risco de doença e de outros agravos e ao acesso universal e igualitário às ações e serviços para sua promoção, proteção e recuperação*".

Comentando o citado dispositivo constitucional, Mendes e Branco (2018) apontam ser possível identificar tanto um direito individual quanto um direito coletivo de proteção à saúde.

Por sua vez, o art. 200, VIII, da CRFB, atribui ao Sistema Único de Saúde a colaboração na proteção do meio ambiente, nele compreendido o do trabalho.

José Afonso da Silva (2017), citando Franco Giampietro, conceitua o meio ambiente do trabalho como sendo "*um complexo de bens imóveis e móveis de uma empresa e de uma sociedade, objeto de direitos subjetivos privados e de direitos invioláveis da saúde e da integridade física dos trabalhadores que o frequentam*".

Celso Antônio Pacheco Fiorillo, citado por Martins *et al.* (2020), por sua vez, conceitua o meio ambiente do trabalho como "*o local onde as pessoas desempenham suas atividades laborais relacionadas à sua saúde, sejam remuneradas ou não, cujo equilíbrio está baseado na salubridade do meio e na ausência de agentes que comprometam a incolumidade físico-psíquica dos trabalhadores*".

Carlos Henrique Bezerra Leite e Laís Durval Leite (2020, p. 523) afirmam que:

> [...] o meio ambiente do trabalho ecologicamente equilibrado é um direito humano e fundamental dos trabalhadores à sadia qualidade de vida física, psíquica, social e moral no ambiente laboral, impondo-se ao empregador (e aos tomadores de serviços em geral) o dever fundamental, decorrente da função socioambiental da empresa, de assegurar a sadia qualidade de vida (física, psíquica e moral) dos trabalhadores, pelo que deve cumprir, efetivamente, as normas de proteção à vida, à saúde, à higiene e à segurança do meio ambiente de trabalho. [...]

Trata-se a saúde e o meio ambiente do trabalho de direitos fundamentais de todos os trabalhadores e da sociedade em geral.

Sendo direitos fundamentais, possuem eficácia vertical e horizontal. Na eficácia vertical, pode o titular do direito exigir do Estado a adoção de medidas positivas (comissivas) ou negativas (omissivas) de proteção da saúde e do meio ambiente do trabalho. Já na eficácia horizontal, poderá o titular do direito fundamental exigir que o particular (por exemplo, o empregador) respeite o direito à saúde e ao meio ambiente equilibrado, com medidas omissivas (se abster de exigir trabalho em ambiente que cause elevado risco à saúde e segurança do trabalhador, por exemplo) e comissivas (fornecer equipamentos de proteção individual e coletiva e adotar medidas preventivas no ambiente de trabalho).

Cita-se, a propósito, a ponderação de Georgenor de Sousa Franco Filho e Perlla Barbosa Pereira Maués (2020, p. 514), para quem "*o meio ambiente de trabalho configura-se como um direito transindividual, pelo fato de não haver qualquer restrição, garantido, portanto, a todo trabalhador*".

Na esfera internacional, o Pacto Internacional sobre os Direitos Econômicos, Sociais e Culturais — PIDESC (1966) trouxe, em seu art. 7º, o direito a condições justas e favoráveis de trabalho que assegurem especialmente a segurança e a higiene do trabalho. Norma esta desenvolvida no próprio art. 12 do PIDESC como sendo o direito de "*toda pessoa desfrutar o mais elevado nível possível de saúde física e mental*", a "*melhoria de todos os aspectos de higiene do trabalho e do meio ambiente*", a "*prevenção e tratamento das doenças epidêmicas, endêmicas, profissionais e outras, bem como a luta contra essas doenças*", e igualmente a assistência médica respectiva.

No âmbito da OIT, não são poucas as convenções ratificadas pelo Brasil com a temática da saúde, segurança e meio ambiente do trabalho, por exemplo, as Convenções ns. 12, 16, 42, 81, 115, 119, 120, 126, 133, 134, 136, 139, 148, 152, 155, 161, 164, 167, 170, 174, 176 e 178. A Convenção n. 155 notabilizou-se, entre outros motivos, por se aplicar a todos os ramos da atividade econômica e profissões, incluindo-se as funções públicas. Além disso, sua concepção de saúde, encartada no art. 3º, *e*, transpôs o mero conceito de saúde como ausência de enfermidade para açambarcar os conceitos promocional e profilático da saúde, o que reorientou a política de saúde para a redução dos riscos.

Destacamos, ainda, o art. 3º, *c*, da Convenção n. 155, que estabelece o conceito de local de trabalho, abrangendo "*todos os lugares onde os trabalhadores devem permanecer ou onde têm que comparecer, e que estejam sob o controle, direto ou indireto, do empregador*".

Considerando que a CLT equiparou os meios telemáticos ou informatizados aos meios pessoais e diretos de comando, controle e supervisão (art. 6º, parágrafo único), dúvidas não pairam de que o *ambiente de teletrabalho também integra o conceito de meio ambiente de trabalho*.

O meio de ambiente de trabalho não é um mero espaço físico, mas o conjunto de condições físicas e psíquicas que envolvem a realização do trabalho, alcançando locais fora da sede do empregador, relacionados à execução dos serviços.

Neste sentido, Mafalda Miranda Barbosa (2023), analisando a legislação portuguesa, leciona que "*Não é a área geográfica propriedade da empresa que demarca a noção de acidente de trabalho, mas a ligação funcional ao desempenho da atividade do trabalhador, por um lado, e o controlo que a entidade patronal exerce sobre ele, por outro lado, que nos oferecem os contornos da categoria*".

Evidente, pois, que o ambiente de trabalho do teletrabalhador também deve ser protegido, ainda que esteja distante do controle patronal ostensivo.

Fixada essa premissa, convém lembrar que a prevenção e a precaução são os princípios motores do meio ambiente do trabalho, exigindo-se do empregador, responsável pela sua manutenção (art. 157 da CLT), medidas que possam eliminar o risco de acidentes e de contração de doenças ocupacionais.

Victor Hugo de Almeida *et al.*, citado por Martins *et al.* (2020), propõem quatro meios para prevenir os riscos no meio ambiente de trabalho: "*a eliminação do risco; a eliminação da exposição do trabalhador ao risco; o isolamento do risco; e a proteção do trabalhador*".

Sobre o assunto, é interessante a ponderação de Raimundo Simão de Melo, citado por Martins *et al.* (2020), no sentido de que "*a responsabilidade pela adequação e manutenção dos ambientes de trabalho salubres e seguros é de todos e de cada um ao mesmo tempo*".

A afirmação de Melo está em conformidade com o que dispõem os arts. 157 e 158 da Consolidação das Leis Trabalhistas (CLT), atribuindo ao empregador a obrigação de cumprir e fazer cumprir as normas de segurança do trabalho e ao empregado, a obrigação de cumprir as orientações do empregador quanto a este aspecto.

No teletrabalho, a responsabilidade do empregado em cumprir as orientações do empregador acerca das questões de segurança e saúde do trabalho é mais acentuada, pois o empregador tem menores condições de fiscalizar o cumprimento das medidas de proteção pelo empregado.

Isso não quer dizer, contudo, que a responsabilidade pela qualidade do meio ambiente de trabalho remoto seja exclusiva do empregado. Pelo contrário, é dever do empregador tomar todas as medidas ao seu alcance para prevenir e precaver acidentes e doenças ocupacionais do teletrabalhador. Como visto acima, profissionais especialistas em medicina e segurança do trabalho relatam a importância de o empregador fornecer equipamentos adequados de trabalho, inclusive mobília, e proporcionar atividades que mitiguem os riscos ambientais, como pausas durante a jornada de trabalho e ginástica laboral.

A propósito, o art. 75-E da CLT prevê que o empregador deve instruir os empregados, de maneira expressa e ostensiva, quanto às precauções a tomar a fim de evitar doenças e acidentes do trabalho, prevendo o parágrafo único que o empregado deve assinar termo de responsabilidade comprometendo-se a seguir as instruções fornecidas pelo empregador.

O dispositivo legal, todavia, deve ser interpretado à luz do já citado art. 7º, XXII, da CRFB, que garante aos trabalhadores a "*redução dos riscos inerentes ao trabalho, por meio de normas de saúde, higiene e segurança*".

Assim, não basta que o empregador simplesmente instrua o empregado, no ato da sua contratação, quanto às precauções a serem tomadas, sendo imprescindível que o empregador acompanhe o efetivo cumprimento das normas de segurança e medicina do trabalho, nos termos do art. 157, I, da CLT, também aplicável ao teletrabalho, por força do art. 6º da CLT e, ainda, em razão do dispositivo constitucional acima referido.

Afirmar que o art. 75-E da CLT é exceção ao art. 6º da mesma Consolidação importa em interpretação em desconformidade com a Constituição, pois se estaria aumentando (em vez de reduzir) os riscos inerentes ao trabalho.

A propósito, pondera Luciano Martinez que *"apesar da distância naturalmente existente entre o empregador e teletrabalhador, a responsabilidade patronal pela sanidade ocupacional permanece exigível"*.

Com isso, não se quer dizer que o empregador possa adentrar a residência do empregado sem a concordância deste (o direito à inviolabilidade domiciliar também tem estatura constitucional — art. 5º, XI).

O que se quer dizer é que é dever do empregador acompanhar as condições de trabalho, tais como mobília, iluminação e ventilação, podendo solicitar periodicamente ao empregado informações quanto às condições dos equipamentos, fazendo a adequação quando estiverem em desconformidade com as normas de segurança e saúde do trabalho. Pode, também, com autorização do empregado, vistoriar as condições do meio ambiente de trabalho. Caso o ambiente não seja adequado, cabe ao empregador adequá-lo ou, então, escalar o empregado para o trabalho presencial. O que não se pode permitir é a condescendência com o labor em condições inadequadas de ergonomia, luminosidade e outros elementos de saúde e segurança.

De igual modo, deve o empregador, na medida do possível, instruir e acompanhar as pausas eventualmente necessárias durante a realização dos serviços, a exemplo dos empregados que trabalham com digitação (NR-17, item 17.6.4, alínea *d*).

Sobre o assunto, veja-se a contribuição de Denise Fincato (2019):

> No entanto, este dever de orientação para a higiene, saúde e segurança do/no trabalho, não pode se resumir à elaboração e entrega ao empregado de um manual de boas práticas, genéricas e estáticas. Ao revés, a instrução a que alude o dispositivo deve ser entendida de forma mais abrangente e protetiva à relação, gerando garantias ao empregado e ao empregador. Assim, instruir deve ser compreendido como um conceito dinâmico e constante, de conteúdo mutante, tanto quanto o ambiente e os métodos de trabalho. Daí concluir-se que, de tempos em tempos, deva o empregador realizar alguma inspeção do ambiente laboral, assim como deva se precaver dos acidentes e doenças laborais decorrentes, prevendo e registrando atitudes necessárias nesse sentido em uma gama ampla de documentos, tais como o Programa de Prevenção de Riscos Ambientais — PPRA e o Programa de Controle Médico e Saúde Ocupacional — PCMSO, entre outros.

Em resumo, o sistema normativo garante ao teletrabalhador o direito ao meio ambiente remoto saudável, sendo dever do empregador garantir, ainda que a distância, a qualidade e a salubridade das condições de trabalho.

5. Responsabilidade civil do empregador por doenças e acidente do teletrabalhador

Nos termos do art. 19 da Lei n. 8.213/1991, "*Acidente do trabalho é o que ocorre pelo exercício do trabalho a serviço de empresa ou de empregador doméstico ou pelo exercício do trabalho dos segurados referidos no inciso VII do art. 11 desta Lei, provocando lesão corporal ou perturbação funcional que cause a morte ou a perda ou redução, permanente ou temporária, da capacidade para o trabalho*".

Assim, para que se configure o acidente de trabalho, é essencial que o infortúnio ocorra em decorrência da realização do trabalho e que provoque lesão causadora de perda ou redução da capacidade laborativa.

Convém distinguir o acidente típico do acidente atípico.

Acidente de trabalho típico é o infortúnio laboral em que o empregado, no exercício do trabalho, sofre efetivamente um acidente (há um evento específico) que lhe provoca lesão corporal ou perturbação funcional que cause a morte ou a perda ou redução, permanente ou temporária, da capacidade para o trabalho (art. 19 da Lei n. 8.213/1991).

Acidente de trabalho atípico é o infortúnio laboral em que o empregado não sofre efetivamente um acidente (não há um evento propriamente dito), mas, em razão das condições de trabalho, adquire doença ou lesão que lhe cause a morte ou perda da redução da capacidade laborativa.

A propósito, prevê o art. 20 da Lei n. 8,213/1991:

> Art. 20. Consideram-se acidente do trabalho, nos termos do artigo anterior, as seguintes entidades mórbidas:
>
> I – doença profissional, assim entendida a produzida ou desencadeada pelo exercício do trabalho peculiar a determinada atividade e constante da respectiva relação elaborada pelo Ministério do Trabalho e da Previdência Social;
>
> II – doença do trabalho, assim entendida a adquirida ou desencadeada em função de condições especiais em que o trabalho é realizado e com ele se relacione diretamente, constante da relação mencionada no inciso I.

De se destacar que a lei não restringe a sua aplicação apenas aos trabalhadores que laboram no ambiente de trabalho oferecido pelo empregador, alcançando também os teletrabalhadores.

A propósito, de acordo com o art. 170º-A, n. 5, do Código do Trabalho de Portugal:

> O regime legal de reparação dos acidentes de trabalho e doenças profissionais aplica-se às situações de teletrabalho, considerando-se local de trabalho o local escolhido pelo trabalhador para exercer habitualmente a sua atividade e tempo de trabalho todo aquele em que, comprovadamente, esteja a prestar o seu trabalho ao empregador.

A disposição do direito lusitano é perfeitamente aplicável ao direito do trabalho brasileiro, pois o art. 8º da CLT prevê o recurso ao direito comparado para suprir lacunas no direito doméstico.

Para a caracterização do infortúnio na residência do empregado, no horário do trabalho, como acidente de trabalho, nos termos dos art. 19 a 21 da Lei n. 8.213/1991, é indispensável a análise do caso concreto, pois o mesmo ambiente é utilizado como local de trabalho e como residência.

O simples fato de ocorrer um acidente na residência, local onde o empregado trabalha, não induz à conclusão de que houve um acidente de trabalho. Também não é possível afastar de imediato a natureza ocupacional da lesão, sendo necessário perquirir se o infortúnio ocorreu em decorrência da execução do trabalho.

Vale dizer: o que caracteriza o infortúnio como laboral não é propriamente o fato dele ter ocorrido no local da prestação dos serviços, mas sim o fato de ele ter ocorrido *em razão da execução do trabalho*.

Neste aspecto, pode-se citar a ponderação de Mafalda Miranda Barbosa:

> Sendo o acidente doméstico aquele que ocorre no domicílio do sujeito, pode tornar-se complexa a distinção relativamente ao acidente de trabalho em teletrabalho. O critério de diferenciação tem de passar, como se compreenderá, pela ligação ou falta de ligação à prestação de trabalho que é realizada.

Desta forma, apenas o caso concreto poderá dizer se o infortúnio é laboral ou não.

Uma queda de escada ou escorregão na residência do empregado no horário de trabalho, por exemplo, pode não decorrer da execução do trabalho e, por consequência, não caracterizar acidente de trabalho. Todavia, se a queda decorreu de uma ligação telefônica do superior hierárquico do teletrabalhador, que exigiu a realização imediata de tarefa, fazendo com que o empregado se direcionasse ao espaço da residência onde executa suas tarefas, em velocidade maior do que a habitual, pode caracterizar o infortúnio como laboral.

A propósito, convém citar o exemplo de Pedro Romano Martinez, citado por Mafalda Miranda Barbosa (2023):

> Na prática, esta distinção pode ser complexa atento o facto de, na realização da prestação laboral ou nas pausas, poderem ser praticados atos da vida privada — em princípio identificáveis como acidente doméstico, p. ex., fazer um café ou uma torrada — que estão igualmente relacionados com a realização da atividade laboral. Se o trabalhador presencial, na empresa onde presta a atividade, durante uma pausa vai tirar um café na máquina dispo-

> nibilizada pelo empregador e sofre um acidente decorrente de um curto--circuito, o sinistro é qualificado como acidente de trabalho, pois o risco da máquina de café da empresa é assumido pelo empregador. De molde diferente, quanto à máquina de café do teletrabalhador, que lhe causou danos quando preparava um café, dificilmente se pode integrar no risco do empregador.

Com base neste exemplo, Mafalda Miranda Barbosa pontua que:

> Decorre do exposto que, se a responsabilidade da entidade patronal assenta numa adequada distribuição de riscos, ela deve ficar limitada às hipóteses em que o acidente apresenta uma ligação funcional à prestação de trabalho realizada.
>
> (...)
>
> É, portanto, através da adequada compreensão do nexo de implicação que temos de delimitar os contornos do acidente de teletrabalho. O trabalho tem de estar implicado no acidente. Esta implicação pode resultar de uma conexão material com as funções da pessoa. Assim, se o trabalhador em teletrabalho se levanta para ir buscar um livro necessário à sua atividade e escorrega nas escadas, podemos concluir que se trata de um acidente de trabalho. Mas já não se a queda ocorre porque, a meio da jornada de trabalho, resolve ir tratar de um aspeto doméstico, relativo ao almoço da família.

Nesta linha de raciocínio, se, por exemplo, o empregado contrai doença na coluna em razão da inadequação do mobiliário utilizado (fornecido ou não pelo empregador, pois é sua obrigação o fornecimento dos equipamentos de trabalho), constatado em exame pericial o nexo causal entre a utilização de mobília ergonomicamente incorreta e a lesão, a meu sentir, não há dúvida de que se estaria diante de acidente de trabalho atípico, cabendo ao empregador indenizar os prejuízos materiais e imateriais daí decorrentes.

Outro exemplo: empregado que contrai síndrome do pânico ou outra doença psíquica em razão de não conseguir se adaptar ao trabalho remoto, seja em razão do isolamento social, seja em razão das dificuldades de ordem técnica para acesso aos sistemas informatizados (sem a disponibilização de suporte tecnológico adequado pelo empregador), ou mesmo em razão de cobranças excessivas por parte do superior hierárquico, pode ter configurada a origem ocupacional do infortúnio. A propósito, a prática tem indicado que os empregadores precisam promover cursos de aperfeiçoamento aos empregados com funções de liderança, pois não é comum ver situações de chefes que têm a falsa impressão de que "os empregados que trabalham em regime remoto trabalham menos", o pode potencializar cobranças e aumentar o risco de assédio moral, causando doenças mentais aos empregados.

Uma vez demonstrado, mediante laudo pericial médico, que a doença mental adquirida pelo empregado decorreu das más condições de trabalho remoto, não há dúvidas de que se trata de acidente de trabalho atípico, ensejando o dever de indenizar pelo empregador.

O mesmo ocorre com relação a doenças oftalmológicas. Como visto acima, há potencial risco de perda ou redução da acuidade visual em razão da exposição à tela de computadores ou similares por longos períodos contínuos. Fatores como iluminação inadequada ou má qualidade dos recursos tecnológicos (monitor pequeno ou com brilho inadequado) podem contribuir para o desencadeamento de doenças oftalmológicas, sendo dever do empregador fornecer ao teletrabalhador condições adequadas de labor. Nesse dever, se inclui a obrigação de fornecimento dos materiais tecnológicos, assim como de iluminação adequada, caso a existente na residência do trabalhador não seja o suficiente. Cabe a lembrança de que o risco do negócio é suportado pelo empregador (art. 2º da CLT), dele não se eximindo pelo simples fato de deslocar o local de trabalho da sede da empresa para a casa do trabalhador. Vale dizer: o empregado não é obrigado a alterar as condições de luminosidade da sua residência para adequá-la às necessidades do serviço. O mesmo se diga com relação ao mobiliário ergonômico.

Assim, se ficar demonstrado que o empregador falhou em fornecer condições de trabalho adequadas e que, em razão disso, o empregado contraiu doença, surge o dever patronal de indenizar.

Por outro lado, se o empregado, em uma pausa durante o trabalho, se desloca à cozinha da sua casa para beber água e, ao pegar o copo no armário, derruba um prato em sua cabeça, causando-lhe ferimentos, não estará caracterizado o acidente de trabalho, pois não há nenhum nexo causal entre o trabalho e a lesão.

Além do mais, o empregador nada podia fazer para evitar o acidente, pois não tem o dever (e tampouco o direito) de cuidar da cozinha da casa do seu empregado.

De outro lado, se o empregado sofre um choque elétrico ao manusear os cabos de microcomputador fornecido pelo empregador, com falhas na instalação, parece-nos inevitável concluir pela natureza ocupacional do infortúnio.

Convém rememorar que o acidente de trabalho (típico ou atípico) se caracteriza pela sua ocorrência em decorrência do trabalho. O legislador foi preciso ao mencionar no art. 19 da Lei n. 8213/1991 que o "*acidente do trabalho é o que ocorre <u>pelo</u> exercício do trabalho a serviço de empresa*", ou seja, não é o só fato de o acidente ter ocorrido durante o horário de trabalho que o caracterizará como infortúnio laboral.

Assim, "*o fato do trabalhador estar em seu domicílio no horário de trabalho ou durante a prestação dos serviços a empresa não indica, em absoluto, que qualquer situação que ocorre com esse trabalhador será caracterizada como acidente de trabalho*" (*sic*) (OPITZ NETO; OPITZ JUNIOR, 2019).

Feitas essas considerações, o leitor atento deve estar se perguntando: como fica o ônus da prova nestas situações?

Não se trata de prova de fácil produção, pois a perícia médica nem sempre identificará a origem da lesão, em se tratando de doença ocupacional (acidente de trabalho atípico).

Outrossim, em se tratando de acidente de trabalho típico ocorrido em ambiente doméstico, sem a presença de testemunhas, a prova do fato é extremamente difícil de ser produzida.

Trata-se, pois, de caso que a doutrina denomina de "inesclarecibilidade" (MARINONI) dos fatos ou de prova "duplamente diabólica" (FREDIE DIDIER JR.), já que não é possível produzir prova de qualquer sorte para seu esclarecimento ou ela é de difícil produção.

Não se pode resolver o caso pela regra da distribuição do ônus da prova, pois a parte autora absolutamente não tem meios de provar os fatos constitutivos do seu direito. E não há como simplesmente inverter o ônus da prova, pois a parte adversa também não tem condições de se desincumbir do encargo probatório (CLT, art. 818, § 3º).

A solução dos casos deve se dar, portanto, por convicção de verossimilhança, a partir dos elementos indiciários existentes no processo, ou seja, a partir da análise da árvore de indícios, pode-se concluir se o empregado contraiu a doença ou a lesão em decorrência do trabalho ou não.

Por exemplo, se o empregado alega que sofreu acidente típico, decorrente de queda da escada, com fratura em seu braço, elementos como o horário da entrada no pronto-socorro do hospital (se no horário normal de expediente ou não) e diálogos com o empregador via mensagens no dia do suposto acidente podem indicar se o acidente ocorreu em razão do trabalho ou não.

Da mesma forma, se se tratar de alegação de doença ocupacional, a ausência de demonstração pelo empregador de fornecimento de mobiliário e materiais tecnológicos adequados pode sinalizar o descumprimento de normas de segurança pelo empregador, sugerindo a origem ocupacional da doença, que pode ou não ser confirmada por laudo pericial. O afastamento do nexo causal pode decorrer, por exemplo, de exames que indiquem que a doença é degenerativa (art. 20, § 1º, *"a"*, da Lei n. 8.213/1991) ou preexistente à contratação do teletrabalhador.

Em resumo, apenas a detida análise do caso concreto e a análise conjunta de todos os elementos de prova e indiciários permitirão a caracterização da natureza ocupacional ou não do infortúnio.

Uma vez identificada a natureza ocupacional do infortúnio, haverá consequências jurídicas sobre o contrato de trabalho.

Se a lesão ou doença provocar incapacidade laborativa por período superior a quinze dias, o empregado tem garantido o emprego por doze meses, contados da data da alta previdenciária (se o empregado recebeu auxílio-doença) ou da recuperação da capacidade laboral (caso não tenha recebido benefício previdenciário), nos termos do art. 118 da Lei n. 8.213/1991[(9)] e da Súmula n. 378 do TST[(10)].

Além disso, nos termos dos art. 186 e 927 do CC e 223-A da CLT, o empregador pode responder pelos danos morais, estéticos e existenciais causados ao teletrabalhador, além de pensão mensal, caso demonstrada perda ou redução da capacidade laborativa (art. 950 do CC).

6. Considerações finais

No presente estudo, buscou-se fazer uma análise multidisciplinar dos fatores de risco que cercam o trabalho em domicílio, mediante estudo da doutrina especializada em medicina do trabalho, além da doutrina jurídica. Constatou-se que o trabalho remoto oferece riscos à saúde do trabalhador, em especial: lesões na coluna e nos ombros em razão de postura inadequada ou de mobiliários inadequados; perda ou redução da acuidade visual em decorrência de iluminação inadequada e/ou de longos períodos olhando para a tela do computador, sem pausas para descanso; doenças mentais decorrentes do isolamento do empregado, da falta de suporte para questões envolvendo a tecnologia da informação ou do excesso de cobranças por parte de superiores hierárquicos.

Verificou-se que o conceito de meio ambiente de trabalho alcança também o local onde o teletrabalhador executa as suas atividades, pois este é o conjunto de condições físicas e psíquicas que envolvem a realização do trabalho, alcançando locais fora da sede do empregador, relacionados à execução dos serviços.

---

(9) Lei n. 8.213/1991. Art. 118. O segurado que sofreu acidente do trabalho tem garantida, pelo prazo mínimo de doze meses, a manutenção do seu contrato de trabalho na empresa, após a cessação do auxílio-doença acidentário, independentemente de percepção de auxílio-acidente.

(10) Súmula n. 378 do TST:

ESTABILIDADE PROVISÓRIA. ACIDENTE DO TRABALHO. ART. 118 DA LEI N. 8.213/1991. *(nserido item III)* – Res. n. 185/2012, *DEJT* divulgado em 25, 26 e 27.09.2012

I – É constitucional o art. 118 da Lei n. 8.213/1991 que assegura o direito à estabilidade provisória por período de 12 meses após a cessação do auxílio-doença ao empregado acidentado. *(ex-OJ n. 105 da SBDI-1 – inserida em 1º.10.1997)*

II – São pressupostos para a concessão da estabilidade o afastamento superior a 15 dias e a conseqüente percepção do auxílio-doença acidentário, salvo se constatada, após a despedida, doença profissional que guarde relação de causalidade com a execução do contrato de emprego. *(Primeira parte – ex-OJ n. 230 da SBDI-1 – inserida em 20.06.2001)*

III – O empregado submetido a contrato de trabalho por tempo determinado goza da garantia provisória de emprego decorrente de acidente de trabalho prevista no art. 118 da Lei n. 8.213/91.

Apurou-se, também, que, por força de normas internacionais (em especial, a Convenção n. 155 da OIT) e dos art. 157, I, da CLT, e 7º, XXII, da CRFB, o empregador tem o dever de garantir condições de trabalho adequadas ao empregado que trabalha em regime remoto.

Ao final, se constatou ser possível o enquadramento de infortúnios sofridos pelo empregado em regime remoto como acidente de trabalho, caso fique demonstrado que a lesão ou a doença decorreu do exercício do trabalho.

Trata-se de trabalho inacabado, pois muitas outras questões podem envolver a temática, como o ônus da prova da origem ocupacional da lesão ou da própria ocorrência do acidente. Sugere-se a análise detida de cada caso concreto, a partir da ponderação de todos os elementos probatórios e indiciários, para formação do convencimento por convicção de verossimilhança.

Enfim, pode-se concluir que o empregador tem o dever de zelar pelo meio ambiente de teletrabalho e a sua falha no cumprimento deste dever pode ensejar o dever de indenizar o empregado, além de poder dar ensejo à configuração da garantia de emprego acidentária (art. 118 da Lei n. 8.213/1991).

Referências

AGOSTI, Márcia. Gestão de Saúde do Teletrabalho. In: ZAVANELLA, Fabiano; OPITZ JUNIOR, João Batista; OPITZ NETO, João Batista; PINTO, Luis Otávio Camargo (Orgs.). *A Evolução do Teletrabalho. Tomo IV:* ergonomia e saúde ocupacional. 1. ed. Campinas: Lacier, 2023.

ALMEIDA, Victor Hugo de; COSTA, Aline Moreira da; GONÇALVES, Leandro Krebs. Meio Ambiente do Trabalho e Proteção Jurídica do Trabalhador: (re)significando paradigmas sob a perspectiva constitucional. In: FELICIANO, Guilherme Guimarães; URIAS, João (Coords.). *Direito Ambiental do Trabalho:* apontamentos para uma teoria geral — saúde, ambiente e trabalho: novos rumos da regulamentação jurídica do trabalho. São Paulo: LTr, 2013. v. 1, *apud* MARTINS, Juliane Caravieri; NUNES, Cicília Araújo; SCODRO, Catharina Lopes. O Desenvolvimento Sustentável e o Programa de Prevenção de Riscos Ambientais no Meio Ambiente do Trabalho: em defesa da visão holística do ser humano trabalhador. In: MARTINS, Juliane Caravieri *et al.* (Orgs.). *Direito Ambiental e Meio Ambiente do Trabalho:* desafios para as presentes e as futuras gerações. São Paulo: LTr, 2020.

ÁVILA, Humberto. *Teoria dos Princípios:* da definição à aplicação dos princípios jurídicos. 18 ed. rev. e atual. São Paulo: Malheiros, 2018.

BARBOSA, Mafalda Miranda. Os Desafios do Teletrabalho ao Regime da Responsabilidade por Acidentes de Trabalho: breve reflexão. In: *Revista do Tribunal Regional do Trabalho da 15ª Região*, n. 62, 2023. Disponível em: https://trt15.jus.br/sites/portal/files/fields/colecoesdotribunal_v/revista-do-tribunal-eletronica/2023/revista-62_eletronica_organizada.pdf#page=181. Acesso em: 19 set. 2024.

BARBOSA FILHO, Antônio Nunes. Quando o trabalho não é realizado nas instalações da Empresa... É possível realizar uma adequada gestão dos riscos ocupacionais? In: ZAVANELLA,

Fabiano; OPITZ JUNIOR, João Baptista; OPITZ NETO, João Baptista; PINTO, Luis Otávio Camargo (Orgs.). *A evolução do Teletrabalho.* 1. ed. Campinas: Lacier, 2023. t. IV – Ergonomia e saúde ocupacional.

BEZERRA LEITE, Carlos Henrique; LEITE, Laís Durval. Legitimidade Ativa para a Tutela Processual do Equilíbrio do Meio Ambiente do Trabalho. In: FELICIANO, Guilherme Guimarães *et al.* (Coords.). *Direito Ambiental do Trabalho:* apontamentos para uma teoria geral. São Paulo: LTr, 2020. v. 5.

BRASIL. Associação Brasileira de Ergonomia. *Sete recomendações de Ergonomia para o teletrabalho em casa e/ou ensino/aprendizagem à distância para utilizadores de Computadores Portáteis, Tablets e outros dispositivos móveis.* Disponível em: https://m4v.211.myftpupload.com/wp-content/uploads/2021/03/7-Recomendacoes-da-Ergonomia-Versao-em-Portugues-Brasil-Edited-Final-20210227.pdf. Acesso em: 19 set. 2024.

CARVALHO, Augusto César Leite de. *Direito do trabalho:* curso e discurso. 2 ed. São Paulo: LTr, 2018.

CARVALHO FILHO, José Carlos de. O Brasil Unido à OIT e ITF no Controle das Bandeiras de Conveniência. In: *Revista Âmbito Jurídico.* Disponível em: http://www.ambito-juridico.com.br/site/index.php?n_link=revista_artigos_leitura&artigo_id=8178. Acesso em: 1º mar. 2019.

DIDIER JR., Fredie; BRAGA, Paula Sarno; OLIVEIRA, Rafael Alexandria de. *Curso de Direito Processual Civil:* teoria da prova, direito probatório, decisão, precedente, coisa julgada e tutela provisória. 14. ed. Salvador: JusPodivm, 2019.

FACCI, Ruddy. Agentes de Riscos à Saúde Física e Mental no Teletrabalho e sua Prevenção. In: ZAVANELLA, Fabiano; OPITZ JUNIOR, João Baptista; OPITZ NETO, João Baptista; PINTO, Luis Otávio Camargo (Orgs.). *A Evolução do Teletrabalho.* 1. ed. Campinas: Lacier, 2023. t. IV – Ergonomia e saúde ocupacional.

FELIX, Valter Nilton; LOPES, Lourdes da Conceição Ferreira Lopes. In: ZAVANELLA, Fabiano; OPITZ JUNIOR, João Baptista; OPITZ NETO, João Baptista; PINTO, Luis Otávio Camargo (Orgs.). *A Evolução do Teletrabalho.* 1. ed. Campinas: Lacier, 2023. t. IV – Ergonomia e saúde ocupacional.

FINCATO, Denise. Teletrabalho na Reforma Trabalhista Brasileira. In: *Revista Eletrônica do Tribunal Regional do Trabalho da 9ª Região*, v. 8, n. 75, fev. 2019.

FRANCO FILHO, Georgenor de Sousa; MAUÉS, Perlla Barbosa Pereira. Greve Ambiental Trabalhista: instrumento de efetivação da dignidade humana do trabalhador. In: FELICIANO, Guilherme Guimarães *et al.* (Coords.). *Direito Ambiental do Trabalho*: apontamentos para uma teoria geral. São Paulo: LTr, 2020. v. 5.

MACHADO, Maria Aparecida Pereira. Qualidade de Vida, Prevenção de Doenças e Promoção da Saúde no Teletrabalho. In: ZAVANELLA, Fabiano; OPITZ JUNIOR, OPITZ NETO, João Baptista; PINTO, Luis Otávio Camargo (Orgs.). *A Evolução do Teletrabalho.* 1. ed. Campinas: Lacier, 2023. t. IV – Ergonomia e saúde ocupacional.

MARINONI, Luiz Guilherme; ARENHART, Sérgio Cruz; MITIDIERO, Daniel. *Novo Curso de Direito Processual Civil.* São Paulo: RT, 2015. v. 2.

MARTINEZ, Luciano. *Reforma Trabalhista* — Entenda o que mudou: CLT comparada e comentada. São Paulo: Saraiva, 2018.

MARTINS, Juliane Caravieri; NUNES, Cicília Araújo; SCODRO, Catharina Lopes. O desenvolvimento sustentável e o programa de prevenção de riscos ambientais no meio ambiente do trabalho: em defesa da visão holística do ser humano trabalhador. In: MARTINS, Juliane Caravieri *et al.* (Orgs.). *Direito Ambiental e Meio Ambiente do Trabalho:* desafios para as presentes e as futuras gerações. São Paulo: LTr, 2020.

MELO, Raimundo Simão de. *Direto Ambiental do Trabalho e a Saúde do Trabalhador:* responsabilidades legais, dano material, dano moral, dano estético. São Paulo: LTr, 2004, *apud* MARTINS, Juliane Caravieri; NUNES, Cicília Araújo; SCODRO, Catharina Lopes. O desenvolvimento sustentável e o programa de prevenção de riscos ambientais no meio ambiente do trabalho: em defesa da visão holística do ser humano trabalhador. In: MARTINS, Juliane Caravieri *et al.* (Orgs.). *Direito Ambiental e Meio Ambiente do Trabalho:* desafios para as presentes e as futuras gerações. São Paulo: LTr, 2020.

MENDES, Gilmar Ferreira; BRANCO, Paulo Gustavo Gonet. *Curso de Direito Constitucional.* 13. ed. rev. e atual. São Paulo: Saraiva Educação, 2018.

SILVA, José Afonso da. *Direito Ambiental Constitucional.* 7. ed. São Paulo: Malheiros, 2017.

SOUZA, Fabiano Coelho de. Lei do pavilhão e princípio do centro da gravidade. In: *Magistrado Trabalhista.* Disponível em: http://www.magistradotrabalhista.com.br/2015/11/lei-do-pavilhao-e-principio-do-centro.html. Acesso em: 1º mar. 2019.

TOLEDO FILHO, Manoel Carlos. O teletrabalho na perspectiva da reforma trabalhista brasileira e do direito comparado. In: *Revista Eletrônica do Tribunal Regional do Trabalho da 9ª Região*, v. 8, n. 75, fev. 2019.

Poluição Ambiental Trabalhista e a Greve Ambiental

Flávia Ferreira Jacó de Menezes[(1)]

A tutela ambiental

A tutela do meio ambiente passou por três fases: tutela econômica, tutela sanitária e tutela autônoma do meio ambiente[(2)]. Na primeira fase, a tutela do meio ambiente era voltada a preocupações econômicas, sendo os recursos ambientes entendidos como bens privados. Essa forma de proteção podia ser vista no antigo Código Civil brasileiro de 1916 e no primeiro Código Florestal brasileiro de 1934.

Contudo, nota-se que os recursos ambientais possuem uma oferta limitada. Assim, havendo a possibilidade do esgotamento dos recursos naturais, reforçada pela incapacidade do meio ambiente de absorver todas as degradações provocadas pelo homem, a segunda fase passou a dar foco à tutela da saúde e da qualidade de vida humana. Sobre essa fase, Marcelo Rodrigues destaca que esse período "pode ser didaticamente delimitado de 1950 a 1980, o Código Florestal (Lei n. 4.771/65),35 o Código de Caça (Lei n. 5.197/67), o Código de Mineração (Decreto-lei n. 227/67), a Lei de Responsabilidade Civil por Danos Nucleares (Lei n. 6.453/77) etc."[(3)].

Na terceira fase, há uma verdadeira mudança de paradigma. Com o advento da Lei n. 6.938/1981 (Política Nacional do Meio Ambiente), o meio ambiente passa a ser tratado como um bem único, imaterial e indivisível, tratando-se de direito próprio e autônomo, tendo ainda esta lei estabelecido uma verdadeira política de proteção ambiental,

---

(1) Juíza do Trabalho no Tribunal Regional do Trabalho da 2ª Região (TRT-2). Diretora cultural da Associação dos Magistrados da Justiça do Trabalho da 2ª Região (AMATRA-2) no biênio 2024/2026. Integrante da Associação Nacional dos Magistrados da Justiça do Trabalho (ANAMATRA) Mulheres no biênio 2024/2026. Especialista em Direito do Trabalho e Direitos Humanos. Foi Procuradora do Trabalho do Ministério Público da União em 2019 e Analista Judiciária da Área Judiciária (AJAJ) no Tribunal Regional do Trabalho da 2ª Região (TRT-2) de 2014 a 2018. Bacharel em Direito pela Universidade Federal de Uberlândia. Pesquisadora do Programa institucional de bolsas de iniciação científica PIBIC/CNPq/UFU de 01.08.2011 a 31.07.2012. Autora de livro e artigos jurídicos.

(2) RODRIGUES, Marcelo Abelha. *Direito Ambiental Esquematizado*. 10. ed. São Paulo: Saraiva, 2023. p. 133.

(3) *Ibidem*, p. 135.

com diretrizes, objetivos, princípios, instrumentos e conceitos próprios sobre o meio ambiente. Nas palavras de Marcelo Rodrigues:

> vale dizer que a Lei n. 6.938/81 foi concebida sob forte influência internacional, oriunda da Conferência Internacional sobre o Meio Ambiente, realizada em Estocolmo, Suécia, no ano de 1972. Também foi influenciada, inegavelmente, pela experiência legislativa norte-americana, especialmente pela lei do ar puro, pela lei da água limpa e pela criação do estudo de impacto ambiental, todos da década de 1970.(4)

A Constituição de 1988, em complemento à Lei n. 6.938/1981, atribuiu *status* constitucional à tutela do meio ambiente e estabeleceu os princípios de direito ambiental. Nesse passo, o art. 225 da Constituição Federal(5) assegurou o direito fundamental ao meio ambiente ecologicamente equilibrado.

> a Carta Maior elevou o patamar dessa tutela dentro de nosso ordenamento, dando-lhe status constitucional. Reconheceu-se, ali, o direito de todos, das presentes e futuras gerações, a um meio ambiente ecologicamente equilibrado (art. 225, *caput*). E isso, repitamos, com dimensão constitucional.
>
> Mais que isso: a CF/88 ocupou algumas lacunas e espaços existentes na proteção do meio ambiente; ratificou, agora com índole constitucional, alguns institutos basilares do Direito Ambiental, tais como a responsabilidade civil objetiva, a responsabilidade penal da pessoa jurídica, a visão ecocêntrica e holística do meio ambiente, o EIA/RIMA, fixou a proteção do meio ambiente como princípio da atividade econômica etc.(6)

A proteção do meio ambiente e da saúde como verdadeiro direito humano do trabalhador já foi reconhecida pelo STF, no MS n. 22.164 (relator Ministro Celso de Mello, 30.11.1995):

> O direito à integridade do meio ambiente — típico direito de terceira geração — constitui prerrogativa jurídica de titularidade coletiva, refletindo, dentro do processo de afirmação dos direitos humanos, a expressão significativa de um poder atribuído, não ao indivíduo identificado em sua singularidade, mas, num sentido verdadeiramente mais abrangente, à própria coletividade social. Enquanto os direitos de primeira geração (direitos civis) — realçam o princípio da liberdade, e os direitos de segunda geração (direitos econômicos,

---

(4) RODRIGUES, Marcelo Abelha. *Direito Ambiental Esquematizado*. 10. ed. São Paulo: Saraiva, 2023. p. 137.

(5) Art. 225. Todos têm direito ao meio ambiente ecologicamente equilibrado, bem de uso comum do povo e essencial à sadia qualidade de vida, impondo-se ao Poder Público e à coletividade o dever de defendê-lo e preservá-lo para as presentes e futuras gerações.

(6) *Op. cit.*, p. 234.

sociais e culturais) — que se identificam com as liberdades positivas, reais ou concretas — acentuam o princípio da igualdade, os direitos de terceira geração, que materializam poderes de titularidade coletiva atribuídos genericamente a todas as formações sociais, consagram o princípio da solidariedade e constituem um momento importante no processo de desenvolvimento, expansão e reconhecimento dos direitos humanos, caracterizados, enquanto valores fundamentais indisponíveis, pela nota de uma essencial inexauribilidade.

O meio ambiente do trabalho

O art. 200, VIII, da Constituição Federal, dispõe que é uma das atribuições do Sistema Único de Saúde colaborar com a proteção do meio ambiente, nele compreendido o do trabalho. Por outro lado, a redução dos riscos inerentes ao trabalho vinculado aos trabalhadores urbanos e rurais por meio de normas de saúde, higiene e segurança está tutelada no art. 7º, XXII, da CF. Ainda, a tutela do meio ambiente do trabalho é reforçada pelos dispositivos constitucionais vinculados ao direito à saúde ambiental (arts. 196 a 200 da CF).

Na via repressora, para fins de desestímulo à conduta violadora à higidez do meio ambiente laboral, aponta-se o art. 7º, XXIII e XXVIII, da CR/1988, que estabelecem a obrigação de pagamento de adicional de remuneração para as atividades penosas, insalubres ou perigosas e seguro contra acidentes de trabalho, além de indenização em caso de danos por dolo ou culpa.

O tema ganha importância, em especial, após a criação da OIT, em 1919, que foi um marco da preocupação internacional com a saúde e segurança do trabalhador da manutenção de um meio ambiente do trabalho adequado.

Observe-se que, inicialmente, desde a criação das primeiras leis que objetivavam a proteção da saúde e segurança do trabalho até a criação da OIT, a preocupação da Medicina do Trabalho se restringia à seleção de trabalhadores saudáveis e aptos ao trabalho. Não havia preocupação com a prevenção das doenças e acidentes ocupacionais e com o afastamento dos agentes agressivos à saúde.

Em 1948, foi criada a Organização Mundial da Saúde (OMS) e a Declaração Universal dos Direitos Humanos (DUDH), iniciando-se uma nova etapa da Medicina do Trabalho, denominada "Saúde Ocupacional", preocupada com os agentes causadores das enfermidades dos trabalhadores, desenvolvendo-se, nessa época, sobretudo, os estudos no campo da ergonomia.

Por volta de 1970, observou-se a ineficácia da legislação e das medidas adotadas na melhoria das condições de trabalho e no combate ao excessivo número de acidentes de trabalho. A partir de então, surgiram novas leis com foco na participação do trabalhador nos programas de prevenção de acidentes e doenças ocupacionais, despontando uma nova etapa da Medicina do Trabalho, denominada "Saúde do Trabalhador".

O marco do direito internacional ambiental é a Conferência de Estocolmo, de 1972, que resultou na Declaração das Nações Unidas sobre o Meio Ambiente Humano, na qual se aprovou como Princípio n. 1 que: "O homem tem direito fundamental à liberdade, à igualdade e a adequadas condições de vida em ambiente que lhe permita viver com dignidade e bem-estar. É seu inalienável dever melhorar e proteger o meio ambiente para as gerações atuais e futuras."

A Declaração de Estocolmo trouxe a compreensão do meio ambiente equilibrado como um direito fundamental de terceira dimensão, também nas relações de trabalho e desencadeou um processo de conscientização entre os países quanto a necessidade de prevenir e combater os impactos ambientais.

Em decorrência da Declaração de Estocolmo, foi criado pela ONU o Programa das Nações Unidas para o Meio Ambiente (PNUMA) e o Fundo Voluntário para o Meio Ambiente, a ser gerido pelo PNUMA, tendo por finalidade fomentar e implementar programas e atividades de proteção do meio ambiente entre organismos regionais e internacionais.

Posteriormente, em decorrência da Conferência Rio-92, se destaca a Declaração do Rio de Janeiro sobre Meio Ambiente e Desenvolvimento de 1992 (RIO-92), que fixou as diretrizes necessárias para o desenvolvimento sustentável, além de estabelecer diversos princípios preocupados com o equilíbrio ambiental, gerando, em consequência, diversos diplomas importantes sobre proteção ambiental: Agenda 21; Declaração de Princípios sobre Florestas; Convenção sobre Diversidade Biológica; Convenção sobre Mudanças Climáticas.

Diversas, também, são as Convenções da OIT que objetivam a proteção do ambiente de trabalho e da saúde, segurança dos trabalhadores, com especial destaque à Convenção n. 155 da OIT, de 1981, sobre segurança e saúde dos trabalhadores e o meio ambiente de trabalho, e a Convenção n. 161 da OIT, de 1991, relativa aos Serviços de Saúde do Trabalho, ratificadas pelo Brasil[7].

Diante do relevo da Convenção n. 155 da OIT, importante realçar que o art. 3º dispõe que "a expressão local de trabalho abrange todos os lugares onde os trabalhadores

---

(7) Entre as convenções da OIT ratificadas pelo Brasil, há inúmeras que versam a respeito do direito a um ambiente de trabalho sadio e equilibrado: Convenção n. 115 da OIT: relativa à proteção dos trabalhadores contra as radiações ionizantes; Convenção n. 136 da OIT: sobre a proteção contra os riscos de. intoxicação provocados pelo benzeno; Convenção n. 139 da OIT: prevenção e controle de riscos profissionais causados por substâncias ou agentes cancerígenos; Convenção n. 148 da OIT: proteção dos trabalhadores contra os riscos profissionais devidos à contaminação do ar, ao ruído e às vibrações; Convenção n. 159 da OIT: relativa à readaptação profissional e ao emprego de deficientes; Convenção n. 162 da OIT: utilização do asbesto (amianto) com segurança; Convenção n. 167 da OIT: segurança e saúde na construção civil; Convenção n. 170 da OIT: segurança na utilização de produtos químicos no trabalho; Convenção n. 174 da OIT: prevenção de grandes acidentes industriais; e Convenção n. 176 da OIT: sobre segurança e saúde nas minas.

devem permanecer ou onde têm que comparecer, e que esteja sob o controle, direto ou indireto, do empregador" e esclarece que "o termo saúde, com relação ao trabalho, abrange não só a ausência de afecções ou de doenças, mas também os elementos físicos e mentais que afetam a saúde e estão diretamente relacionados com a segurança e a higiene no trabalho".

Vê-se, pois, que a convenção está em sintonia com o que preconiza a OMS, que considera a saúde não só a ausência de doenças, mas o bem-estar humano em todas as suas dimensões (físico, mental e social).

Também a Convenção n. 161 da OIT, em seu art. 1º, *a*, correlaciona a saúde com a "adaptação do trabalho às capacidades dos trabalhadores, levando em conta seu estado de sanidade física e mental".

Retornando ao plano nacional, o art. 3º, I, da Lei n. 6.838/1981 (Lei da Política Nacional do Meio Ambiente), trouxe uma definição restrita de meio ambiente, vinculada apenas ao elemento físico, ao definir que meio ambiente é "o conjunto de condições, leis, influências e interações de ordem física, química e biológica, que permite, abriga e rege a vida em todas as suas formas".

Esse conceito legal de meio ambiente é incompleto, pois não abrange de maneira ampla todos os bens jurídicos protegidos, uma vez que o meio ambiente abarca não somente os aspectos naturais (água, ar, solo, elementos orgânicos, biológicos, químicos etc), como também as dimensões humana, social, econômica e cultural.

Em ampliação ao conceito, a Lei n. 9.795/1999, que estabelece a Política Nacional de Educação Ambiental, define o "meio ambiente em sua totalidade, considerando a interdependência entre o meio natural, o socioeconômico e o cultural, sob o enfoque da sustentabilidade" (art. 4º, II).

Portanto, o meio ambiente é um todo complexo e indissociável entre o meio ambiente natural e o meio ambiente humano, onde todos os seus elementos são interdependentes, compreendendo fatores de ordem biológica, fisiológica, química, econômica e cultural. Conforme destaca Fiorillo(8), "o aspecto de maior relevo na tutela jurídica constitucional do tema ora enfocado está relacionado à saúde da pessoa humana e em harmonia com o art. 1º, III, da Carta da República".

Observa-se, pois, que a concepção de meio ambiente do trabalho não deverá ser reducionista, restringindo o meio ambiente do trabalho apenas ao local de trabalho ou ao cenário laboral empregatício. O meio ambiente do trabalho deve ser compreendido como:

---

(8) FIORILLO, Celso Antonio Pacheco. *Curso de Direito Ambiental Brasileiro*. 23. ed. São Paulo: Saraiva, 2023. p. 1.192.

> o local onde as pessoas desempenham suas atividades laborais relacionadas à sua saúde, sejam remuneradas ou não, cujo equilíbrio está baseado na salubridade do meio e na ausência de agentes que comprometam a incolumidade físico-psíquica dos trabalhadores, independente da condição que ostentem (homens ou mulheres, maiores ou menores de idade, celetistas, servidores públicos, autônomos etc.) (FIORILLO, 2023, p. 1.192).

Nesse sentido, Ney Maranhão[(9)] pontua que há três elementos essenciais para configuração do meio ambiente de trabalho: o ambiente, a técnica e o homem. O ambiente coincide com o local de trabalho, englobando móveis e/ou imóveis, naturais e/ou construídos pelo homem. A técnica compreende as ações, os instrumentos utilizados para se alcançar o objeto econômico pretendido. Por fim, o homem corresponde ao trabalhador, a figura central da relação de trabalho.

Sobre esse ponto, destaca-se que "apenas quando presente a figura humana investida no papel social do trabalhador, todo esse cenário, ipso facto, convola-se em meio ambiente de trabalho, ou seja, somente a conjugação dos elementos ambientais e técnicos com a ação humana laborativa é capaz de fazer nascer o meio ambiente de trabalho"[(10)].

Meio ambiente do trabalho: Fatores de risco

O meio ambiente de trabalho engloba uma variedade de fatores cuja interação influencia diretamente na qualidade de vida dos trabalhadores, não se limitando apenas aos elementos ambientais (como fatores físicos e químicos), mas também as formas de organização do trabalho e as relações interpessoais são capazes de comprometer a incolumidade físico-psíquica dos trabalhadores.

Assim, consoante as lições de Ney Maranhão[(11)], podemos estabelecer três ordens de fatores que contribuem para a degradação laboro-ambiental: as condições de trabalho, a organização do trabalho e as relações interpessoais.

As condições de trabalho se relacionam às condições físico-estruturais havidas no ambiente de trabalho, ou seja, se referem aos elementos físicos, químicos e biológicos que interferem no ambiente, além das condições dos mobiliários do local de trabalho.

A organização do trabalho, por sua vez, é o arranjo técnico-organizacional estabelecido para a execução do trabalho. Compreende, portanto, a relação do trabalhador com o modo de produção, o tempo e o ritmo de trabalho, a jornada de trabalho, a remuneração, as técnicas de cobrança de produção e metas, o conteúdo das tarefas desempenhadas.

---

(9) MARANHÃO, Ney. *Poluição Labor-ambiental:* abordagem conceitual da degradação das condições de trabalho, da organização do trabalho e das relações interpessoais travadas no contexto laborativo. Rio de Janeiro: Lumen Juris, 2017. p. 103.

(10) *Ibidem*, p. 104.

(11) *Ibidem*, p. 108-109.

Por fim, as relações interpessoais se referem à qualidade das relações tratadas no cotidiano do trabalho, seja entre colegas de trabalho, com superiores hierárquicos, com os clientes ou representantes da tomadora de serviços. Esse fator está intimamente ligado à saúde psíquica dos trabalhadores e relacionado à prática de violência no trabalho, como assédio moral, assédio sexual e discriminações diversas.

Observa-se que o art. 5º da Convenção n. 155 da OIT é exemplo de dispositivo normativo que busca esclarecer os fatores que envolvem o ambiente de trabalho:

> Art. 5º A política à qual se faz referência no art. 4 da presente Convenção deverá levar em consideração as grandes esferas de ação que se seguem, na medida em que possam afetar a segurança e a saúde dos trabalhadores e o meio ambiente de trabalho:
>
> *a)* projeto, teste, escolha, substituição, instalação, arranjo, utilização e manutenção dos componentes materiais do trabalho (locais de trabalho, meio ambiente de trabalho, ferramentas, maquinário e equipamentos; substâncias e agentes químicos, biológicos e físicos; operações e processos);
>
> *b)* relações existentes entre os componentes materiais do trabalho e as pessoas que o executam ou supervisionam, e adaptação do maquinário, dos equipamentos, do tempo de trabalho, da organização do trabalho e das operações e processos às capacidades físicas e mentais dos trabalhadores;
>
> *c)* treinamento, incluindo o treinamento complementar necessário, qualificações e motivação das pessoas que intervenham, de uma ou outra maneira, para que sejam atingidos níveis adequados de segurança e higiene;
>
> *d)* comunicação e cooperação a níveis de grupo de trabalho e de empresa e em todos os níveis apropriados, inclusive até o nível nacional;
>
> *e)* a proteção dos trabalhadores e de seus representantes contra toda medida disciplinar por eles justificadamente empreendida de acordo com a política referida no art. 4 da presente Convenção.

Poluição ambiental trabalhista

Poluir é o ato de sujar, contaminar. Em sentido jurídico, utilizaremos o conceito de poluição relacionada à questão ambiental e à ausência de manutenção do equilíbrio ecológico ou da qualidade de vida humana.

Poluição é o fato lesivo praticado pelo homem que acarreta o desequilíbrio ambiental ou prejudica a saúde humana. Lado outro, a degradação ambiental é ocasionada por fenômenos naturais, sem interferência humana, como erupções vulcânicas, terremotos, furacões, que não são considerados poluição para fins de responsabilização jurídica.

Também é importante destacar que nem todo impacto ambiental constitui poluição, uma vez que pequenas afetações ambientais decorrentes da ação humana, possíveis de serem assimiladas pela natural capacidade de recomposição do ecossistema atingido e incapazes de gerar grandes impactos no equilíbrio ambiental, apesar de implicarem em certa degradação ambiental, também não são consideradas poluição.

Sobre esse ponto, Guilherme Guimarães Feliciano destaca que a poluição "pressupõe um certo grau de agressividade sistêmica, dada justamente pela natureza, concentração, intensidade e/ou tempo de exposição do agente nocivo"(12).

Nesse caminho, a Convenção de Genebra sobre Poluições Atmosféricas Transfronteiriças de Longa Distância, de 1979, estabelece que:

> Entende-se por poluição atmosférica transfronteiriça a longa distância a descarga decorrente da atividade humana, de forma direta ou indireta, de substâncias para a atmosfera que têm efeitos prejudiciais sobre a saúde humana ou o ambiente noutro país sem que seja possível distinguir as contribuições de fontes individuais ou grupos de fontes de emissão.

Igualmente, a Convenção de Montego Bay, de 1994, que trata sobre Direito do Mar, define que:

> "poluição do meio marinho" significa a introdução pelo homem, direta ou indiretamente, de substâncias ou de energia no meio marinho, incluindo os estuários, sempre que a mesma provoque ou possa vir provocar efeitos nocivos, tais como danos aos recursos vivos e à vida marinha, riscos à saúde do homem, entrave às atividades marítimas, incluindo a pesca e as outras utilizações legítimas do mar, alteração da qualidade da água do mar, no que se refere à sua utilização, e deterioração dos locais de recreio; (...).

A Diretiva 200/60/CE da União Europeia também define o que é poluição:

> "Poluição": a introdução directa ou indirecta, em resultado da actividade humana, de substâncias ou de calor no ar, na água ou no solo, que possa ser prejudicial para a saúde humana ou para a qualidade dos ecossistemas aquáticos ou dos ecossistemas terrestres directamente dependentes dos ecossistemas aquáticos, que dê origem a prejuízos para bens materiais, ou que prejudique ou interfira com o valor paisagístico/recreativo ou com outras utilizações legítimas do ambiente.

Em âmbito interno, a Lei n. 6.938/1981, que dispõe sobre a Política Nacional do Meio Ambiente, em seu art. 3º, conceitua o que é degradação ambiental e o que é poluição:

> Art. 3º Para os fins previstos nesta Lei, entende-se por:
>
> I – meio ambiente, o conjunto de condições, leis, influências e interações de ordem física, química e biológica, que permite, abriga e rege a vida em todas as suas formas;

---

(12) FELICIANO, Guilherme Guimarães. *Tópicos Avançados de Direito Material do Trabalho* — Atualidades Forenses. São Paulo: Damásio de Jesus, 2006. p. 146.

> II – degradação da qualidade ambiental, a alteração adversa das características do meio ambiente;
>
> III – poluição, a degradação da qualidade ambiental resultante de atividades que direta ou indiretamente:
>
> a) prejudiquem a saúde, a segurança e o bem-estar da população;
>
> b) criem condições adversas às atividades sociais e econômicas;
>
> c) afetem desfavoravelmente a biota;
>
> d) afetem as condições estéticas ou sanitárias do meio ambiente;
>
> e) lancem matérias ou energia em desacordo com os padrões ambientais estabelecidos;
>
> IV – poluidor, a pessoa física ou jurídica, de direito público ou privado, responsável, direta ou indiretamente, por atividade causadora de degradação ambiental; (...).

Da análise do art. 3º da Lei n. 6.938/1981, extrai-se que, embora não conste do conceito de poluição que a degradação deve advir de "atividades humanas", no momento em que define o poluidor (inciso IV), deixa claro que se trata de uma ação praticada por "a pessoa física ou jurídica, de direito público ou privado".

Assim, tem-se que a degradação ambiental é o gênero e a poluição ambiental é a espécie, uma vez que, conforme define "poluição é a degradação da qualidade ambiental que resulta, direta ou indiretamente, de atividade humana". Desse modo, "poluição corresponde ao desarranjo sistêmico suscitado pela ingerência humana que gera inaceitável afetação do equilíbrio ambiental propiciador da vida. Vertido de modo sintético: poluição é a degradação ambiental de base antrópica e nível intolerável"(13).

Modalidades

A poluição labor-ambiental pode ocorrer por uma multiplicidade de fatores, que vão além dos fatores tradicionais de riscos (físicos, químicos e biológicos), de regra presentes em qualquer meio ambiente de trabalho, e abrangem fatores de risco outros, como fatores ergonômicos e psicossociais.

Assim, fatores de riscos físicos são elementos materiais prejudiciais ao corpo (exemplo, frio, calor, ruído, umidade) e elementos imateriais (como a ausência de instruções técnicas adequadas para a execução de uma tarefa ou ausência de treinamento para o manuseio de maquinário), que também contribuem para um cenário potencialmente de risco para a higidez física e mental dos trabalhadores.

Nesse contexto, dentro dos fatores de riscos físicos, podemos destacar os riscos mecânicos, que são aqueles relacionados ao uso geral de máquinas e equipamentos. Sobre

(13) *Op. cit.*, p. 169.

esse tema, a NR-12 trata a respeito da segurança no trabalho em máquinas e equipamentos. Nas palavras de Ney Maranhão:

> São apontados como riscos mecânicos, aqui tidos, propriamente, ainda como genuínos riscos físicos, o que segue: ausência, deficiência ou inadequação de equipamentos de proteção; máquinas e equipamentos sem proteção, ferramentas inadequadas ou defeituosas; iluminação ou sinalização deficitárias; instalações elétricas e sanitárias deficientes; instalação, armazenamento, manipulação e transporte inadequados; estrutura predial comprometida; arranjo físico (layout) impróprio; matéria prima sem especificação e inadequada; pisos desnivelados ou escorregadios; ausência de saídas de emergência; passagens sem a altura adequada; ausência ou deficiência de orientações técnicas. Tem haver, portanto, em essência, com condições de grave risco de acidentes, como quedas, cortes, perfurações, esmagamentos, mutilações, contusões e desabamentos.[14] (*sic*)

Por sua vez, os fatores de riscos químicos referem-se a substâncias, compostos ou produtos que podem ser absorvidos através da pele, por ingestão ou pela via respiratória e que são prejudiciais à saúde humana, como poeira, gases, vapores, fumos, resultantes de substâncias ou produtos químicos, como benzeno, carvão, asbesto e chumbo. A NR-15, em seus Anexos 11 e 13, especifica os agentes químicos para fins de pagamento de adicional de insalubridade.

Os fatores de poluição labor-ambiental biológicos se referem ao contato com sangue, glândulas, microrganismos, vírus, bactérias etc. A NR-15, em seu Anexo 14, descreve os fatores considerados como biológicos.

Ainda podemos destacar os fatores de poluição labor-ambiental os riscos ergonômicos e os riscos psicossociais. Os fatores de riscos ergonômicos abrangem desconfortos e/ou sofrimentos decorrentes de condições organizacionais e antropométricas desfavoráveis, como fadiga, posturas desconfortáveis, repetição, monotonia, e os fatores de riscos psicossociais são aqueles geradores de condições psíquicas desfavoráveis.

A NR-17 versa sobre a ergonomia no ambiente de trabalho e estabelece "as diretrizes e os requisitos que permitam a adaptação das condições de trabalho às características psicofisiológicas dos trabalhadores, de modo a proporcionar conforto, segurança, saúde e desempenho eficiente no trabalho" (item 17.1). Além disso, o Anexo II da NR-17

(14) *Op. cit.*, p. 206.

(trabalho em teleatendimento/*telemarketing*) traz elementos de proteção à saúde mental e social dos trabalhadores:

> 6.13. É vedada a utilização de métodos que causem assédio moral, medo ou constrangimento, tais como:
>
> a) estímulo abusivo à competição entre trabalhadores ou grupos/equipes de trabalho;
>
> b) exigência de que os trabalhadores usem, de forma permanente ou temporária, adereços, acessórios, fantasias e vestimentas com o objetivo de punição, promoção e propaganda; e
>
> c) exposição pública das avaliações de desempenho dos operadores.
>
> 6.14. Com a finalidade de reduzir o estresse dos operadores, devem ser minimizados os conflitos e ambiguidades de papéis nas tarefas a executar, estabelecendo-se claramente as diretrizes quanto a ordens e instruções de diversos níveis hierárquicos, autonomia para resolução de problemas, autorização para transferência de chamadas e consultas necessárias a colegas e supervisores.

Em síntese, temos as principais definições sobre o tema:

> Conceituamos meio ambiente como a resultante da interação sistêmica de fatores naturais, artificiais, culturais e laborais que influencia as condições de vida, em todas as suas formas. Pontuamos, também, que meio ambiente equilibrado é o estado de alinhamento de fatores naturais e humanos favorável ao equilibrado fluir da vida, em todas as suas formas. Referimos, ainda, que degradação ambiental, em termos gerais, expressa a alteração ambiental que torna o meio ambiente impróprio para o equilibrado fluir da vida. (...) poluição como o desarranjo sistêmico suscitado pela ingerência humana que gera inaceitável afetação do equilíbrio ambiental propiciador de vida. (...) poluição labor-ambiental é degradação labor-ambiental de base antrópica e nível intolerável.(15)

Greve ambiental

A manutenção do equilíbrio do meio ambiente de trabalho é um direito fundamental dos trabalhadores, assegurado no *caput* do art. 225 e no art. 200, VIII, da Constituição Federal. Contudo, como vimos, esse equilíbrio ambiental somente poderá ser efetivado se houver manutenção da "sadia qualidade de vida".

Entretanto, se o equilíbrio ambiental não é assegurado no meio ambiente do trabalho, se há grave risco iminente à incolumidade física e psíquica dos obreiros, entre outras ações individuais e coletivas existentes, é assegurado ao trabalhador o *jus resistentiae* (direito

(15) *Op. cit.*, p. 225/233.

de resistência), que pode se materializar na legítima abstenção ao trabalho enquanto perdurarem as condições nocivas ao trabalho. O que é denominado greve ambiental.

Em âmbito interno, não há previsão legal específica regulamentando a greve ambiental. Todavia, o direito fundamental à greve está previsto na Constituição de modo amplo, e o art. 9º da Carta Constitucional estabelece que compete aos trabalhadores definir os interesses que serão defendidos por meio do ato grevista.

> Art. 9º É assegurado o direito de greve, competindo aos trabalhadores decidir sobre a oportunidade de exercê-lo e sobre os interesses que devam por meio dele defender. (...).

No mesmo passo, a Lei n. 7.783/1989, que regula o exercício do direito de greve, também prevê que:

> Art. 1º É assegurado o direito de greve, competindo aos trabalhadores decidir sobre a oportunidade de exercê-lo e sobre os interesses que devam por meio dele defender.
>
> Parágrafo único. O direito de greve será exercido na forma estabelecida nesta Lei.

O art. 2º da referida lei define a greve como "a suspensão coletiva, temporária e pacífica, total ou parcial, de prestação pessoal de serviços a empregador".

Partindo desse conceito, conforme define Raimundo Simão de Melo, a greve ambiental é a "paralisação coletiva ou individual, temporária, parcial ou total da prestação de trabalho a um tomador, qualquer que seja a relação de trabalho, com a finalidade de preservar e defender o meio ambiente do trabalho e a saúde do trabalhador"(16).

Em âmbito internacional, a Convenção n. 155 da OIT, que trata sobre Segurança e Saúde dos Trabalhadores, em seu art. 13, confere ao empregado o direito de interromper seu trabalho se considerar, por motivos razoáveis, que há perigo iminente e grave para a sua vida ou sua saúde.

> Art. 13 – Em conformidade com a prática e as condições nacionais deverá ser protegido, de conseqüências injustificadas, todo trabalhador que julgar necessário interromper uma situação de trabalho por considerar, por motivos razoáveis, que ela envolve um perigo iminente e grave para sua vida ou sua saúde.

Observe-se que, exercendo o trabalhador o direito de greve ambiental, não poderá sofrer qualquer punição, bem como nenhuma providência relacionada à segurança ou higiene do trabalho poderá implicar ônus financeiro para os trabalhadores.

> Art. 21 – As medidas de segurança e higiene do trabalho não deverão implicar nenhum ônus financeiro para os trabalhadores.

---

(16) MELLO, Raimundo Simão de. *A Greve no Direito Brasileiro*. 3. ed. São Paulo: LTr, 2011. p. 110.

Além disso, o art. 19, "*f*", da Convenção n. 155 da OIT, estabelece a obrigação dos trabalhadores de cooperar no cumprimento das normas de segurança e saúde estabelecidas pelos empregadores, devendo comunicar ao superior hierárquico qualquer situação que envolva um perigo iminente e grave, e, enquanto não tomadas as medidas necessárias pelo empregador, não poderá ser exigida a prestação de serviços pelos trabalhadores.

> Art. 19 – Deverão ser adotadas disposições, em nível de empresa, em virtude das quais:
>
> (...)
>
> *f)* o trabalhador informará imediatamente o seu superior hierárquico direto sobre qualquer situação de trabalho que, a seu ver e por motivos razoáveis, envolva um perigo iminente e grave para sua vida ou sua saúde. Enquanto o empregador não tiver tomado medidas corretivas, se forem necessárias, não poderá exigir dos trabalhadores a sua volta a uma situação de trabalho onde exista, em caráter contínuo, um perigo grave ou iminente para sua vida ou sua saúde.

Em âmbito infralegal, a NR-22, que trata da segurança e saúde ocupacional na mineração e tem por objetivo disciplinar os preceitos a serem observados na organização e no ambiente de trabalho, de forma a tornar compatível o planejamento e o desenvolvimento da atividade mineira com a busca permanente da segurança e saúde dos trabalhadores (item 22.1.1), no item 22.5.1, reconhece, entre os direitos dos trabalhadores, o de:

> 22.5.1 São direitos dos trabalhadores:
>
> a) interromper suas tarefas sempre que constatar evidências que representem riscos graves e iminentes para sua segurança e saúde ou de terceiros, comunicando imediatamente o fato a seu superior hierárquico que diligenciará as medidas cabíveis e
>
> b) ser informados sobre os riscos existentes no local de trabalho que possam afetar sua segurança e saúde.

Importante destacar, ainda, que, nos termos da Lei n. 7.783/1989, consoante preconiza o art. 7º, *caput*, a participação em greve acarreta a suspensão do contrato de trabalho, devendo as relações obrigacionais, durante o período, ser regidas pelo acordo, convenção, laudo arbitral ou decisão da Justiça do Trabalho.

Assim, conclui-se que a greve, em que pese se trate de direito fundamental garantido aos trabalhadores, configura hipótese de suspensão do contrato de trabalho, razão pela qual, em regra, os dias de paralisação não serão remunerados.

Contudo, a jurisprudência do Tribunal Superior do Tratado já se firmou no sentido de que, sendo a greve deflagrada em razão da submissão dos trabalhadores a condições de risco no ambiente de trabalho, o período deverá ser considerado interrupção do contrato de trabalho, não sendo admitida a realização dos descontos referentes aos dias de paralisação.

> AGRAVO DE INSTRUMENTO EM RECURSO DE REVISTA. DESCONTOS SALARIAIS REFERENTES AOS DIAS DE PARTICIPAÇÃO EM MOVIMENTO PAREDISTA. GREVE AMBIENTAL CARACTERIZADA. DESCONTOS INDEVIDOS. Cinge-se a controvérsia à licitude do desconto salarial decorrente da adesão dos substituídos em movimento grevista deflagrado com objetivo de resguardar a saúde e segurança dos trabalhadores. O sindicato autor argumenta que, apesar de diversos trabalhadores do CDD de Santa Mônica testarem positivo para Covid-19, a empresa não efetuou a testagem em massa e deixou de afastar funcionários com sintomas gripais, somente o fazendo após a confirmação da infecção viral. Diante desse quadro, os trabalhadores iniciaram paralisação de 48 horas, a fim de cobrar melhores condições de trabalho. Por outro lado, a ECT enfatiza que sempre cumpriu as medidas necessárias ao combate à propagação da Covid-19 e que os movimentos paredistas do sindicato autor não se caracterizam como greve ambiental. O Tribunal Regional, com base no quadro fático delineado nos autos, asseverou que, "da análise dos ofícios juntados aos autos pelo sindicato autor, nos quais não vislumbro nenhuma irregularidade e que considero válidos como meio de prova, depreende-se que a paralisação ocorrida nos dias 25 e 26 de junho de 2020 teve como intuito instar a reclamada a adotar medidas mais eficazes em relação à prevenção de contágio relativo à Covid-19". Destacou, ainda, que "é notório que no mês de junho de 2020, quando ocorreu a paralisação dos substituídos, o contágio por Covid-19 estava em ascensão acelerada no Brasil, sendo certo, outrossim, que havia muitas incertezas naquele momento acerca dos protocolos médicos a serem seguidos para enfrentamento de uma doença tão avassaladora, que estava ceifando a vida de muitas pessoas, o que inegavelmente gerou grande e justificável receio por parte daqueles que laboravam presencialmente e que a cada dia conviviam com mais colegas de trabalho infectados ou com suspeita de contágio". Nesse contexto, concluiu que "as reivindicações formuladas pelo movimento paredista (ocorrido nos dias 25 e 26 de junho de 2020) se relacionaram à postulação de medidas concernentes à proteção da saúde, da vida e da integridade física dos funcionários expostos à contaminação pela Covid-19, no contexto de uma das piores pandemias vividas pela humanidade, de alto grau de letalidade, não há como se rechaçar a conclusão de que se trata de uma greve ambiental". Nos termos da legislação pertinente, qual seja, o art. 7º, *caput*, da Lei n. 7.783/1989, "observadas as condições previstas nesta Lei, a participação em greve suspende o contrato de trabalho, devendo as relações obrigacionais, durante o período, ser regidas pelo acordo, convenção, laudo arbitral ou decisão da Justiça do Trabalho". Do dispositivo transcrito, conclui-se que a greve, não obstante ser direito constitucionalmente garantido aos trabalhadores, configura hipótese de suspensão do contrato de trabalho, razão pela qual a regra geral é a de que os dias de paralisação não sejam remunerados. Contudo, a jurisprudência desta Corte firmou-se no sentido de que a suspensão do contrato de trabalho por motivo de greve permite o desconto dos dias parados, salvo nos casos em que a greve é deflagrada justamente por atraso no pagamento dos salários, realização de lockout ou outra situação excepcional que implique submissão do empregado a condições risco no ambiente de trabalho, conjuntura expressamente registrada no acórdão regional. Diante desse contexto, e considerando que os dispositivos indicados pela ora agravante (art. 9º, *caput*, §§ 1º e 2º, da Constituição Federal e 7º da Lei n. 7.783/89), contrariamente ao alegado, não autorizam a realização dos descontos referidos quando a paralisação é considerada legítima, não se viabiliza o processamento do recurso de revista com espeque no art. 896 da

CLT. Agravo de instrumento desprovido. (*sic*) (RRAg n. 691-71.2021.5.17.0004, 3ª Turma, relator Ministro Jose Roberto Freire Pimenta, *DEJT* 24.11.2023)

RECURSO ORDINÁRIO DA SUSCITANTE EM DISSÍDIO COLETIVO DE GREVE AJUIZADO POR EMPRESA DO RAMO DE LIMPEZA URBANA. CUMPRIMENTO DAS FORMALIDADES DA LEI DE GREVE. GREVE AMBIENTAL. ABUSIVIDADE NÃO CONFIGURADA. A greve deflagrada pela categoria profissional — e inquinada de ilegal e abusiva pela suscitante no dissídio coletivo ajuizado — foi motivada pela inobservância de normas de segurança e saúde do trabalho, acarretando riscos aos trabalhadores. O Tribunal Regional atestou o cumprimento pelo sindicato profissional das formalidades exigidas pelo art. 14, *caput*, da Lei de Greve, declarando-a legal e, portanto, não abusiva. Efetivamente, não se pode olvidar da exceção contida no inciso I do parágrafo único do mesmo preceito em referência, que dispõe não constituir abuso do exercício do direito de greve a paralisação que tenha por objetivo exigir o cumprimento de cláusula ou condição. A decisão recorrida se encontra em sintonia com a lei regente e a jurisprudência dominante desta colenda Seção Especializada em Dissídios Coletivos, que segue no sentido de mitigar o atendimento das exigências legais para a deflagração da greve, que não pode ser considerada ilegal ou abusiva, e tampouco autorizado o desconto dos dias parados quando a paralisação nos serviços essenciais é motivada por atraso em pagamento de verba salarial ou outras situações excepcionais, conforme ocorrido no caso concreto, em que o movimento paredista foi comprovadamente causado pelo não oferecimento , pelo empregador , de condições de trabalho mínimas garantidoras da saúde e segurança dos empregados. Precedentes. Recurso ordinário conhecido e desprovido. (ROT n. 103587-88.2020.5.01.0000, Seção Especializada em Dissídios Coletivos, relator Ministro Alexandre de Souza Agra Belmonte, *DEJT* 29.11.2022)

DISSÍDIO COLETIVO DE GREVE. RECURSO ORDINÁRIO DA UNIÃO EMPREENDIMENTOS E CONSTRUÇÃO LTDA. GREVE EM ATIVIDADE NÃO ESSENCIAL. PARALISAÇÃO DAS ATIVIDADES MOTIVADA POR RISCO GRAVE E IMINENTE À SAÚDE E À SEGURANÇA DOS EMPREGADOS. GREVE AMBIENTAL. EXCLUDENTE DE ABUSIVIDADE DA GREVE PREVISTA NO INCISO II DO PARÁGRAFO ÚNICO DO ART. 14 DA LEI DE GREVE. EXCEÇÃO DO CONTRATO NÃO CUMPRIDO CARACTERIZADO. PROCESSO ANTERIOR À LEI N. 13.467/2017. A ordem jurídica infraconstitucional, com o objetivo de civilizar o exercício do direito coletivo de greve, em razão de seus impactos sociais, estabelece alguns requisitos para a validade do movimento paredista, insertos nos arts. 3º e 4º da Lei n. 7.783/89. Todavia, a limitação infraconstitucional ao exercício do direito coletivo de greve não é absoluta, pois a própria Lei n. 7.783/89 excepciona duas situações, quando a greve é deflagrada na vigência de acordo, convenção ou sentença normativa: a) os casos em que se configure o descumprimento patronal de cláusula convencional (art. 14, parágrafo único, inciso I); e b) os casos em que ocorrer uma alteração significativa das condições pactuadas (art. 14, parágrafo único, inciso II). Além disso, a jurisprudência desta Corte admite a não exigência do cumprimento das formalidades legais quando a greve é deflagrada em razão de motivos graves que legitimem a categoria a paralisar suas atividades, a saber: atrasos salariais reiterados, descumprimentos de obrigações contratuais e legais importantes pelo Empregador, dispensa massiva, etc. Em tais hipóteses (situações graves que legitimam a deflagração da greve sem observância dos requisitos legais), inclui-se a circunstância de o movimento paredista ter sido deflagrado em razão do descumprimento de obrigações relacionadas à saúde, higiene e segurança no trabalho e à qualidade do meio ambiente do trabalho que importem em riscos graves e iminentes à incolumidade física e psíquica dos empregados. Trata-se da greve ambiental, cuja legalidade está condicionada à

> existência de riscos graves e iminentes, entendidos como aqueles que podem causar, caso não eliminados, danos à incolumidade física e psíquica dos trabalhadores. Caracterizada a greve ambiental, não é necessário o cumprimento dos requisitos formais para a deflagração do movimento paredista, ainda que se trate de atividades essenciais, por se tratar de hipótese de excludente de abusividade da greve. No caso , o contexto fático-probatório delineado nestes autos demonstra que o movimento paredista ocorreu em razão da existência de eminente risco para a saúde e a vida dos empregados que prestavam serviços à Empresa Suscitante no canteiro de obras do Município de Quixeramobim/CE. Além de 62 empregados (quase a totalidade dos empregados que se ativavam na referida obra) não retornarem ao trabalho, ao argumento de que as péssimas condições de trabalho os conduziram à propositura de ações trabalhistas individuais requerendo a rescisão indireta do contrato de trabalho, o MPT da 7ª Região, nos autos do procedimento concluído por meio do Termo de Ajustamento de Conduta firmado, ao constatar as irregularidades praticadas (empregados realizando suas atividades sem o uso de equipamentos de proteção individual e a ausência de sinalização de advertência e barreira de isolamento em locais com valas, a céu aberto, situadas, em via pública, no perímetro de área residencial; ausência de água potável, de banheiros químicos, etc), registrou o compromisso de a Empresa adotar as providências de segurança e saúde no trabalho, especialmente as insertas nas Normas Regulamentadoras ns. 5, 7, 10, 15, 18, 21 e 24, além de fornecer equipamentos de proteção individual, gratuitamente, aos empregados. Nesse contexto, tem-se por caracterizada a greve ambiental, pois a circunstância retratada nos autos justifica e legitima a paralisação da categoria profissional no canteiro de obras do Município de Quixeramobim-CE, com apoio na excludente de abusividade da greve prevista no inciso II do parágrafo único do art. 14 da Lei de Greve (exceção do contrato não cumprido), o que torna inexigível a multa cominada por descumprimento de decisão judicial. Recurso ordinário desprovido. (*sic*) (RO n. 80399-40.2016.5.07.0000, Seção Especializada em Dissídios Coletivos, relator Ministro Mauricio Godinho Delgado, *DEJT* 13.12.2019)

Por fim, destaca-se que a greve ambiental também poderá ocorrer individualmente. Na greve tradicional, é indispensável a paralisação coletiva do trabalho. Contudo, na greve ambiental, a paralisação pode ser também individual, porque o que se pretende é defender a saúde e a vida do trabalhador.

Conclusão

Diante do exposto, observa-se que a tutela do meio ambiente integra a proteção do homem em seu local de trabalho, onde se devem respeitar as normas de saúde e segurança, bem como a obrigação de minimizar os riscos inerentes ao trabalho. Acresça-se, pois, que o "local de trabalho" deve ser compreendido como aquele que abrange todos os espaços sob controle do empregador e o termo "saúde" não deve se limitar à ausência de doenças, mas deve incluir aspectos físicos e mentais relacionados à segurança e higiene no trabalho.

Portanto, para a configuração do meio ambiente laboral, são essenciais três elementos: o ambiente, que inclui tanto locais naturais quanto construídos; a técnica, que envolve as ações e instrumentos utilizados; e o homem, que representa o trabalhador, figura central nas relações de trabalho.

Por sua vez, a poluição labor-ambiental se configura quando há um fator lesivo criado pelo homem, que provoca desequilíbrios ambientais e afeta a saúde dos trabalhadores em níveis intoleráveis, enquanto a degradação ambiental pode ocorrer por fenômenos naturais, como erupções e terremotos, que não são considerados poluição para fins de responsabilização jurídica.

A poluição labor-ambiental pode ser desencadeada por diversos fatores, que vão além dos tradicionais riscos físicos, químicos e biológicos, englobando também aspectos ergonômicos e psicossociais. Assim, podemos identificar três ordens de fatores que contribuem para a degradação labor-ambiental: as condições de trabalho, a organização do trabalho e as relações interpessoais.

Se o equilíbrio ambiental não for garantido e houver risco grave e iminente à saúde à incolumidade física e psíquica dos trabalhadores, estes têm o *jus resistentiae*, ou direito de resistência, que pode se manifestar na legítima abstenção ao trabalho, resultando em uma greve ambiental. Neste contexto, a greve, motivada por condições de risco no ambiente laboral, deve ser considerada como interrupção do contrato de trabalho, devendo haver a remuneração pelos dias de paralisação.

Referências

FELICIANO, Guilherme Guimarães. *Tópicos Avançados de Direito Material do Trabalho* — Atualidades Forenses. São Paulo: Damásio de Jesus, 2006.

FELICIANO, Guilherme Guimarães; LEMGRUBER, Paulo Roberto (Coords.). *Direito Ambiental do Trabalho* — Apontamentos para uma Teoria Geral. São Paulo: LTr, 2018. v. 4.

FIORILLO, Celso Antonio Pacheco. *Curso de Direito Ambiental Brasileiro*. 23. ed. São Paulo: Saraiva, 2023. *E-book*.

LEITE, Roberto Basilone. Ecologia do Trabalho: A Simbiose entre o Direito do Trabalho e o Direito Ambiental. *Revista do Tribunal Superior do Trabalho*, Brasília, v. 69, n. 1, jan./jun. 2003.

MARANHÃO, Ney. *Poluição Labor-ambiental:* abordagem conceitual da degradação das condições de trabalho, da organização do trabalho e das relações interpessoais travadas no contexto laborativo. Rio de Janeiro: Lumen Juris, 2017.

MELLO, Raimundo Simão de. *A Greve no Direito Brasileiro*. 3. ed. São Paulo: LTr, 2011.

RODRIGUES, Marcelo Abelha. *Direito Ambiental Esquematizado*. 10. ed. São Paulo: Saraiva, 2023. *E-book*.

SILVA, José Afonso da. *Direito Ambiental Constitucional*. 2. ed. São Paulo: Malheiros, 1998.

SIRVINSKAS, Luís Paulo. *Manual de Direito Ambiental*. 20. ed. São Paulo: Saraiva, 2022. *E-book*.

TRENNEPOHL, Terence. *Manual de Direito Ambiental*. 10. ed. São Paulo: Saraiva, 2023. *E-book*.

A Competência da Justiça do Trabalho e os Danos Extrapatrimoniais

Fábio Ribeiro da Rocha(1)

Introdução

A Emenda Constitucional n. 45, publicada em 31 de dezembro de 2004, que aprovou a Reforma do Poder Judiciário, introduziu relevantes alterações no ordenamento jurídico, em especial, no tocante à competência material da Justiça do Trabalho.

A finalidade do legislador constituinte derivado foi, diante das diversas modalidades alternativas de prestação de trabalho, de ampliar a competência material da Justiça do Trabalho para conhecer e julgar as causas derivadas de litígios decorrentes da relação de trabalho, independentemente do vínculo de subordinação tradicionalmente definidor dessa competência.

A Emenda Constitucional n. 45/2004 proclamou a unidade da jurisdição trabalhista e inseriu à competência da Justiça do Trabalho o processamento e julgamento dos seguintes litígios:

> Art. 114. Compete à Justiça do Trabalho processar e julgar:
>
> I – as ações oriundas da relação de trabalho, abrangidos os entes de direito público externo e da administração pública direta e indireta da União, dos Estados, do Distrito Federal e dos Municípios;
>
> II – as ações que envolvam o exercício do direito de greve;
>
> III – as ações sobre representação sindical, entre sindicatos e trabalhadores ou entre sindicatos e empregadores;

---

(1) Juiz do Trabalho Titular do Tribunal Regional do Trabalho da 2ª Região. Especialista em Direito Constitucional pela PUC/SP. Mestre em Direito do Trabalho pela PUC/SP. Doutor em Direito do Trabalho e Seguridade Social pela USP. Presidente da Associação dos Magistrados da Justiça do Trabalho da 2ª Região – AMATRA-2 – biênio 2016/2018. Conselheiro da Escola Judicial do Tribunal Regional do Trabalho da 2ª Região – EJUD-2 – biênio 2018/2020. Autor de livros, artigos periódicos e capítulos de livros.

> IV – os mandados de segurança, habeas corpus e habeas data, quando o ato questionado envolver matéria sujeita à sua jurisdição;
>
> V – os conflitos de competência entre órgãos com jurisdição trabalhista, ressalvado o disposto no art. 102, I;
>
> VI – as ações de indenização por dano moral ou patrimonial, decorrentes da relação de trabalho;
>
> VII – as ações relativas a penalidades administrativas impostas aos empregadores pelos órgãos de fiscalização das relações de trabalho;
>
> VIII – a execução, de ofício, das contribuições sociais previstas no art. 195, I, a, e II, e seus acréscimos legais, decorrentes das sentenças que proferir;
>
> IX – outras controvérsias decorrentes da relação de trabalho, na forma da lei.

Nesta oportunidade, examinaremos o art. 114, VI, da Constituição Federal, inclusive o atual entendimento jurisprudencial, em relação à competência material da Justiça do Trabalho para o processamento e julgamento das demandas envolvendo danos extrapatrimoniais.

1. Noções de competência

A jurisdição é a função estatal de resolver conflitos de interesses concorrentes de forma a assegurar a ordem jurídica e proteger os interesses tutelados pela lei. O fato de ser uma função do Estado faz com que a jurisdição seja exercida em todo o território nacional.

Diante da multiplicidade de conflitos existentes na sociedade, para a jurisdição atuar, houve necessidade de se criarem critérios para que os conflitos fossem distribuídos de forma uniforme aos juízes a fim de que a jurisdição pudesse atuar com maior efetividade e propiciar ao jurisdicionado um acesso mais célere e efetivo à jurisdição. Em razão disso, foi criado um critério de distribuição da jurisdição entre os diversos juízes, que é a competência.

A competência é uma parcela da jurisdição atribuída a cada juiz, consistindo na delimitação do poder jurisdicional pela Constituição Federal ou pela lei, subdividindo-se em **(i)** competência em razão das pessoas; **(ii)** competência em razão da matéria; **(iii)** competência em razão do lugar; e **(iv)** competência funcional.

Dessa forma, em sendo a competência em razão da matéria aquela que se refere à natureza da causa, pode ser competente para processar e julgar determinada ação judicial a Justiça do Trabalho, a Justiça Comum Estadual ou a Justiça Comum Federal, de acordo com o caso em análise.

De conseguinte, a determinação da competência em razão da matéria está, pois, relacionada especialmente com a causa de pedir e o pedido formulado pela parte autora, porquanto é pela causa de pedir e pedido que o julgador analisa e caracteriza o conteúdo da pretensão do requerente, para, na condição de Estado-Juiz, dizer o direito no caso concreto, aplicando a norma jurídica pertinente.

E sendo pela natureza do litígio narrado na petição inicial que se estabelece a competência em razão da matéria, logo, a competência material da Justiça do Trabalho é definida em função da natureza da lide descrita na peça inicial e dos respectivos pedidos, à luz do disposto no art. 114, I a IX, da CF/1988, e nos arts. 643, 652 e 653, todos da CLT.

Lembramos que a determinação da competência da Justiça do Trabalho não importa que dependa a solução da lide de questões de direito civil, mas, sim, no caso, que a causa de pedir e o pedido tenha sido feito em razão da relação de trabalho.

Portanto, fixadas as noções de competência, cabe-nos a definição de dano extrapatrimonial, inclusive a sua extensão, e a competência material da Justiça do Trabalho para a respectiva apreciação e julgamento.

2. Conceito e espécies de dano extrapatrimonial

É clara a evolução sociojurídica com o reconhecimento (inclusive em seara constitucional) da compensação pecuniária pelo dano extrapatrimonial sofrido. Irrazoável e, hoje, cada vez mais distante, o entendimento de que o **dano extrapatrimonial** seria insuscetível de qualquer forma de compensação, porque inestimável pecuniariamente.

A Constituição Federal de 1988 assegura, como direito fundamental, o direito de resposta, proporcional ao agravo, além da indenização por dano moral, material ou à imagem e prossegue destacando a inviolabilidade da intimidade, da vida privada, da honra e da imagem de todas as pessoas, sem qualquer distinção, assegurando o direito à indenização pelo dano material ou moral decorrente de sua violação.

A despeito de não existir preço para a dor, o ataque a bens, materiais ou imateriais impõe rechaço, de maneira que, em regra, o malferimento à esfera moral de cada pessoa exige atuação contrária que, na esfera civil ou trabalhista, pode se dar mediante condenação pecuniária, que, mesmo não permitindo a restituição ao *status quo ante*, dentro do que é possível, colima compensar o dano causado, quando menos abrandar seus efeitos.

Entretanto, não é qualquer conduta que pode ensejar dano moral, sob pena de se banalizar o instituto, estimulando a busca do enriquecimento fácil. Há que se analisar o caso concreto e considerar com base no conjunto probatório se houve ou não a transposição da linha divisória entre o que pode ser razoavelmente aceito para os padrões da sociedade contemporânea e aquilo que excede esse marco. Dessa forma, há que se distinguir o dano moral daquele aborrecimento advindo de situações adversas do cotidiano.

Sendo assim, **dano** é a lesão, ofensa, destruição ou subtração a um interesse jurídico tutelado, patrimonial ou não, causado por ação ou omissão do sujeito infrator, sendo passível de materialização econômica. O dano é o objeto da responsabilidade civil, pois, sem dano, não há falar em responsabilidade do agente causador de um ato ilícito ou não. Regra geral, o dano é indenizável, mas para tanto é necessário que se demonstre a diminuição patrimonial ou moral a um bem juridicamente protegido, desde que haja um liame (nexo de causalidade) entre o prejuízo decorrente e o respectivo ato ou omissão do agente e que tenha efetivamente ocorrido.

O **dano material** consiste na lesão a bens físicos, concretos, suscetíveis de aferição econômica, suportada pelo ofendido, devendo sua indenização ser a mais ampla possível para recompor o patrimônio perdido ou desfalcado. Tem-se a perda, deterioração ou diminuição do patrimônio.

A reparação do dano material deve corresponder à extensão do dano causado, abrangendo os danos emergentes e os lucros cessantes. A ideia central da indenização por danos emergentes está estruturada no propósito de recomposição do patrimônio do ofendido ao mesmo patamar existente antes do infortúnio. Já a reparação do lucro cessante, por sua vez, repousa numa probabilidade e certeza de que o ganho futuro seria auferido não fosse o dano injustamente causado à vítima.

O **dano moral**, espécie do gênero extrapatrimonial, é a lesão de interesses não patrimoniais, como a honra, a liberdade, a intimidade e a imagem, provocada à pessoa natural ou jurídica, pelo ato lesivo.

Nesse sentido, são os ensinamentos de Maria Helena Diniz[(2)]:

> O dano moral vem a ser lesão de interesse não patrimonial de pessoa física ou jurídica, provocada pelo fato lesivo.

O dano moral pode ser dividido em puros (diretos) ou reflexos (indiretos). Os puros esgotam-se em apenas um aspecto, atingindo os chamados atributos da pessoa, como a honra, a intimidade, a liberdade etc. Os reflexos são efeitos da lesão ao patrimônio, ou seja, consequência de um dano material.

Ainda, de acordo com o âmbito da sua extensão, o dano moral pode ser subjetivo ou objetivo. O primeiro limita-se à esfera íntima da vítima, isto é, ao conjunto de sentimentos e de valores morais e éticos do próprio ofendido. O segundo se projeta no círculo do relacionamento familiar ou social, afetando a estima e a reputação moral, social ou profissional da vítima.

O dano moral decorrente do sinistro laboral independe de prova, uma vez que o sofrimento, a dor (física e psíquica), a humilhação, a vergonha, uma grande decepção, a frustração de expectativas, entre outros, decorrem da própria natureza humana, sendo, deste modo, presumido, até porque não é possível demonstrá-lo por meio de documentos

(2) DINIZ, Maria Helena. *Curso de Direito Civil Brasileiro*. São Paulo: Saraiva, 2009. v. 7, p. 67.

ou outros meios de prova. O que deve ser comprovado é o dano injusto causado ao obreiro em face do incidente sofrido.

A esfera moral das pessoas humanas é conteúdo do valor da dignidade humana e, como tal, não pode sofrer restrição à reparação ampla e integral quando violada, sendo dever do Estado a respectiva tutela na ocorrência de ilicitudes causadoras de danos extrapatrimoniais nas relações laborais. Dessa forma, deve prevalecer a interpretação sistemática, sob a melhor luz da Constituição Federal e, subsidiariamente, complementada pelo direito comum, sob pena de resultar em tratamento discriminatório injusto às pessoas inseridas na relação laboral.

No que tange ao **art. 223-B da CLT**, este explicita apenas um rol exemplificativo de espécies de danos de natureza extrapatrimonial, pois somente relaciona em sua redação os danos morais e existenciais, não excluindo a aplicação de outras normas jurídicas em vigor para abranger os danos estéticos, danos coletivos, danos pela perda de uma chance, entre outros.

O dano moral pode atingir um bem individualmente considerado ou de natureza coletiva. Nesse último caso, os chamados direitos metaindividuais.

José Affonso Dallegrave Neto[(3)] conceitua **dano moral coletivo** nos seguintes termos:

> O dano moral coletivo é aquele que decorre da ofensa do patrimônio imaterial de uma coletividade, ou seja, exsurge da ocorrência de um fato grave capaz de lesar o direito de personalidade de um grupo, classe ou comunidade de pessoas e, por conseguinte, de toda a sociedade em potencial.

O dano pode ser coletivo, pois pode atingir interesses difusos, de pessoas indeterminadas, ligadas apenas por circunstâncias de fato, ou coletivos, de grupos, categorias ou classes de pessoas ligadas entre si ou com a parte contrária por uma relação jurídica base (CDC, art. 81, I e II).

É importante destacar que a Constituição da República contempla o dano moral de forma ampla, abrangendo, assim, os danos individuais e coletivos, às pessoas naturais e jurídicas.

Desse modo, acertou o legislador ordinário ao reconhecer expressamente no **art. 223-B da CLT** a titularidade das **pessoas jurídicas aos interesses extrapatrimoniais**, questão já pacífica na jurisprudência e consubstanciada na Súmula n. 227 do Superior Tribunal de Justiça.

---

(3) DALLEGRAVE NETO, José Affonso. *Responsabilidade Civil no Direito do Trabalho*. 5. ed. São Paulo: LTr, 2014. p. 188.

Com efeito, é possível a pessoa jurídica, incluindo os entes despersonalizados como condomínio, sociedade de fato, entre outros, sofrer dano moral somente se houver lesão à honra objetiva (difamação), consoante o art. 52 do Código Civil que prevê, *in verbis*:

> Aplica-se às pessoas jurídicas, no que couber, a proteção dos direitos da personalidade.

A pessoa jurídica, criação de ordem legal, não tem capacidade de sentir emoção e dor, estando, por isso, desprovida de honra subjetiva e imune à injúria. Ressaltamos que pessoas jurídicas não lograrão êxito em pretensões reparatórias por danos existenciais, por se tratar de modalidade lesiva intimamente relacionada à intrincada vivência humana e suas múltiplas projeções relacionais.

O dano existencial, espécie de dano de natureza extrapatrimonial, decorre da conduta patronal que impossibilita o empregado de se relacionar e de conviver em sociedade por meio de atividades recreativas, afetivas, espirituais, culturais, esportivas, sociais e de descanso, que lhe trarão bem-estar físico e psíquico e, por consequência, felicidade, ou que o impedem de executar, de prosseguir ou mesmo de recomeçar os seus projetos de vida, que serão, por sua vez, responsáveis pelo seu crescimento ou realização profissional, social e pessoal.

Júlio César Bebber destaca(4):

> Por dano existencial compreende-se toda lesão que compromete a liberdade de escolha e frustra o projeto de vida que a pessoa elaborou para sua realização como ser humano. Diz-se existencial exatamente porque o impacto gerado pelo dano provoca um vazio existencial na pessoa que perde a fonte de gratificação vital. O fato injusto que frustra esse destino (impede sua plena realização) e obriga a pessoa a resignar-se com o seu futuro é chamado de dano existencial.

A jornada de trabalho excessiva configura um abuso do poder diretivo do empregador e, logicamente, restringe o empregado a fruir da forma como lhe aprouver seu tempo livre, o que gera consequências à higiene e saúde do trabalhador, devendo tais consequências ser devidamente comprovadas nos autos.

O dano estético, espécie de dano de natureza extrapatrimonial, deve ser indenizada separadamente. O abalo psicológico decorrente do dano estético não se confunde com o sofrimento psicológico ocasionado pelo dano físico, e todas as repercussões de ordem social e moral do acidente.

---

(4) BEBBER, Júlio César. Danos extrapatrimoniais — estético, biológico e existencial: breves considerações. *Revista LTr*, São Paulo, v. 73, n. 1, p. 28, jan. 2009.

Destacamos os ensinamentos da jurista Maria Helena Diniz sobre o tema(5):

> Dano estético é toda alteração morfológica do indivíduo, que, além do aleijão, abrange as deformidades ou deformações, marcas e defeitos, ainda que mínimos, e que impliquem sob qualquer aspecto uma anormalidade na vítima, expondo o ofendido ao ridículo ou de complexo de inferioridade, exercendo ou não influência sobre sua capacidade laboral.

O que se visa proteger não é a beleza, mas a normalidade do aspecto de uma pessoa, a fim de que esta não se veja como alguém diferente ou inferior aos outros. O dano estético impede o ser humano, em muitas situações, do normal convívio social, da prática de lazer e de atividades profissionais.

Não há dúvida da possibilidade de cumulação das indenizações por danos material, moral e estético decorrentes de acidente laboral. Porém, em relação a estas duas últimas, será necessário que derivem de fundamentos inconfundíveis. Confira-se, a respeito, o teor da Súmula n. 387 do Superior Tribunal de Justiça, *in verbis*:

> É lícita a cumulação das indenizações de dano estético e dano moral.

O **dano moral em ricochete** é o que atinge a pessoa de forma reflexa, como no caso de morte de uma pessoa querida, da família ou não. Essa categoria de dano moral reflexo é gerada a partir de acontecimentos envolvendo determinadas pessoas que possuem vinculação afetiva mais estreita com a vítima direta.

Acerca do tema, Flávio Tartuce(6) esclarece que, quanto à pessoa atingida, o dano moral pode ser assim classificado:

> a) Dano moral direto — é aquele que atinge a própria pessoa, a sua honra subjetiva (autoestima) ou objetiva (repercussão social da honra).
>
> b) Dano moral indireto ou dano moral em ricochete — é aquele que atinge a pessoa de forma reflexa, como nos casos de morte de uma pessoa da família ou de perda de um objeto de estima (coisa com valor afetivo). Nos casos de lesão a outra pessoa, terão legitimidade para promover a ação indenizatória os lesados indiretos. Podem ser citados os casos de lesão aos direitos da personalidade do morto, como consta do art. 12, parágrafo único, do CC.

---

(5) DINIZ, Maria Helena. *Curso de Direito Civil Brasileiro*. São Paulo: Saraiva, 2009. v. 7, p. 73.

(6) TARTUCE, Flávio. *Direito Civil*. 5. ed. São Paulo: Método, 2010. v. 1, p. 399-400.

A leitura do **art. 223-B da CLT**, cotejado com a previsão constitucional do art. 5º, XXX, que assegura o direito à herança, e ao contrário do que uma interpretação literal do dispositivo pode sugerir, deve alcançar as pessoas naturais que sejam sucessoras dos trabalhadores ofendidos, portanto, viúvos, filhos, entre outros. O evento morte e o seu impacto para os direitos de personalidade dos herdeiros e sucessores está incluindo entre aqueles que podem ensejar a reparação.

Nesse sentido, esclarecedora é a lição de Rafael Edson Pugliese Ribeiro[(7)]:

> Também aqui a intervenção do legislador não está apta a neutralizar a vigência de outros textos legais, como o art. 943 do Código Civil que assegura a transmissão do direito de ação aos herdeiros. O art. 5º, XXX, da Constituição Federal, assegura o direito à herança, e a lei ordinária (CC, art. 943) assegurou aos herdeiros o direito de ação deixado pelo *"de cujus"*. Para não se afirmar a absoluta inconstitucionalidade desse art. 223-B, deve-se considerar que o legislador não ousou expressar contra o texto constitucional. Para quem entender que o adjetivo "exclusivas" compreende essa exclusão, a inconstitucionalidade será inevitável.

Há um consenso doutrinário e jurisprudencial de que o núcleo familiar básico, formado por aqueles que tenham residido sob o mesmo teto, convivendo diariamente com a vítima, são partes legítimas para postular a indenização por dano moral. Na maioria das vezes, as ações têm sido ajuizadas pelo cônjuge sobrevivente, isoladamente ou em conjunto com os filhos da vítima.

O **dano pré-contratual**, espécie de dano de natureza patrimonial, é aquele pelo qual um ou ambos os contraentes obrigam-se a celebrar determinado contrato no momento em que lhes convier. Gera uma obrigação de fazer um contrato definitivo, contendo a possibilidade de arrependimento e indenização das perdas e danos.

Podem ocorrer ajustes preliminares entre os futuros sujeitos de um contrato de trabalho, as quais levam a um pré-contrato (verbal ou documental), mas, no momento da consumação da contratação, um dos contratantes não cumpre com a sua palavra. Isso pode gerar uma série de transtornos pecuniários para a outra parte. Por exemplo: um trabalhador, que muda de cidade, com os seus familiares, deixando um emprego, confiando no ajuste preliminar de que teria uma colocação na nova localidade.

Por fim, o **dano pós-contratual**, espécie de dano extrapatrimonial, são lesões perpetradas algum tempo depois do término da relação de trabalho, porém, decorrentes do contrato de trabalho e da violação de um dever de conduta inerente aos sujeitos do contrato posteriormente à sua extinção, com fundamento na cláusula geral de boa-fé.

---

(7) RIBEIRO, Rafael Edson Pugliese. *Reforma Trabalhista Comentada*. Curitiba: Juruá, 2018. p. 102.

3. Competência material da Justiça do Trabalho e danos extrapatrimoniais

A competência material da Justiça do Trabalho para as ações de indenização por dano moral ou patrimonial decorrente da relação de trabalho, antes mesmo da Emenda Constitucional n. 45/2004, já era confirmada pelo Tribunal Superior do Trabalho.

A controvérsia existente na época acerca da competência material da Justiça do Trabalho se dava nas situações envolvendo acidente de trabalho e/ou doença ocupacional, inclusive com existência de súmula do Superior Tribunal de Justiça.

> Súmula n. 15 – Compete à Justiça Estadual processar e julgar os litígios decorrentes de acidente de trabalho.

A Emenda Constitucional n. 45/2014 alterou o art. 114 da Constituição Federal ampliando significativamente a competência material desta Justiça Especializada e incluiu textualmente as ações de indenização por dano moral ou patrimonial, decorrentes da relação de trabalho (CF/88, art. 114, VI).

Entretanto, mesmo após a promulgação da Emenda Constitucional n. 45/2004, permaneceu a divergência jurisprudencial acerca da competência para processar e julgar as ações indenizatórias decorrentes de acidente de trabalho.

O Supremo Tribunal Federal, contrariando jurisprudência do Superior Tribunal de Justiça, pacificou a questão e disciplinou a competência material da Justiça do Trabalho também quando a indenização postulada decorrer de dano causado por acidente de trabalho, no julgamento do Conflito de Competência n. 7.204. Confira-se:

> Ementa: Constitucional. Competência judicante em razão da matéria. Ação de indenização por danos morais e patrimoniais decorrentes de acidente do trabalho, proposta pelo empregado em face de seu (ex-) empregador. Competência da Justiça do Trabalho. Art. 114 da Magna Carta. Redação anterior e posterior à Emenda Constitucional n. 45/2004. Evolução da jurisprudência do Supremo Tribunal Federal. Processos em curso na Justiça Comum dos Estados. Imperativo de política judiciária.
>
> 1. Numa primeira interpretação do inciso I do art. 109 da Carta de Outubro, o Supremo Tribunal Federal entendeu que as ações de indenização por danos morais e patrimoniais decorrentes de acidente do trabalho, ainda que movidas pelo empregado contra seu ex-empregador, eram da competência da Justiça comum dos Estados-Membros.
>
> 2. Revisando a matéria, porém, o Plenário concluiu que a Lei Republicana de 1988 conferiu tal competência à Justiça do Trabalho. Seja porque o art. 114, já em sua redação originária, assim deixava transparecer, seja porque aquela primeira interpretação do mencionado inciso I do art. 109 estava, em boa verdade, influenciada pela jurisprudência que se firmou na Corte sob a égide das Constituições anteriores.

3. Nada obstante, como imperativo de política judiciária — haja vista o significativo número de ações que já tramitaram e ainda tramitam nas instâncias ordinárias, bem como o relevante interesse social em causa —, o Plenário decidiu, por maioria, que o marco temporal da competência da Justiça trabalhista é o advento da EC n. 45/2004. Emenda que explicitou a competência da Justiça Laboral na matéria em apreço.

4. A nova orientação alcança os processos em trâmite pela Justiça comum estadual, desde que pendentes de julgamento de mérito. É dizer: as ações que tramitam perante a Justiça comum dos Estados, com sentença de mérito anterior à promulgação da EC n. 45/2004, lá continuam até o trânsito em julgado e correspondente execução. Quanto àquelas cujo mérito ainda não foi apreciado, hão de ser remetidas à Justiça do Trabalho, no estado em que se encontram, com total aproveitamento dos atos praticados até então. A medida se impõe, em razão das características que distinguem a Justiça comum estadual e a Justiça do Trabalho, cujos sistemas recursais, órgãos e instâncias não guardam exata correlação.

5. O Supremo Tribunal Federal, guardião-mor da Constituição Republicana, pode e deve, em prol da segurança jurídica, atribuir eficácia prospectiva às suas decisões, com a delimitação precisa dos respectivos efeitos, toda vez que proceder a revisões de jurisprudência definidora de competência ex ratione materiae. O escopo é preservar os jurisdicionados de alterações jurisprudenciais que ocorram sem mudança formal do Magno Texto.

6. Aplicação do precedente consubstanciado no julgamento do Inquérito 687, Sessão Plenária de 25.08.1999, ocasião em que foi cancelada a Súmula n. 394 do STF, por incompatível com a Constituição de 1988, ressalvadas as decisões proferidas na vigência do verbete.

7. Conflito de competência que se resolve, no caso, com o retorno dos autos ao Tribunal Superior do Trabalho. (STF-CC n. 7.204-MG, Tribunal Pleno, relator Ministro Carlos Britto, *DJ* 09.12.2005)

Tal entendimento se mantém, ainda que o trabalhador tenha falecido e a viúva promova a demanda indenizatória em face do ex-empregado.

Sendo assim, a Emenda Constitucional n. 45/2004 ratificou a pacífica jurisprudência do Tribunal Superior do Trabalho atinente à competência material da Justiça do Trabalho para dirimir e julgar demandas envolvendo danos extrapatrimoniais e, posteriormente, o Supremo Tribunal Federal resolveu a controvérsia acerca da extensão da matéria para as demandas decorrentes de acidente de trabalho.

Corrobora esse entendimento a Súmula n. 736, editada pelo Supremo Tribunal Federal que estabelece a *Competência da Justiça do Trabalho para julgar as ações que tenham como causa de pedir o descumprimento de normas trabalhistas relativas à segurança, higiene e saúde dos trabalhadores.*

Ademais, o art. 114, VI, da Constituição Federal, não indicou qualquer ressalva acerca da competência material da Justiça do Trabalho para as demandas envolvendo danos extrapatrimoniais.

Entretanto, por razão de segurança jurídica, o Supremo Tribunal Federal estabeleceu que a competência da Justiça Laboral para o processamento e julgamento das ações reparatórias por danos patrimoniais e morais decorrentes de acidente de trabalho estabeleceu o marco temporal por meio da Súmula Vinculante n. 22.

> A Justiça do Trabalho é competente para processar e julgar as ações de indenização por danos morais e patrimoniais decorrentes de acidente de trabalho propostas por empregado contra empregador, inclusive aquelas que ainda não possuíam sentença de mérito em primeiro grau quando da promulgação da Emenda Constitucional n. 45/2004.

No mesmo sentido, a Súmula n. 392 do Tribunal Superior do Trabalho, com a atual redação dada pela Resolução n. 200/2015, destaca a competência da Justiça do Trabalho para demanda de indenização por dano moral e material, ainda que proposta pelo dependente ou sucessores do trabalhador falecido.

> **DANO MORAL E MATERIAL. RELAÇÃO DE TRABALHO. COMPETÊNCIA DA JUSTIÇA DO TRABALHO**. Nos termos do art. 114, inciso VI, da Constituição da República, a Justiça do Trabalho é competente para processar e julgar ações de indenização por dano moral e material, decorrentes da relação de trabalho, inclusive as oriundas de acidente de trabalho e doenças a ele equiparadas, ainda que propostas pelos dependentes ou sucessores do trabalhador falecido.

Destacamos que a Justiça do Trabalho é competente inclusive quando a ação é ajuizada por sucessores ou dependentes do falecido.

Sebastião Geraldo de Oliveira assim discorre(8):

> Se ocorrer a morte imediata, não há falar em transmissão do direito de acionar o causador do dano moral, porque a vítima não sobreviveu ao acidente de modo a experimentar pessoalmente todas as agruras oriundas do infortúnio. Na hipótese, os familiares, dependentes ou os que se sentiram de algum modo lesados poderão intentar ação jure proprio, com o propósito de obter a reparação do dano moral. Não agirão na condição de sucessores da vítima, mas como autores, em nome próprio, buscando a indenização cabível. O espólio, em tal circunstância, não tem legitimidade para postular a indenização do dano moral porque o eventual direito é dos indiretamente lesados (dano em ricochete) e não necessariamente dos herdeiros.

Dessa forma, enquanto a ação de acidente de trabalho, em que figura o INSS, numa típica hipótese de responsabilidade civil objetiva, a competência é da Justiça Comum, a

(8) OLIVEIRA, Sebastião Geraldo. *Indenizações por Acidente do Trabalho ou Doença Ocupacional*. São Paulo: LTr, 2009. p. 227.

ação de reparação de dano extrapatrimonial decorrente de acidente de trabalho, causado dolosa ou culposamente pelo empregador, é da Justiça do Trabalho.

4. Dano extrapatrimonial. Tabelamento. Art. 223-G. Supremo Tribunal Federal

A Lei n. 13.467/2017, conhecida como Reforma Trabalhista, introduziu na CLT a polêmica questão do tabelamento (tarifação) da indenização por danos extrapatrimoniais trabalhistas.

Os parâmetros instituídos na lei para o valor da indenização criaram faixas e tetos máximos de acordo com a gravidade da ofensa. Vejam o teor do novo dispositivo.

> **Art. 223-G da CLT**. Ao apreciar o pedido, o juízo considerará:
>
> **I** – a natureza do bem jurídico tutelado;
>
> **II** – a intensidade do sofrimento ou da humilhação;
>
> **III** – a possibilidade de superação física ou da humilhação;
>
> **IV** – os reflexos pessoais e sociais da ação ou omissão;
>
> **V** – a extensão e a duração dos efeitos da ofensa;
>
> **VI** – as condições em que ocorreu a ofensa ou o prejuízo moral;
>
> **VII** – o grau de dolo ou culpa;
>
> **VIII** – a ocorrência de retratação espontânea;
>
> **IX** – o esforço efetivo para minimizar a ofensa;
>
> **X** – o perdão, tácito ou expresso;
>
> **XI** – a situação social e econômica das partes envolvidas;
>
> **XII** – o grau de publicidade da ofensa.
>
> **§ 1º** Se julgar procedente o pedido, o juízo fixará a indenização a ser paga, a cada um dos ofendidos, em um dos seguintes parâmetros, vedada a acumulação:
>
> **I** – ofensa de natureza leve, até três vezes o último salário contratual do ofendido;
>
> **II** – ofensa de natureza média, até cinco vezes o último salário contratual do ofendido;
>
> **III** – ofensa de natureza grave, até vinte vezes o último salário contratual do ofendido;
>
> **IV** – ofensa de natureza gravíssima, até cinquenta vezes o último salário contratual do ofendido.
>
> **§ 2º** Se o ofendido for pessoa jurídica, a indenização será fixada com observância dos mesmos parâmetros estabelecidos no § 1º deste artigo, mas em relação ao salário contratual do ofensor.
>
> **§ 3º** Na reincidência entre partes idênticas, o juízo poderá elevar ao dobro o valor da indenização.

O Governo Federal editou Medida Provisória n. 808, de 14.11.2017 com a finalidade de alterar a base de cálculo da indenização para o limite máximo dos benefícios do Regime Geral da Previdência Social. **No entanto**, o Congresso Nacional ignorou a medida, que veio a decair em 22.04.2018. Com isso, a redação original, indicando o salário contratual como base de cálculo para a indenização por danos extrapatrimoniais voltou a vigorar.

O legislador ordinário pretendeu que, comprovada a ofensa, o julgador enquadre o ato lesivo em um dos quatro níveis indicados, ofensa leve, média, grave ou gravíssima, conforme seu prudente arbítrio e considere também as especificidades do caso, mormente os 12 (doze) pontos relacionados no artigo em análise.

Estabeleceu, também, o novo preceito legal que não cabe acumular as indenizações, contrariando neste particular o princípio da reparação integral. Assim, se a mesma ofensa atingir bens jurídicos extrapatrimoniais distintos da vítima, por exemplo, atingir levemente a imagem, gravemente a sexualidade e de forma média a saúde, só caberá a fixação de uma indenização, pelo que algumas lesões ficarão isentas de reparação.

Rafael Edson Pugliese Ribeiro estabelece que[9]:

> O legislador cometeu graves atentados no art. 223-G, § 1º, a saber: a) vedar a cumulação de lesões patrimoniais; b) constituir fórmula reparatória com base no salário contratual do ofendido. A fixação de um critério tabelado para as indenizações nem foi o mais grave, embora o STJ e STF já tenham decidido que, pelo menos em relação à Lei de Imprensa, a indenização por dano moral não está sujeita a valores tarifados (STJ, Súmula n. 281). (...) O nosso sistema normativo encontra parâmetros constitucionais rígidos, como o princípio da reparação de acordo com a extensão do dano, de que é exemplo o inciso X, do art. 5º. (...) A locução "vedada a cumulação", presente no § 1º, do art. 223-G, precisará ser entendida como "vedado o *bis in idem*", ou algo assim, para não incidir na coima de inconstitucionalidade, por quebra do princípio de igualdade, sem distinção de qualquer natureza, presente no art. 5º, *caput*, da CF.

Com o propósito de apontar algumas diretrizes para o magistrado apreciar o dano extrapatrimonial, o legislador ordinário estabeleceu um rol exemplificativo de 12 (doze) incisos que deverão ser considerados na fixação do valor indenizatório.

Cabe ressaltar que alguns incisos devem ser apreciados com cautela. Não se pode esquecer de que o trabalhador subordinado não goza de autonomia e espontaneidade para concordar, sem reservas e com convicção, com a retratação espontânea por parte do

(9) RIBEIRO, Rafael Edson Pugliese. *Reforma Trabalhista Comentada*. Curitiba: Juruá, 2018. p. 110.

lesante, bem como não se pode presumir o perdão tácito ou mesmo expresso somente pela inércia de reação do lesado. A sua situação de dependência e sem garantia de emprego impede que atue em condições de livre manifestação de vontade perante o empregador.

A indenização por dano extrapatrimonial guarda conteúdo de interesse público. O valor fixado deve observar a extensão do dano sofrido, o grau de comprometimento dos envolvidos no evento, os perfis financeiros do ofensor do ilícito e da vítima, além de aspectos secundários pertinentes a cada caso. Incumbe ao juiz fixá-lo com prudência, bom-senso e razoabilidade.

O dano extrapatrimonial é indenizável, não como uma quantificação patrimonial, que é impossível, mas com o objetivo duplo de impor uma sanção ao agressor para que não mais volte a infringir e, também, com o objetivo de provocar na vítima uma sensação de prazer para compensar a dor provocada pelo ato danoso.

A compensação pelo dano à pessoa deve caminhar de forma harmoniosa com os direitos humanos e com os direitos da personalidade, cujo fundamento é o reconhecimento de que a pessoa tem um valor em si mesma e de que, por isso, deve-lhe ser reconhecida uma dignidade. Logo, a dor, a angústia e a tristeza são formas por meio das quais o dano extrapatrimonial se exterioriza.

Sebastião Geraldo de Oliveira traz um exemplo que pode ocorrer na prática e que bem demonstra a discriminação pelo tratamento diferenciado. Um engenheiro civil, com salário contratual de R$ 10.000,00, um encarregado, com salário contratual de R$ 5.000,00, e um pedreiro, com salário contratual de R$ 2.000,00, no exercício de suas atividades laborativas na construção civil, sofrem acidente de trabalho, uma vez que o empregador não observou as diretrizes da NR-18 do Ministério do Trabalho. Todos os trabalhadores ficaram com sequelas físicas semelhantes em razão do mesmo acidente, porém, os valores das indenizações por danos extrapatrimoniais serão diferentes para cada trabalhador, violando o princípio constitucional da isonomia[(10)].

Importante notar que a Constituição Federal de 1988, desde o seu preâmbulo, enuncia a igualdade como valor supremo do Estado Democrático, igualdade esta que alça patamar de princípio fundamental no art. 5º, *caput*, da Constituição Federal:

> Nós, representantes do povo brasileiro, reunidos em Assembleia Nacional Constituinte para instituir um Estado Democrático, destinado a assegurar o exercício dos direitos sociais e individuais, a liberdade, a segurança, o bem-estar, o desenvolvimento, **a igualdade** e a justiça como valores supremos de uma sociedade fraterna, pluralista e sem preconceitos, fundada na harmonia social e comprometida, na ordem interna e internacional, com a solução pacífica das controvérsias, promulgamos, sob a proteção de Deus, a seguinte CONSTITUIÇÃO DA REPÚBLICA FEDERATIVA DO BRASIL. (negrito nosso)

---

(10) OLIVEIRA, Sebastião Geraldo. O Dano Extrapatrimonial Trabalhista após a Lei n. 13.467/2017. *Revista LTr*, São Paulo, v. 81, n. 9, p. 1065, set. 2017.

Sintetiza bem o princípio da isonomia o magistério de Alexandre de Moraes(11):

> De uma parte, frente ao legislador ou ao próprio executivo, na edição, respectivamente, de leis, atos normativos e medidas provisórias, impedindo que possam criar tratamentos abusivamente diferenciados a pessoas que encontram-se em situações idênticas. Em outro plano, na obrigatoriedade ao intérprete, basicamente, a autoridade pública, de aplicar a lei e atos normativos de maneira igualitária, sem estabelecimento de diferenciações em razão de sexo, religião, convicções filosóficas ou políticas, raça, classe social.

A dignidade da pessoa humana não pode ser aferida de acordo com o seu padrão de rendimento. A maior ou menor riqueza da vítima não pode, por si só, orientar o valor da indenização, nem servir de parâmetro para reparar a lesão extrapatrimonial.

Da mesma forma, Maria Helena Diniz nos ensina que(12):

> Tarifar não seria a solução ideal para encontrar o justo equilíbrio na indenização do dano moral; dever-se-ia, ensina Zavala de Gonzalez, considerar a teoria da regulação normativa do 'quantum' indenizatório, que indicasse critérios objetivos ou bases que levem a uma reparação equitativa, uma vez que não se fixam pisos máximos ou mínimos, deixando-se uma margem de avaliação judicial, que possibilite transpor os reguladores indicativos estabelecidos em lei.

Deve, portanto, haver uma moderação na quantificação do montante indenizatório do dano moral, sem falar na necessidade de previsão legal contendo critérios objetivos a serem seguidos pelo órgão judicante no arbitramento. Na liquidação judicial, o magistrado tem, ante a fluidez e a subjetividade do sofrimento, o dever de apurar, com seu prudente arbítrio, os critérios a serem seguidos e o *quantum debeatur*, tendo por *standard* o homem médio na sociedade ao examinar a gravidade do fato e a dimensão do dano moral ocorrido e ao ponderar os elementos probatórios.

A inclusão na Constituição Federal de 1988 do direito à reparação dos danos morais indicou que as lesões desta natureza devem ser indenizadas em sua plenitude, sem as amarras de tetos limitadores. Segundo prevê o art. 5º, V, da CF/1988, a indenização deverá ser proporcional ao agravo, razão pela qual não é possível limitar a intensidade da ofensa e o valor da indenização, sob pena de criar em determinados casos uma reparação desproporcional em benefício do agressor.

---

(11) MORAES, Alexandre de. *Direito Constitucional*. 33. ed. São Paulo: Atlas, 2017. p. 36.

(12) DINIZ, Maria Helena. *Curso de Direito Civil Brasileiro*. São Paulo: Saraiva. v. 7, p. 91.

Nesse sentido, o Superior Tribunal de Justiça fixou o seguinte entendimento:

> **Súmula n. 281 do STJ** – A indenização por dano moral não está sujeita à tarifação prevista na Lei de Imprensa.

O Supremo Tribunal Federal, em sua composição plenária, firmou posicionamento quanto ao não cabimento do tabelamento do dano moral no julgamento da Arguição de Descumprimento de Preceito Fundamental – ADPF n. 130/DF. Nesse julgamento, a Corte declarou que a Lei de Federal n. 5.250/1967, conhecida como Lei de Imprensa, não foi recepcionada pela Constituição Federal. O tema tabelamento ou tarifação do dano moral foi abordado expressamente no julgamento por quase todos os Ministros da Corte.

No seu voto, destacou o Ministro Ricardo Lewandowski:

> Não impressiona, *data venia*, a objeção de alguns, segundo a qual, se a lei for totalmente retirada do cenário jurídico, o direito de resposta ficaria sem parâmetros e a indenização por dano moral e material sem balizas, esta última à falta de tarifação. É que a Constituição, no art. 5º, V, assegura o direito de resposta proporcional ao agravo, vale dizer, trata-se de um direito que o seu exercício não pode ser exercido arbitrariamente, devendo o seu exercício observar uma estrita correlação entre meios e fins. E disso cuidará e tem cuidado o Judiciário. Esta Suprema Corte, no tocante à indenização por dano moral, de longa data, cristalizou jurisprudência no sentido de que o art. 52 e 56 da Lei de Imprensa não foram recepcionados pela Constituição, com o que afastou a possibilidade do estabelecimento de qualquer tarifação, confirmando, nesse aspecto, a Súmula n. 281 do STJ. (*sic*)

Inviabilizada a tarifação nas indenizações por dano extrapatrimonial em razão de limites impostos pela Constituição Federal, confere-se prevalência ao sistema aberto, mediante o qual o julgador está autorizado a fixar o valor da reparação de forma subjetiva, mas sem desprezar critérios objetivos, conforme balizas preestabelecidas.

A dosimetria do *quantum* indenizatório guarda relação direta com o princípio da restauração justa e proporcional, nos exatos limites da existência e da extensão do dano sofrido e do grau de culpa, sem olvidar a situação econômica de ambas as partes.

Nesse sentido, o disposto no art. 944 do Código Civil:

> **Art. 944.** A indenização mede-se pela extensão do dano.
>
> **Parágrafo único.** Se houver excessiva desproporção entre a gravidade da culpa e o dano, poderá o juiz reduzir, equitativamente, a indenização.

Além disso, o dano extrapatrimonial, diferentemente do dano patrimonial, evoca o grau de culpa do autor do ato ilícito como parâmetro para fixação do valor da indenização. Nesse sentir, a atuação dolosa do agente reclama reparação econômica mais severa, ao passo que a imprudência ou negligência clamam por reprimenda mais branda.

Acrescente-se que a capacidade econômica das partes constitui fato relevante para a fixação do *quantum* indenizatório, na medida em que a reparação não pode levar o ofensor à ruína e, tampouco, autorizar o enriquecimento sem causa da vítima. Logo, afigura-se extremamente importante, sob o foco da realidade substancial das partes, sem desprezar os fins sociais do Direito e as nuances do bem comum, considerar a perspectiva econômica como critério a ser observado na determinação da indenização por dano extrapatrimonial.

Constata-se, portanto, a delegação de poderes ao magistrado, que permite, em cada caso concreto, liquidar o dano extrapatrimonial. Fugindo de critérios rígidos para a fixação de tal indenização, permitiu-se ao juiz a utilização de critérios pertinentes ao caso concreto e, com base neles, estabelecer uma justa indenização, razão pela qual, os parâmetros para apreciação do pedido de reparação são meramente exemplificativos, uma vez que os critérios poderão surgir no caso concreto e não previsto pelo legislador.

O tabelamento idealizado pelo legislador ordinário, portanto, não deve servir como teto para definir reparações, sob pena de afronta ao art. 5º, incisos V e X, da Constituição Federal.

Além disso, cumpre destacar que o legislador ordinário somente admite a reincidência se for entre as mesmas partes, o que praticamente jamais acontecerá, pois dificilmente o empregador perseguirá com o mesmo empregado após tê-lo causado um dano extrapatrimonial. Em outras palavras, é como se o legislador dissesse que o juiz não pode levar em consideração a repetição dos mesmos fatos na mesma fábrica, porém, com vítimas diferentes. Em tal contexto, somente o maior rigor nas reincidências, ainda que com relação a outro empregado, poderia abrir uma perspectiva de adequação comportamental do empregador.

Ressalta-se que a Lei n. 13.467/2017 não alterou a Lei da Ação Civil Pública — Lei n. 7.347/1985, inclusive os dispositivos que regem as ações de responsabilidade por danos morais e patrimoniais de natureza coletiva.

Diante do que foi exposto, conclui-se que o art. 223-G, § 1º, da CLT, ao estabelecer tabelamento de indenização por danos extrapatrimoniais de acordo com o grau de ofensa e o salário contratual do ofendido, padece de vício incontornável da inconstitucionalidade, uma vez que nossa Carta Magna assegura a ampla reparação dos danos extrapatrimoniais, nos termos do art. 5º, incisos V e X, afastando-se, assim, qualquer tarifação legislativa, desprezando a capacidade de pagamento, a necessidade de se afirmar efeito pedagógico à medida e impeditiva à extensão e à gravidade do dano.

Por tais circunstâncias, a Associação dos Magistrados da Justiça do Trabalho — ANAMATRA, juntamente com a Confederação Nacional dos Trabalhadores na Indústria — CNTI e o Conselho Federal da Ordem dos Advogados do Brasil, propôs ações diretas de inconstitucionalidade, todas com medida cautelar, dos art. 223-A e 223-G, §§ 1º e 2º, da CLT, na redação alterada pela Medida Provisória n. 808/2017 e na redação dada pela Lei n. 13.467/2017 (Reforma Trabalhista).

A ANAMATRA sustentou que a lei não poderia limitar a atuação do Poder Judiciário na fixação do valor da indenização por dano moral, sob pena de restringir o próprio exercício da jurisdição, conforme precedente do STF na ADPF n. 130 que, por maioria, entendeu pela inconstitucionalidade da limitação dos valores de indenização estabelecidos na Lei de Imprensa.

O Conselho Federal da OAB, na mesma linha de entendimento das demais postulantes, assevera que o restabelecimento da redação do art. 223-G, após a caducidade da MP n. 808/2017, implicou grave prejuízo aos trabalhadores, porquanto o valor da indenização passou a ser balizado pelo salário contratual do trabalhador e não pelo teto salarial do Regime Geral de Previdência Social, não mais excetuando dessa regra a reparação por morte.

A AGU, no entanto, manifestou-se contrária ao objeto da ADI, sustentando que, dentro das extensas margens estabelecidas no texto legal, a Justiça Trabalhista tem autonomia para definir a natureza da ofensa, classificando-a como leve, média, grave ou gravíssima, assim como para estabelecer o valor adequado à reparação do dano e aduzir que o parâmetro estabelecido pelo inciso IV do § 1º do art. 233- G da CLT não corresponde, propriamente, ao limite máximo do valor da reparação, uma vez que pode ser ultrapassado em situações específicas, como na hipótese de reincidência, em que a quantia pode ser estipulada pelo dobro.

O Supremo Tribunal Federal, por maioria, conheceu as ADIs ns. 6.050, 6.069 e 6.082 e julgou parcialmente procedentes os pedidos para conferir interpretação conforme a Constituição, de modo a estabelecer que:

> 1) As redações conferidas aos arts. 223-A e 223- B, da CLT, não excluem o direito à reparação por dano moral indireto ou dano em ricochete no âmbito das relações de trabalho, a ser apreciado nos termos da legislação civil;
>
> 2) Os critérios de quantificação de reparação por dano extrapatrimonial previstos no art. 223-G, *caput* e § 1º da CLT deverão ser observados pelo julgador como critérios orientativos de fundamentação da decisão judicial.

Dessa forma, é constitucional, porém, o arbitramento judicial do dano em valores superiores aos limites máximos dispostos nos incisos I a IV do § 1º do art. 223-G, quando consideradas as circunstâncias do caso concreto e os princípios da razoabilidade, da proporcionalidade e da igualdade. Tudo nos termos do voto do Relator (Ministro Gilmar Mendes), vencidos os Ministros Edson Fachin e Rosa Weber (Presidente), que julgavam procedente o pedido das ações.

5. Considerações finais

Prestigiando o princípio do amplo acesso constitucional ao Poder Judiciário, de forma célere e eficaz, o legislador constituinte derivado ampliou significativamente a competência material da Justiça do Trabalho por meio da Emenda Constitucional n. 45, publicada em 31 de dezembro de 2004.

E mais, a Emenda Constitucional n. 45/2004 previu expressamente a competência material da Justiça do Trabalho para processar e julgar demandas de indenização por dano moral e material decorrente da relação de trabalho (CF, art. 114, VI).

Posteriormente, o Supremo Tribunal Federal pacificou a controvérsia existente para estabelecer a competência material da Justiça Laboral para o processamento e julgamento das ações reparatórias por danos patrimoniais e morais, inclusive, decorrentes de acidente de trabalho.

À Justiça Comum compete processar e julgar as pretensões dirigidas contra o Estado, relativas ao seguro específico para acidente de trabalho.

Por fim, a Emenda Constitucional n. 45 foi promulgada com o objetivo de dar maior eficiência e celeridade ao Poder Judiciário e, com esta finalidade, ampliou de forma significativa a competência material da Justiça do Trabalho, porém atualmente, após 20 (vinte) anos de sua promulgação, vivemos o efeito inverso, com a diminuição dessa competência em razão decisões proferidas pelo Supremo Tribunal Federal, contrariando, totalmente, a intenção do legislador constituinte derivado.

Referências

ÁVILA, Humberto. *Teoria dos Princípios* — Da definição à Aplicação dos princípios Jurídicos. 17. ed. São Paulo: Malheiros, 2016.

BARROS, Alice Monteiro de. *Curso de Direito do Trabalho*. 4. ed. São Paulo: LTr, 2008.

BEBBER, Júlio César. Danos Extrapatrimoniais — estético, biológico e existencial — Breves Considerações. *Revista LTr*, São Paulo, v. 73, n. 1, p. 28, jan. 2009.

BRANDÃO, Cláudio. *Acidente de Trabalho e Responsabilidade Civil do Empregador*. 4. ed. São Paulo: LTr, 2015.

DALLEGRAVE NETO, José Affonso. *Responsabilidade Civil no Direito do Trabalho*. 5. ed. São Paulo: LTr, 2015.

DELGADO, Mauricio Godinho. *Curso de Direito do Trabalho*. 6. ed. São Paulo: LTr, 2007.

DELGADO, Maurício Godinho; DELGADO, Gabriela Neves. *A Reforma Trabalhista no Brasil*. 2. ed. São Paulo: LTr, 2018.

______; ______. *Constituição da República e Direitos Fundamentais*. 2. ed. São Paulo: LTr, 2013.

DIAS, Carlos Eduardo Oliveira; FELICIANO, Guilherme Guimarães; SILVA, José Antônio Ribeiro; TOLEDO FILHO, Manoel Carlos. *Comentários à Lei da Reforma Trabalhista*. 2. ed. São Paulo: LTr, 2018.

DINIZ, Maria Helena. *Curso de Direito Civil Brasileiro*. São Paulo: Saraiva, 2009. v. 7.

FERREIRA, Farley Roberto Rodrigues de Carvalho. *A Incapacidade Laborativa Temporária Causada por Doença e seus Efeitos no Contrato de Trabalho*. São Paulo: Fontenele, 2017.

LEITE, Carlos Henrique Bezerra. *Curso de Direito do Trabalho*. 5. ed. São Paulo: Saraiva, 2014.

MELO, Raimundo Simão. *Direito Ambiental do Trabalho e a Saúde do Trabalhador*. 5. ed. São Paulo: LTr, 2013.

MORAES, Alexandre de. *Direito Constitucional*. 33. ed. São Paulo: Atlas, 2017.

OLIVEIRA, Sebastião Geraldo. *Indenizações por Acidente do Trabalho ou Doença Ocupacional*. 5. ed. São Paulo: LTr, 2009.

OLIVEIRA, Sebastião Geraldo. O Dano Extrapatrimonial Trabalhista após a Lei n. 13.467/2017. *Revista LTr*, São Paulo, 2017, v. 81, n. 9, p. 1.054-1.068, set. 2017.

PEREIRA, Caio Mário da Silva. *Responsabilidade Civil*. 9. ed. Rio de Janeiro: Forense, 2001.

RIBEIRO, Rafael Edson Pugliese. *Reforma Trabalhista Comentada*. Curitiba: Juruá, 2018.

ROCHA, Fábio Ribeiro. *Efetividade do Direito Fundamental ao Meio Ambiente de Trabalho Seguro e Adequado*. São Paulo: LTr, 2016.

ROMITA, Arion Sayão. *Direitos Fundamentais nas Relações de Trabalho*. 4. ed. São Paulo: LTr, 2012.

SILVA, Homero Batista Mateus da. *CLT Comentada*. 2. ed. São Paulo: RT, 2018.

TARTUCE, Flávio. *Direito Civil*. 5. ed. São Paulo: Método, 2010.

A (Dis)Função Social do Comum Acordo, com a Recusa Imotivada, a "Sombra" da Colonialidade e o (Des)Merecimento de Tutela Judicial

Francisco Alberto da Motta Peixoto Giordani(1)

O importante tema acerca da exigência do comum acordo, por conta do estatuído no art. 114, § 2º, da Constituição, dita cidadã (imagino que incluindo os trabalhadores também dada à centralidade que conferiu ao trabalho), de inegável relevância para a paz e harmonia das relações capital/trabalho, continua, em alguns relevantes aspectos, em aberto, como denota o Incidente de Resolução de Demandas Repetitivas — IRDR (Processo TST IRDR n. 1000907-30.2023.5.00.0000), em boa hora suscitado pelo insigne Ministro Mauricio Godinho Delgado, ao dispor:

> Trata-se de Incidente de Resolução de Demandas Repetitivas — IRDR admitido, por maioria, pelo Tribunal Pleno desta Corte Superior para que se fixe tese jurídica acerca da seguinte questão de direito: "A recusa arbitrária do sindicato empresarial ou membro da categoria econômica para participar do processo de negociação coletiva trabalhista viola a boa-fé objetiva e tem por consequência a configuração do comum acordo tácito para a instauração de Dissídio Coletivo de Natureza Econômica"?

---

(1) Advogado. Desembargador Federal do Trabalho do Tribunal Regional do Trabalho da 15ª Região aposentado. Diretor da Escola Judicial no biênio 2014/2016. Ouvidor no biênio 2018/2020 e Vice-Presidente Judicial no biênio 2020/2022. Membro da Academia Nacional de Direito Desportivo e da Sociedade Brasileira de Direito Desportivo. Autor dos livros: Estudos sobre a Interpretação das Leis, publicado pela Copola Livros em 1997; Estudos de Direito Material e Processual do Trabalho, publicado pela LTr Editora em 2013; coautor de Direito do Trabalho para Inquietos, pela Lacier Editora, 2024; autor do livro *Sentimentos com Poesia ou Poesia com Sentimentos?* Lacier Editora, 2024. É um dos compositores do fado *"Sangue Lusitano"*, além de diversos artigos jurídicos publicados em revistas especializadas.

Saliente-se, por oportuno, que a questão de direito submetida à apreciação no IRDR não se circunscreve à constitucionalidade da exigência de comum acordo inserta no art. 114, § 2º, da CF. A compreensão de que o comum acordo é necessário para o processamento do dissídio coletivo de natureza econômica, com apoio no art. 114, § 2º, da CF, vem sendo reiterada no TST pelo menos desde o ano de 2007. O Supremo Tribunal Federal, inclusive, fixou a tese de repercussão geral (Tema 841) no sentido de que *"é constitucional a exigência de comum acordo entre as partes para ajuizamento de dissídio coletivo de natureza econômica, conforme o art. 114, § 2o, da Constituição Federal, na redação dada pela Emenda Constitucional 45/2004"*.

Diante desse quadro, tenho por oportuno retornar ao tema, o que passo a fazer(2).

Curioso, desde logo, registrar que, em um comenos (não tão recente assim) no qual, até em seara processual se procura a cooperação entre os envolvidos em um processo judicial, atento à dicção do art. 6º do CPC/2015 (por isso, que não tão recente assim)(3), há algum sentir que veja como possível recusar-se um dador de serviço a cooperar, visando a resolver uma questão que aflige seus trabalhadores, suas condições de trabalho, o que atinge, claro está, o seu dia a dia, quando não conseguem chegar, por meio de tratativas diretas, **comparticipar**, já agora em processo judicial, para a construção de um pronunciamento judicial, que ponha um termo ao que os distancia, com isso, reaproximando-os novamente, como sempre melhor convém às relações entre ambos, fixando que, como dilucida o preclaro Ronaldo Brêtas de Carvalho Dias, *verbis*:

> esse normatizado dever de cooperação deve ser tecnicamente entendido e seguido no processo como comparticipação dos sujeitos processuais (art. 6º). Melhor dizendo, os sujeitos do processo devem praticar os atos processuais que lhes cabem em regime de comparticipação, concretizada pelo efetivo contraditório (art. 7º), que é seu elemento normativo estruturador, na medida em que o contraditório entrelaça-se com a fundamentação da decisão

---

(2) O presente artigo já foi publicado anteriormente, no livro *Direito do Trabalho para Inquietos*, Campinas, Editora Lacier, 2024, no qual foram reunidos artigos escritos por este articulista e pelo eminente juslaborista Guilherme Guimarães Feliciano, alguns escritos de cada um, o presente escrito foi um dos que elaborei e foi incluído na referida obra; e anteriormente, agora conjuntamente com o mencionado e ilustre Professor e Magistrado Guilherme Guimarães Feliciano, assinamos um artigo "O 'comum acordo' na Justiça do Trabalho e o acesso à Justiça: sensibilizando o olhar", *JOTA*, 13.09.2021. Naquele momento, o foco maior se dirigiu para a boa-fé e o abuso do direito, decorrente da possibilidade de se aceitar/admitir uma recusa sem justificativa. Agora, neste, procedi a algumas singelas e breves considerações acerca da função social, e o quanto a recusa de comum acordo, desacompanhada de um sério fundamento, ignora-a, claro, magoando os valores e princípios que norteiam o ordenamento jurídico pátrio; por óbvio, poder-se-ia/poder-se-á aprofundar mais a questão da boa-fé, do abuso do direito, e enfrentar a cizânia que a recusa imotivada pode provocar (*rectius*: efetivamente provoca!) com o princípio da solidariedade, o que deve ficar para uma próxima ocasião. Acrescento, neste ensejo, observações que não constaram da primeira versão.

(3) "Art. 6º Todos os sujeitos do processo devem cooperar entre si para que se obtenha, em tempo razoável, decisão de mérito justa e efetiva."

> jurisdicional (art. 489), permitindo que as partes exerçam influência junto ao julgador, a fim de que o pronunciamento decisório desponte favorável aos seus interesses. Por consequência, no Estado Democrático de Direito, é esta forma de estruturação procedimental que legitima o conteúdo das decisões jurisdicionais proferidas ao seu final, fruto da comparticipação dos sujeitos do processo, quais sejam – juiz, a quem o Estado delegou a função jurisdicional, e as partes contraditoras, cada uma delas buscando subordinar o interesse da parte contrária ao seu – implementando-se tecnicamente os direitos e garantias fundamentais por estas ostentados.(4)

Como é bem de ver, nada de uma utópica ideia de colaboração, deixando de lado qualquer interesse próprio, no sentido de mais usual do vocábulo, mas, sim, como dito, no de comparticipação, é dizer, participar com e para a construção do provimento final, visando a justa (o que já deixa a descoberto qual o modelo de participação que se espera!) composição da lide!

Outrossim, interessante ver que o E. STJ, em Embargos de Divergência em REsp (Processo n. 1.636.889/MG (2016/0293165-0), no qual foi relatora a culta Ministra Nancy Andrighi, placitou o entendimento de que, ainda que celebrado contrato contendo cláusula dispondo sobre o recurso obrigatório a arbitragem, mesmo assim o consumidor pode ingressar em juízo, bastando isso para manifestar sua discordância, sendo nula, portanto, referida cláusula. Como se vê, não basta a mera existência de uma cláusula compromissória de arbitragem para conter o direito de ação, ficando firme, como se percebe logo em sua ementa, que, com a promulgação da Lei de Arbitragem, passaram a conviver 3 situações diferentes: a regra geral, prevendo a obrigatoriedade quando pactuada a arbitragem, a regra específica, quanto aos contratos de adesão, que restringe a eficácia da cláusula compromissória, e a regra mais específica ainda, que importa em nulidade, nos contratos sujeitos ao CDC, da imposição da arbitragem, pouco importando sejam de adesão ou não, com isso, além da proteção ao mais vulnerável, o consumidor, resta resguardado/protegido o direito fundamental de acesso à justiça/jurisdição, lembrando, aqui, que, para doutrinadores de escol, o acesso à justiça/jurisdição está entre os mais importantes princípios e/ou é mesmo o mais relevante, que a Magna Carta traz consigo. Adaptando-se o quanto superiormente decidido pelo E. STJ ao que aqui nos ocupa, poder-se-á asseverar que há duas regras, para compatibilizar a exigência de comum acordo com o ordenamento jurídico, incluindo a proteção aos trabalhadores, a centralidade do trabalho, a liberdade sindical e o direito à negociação coletiva, fundamentais que são: a regra geral de sua exigência e uma mais específica que exige a existência de um motivo sério, que justifique a negativa, pois do contrário, ainda que constitucional o art. 114, § 2º, da Carta Política, o que torna

(4) DIAS, Ronaldo Brêtas de Carvalho. A Constitucionalização do Novo Código de Processo Civil. In: DIDIER JR., Fredie; NUNES, Nunes; FREIRE, Alexandre (Coords.). *Coleção Grandes Temas do Novo CPC* — Normas Fundamentais Salvador: JusPodivm, 2016. v. 8, p. 67-68.

possível a recusa, para não ficar algo perdido no vazio (*rectius*: no espaço sideral!) e em respeito ao Estado Democrático de Direito, bem como aos direitos fundamentais que precisam ser observados na espécie, para que com ele se coadune o bloqueio do direito constitucional de acesso à justiça/jurisdição, que é o que se dá, dito sem refolhos, há que existir e ser apresentado/justificado o motivo da recusa! Segue a ementa:

> EMBARGOS DE DIVERGÊNCIA NO RECURSO ESPECIAL. PROCESSUAL CIVIL E CONSUMIDOR. AÇÃO COMINATÓRIA PARA ENTREGA DE IMÓVEL. CONVENÇÃO DE ARBITRAGEM. LIMITES E EXCEÇÕES. CONTRATOS DE CONSUMO. IMPOSIÇÃO DA ARBITRAGEM. IMPOSSIBILIDADE. NULIDADE. 1. O propósito dos embargos de divergência consiste em dizer se: a) é nula a cláusula de contrato de consumo que determina a utilização compulsória da arbitragem; e b) se o fato de o consumidor ajuizar ação judicial afasta a obrigatoriedade de participação no procedimento arbitral. 2. Na linha da pacífica e atual jurisprudência desta Corte Superior, observa-se que, com a promulgação da Lei de Arbitragem, passaram a conviver, em harmonia, três regramentos de diferentes graus de especificidade: (I) a regra geral, que obriga a observância da arbitragem quando pactuada pelas partes; (II) a regra específica, aplicável a contratos de adesão genéricos, que restringe a eficácia da cláusula compromissória; e (III) a regra ainda mais específica, incidente sobre contratos sujeitos ao CDC, sejam eles de adesão ou não, impondo a nulidade de cláusula que determine a utilização compulsória da arbitragem, ainda que satisfeitos os requisitos do art. 4º, § 2º, da Lei n. 9.307/96. 3. É nula a cláusula de contrato de consumo que determina a utilização compulsória da arbitragem. 4. O ajuizamento, pelo consumidor, de ação perante o Poder Judiciário caracteriza a sua discordância em submeter-se ao juízo arbitral, não podendo prevalecer a cláusula que impõe a sua utilização. 5. Na hipótese dos autos, extrai-se dos fatos delineados pelas instâncias ordinárias, que se está diante de contrato de consumo, motivo pelo qual é nula a cláusula que determina a utilização compulsória da arbitragem pelos consumidores, que, ademais, optaram por ajuizar a presente ação, o que denota a sua discordância em submeter-se ao juízo arbitral, não podendo prevalecer a cláusula que impõe a sua utilização. 6. Embargos de divergência acolhidos para negar provimento ao recurso especial. (julgado em 09.08.2023)

Feitas essas observações, passo a ferir o tema, evocando, para tanto, lição do grande mestre Antônio Junqueira Azevedo sobre os novos princípios contratuais e que, ao abordar o princípio da função social, dilucidou:

> A ideia de função social do contrato está claramente determinada pela Constituição, ao fixar, como um dos fundamentos da República, o valor social da livre-iniciativa (art. 1º, inciso IV); essa disposição impõe, ao jurista, a proibição de ver o contrato como um átomo, algo que somente interessa às partes, desvinculado de tudo o mais. O contrato, qualquer contrato, tem importância para toda a sociedade e essa asserção, por força da Constituição, faz parte, hoje, do ordenamento positivo brasileiro.[5]

(5) AZEVEDO, Antônio Junqueira. *Estudos e Pareceres de Direito Privado*. São Paulo: Saraiva, 2004. p. 141-142.

Ora, se é assim para os contratos em geral, não podendo qualquer deles ser visto como um átomo, e que interesse somente aos contratantes, porquanto releva para toda a sociedade, como afirma o eminente lente que se vem de referir, como admitir que uma questão envolvendo um grupo de trabalhadores, que anelam discutir em juízo questões que, de outro modo, não lograram resolver possa ser "estancada" por meio de uma desmotivada recusa de uma das partes, envolvida na questão? O Direito avança no mais, e pretende, quanto ao Direito do Trabalho avançar, perigosamente, rumo a um duro/cruel passado, quanto ao "tratamento" dispensado aos trabalhadores?!

Essa situação não se ajusta ao que se dá hodiernamente, porquanto, como se não desconhece, na quadra atual, já não basta ver da estrutura de um direito (do que é feito), há perquirir de sua função (sua finalidade), o que é da maior importância, necessário mesmo, para se estabelecer se, ao ser, em determinada situação concreta, exercido, atende aos valores do ordenamento (o bem que traz/o quanto contribui para a sua realização), retratados no texto constitucional, e que justificam seu exercício, como superiormente dilucidado pelo culto Professor Carlos Edison do Rêgo Monteiro Filho, conquanto tendo em vista mais precisamente o direito de propriedade (mesmo porque a empresa é uma de suas modalidades), em lição que tem amplo alcance, servindo como luva ao que aqui se expõe:

> A noção geral de funcionalização, pode-se afirmar, parte da distinção, tão querida aos filósofos, entre fins e meios. Tudo o que se diz meio para a realização de alguma coisa, se diz instrumento e, na esteira, se diz funcionalizado àquela noção que representa o seu fim. Se assim é, como parece, numa concepção hierárquica, os meios estão abaixo dos fins, uma vez que se curvam aos seus ditames, servem àquelas finalidades.
>
> Nesse panorama, o intérprete que se vê diante de uma situação jurídica qualquer, deve perquirir, para além de seus elementos constitutivos (o que ela é), a sua razão teleologicamente justificadora: para que serve? Ou seja, os institutos jurídicos, partes integrantes da vida de relação, passam a ser estudados não apenas em seus perfis estruturais (sua constituição e seus elementos essenciais), como também — e principalmente — em seus perfis funcionais (sua finalidade, seus objetivos).(6)(7)

---

(6) MONTEIRO FILHO, Carlos Edison do Rêgo. Usucapião Imobiliária Urbana Independente de Metragem Mínima: Uma Concretização da Função Social da Propriedade. *Revista Brasileira de Direito Civil*, v. 2, p. 12-13, out./dez. 2014.

(7) Em nota de rodapé, mencionado jurista ainda menciona os grandes mestres Pietro Perlingieri e Norberto Bobbio e estou em que importa conhecer os ensinamentos desses notáveis pensadores do Direito, a respeito da questão ora enfocada. Para o primeiro: *"É da máxima importância identificar a estrutura e a função do fato jurídico. Preliminarmente, pode-se dizer que a estrutura e função respondem a duas indagações que se põem em torno do fato. O 'como é?' evidencia a estrutura, o que 'para que serve?' evidencia a função."* (*Perfis do Direito Civil*

Aliás, parece mesmo consistente e escorreito inferir, como o faz o afamado civilista Gustavo Tepedino[(8)], que:

> Todo e qualquer negócio jurídico tem uma estrutura e uma função. A identidade da função que se pretende alcançar e sua compatibilidade com os valores constitucionais precedem e definem a estrutura a ser utilizada. Servem, assim, a estrutura e a função que lhe justifica, de ponto de partida para a construção da legalidade constitucional. Não será, pois, a estrutura do negócio, ou seja, o modus operandi (os dispositivos do Código Civil previstos para determinada tipologia ou modelo de ato), que definirá a função a ser desempenhada, mas, ao contrário, é a função que se pretende desempenhar que indicará a estrutura a ser utilizada diante de determinado arranjo negocial.
>
> Em tal perspectiva, redimensiona-se o debate acerca da função social, como alertou o Professor Pietro Perlingieri (...) Não se trata de investigar a função social do contrato ou a função social da propriedade, mas de todos os negócios e atividades, analisados em concreto e incidentes sobre bens jurídicos, associando-se, imediatamente, liberdade e responsabilidade, autonomia privada e solidariedade na promoção dos valores que, apreendidos pelo Constituinte, definem a identidade cultural da sociedade.

Investigada, aqui, a função social, apenas se enxerga/enxergará, com a recusa imotivada, um absoluto vazio, que a ignora por completo, deixando latente (*rectius*: convidando à explosão) um impasse no meio social, na mais absoluta contramão do desenhado pela Magna Carta, o que, desde logo e mui clara/robustamente deixa ver, com ofuscante clareza aliás, não poder ser esse o caminho a ser percorrido! Daí pertinente ao nosso tema, o que acrescenta o notável mestre, afirmando que "*Liberdade e solidariedade caminham de*

— Introdução ao Direito Civil Constitucional. Rio de Janeiro: Renovar, 2002. p. 94) Já para o segundo: *"Se aplicarmos à teoria do direito a distinção entre abordagem estruturalista e abordagem funcionalista, da qual os cientistas sociais fazem grande uso para diferenciar e classificar as suas teorias, não resta dúvida de que, no estudo do direito em geral (de que se ocupa a teoria geral do direito), nestes últimos cinquenta anos, a primeira abordagem prevaleceu sobre a segunda. Sem fazer concessões a rótulos, sempre perigosos por mais úteis que sejam, acredito ser possível afirmar com certa tranquilidade que, no seu desenvolvimento posterior à guinada kelseniana, a teoria do direito tenha obedecido muito mais a sugestões estruturalistas do que funcionalistas. Em poucas palavras, aqueles que se dedicaram à teoria geral do direito se preocuparam muito mais em saber 'como o direito é feito' do que 'para que o direito serve'. A consequência disso foi que a análise estrutural foi levada muito mais a fundo do que a análise funcional."* (*Da Estrutura à Função* — Novos Estudos de Teoria do Direito. São Paulo: Manole, 2007. p. 53-54)

(8) TEPEDINO, Gustavo. A Perseverante Construção da Legalidade Constitucional. In: TEPEDINO, Gustavo, SANTOS, Deborah Pereira Pinto dos; PEREIRA, Paula Moura Francesconi de Lemos (Coords.). *Direito Civil Constitucional* — A construção da legalidade constitucional nas relações privadas. Anais VII Congresso do IBDCivil. Indaiatuba: Foco, 2022. p. 3.

modo integrado, como binômio inseparável"[9]. Observados tão consistentes ensinamentos, há inferir que, a permitir a recusa imotivada, o prato da balança se inclinará (*rectius*: despencará) formidavelmente, do lado da liberdade, mas, de uma das partes apenas, claro, e a solidariedade[10] ficará flutuando, praticamente sem peso algum, como uma pena (e que pena!) do outro lado da balança, o que, a toda evidência, não atende, mais, não respeita, o que traçou o legislador constituinte para a nossa sociedade. Por conseguinte, não pode ser essa a interpretação que prevaleça, e como a constitucionalidade do respeitante dispositivo foi já estabelecida, o fiel da balança, para permitir que caminhem, "de modo integrado", liberdade e solidariedade, só pode ser encontrado, há de ser observado, em respeito ao projeto constitucional, se a recusa, uma vez manifestada e para sê-lo, tiver a respaldá-la, algum motivo sério e ponderoso, do reverso, como encaixá-lo, conferir-lhe feição conforme ao aspecto funcional do direito? Ou a ideia é retornar, ainda que ao arrepio de todo o ordenamento jurídico pátrio, ao individualismo egoísta, com foco no patrimônio, voltando-se a prevalência do ter, sobre o ser? Embora se tenha ideia de como isso poderia agradar alguns, além de se chocar, como dito, brutalmente, com a senda traçada pela Magna Carta, ainda provocaria sofrimento a milhões de pessoas, motivos que, para além de outros, já responde pela incisiva negativa de se admitir a recusa balofa, com força de édito régio e, nessa medida, inquestionável!

Nesse passo, é preciso ver que, por vias transversas, ofender-se-á o art. 5º, XXXV, da Constituição Federal, com a recusa balofa, o que é algo diverso da constitucionalidade do disposto no art. 114, § 2º, admitida pelo A. STF (sim, foi reconhecida a constitucionalidade deste dispositivo!), porquanto não há extrair da posição da Corte, que a recusa pode ser ao talante de quem a manifeste, por mais balofa que seja, pela manifesta agressão que provoca ao Estado Democrático de Direito, que não convive — ou não deve conviver — bem, não contém — ou não deve conter —, em seu seio, uma tão agressiva postura. Com as adaptações devidas, de Poder para Poder inclusive, de atentar para a advertência da ilustre Roberta Maia Gresta, no sentido de que:

> A percepção da ilegitimidade do exercício da função legislativa é dificultada quando a restrição de acesso à jurisdição não é enunciada de forma direta, como uma vedação, mas por meio de uma regra de permissão. É o que ocorre

---

(9) Nesse ponto, o lente faz alusão ao referido pela Professora Maria Cristina de Cicco em conferência que proferiu. TEPEDINO, Gustavo. A Perseverante Construção da Legalidade Constitucional. In: TEPEDINO, Gustavo, SANTOS, Deborah Pereira Pinto dos; PEREIRA, Paula Moura Francesconi de Lemos (Coords.). *Direito Civil Constitucional* — A construção da legalidade constitucional nas relações privadas. Anais VII Congresso do IBDCivil. Indaiatuba: Foco, 2022. p. 4.

(10) Em alentado artigo, em nota de rodapé de n. 38, salienta Paulo Henrique Ribeiro Garcia que: "*Atualmente, o princípio da solidariedade está consagrado no art. 3º, inciso I, da Constituição Federal, de modo que a funcionalização dos direitos informa todo o ordenamento jurídico pátrio*". (A Função Social da Empresa e o Desenvolvimento Nacional. *Cadernos Jurídicos*, São Paulo, ano 16, n. 39, p. 98, jan./mar. 2015)

> por meio da estipulação de um rol de pessoas ou entes autorizados a instaurar procedimentos judiciais, da qual decorre, implicitamente, a limitação ao exercício da faculdade de provocar discussão dos conteúdos jurídicos.[11]

De se indagar: *mutatis mutandis*, qual a diferença, em termos de restrição de acesso à justiça/jurisdição, entre o exemplo dado na lição reproduzida nas linhas anteriores e a aceitação/permissão de uma recusa não seriamente justificada? Por isso, se há inferir que essa carta branca não consta do quanto estabelecido pelo A. STF, não sendo de se imaginar/crer, *prima facie*, o contrário, por tudo quanto já desfiado neste modesto trabalho!

A preocupação com interesses econômicos, conquanto relevante e deva ser tida em linha de consideração – e muito —, não pode ser tal e/ou exclusiva, de modo que não leve em conta, real e não apenas em aparência, outros interesses, de não menor importância, mesmo porque: "*Afinal, se o direito é essencialmente cultura, o sistema jurídico equivale ao conjunto de matizes axiológicos, e não apenas aos econômicos, que refletem a identidade da sociedade*"[12], ou seja, os aspectos econômicos, conquanto se saiba/reconheça/prestigie sua indeclinável importância, sempre, não podem "tragar" outros, também muito relevantes, máxime em uma Constituição, como a nossa, que privilegia, releva sempre recordar, o ser sobre o ter!

Outro tanto se diga, relativamente, a um possível intento de se agitar, aqui, o aspecto da segurança jurídica: a uma, porque, desde logo, esse ponto, não raro, faz surgir uma indagação, em alguns espíritos, ainda que não verbalizada: "segurança jurídica para quem?", diante do fato de que, bastas vezes, se pode enxergar diferentes níveis de segurança jurídica, ou seja, não se oferece/garante a mesma "porção" para diferentes segmentos da sociedade, a depender do que esteja sobre a mesa de discussão/análise; e, a duas, porque, a segurança jurídica não paira sobranceira sobre valores outros, ao reverso, há, conforme o que se tenha em vista, os que alçam voos mais altos, como já se explanou:

> Do ponto de vista axiológico, a segurança jurídica perde terreno para os valores do bem comum e da justiça social. O pensamento jurídico passa a orientar-se mais em função dos valores do que dos interesses, recorrendo cada vez mais às cláusulas gerais e aos princípios jurídicos, categorias que não permitem maior rigor no trabalho, lógico dedutivo, ou raciocínio de

(11) GRESTA, Roberta Maia. *Introdução aos Fundamentos da Processualidade Democrática, apud* CARVALHO, João Carlos Salles de. *Pedagogia Judicial e Processo Democrático* — A fala processual como exercício da cidadania Belo Horizonte: D'Plácido, 2018. p. 189.

(12) TEPEDINO, Gustavo. A Perseverante Construção da Legalidade Constitucional. In: TEPEDINO, Gustavo, SANTOS, Deborah Pereira Pinto dos; PEREIRA, Paula Moura Francesconi de Lemos (Coords.). *Direito Civil Constitucional* — A construção da legalidade constitucional nas relações privadas. Anais VII Congresso do IBDCivil. Indaiatuba: Foco, 2022. p. 7.

subsunção, o que leva a falar-se, atualmente, em 'perdas de certeza' no pensamento jurídico.[13]

Empolgar não empolga, outrossim, o argumento do afastamento do Estado, no particular, para justificar o desejo (ou obsessão?) em defesa da recusa ao alvedrio do empregador, o que, se for para ser pensado, só poderia sê-lo, a partir da efetiva existência de uma rede de proteção, que garantisse a possibilidade de uma certa "paridade de armas"; do reverso, um tal afastamento (do Estado), equivaleria/equivale a uma carta branca (também franca?) a um maior asfixiamento da classe obreira, ou não[14]?

Lembrando: a Constituição Federal de 1988 "*transferiu a centralidade anteriormente inerente ao Código Civil para a tábua axiológica constitucional*"[15], e essa realidade não pode ficar apenas no aspecto "Ah, está bem! Legal então!", é dizer, sem repercussões efetivas, sem vida, ao contrário, há repercutir "vivamente" na vida! Corolário disso, desde logo, como também já se disse, é que "*o ordenamento jurídico, fundado no personalismo e no solidarismo, passou a exigir que o exercício de situações jurídicas patrimoniais seja funcionalizado à concretização de valores existenciais, à luz do princípio da dignidade da pessoa humana (Constituição Federal, art. 1º, III), por ser a pessoa em concreto o valor primário para o qual se voltam a livre iniciativa e as relações patrimoniais*"[16] (*sic*), e, com base nesse sólido ensinamento, logo se vê que não basta a análise isolada de um dispositivo legal, ou a soma de um e algum outro, para drapejar, validamente, a bandeira da possibilidade da recusa imotivada! Há ver o espírito da Carta Política![17]

---

(13) AMARAL, Francisco. Racionalidade e Sistema no Direito Civil Brasileiro. *Revista de Informação Legislativa*, Brasília, ano 31, n. 121, p. 243, jan./mar. 1994.

(14) Aliás, vale anotar que muitas vozes, quando defendem — e ardorosamente — a retirada do Estado das relações de trabalho, miram as individuais, não as coletivas, pesem os discursos que falam o reverso, bastando ver o quanto se procura "minar"/"dinamitar" as organizações sindicais, a cada passo, com uma legislação que esvazie e/ou as impeça de atuarem, do modo que sua razão de existir levaria/levam a que fizessem/façam.

(15) OLIVEIRA, Camila Helena Melchior Baptista de; CORTAZIO, Renan Soares. Abuso de Direito Potestativo à Luz do Princípio da Boa-Fé Objetiva. In: TEPEDINO, Gustavo; SILVA, Rodrigo da Guia (Coords.). *Relações Patrimoniais* — Contratos, Titularidades e Responsabilidade Civil. Belo Horizonte: Fórum, 2021. p. 17.

(16) OLIVEIRA, Camila Helena Melchior Baptista de; CORTAZIO, Renan Soares. Abuso de Direito Potestativo à Luz do Princípio da Boa-Fé Objetiva. In: TEPEDINO, Gustavo; SILVA, Rodrigo da Guia (Coords.). *Relações Patrimoniais* — Contratos, Titularidades e Responsabilidade Civil. Belo Horizonte: Fórum, 2021. p. 17.

(17) Quanto a esse ponto, há lembrar que o eminente constitucionalista José Afonso da Silva, fala que, aquando da interpretação, há buscar a compreensão de seu espírito: *A hermenêutica do espírito procura a ideia fundante, a concepção básica que encontra sua expressão ou incorporação na Constituição. É nessa concepção básica, por detrás da multiplicidade das normas constitucionais, que descobrimos a unidade de seu sentido."* (*Comentário Contextual à Constituição*. 9. ed. São Paulo: Malheiros, 2014. p. 18*)* Kazuo Watanabe, entre outros, também segue esse ensinamento, o que anima ainda mais a tese. Leia-se: *"Esse alcance do princípio da proteção judiciária decorre da hermenêutica do espírito da Constituição, que, no magistério de José Afonso da Silva, 'procura a ideia fundante, a concepção básica que encontra sua expressão ou incorporação na Constituição' e 'é nessa concepção básica, por detrás da multiplicidade das normas constitucionais, que descobrimos a unidade do seu sentido.*"s (Fundamentos constitucionais da solução pacífica das controvérsias: Mediação, conciliação e negociação. In:

Para que seja efetiva essa repercussão, para que impregne/contagie a atmosfera, jurídica e das relações, para logo, há ter firme que a tábua axiológica constitucional, retromencionada que apanha a centralidade dada ao trabalho e reconhecendo o valor da atuação sindical, em prol dos obreiros, como admitir possa haver, quando infrutífera uma negociação coletiva, uma dependência, total, logo desmedida, a uma das partes, conferindo-lhe o poder, tal qual o de antigos imperadores romanos, de decidir, com um gesto de mão, pela "vida ou morte" da possibilidade de propositura de uma ação, para resolver o impasse que as partes, por si mesmas, não conseguiram concertar? O que isso contribuiria para o atendimento do desenho constitucional, e no que participaria para a harmonia e pacificação das relações capital e trabalho, e, ainda, como conceber uma autonomia privada tão larga, em um Estado que tanto valoriza a solidariedade? Claro que outras indagações poderiam ser acrescentadas, mas essas parecem já ferir bem a *quaestio* posta, demonstrando quão tóxico esse entendimento à saúde da Constituição e seus objetivos primeiros.

Permitir uma recusa que não se fundamente em outro motivo que não a mera escolha/opção pela negativa de um empregador envolvido numa negociação coletiva que não logrou êxito, de modo, com isso, a obstar a outra parte/sindicato profissional a requerer apreciação judicial do que, diretamente pelas partes não se afinou, em um sistema como o nosso, não se ajusta/harmoniza/ não leva em conta qualquer dado da realidade que seja, consistentemente considerado, e aqui, vale repisar, vivemos em um país no qual os efeitos da colonização, por meio de uma colonialidade ainda bem presente[18], *de per si*, já

BIANCHI, José Flávio; PINHEIRO, Rodrigo Gomes de Mendonça; ALVIM, Teresa Arruda (Orgs.). *Jurisdição e direito privado* – Estudos em homenagem aos 20 anos da Ministra Nancy Andrighi no STJ. São Paulo: RT, 2020. p. 421. Ainda quanto ao aspecto ora em foco, embora atinente ao que se tornaria o novo Código Civil, leia-se, de Miguel Reale: "*(...) o que importa numa codificação é o seu espírito; é um conjunto de ideias fundamentais em torno das quais as normas se entrelaçam, se ordenam e se sistematizam*". (USTÁRROZ, Daniel. O Solidarismo no Direito Contratual Brasileiro. In: MARQUES, Cláudia Lima (Org). *Diálogo das Fontes:* do conflito à coordenação de normas no direito brasileirou. São Paulo: RT, 2012. p. 261)

(18) Acerca desse tema (colonialidade), tenho um singelo escrito, intitulado "Colonialidade e o Direito do Trabalho: algumas reflexões", que faz parte de obra coletiva a ser, em breve, publicada, mas, da maneira mais simples possível, pode-se asseverar que diz com o fato de que os países outrora colonizados, continuam dependentes dos países centrais, com maiores poderes ($$$), que os dominam/subordinam, sob os mais variados aspectos. Ainda relativamente à colonialidade, dilucida João Francisco Cassino, valendo-se de Luciana Ballestrin, que: "*Por colonialidade entende-se, conforme definição de Ballestrin, os mecanismos de dominação que se mantêm em funcionamento pelos países ricos, mesmo após as independências.*". (O Sul Global e os Desafios Pós-Coloniais na Era Digital. In: CASSINO, João Francisco; SOUZA, Joyce; SILVEIRA Sérgio Amadeu da (Orgs.). Colonialismo de Dados — Como opera a trincheira algorítmica na guerra neoliberal. *Autonomia Literária*, São Paulo, p. 15, 2021) De acrescentar o ensinamento de Iara Schiavi, *littera ad litteram*: "*A incorporação da dinâmica dos países colonizadores nos países colonizados, muitas vezes com o uso da violência, somada à apropriação dessas formas de dominação pelas elites nacionais, reforçou fenômenos de segregação socioespacial, gentrificação e exclusão, promovendo a concentração de renda e poder. Como desenvolvido por Quijano, as reverberações desses processos não foram encerradas com a libertação das antigas colônias, manifestando-se até os dias atuais pela colonialidade do poder, que consiste na adoção da racionalidade eurocêntrica não apenas na Europa, mas em todos aqueles povos educados sob a lógica do eurocentrismo, resultando em uma subjugação e estratificação do pensamento, do conhecimento e da vida.*

dificultam os passos dos trabalhadores e de seus sindicatos, mantendo-os, em boa e forte medida, agrilhoados a uma condição bem assimétrica, tornando extremamente dificultoso — e mais ainda na atual quadra — para eles, sequer manter os direitos conquistados, o que dirá melhorá-los, permitindo-lhes melhores condições de vida e trabalho.

A função social teve/tem de ser observada, como consequência mesma do egoísmo que vinha/vem imperando na sociedade (e que ainda querem alguns — ou muitos? — continue imperando, para isso procurando enxergar, distorcendo-os, os mais diversos institutos do direito, interpretando-os como se nada houvesse mudado ou se o que mudou fosse/seja uma nova forma de se praticar a autonomia da vontade, na forma "manda quem pode/quem tem, obedecem os demais, que não podem, porque não têm", do que a exigência do comum acordo, permitindo a recusa imotivada, é eloquente exemplo), e com tal intensidade, que o direito se afastava/afastou/afasta muito do que dele se esperava/espera, na e para a construção de uma sociedade que contemplasse/contemple todos os seus integrantes, e não apenas os que tivessem certas condições, como ser proprietário, ter posses, condições para assumir certas obrigações e tomar certas decisões, quadro esse que com cores tênues deixavam/deixam fora do desenho social ou não proporcionavam/proporcionam uma visão adequada, de valores como a ética, a sociabilidade e a funcionalidade, modo de ver — ou de não ver — que magoava/e ainda magoa a dignidade da pessoa humana, ao que a CF/1988, como se foi inferindo, passo a passo, depois de sua entrada em vigor, procurava/procura (ainda) mudar/evitar, o que fica claro se esse mesmo olhar se detiver em seu art. 3º, é dizer, a pouca — ou mesmo nenhuma — consideração para com o próximo, não se ajusta/não se amolda/não mais tem lugar, nos dias que correm, para o que a observância da função social nos mais diversos institutos e ramos do direito é essencial. Fere o tema com rara precisão o preclaro Alenilton da Silva Cardoso, que assim se expressou(19):

> Depois de verificar que durante o último século o direito e suas instituições atuaram no sentido de organizar a sociedade sob o paradigma da autonomia

---

Um exemplo da influência dos países centrais em relação aos países periféricos após o fim das colônias refere-se à adoção de políticas urbanas neoliberais a partir da década de 1980. Entre elas incluem-se: limitação à atividade do Estado, regulação não estatal, subcontratação de serviços, privatização, gestão voltada a quantificação do desempenho, estímulo ao empreendedorismo e ao individualismo, policiamento e vigilância, controle de circulação e austeridade fiscal. Entre essas políticas, a austeridade destaca-se, pois ela justifica o desenvolvimento das demais, como subcontratar, privatizar, empreender ou quantificar o desempenho das cidades, segundo um argumento de que o Estado está falido e não tem condições de prover a infraestrutura e os serviços públicos. Assim, dado o limite orçamentário, comprometido por dívidas públicas, seria imprescindível à manutenção das obrigações fiscais recorrer às companhias privadas, que, nessa lógica, disponibilizam serviços com mais qualidade e eficiência e menores custos." (Quantos e quão importantes esclarecimentos!) (As Tendências Neoliberais e Dataficadas da Incorporação Tecnológica nas Cidades. In: CASSINO, João Francisco; SOUZA, Joyce; SILVEIRA, Sérgio Amadeu da (Orgs.). Colonialismo de Dados — Como opera a trincheira algorítmica na guerra neoliberal. *Autonomia Literária*, São Paulo, p. 152, 2021

(19) CARDOSO, Alenilton da Silva. A Funcionalização do Direito Privado. *Revista Forense*, v. 409, ano 106, p. 3-4, maio/jun. 2010.

> plena de vontade e do direito à propriedade como algo quase absoluto, percebe-se que hoje, a partir da adoção do princípio da solidariedade como paradigma ético do direito contemporâneo, uma nova feição foi atribuída àquelas mesmas instituições, desta vez organizada pelos parâmetros da ética, da sociabilidade e da funcionalidade.
>
> Por consequência dessa nova ordem paradigmática, aliás, fulcrada no princípio da dignidade humana em seu sentido pleno, fortaleceu-se de juridicidade a expressão 'função social', aplicada, principalmente, nas relações envolvendo particulares, e nesta cadência lógica, como supedâneo do processo paulatino de vinculação ampla e irrestrita da sociedade à concretização dos direitos fundamentais (art. 3º da CF/88), adotou-se a ideia de funcionalização social como fórmula de compatibilização entre os interesses privados com os interesses público, difuso e coletivo, uma vez que o desnível social e o estado de indiferença ao próximo alcançaram níveis alarmantes (destaques nossos).

A função social é algo que passa a ser (reconhecidamente) vital para o direito, quando se percebe que seu uso não pode ser indiferente ao meio em que exercido, pela repercussão que nele tem, e que, se utilizado egoisticamente, com visão voltada apenas para os interesses individuais imediatos, sobrepondo-os, invariavelmente e/ou ao menos em larga (larguíssima) escala, ao que o existir, não isoladamente, faz considerar/sopesar, pode sê-lo — e num sem-número de casos efetivamente é — de modo prejudicial e/ou em desconformidade com sua razão de ser, injustificável e/ou reprovavelmente afetando/prejudicando terceiros, o que se não mais tolera, mesmo porque, como hodiernamente se compreende, por uma série de razões e experiências que marcaram/marcam a existência e convivência em sociedade — quantas trágicas e dolorosas — levando a que se reconhecesse/reconheça a necessidade de se proteger a igualdade e a dignidade da pessoa humana, com respeito aos seus direitos fundamentais e o agir solidário, de modo a permitir-lhe uma vida com sentido de vida, e não apenas vegetativa. A função social não enfraquece um direito, apenas acrescenta-lhe a atuação com respeito e atenção ao interesse do próximo.

Em sendo assim, desde logo, se constata que pode não coincidir o interesse de alguém, como aqui nos importa, o proprietário e/ou empresário, com o cumprimento da função social, como bem refere o ilustre Prof. André Ramos Tavares, ao dilucidar:

> A imposição do cumprimento da função social da propriedade introduziu uma nota na propriedade que pode não coincidir com o interesse do seu proprietário, mas que é dada pela ordem jurídica, e, assim, deve ser obedecida. É que se trata de fundamento para o reconhecimento e garantia do direito de propriedade em sua plenitude.[20]

(20) TAVARES, André Ramos. *Curso de Direito Constitucional*. 6. ed. São Paulo: Saraiva, 2008. p. 641.

Por outras águas não singra o grande jurista Eros Roberto Grau que, ao expor o conceito de função, arrancando das lições de Santi Romano, assim se posiciona: "*A função é um poder que não se exercita exclusivamente no interesse do seu titular, mas também no de terceiros, dentro de um clima de prudente arbítrio*"[(21)]. Aliás, em outra obra sua, o mestre Eros Roberto Grau, tratando da função social da propriedade, mas em lição que aproveita outras situações, depois de fixar que, "*em oportunidades anteriores, pensando ter demonstrado, então, suficiente e adequadamente, a compatibilidade entre direito subjetivo e função*", prossegue, chamando a atenção para a circunstância de que:

> O que mais releva enfatizar, entretanto, é o fato de que o princípio da função social da propriedade impõe ao proprietário — ou a quem detém poder de controle na empresa — o dever de exercê-lo em benefício de outrem e não, apenas, de não o exercer em prejuízo de outrem. Isso significa que a função social da propriedade atua como fonte da imposição de comportamentos positivos — prestação de fazer, portanto, e não, meramente, de não fazer — ao detentor do poder que deflui da propriedade.[(22)] (destaques nossos)

Vale, outrossim, expor o pensamento, sempre importante e esclarecedor, do ilustrado Professor Fábio Konder Comparato, que segue a mesma senda, no sentido de que a função, aqui, impõe um agir, tendo em mira interesse que não o próprio:

> Se analisarmos mais de perto esse conceito abstrato de função, em suas múltiplas espécies, veremos que o escopo perseguido pelo agente é sempre o interesse alheio, e não o próprio do titular do poder. O desenvolvimento da atividade é, portanto, um dever mais exatamente, um poder-dever; e isto, não no sentido negativo, de respeito a certos limites estabelecidos em lei para o exercício da atividade, mas na acepção positiva, de algo que deve ser feito ou cumprido.[(23)]

No estágio atual do direito e de seu melhor aproveitamento/aplicação, tendo cerrado fileiras em torno de sua função social, natural assim que fixe o agir pensando e no interesse de próximo, que é algo bem diferente de não agir ou não agir no interesse próprio, apenas não se conduzir pensando única e exclusivamente no próprio interesse, o que não espanta, não é exigir algo que agrida a natureza de alguém ou que seja sobre-humano, atento a que o homem não vive isolado, em uma ilha, como Robinson Crusoé. Embora

(21) GRAU, Eros Roberto. *Elementos de Direito Econômico*. São Paulo: RT, 1981. p. 119.

(22) GRAU, Eros Roberto. *A Ordem Econômica na Constituição de 1988*. 6. ed. São Paulo: Malheiros , 2001. p. 269.

(23) COMPARATO, Fábio Konder. Estado, Empresa e Função Social. *Revista dos Tribunais*, São Paulo, ano 85, v. 732, p. 41, out. 1996.

também se referindo à função social da propriedade, de extrema valia a reprodução da seguinte passagem:

> Como diz Venosa, assim como não existe concepção do direito para o homem só, isolado em uma ilha, não existe propriedade, como entidade social e jurídica, que possa ser analisada isoladamente. A justa aplicação do direito de propriedade, então, depende do encontro do ponto de equilíbrio entre o interesse coletivo e o interesse individual, e, à toda evidência, a função social condiciona o direito de propriedade a um exercício harmônico e equilibrado da titularidade frente ao interesse individual do proprietário e o interesse da coletividade.(24)(25) (*sic*)

O mesmo não se dá com uma empresa e sua função social: o empresário não vive em uma ilha, sua empresa não vive só com e por ele, mas conta — e quanto! — com seus empregados, daí, como justificar a recusa imotivada, a obstinada recusa em resolver uma questão com os seus trabalhadores, por meio da atuação da entidade sindical que os represente, o que pode justificar isso?

De mais a mais, facilitará a compreensão da função social, a palavra, abalizada, de outro grande e respeitado lente, Celso Antônio Bandeira de Mello, que, conquanto tendo por foco imediato o direito administrativo, em ensinamento abrangente e de incomensurável valor, com seu modo elegante de expor, assim se expressa:

> Todos sabemos que a palavra "função", em Direito, tem sido usada em mais de um sentido, mas há para ela uma acepção, um sentido nuclear que, mais que outros, merece ser explorado. Existe função em Direito quando alguém dispõe de um poder à conta de um dever, para satisfazer o interesse de outrem; isto é, um interesse alheio.
>
> "Função", em síntese, é o exercício no interesse alheio de um poder exercido em conta de dever legal.(26)

---

(24) CARDOSO, Alenilton da Silva. A Funcionalização do Direito Privado. *Revista Forense*, v. 409, ano 106, p. 8, maio/jun. 2010.

(25) De maneira percuciente, observa Paulo Henrique Garcia Ribeiro que: "*Assim, o direito subjetivo em um contexto social somente se legitima se atende aos interesses da sociedade.*

nvade-se a autonomia da vontade para se restabelecer o equilíbrio nas relações jurídico-sociais. Não somente por meio da proteção do direito, com repressão à sua violação, mas também por meio de uma função positiva, de promoção de objetivos determinados.

Não se trata, pois, de simples atuação de controle de poder. Instrumentaliza-se, por meio da imposição de condutas positivas e negativas quando do exercício de um direito, sua funcionalização em prol de interesses sociais, além da satisfação do interesse particular." (Função Social da Empresa e o Desenvolvimento Nacional". *Cadernos Jurídicos*, São Paulo, ano 16, n. 39, jan./mar. 2015, p. 98.

(26) MELLO, Celso Antônio Bandeira de. *Grandes Temas de Direito Administrativo*. São Paulo: Malheiros, 2009. p. 116-117.

Acrescenta, ainda, que se cuida de um "*dever de concretizar a finalidade legal, isto é, dever de dar satisfação a um interesse de terceiro, a um interesse alheio: no caso, o interesse da coletividade*"(27)-(28).

Quanto à propriedade, percorreu caminhos diversos e até inversos, no decorrer da história, como demonstra o Professor André Ramos Tavares, em interessante passagem:

> Verificar-se-á que, historicamente, caminhou-se de uma concepção coletiva da propriedade, considerada como bem comum de todos, para a ideia de um direito individual e absoluto até se alcançar a concepção atual de que, embora assegurada individualmente, a propriedade deverá atender sua função social.
>
> Houve, pois, mais recentemente, uma relativização desse direito (de propriedade), que deixou de considerar-se absoluto. Essa mudança de concepção caminhou paralelamente ao deslocamento do instituto do Direito Privado para o Direito Público. Houve a constitucionalização do direito de propriedade e a consequente explicitação constitucional do conteúdo desse direito.(29)

A nossa Carta Política, dispõe acerca da função social da propriedade, valendo notar que:

> A propriedade só está garantida, como tal, na Constituição brasileira, nos termos do inciso XXIII [art. 5º], que prescreve: 'a propriedade atenderá sua função social'.
>
> Em função disso, não há mais como considerar a propriedade como direito puramente privado, ou mesmo como direito individual.(30)

---

(27) MELLO, Celso Antônio Bandeira de. *Grandes Temas de Direito Administrativo*. São Paulo: Malheiros, 2009. p. 117.

(28) Dilucida ainda, o afamado administrativista que se vem de citar, em excerto que se volta para o direito privado, daí nos interessando de maneira muito próxima, no que diz com o rigor de sua observância, quando de aplicação ao direito privado que: "*Sabe-se que também no direito privado existe função, conquanto seja muito mais rara, exatamente porque no direito privado rege sobranceira a ideia da autonomia da vontade. Daí remanescer-lhe espaço pequeno, restrito a alguns institutos. De revés, como no direito público a ideia retora é a de finalidade, nele é que a função exerce papel dominante. Sem embargo, no direito privado, toda vez que se põe em pauta instituto submisso à tônica da função, ninguém hesita em sacar as interpretações consequentes e apropriadas.*" (MELLO, Celso Antônio Bandeira de. *Grandes Temas de Direito Administrativo*. São Paulo: Malheiros, 2009. p. 118) É dizer, ainda que no direito público possa ser mais a tônica, cabendo no direito privado, em número cada vez maior de institutos, se generalizando, pois, sua aplicação, há de ser rigorosamente exigido seu cumprimento!

(29) TAVARES, André Ramos. *Curso de Direito Constitucional*. 6. ed. São Paulo: Saraiva, 2008. p. 632.

(30) *Ibidem*, p. 639.

Inegável a importância que o legislador constituinte conferiu à função social da propriedade, bem cônscio estava, certamente, da importância adequada de sua utilização/ utilidade, tanto em termos individuais quanto para a coletividade, pela clareza com que trabalha esse aspecto, de ceder o passo, a essa altura, para a valiosa lição de Alenilton da Silva Cardoso(31):

> Mais do que qualquer outro direito, a propriedade recebeu da Constituição de 1988 um tratamento voltado à função social, sob a premissa de que seu exercício deve ser feito no sentido da utilidade, não somente para si, mais para todos, daí ser incompatível com a inércia, com a inutilidade e com a especulação.
>
> Sendo um direito subjetivo consistente no poder da pessoa usar, gozar, dispor e reivindicar seus bens (art. 1.228 do Código Civil), o termo função contrapõe-se a esse direito, traduzindo em um poder que deve ser exercido no interesse coletivo. Noutros termos, a propriedade pode ser, ao mesmo tempo, direito e função, no sentido de que a função social diz respeito não ao direito em si, mas as coisas que formam o seu objeto.(32) (*sic*)

Há ter em mente a advertência do mestre Sílvio de Salvo Venosa, *verbis*: "*Toda propriedade, ainda que resguardado o direito do proprietário, deve cumprir uma função social.*"(33)(34).

(31) CARDOSO, Alenilton da Silva. A Funcionalização do Direito Privado. *Revista Forense*, v. 409, ano 106, p. 6-7, maio-jun. 2010.

(32) Poucas páginas adiante, pontua Alenilton: "*Como instituto do direito privado, ainda que a função social lhe dê um viés público, o direito de propriedade enceta deveres para o benefício da sociedade. O sujeito mantém o seu direito privado à propriedade, mas a estrutura, a substância desse direito passa a ser composta não apenas por poderes, mas também por uma função jurídica em prol do interesse público. A propriedade nesse contexto todo, não é mais apenas um direito subjetivo do proprietário, mas a função social do detentor da riqueza de satisfazer as necessidades gerais.*" (A Funcionalização do Direito Privado. *Revista Forense*, v. 409, ano 106, p. 9, maio/jun. 2010) Isso, de certa forma, justifica, até mais, o direito de propriedade e, no nosso caso, o de empresa.

(33) VENOSA, Sílvio de Salvo. *Direito Civil*. 21. ed. São Paulo: Atlas, 2021. v. 4, p. 144.

(34) Na sequência, o ilustrado civilista acrescenta: "*Ainda e sob o mesmo diapasão, o vigente Código Civil, após descrever os poderes inerentes ao proprietário, dispõe:*

Art. 1.228, § 1º O direito de propriedade deve ser exercido em consonância com as suas finalidades econômicas e sociais e de modo que sejam preservados, de conformidade com o estabelecido em lei especial, a flora, a fauna, as belezas naturais, o equilíbrio ecológico e o patrimônio histórico e artístico, bem como evitada a poluição do ar e das águas". VENOSA, Sílvio de Salvo. *Direito Civil*. 21. ed. São Paulo: Atlas, 2021. v. 4, p. 44) Aliás, esse insigne civilista havia já, *A Encíclica Mater et Magistra do Papa João XXIII, de 1961, ensina que a propriedade e um direito natural, mas esse direito deve ser exercido de acordo com uma função social, não só em proveito do titular, mas também em benefício da coletividade*". *Direito Civil*. 21. ed. São Paulo: Atlas, 2021. v. 4, p. 141)

Para se ver/aquilatar da importância atribuída pela Carta Magna à função social da propriedade, basta arrancar dos dispositivos que contém, abordando-a:

> Para determinadas situações, a Constituição estabelece, sem esgotar o seu alcance, o conteúdo da função social. É o caso, por exemplo, do art. 182, § 2º, relativamente à propriedade urbana, e do art. 186, relativamente à propriedade rural, ambos voltados para uma política de exercício anti-individualístico dos direitos, sem esquecer da preservação do meio ambiente, que foi amarrado à utilização adequada dos solos urbano e rural, na perspectiva da construção de um desenvolvimento ecologicamente sustentável (art. 225 da Constituição de 1988).
>
> Noutra banda, se o direito à propriedade e o princípio da sua função social já vem garantidos de forma genérica, pelo art. 5º incs. XXII e XXIII, da Constituição, sua repetição como princípios da ordem econômica no art. 170, incs. II e III, também da Lei Maior, positiva a expressão num sentido setorial. Esses princípios setoriais, para além de serem um mero detalhamento dos princípios gerais, imbuem à ordem econômica o papel de realizar finalidade social dessa instância do direito, qual seja, assegurar a todos uma existência digna, conforme os ditames da justiça social.[(35)]

Claro que não é a própria propriedade, em si mesma considerada, que cumpre a sua função social, mas sim seu proprietário, como observa o já citado lente Eros Roberto Grau[(36)]: "*Em outros termos, quem cumpre ou deve cumprir a função social é o proprietário da coisa.*" Ora, se é assim, como admitir, sem assumir o risco de tolerar/admitir mesmo seja, por parte de um dador de serviço magoada/ignorada a função social da empresa numa dada situação em concreto, que é a isso que se chega/chegará com uma recusa sem motivação? Para evitar isso, no mínimo, há assentar a recusa em algo comprovadamente sério, que lhe forre a negativa. Esse ponto se agiganta (ao invés de final, vira um longo parágrafo!) se se atentar para a circunstância de que: "*Para Rogério Orrutea, 'em face do princípio da função social fica o proprietário jungido a observar desde o papel produtivo que deve ser desempenhado pela propriedade — passando pelo respeito à ecologia — até o cumprimento da legislação social e trabalhista pertinente aos contratos de trabalho.*"[(37)] Isso pode ser, vale insistir, tão facilmente contornado com a recusa injustificada? Lembremos, aqui, que:

> Entendida como atividade econômica organizada para a produção ou circulação de bens e serviços, a empresa, tal como a propriedade e o contrato, foi alcançada pela extensão do valor social, e não obstante a livre iniciativa tenha sido assegurada como fundamento republicado pela Constituição

(35) CARDOSO, Alenilton da Silva. A Funcionalização do Direito Privado. *Revista Forense*, v. 409, ano 106, p. 9-10, maio-jun. 2010.

(36) GRAU, Eros Roberto. *Elementos de Direito Econômico*. São Paulo: RT, 1981. p. 119.

(37) TAVARES. André Ramos. *Curso de Direito Constitucional*. 6. ed. São Paulo: Saraiva, 2008. p. 641.

> Federal, o fato é que o exercício de tal direito tem de se conformar com valores outros como a dignidade da pessoa humana, da valorização social do trabalho e da solidariedade.(38)

Para o que ora nos ocupa, interessante referir que o direito subjetivo de propriedade não atrita, não é incompatível, de forma alguma, com o de função que se lhe atribua (a propriedade), para o que releva apontar que a propriedade pode ser vista em dois momentos e/ou sob dois ângulos: o estático e o dinâmico. Aquele o tê-la o proprietário como algo seu/que lhe pertence, este, diz com sua utilização, e, para isso, calha à fiveleta, como sempre, aliás, saber do ensinamento do afamado Eros Roberto Grau, no sentido de que:

> No primeiro momento, examinada estaticamente, como expressão da situação jurídica do proprietário, a propriedade é direito subjetivo. No segundo, porém, quando vista e regulada em seu dinamismo, a propriedade é função.(39)(40)

Por certo, vale notar que, para o notável jurista Eros Roberto Grau, de quem já me socorri neste singelo estudo, realçou que:

> Esta visão, dinâmica, da propriedade — e suas mais incisivas consequências, no aspecto enfatizado — ganha relevância específica quando a aplicamos à ideia de empresa, estando magistralmente sumariada na expressão de Philomeno Joaquim da Costa: "a empresa, como confluência de capital de trabalho, está sendo instrumento de uma reelaboração do conceito de propriedade; é dono de um bem quem dele se utiliza para fins produtivos.(41)(42)(43) (*sic*)

---

(38) CARDOSO, Alenilton da Silva. A Funcionalização do Direito Privado. *Revista Forense*, v. 409, ano 106, p. 14, maio/jun. 2010.

(39) GRAU, Eros Roberto. *Elementos de Direito Econômico*. São Paulo: RT, 1981. p. 120-121.

(40) Um pedaço após, no texto, o insigne jurista expõe: *"Não se trata de tentar substituir a idéia de poder, que repousa, no caso, no direito subjetivo, por uma idéia de dever, que está na função; trata-se, simplesmente, de compreender que a propriedade deve ser examinada em dois momentos distintos: um, o momento estático, quando ela é regulada em termos de pertença ou pertinência — e aí é faculdade que se pode transmudar em ato em decorrência de permissão jurídica, é poder; outro, o momento dinâmico, em que regulada em razão do fim a que socialmente se destina"*. (*Elementos de Direito Econômico*. São Paulo: RT, 1981. p. 121). Vista sob essas perspectivas, como dito, não atritam o direito subjetivo e a função social, ao reverso, bem convivem!

(41) GRAU, Eros Roberto. *Elementos de Direito Econômico*. São Paulo: RT, 1981. p. 122-123.

(42) Com base nesse ensinamento do Professor Eros Roberto Grau, já se afirmou: *"A concepção inicial da função social está, historicamente, vinculada ao direito de propriedade (antes era instrumento protetor da pessoa e da sua família, concedendo meios de subsistência). No contexto individualista da propriedade, para Eros Roberto Grau, ela pode ser vista com um enfoque estático, decorrendo de um direito subjetivo e individual; sob outra concepção, a propriedade pode ter um viés dinâmico, que é aquela que desempenha funções específicas, isto é, vê-se um atributo teleológico. Nesse contexto, no instante em que o empresário utiliza seus bens para uma finalidade lucrativa com reflexos na sociedade, resta a inevitável conclusão de que a empresa faz parte da propriedade dinâmica."* (CORREIA JÚNIOR, José Barros; ALBUQUERQUE, Paula Falcão. Empresa: da Função Individual à Social. In: EHRHARDT JÚNIOR, Marcos; LOBO, Fabíola Albuquerque (Coords.). *A Função Social nas Relações Privadas*. Belo Horizonte, Fórum, 2019. p. 194)

(43) Não há olvidar, outrossim, nesse passo, das vigorosas palavras do grande jurista Fábio Konder Comparato, *verbis*: *"no mundo jurídico, enquanto o homem pode ser considerado apenas estaticamente — pois ele vale para o Direito pelo que é, em si e por si (o seu ser já é valer) —, as chamadas pessoas jurídicas só podem ser consideradas*

Que parágrafo mais esclarecedor! Que bússola doutrinária, a indicar o norte a seguir! E uma vez seguida a direção apontada, cujo caminho restou "pavimentado" e alumiado pelo notável mestre, com os ensinamentos que venho reproduzir, e considerando a inegável e mais absoluta importância e posição de relevância ímpar que a empresa detém e ocupa na sociedade contemporânea, lembrando que esses aspectos envolvem-na com a comunidade em que atua, como admitir/permitir/tolerar/achar minimamente razoável e condizente com o ordenamento jurídico, com o que estabeleceu a Carta Política, no particular, a recusa imotivada, que o mesmo é dizer, emitida, tendo como justificativa/sustentação apenas a vontade/o modo de ver ou de não querer ver de um dador de serviço, e com isso, apenas com isso!, impedir que uma ou algumas questões que angustia(m) seus trabalhadores — e, claro, com elevado potencial de afetarem a comunidade ao seu entorno e/ou mais além ainda, a depender do porte e raio de ação da empresa envolvida — fiquem em aberto, como uma ferida não tratada a tempo e modo, que pode se agravar, contaminando o meio social em que se abriu, e daí perturbando o processo produtivo e a consecução mesma das atividades empresariais. É certo e não se desconhece que o ambiente/o momento, que já não é de agora, pois vem sendo "criado" há tempos, não é nada favorável aos trabalhadores e as suas entidades representativas e talvez ou por isso modos de ver como esse (que admitem a recusa balofa), que magoam os direitos fundamentais dos trabalhadores, venham sendo introduzidos e com algum (triste) êxito! A contrariedade com a Constituição Federal é gritante e aumenta de tom, chegando a urrar, de dor e constrição (que talvez doa mais ainda, por atingir-lhe em sua essência!), condoendo os que consideram os fins objetivados pelo legislador constituinte, quando se evocam o art. 7º, seu *caput* em especial e seus incisos, como também os seguintes, que compõem-na! Pudesse e/ou quando/a partir do momento que essa aflição chegar/chegue aos ouvidos e corações outros (que possuam profunda visão humana e social), que não apenas os dos trabalhadores e os seus, entidades representativas inclusive, certamente a recusa desacompanhada de sério fundamento não mais se sustentaria/sustentará!

E, por falar em empresa, como já registrei em linhas transatas, tem sua função social também decorrente do princípio da função social da propriedade, e como já se acentuou: "*É extremamente rica a análise do princípio da função social da empresa, corolário do princípio da função social da propriedade*"[(44)(45)].

dinamicamente, ou seja, pela função que exercem." (*O Poder de Controle na Sociedade Anônima*, apud CORREIA JÚNIOR, José Barros. (Re)personalização do Direito Empresarial pela Função e Atividade Social. *Revista Fórum de Direito Civil*, Belo Horizonte, ano 1, p. 108, n. 1, set./dez. 2012)

(44) GRAU, Eros Roberto. *Elementos de Direito Econômico*. São Paulo: RT, 1981. p. 112.

(45) O eminente jurista, algumas linhas adiante, reitera que: *"O princípio da função social da empresa — já o afirmei — é corolário do princípio da função social da propriedade. Assim, a evolução do tratamento jurídico conferido à propriedade — que da plena in re potestas, de Justiniano, da propriedade como expressão do Direito Natural evoluiu em uma linha que vai desembocar, modernamente, na idéia de propriedade-função social — deve servir como subsídio que fundará e inspirará a análise que me disponho empreender, da função social da empresa".* (GRAU, Eros Roberto. *Elementos de Direito Econômico*. São Paulo: RT, 1981 p. 112)

Importa registrar, desde logo, que não se pode mais, mormente quando se cuida de função social da empresa, pretender enxergá-la apenas e/ou dando absoluta/exclusiva proeminência aos fins a que persegue, o que, se, claro, há ser tido em importante linha de consideração, não pode se limitar/ater/conter a essa visão, sendo de rigor estender o olhar, de modo a permitir/levar a que se visualize, sempre vale repisar esse ponto, o desenho traçado pela Constituição, a direção que traçou para ser cumprida e da qual não está excluída a empresa, ao contrário, porquanto cabe-lhe relevante campo de atuação. De interesse, nesse passo, o que asseveram José Barros Correia Júnior e Paula Falcão Albuquerque, a saber:

> Contudo, não se pode tratar a empresa como o mesmo negócio de séculos atrás. O esforço pelo exercício de uma atividade que visa ao lucro em potencial (lucratividade), atualmente, deve ser analisado dentro de um contexto constitucionalizado. Isso porque a Constituição Federal de 1988 assumiu um papel concreto de direcionador do Direito Privado, devendo se apresentar como filtro axiológico quando da confecção, interpretação e aplicação das normas infraconstitucionais. O texto constitucional também passou a apresentar diretamente normas que fundamentam o direito das relações particulares.
>
> Nesse sentido, alguns alicerces são colocados na Constituição Federal de 1988 para orientar todo o Direito Empresarial contemporâneo, especialmente no sentido de deixar no passado todo pensamento exclusiva e excessivamente liberal apresentado a partir do século XVIII, o qual individualizava fortemente os interesses daqueles que desenvolviam a atividade de comércio.(46)

A propósito, dizem os preclaros doutrinadores:

> Nos dias atuais, existe um caráter social em tal liberdade [de iniciativa] que, inclusive, é expressamente posto no art. 170 da Constituição Federal de 1988. Percebe-se isto no instante em que o texto faz menção à necessidade de garantir a todos uma existência digna, em consonância com os preceitos da justiça social, e aponta uma série de princípios de interesse social que devem ser observados, <u>tais como a função social da propriedade</u>, a defesa do consumidor, a defesa do meio ambiente, a redução das desigualdades regionais e sociais, a busca de pleno emprego e a preocupação com os pequenos empreendedores que se colocam em situação de vulnerabilidade.(47)(48)

---

(46) CORREIA JÚNIOR, José Barros; ALBUQUERQUE, Paula Falcão. Empresa: da Função Individual à Social. In: EHRHARDT JÚNIOR, Marcos; LOBO, Fabíola Albuquerque (Coords.). *A Função Social nas Relações Privadas*. Belo Horizonte: Fórum, 2019. p. 184.

(47) CORREIA JÚNIOR, José Barros; ALBUQUERQUE, Paula Falcão. Empresa: da Função Individual à Social. In: EHRHARDT JÚNIOR, Marcos; LOBO, Fabíola Albuquerque (Coords.). *A Função Social nas Relações Privadas*. Belo Horizonte: Fórum, 2019. p. 193.

(48) Mais esse excerto há de ser considerado: "*Ora, a evolução do Estado Liberal para o Estado Social fez solidificar o princípio da função social, como ideário de solidariedade e como elemento moderador da livre-iniciativa.*

Por outras águas, não navega o insigne José Roberto Marques, como se percebe, a partir de seus ensinamentos, e que, como os demais já citados, deixam claro que, querer cortar os mares em nave transportando concepções absolutistas do direito de propriedade, ao invés de carregarem-na de concepções de interesse social, não levará quem a conduzir a um porto seguro, é conferir: "*A adoção do princípio da função social representa o afastamento do caráter absolutista do direito de propriedade. Consagrado doutrinariamente, hoje encontra respaldo em textos legislativos, principalmente na Constituição Federal*"(49), mesmo porque "*O princípio da função social, por sua vez, é a fórmula exata para a compatibilização entre o direito de propriedade, que é reafirmado pela Constituição como direito do indivíduo, e a necessidade de seu uso de acordo com o interesse social*"(50).

No que toca à acrescida importância da empresa no mundo contemporâneo, sempre interessante evocar o quanto já observou o grande jurista Fábio Konder Comparato, argutamente:

> Se se quiser indicar uma instituição social que, pela sua influência, dinamismo e poder de transformação, sirva como elemento explicativo e definidor da civilização contemporânea, a escolha é indubitável: essa instituição é a empresa.
>
> É dela que depende, diretamente, a subsistência da maior parte da população ativa deste país, pela organização do trabalho assalariado.
>
> É das empresas que provém a grande maioria dos bens e serviços consumidos pelo povo, e é delas que o Estado retira a parcela maior de suas receitas fiscais.
>
> É em torno da empresa, ademais, que gravitam vários agentes econômicos não assalariados, como os investidores de capital, os fornecedores, os prestadores de serviços.
>
> Mas a importância social dessa instituição não se limita a esses efeitos notórios. Decisiva é hoje, também, a sua influência no comportamento de outras instituições e grupos sociais que, no passado, ainda recente, viviam fora do alcance da vida empresarial. Tanto as escolas quanto as Universidades, os hospitais e centros de pesquisa médica, as associações artísticas e os clubes

---

Isto porque a liberdade de iniciativa não se restringe a um simples princípio básico da liberdade de desenvolver empresa e, enquanto fundamento da República Federativa do Brasil, não deve ser encarada como uma orientação individualista, mas como instituto de valiosa repercussão social." (*sic*) (CORREIA JÚNIOR, José Barros; ALBUQUERQUE, Paula Falcão. Empresa: da Função Individual à Social. In: EHRHARDT JÚNIOR, Marcos; LOBO, Fabíola Albuquerque (Coords.). *A Função Social nas Relações Privadas*. Belo Horizonte: Fórum, 2019. p. 193)

(49) MARQUES, José Roberto. Função Social da Propriedade: Constituição Federal, Código Civil e outras Leis. In: FILOMENO, José Geraldo Brito; WAGNER JUNIOR, Luiz Guilherme da Costa; GONÇALVES, Renato Afonso (Coords,). *Código Civil* — Análise doutrinária e jurisprudencial. São Paulo: Método, 2008. p. 333.

(50) *Ibidem*, p. 334.

> desportivos, os profissionais liberais e as forças armadas — todo esse mundo tradicionalmente avesso aos negócios viu-se englobado na vasta área de atuação da empresa. A constelação de valores típica do mundo empresarial — o utilitarismo, a eficiência técnica, a inovação permanente, a economicidade de meios — acabou por avassalar todos os espíritos, homogeneizando atitudes e aspirações.(51)(52)

Alenilton da Silva Cardoso, notável jurista, de quem já transcrevi ensinamentos neste modesto escrito, com base em posição de outro renomado mestre, salienta:

> Modesto Carvalhosa já aduzia que a função social da empresa é uma situação óbvia, já que quanto a ela são interessados os empregados, os fornecedores, a comunidade em que atua e o próprio Estado, pois dela arrecada tributos fiscais e parafiscais, considerando o autor, outrossim, que as modernas funções sociais da empresa são: i) as condições satisfatórias de trabalho e as relações com seus empregados; ii) o interesse dos consumidores; iii) o interesse dos concorrentes; e iv) a preservação ecológica urbana e ambiental da comunidade em que a empresa atua.(53)

A pergunta que sufoca o peito, exigindo ser feita, como atingir e/ou ver de seu efetivo cumprimento o item "i", com a recusa imotivada?

Essa linha de entendimento, ecoa forte, pois, como se vê, cabendo colocar o acento tônico neste ponto, *"a empresa se constitui hoje patrimônio de todos, com conotação social. Deste organismo multidisciplinar que traduz a empresa depende essencialmente o trabalhador; as regras de consumo se estabelecem, os impostos são recolhidos, a demanda e a oferta se regulam, o controle inflacionário é supervisionado e a sociedade marcha na direção do crescimento e do*

---

(51) COMPARATO, Fábio Konder. A Reforma da Empresa. *Revista de Direito Mercantil, Industrial, Econômico e Financeiro*, São Paulo, ano XXV (nova série), n. 50, p. 57, abr.-jun. 1983.

(52) Pouco mais adiante, no citado trabalho, diz o festejado Professor: *"A liberdade de iniciativa, entendida como liberdade de criação empresarial ou de livre acesso ao mercado, somente é protegida enquanto favorece o desenvolvimento nacional e a justiça social"* e ainda que *"Ora, ninguém sustentará, nem mesmo os últimos partidários da 'mão invisível' regulando o mercado, que não possa jamais haver conflito ou incompatibilidade, entre o objetivo societário de lucro e o dever legal de a companhia exercer uma função social. Verificando-se essa colidência de fins em concreto, qual a solução jurídica? Parece óbvio que ela se encontra na prevalência dos fins sociais, tal como expressos nos princípios do art. 160 da Constituição. De resto, é exatamente nesse sentido que a Lei de Introdução orienta a ação do Judiciário (art. 5º); o atendimento aos fins sociais da lei e às exigências do bem comum".* (COMPARATO, Fábio Konder. A Reforma da Empresa. *Revista de Direito Mercantil, Industrial, Econômico e Financeiro*, São Paulo, ano XXV (nova série), n. 50, p. 59 e 63, abr./jun. 1983, respectivamente) E, veja-se, isso foi dito ao tempo da Constituição Federal anterior, o que, à luz da vigente, a CF/1988, adquire, indubitavelmente, maior força/aplicabilidade/exigência de observância!

(53) CARDOSO, Alenilton da Silva. A Funcionalização do Direito Privado. *Revista Forense*, v. 409, ano 106, p. 15, maio/jun. 2010.

desenvolvimento"[54], o que ainda se salienta, em outra lição também valiosa: *"A empresa se sujeita à função social, pois representa uma instituição cuja importância transcende à esfera econômica, na medida em que abarca interesses sociais mais relevantes, como a subsistência de seus empregados e o bem-estar dos cidadãos que dela dependem ou com ela dividem o mesmo espaço social"*.[55]

Onde encontrar qualquer indício/resquício de realidade social de alguma (mínima) contribuição/possibilidade para que o impasse seja resolvido, se se tiver em vista a busca real/efetiva/sincera de uma solução para as questões levadas à mesa de negociação e que lá não encontraram uma composição, deixar ao alvedrio de um empregador, em suas relações com seus trabalhadores e os sindicatos destes, a decisão soberana/incontrastável, de se poder levar ou não, ao Judiciário, a questão não resolvida, para que essa seja submetida ao exame e decisão judicial; uma interpretação que admita/leve a essa situação, gerará uma séria e certamente intransponível dificuldade de harmonização com os fins objetivados e dispostos pela Magna Carta, além de, desde logo, olimpicamente, não considerar a realidade social. Com as adaptações necessárias, dar-se-á, aqui, o que, com muita perspicácia, José Roberto Malufe aponta como ausência de uma condição que faz com que um escrito (no nosso caso, também, interpretação) não possa ser considerado válido/correto, por não remeter à realidade social. Vale conferir:

> Uma das condições necessárias (embora não suficiente) para que um escrito qualquer venha a ser definido como científico e que os eventos ou as experiências nele referidos possam ser considerados como reais, como acontecendo realmente, o que nos remete à questão da realidade social.[56]

Montamos praça na ideia de que, dos ensinamentos da melhor doutrina, extrai-se, com segurança, que os direitos, nos mais variados momentos da vida em sociedade, não devem (*rectius*: não podem!) ser exercidos de modo absoluto, sem qualquer consideração para com os terceiros; aqui, no tema que ora nos ocupa, bem veste, com os ajustes necessários, a lição da afamada professora Ada Pellegrini Grinover, mencionada pela Procuradora Federal Juliana Silva Barros de Melo Sant'Ana, que, por sua vez, citou o preclaro Júlio Fabrini Mirabete, *littera ad litteram*:

> Mas, como bem observa Ada Pellegrini Grinover, "as liberdades públicas não são mais entendidas em sentido absoluto, em face da natural restrição resultante do princípio de convivências das liberdades, pelo qual nenhuma

(54) BIOLCHI, Osvaldo Anicetto. A nova Lei de Recuperação de Empresas e Falências. *Revista do Advogado*, ano XXV, n. 83, p. 8, set. 2005.

(55) GARCIA, Paulo Henrique Ribeiro. A Função Social da Empresa e o Desenvolvimento Nacional. *Cadernos Jurídicos*, São Paulo, ano 16, n. 39, p. 91, jan./mar. 2015.

(56) MALUFE, José Roberto. *A Retórica da Ciência* — Uma leitura de Goffman. São Paulo: EDUC, 1992. p. 20.

delas pode ser exercida de modo danoso à ordem pública e às liberdades alheias".[(57)]

Essa consistente lição, transposta ao que abordado neste singelo escrito, deixa claro que não se pode conceder/conceber uma tão alargada liberdade a um empregador que, podendo exercê-la da maneira que desejar, possa, ao fazê-lo, restringir (*rectius*: esmagar/pulverizar) a de um sindicato, o que, ao fim e ao cabo, resulta danoso aos respectivos trabalhadores que o sindicato representa e à própria comunidade, esta que tanto busca e precisa respirar em uma sadia atmosfera de paz e harmonia social!

Fosse o direito comparado a um alimento (e talvez não deixe de sê-lo, para uma vida mais saudável de determinada sociedade), não bastaria/não basta mais saber, para aprová-lo, do que é feito, mas seria/é também necessário (mais ainda, para se inclinar a digeri-lo) ver para que serve, é dizer, qual o bem que traz ingeri-lo, qual sua função para o bom e adequado funcionamento do organismo! A meu aviso, bem algum trará para o organismo social consumir, em qualquer quantidade, por menor que seja, uma porção de (suposto) direito a uma recusa imotivada, que tem tudo para ocasionar transtornos e mal-estar, não lhe proporcionando qualquer vitamina que revigore o normal e saudável relacionamento capital/trabalho, tão necessário ao bom funcionamento do aparelho social.

Creio saltar aos olhos, claro, dos que, ao verem, não se contentem com ver, mas queiram enxergar, é dizer, compreender o que às vistas se lhes apresenta, que a função social da propriedade/da empresa é irremediavelmente avessa a uma recusa construída tendo como material a edificá-la apenas uma vontade que não se sabe o que pode justificá-la, o que logo denota cuidar-se de frágil construção, que não tem como se manter, de maneira sólida, podendo, portanto, fazer ruir/desmoronar o harmonioso convívio que a relação capital/trabalho necessita para que dê bons frutos, não só para os diretamente envolvidos, como para a sociedade, aliás, um tal proceder lembra o de um menino, inexperiente, de tenra idade, que, não tendo outros argumentos para se manter em um time de futebol que está sendo montado ou mesmo porque foi substituído, por fraco desempenho, por ser o dono da bola, põe a pelota debaixo do braço e vai embora. Ora, se essa conduta, feita por uma pequena criança é compreensível, já não o é, quando de um empregador se trata, com responsabilidades, perante os seus empregados (evito o vocábulo "colaborador", por não entendê-lo como correspondendo, de maneira adequada, a relação que resulta de um vínculo de emprego, parecendo ser usada, deliberadamente, por alguns e talvez seguido por inúmeros outros, sem que atentem para isso, com o escopo de ir provocando uma "erosão" no conceito mesmo dessa relação!) e, como já mencionado, para a coletividade, quando menos, ao seu entorno.

---

(57) *Apud* VASCONCELOS, Danilo Vasconcelos A (I)legalidade do Acesso às Informações do Celular do Detido em Razão da Prisão em Flagrante. In: BIZZOTTO, Alexandre; SILVA, Denival Francisco da; OLIVEIRA, Tiago Felipe de (Orgs.). *Quotidianus* — A criminalização nossa de cada dia. São Paulo: Intelecto Editora, 2016. p. 273.

Como há inferir do que neste singelo escrito se vem procurando demonstrar, e ainda me valendo de situações que o esporte pode oferecer, estou entre os que acreditam superada a fase do individualismo (do "eu" em primeiríssimo lugar! Não raro também em segundo, terceiro lugar!), hodiernamente, não há mais uma partida a ser disputada entre o "eu" x "ele" ou "eu" x "eles", mas um novo time é formado pela axiologia constitucional (logo, de 1ª divisão, série "a"), a saber, o esquadrão do "nós", que bem treinado, trará vitórias sem conta ao nosso ordenamento jurídico, desde logo derrotando times que se julgavam/julgam tradicionais/clássicos, atuando com táticas superadas, baseadas no individualismo, ignorando a tática funcional que hoje é vitoriosa, e isso atinge, de cheio, as concepções que atualmente não vencem jogos, mas que antes eram praticadas, relativamente aos direitos potestativos, de fato, uma vez que:

> Superada a tradição deixada pelo individualismo e priorizando o ponto de vista funcional, os sujeitos, ao perseguirem os seus interesses legítimos e as finalidades em comum na relação jurídica constituída, deverão demandar esforços mútuos de cooperação para o cumprimento das suas obrigações e deveres. Assim, a despeito da aparente discricionariedade no exercício dos direitos potestativos, que acarreta a sujeição da contraparte às consequências por eles impostas, não se pode olvidar que as situações jurídicas subjetivas devem ser exercidas sob perspectiva relacional e dentro dos limites impostos pelo ordenamento constitucional. Desse modo, os direitos potestativos, apesar de representarem um símbolo de liberdade, também devem observar, como todos os demais, a lógica solidarista e a axiologia constitucional.[(58)]

Em tal disputa, a recusa injustificada nem sequer pode ser relacionada para a partida[(59)]!

A recusa, tida como bastante com a mera manifestação do dador de serviço, vai de encontro a qualquer razão, séria, como deve ser exigido: veja-se, a questão não é a recusa em si que, como já estabelecido pela nossa Suprema Corte, pode ser manifestada, o problema está em ser recusado o comum acordo sem motivo que o embase, de forma válida, o que é inaceitável, ou ao menos assim deveria ser, já que, em assim ocorrendo,

---

(58) OLIVEIRA, Camila Helena Melchior Baptista de; CORTAZIO, Renan Soares. Abuso de Direito Potestativo à Luz do Princípio da Boa-Fé Objetiva. In: TEPEDINO, Gustavo; SILVA, Rodrigo da Guia (Coords.). *Relações Patrimoniais* — Contratos, Titularidades e Responsabilidade Civil. Belo Horizonte: Fórum, 2021. p. 21.

(59) Nesse trilhar, há evocar a lição do grande Pietro Perlingieri, *verbis*: *"A autonomia não é livre arbítrio: os atos e as atividades não somente não podem perseguir fins anti-sociais ou não sociais, mas, para terem reconhecimento jurídico, devem ser avaliáveis como conformes à razão pela qual o direito de propriedade foi garantido e reconhecido. A autonomia não se contrapõe ao controle. Aqui, os nexos com a disciplina da empresa tornam-se muito estreitos".* (*sic*) (*Perfis do Direito Civil* — Introdução ao Direito Civil Constitucional. 2. ed. Rio de Janeiro: Renovar, 2002. p. 228)

fica caracterizado reprovável abuso do direito, restando magoado o aspecto funcional que deve reger/rege o respeitante ato. A uma recusa assim balofa, não pode haver merecimento de tutela.

O Professor Eduardo Nunes de Souza, depois de pontuar que "*De todo modo, certo é que os juízos de licitude e não abusividade passaram a constituir, em conjunto, o conteúdo da noção de legalidade no direito civil (entendida como o limite imposto pelo direito para o exercício de prerrogativas particulares). Estas duas instâncias valorativas construíram um sistema de controle predominantemente negativo, compatível com a lógica tradicional que sempre visualizou no direito uma função repressiva*", chama a atenção para o fato de que: "*A evolução do pensamento jurídico exigiria, porém, uma nova mudança nesse sistema, para acomodar o que se passou a denominar função promocional do direito.*"

E prossegue, para esclarecer que:

> Nesse contexto, não basta mais que certo ato se apresente conforme ao Direito, sendo igualmente necessário que se revele merecedor de tutela — o que equivale a dizer que as situações jurídicas subjetivas não se encontram mais limitadas apenas por critérios positivos (...) Essa evolução parece ser justamente aquela que acrescentou à função repressiva do direito uma função promocional. Em outras palavras, afirmar que a legalidade corresponde, hoje, ao merecimento de tutela indica que não se preveem apenas limites à autonomia privada na forma de vedações, mas também preferências conferidas aos atos de autonomia que promovam especialmente valores jurídicos relevantes — eis aí o mérito, maior do que a simples conformidade (estrutural e funcional) ao direito, que pode apresentar o ato.[60][61]

Com amparo em tão valiosos ensinamentos, e transportando-os ao tema ora em foco, há inferir que, ainda que se tenha como possível a recusa balofa e que, com isso,

(60) SOUZA, Eduardo Nunes de. Perspectivas de Aplicação do Abuso do Direito às Relações Existenciais. In: TEPEDINO, Gustavo; TEIXEIRA, Ana Carolina Brochado; ALMEIDA, Teixeira e Vitor Almeida (Coords.). *O Direito Civil entre o Sujeito e a Pessoa* — Estudos em homenagem ao Professor Stefano Rodotà. Belo Horizonte: Editora Fórum, 2016. p. 66-67.

(61) Em nota de rodapé, festejado jurista especifica mais o que desenvolve acerca do merecimento de tutela, o que faz com as palavras que seguem: "*Com efeito, a própria semântica da expressão 'merecimento de tutela' permite inferir que não se trata do simples não descumprimento da lei; um ato merecedor de tutela deve trazer um significado adicional, um mérito a mais, promovendo ativamente valores em vez de apenas não violá-los. Segundo o dicionário Houaiss, 'merecimento' significa, dentre outros sentidos, 'aquilo que empresta valor a algo, aquilo que há de bom, vantajoso, admirável ou recomendável' em algo. Entre o conceito e legalidade e o atual merecimento de tutela há, assim, uma distância semelhante àquela entre o correto e o recomendável.*" (*sic*) (SOUZA, Eduardo Nunes de. Perspectivas de Aplicação do Abuso do Direito às Relações Existenciais. In: TEPEDINO, Gustavo; TEIXEIRA, Ana Carolina Brochado; ALMEIDA, Vitor (Coords.). *O Direito Civil entre o Sujeito e a Pessoa* — Estudos em homenagem ao Professor Stefano Rodotà. Belo Horizonte: Fórum, 2016. p. 67-68)

não restasse agredido o ordenamento jurídico, mesmo ciente de que este privilegia a observância e atuação funcional do direito, conclusão, que fique desde logo proclamado, não concordo, mas "imagino" apenas com o escopo de aplicar aludidas lições à hipótese, diante da importância dos efeitos sociais e econômicos que envolvem a relação capital e trabalho, e das prejudiciais consequências que de um desajuste nela podem advir, bem como tendo presentes os valores e princípios que regem nossa Constituição Federal, não se pode ter como merecedora de tutela uma recusa que não construída sobre um motivo forte/sólido/sincero e juridicamente defensável.

Com efeito, nos dias que correm (ou voam?!), já não se tem/já não é suficiente, em dados momentos, quando se antepõem/colocam dois comportamentos diferentes/diversos/opostos/contrastantes/colidentes, mas ambos respeitosos ao ordenamento jurídico, o não agir em desacordo/afronta a este pode ser preciso e em muitas situações será, efetivamente necessário, estabelecer qual deles, por mais plena/adequada/integralmente atender a axiologia do sistema, haverá de ser (esse que melhor o atenda) merecedor de tutela, em sentido estrito, como se diz.

Quanto ao ponto que ora se aborda, há referir o consistente ensinamento do preclaro Eduardo Nunes de Souza, havendo, portanto, ceder-lhe o passo:

> Por sua vez, um ato que não se considere merecedor de tutela o será sempre em termos relativos (ou seja, não será merecedor de tutela em relação a outro exercício particular que lhe seja contraposto). No plano funcional, esse ato é plenamente conforme aos valores associados à sua tutela jurídica; sua repressão decorre tão somente de sua incompatibilidade com outro ato, também obediente à respectiva função, mas que, na axiologia do sistema, merecerá tutela preferencial. A medida da repressão do primeiro ato, assim, não será a sua própria função, mas a medida necessária para a tutela do outro, dito merecedor de tutela em sentido estrito. Não se pode afirmar, assim, que o primeiro ato seja antijurídico; não existisse uma posição particular contraposta que promovesse melhor os valores do sistema, esse ato teria sua eficácia reconhecida. Daí decorre a maior complexidade do juízo de merecimento de tutela em sentido estrito: nele, como nenhuma das duas posições antagônicas se mostra contrária à ordem jurídica, abre-se ao intérprete margem muito maior de discricionariedade para a sua decisão — tem-se aqui um espaço que muito se assemelha à ponderação dos interesses envolvidos.(62)(63)

---

(62) SOUZA, Eduardo Nunes de. Perspectivas de Aplicação do Abuso do Direito às Relações Existenciais. In: TEPEDINO, Gustavo; TEIXEIRA, Ana Carolina Brochado; ALMEIDA, Vitor Almeida (Coords.). *O Direito Civil entre o Sujeito e a Pessoa* — Estudos em homenagem ao Professor Stefano Rodotà. Belo Horizonte: Fórum, 2016. p. 69.

(63) Em nota de rodapé, acrescenta o jurista agora citado: "*A rigor, para o direito civil-constitucional, diante do imperativo metodológico de se aplicar a integralidade do ordenamento a cada caso concreto, a ponderação entre*

Em outro alentado escrito, o ilustre jurista Eduardo Nunes de Souza, expõe que[(64)]:

> A mudança de concepção a respeito do papel do Estado em sua intervenção nas atividades privadas culminaria, no Brasil, no estabelecimento da ordem constitucional de 1988, marcada por forte projeto personalista e solidarista, a provocar uma profunda reconfiguração no próprio fundamento de legitimidade dos atos particulares.
>
> Na perspectiva do direito civil-constitucional, mais ainda, o exercício da autonomia privada apenas se legitima perante a ordem jurídica quando conforme à axiologia do sistema. A noção de controle valorativo dos atos de autonomia, em outras palavras, revela-se um pressuposto intuitivo da própria proteção conferida pela ordem jurídica a tais atos. Partindo-se de tais premissas, o emprego corrente da expressão "merecimento de tutela" não costuma causar estranheza ao jurista. De fato, afirma-se com frequência que certa pretensão é merecedora de tutela quando se deseja indicar sua compatibilidade com o sistema e, assim, concluir que os efeitos jurídicos pretendidos merecem ser albergados pelo ordenamento. Em sentido lato, portanto, a noção de merecimento de tutela representa justamente o reconhecimento de que a eficácia de certa conduta particular é compatível com o sistema e, por isso, deve ser protegida; trata-se, como se vê, de uma consequência necessária da constatação de que certo ato e lícito do ponto de vista estático ou estrutural e, em perspectiva dinâmica ou funcional, não é abusivo (não constitui o exercício disfuncional de uma situação jurídica.

Há um outro aspecto que cumpre considerar, qual seja, o que diz com a relevância dos elementos que compõem o caso concreto, porquanto, como se sustenta, esses elementos não apenas "recebem" as normas, antes, influenciam-nas, de maneira que participam, efetiva e decisivamente, da elaboração que levará à conclusão a que se chegará, quanto à norma aplicável ao caso que se tem sob as vistas, requerendo solução judicial (não uma qualquer, mas, claro, em consonância com o ordenamento jurídico, de acordo/

princípios e interesses potencialmente colidentes, mas igualmente tutelados pelo ordenamento afigura-se uma tarefa constante do intérprete (e não apenas excepcionalmente aplicada na hipótese de casos difíceis, como propõe a doutrina constitucionalista). No caso específico do merecimento de tutela, porém, verifica-se uma aproximação maior em relação a ponderação, justamente pela necessidade de se compatibilizarem interesses antagônicos, mas a priori *conformes ao ordenamento".* (SOUZA, Eduardo Nunes de. Perspectivas de Aplicação do Abuso do Direito às Relações Existenciais. In: TEPEDINO, Gustavo; TEIXEIRA, Ana Carolina Brochado; ALMEIDA, Vitor (Coords.). *O Direito Civil entre o Sujeito e a Pessoa* — Estudos em homenagem ao Professor Stefano Rodotà. Belo Horizonte: Fórum, 2016. p. 69)

(64) SOUZA, Eduardo Nunes de. Merecimento de Tutela: A nova fronteira da legalidade no direito civil. *Revista de Direito Privado*, São Paulo, ano 15, v. 58, p. 76-77, abr./jun. 2014.

em sintonia com seus valores e princípios), mesmo porque, se assim não for, como estabelecer qual a norma que há reger determinada situação fática, o caso concreto que se tem em vista? Nessa ordem de ideias, não cabe/não entra/não é admissível a recusa imotivada, tida, em si e por si, como suficiente/bastante com a sua só emissão, sem nenhuma consideração pelo caso concreto, o que, como é palmar, passa pelo detido exame dos motivos que cercam-na, que, então e por isso, devem ser desfiados, colocados na ribalta, para que sejam vistos e analisado seu grau (a começar por se há algum) de consistência, conformidade, relevância, respeito e observância aos valores e princípios que, não apenas inspiram, mas orientam e se impõem ao ordenamento jurídico para, então, ter-se elementos para arrancar, visando uma definição do caso. Veja-se, quanto a esse ponto, o seguinte e valioso ensinamento:

> os elementos do caso concreto, ao contrário do que por muito tempo se sustentou, não permanecem estáticos à espera da incidência da norma — ao contrário, influenciam esta última e compõem necessariamente a construção da solução jurídica a que chegará o intérprete. Em outros termos, na metodologia civil-constitucional, o ordenamento apenas se completa quando encontra os próprios elementos do caso, só existe o Direito à luz de certa hipótese fática concreta, com suas peculiaridades e características — ideia que se costuma designar como ordenamento do caso concreto.(65)

O conceituado Professor peninsular Pietro Perlingieri, com sua pena autorizada, assim se posicionou:

> O ato de autonomia negocial não é um valor em si: pode assim ser considerado e dentro de certos limites, se e enquanto corresponder a um interesse merecedor de tutela. E necessário verificar essa circunstância, a cada vez, controlando se o ato pode ser, ainda que parcialmente, regulado por fonte que não seja a lei.(66)

E, pouco mais adiante, acrescenta:

> Mas, quando a liberdade negocial e contratual tem justificação não em si, mas em outros princípios e valores do sistema, quando o próprio sistema não é mais apenas Estado de Direito, mas Estado Social de Direito, caracterizado por princípios fortes como a solidariedade e o personalismo, a escolha não pode deixar de ser axiologicamente conforme o ordenamento. O ato

(65) SOUZA, Eduardo Nunes de. Merecimento de Tutela — A nova fronteira da legalidade no direito civil. *Revista de Direito Privado*, São Paulo, ano 15, v. 58, p. 79-80, abr./jun. 2014.

(66) PERLINGIERI, Pietro. *O Direito Civil na Legalidade Constitucional*. Rio de Janeiro: Renovar, 2008. p. 355.

> negocial é válido não tanto porque desejado, mas se, e apenas se, destinado a realizar, segundo um ordenamento fundado no personalismo e no solidarismo, um interesse merecedor de tutela.(67)

Ainda de reproduzir, do renomado civilista italiano, o seguinte excerto, que, embora tendo em vista o ordenamento jurídico de seu belo País, sua visão de tão longo alcance atinge solo pátrio:

> Considerando que os valores constitucionais impõem plena concretização, compreende-se totalmente a necessidade, aqui manifestada, de não limitar a valoração do ato ao mero juízo de licitude e de requerer também um juízo de valor: não basta, portanto, negativamente, a não invasão de um limite de tutela, mas é necessário, positivamente, que o fato possa ser representado como realização prática da ordem jurídica de valores, como desenvolvimento coerente de premissas sistemáticas colocadas na Carta Constitucional. O juízo de valor do ato deve ser expresso à luz dos princípios fundamentais do ordenamento e dos princípios que o caracterizam. Nem todo ato lícito é merecedor de tutela: a simples licitude exime, em regra, apenas da responsabilidade.(68)

Bem de ver que o merecimento de tutela e a função social não se opõem, não criam/levam a qualquer antagonismo, ao reverso, caminham juntos, esta fixando/dispondo de um novo norte/condição mesmo para a validade do exercício de um direito, aquele, estabelecendo, quando há o exercício de direitos colidentes, conquanto, num primeiro momento, ajustados, enquanto isoladamente considerados, ao que dispõe o ordenamento jurídico, devidamente respeitando/promovendo/observando seus valores e princípios qual, em se dando o contraste, mais plena e completamente "completa" a axiologia do ordenamento jurídico.

Destarte, há inferir que não se consegue manter posição em defesa de uma função social que apenas imponha limites, e sem ter em linha de consideração/visar a garantia e a promoção dos valores sobre os quais se levantou/levanta o ordenamento jurídico pátrio. Com efeito, como se extrai do significativo ensinamento a seguir:

> Também há bons argumentos em favor de que a função social não tem apenas dimensão negativa, de imposição de limites, mas também positiva, na proporção em que conduz ao nascimento de deveres jurídicos positivos, exigindo interpretação produtiva, não restritora da eficácia e que atue no

---

(67) PERLINGIERI, Pietro. *O Direito Civil na Legalidade Constitucional.* Rio de Janeiro: Renovar, 2008. p. 371.

(68) *Ibidem*, p. 650.

sentido de garantir e promover os valores sobre os quais se funda o ordenamento.[69]

Sob essa perspectiva, no que atua/importa a garantia e a promoção de valores do ordenamento, a recusa, nas condições aqui aventadas? Certamente, levam a uma situação contrária, de falta, tanto de uma quanto de outra! Preocupante, para não dizer alarmante!

Como fixado já, os valores e princípios constitucionais levam a uma mudança de rota, seguindo-se agora a que prioriza a pessoa humana, sua dignidade enquanto tal e por sê-lo, mas além deles e mesmo por eles, há fixar que, o Código Civil/2002, com seus valores e princípios, sua deliberada e marcante linha social, como era mesmo de esperar/acontecer, já não falamos trouxe, mas reafirmou o que a nossa *Lex Legum* já havia desenhado. Nesse sentido, não havia/não há imaginar que o direito empresarial ficasse/fique infenso a uma atmosfera tão impregnada de preocupação/atenção, ao reverso, como os demais ramos da frondosa árvore do direito, do mesmo ar passou/passa a respirar; como dito, com a pessoa humana.

A função social da empresa, facilmente se justifica, melhor, em um sistema como o nosso e sem deixar na sombra a realidade social que nos cerca, se impõe[70], pelo que representa no mundo contemporâneo, pela importância que tem, interesses que suscita e mantém acesos, necessidades que atende e/ou propicia sejam atendidas. Desse modo, a conclusão a que se pode chegar/se chega é a de que prejudica/conspira contra a recusa imotivada, à plena realização, de forma densa e profunda, do princípio da função social da empresa, o que faz/leva a que não se a aceite/tolere/admita como válida e possível!

(69) LUDWIG, Roberto José. A Função Social no Direito Privado — Uma Contribuição da Teoria do Discurso para a Solução do Problema de Aplicação. *Revista da Ajuris*, v. 34, n. 107, p. 227, set. 2007.

(70) Por certo, não será despiciendo fixar precioso ensinamento, no sentido de que: *"À função social da empresa, portanto, se atribui a força coercitiva própria das normas jurídicas, sem a qual não se diferenciaria de outros institutos".* (CORREIA JÚNIOR, José Barros. (Re)personalização do Direito Empresarial pela Função e Atividade Social. *Revista Fórum de Direito Civil*, Belo Horizonte, ano 1, n. 1, p. 107, set./dez. 2012)

Assédio Algorítmico: O Impacto dos Algoritmos e Inteligência Artificial na Intensificação do Controle e Pressão sobre Trabalhadores

Erotilde Ribeiro dos Santos Minharro[1]

Introdução

O avanço tecnológico tem transformado de maneira significativa as relações de trabalho, especialmente, com a crescente incorporação de algoritmos e Inteligência Artificial (IA) nos processos de gestão e controle do ambiente laboral. Essas tecnologias, originalmente projetadas para otimizar a produtividade e a eficiência, têm ampliado a capacidade das empresas em monitorar, fiscalizar, avaliar e direcionar as atividades de seus subordinados. No entanto, o uso indiscriminado e desregulado dessas ferramentas também tem gerado preocupações acerca de práticas que podem resultar em pressões excessivas e no que se tem denominado de "assédio algorítmico".

Nos últimos anos, a aplicação de algoritmos e IA no ambiente de trabalho passou a ser cada vez mais comum, tanto em setores industriais quanto em áreas de serviços. Ferramentas de monitoramento digital, *softwares* de avaliação de desempenho e sistemas de definição de metas e produtividade são exemplos de como a tecnologia se inseriu nas dinâmicas de gestão do trabalho humano. Tais sistemas permitem um acompanhamento em tempo real das atividades dos trabalhadores, estabelecendo padrões de produtividade e identificando desvios de comportamento que, do ponto de vista empresarial, são considerados indesejáveis, mas que, do ponto de vista das relações humanas, deveriam ser perfeitamente aceitáveis.

---

(1) Pós-Doutoranda pela Universidade de Bologna. Doutora e Mestra em Direito do Trabalho e Direito da Seguridade Social pela USP/Professora titular de Direito Processual do Trabalho e de *Compliance* da FDSBC (09750-650) – São Bernardo do Campo – São Paulo – Brasil/Juíza do Trabalho/Pesquisadora do NTADT da USP. Ocupa a Cadeira 07 da Academia Brasileira de Direito da Seguridade Social.

Essa nova realidade trouxe consigo a intensificação do controle de empregadores e tomadores de serviços sobre o trabalhador, eliminando muitas vezes a margem de autonomia e flexibilização que caracteriza a relação de trabalho. A presença constante de ferramentas de IA que monitoram e avaliam o desempenho individual e coletivo dos trabalhadores pode criar um ambiente de trabalho hostil e opressivo, com efeitos prejudiciais à saúde física e mental dos empregados. É nesse contexto que surge o conceito de assédio algorítmico, um fenômeno relativamente recente e ainda pouco abordado nas discussões sobre Direito do Trabalho.

O estudo do assédio algorítmico se faz relevante diante do impacto que o uso excessivo e indiscriminado da Inteligência Artificial pode causar nas relações de trabalho e na saúde dos trabalhadores. Ao transferir para os algoritmos a função de monitoramento e controle das atividades humanas, há um risco iminente de que esses mecanismos sejam utilizados de forma a exacerbar práticas de assédio moral, intensificando a pressão e o estresse no ambiente de trabalho, além de riscos de vazamento de dados sensíveis de pessoas naturais.

Diante disso, torna-se imprescindível compreender como a IA e os algoritmos influenciam as dinâmicas laborais, para que se possa identificar as formas de proteger os trabalhadores contra práticas abusivas. A literatura jurídica e trabalhista ainda carece de estudos aprofundados sobre as implicações legais do uso dessas tecnologias no ambiente de trabalho, especialmente no que diz respeito à tutela dos direitos fundamentais dos trabalhadores, especialmente após o advento do inciso LXXIX, do art. 5º, da Constituição Federal, em 10 de fevereiro de 2022 (proteção de dados da pessoa natural). A ausência de uma regulamentação clara e específica sobre o uso de IA nas relações laborais torna este estudo essencial para contribuir com o debate sobre a proteção jurídica adequada aos trabalhadores diante do avanço tecnológico.

O presente artigo tem como objetivo principal analisar o fenômeno do assédio algorítmico e seus impactos sobre a saúde, a dignidade e os direitos fundamentais dos trabalhadores.

Esta pesquisa pretende, ainda, identificar os desafios legais e éticos associados ao uso dessas tecnologias, propondo alternativas para a regulamentação do tema e para a proteção dos trabalhadores em face do controle digital. Para tanto, será realizada uma análise da legislação trabalhista vigente, da jurisprudência e de estudos acadêmicos que tratam da temática.

Metodologicamente, este trabalho se utiliza de uma abordagem híbrida, que integra métodos exploratórios e explicativos. O método exploratório busca mapear a questão do assédio algorítmico e suas repercussões nas relações laborais, coletando informações bibliográficas e dados de estudos de caso. Já o método explicativo visa a identificar e a compreender os fatores que influenciam esse fenômeno, bem como os elementos jurídicos envolvidos. A combinação dessas abordagens permite uma análise abrangente e profunda do tema, oferecendo subsídios para a discussão sobre a regulamentação do uso de tecnologias de IA no ambiente de trabalho e a necessidade de proteger os direitos dos trabalhadores em um cenário de crescente digitalização.

1. Conceito de assédio moral algorítmico no meio ambiente de trabalho

A Inteligência Artificial é tida como um ramo da ciência da computação que busca dotar máquinas e computadores de capacidade cognitiva semelhante ou superior à dos seres humanos, para que possam operar de maneira lógica e autônoma(2).

Os autores costumam classificar a Inteligência Artificial em três categorias(3), quais sejam: IA Focada, IA Geral e IA Superinteligente.

A **IA Focada**, também conhecida como IA Fraca, é composta por algoritmos projetados para resolver problemas dentro de uma área ou tarefa específica. Esses sistemas são capazes de armazenar uma grande quantidade de dados e realizar tarefas complexas, mas sempre dentro dos limites do objetivo para o qual foram criados. Exemplos comuns de IA Focada incluem Sistemas Especialistas e Sistemas de Recomendação.

Há, também, a chamada IA Geral que se refere a algoritmos que possuem habilidades comparáveis às dos seres humanos em diversas tarefas. Nessa categoria, as técnicas de Aprendizado de Máquina são frequentemente utilizadas para desenvolver algoritmos capazes de executar múltiplas atividades. Atualmente, a IA alcançou um estágio de IA Geral, evidenciado pelo desempenho de algoritmos em áreas como visão computacional, onde atingem resultados similares aos humanos em determinadas tarefas.

Por fim, a **IA Superinteligente** representa o estágio em que os algoritmos seriam significativamente mais capazes do que os humanos em praticamente todas as tarefas. Até o momento, não existem sistemas que tenham alcançado esse nível de inteligência, e ainda é incerto se será possível desenvolver sistemas que superem a inteligência humana utilizando técnicas de IA.

Muito embora ainda não tenhamos uma superinteligência, com o advento da linguagem natural generativa e da autoML(4), a tecnologia tornou-se capaz de criar e treinar outras formas de inteligências artificiais (inclusive mais potentes que a original) e, com isso, é possível a construção de algoritmos cada vez mais eficientes no monitoramento e vigilância dos seres humanos no exercício de suas atividades laborativas.

---

(2) MINHARRO, Erotilde Ribeiro dos Santos. Novas tecnologias e seus impactos no mundo do trabalho e do processo do trabalho. *Revista Internacional Consinter de Direito*, Paraná, ano X, n. 18, p. 329-344, 2024. DOI: 10.19135/revista.consinter.00018.13. Disponível em: https://revistaconsinter.com/index.php/ojs/article/view/575. Acesso em: 29 set. 2024.

(3) NUNAN, Vladimir. *Quais são os tipos de Inteligência Artificial?* Eduvem, 29 maio 2024. Disponível em: https://eduvem.com/quais-sao-os-tipos-de-inteligencia-artificial/. Acesso em: 29 set. 2024.

(4) MICROSOFT, *O que é aprendizado de máquina automatizado (AutoML)?* Disponível em: https://learn.microsoft.com/en-us/azure/machine-learning/concept-automated-ml?view=azureml-api-2. Acesso em: 29 set. 2024.

Há, atualmente, uma onipresença de ferramentas tecnológicas a serviço da fiscalização e controle do trabalho humano. A forma como estes *softwares* e algoritmos vêm sendo utilizados pelas empresas sobre seus subordinados e prestadores de serviços pode acarretar riscos à saúde física e mental dos seres humanos.

Estudos mostram que a tecnologia passou a pressionar os trabalhadores por resultados mais eficientes, maior produtividade e maior qualidade. Daí, alguns autores cunharem a expressão "assédio moral algorítmico"(5).

O assédio algorítmico ou assédio moral algoritmo refere-se ao uso de algoritmos, Inteligência Artificial e outras tecnologias digitais para monitorar, controlar e pressionar os trabalhadores de forma contínua e invasiva no seu dia a dia laborativo com o intuito de aumentar a produtividade e os lucros. Trata-se de práticas que podem incluir vigilância excessiva e imposição de metas pouco realistas, impossíveis de cumprir. O monitoramento constante do desempenho e a avaliação automatizada resultam em um ambiente de trabalho opressor e desgastante. Diferentemente do assédio moral tradicional, o assédio moral algorítmico ocorre de forma impessoal e sistemática, sendo incorporado na própria estrutura tecnológica das empresas, muitas vezes, sem interação direta com supervisores humanos.

Essa forma de assédio tem o potencial de intensificar a pressão sobre os trabalhadores, prejudicar sua saúde mental e criar um ambiente de trabalho hostil, principalmente, quando os sistemas de IA são programados para impor sanções ou metas excessivas sem levar em consideração as condições reais dos indivíduos.

O fenômeno do assédio algorítmico tem ganhado destaque nas discussões sobre relações de trabalho, especialmente, com o avanço da tecnologia e a crescente adoção pelas empresas de ferramentas dotadas de Inteligência Artificial (IA) para monitorar, avaliar e controlar o desempenho de seus trabalhadores. Diferente do assédio moral tradicional, que geralmente envolve interação humana, o assédio algorítmico se manifesta por meio de sistemas automatizados que, de forma impessoal e contínua, impõem metas, exercem controle e avaliam o trabalhador, muitas vezes, de forma desproporcional e sem considerar aspectos humanos do trabalho, tais como a falibilidade, o cansaço e as limitações de força física.

O assédio algorítmico pode ser definido como o conjunto de práticas opressivas e coercitivas executadas por meio de sistemas tecnológicos, algoritmos e Inteligência Artificial que, ao monitorar e avaliar o desempenho dos trabalhadores de forma constante, acabam gerando pressão, sobrecarga e desgaste físico e mental. Em outras palavras, é a prática de controle abusivo e monitoramento excessivo, promovida por sistemas automatizados, que acabam reproduzindo ou intensificando comportamentos típicos de assédio moral(6).

(5) CASILLI, Antonio A. *En attendant les robots* — Enquête sur le travail du clic. Paris: Seuil, 2019. Edição Kindle.

(6) MOORE, Phoebe V. *The Quantified Self in Precarity* — Work, Technology and What Counts. 1. ed. Londres: Routledge, 2017. Disponível em: https://doi.org/10.4324/9781315561523. Acesso em: 29 set. 2024.

As características principais do assédio algorítmico incluem:

1) O monitoramento contínuo e invasivo, por meio do qual os trabalhadores são constantemente vigiados e avaliados por sistemas que registram cada movimento, decisão ou atividade realizada, que pode incluir o rastreamento de tempo de trabalho, produtividade, velocidade de execução e até mesmo pausas e interações.

2) A imposição de metas inatingíveis, pois os algoritmos de IA são programados para otimizar a produtividade, estabelecer metas e objetivos que, em muitos casos, são excessivamente elevados e difíceis de alcançar por seres humanos. A incapacidade de atingir essas metas pode resultar em penalidades, redução de remuneração, avaliações negativas e até despedimentos.

3) Despersonalização e automatização do controle. Em outras palavras, diferentemente do assédio praticado por um supervisor humano, o assédio algorítmico é impessoal e desprovido de qualquer empatia ou consideração pelas condições humanas dos trabalhadores. Os algoritmos seguem regras rígidas e determinam ações de forma automatizada, sem considerar fatores externos que possam influenciar o desempenho de um trabalhador, como saúde, cansaço, morte de ente querido e/ou outros imprevistos.

4) Falta de transparência relativamente à existência deste tipo de monitoramento e a forma de aferição dos números alcançados. O que significa que os trabalhadores muitas vezes desconhecem os critérios utilizados pelos algoritmos para avaliar seu desempenho e não têm acesso ao funcionamento interno desses sistemas. Essa opacidade dificulta a contestação de avaliações ou decisões injustas.

Embora o assédio moral algorítmico e o assédio moral tradicional possam compartilhar de algumas características comuns, há diferenças que justificam o estudo isolado do assédio com utilização de tecnologia. No assédio moral tradicional, o comportamento abusivo é praticado por um superior hierárquico, colega de trabalho ou gestor. Já no assédio algorítmico, o assediador não é uma pessoa, mas sim um sistema automatizado ou algoritmo programado para monitorar e controlar o trabalhador. O assédio moral tradicional geralmente ocorre em episódios repetidos, mas possuem variação em intervalos de tempo, enquanto o assédio algorítmico é mais cruel, pois é constante e contínuo, uma vez que o sistema monitora e avalia o trabalhador 24 horas por dia, sempre que está em atividade, não possui pausas ou momentos de alívio. Enquanto no assédio moral tradicional há a possibilidade de diálogo, negociação ou mediação entre o assediador e a vítima até mesmo por canais de denúncia e setor de *compliance*, o assédio algorítmico não permite essa interação, uma vez que os sistemas de IA seguem regras pré-programadas e não podem ser persuadidos ou convencidos a agir de maneira diferente. Por fim, o assédio algorítmico pode afetar um grande número de trabalhadores simultaneamente, uma vez que os algoritmos são aplicados de forma ampla e padronizada em toda a organização, ao contrário do assédio moral tradicional, que normalmente afeta um número limitado de indivíduos[(7)].

Sob este aspecto, Antonio Casilli[(8)] ressalta que, mesmo nos trabalhos em plataformas digitais (*digital labor*), onde teoricamente os trabalhadores teriam maior liberdade para o exercício de suas atividades, assiste-se uma intensa vigilância sobre a forma como o trabalhador exerce seu mister. Ele argumenta que, ao contrário da tradicional vigilância em ambientes de fábrica, em que seres humanos controlavam o tempo e a produtividade de outros seres humanos, as plataformas digitais exercem um monitoramento constante, preciso e muito mais intenso sobre seus usuários, independentemente de estarem conectados a um local fixo. Frisa que, no contexto das plataformas, os trabalhadores são monitorados por métricas de desempenho extremamente rígidas (curtidas, avaliações, número de seguidores etc), que muitas vezes se misturam com elementos de gamificação e mecanismos de competição. Essas métricas se tornam métodos de controle que podem gerar sanções, como a redução de acesso à plataforma ou até exclusão por suspeita de fraude ou baixo desempenho.

O autor também destaca que essa vigilância é onipresente e sutil, e os trabalhadores se tornam, ao mesmo tempo, sujeitos e objetos de controle. Eles não apenas são vigiados, mas também são incentivados a se automonitorar e a vigiar uns aos outros. Esse fenômeno, que Casilli chama de "vigilância participativa", cria um ambiente onde a produtividade é visualizada e comparada continuamente, levando a um tipo de "servidão voluntária" dentro das plataformas de trabalho digital.

O monitoramento no trabalho digital não representa a liberdade prometida pelas novas tecnologias, mas sim uma forma de vigilância que reforça uma estrutura de "servidão voluntária". Essa vigilância não é apenas imposta de forma externa, mas é internalizada pelos próprios trabalhadores, que acabam participando ativamente do seu próprio controle e avaliação.

Em última análise, a implementação da Inteligência Artificial e do monitoramento algorítmico, em vez de proporcionar um ambiente de trabalho mais flexível e autônomo, tem contribuído para a intensificação do controle e da exploração, replicando antigas formas de dominação no ambiente digital e criando desafios para a proteção dos direitos dos trabalhadores. É necessário, portanto, refletir criticamente sobre o papel dessas tecnologias e buscar formas de regulamentação que garantam a dignidade e a autonomia dos trabalhadores em um mundo cada vez mais digitalizado, já que esta situação de total

---

(7) MOORE, Phoebe V. (2017). *The Quantified Self in Precarity* — Work, Technology and What Counts. 1. ed. Londres: Routledge, 2017. Disponível em: https://doi.org/10.4324/9781315561523. Acesso em: 29 set. 2024.

(8) CASILLI, Antonio A. *En attendant les robots*. Enquête sur le travail du clic. Paris: Seuil, 219. p. 259-263. Edição Kindle.

sujeição do trabalhador à vontade do empregador por meio de ferramentas de vigilância não humanas tem grande potencial de gerar doenças psíquicas ocupacionais.

2. Influência da Inteligência Artificial na gestão de pessoas

O uso dos algoritmos é, provavelmente, uma das formas mais eficazes para controlar o comportamento dos trabalhadores nas organizações contemporâneas. A impossibilidade de ser visto, tocado, escutado ou, ainda, sentido, parece ser a principal causa de sua potência como ferramenta gerencial no contexto do trabalho(9).

A introdução de algoritmos e sistemas de IA no ambiente de trabalho tem revolucionado a forma como as empresas monitoram e gerenciam suas equipes. No entanto, como temos tentado demonstrar por meio deste estudo, essa transformação trouxe consigo um nível de controle tão opressor que, muitas vezes, pode ser configurado como assédio algorítmico.

Os algoritmos permitem o acompanhamento em tempo real das atividades dos trabalhadores e podem identificar imediatamente qualquer comportamento que se desvie do padrão ou da expectativa estabelecida pelos tomadores de serviço ou empregadores. Essa vigilância constante pode gerar um ambiente de tensão e estresse, uma vez que o trabalhador se sente constantemente vigiado e pressionado a manter um desempenho perfeito.

Não bastasse, a IA é utilizada para tomar decisões que afetam diretamente o trabalhador, como avaliações de desempenho, definição de remuneração variável, atribuição de tarefas e até mesmo despedimentos. Essas decisões são baseadas em dados coletados pelos algoritmos, que nem sempre refletem as complexidades e nuances do trabalho humano e, a depender do caso concreto podem estar eivados de vieses discriminatórios e "alucinações" da IA.

Convém ressaltar que os algoritmos avançados são capazes de criar perfis comportamentais dos trabalhadores com base em seu desempenho, hábitos e comportamentos. Esses perfis podem ser utilizados para definir metas personalizadas ou mesmo para impor sanções, o que pode resultar em discriminação ou pressão excessiva sobre certos grupos de trabalhadores e, se estas informações forem compartilhadas entre as empresas, pode gerar o desemprego perpétuo deste trabalhador.

Conforme já analisado no capítulo anterior, os sistemas de IA fornecem *feedback* contínuo sobre o desempenho dos trabalhadores e estabelecem sistemas de recompensa e punição automatizados. Essa prática pode criar um ambiente de competição intensa,

---

(9) OLIVEIRA. Erika Jamir; REINALDO, Felipe; ROCHA, Paloma Araújo; DOURADO, Débora Coutinho Paschoal. Gerenciamento e controle algorítmico do trabalho: Um panorama bibliométrico da base de dados Web of Science. *Id on Line. Revista de Psicologia*, v. 17, n. 65, p. 225-246, fev. 2023 – Multidisciplinar. ISSN 1981-1179. Edição eletrônica em: http://idonline.emnuvens.com.br/id. Acesso em: 29 set. 2024.

onde o medo de punições, como redução de remuneração ou perda de benefícios e perda do próprio meio de subsistência, gera um ambiente de trabalho hostil e insalubre.

Phoebe V. Moore explica que o Monitoramento Eletrônico de Desempenho (EPM) envolve o acompanhamento das atividades dos trabalhadores por meio de diversas tecnologias, como a vigilância de *e-mails*, rastreamento do uso do computador, monitoramento por vídeo e GPS. Essas práticas permitem que as empresas obtenham dados detalhados sobre a produtividade, a localização e os padrões de comportamento dos trabalhadores, como a forma como utilizam a internet, *e-mails*, impressoras, ligações telefônicas e até mesmo elementos como o tom de voz e os movimentos durante uma conversa.

Esclarece, ainda, que o EPM é amplamente utilizado em ambientes como *call centers*, onde a vigilância constante tem sido uma prática comum para controlar e avaliar o desempenho das pessoas que ali trabalham. Essa forma de monitoramento se tornou cada vez mais presente em diversos setores e afetam a forma como os trabalhadores interagem e desempenham suas funções. Embora as tecnologias de EPM possam trazer ganhos em eficiência e controle para as empresas, levantam preocupações sobre a invasão de privacidade e a perda de autonomia e dignidade dos trabalhadores, evidenciando um cenário de vigilância cada vez mais intensiva no ambiente de trabalho[(10)].

Outro meio de fiscalização eletrônica apresentado pela autora é o reconhecimento facial. É sabido que as imagens faciais têm sido coletadas e armazenadas por instituições há muitos anos, desde bibliotecas até órgãos governamentais, passando pela portaria dos prédios.

Acostumamo-nos a fornecer nossa fotografia na entrada de qualquer edifício sem questionar.

Atualmente, a captura de nossa imagem facial é ampla e automatizada e, muitas vezes nem percebemos que esta captura está sendo coletada. Enquanto impressões digitais geralmente exigem consentimento e são coletadas sob condições específicas, nossa biometria facial tornou-se algo amplamente acessível e, muitas vezes, independe de nossa autorização.

A tecnologia de reconhecimento facial, que inicialmente parecia algo futurista, agora é comum. Por exemplo, sistemas de reconhecimento facial não apenas identificam e comparam rostos em imagens, mas também analisam atributos como gênero, emoções e até mesmo expressões faciais e movimentos da cabeça. Essas tecnologias já estão sendo implementadas em diversos contextos, como empresas de transporte, para melhorar a segurança e evitar fraudes. Esse tipo de tecnologia avança rapidamente para o ponto em

(10) MOORE, Phoebe V. *The Quantified Self in Precarity* — Work, Technology and What Counts. 1. ed. Londres: Routledge, 2017. p. 146/150. Disponível em: https://doi.org/10.4324/9781315561523. Acesso em: 29 set. 2024. CASILII, Antonio A. *En attendant les robots*ôsEnquête sur le travail du clic. Paris: Seuil, 2019. p. 259-263. Edição Kindle.

que olhares ou detecção de íris podem substituir métodos tradicionais de identificação, como impressões digitais ou senhas, em atividades cotidianas, como desbloquear *smartphones* ou acessar contas bancárias. No ambiente de trabalho, servem para destravar o *notebook* ou as ferramentas utilizadas para o efetivo exercício das atividades funcionais. A partir da utilização deste tipo de biometria, é possível monitorar amplamente o trabalhador, até mesmo em detrimento de sua privacidade.

Outro mecanismo utilizado na gestão de trabalho é a sociometria. A sociometria é um método de pesquisa e análise desenvolvido por Jacob L. Moreno na década de 1930[(11)], que busca compreender e medir as relações sociais dentro de um grupo. Esse método examina como as pessoas interagem entre si, identificando padrões de relacionamento, preferências, rejeições e redes de influência dentro de grupos ou organizações. Um dos principais objetivos da sociometria é mapear as conexões sociais, como amizades, lideranças e rejeições, permitindo uma análise detalhada das dinâmicas de interação dentro de grupos.

Uma ferramenta central da sociometria é o sociograma, que serve como uma representação visual dessas interações e relações entre os membros de um grupo, mostrando quem se relaciona com quem e de que maneira. Esse método pode ser aplicado em diversos contextos, como em ambientes de trabalho, escolas, equipes esportivas e até mesmo em grupos familiares, para identificar líderes, membros isolados, subgrupos e padrões de interação.

No ambiente de trabalho, a sociometria é utilizada para melhorar o *design* de trabalho, a disposição de espaços e a colaboração entre os trabalhadores. Por meio da identificação das relações e dos fluxos de comunicação, as empresas conseguem criar ambientes que promovem a interação e a produtividade. Ocorre que, hoje em dia, a sociometria está atrelada à Inteligência Artificial, o que intensifica o controle e às vezes até mesmo a manipulação do trabalhador pelo tomador de serviços ou empregador.

Ferramentas tecnológicas coletam e analisam dados sobre como os trabalhadores interagem uns com os outros, como a frequência de comunicação, o tom de voz, a movimentação física e as conexões sociais dentro da empresa. A IA permite processar e interpretar esses dados em tempo real, ela identifica padrões de interação, mapeia redes de influência e entende as dinâmicas da equipe.

Por exemplo, sensores ou câmeras equipadas com IA podem rastrear as interações entre os trabalhadores e identificar quem conversa com quem, com que frequência, e até mesmo analisar o tom e a emoção envolvidos nessas interações. Isso pode ser utilizado para avaliar a coesão da equipe, identificar potenciais líderes informais ou mesmo detectar sinais de desengajamento ou conflito.

---

(11) MORENO, Jacob L. *Sociometry, Experimental Method and the Science of Society: An Approach to a New Political Orientation. Beacon House*, 1951.

A IA aplicada à sociometria também pode ser usada para avaliar a produtividade e o desempenho dos trabalhadores. Por meio da análise de dados coletados por ferramentas de monitoramento eletrônico, a IA consegue identificar padrões de comportamento que indicam níveis de produtividade, eficiência e colaboração entre os membros da equipe ou mesmo índices de procrastinação.

No entanto, a aplicação da sociometria e da IA na vigilância no ambiente de trabalho levanta questões éticas e preocupações sobre privacidade e dignidade do trabalhador. O monitoramento contínuo e invasivo pode criar um ambiente de trabalho onde os trabalhadores se sentem constantemente vigiados e pressionados, o que pode resultar em estresse, ansiedade e diminuição do bem-estar. Além disso, o uso de IA para interpretar comportamentos pode levar a interpretações incorretas ou preconceituosas sobre o desempenho e a conduta dos trabalhadores, especialmente quando não há transparência sobre como esses sistemas funcionam. A crescente utilização de algoritmos e Inteligência Artificial (IA) no ambiente de trabalho tem criado uma dinâmica de controle e monitoramento dos trabalhadores, que transcende os limites tradicionais da supervisão. Embora tais tecnologias possam oferecer benefícios em termos de eficiência e produtividade, seu uso desenfreado apresenta riscos significativos à privacidade, à autonomia e ao bem-estar dos trabalhadores.

A vigilância constante e a possibilidade de manipulação do comportamento dos trabalhadores transformam a IA e a sociometria em ferramentas que, ao invés de promoverem um ambiente de trabalho mais colaborativo e produtivo, acabam contribuindo para a criação de um clima de tensão, ansiedade e, em muitos casos, deságuam em assédio algorítmico. A falta de transparência nos processos de coleta e análise de dados, bem como a potencial presença de vieses nas decisões automatizadas, agravam ainda mais as preocupações éticas em torno do tema.

Portanto, torna-se essencial que o uso dessas tecnologias seja regulado e que haja um equilíbrio entre a busca por eficiência e o respeito à dignidade, à privacidade e aos direitos dos trabalhadores. O desenvolvimento e a implementação de políticas e práticas que garantam a proteção dos trabalhadores contra formas de vigilância opressivas e invasivas são fundamentais para assegurar que a introdução de algoritmos e IA no ambiente de trabalho ocorra de maneira justa e ética, preservando o valor humano no centro das relações de trabalho.

3. Efeitos do assédio algorítmico na saúde e bem-estar dos trabalhadores

Nas palavras de Viviane Vidigal:

> Ao desenvolver o conceito de capitalismo de vigilância, Shoshana Zuboff (2018) aborda a combinação entre vigilância, perda da privacidade e controle. Nos ambientes gamificados os acessos e as ações realizadas são registradas

> com frequência, assim como acontece nas atividades de navegação realizadas em *sites* da Internet. O ciberespaço, frequentemente visto como um espaço de liberdade, transforma-se em um local onde todas as ações são registradas. Talvez seja, conforme mencionado por Santos e Ferreira (2008), "o espaço mais controlado que o ser humano já construiu". A coleta de dados é surpreendente e, a esse despeito, não há controle trabalhista sobre a questão (SCHEIBER, 2017). Estes dados são utilizados de forma obscura e as regras do "jogo" não são acordadas com os(as) trabalhadores(as).(12)

Esta hipervigilância propiciada pela tecnologia e a pressão para atender a metas estabelecidas por sistemas automatizados podem levar a consequências psicológicas, emocionais e físicas para os trabalhadores.

A sensação de estar sendo constantemente monitorado pode levar a um sentimento de perda de autonomia e controle sobre o próprio trabalho, o que gera ansiedade e insegurança. A pressão para cumprir metas e expectativas definidas por sistemas algorítmicos, que muitas vezes não consideram as limitações humanas, cria um ambiente de trabalho opressor.

Além disso, a falta de transparência sobre como os algoritmos tomam decisões afeta a confiança dos trabalhadores em relação ao seu desempenho e à justiça do processo de avaliação. A incerteza sobre os critérios utilizados pelo sistema para determinar se o trabalho está sendo bem executado gera frustração, sentimento de impotência e, em alguns casos, pode levar a transtornos como depressão e baixa autoestima.

Trabalhadores que sentem que suas ações estão sendo analisadas constantemente também desenvolvem um estado de vigília que impede sua capacidade de relaxar e desempenhar suas tarefas de maneira eficaz. A falta de *feedback* humano e a sensação de que seu trabalho é avaliado de maneira mecânica e impessoal aumentam o sentimento de isolamento e despersonalização, o que contribui para o sofrimento emocional.

O estresse é uma consequência direta do assédio algorítmico, pois os trabalhadores são constantemente pressionados a atingir metas estabelecidas por sistemas de IA que muitas vezes ignoram as capacidades e limitações humanas. A avaliação contínua e a ameaça de punições automáticas por não atender aos padrões algorítmicos geram um ambiente de tensão constante.

Esse nível elevado de estresse pode evoluir para a Síndrome de Burnout, caracterizada pelo esgotamento físico e mental, perda de motivação e sentimento de ineficácia. Estudos demonstram que a sobrecarga de trabalho associada ao monitoramento contínuo

(12) VIDIGAL, Viviane. Game Over: a gestão gamificada do trabalho. *MovimentAção*, [S.l.], v. 8, n. 14, p. 44-64, 2021. DOI: 10.30612/mvt.v8i14.15018. Disponível em: https://ojs.ufgd.edu.br/movimentacao/article/view/15018. Acesso em: 29 set. 2024.

e à falta de controle sobre as próprias atividades são fatores que contribuem significativamente para o desenvolvimento da Síndrome de Burnout.

A Síndrome de Burnout não apenas compromete a saúde do trabalhador, mas também afeta a produtividade e eficiência da organização como um todo. Trabalhadores com Síndrome de Burnout apresentam maior probabilidade de faltas, diminuição da qualidade do trabalho e, em casos extremos, podem desenvolver problemas de saúde física, como distúrbios do sono, hipertensão e doenças cardiovasculares, num flagrante círculo vicioso: a hipervigilância que deveria servir para aumentar a produtividade acaba por levar o trabalhador ao adoecimento, à queda de seu desempenho e, finalmente, ao desemprego.

O "direito à desconexão" é o princípio que permite aos trabalhadores se desligarem de suas atividades profissionais fora do horário de expediente, sem sofrerem penalidades ou consequências negativas. No entanto, em um ambiente de trabalho onde a IA e os algoritmos são utilizados para monitorar o desempenho, esse direito se torna cada vez mais difícil de ser exercido.

Sistemas de IA muitas vezes estendem a jornada de trabalho para além do horário formal, com expectativas implícitas de que os trabalhadores continuem respondendo a *e-mails*, mensagens ou executando tarefas remotamente. O medo de ser mal avaliado ou de sofrer sanções por não cumprir as expectativas algorítmicas leva muitos trabalhadores a permanecerem conectados, mesmo fora do expediente, o que compromete seu tempo de descanso e recuperação.

A falta de limites claros entre o tempo de trabalho e o tempo pessoal gera conflitos entre a vida profissional e pessoal, resultando em níveis elevados de estresse e ansiedade. O desafio de garantir o direito à desconexão em um ambiente controlado por IA exige a criação de políticas organizacionais que respeitem os limites do trabalhador e promovam práticas saudáveis de uso da tecnologia.

Os efeitos do assédio algorítmico na saúde e no bem-estar dos trabalhadores são profundos e abrangentes. A vigilância constante, a pressão para atingir metas inatingíveis e a falta de transparência no processo de avaliação criam um ambiente de trabalho prejudicial, que afeta a saúde mental, emocional e física dos trabalhadores. Portanto, é essencial que as organizações e os legisladores desenvolvam estratégias e políticas para proteger os trabalhadores do impacto negativo desses sistemas, garantindo que a implementação da IA e dos algoritmos no ambiente de trabalho seja ética, justa e respeitosa em relação aos direitos humanos e à dignidade dos trabalhadores.

4. Assédio moral algorítmico: responsabilidade das empresas e limites legais

Como exaustivamente visto até o momento, o assédio moral algorítmico é uma prática nefasta que vem ganhando destaque com o avanço das tecnologias de monitoramento e Inteligência Artificial (IA) no ambiente de trabalho. As empresas que utilizam de tecnologia avançada para monitorar e gerenciar o desempenho dos trabalhadores muitas vezes criam um ambiente de trabalho opressivo, onde o controle excessivo e a vigilância contínua podem resultar em práticas abusivas que caracterizam o assédio moral. Nesse contexto, é fundamental discutir a responsabilidade das empresas e os limites legais que regem o uso dessas tecnologias, incluindo aspectos relacionados à proteção de dados e à garantia constitucional prevista no art. 5º, inciso LXXIX, da Constituição Federal.

As empresas que utilizam tecnologias algorítmicas têm o dever de garantir que essas ferramentas sejam implementadas de maneira ética e legal, respeitando os direitos dos trabalhadores. Isso inclui a obrigação de transparência e informação. Em outras palavras, as empresas devem informar claramente aos trabalhadores sobre como os algoritmos são utilizados para monitorar, avaliar e tomar decisões que afetam seu trabalho. A transparência é essencial para garantir que os trabalhadores entendam os critérios de avaliação e as métricas utilizadas pela IA.

Devem ainda cuidar para que os sistemas algorítmicos sejam projetados e treinados para evitar discriminação baseada em características como gênero, idade, raça, religião, orientação sexual ou qualquer outra característica protegida por lei. As empresas têm a responsabilidade de verificar e corrigir possíveis vieses que os algoritmos possam apresentar, sob pena de pagamento de indenizações por danos materiais e morais.

O uso de tecnologias de monitoramento não deve comprometer a saúde mental e emocional dos trabalhadores. As empresas devem adotar práticas que promovam um ambiente de trabalho saudável e que não pressionem os trabalhadores de forma excessiva.

As empresas que utilizam algoritmos e sistemas de IA para monitorar seus trabalhadores devem seguir rigorosamente os princípios estabelecidos na Lei Geral de Proteção de Dados da Pessoa Natural, devendo as empresas atentar para os dez princípios ali estabelecidos, quais sejam: 1. finalidade, 2. adequação, 3. necessidade, 4. livre acesso, 5. qualidade dos dados, 6. transparência, 7. segurança, 8. prevenção, 9. não discriminação e 10. responsabilização e prestação de contas na captação e tratamento de dados.

O art. 5º, inciso LXXIX, da Constituição Federal de 1988, assegura aos cidadãos o direito à proteção de seus dados pessoais, garantindo que o tratamento de tais informações seja feito de forma transparente e segura, conforme previsto em lei. Esse direito foi incorporado pela Emenda Constitucional n. 115/2022 e reforça a importância do tratamento de dados da pessoa natural em todos os contextos, o que inclui o meio ambiente de trabalho.

Dessa forma, as empresas que utilizam sistemas de monitoramento algorítmico devem garantir que o tratamento dos dados dos trabalhadores respeite a proteção constitucional. Isso significa que os trabalhadores têm o direito de saber como seus dados são utilizados e de solicitar acesso, correção ou até mesmo a eliminação de suas informações pessoais.

O assédio moral algorítmico representa um desafio contemporâneo nas relações de trabalho e exige que as empresas atuem de forma responsável e ética ao implementar sistemas de IA e monitoramento. É fundamental que o uso dessas tecnologias respeite a dignidade, a privacidade e os direitos dos trabalhadores, conforme previsto na Constituição Federal e na LGPD. A proteção dos dados pessoais, a garantia do direito à transparência e a prevenção de práticas abusivas devem estar no centro das preocupações das organizações para evitar que o uso de algoritmos se torne uma ferramenta de assédio e opressão no ambiente de trabalho. Portanto, cabe não apenas às empresas, mas também ao Estado e aos sindicatos, a vigilância e o controle sobre a implementação dessas tecnologias, assegurando que os limites legais sejam respeitados e os trabalhadores sejam protegidos contra práticas de assédio moral algorítmico.

5. Casos concretos

Os trabalhadores encontram-se cada vez mais vigiados. Para Alex Rosenblat e Tamara Kneese, nos dias atuais, a supervisão gerencial tornou-se visivelmente mais fácil, pois as novas tecnologias permitem práticas de monitoramento as mais variadas, que incluem testes de drogas de rotina e monitoramento de *e-mail* etc. Ressaltam referidos autores, ainda, que os limites do que podemos chamar de local de trabalho estão se tornando cada vez mais porosos, especialmente porque dispositivos tecnológicos e digitais passaram a mediar o conteúdo e as comunicações laborais, tanto física como remotamente. O monitoramento eletrônico pode ocorrer diretamente no local de trabalho ou, em função da acessibilidade dos trabalhadores aos empregadores, pode ocorrer por meio de seus dispositivos (computadores, celulares, *palmtops* etc) fora do escritório e até mesmo em suas residências. Esta nova realidade traz à baila um novo debate sobre os limites da vigilância do empregador sobre seus empregados, e entre o que é público e o que é privado(13).

Hoje em dia, não são mais os corpos dos trabalhadores que estão expostos à vigilância visual e ao toque de terceiros, a vigilância está indo além e atingindo o monitoramente dos hábitos de vida dos trabalhadores e a intimidade de seus lares e relacionamentos.

À guisa de exemplo, pode-se mencionar o caso de uma empresa estadunidense que adotou para um grupo de empregados um dispositivo de rastreamento *fitness* sob o argumento de ajudá-los a melhorar suas condições de saúde, mas, em verdade, o que se desejava era persuadir a seguradora a reduzir os valores cobrados com o seguro-saúde, o que na prática funcionou(14).

---

(13) ROSENBLAT, Alex; KNEESE, Tamara; BOYD, Danah. *Workplace Surveillance. Data & Society Working Paper*, 8 out. 2014. Preparado para: Future of Work Project supported by Open Society Foundations. Disponível em: https://www.datasociety.net/pubs/fow/WorkplaceSurveillance.pdf. Acesso em: 29 set. 2024.

(14) *Idem*.

Em outra empresa, os trabalhadores tiveram seus movimentos rastreados enquanto carregavam e descarregavam produtos das docas. A ideia do empregador era de estudar, mapear e produzir métodos mais eficientes para completar tarefas, porém, estes dados foram utilizados para punir os trabalhadores mais lentos e menos produtivos[(15)].

Em janeiro de 2021, a empresa Amazon anunciou o início da produção de minúsculos componentes eletrônicos dotados de Inteligência Artificial para o monitoramento de máquinas e de trabalhadores, o que possibilitaria vigilância cada vez mais precisa e eficaz sobre os trabalhadores[(16)].

Esta mesma empresa também publicou a disponibilização de vagas de trabalho cuja principal atribuição do empregado seria a de "*vigiar ameaças de organização de trabalho contra a empresa, além de coletar material para uma eventual ação na justiça que a companhia poderia promover contra grupos trabalhistas*"[(17)].

A pandemia ocasionada pelo coronavírus fez com que várias empresas se dedicassem a desenvolver e vender tecnologia de vigilância, tais como câmeras com imagens térmicas, sistemas de reconhecimento facial, relógios com rastreamento, equipamentos que detectam como e o que os trabalhadores estão digitando (*keyloggers*) etc.

A mera utilização da tecnologia como forma de fiscalização do trabalho não pode ser classificada como algo ruim, em verdade, tudo depende de como ela é usada pelos empregadores; por isso, a verificação de existência ou não de abusos deve ser analisada a cada caso concreto.

A jurisprudência brasileira tem entendido que o computador ou qualquer outro dispositivo eletrônico fornecido pelo empregador para o exercício da atividade laborativa, como qualquer outra ferramenta de trabalho, pode perfeitamente ser monitorado. Mas o empregado pode ser obrigado a utilizar um relógio de monitoramento[(18)] ou a ter um *keylogger* em seus dispositivos?

Se o dispositivo for do empregado, não possui o empregador o direito de fiscalizar o equipamento; ainda que este consinta na instalação de meios fiscalizatórios, este consentimento não invalida a caracterização de invasão de privacidade, pois o empregado é hipossuficiente na relação de trabalho.

---

(15) ROSENBLAT, Alex; KNEESE, Tamara; BOYD, Danah. *Workplace Surveillance. Data & Society Working* Paper, 8 out. 2014. Preparado para: Future of Work Project supported by Open Society Foundations. Disponível em: https://www.datasociety.net/pubs/fow/WorkplaceSurveillance.pdf. Acesso em: 29 set. 2024.

(16) RIENTE, Leticia. Editado por ROLFINI, Fabiana. *Amazon vai monitorar máquinas e funcionários.* Entenda. Disponível em: https://olhardigital.com.br/2020/12/03/noticias/amazon-vai-monitorar-maquinas-e-funcionarios-entenda/. Acesso em: 29 set. 2024.

(17) *Idem.*

(18) Algo equiparável a uma tornozeleira eletrônica, só que no pulso de um trabalhador e não nos pés de um condenado.

O trabalhador não pode ser reduzido a um objeto. O poder fiscalizatório do empregador não pode resultar na reificação de seus empregados.

Fica o alerta, portanto, para a linha tênue que separa o poder de direção do empregador (nele incluído o poder de fiscalizar) e o direito à intimidade e à privacidade do trabalhador que não se refere apenas ao direito de não expor seu corpo físico, mas também de não expor o seu lar, os seus cônjuges e filhos, seus hábitos, seus *hobbies*, sua visão política, sua fé religiosa, seus sentimentos e vontades, modo de pensar e de viver.

Diferentemente do que ocorria quando Foucault escreveu sua obra *Vigiar e Punir*, o meio ambiente de trabalho nos dias de hoje é estendido, não cabe mais nos limites dos quatro muros de uma fábrica. O trabalhador pode estar trabalhando dentro de um trem do metrô ou dentro de seu próprio quarto. A vigilância nestes casos pode ser tão invasiva que o trabalhador se sinta exposto 24 horas por dia, pondo em risco sua integridade psíquica.

Daí por que o empregador deve ter como norte os limites constitucionais de resguardo à intimidade e à vida privada do trabalhador.

6. Propostas para mitigação e prevenção

Para enfrentar o problema do assédio moral algorítmico e o monitoramento excessivo no ambiente de trabalho, é necessário adotar um conjunto de soluções que envolvem a responsabilidade das empresas, a regulamentação legal e a proteção dos direitos dos trabalhadores. Primeiramente, é essencial que os legisladores desenvolvam regulamentações específicas que tratem do assédio moral algorítmico, estabelecendo critérios claros para o uso de IA e algoritmos nas relações de trabalho, incluindo penalidades para práticas abusivas. Além disso, a Lei Geral de Proteção de Dados (LGPD) deve ser constantemente aprimorada para abordar de forma mais eficaz os desafios do monitoramento no ambiente de trabalho, assegurando que as empresas obtenham consentimento explícito dos trabalhadores sobre a coleta e uso de seus dados, além de fornecer transparência sobre como os algoritmos são utilizados. Nesse sentido, a criação de organismos de fiscalização independentes que possam monitorar e avaliar o uso de IA e algoritmos no ambiente de trabalho é igualmente importante para garantir que as práticas estejam em conformidade com a legislação e respeitem os direitos dos trabalhadores, o que significa dizer que a empresa deve ter um forte sistema de *compliance* trabalhista e digital (e não se deixar levar pelo *greenwashing*[(19)]).

(19) *Greenwashing* é uma prática em que empresas ou organizações adotam estratégias de *marketing* para criar uma falsa impressão de que seus produtos, serviços ou operações são ambientalmente sustentáveis, quando na verdade, não o são. O termo é uma combinação das palavras "*green*" (verde, em inglês, remetendo à ecologia) e "*whitewashing*" (que significa "encobrir" ou "mascarar").

As empresas, por sua vez, têm a responsabilidade de adotar políticas de transparência na utilização de algoritmos, informando claramente aos trabalhadores como essas tecnologias são utilizadas para monitorar o desempenho. É fundamental que as empresas realizem auditorias regulares de seus sistemas de IA para identificar e corrigir possíveis vieses e práticas discriminatórias, assegurando a participação de profissionais independentes nessas auditorias e a divulgação dos resultados para os trabalhadores e seus representantes sindicais. A oferta de treinamento e capacitação sobre os riscos do assédio moral algorítmico também é uma prática recomendada, permitindo que gestores e trabalhadores compreendam a importância do respeito à dignidade e aos direitos de todos no ambiente de trabalho.

Outra medida importante é a implementação do direito à desconexão, por meio de políticas que garantam que os trabalhadores possam se desligar de dispositivos eletrônicos e sistemas de trabalho fora do horário de expediente, evitando sobrecarga e esgotamento profissional.

As empresas devem, ainda, criar programas de apoio à saúde mental, oferecendo serviços de aconselhamento e suporte psicológico, bem como incentivando o equilíbrio entre vida profissional e pessoal.

O fortalecimento da atuação sindical e do diálogo social é igualmente necessário, uma vez que os sindicatos desempenham um papel fundamental na negociação coletiva sobre o uso de IA e algoritmos, assegurando que as práticas de vigilância respeitem os direitos dos trabalhadores.

Além disso, é importante que os sindicatos promovam campanhas de conscientização e educação para informar os trabalhadores sobre seus direitos em relação ao uso de tecnologias de monitoramento e como denunciar práticas abusivas. No que se refere à inovação tecnológica, deve-se incentivar o desenvolvimento de algoritmos éticos e transparentes que respeitem os direitos dos trabalhadores, evitando práticas de assédio e vigilância abusiva. O governo também pode desempenhar um papel, incentivando financeiramente empresas que adotam boas práticas de monitoramento ético, promovendo um ambiente de trabalho que respeite a privacidade e os direitos dos trabalhadores.

Em resumo, a solução para o assédio moral algorítmico e o monitoramento excessivo no ambiente de trabalho requer uma abordagem abrangente que combine legislação, práticas empresariais éticas, proteção dos direitos dos trabalhadores e atuação proativa dos sindicatos e organizações de trabalhadores. É fundamental que a implementação de tecnologias de monitoramento respeite a dignidade, a privacidade e o bem-estar dos trabalhadores, garantindo assim um ambiente de trabalho justo e saudável.

7. Considerações finais

O uso da Inteligência Artificial (IA) no ambiente de trabalho apresenta tanto oportunidades quanto desafios que precisam ser cuidadosamente avaliados. Se, por um lado, a IA oferece grandes vantagens para os empregadores e tomadores de serviços em termos de eficiência, produtividade e otimização de processos, possibilitando que as empresas sejam mais competitivas e inovadoras, por outro, a introdução dessas tecnologias também traz preocupações significativas relacionadas ao monitoramento excessivo, à invasão de privacidade e ao risco de práticas abusivas, como o assédio moral algorítmico.

O desafio consiste em encontrar formas de incorporar a IA de maneira que ela sirva não apenas para trazer maiores vantagens ao setor econômico, mas que também possa ser utilizada como uma ferramenta para melhoria das condições sociais do trabalhador, propiciando maior qualidade de vida no trabalho, sem comprometer a dignidade, a saúde mental e os direitos dos trabalhadores. Portanto, é essencial refletir sobre a forma como a IA pode ser implementada de forma ética e justa, de maneira a evitar que a busca por eficiência tecnológica se sobreponha aos princípios fundamentais de respeito, proteção do trabalhador e à dignidade da pessoa humana.

O avanço da IA no ambiente laboral exige um equilíbrio cuidadoso entre a busca por eficiência econômica e a responsabilidade com a questão social. Embora a automação e o monitoramento digital possam contribuir para a melhoria do desempenho e para a redução de custos operacionais, é imprescindível que essas práticas sejam reguladas por políticas e diretrizes que assegurem a privacidade, a autonomia e o bem-estar dos trabalhadores. Afinal de contas, a tecnologia e a economia têm que estar a serviço do ser humano e não o contrário. As empresas têm a responsabilidade de implementar tecnologias que respeitem os limites legais e éticos e que promovam ambientes de trabalho inclusivos e saudáveis.

Ao mesmo tempo, os legisladores, os sindicatos e as organizações de trabalhadores devem estar atentos para criar e reforçar marcos legais que garantam que a inovação não ocorra em detrimento dos direitos humanos e trabalhistas. Somente assim será possível construir uma relação equilibrada em que a tecnologia sirva como uma aliada no desenvolvimento do trabalho, sem se tornar um instrumento de exploração ou violação de direitos.

Referências

BARBER, Larissa; SANTUZZI, Alecia. Please Respond ASAP: Workplace Telepressure and Employee Recovery. *Journal of occupational health psychology*, 2014. Disponível em: https://www.researchgate.net/publication/267753716_Please_Respond_ASAP_Workplace_Telepressure_and_Employee_Recovery. Acesso em: 22 ago. 2019.

BOSTROM, Nick. *Superinteligência* — Caminhos, perigos, estratégias. Rio de Janeiro, Darkside Books, 2014 (2018). Edição Kindle.

CASILLI, Antonio A. En attendant les robots — Enquête sur le travail du clic. Paris: Seuil, 2019. Edição Kindle.

MICROSOFT. *O que é aprendizado de máquina automatizado (AutoML)?* Disponível em: https://learn.microsoft.com/en-us/azure/machine-learning/concept-automated-ml?view=azureml-api-2. Acesso em: 29 set. 2024.

MINHARRO, Erotilde Ribeiro dos Santos. Novas tecnologias e seus impactos no mundo do trabalho e do processo do trabalho. *Revista Internacional Consinter de Direito*, Paraná, ano X, n. 18, p. 329-344, 2024. DOI: 10.19135/revista.consinter.00018.13. Disponível em: https://revistaconsinter.com/index.php/ojs/article/view/575. Acesso em: 29 set. 2024.

MOORE, Phoebe V. *The Quantified Self in Precarity* — Work, Technology and What Counts. 1. ed. Londres: Routledge, 2017. Disponível em: https://doi.org/10.4324/9781315561523. Acesso em: 29 set. 2024.

MORENO, Jacob L. Sociometry, Experimental Method and the Science of Society: An Approach to a New Political Orientation. *Beacon House*, 1951.

NUNAN, Vladimir. Quais são os tipos de Inteligência Artificial? *Eduvem*, 29 maio 2024. Disponível em: https://eduvem.com/quais-sao-os-tipos-de-inteligencia-artificial/. Acesso em: 29 set. 2024.

OLIVEIRA, Erika Jamir; REINALDO, Felipe; ROCHA, Paloma Araújo; DOURADO, Débora Coutinho Paschoal. Gerenciamento e controle algorítmico do trabalho: Um panorama bibliométrico da base de dados Web of Science. *Id on Line Revista de Psicologia*, v. 17, n. 65, p. 225-246, fev. 2023. Multidisciplinar. ISSN 1981-1179. Edição eletrônica em: http://idonline.emnuvens.com.br/id. Acesso em: 29 set. 2024.

RIENTE, Leticia. Editado por ROLFINI, Fabiana. Amazon vai monitorar máquinas e funcionários. *Entenda*. Disponível em: https://olhardigital.com.br/2020/12/03/noticias/amazon-vai-monitorar-maquinas-e-funcionarios-entenda/. Acesso em: 29 set. 2024.

ROSENBLAT, Alex; KNEESE, Tamara; BOYD, Danah. Workplace Surveillance. *Data & Society Working Paper*, 8 out. 2014. Preparado para: Future of Work Project supported by Open Society Foundations. Disponível em: https://www.datasociety.net/pubs/fow/WorkplaceSurveillance.pdf. Acesso em: 29 set. 2024.

VIDIGAL, Viviane. Game Over: a gestão gamificada do trabalho. *MovimentAção*, [S.l.], v. 8, n. 14, p. 44-64, 2021. DOI: 10.30612/mvt.v8i14.15018. Disponível em: https://ojs.ufgd.edu.br/movimentacao/article/view/15018. Acesso em: 29 set. 2024.

Reflexões sobre as Tutelas Provisórias no Processo do Trabalho

Thereza Christina Nahas(1)

Vinícius Katsumi Fugi(2)

A marca da ordem processual civil de 2015 é resultado de um processo democrático. Aprovado no contexto da nova ordem social, econômica e jurídica, o Código de Processo Civil de 2015 (daqui por diante por sua sigla, CPC/2015) nasceu vinte e cinco anos após a entrada em vigor da chamada Constituição Democrática e na turbulência de vários acontecimentos sociais que se assistia no Brasil e que foram acentuados ao longo dos últimos anos. Graças à atualização procedimental a prova digital, por exemplo, e o processo judicial eletrônico puderam adaptar-se à nova ordem normativa sem grandes dificuldades. Além disso, com a crise pandêmica, a eficiência da prestação jurisdicional tornou-se incontestável.

O CPC/2015 aprovado mais de dez anos depois da entrada em vigor do Código Civil, que trouxe dois grandes princípios estruturais que constituem a égide de regras que não se quedam expostas ao envelhecimento, quais sejam, as cláusulas abertas e os conceitos legais indeterminados e que acabaram por resultar em interpretações jurisprudenciais e doutrinárias das mais diversas ante a um sistema processual retalhado que já não era mais adequado a acolher as relações sociais e econômicas que haviam mudado completamente de cenário.

Com a "nova" ordem Constitucional (1988) e o "novo" Código Civil (2002), bem como o sistema paralelo de tutelas coletivas trazido pelo Código de Defesa do Consumidor (daqui por diante por sua sigla, CDC), que mudaram o cenário das relações e acabaram por

---

(1) Juíza do Trabalho (TRT-2ª Região). Pós-Doutora e Doutora pela *Universidad Castilla la Mancha* (Espanha). Doutora e Mestre pela PUC/SP. Professora Universitária. Membro da Academia Brasileira de Direito do Trabalho. Membro da Academia Iberoamericana de Direito do Trabalho e Seguridade Social. Membro da Associação Espanhola de Direito do Trabalho e Seguridade Social.

(2) Advogado. Mestrando em Direito do Trabalho pela PUC/SP. Especialista em Administração de Empresas pela FGV. Especialista em Direito e Processo do Trabalho pela PUC/SP. Graduado em Direito pela PUC/SP.

impactar o processo individual, a ordem processual de 1973 precisava de um reenquadramento. A estrutura burocrática processual acabava por dificultar a resposta judicial eficiente, fato este já assinalado na reforma de 1994 com a inserção do instituto da tutela antecipada.

A ordenação processual de 1973 foi pensada sob relações de direito menos dinâmicas, mais pessoais e de menores dimensões. Não estava preparada para as demandas de massa, para o incremento da produção e da tecnologia e para as relações digitais que explodiram com o avanço da tecnologia da comunicação e da informação. O *e-commerce* e as inúmeras plataformas digitais que se proliferavam na ordem global não se amoldavam com o procedimento tradicional que era voltado a dar uma resposta judicial às relações jurídicas definidas no Código Civil de 1916 e no Código Comercial de 1850.

A velocidade da informação, os meios de obter provas, as relações individuais, as aberturas econômicas do mercado, o novo modelo de Estado Social Democrático de Direito não poderiam ser harmonizados com o código até então vigente. Faltava-lhe dinamismo, melhor sistematização e instrumentos que pudessem socorrer as partes processuais na solução eficiente de conflitos. O processo não deve ser burocrático e deve ser capaz de conferir condições de efetividade no marco da nova sociedade.

Não se trata de desmerecer a ordem anterior ou simplesmente criticá-la por sua defasagem. Simplesmente, restou superada em um ambiente onde as comunicações são na maior parte, escritas nos "códigos dos internautas"; em que grandes movimentos sociais são organizados em redes de relacionamento, como *Facebook*, *WhatsApp* e outros meios virtuais utilizados ou que venham a ser criados; e que a velocidade da informação é cada vez mais imediata.

Havia a necessidade de se remodelar o "velho" processo, para que pudesse atender, principalmente, aos reclamos da Carta Constitucional. Como disse Ulysses Guimarães, num dos momentos mais importantes da história do País:

> a persistência da Constituição é a sobrevivência da democracia. Quando, após tantos anos de lutas e sacrifícios, promulgamos o estatuto do homem, da liberdade e da democracia, bradamos por imposição de sua honra (...) A Constituição é a característica do homem (...) Introduziu o homem no Estado, fazendo-o credor de direitos e serviços cobráveis inclusive com mandado de injunção. Tem substância popular e cristã o título que a consagra: a Constituição cidadã.(3)

O sistema processual anterior não servia mais a agasalhar a nova ordem jurídica. Havia envelhecido. Não poderia ser descartado, como nenhuma história poderá sê-lo.

(3) Discurso do Deputado Ulysses Guimarães, Presidente da Assembleia Nacional Constituinte em 5 de outubro de 1988.

Mas deveria servir para orientar a formação do novo sistema que nasceria justamente para servir a nova ordem social, política e jurídica, que nascia naquele momento. As reformas ao CPC já haviam iniciado mesmo antes de sua completa substituição. A que reputo mais importante ocorreu em 1994 com a inserção do instituto das tutelas antecipadas no Livro I e, a partir daí, revolucionou a estrutura processual tradicional não no que diz respeito às discussões acadêmicas e doutrinárias, mas, efetivamente, daquilo que ocorria no âmbito dos tribunais e dos processos ingressados.

Geograficamente, a Constituição Federal de 1988 (daqui por diante por sua sigla CF) teve como maior pretensão a de estabelecer o Estado Democrático de Direito e inserir o ser humano como o centro da preocupação do Estado. No Título I, o que se nominou de princípios fundamentais, quer dizer que toda medida de ordem administrativa, legislativa e judiciária estará limitada pelos fundamentos do respeito à *soberania, cidadania, dignidade da pessoa humana, valores sociais do trabalho e da livre-iniciativa e pluralismo político* (art. 1º).

O Título II, que trata dos Direitos e Garantias Fundamentais, insere no art. 5º, XXXV, o chamado direito constitucional de ação, isto é, não poderá *haver lei que exclua do Poder Judiciário lesão ou ameaça a direitos.* Aqui o Brasil positiva de modo efetivo a Declaração Universal dos Direitos do Homem, de 1948, que em seu art. 8º dispõe que *toda a pessoa tem direito a recurso efectivo para as jurisdições nacionais competentes contra os actos que violem os direitos fundamentais reconhecidos pela Constituição ou pela lei.*

É certo que, para realizar o princípio constitucional, o Estado necessita (*a*) estar aparelhado com um sistema adequado para viabilizar a realização dos princípios relacionados ao processo; e (*b*) regulamentar e assegurar de forma concreta os deveres daqueles que conduzirão o processo. Vejamos.

Toda lesão ou ameaça a direito deve ser passível de reparação ou prevenção dentro do sistema processual. Todavia, não é função da Constituição prever o rito processual que cada um dos feitos submetidos à jurisdição deverá seguir. O legislador constitucional já disse que o direito de ação deverá ser exercido exatamente nos limites do devido processo legal e este nada mais é do que o modelo que a Constituição Federal desenhou, quer dizer, deverá o legislador ordinário estabelecer um modelo processual que possa garantir àqueles que necessitem se socorrer do Judiciário: *a)* o acesso à justiça; *b)* as defesas inerentes ao caso trazido; *c)* a possibilidade de produzir provas que não sejam obtidas por meios ilícitos ou ilegais; *d)* a imparcialidade de quem decidirá; *e)* os recursos que são consequência natural do inconformismo com o resultado que lhe seja desfavorável; e *f)* a efetividade das decisões. Contudo, para que seja possível a prestação do resultado prático e útil a quem venha buscar a tutela jurisdicional, faz-se necessário que o condutor do processo, isto é, o juiz, tenha instrumentos eficientes colocados à sua disposição; além do que, deverá ter a segurança de que no cumprimento de seu dever, poderá aplicá-los.

Neste contexto, é importante concluir que o direito constitucional de ação está vinculado tão somente àquilo que o autor afirma quando ingressa com a ação e não necessariamente ao fato de que se verifique a efetiva procedência do que veio reclamar em juízo. Isto porque o direito de ação é subjetivo instrumental, mais precisamente visto como um poder ao qual corresponde a uma obrigação do Estado em propiciar uma resposta adequada e de acordo com o modelo processual estabelecido na Constituição Federal, que nada mais representa do que o devido processo legal. Portanto, o direito de ação é uma garantia de acesso ao Poder Judiciário que tem por objetivo a satisfação do suposto direito violado ou ameaçado e, assim, obriga-se o Estado a garantir uma ordem jurídica justa e, para tanto, deve criar critérios e técnicas que sirvam à harmonização dos institutos que devem dispor na lei infraconstitucional para que possam garantir o acesso efetivo, isto é, que possam garantir que, em caso de procedência da pretensão, o autor terá direito à efetiva garantia do restabelecimento da situação jurídica molestada.

O direito de ação está garantido pela Constituição Federal e tem natureza de direito fundamental, não sendo possível afastar ou restringir, sob nenhum argumento, a tutela jurisdicional que será executada no modelo processual estabelecido por ela própria, garantindo-se o acesso efetivo ao processo e à ordem jurídica justa. Para tanto, faz-se necessário assentar os mecanismos dispostos pela legislação a fim de se poder realizar o acesso efetivo e garantir a independência dos juízes condutores do processo. Deve, ainda, ser preservado o direito daqueles que, em tese, suportarão as medidas que eventualmente lhe forem impostas, isto é, não se poderá violar o direito de defesa.

Neste quadro, o direito constitucional de ação deve ser entendido como a faculdade de se pleitear algum direito ou interesse, valendo-se de todos os meios assegurados pelo devido processo legal para que este direito ou interesse possa ser demonstrado em sede jurisdicional, com a possibilidade de obter-se, por meio de um provimento idôneo, a tutela jurisdicional pleiteada e, caso lhe venha a ser deferida, que se possa usufruir deste direito. Daí o direito de ação estar umbilicalmente ligado ao devido processo legal.

O CPC/1973 previu três tipos processuais adequados às relações de direito substancial, quais sejam, conhecimento, execução e cautelar. O primeiro destinado a tutelar o direito material em razão do direito reclamado; o segundo que se adéqua às exigências do direito reclamado por intermédio de um processo sumário e destituído de cognição exauriente; e o terceiro visando a garantia da instrumentalidade do processo. Tais tipos processuais poderiam ser absolutamente suficientes, não fosse pelo modelo burocrático estabelecido, por óbvio, atento às relações sociais e jurídicas daquela época.

A ordem constitucional, reclamava, no entanto, um procedimento mais célere. Os tipos processuais são adequados à declaração e constituição de direitos, bem como às pretensas condenações. No entanto, o procedimento que se lhes imprimia o sistema anterior, muitas vezes, não servia a agasalhar de forma efetiva e eficiente os direitos substanciais que "nasciam" do reconhecimento dos direitos fundamentais na nova ordem constitucional e do sistema de princípios e regras que ali estavam.

Assim, o CPC começa a ser reformado de forma profunda e, a nosso ver, nascia em 1994, aquilo que viria a ser a reforma que revolucionaria o processo e o Poder Judiciário, qual seja, a inserção no sistema jurídico do instituto da antecipação da tutela, que permitia um procedimento mais ousado e uma maior aproximação do Judiciário (equidistante) das partes.

Cumpre lembrar que, até então, as medidas cautelares, de urgência e de evidência, se davam por dois institutos, notadamente, o do processo cautelar, com natureza jurídica de ação e processo autônomo ou incidental e que admitia a antecipação do resultado final da medida através da concessão da liminar ou do poder geral de cautela do juiz; e das medidas liminares, que, guardada a natureza jurídica de pedido e não de ação autônoma, era destinada a certos tipos de situações jurídicas em que o legislador previa a viabilidade do direito ou a urgência da decisão. Neste caso, a decisão poderia se revestir de caráter cautelar ou antecipado dependendo da situação posta, como o mandado de segurança ou a posse nova nas ações possessórias. Antes a ausência de previsibilidade de antecipação da tutela como instituto autônomo no CPC/1973 e antes da reforma de 1994, o processo cautelar, cujo objeto é a pretensão de uma medida acautelatória, acabava por fazer as vezes de um processo além da instrumentalidade que lhe era inerente. Era necessário que, em algumas situações, fizesse as vezes da tutela antecipada, como nas ações em que a concessão da medida liminar pudesse realizar o direito material discutido, como no caso da busca e apreensão em que a ausência de impugnação ou ação posterior, acaba por consolidar a relação de direito material no tempo e solucionar o conflito.

Apesar disso, a ação cautelar tem pressupostos específicos e tem por função resguardar a efetividade processual e não diretamente serve à realização do direito substancial. Por outras palavras, a ação cautelar, em razão de sua natureza e objetivo, presta-se a um resultado de *garantias* e não de *resultados*; em outros termos, sua função é tornar a tutela jurisdicional *eficaz*, o que seria incompatível com as antecipações de provimento final, de adiantamento do objeto mediato, ou seja, do pedido, do bem da vida(4), conforme a pretensão do autor lançada na inicial.

Assim, o legislador de 1994, num ato absolutamente inovador, inseriu o instituto da *Tutela Antecipada* no art. 294 do CPC, possibilitando que, em todos os tipos processuais em que se verificasse a utilidade da medida, poderia o juiz conceder à parte postulante a antecipação do provimento final do processo, inclusive em julgamentos pendentes nos Tribunais e órgãos colegiados. Isso provocou uma verdadeira revolução do entendimento processual no âmbito dos Tribunais. O princípio da verdade formal iniciava a sua trajetória atrás e crescia a busca pela verdade real no processo civil. Os Tribunais passavam a ter uma interpretação mais restrita da equidistância que o juízo deveria manter das partes. Era o início de uma nova fase, mais fiel e conforme os princípios constitucionais da era democrática.

---

(4) Esta expressão é utilizada por SANTOS, Moacyr Amaral. *Primeiras Linhas de Direito Processual Civil.* 29 ed. São Paulo: Saraiva.

As liminares deveriam ser entendidas como pedidos iniciais que comportavam uma análise antes da formação da relação processual (*in initio litis*) e teria cabimento em qualquer tipo processual em que fosse compatível o pedido de antecipação de tutela. Não se fazia mais necessário o uso da cautelar inominada para situações em que o que se pretendia fosse antecipar o provimento final da medida processual de conhecimento ou execução, pois o instituto da antecipação da tutela, geograficamente inserido na parte do processo de conhecimento, permitia a aplicação a todo tipo processual previsto na legislação ordinária ou extravagante.

A questão que coube ao jurista trabalhista foi perscrutar se o novo instituto teria aplicação no processo do trabalho que, não obstante ter um tipo procedimental de vanguarda, com ritos simples e desburocratizados, não continha um instituto como o trazido na disposição legal de 1994; em outras palavras, o procedimento trabalhista, a ser aplicado sem a subsidiariedade do processo civil, sujeitaria o autor da ação ao trâmite processual natural, sem que se pudessem utilizar as antecipações de provimento final nas situações admitidas pelo legislador.

Recordemos que o ordenamento trabalhista processual apresenta, basicamente, procedimento único para ações de conhecimento(5). Não há na Consolidação das Leis do Trabalho (daqui por diante, por sua sigla CLT) a previsão de processo cautelar e, em várias ocasiões e entendimentos nos Tribunais, destinava-se à ação cautelar, o procedimento estabelecido na CLT, sem a evidente efetividade que detém a medida cautelar, ou seja, quando a parte necessitava, por exemplo, de um arresto de bens, o juiz designava a audiência UNA, onde seu pedido seria analisado e, muitas vezes, relegava-se a este momento a apreciação das medidas liminares porventura requeridas. É evidente que isso se mostrava absolutamente ineficaz, *data maxima venia*. Se a medida cautelar é de caráter instrumental e visa assegurar o resultado útil do processo, ou seja, a própria relação processual, não nos parece lógico que se designe uma sessão de conciliação para tanto. Somente se pode negociar e transacionar em termos de direitos materiais e não sobre efetividades processuais, sob nosso ponto de vista. Contudo, superada esta questão, andaram muito bem a jurisprudência e a doutrina trabalhistas em entender pela absoluta aplicação do instituto da tutela antecipada, levando o Tribunal Superior do Trabalho (daqui por diante, por sua sigla TST) a publicar as Súmulas ns. 405 (na sua redação anterior à sua revisão)(6) e 414(7), tratando do tema.

---

(5) O procedimento sumaríssimo foi inserido na CLT pela Lei n. 9.957/2000 e tem poucas diferenças do procedimento padrão estabelecido. Visou à redução de prazos e serviu a litígios que dissessem respeito a questões de valores econômicos menores, prevendo redução de prazos e uma instrução mais concentrada com redução do número de testemunhas.

(6) *Súmula n. 405 do TST – AÇÃO RESCISÓRIA. LIMINAR. ANTECIPAÇÃO DE TUTELA. I – Em face do que dispõe a MP 1.984-22/2000 e reedições e o art. 273, § 7º, do CPC, é cabível o pedido liminar formulado na petição inicial de ação rescisória ou na fase recursal, visando a suspender a execução da decisão rescindenda. II – O pedido de antecipação de tutela, formulado nas mesmas condições, será recebido como medida acautelatória em ação rescisória, por não se admitir tutela antecipada em sede de ação rescisória.*

(7) *Súmula n. 414 do TST – MANDADO DE SEGURANÇA. TUTELA PROVISÓRIA CONCEDIDA ANTES OU NA SENTENÇA (nova redação em decorrência do CPC de 2015) – Res. 217/2017 –* DEJT *divulgado em 20, 24 e 25.04.2017*

Com o mais profundo respeito que temos pelas decisões e Súmulas publicadas pelo TST, não nos parece que a redação das Súmulas editadas contenha a melhor técnica. Entretanto, tiveram o grande mérito de resolver as divergências de posições que existiam, admitindo o cabimento da tutela antecipada nos processos trabalhistas, prevendo o "recurso" que a parte prejudicada poderia se valer, bem como admitindo, nas ações rescisórias, a suspensão da execução em andamento por meio da interposição da cautelar (ainda que o requerente lhe desse o nome de rescisória, se traduzindo em nada mais que a aplicação do princípio da fungibilidade).

Com isso, o TST pacificou a questão, e assim o é. As medidas preventivas ou antecipatórias, embora não previstas na CLT, são admitidas no processo do trabalho simplesmente porque a Constituição Federal deve ser respeitada quando estabelece que o acesso à justiça e o direito constitucional de ação são preceitos fundamentais, e, portanto, o sistema processual vigente deve garantir a sua realização. Não existindo no processo do trabalho um sistema que possa ser eficiente às situações de urgência e de evidência, forçoso socorrer-se das fontes que se aproximam e que se lhes pode ter aplicação subsidiária, consoante prevê o art. 769 da CLT[(8)]. Esta regra, agora vem corroborada pelo art. 15 do CPC[(9)].

Não nos parece que o CPC/2015 tenha trazido qualquer alteração naquilo que sempre se deu na aplicação das normas processuais civis ao processo do trabalho, exceto pela disposição expressa no art. 15 que se aplica de forma supletiva e subsidiária e isso não altera o entendimento que tradicionalmente existiu quanto à aplicação do CPC à CLT. O Juiz aplicará a norma processual civil de forma *auxiliar*, *secundária* (subsidiária) ou *complementar* (supletiva) sempre que entender pelo vazio ou insuficiência legislativa processual trabalhista.

Como se vê, por exemplo, com a edição das súmulas referidas, os institutos da tutela antecipada e da cautelar já vinham sendo aplicados de forma complementar, ou seja, supletiva, ao processo do trabalho, não só pela compatibilidade natural, mas, principalmente, pela necessidade de se dar aplicação e eficácia aos direitos fundamentais de ação e do acesso à justiça.

I – A tutela provisória concedida na sentença não comporta impugnação pela via do mandado de segurança, por ser impugnável mediante recurso ordinário. É admissível a obtenção de efeito suspensivo ao recurso ordinário mediante requerimento dirigido ao tribunal, ao relator ou ao presidente ou ao vice-presidente do tribunal recorrido, por aplicação subsidiária ao processo do trabalho do art. 1.029, § 5º, do CPC de 2015.

II – No caso de a tutela provisória haver sido concedida ou indeferida antes da sentença, cabe mandado de segurança, em face da inexistência de recurso próprio.

III – A superveniência da sentença, nos autos originários, faz perder o objeto do mandado de segurança que impugnava a concessão ou o indeferimento da tutela provisória.

(8) Nos casos omissos, o direito processual comum será fonte subsidiária do direito processual do trabalho, exceto naquilo em que for incompatível com as normas desse Título.

(9) Na ausência de normas que regulem processos eleitorais, trabalhistas ou administrativos, as disposições deste Código lhes serão aplicadas supletiva e subsidiariamente.

Como dissemos, no Estatuto de 1973, o instituto da tutela antecipada foi inserido na reforma de 1994, no art. 273, prevendo o legislador dois tipos de pressupostos legais, quais sejam, (i) *necessários*, relativos à prova inequívoca e verossimilhança da alegação; e (ii) *cumulativo-alternativo,* inerente ao receio do requerente de dano irreparável ou de difícil reparação; *ou* abuso de direito de defesa; *ou* manifesto propósito protelatório do réu.

O conceito e entendimento da prova inequívoca e verossimilhança da alegação sempre foi elástico. É certo que estas medidas antecipatórias somente merecem este tratamento porque se fundam em um juízo de probabilidades. Portanto, não se pode exigir da suposta vítima do evento que apresente uma prova absolutamente inequívoca da certeza do seu direito, pois o processo de conhecimento se assenta num juízo de contraditório e, portanto, de incertezas até que seja proferida a sentença final com fundamento no livre convencimento do juiz. Se o juiz sentencia motivado por um juízo de certeza, não faz sentido falar-se em tutelas antecipadas, mas sim em tutela definitiva[(10)].

Queremos com isso dizer que, se o juiz da causa está convencido daquilo que é afirmado pela parte e não profere deste logo a sentença, está violando o princípio do devido processo legal, causando uma demora injustificada no resultado que deveria proferir. Não se podem sujeitar as partes a um procedimento moroso quando a instrução probatória já foi satisfeita, isto é, quando o juiz já está convencido da decisão que deve proferir, ainda que isso se dê num espaço de tempo processualmente mais concentrado ou, simplesmente menos moroso.

O processo cautelar deveria passar a atender, tão somente, as questões relacionadas à garantia processual, isto é, à instrumentalidade. No entanto, como se vê pela redação da Súmula n. 405 do TST, acima transcrita, não foi o que ocorreu, pois na hipótese de se permitir a suspensão de execução em ação rescisória em curso, não se está antecipando a tutela da rescisória, mas, tão somente, antecipando a tutela da cautelar inominada que serviria somente ao resguardo de uma situação que pudesse causar um prejuízo à parte autora ou ré na ação rescisória. Explicamos. A ação rescisória poderá desafiar julgamento com duplo efeito: rescindir a coisa julgada e reclamar nova decisão. Mas a sua interposição

---

(10) O § 6º, do art. 273, do CPC, que trata da possibilidade de antecipação de tutela quando há cumulação de pedidos (*a tutela antecipada também poderá ser concedida quando um ou mais dos pedidos cumulados, ou parcela deles, mostrar-se incontroverso)* estabelece uma situação excepcional por se tratar de julgamento antecipado da lide e não necessariamente tutela antecipada. O legislador assim previu justamente para dar cumprimento ao princípio do devido processo legal, pois nas situações em que uma das pretensões é incontroversa, não faz sentido fracionar "a ação" ou simplesmente ter o autor que aguardar o final do trâmite processual em que se discutem outras questões, muitas vezes morosas, para ver executada a parte que, reconhecidamente lhe é devida. Tampouco seria econômico distribuir-se duas ações em separado. Exemplo típico são as situações em que o autor postula indenização por enfermidade e verbas rescisórias. Estas são incontroversamente devidas, mas, para aquela outra, necessário se faz o cumprimento integral do contraditório com a designação de perícia médica. Não é lógico, tampouco eficiente, que o autor tenha que esperar o final da discussão quanto à caracterização (ou não) da enfermidade para receber suas verbas rescisórias. Daí a solução mais razoável de se permitir a concessão do provimento final, permitindo-se que se antecipe, sob a nomenclatura de tutela antecipada, isto é, em caráter provisório, a condenação final.

não impede a execução do julgado transitado em julgado que poderá importar, inclusive, em expropriação de bem e pagamento ao credor. Neste caso, admite-se o pedido de suspensão da execução em curso, fato este que nada tem a ver, diretamente, com o objeto da ação rescisória, não se caracterizando, necessariamente, com uma medida de tutela antecipada. Todavia, a redação original da Súmula n. 405 referia-se à tutela antecipada quando, em verdade, a denominação correta seria tutela cautelar, pois destinada à proteção de uma situação que poderia se tornar irreversível com o resultado final da rescisória. Com efeito, o que se entendia aqui era a aplicação fungível dos institutos, fato este que motivou o legislador a alterar a redação do art. 273 do CPC, para inserir o § 7º (Lei n. 10.444/2002), que prevê a fungibilidade da tutela antecipada[11]. Com a publicação do CPC de 2015, a súmula foi corrigida para referir-se adequadamente ao instituto das tutelas provisórias, não se discutindo mais a boa técnica escolhida pelo TST[12].

Assim, o sistema unificado das tutelas de provisórias (art. 294 e seguintes) procurou ordenar e desburocratizar o instituto.

A chamada *Tutela Provisória* vem prevista no Livro V da Parte Geral que se aplicará aos processos eleitorais, trabalhistas ou administrativos (art. 15, CPC), bem como a toda situação processual que for compatível ou que couber, seja de forma *supletiva*, isto é, para complementar eventual vazio legislativo; ou *subsidiária*, seja, para auxiliar na interpretação ou de forma secundária. Como se vê, em nada se altera aquilo que já havia se consolidado no entendimento processual trabalhista e que foi sumulado pelo TST. Aqui, não há norma jurídica similar que possa garantir as tutelas provisórias, de urgência, cautelar, antecipada ou de evidência e, daí, como já se disse, tais institutos "transpassam" inteiramente ao processo trabalhista, seja pela sua compatibilidade, seja por sua necessidade, até que se resolva, efetivamente, dar ao processo do trabalho a reforma que se lhe faz imprescindível.

Cuidou o legislador de distinguir os institutos que se diferenciam desde a sua natureza até sua finalidade. Assim é que a tutela provisória poderá ter caráter satisfativo ou cautelar, isto é, pode servir à satisfação do direito reclamado ou simplesmente a sua garantia poderá ser requerida e/ou concedida de forma liminar ou incidente e terá caráter *provisório*, perdurando enquanto for *necessário* à conservação da medida. Trouxe, ainda, nesta parte geral da regulamentação das tutelas provisórias a *tutela específica*, dotando o juiz de poderes para aplicar as medidas que considerar adequadas para a efetivação da tutela (art. 297, CPC). Sempre consideramos esta disposição uma das mais importantes do

---

(11) *§ 7º Se o autor, a título de antecipação de tutela, requerer providência de natureza cautelar, poderá o juiz, quando presentes os respectivos pressupostos, deferir a medida cautelar em caráter incidental do processo ajuizado.*

(12) Súmula n. 405/TST: **AÇÃO RESCISÓRIA. TUTELA PROVISÓRIA (nova redação em decorrência do CPC de 2015) – Res. 208/2016, *DEJT* divulgado em 22, 25 e 26.04.2016**. Em face do que dispõem a MP 1.984-22/2000 e o art. 969 do CPC de 2015, é cabível o pedido de tutela provisória formulado na petição inicial de ação rescisória ou na fase recursal, visando a suspender a execução da decisão rescindenda.

sistema, pois permite ao juiz aplicar medidas que não tenham sido requeridas ou mesmo aventadas pelo autor do pedido ou da ação a fim de garantir a efetivação da tutela judicial.

Não se diga que esta abertura pelo sistema violaria o direito de defesa ou mesmo os limites da ação, mesmo porque, no sistema atual, as decisões desta natureza estão legitimadas pelo art. 2º do CPC, que prevê o desenvolvimento do processo pelo impulso oficial. Isso não permite que o juiz formule pretensões, mas sim que decida a fim de que as pretensões pleiteadas pelas partes sejam atendidas e a tutela jurisdicional realizada em sua plenitude, conforme intencionou o legislador constitucional.

O Livro V ordenou de forma sistemática e coerente os institutos que são destinados à garantia da urgência, do risco processual e da evidência. Assim, a tutela provisória poderá ser de urgência e de evidência. A titela de urgência poderá ser antecipada ou cautelar. Sendo assim, ratifica a provisoriedade de tais medidas, daí serem todas subordinadas às Tutelas Provisórias. As tutelas de urgência ficam reservadas às situações em que houver probabilidade de perigo de dano ou risco ao resultado útil do processo; a antecipada, nos casos em que a urgência for contemporânea à propositura da ação; e, por fim, a cautelar, ao perigo de dano ou risco de se perder o resultado útil do processo, o que marca seu caráter absolutamente instrumental. A tutela de evidência independe de um risco à efetividade processual ou à pretensão em si e seus elementos estão mais ajustados com o princípio da razoável duração do processo (art. 5º, LXXVIII, CF), tanto que será concedida quando:

> I – ficar caracterizado o abuso do direito de defesa ou o manifesto propósito protelatório da parte;
>
> II – as alegações de fato puderem ser comprovadas apenas documentalmente e houver tese firmada em julgamento de casos repetitivos ou em súmula vinculante;
>
> III – se tratar de pedido reipersecutório fundado em prova documental adequada do contrato de depósito, caso em que será decretada a ordem de entrega do objeto custodiado, sob cominação de multa;
>
> IV – a petição inicial for instruída com prova documental suficiente dos fatos constitutivos do direito do autor, a que o réu não oponha prova capaz de gerar dúvida razoável.

Como se vê, a ordenação da matéria deverá servir para que não haja mais dúvidas ou discussões quanto à aplicação de cada uma das medidas. Todas são voltadas à concretização dos princípios constitucionais, cabendo ao juiz da causa, dentro do juízo de razoabilidade e probabilidade, quando provocado, conceder a medida pleiteada para a garantia da própria ordem constitucional.

Abrimos um parêntesis para refletir sobre ter que ser o juiz provocado a deliberar sobre a concessão de tutelas provisórias ou de evidência.

Em todas as passagens do Livro V, tão somente o art. 299 do CPC refere-se ao fato de que a medida será requerida pela parte interessada ao juízo da causa e, quando antecedente, ao juízo competente para conhecer o pedido principal. Tal norma tem nitidamente o caráter regulador da competência para apreciar e julgar a matéria. Isso não significa que pretendeu o legislador extirpar do ordenamento jurídico o poder geral de cautela previsto no art. 798 do CPC[(13)]. O novo sistema, como até agora se demonstrou, tem por fim cumprir a nova ordem constitucional e isso implica em que, uma vez iniciado o processo, poderá o juiz adotar as medidas que forem necessárias para seu resultado útil, de modo que, não obstante a regra daquele dispositivo não tenha sido mantida na redação originária, está ínsita ao sistema atual, podendo o juiz, além dos procedimentos provisórios previstos no Livro V, determinar todas as medidas provisórias que julgar adequadas, quando houver fundado receio de que uma parte, antes do julgamento da lide, cause ao direito da outra lesão grave e de difícil reparação. Isso se traduz no fato de que as medidas provisórias ou de evidência poderão ser concedidas ainda que a parte não formule expressamente pedido neste sentido. Cumpre ao juízo, verificadas as situações autorizadoras, conceder a medida que for adequada a evitar o perecimento do direito, dano de difícil reparação, risco ao resultado útil do processo ou qualquer das hipóteses trazidas no art. 311 do CPC, seja em caráter antecedente ou incidental.

Vencidas, pois, as questões quanto à coerência dos institutos, a natureza constitucional dos direitos fundamentais e a absoluta compatibilidade deles com o processo do trabalho, cumpre-nos questionar a aparente colisão da situação jurídica daquele que sofre a medida e que agora vem disposta na dicção legal constante no art. 9º do novo CPC.

O direito constitucional de ação não ignora o direito à defesa e tampouco diz respeito à esfera da defesa do direito daquele que vem pleitear reparação ou prevenção de algum direito. É bem mais dúctil, alcançando o direito de defesa, isto é, a tutela jurisdicional visa a garantia do direito daquele que aciona e daquele que é acionado e, por consequência, vai sofrer as implicações da medida que eventualmente é deferida ao autor. Para reforçar esta norma, garante a Constituição Federal em seu art. 5º, LV: *aos litigantes, em processo judicial ou administrativo, e aos acusados em geral são assegurados o contraditório e ampla defesa, com os meios e recursos a ela inerentes*. Por conseguinte, o devido processo legal infraconstitucional, isto é, o procedimento conferido aos procedimentos administrativos e judiciais não pode, em hipótese alguma, ignorar a defesa daquele que é demandado. Não há aí, qualquer conflito do art. 9º do CPC com a norma constitucional.

Prevê o art. 9º do CPC que toda decisão será proferida após a oitiva das partes, vedando-se que se profiram decisões com a oitiva de somente uma delas, o que garante o princípio da dualidade das partes. A exceção fica por conta das análises e concessões de:

(13) Art. 798. Além dos procedimentos cautelares específicos, que este Código regula no Capítulo II deste Livro, poderá o juiz determinar as medidas provisórias que julgar adequadas, quando houver fundado receio de que uma parte, antes do julgamento da lide, cause ao direito da outra lesão grave e de difícil reparação.

a) tutela antecipada de urgência; b) tutelas antecipadas de evidência, previstas no art. 311, II e III; e c) a decisão prevista no art. 701, isto é, em ação monitória em casos em que o direito do autor é evidente. Não se pode olvidar que as tutelas provisórias têm por função a redistribuição do ônus do tempo processual e visa debelar situações de perigo. Com isso, justifica-se a procrastinação, por exemplo, do momento adequado relegado à defesa: será possível primeiro cumprir a ordem de suspensão de uma situação jurídica, para depois escutar as razões e conhecer a resistência do réu.

Como já dito, o fundamento de tais exceções encontra-se na própria efetivação da tutela jurisdicional. Ademais, a parte será ouvida oportunamente e tais medidas têm natureza provisória, o que não quer dizer que o réu não poderá exercer seu direito de defesa, mas tão somente significa que poderá exercê-lo após a garantia do bem jurídico ou do processo como instrumento de realização da jurisdição. Portanto, qualquer argumento que se ofereça contra as exceções são falaciosos e, em verdade, acabam por contrariar a ordem constitucional.

É certo que estas medidas investem o juiz de um poder maior, o qual é absolutamente necessário à realização dos princípios constitucionais. A ordem jurídica justa será aquela que pode efetivamente recompor o equilíbrio social e salvaguardar os direitos individuais e coletivos, mantendo a integridade do Estado Democrático de Direito e que, sem instrumentos jurídicos adequados, impede o Judiciário de assegurar o devido processo legal assegurado pela Constituição Federal.

Acesso à Justiça. Coletivização da Tutela e das Provas

Ivete Ribeiro[1]

1. A vulnerabilidade do homem contextualizado: Modelo biopsicossocial, econômico e cultural

O homem é um ser gregário por natureza. O filósofo José Ortega y Gasset (1883-1955) anota que todas as coisas estão em permanente processo de mudança e "O homem é o homem e a sua circunstância". Para ele, não é possível considerar o ser humano como sujeito ativo sem levar em conta simultaneamente tudo o que o circunda, a começar pelo próprio corpo e chegando até o contexto histórico e o habitat em que se insere.

O modelo da vulnerabilidade se esteia no princípio constitucional do bem-estar, que arrasta o bem-estar físico mental e se projeta no plano relacional e passa ser considerada também um bem-estar social nas interações do indivíduo com o trabalho, família, amigos e com a comunidade. Assim, o modelo biopsicossocial comporta os seguintes enfoques: (i) o biológico: inclui a genética, biológica, fisiologia, sexo, idade, escolaridade, cor, raça etc.; (ii) o psicológico: inclui a personalidade, a autoeficácia, o autocontrole, a autonomia privada, o otimismo, o suporte vivencial social, as estratégias de enfrentamento dos desafios da vida em sociedade de risco, comportamentos etc.; (iii) o viés social, econômico, cultural, que engloba o meio ambiente saudável, ecologicamente equilibrado, a qualidade de vida, a pobreza, o sexo, a etnia, a raça, a crença cultural, a religião etc.

2. Espécies de vulnerabilidade: Patrimonial e existencial

O modelo humanista holístico biopsicossocial considera o ser humano um ser complexo contextualizado e, nas suas vivências sob uma multiplicidade de aspectos e amálgama das relações: afetiva, familiar, conjugal, sexual, interpessoal, amizades, lazer, social, escolar, religiosa, trabalho, biológicas, doenças, ambiente cultural, questões morais, regras sociais, costumes. Daí também decorrem as suas vulnerabilidades sob uma multiplicidade de aspectos: biológicos, psicológicos, sociais, econômicos e culturais.

---

(1) Desembargadora do Tribunal Regional do Trabalho da 2ª Região. Mestre pela Pontifícia Universidade Católica de São Paulo.

Assim, a vulnerabilidade possui gradações e atinge grupos específicos, pois o ser humano é vulnerável por natureza, alguns mais e outros menos, em razão de vários fatores econômicos, sociais e culturais, e pode ser categorizada em dois grandes vertentes: patrimonial e existencial.

A vulnerabilidade patrimonial diz respeito a fatores econômicos de autonomia de ganhos e acúmulo de bens materiais, as condições econômicas da pessoa e sua fortuna. A vulnerabilidade existencial diz respeito às condições sociais, culturais, biológicas, de sentidos e habilidades, que refletem nas interações em todos os círculos vivenciais do ser humano. A vulnerabilidade existencial é, portanto, relativa aos aspectos humanos biopsicossociais, por vezes, imateriais e extrapatrimoniais(2).

O homem é um ser social-holístico, incapaz de viver só, interligado inexoravelmente aos aspectos biológicos, psicológicos, sociais, econômicos e culturais em amálgama das relações e ambientes: afetiva, familiar, conjugal, sexual, interpessoal, amizades, lazer, social, escolar, religiosa, trabalho, cultural, moral, costumeiro etc.

Esse novo paradigma biopsicossocial, inclusive, influiu no conceito de saúde da Organização Mundial de Saúde, na Carta de Ottawa de 1986 e utilizado na seara do Direito da Seguridade Social. Por isso, esse modelo caia serve "mão a luva", no tempo presente de pandemia de Covid-19, no direito material e processual, no quesito acesso à justiça, por conta da vulnerabilidade das pessoas, diante da força maior generalizada, máxime do trabalhador, em situação de desemprego e sem renda.

3. Princípios constitucionais reitores de proteção da pessoa vulnerável

O tratamento protetivo jurídico diante da situação de vulnerabilidade da pessoa se esteia, em regra, na aplicação dos princípios da dignidade da pessoa humana, da liberdade, da igualdade e da solidariedade social e seus respectivos desdobramentos. A Constituição Federal de 1988, firme nos princípios da dignidade da pessoa humana (art. 1º, III), da liberdade, igualdade e solidariedade, objetiva estabelecer um diálogo teórico-conceitual em cotejo com a subjetividade humana, na perspectiva da psicologia histórico-cultural, de modo a contribuir para a efetivação dos direitos individuais e coletivos e dos direitos sociais, econômicos e culturais. Ainda, o espectro protetivo jurídico da pessoa vulnerável se espraia na seara do direito material e processual.

4. Identificação das pessoas vulneráveis e seu agrupamento

De acordo com a abordagem biopsicossocial e os respectivos fatores biológicos, psicológicos, sociológicos, econômicos, culturais, é factível a seleção das pessoas vulneráveis em grupos distintos. Assim, de acordo com a posição do chamado "homem contextualizado" em todas as fases da sua existência, temos: o ser humano enquanto homem ou

(2) KONDER, Carlos Nelson. Vulnerabilidade patrimonial e vulnerabilidade existencial: por um sistema diferenciador. *Revista de Direito do Consumidor*, São Paulo, v. 99, p. 101- 23, maio/jun. 2015.

mulher; criança, jovem, adolescente; trabalhador; consumidor; idoso; índio; e em situação de infortúnio, tais como a velhice, a doença, o desemprego, a gestação, a reclusão, a deficiência física e mental. Daí a carência da proteção da seguridade social de saúde, assistência social e previdência social.

As codificações e os estatutos retratam os grupos vulneráveis, por exemplo: Lei n. 10.741/2003 (Estatuto do Idoso), Lei n. 8.069/1990 e Lei n. 13.869/2019 (Estatuto da Criança e do Adolescente), Lei n. 8.078/1990 (Código do Consumidor), Lei n. 8.742/1993 (Assistência Social), Lei n. 13.146/2015 (Estatuto da Pessoa com Deficiência), Lei n. 12.288/2010 (Estatuto da Igualdade Racial) etc.

5. Vulnerabilidade e acesso à Justiça. Escorço histórico

Em Roma, Ovídio afirmava que *cura pauperibus clausa est* (o Tribunal está fechado aos pobres).

Não se sabe ao certo qual norma inaugurou o acesso à Justiça pelos vulneráveis.

Na Babilônia, no Epílogo das Leis de Justiça de Hamurabi, o Rei sábio estabeleceu:

Que cada homem oprimido compareça diante de mim, como rei que sou da justiça. Deixai-o ler a inscrição do meu monumento. Deixai-o atentar nas minhas ponderadas palavras. E possa o meu monumento iluminá-lo quanto à causa que traz, e possa ele compreender o seu caso.

Em Roma, sob o comando do Imperador Constantino, foi assegurado advogado a quem não o tivesse, o que foi incorporado por Justiniano ao Digesto, em seu Livro I, Título XVI, § 5º.

6. Breve histórico no Brasil

No Brasil, o surgimento da assistência judiciária ocorreu com as Ordenações Filipinas em 1603, com Dom Filipe II, com o princípio da gratuidade dos serviços advocatícios, nas causas cíveis e criminais, para garantir a igualdade de condições dos pobres em juízo.

O amparo legal não era de cunho processual, ou seja, como decorrência do devido processo legal, tendo seu fundamento no princípio cristão da caridade.

Na época, a pessoa que deixasse de pagar as custas precisava jurar e rezar em favor do rei e, assim, era concedido o benefício.

No âmbito penal, o réu pobre era isento de pagar as despesas processuais, até que possuísse condições de fazê-lo.

Nas Constituições Federais, a primeira menção à "assistência judiciária" surgiu com o art. 113 da CF de 1934, ao disciplinar a criação de órgãos especiais e a isenção de emolumentos, custas, taxas e selos, o que foi excluído pela Constituição de 1937.

Na Constituição de 1946, a assistência judiciária foi restabelecida através de seu art. 141, § 35, mantida pelo art. 150, § 32, da Constituição de 1967, e art. 153, § 32, da EC n. 1/1969.

Na CF/1988, é prevista no inciso LXXIV do art. 5º.

7. Noções gerais

A ideia de acesso à Justiça passou a ser estudada de forma sistemática e com a profundidade que o tema merece a partir de 1960, sendo fundamental para a análise do tema a obra *Toward Equal Justice*: a comparative study of legal aid in modern societies, de Mauro Cappelletti, o qual começa com o caso de Alice:

> "On one occasion, when the medieval justices of the king of England went out into the country on General Eyre, one Alice, the daughter of Piers Knotte, came before the court and begged for help, saying that: "Alice can get no justice at all, seeing that she is poor and this Thomas is rich." She told the court that she had no one to plead for her, praying: For God's sake, Sir Justice, think of me, for I have none to help me save God and you."(3)

A preocupação de Cappelletti com o tema levou, na década de setenta, à formalização do *Projeto de Florença*, consistente em obra de seis tomos, publicados entre 1978 e 1979, com contribuições de diversos pesquisadores de distintos países, sendo sua versão condensada que fortaleceu o denominado *access to justice movement*, surgido após a Segunda Grande Guerra, através do livro *Access to Justice:* the worldwide movement to make rights effective — a general report, sob a coordenação de Cappelletti e Bryant Garth.

Ensinam Cappelletti e Garth que:

> A expressão 'acesso à Justiça' é reconhecidamente de difícil definição, mas serve para determinar duas finalidades básicas do sistema jurídico — o sistema pelo qual as pessoas podem reivindicar seus direitos e/ou resolver seus litígios sob os auspícios do Estado. Primeiro, o sistema deve ser igualmente acessível a todos; segundo, ele deve produzir resultados que sejam individual e socialmente justos.(4)

---

(3) Em uma ocasião, quando os juízes medievais do rei da Inglaterra saíram para o país do general Eyre, Alice, filha de Piers Knott, foi ao tribunal e implorou por ajuda dizendo: "Alice não consegue justiça, pois ela é pobre e Thomas é rico." Ela disse ao tribunal que não tinha ninguém para advogar por ela, orando: "Por Deus, Senhor Juiz, pense em mim, porque não tenho ninguém para ajudar a me salvar, Deus e você."

(4) *Acesso à Justiça, cit.*, 1998, p. 8.

E completam

> O acesso à justiça pode, portanto, ser encarado como o requisito fundamental — o mais básico dos direitos humanos — de um sistema jurídico moderno e igualitário que pretenda garantir, e não apenas proclamar os direitos de todos.[5]

Os autores afirmam, ainda, que três causas principais geram obstáculos ao acesso à Justiça: i) as custas judiciais; ii) a possibilidade das partes; e iii) os problemas relativos aos interesses difusos.

No tocante às custas judiciais:

a) em geral, a resolução formal de litígios é excessivamente dispendiosa, o que implica altos custos para as partes, inviabilizando, assim, o acesso à justiça pelos mais necessitados;

b) nas pequenas causas, muitas vezes, os custos do processo judiciário podem ultrapassar o montante da controvérsia; e

c) o tempo de tramitação do processo pode elevar ainda mais os seus custos, pressionando as partes mais desfavorecidas economicamente para abandonar a causa ou aceitar acordos com valores inferiores aos de direito.

Quanto à possibilidade das partes, utilizam o estudo de Marc Galanter[6] para tratar das vantagens e desvantagens que os litigantes podem eventualmente dispor:

a) existência de recursos financeiros;

b) conhecimento do direito para propor uma ação ou se defender, pela capacidade de reconhecer a existência de um direito juridicamente exigível, e de transpor barreiras como a diferença de recursos financeiros, de educação e de *status* social;

c) litigantes "habituais" (*repeat player*) e litigantes "eventuais" (*one-shotter*). Marc Galanter ressalta que os primeiros levam vantagem por 1) possuírem maior conhecimento do Direito e capacidade de planejar o litígio; 2) possuírem mais casos; 3) possuírem poder de diluir o risco em diversas demandas etc.

---

(5) *Op. cit.*, p. 12.

(6) Why the "haves" come out ahead: speculations on the limits of legal change. *Law and Society Review*, Amherst, v. 9, n. 1, p. 95-160, 1974.

8. Tutela coletiva como meio de pacificação social e acesso à Justiça

Como bem analisado por Cappelletti e Garth, um dos meios para garantir o acesso à Justiça, de modo a proteger as pessoas com maior vulnerabilidade, consiste na coletivização da tutela.

Por tal meio, alcança-se não apenas a maior proteção daqueles que possuem maior dificuldade ou mesmo impossibilidade de arcar com os custos de uma ação, como permite um julgamento uniforme para todos aqueles envolvidos na mesma situação fática e jurídica, o que gera, em última análise, uma maior confiabilidade do Poder Judiciário, pela ausência de decisões conflitantes em relação a uma mesma situação, na maior rapidez para a solução do conflito, na ideia de igualdade entre todos os jurisdicionados e uma atuação em demanda com legitimados que possuem maior condição para atuar e tutelar os direitos.

8.1. Tutela coletiva no Brasil

O Brasil trouxe à realidade o Projeto Florença, pela Lei n. 7.307/1984, que permitiu a tutela dos direitos coletivos, inicialmente, em relação ao meio ambiente, consumidor e bens e direitos de valor artístico, estético, histórico, turístico e paisagístico.

As normas posteriores ampliaram tal rol, para englobar as infrações da ordem econômica, à ordem urbanística, honra e à dignidade de grupos raciais, étnicos ou religiosos, patrimônio público e social e, principalmente, pela Lei n. 8.078/1990, "qualquer outro interesse difuso ou coletivo".

Assim, permite-se o uso da ação civil pública para proteção de qualquer direito coletivo em sentido lato, o que abrange os direitos coletivos em sentido estrito, difusos e individuais homogêneos, assim definidos pelo parágrafo único, do art. 81, do CDC:

> I – interesses ou direitos difusos, assim entendidos, para efeitos deste código, os transindividuais, de natureza indivisível, de que sejam titulares pessoas indeterminadas e ligadas por circunstâncias de fato;
>
> II – interesses ou direitos coletivos, assim entendidos, para efeitos deste código, os transindividuais, de natureza indivisível de que seja titular grupo, categoria ou classe de pessoas ligadas entre si ou com a parte contrária por uma relação jurídica base;
>
> III – interesses ou direitos individuais homogêneos, assim entendidos os decorrentes de origem comum.

8.2. Necessidade de aumento dos legitimados para ação

De nada adianta a previsão de tutela coletiva quando são parcos os legitimados para sua propositura.

Com efeito, para que se dê efetividade ao princípio do livre acesso à jurisdição, previsto no inciso XV, do art. 5º, da Constituição Federal, impõe-se ampliar os legitimados para seu ajuizamento.

Nesse sentido, o STF, ao julgar o Tema 607, de repercussão geral, fixou a tese pela qual a defensoria pública possui ampla legitimidade para a tutela dos direitos difusos e coletivos titularizados por pessoas necessitadas:

> EMENTA: Direito processual civil e constitucional. Ação civil pública. Legitimidade da Defensoria Pública para ajuizar ação civil pública em defesa de interesses difusos. Interpretação do art. 134 da Constituição Federal. Discussão acerca da constitucionalidade do art. 5º, inciso II, da Lei n. 7.347/1985, com a redação dada pela Lei n. 11.448/07, e do art. 4º, incisos VII e VIII, da Lei Complementar n. 80/1994, com as modificações instituídas pela Lei Complementar n. 132/09. Repercussão geral reconhecida. Mantida a decisão objurgada, visto que comprovados os requisitos exigidos para a caracterização da legitimidade ativa. Negado provimento ao recurso extraordinário. Assentada a tese de que a Defensoria Pública tem legitimidade para a propositura de ação civil pública que vise a promover a tutela judicial de direitos difusos e coletivos de que sejam titulares, em tese, pessoas necessitadas. (STF, RE 733433, relator Ministro Dias Toffoli, Tribunal Pleno, julgado em 04.11.2015. Acórdão Eletrônico Repercussão Geral – Mérito *DJe*-063 Divulg 06.04.2016 Public 07.04.2016)

8.3. Coisa julgada e o Tema 1075 de repercussão geral

O STF, em 2020, corrigiu grave equívoco legislativo e hermenêutico, em relação à coisa julgada referente às ações civis públicas.

O art. 16 da Lei n. 7.347/1984, com redação dada pela Lei n. 9.494/1997, previa que:

> Art. 16. A sentença civil fará coisa julgada erga omnes, nos limites da competência territorial do órgão prolator, exceto se o pedido for julgado improcedente por insuficiência de provas, hipótese em que qualquer legitimado poderá intentar outra ação com idêntico fundamento, valendo-se de nova prova.

Ao julgar o RE n. 1.101.937, o STF reconheceu a inconstitucionalidade da norma, eis que não é possível limitar a eficácia da sentença ao âmbito de competência territorial do órgão prolator:

> EMENTA: CONSTITUCIONAL E PROCESSO CIVIL. INCONSTITUCIONALIDADE DO ART. 16 DA LEI N. 7.347/1985, COM A REDAÇÃO DADA PELA LEI N. 9.494/1997. AÇÃO CIVIL PÚBLICA. IMPOSSIBILIDADE DE RESTRIÇÃO DOS EFEITOS DA SENTENÇA AOS LIMITES DA COMPETÊNCIA TERRITORIAL DO ÓRGÃO PROLATOR. REPERCUSSÃO GERAL. RECURSOS EXTRAORDINÁRIOS DESPROVIDOS. 1. A Constituição Federal de 1988 ampliou a proteção aos interesses difusos e coletivos, não somente constitucionalizando-os, mas também prevendo importantes instrumentos para garantir sua pela efetividade. 2. O sistema processual coletivo brasileiro, direcionado à pacificação social no tocante

a litígios meta individuais, atingiu status constitucional em 1988, quando houve importante fortalecimento na defesa dos interesses difusos e coletivos, decorrente de uma natural necessidade de efetiva proteção a uma nova gama de direitos resultante do reconhecimento dos denominados direitos humanos de terceira geração ou dimensão, também conhecidos como direitos de solidariedade ou fraternidade. 3. Necessidade de absoluto respeito e observância aos princípios da igualdade, da eficiência, da segurança jurídica e da efetiva tutela jurisdicional. 4. Inconstitucionalidade do art. 16 da LACP, com a redação da Lei n. 9.494/1997, cuja finalidade foi ostensivamente restringir os efeitos condenatórios de demandas coletivas, limitando o rol dos beneficiários da decisão por meio de um critério territorial de competência, acarretando grave prejuízo ao necessário tratamento isonômico de todos perante a Justiça, bem como à total incidência do Princípio da Eficiência na prestação da atividade jurisdicional. 5. RECURSOS EXTRAORDINÁRIOS DESPROVIDOS, com a fixação da seguinte tese de repercussão geral: "I – É inconstitucional a redação do art. 16 da Lei n. 7.347/1985, alterada pela Lei n. 9.494/1997, sendo repristinada sua redação original. II – Em se tratando de ação civil pública de efeitos nacionais ou regionais, a competência deve observar o art. 93, II, da Lei n. 8.078/1990 (Código de Defesa do Consumidor). III – Ajuizadas múltiplas ações civis públicas de âmbito nacional ou regional e fixada a competência nos termos do item II, firma-se a prevenção do juízo que primeiro conheceu de uma delas, para o julgamento de todas as demandas conexas. (STF, RE n. 1.101.937, relator Ministro Alexandre de Moraes, Tribunal Pleno, julgado em 08.04.2021, Processo Eletrônico Repercussão Geral – Mérito *DJe*-113 Divulg 11.06.2021 Public 14.06.2021)

9. Tutela coletiva como meio de pacificação dos conflitos trabalhistas

9.1. Reforma Trabalhista e acesso à justiça

Jayme de Altavila, em seu brilhante *Origem dos Direitos dos Povos*, assevera que:

> "A consciência jurídica do mundo assemelha-se a uma árvore ciclópica e milenária, de cujos galhos nodosos rebentam os densos ramos e, deles, a floração dos direitos. Quando em vez, as flores legais emurchecem sob o implacável calor do tempo e a ventania evolucionista e revolucionária, oriunda das carências sociais, agita as ramagens e as faz rolar para o solo poroso, onde são transformadas em adubo e absorvidas pelas raízes poderosas e insaciáveis.[7]

Concluiu o autor que:

> Os direitos dos povos equivalem precisamente ao seu tempo e se explicam no espaço de sua gestação. Absurdos, dogmáticos, rígidos, lúcidos e liberais, foram, todavia, os anseios, as conquistas e os baluartes de milhões de seres que, para eles, levantaram as mãos, em gesto de súplica ou de enternecido reconhecimento.[8]

(7) *Origem dos Direitos*. 2. ed. São Paulo: Melhoramentos, 1963.

(8) *Op. cit.*, p. 12.

O acesso à Justiça constitui princípio basilar do Estado brasileiro e deve ser respeitado e observado não apenas pelo legislador, mas também e principalmente pelo magistrado.

No processo do trabalho, a Lei n. 13.467/2017 regulou a matéria ao alterar a redação do § 3º, do art. 790, da Consolidação das Leis do Trabalho, e ao acrescentar o § 4º, ao citado dispositivo legal que dispõem:

> § 3º É facultado aos juízes, órgãos julgadores e presidentes dos tribunais do trabalho de qualquer instância conceder, a requerimento ou de ofício, o benefício da justiça gratuita, inclusive quanto a traslados e instrumentos, àqueles que perceberem salário igual ou inferior a 40% (quarenta por cento) do limite máximo dos benefícios do Regime Geral de Previdência Social.
>
> § 4º O benefício da justiça gratuita será concedido à parte que comprovar insuficiência de recursos para o pagamento das custas do processo.

De forma contrária ao inciso XXXV, do art. 5º, da Constituição Federal, e à lógica e experiência do processo do trabalho, do qual se valem, em regra, empregados dispensados do seu trabalho, ou seja, que em sua maioria deixaram de auferir renda, o legislador determinou que incumbe à parte a prova da insuficiência de recursos para pagar as custas processuais, com presunção de miserabilidade apenas no caso de recebimento de salário em valor inferior a 40% do limite máximo dos benefícios do Regime Geral de Previdência Social.

Do cotejo entre o Código de Processo Civil e a Consolidação das Leis do Trabalho se observa, de plano, latente contradição, eis que no processo comum há presunção de veracidade da declaração de pobreza da pessoa natural, enquanto, no processo do trabalho, há necessidade de prova da incapacidade de pagar custas, salvo no caso de recebimento de salário de até 40% do teto dos benefícios previdenciários.

Ainda de forma mais ofensiva ao princípio do livre acesso ao Judiciário e aos mais comezinhos princípios do Direito do Trabalho, o § 2º, do art. 844, da CLT, prevê que em caso de arquivamento da reclamação trabalhista, ainda que seja o reclamante beneficiário da justiça gratuita, não será isento do pagamento de custas processuais.

A reforma trabalhista, ao encarecer o processo, dificultou o acesso dos trabalhadores, vulneráveis material e processualmente, ao Poder Judiciário, razão pela qual a tutela dos direitos de forma coletiva se mostra uma alternativa para a pacificação dos conflitos.

9.2. Tutela coletiva como alternativa à salvaguarda dos direitos trabalhistas

Como afirmado acima, o custo do processo do trabalho passou a ser alto e o risco decorrente da dificuldade da prova, muitas vezes, empecilho para o ajuizamento da ação.

Na tutela coletiva, nos termos dos art. 17 e 18 da Lei n. 7.347/1985, salvo o caso de litigância de má-fé, "não haverá adiantamento de custas, emolumentos, honorários periciais e quaisquer outras despesas, nem condenação da associação autora".

Assim, uma das dificuldades criadas pela Lei n. 13.467/2017, pode ser superada.

9.3. *A aplicação do* multidistrict litigation *do direito norte-americano no Brasil e o art. 139, X, do CPC*

No direito norte-americano, destaca-se a possibilidade do denominado *multidistrict litigation*, assim considerado o meio pelo qual são reunidos processos para a produção das provas em um só juízo.

Segundo Thaís Amoroso Paschoal:

> O pressuposto para sua utilização é a existência de casos repetitivos com mesma matéria fática, cuja solução dependa da produção de provas, muitas vezes complexas, comuns a todos os casos. Trata-se, portanto, de instrumento que objetiva, em última análise, a administração eficiente de vários casos judiciais semelhantes, sem prejuízo aos direitos individuais dos litigantes.[9]

O inciso X, do art. 139, do CPC, prevê que:

> Art. 139. O juiz dirigirá o processo conforme as disposições deste Código, incumbindo-lhe:
>
> X – quando se deparar com diversas demandas individuais repetitivas, oficiar o Ministério Público, a Defensoria Pública e, na medida do possível, outros legitimados a que se referem o art. 5º da Lei n. 7.347, de 24 de julho de 1985, e o art. 82 da Lei n. 8.078, de 11 de setembro de 1990, para, se for o caso, promover a propositura da ação coletiva respectiva.

Destarte, constitui meio que poderá facilitar o acesso ao Judiciário, não apenas a coletivização da tutela, mas das provas produzidas, de modo a reduzir o custo do processo, viabilizar a produção de prova de modo mais amplo e complexo, como meio de buscar a verdade dos fatos e permitir um julgamento mais justo e a pacificação social de forma satisfatória para todos, o que gerará, como natural consequência, a maior credibilidade do Poder Judiciário.

10. Conclusão

Ensina Dworkin que:

> Um juiz que aceitar a integridade pensará que o direito que esta define estabelece os direitos genuínos que os litigantes tem a uma decisão dele. Eles tem o

---

(9) PASCHOAL, Thaís Amoroso. *Coletivização da prova*. Técnicas de produção coletiva da prova e seus reflexos na esfera individual. São Paulo: RT, 2020. p. 105-106.

direito, em princípio, de ter seus atos e assuntos julgados de acordo com a melhor concepção daquilo que as normas jurídicas da comunidade exigiam ou permitiam na época em que se deram os fatos, **e a integridade exige que essas normas sejam consideradas coerentes, como se o Estado tivesse uma única voz.**[(10)] (negritos nossos) (*sic*)

Deve ser sempre respeitada a vontade do constituinte, e restou garantida na Constituição Federal o livre acesso ao Poder Judiciário, o que não pode ser limitado ou dificultado, em razão do princípio da máxima efetividade da Constituição.

Assim, afigura-se como meio capaz de permitir uma tutela jurisdicional mais adequada e efetiva, a coletivização das tutelas oriundas de direitos coletivos em sentido amplo, seja pelo menor custo processual, seja pela possibilidade de coletivização e ampliação da instrução probatória e, assim, alcançar a necessária pacificação dos conflitos sociais.

Referências

ALTAVILA, Jayme. *Origem dos Direitos*. 2. ed. São Paulo: Melhoramentos, 1963.

CAPPELLETTI, Mauro *et alii*. *Acesso à Justiça*. Porto Alegre: Sérgio Antônio Fabris Editor, 1998.

KONDER. Carlos Nelson. Vulnerabilidade patrimonial e Vulnerabilidade existencial: por um sistema diferenciador. *Revista de Direito do Consumidor*, São Paulo, v. 99, p. 101-123, maio/jun. 2015.

PASCHOAL, Thaís Amoroso. *Coletivização da prova*. Técnicas de produção coletiva da prova e seus reflexos na esfera individual. São Paulo: RT, 2020.

DWORKIN, Ronald. *O Império do Direito*. Trad. Jefferson Luiz Camargo. São Paulo: Martins Fontes, 1999.

(10) *O Império do Direito* Trad. Jefferson Luiz Camargo. São Paulo: Martins Fontes, 1999. p. 263.

O Acesso à Justiça e a Execução Forçada. A Fraude à Execução na Execução Trabalhista Diante da Insolvência do Devedor Trabalhista

Bianca Bastos(1)

Introdução

A responsabilidade patrimonial na execução trata-se de capítulo inserido no Código de Processo Civil destinado ao tratamento da coerção, por meio da aplicação da sanção, própria ao Estado, para tornar efetiva a jurisdição. Essa ferramenta repercute na ordem constitucional quanto o acesso à Justiça. Muito embora o acesso à Justiça esteja inserido num campo muito mais amplo, não se restringindo ao acesso ao Judiciário, a efetividade das decisões judiciais torna-se essencial para que se estabeleça um processo justo.

Neste campo, as disposições do Código de Processo Civil são totalmente aplicáveis no processo trabalhista, que empresta os institutos da norma processual comum para tornar efetivas suas execuções. Nesse âmbito, a fraude à execução se traduz em ferramenta comumente utilizada nas execuções trabalhistas.

Especialmente quanto ao devedor que possuía imóvel à época da distribuição da reclamação trabalhista e que aliena seu patrimônio, aplicam-se as disposições do art. 792 do CPC, o qual tipifica hipóteses de fraude à execução.

---

(1) Desembargadora Federal do Trabalho do Tribunal Regional do Trabalho da Segunda Região integrante da 9ª Turma e da SDI-8 desde 2010. Juíza do Trabalho entre 1993 e 2010 no Tribunal Regional do Trabalho da Segunda Região. Procuradora do Estado de São Paulo entre 1988 e 1993. Especialista em processo pela Faculdade de Direito da Universidade de São Paulo — 1985 a 1987 — carga horária de 456 (quatrocentas e cinquenta e seis) horas/aula. Mestre em Direito das Relações Sociais pela PUC/SP — 2005-2009. Doutora em Direito pela Pontifícia Universidade Católica de São Paulo — 2018-2021. Professora convidada em Cursos de Pós-graduação *lato sensu* (Especialização) em São Paulo (PUC-COGEAE), desde 2011. Professora da EJUD — Escola Judicial do Tribunal Regional do Trabalho da Segunda Região, desde 2009. Colaboradora da ENAMAT — Escola Nacional da Magistratura do Trabalho. Autora de Livros e artigos jurídicos.

Segundo a disposição do inciso IV do art. 792 do CPC, impõe-se a ineficácia do negócio jurídico perante o juízo da execução daquele caso concreto quando o devedor alcance o estado de insolvência pela alienação de seu patrimônio, no curso de ação trabalhista, sem implicar a nulidade da venda e compra, pois não se perquire de intenção fraudulenta ou de boa-fé do terceiro.

Não obstante os claros contornos da norma processual ao instituir a fraude à execução na insolvência do executado, a Súmula n. 365 do STJ sedimentou jurisprudência no sentido de que sem a prévia inscrição da penhora ou da ação trabalhista na matrícula do imóvel alienado, presume-se a boa-fé do terceiro adquirente, sendo isto suficiente para afastar a ineficácia do negócio perante a execução.

Ressalva-se nesse entendimento sedimentado a possibilidade de tipificação da fraude, mesmo sem o registro da existência da ação ou da penhora na matrícula, desde que exista má-fé do terceiro. A falta de boa-fé estaria caracterizada mediante o conhecimento pelo terceiro da existência de ação capaz de reduzir o devedor à insolvência, o que faria prevalecer a tipificação da fraude à execução. Todavia, neste caso, seria ônus do credor produzir a prova de que ao tempo da alienação corria demanda causadora da inexistência de patrimônio no momento do pagamento da dívida.

Este artigo objetiva trazer uma reflexão sobre o enquadramento da previsão da fraude à execução com fundamento no inciso IV do art. 792 do CPC como norma de responsabilidade patrimonial que atua no interesse da efetividade da execução e do acesso à Justiça.

O objetivo é produzir reflexão sobre a orientação jurisprudencial na solução dos casos, com argumento em relação às disposições processuais que regem o instituto da fraude à execução, propondo o entendimento quanto às alterações trazidas pelo posicionamento atual do STJ e do TST à interpretação doutrinária do inciso IV do art. 792 do CPC. Tal posicionamento da jurisprudência vem se sedimentando pela relevância que se dá à boa-fé do terceiro adquirente, sustentada no argumento de alteração legal realizada por lei dos registros públicos, que impõe a anotação da existência de ação ou penhora que recaia sobre bens móveis ou imóveis.

Essa questão tem trazido ampla controvérsia às execuções trabalhistas, especialmente ante a incompatibilidade de interpretações da doutrina e da jurisprudência sedimentada na Súmula n. 375 do Superior Tribunal de Justiça.

Diante da prática forense nas execuções trabalhistas, em que as penhoras que ensejam a aplicação da fraude à execução normalmente se realizam em imóveis, a abordagem quanto à ineficácia do negócio jurídico ficará restrita a esse tipo de bem, muito embora o registro da penhora esteja previsto também para bens móveis e para semoventes.

1. O acesso ao Judiciário e acesso à Justiça. A efetividade da execução

O acesso à Justiça traz como principal ideia tornar efetivos os direitos declarados, o que coloca a compreensão desse tema num contexto abrangente. O acesso à Justiça não se afigura como simples acesso ao Judiciário, mas deve implementar os valores contemplados em determinada ordem justa.

Por isso, deve ser compreendido como princípio estruturante dos direitos fundamentais, na medida em que através do acesso à Justiça é garantida a realização de tais direitos, individualmente e em seu conjunto.

Neste sentido, reconhece-se que o direito público subjetivo de ação não rompeu com o problema da efetividade dos direitos. Pelo contrário, o exercício desse direito público subjetivo evidenciou a existência de barreiras a serem transpostas e que impedem a efetividade dos direitos. Tais barreiras consistem em obstáculos jurídicos existentes nas pequenas causas e para autores individuais, especialmente os pobres[(2)].

Identificou-se, inicialmente, que os obstáculos a serem transpostos para a garantia de efetividade relacionavam-se a **custas judiciais**, situação que reflete (i) no tocante ao estabelecimento da sucumbência; (ii) nas pequenas causas, já que os custos financeiros da demanda podem exceder o montante da controvérsia; (iii) no tempo, porque este é um fator de aumento de custos, o que leva os economicamente mais fracos ao abandono da causa. Além disto, constatou-se como impedimento o que se denominou por **possibilidade das partes**, questões (i) envolvendo recursos financeiros; (ii) aptidão para reconhecer um direito, partindo-se do pressuposto de que a *capacidade jurídica* de um indivíduo é diretamente relacionada às vantagens de recursos financeiros e diferença na sua educação, meio e *status* social, tratando-se de barreira a ser individual e socialmente transposta.

Por fim, a coexistência de litigantes eventuais e litigantes habituais, uma vez que estes possuem vantagens como a experiência do direito, economia de escala, diluição dos riscos da demanda, teste de estratégicas etc.

A equalização de uma solução para que se garantisse o acesso à Justiça não poderia ser restrito às ideias de um acesso formal formulado no Estado liberal. Neste, o acesso à Justiça foi considerado como direito natural. O constitucionalismo social afastou essa visão individualista dos direitos e o sistema jurídico sofreu uma transformação com a previsão de direitos sociais nas Constituições.

A representação da igualdade formal das partes se afasta da questão social, da desigualdade social jamais rompida no sistema social, o que afeta diretamente o reconhecimento dos direitos. Então, embora consumada a previsão do direito social, sua

(2) CAPPELLETTI, Mauro; GARTH, Bryant. *Acesso à Justiça*. Porto Alegre: Fabris, 1988. p. 14-16.

efetividade dependeria de que o acesso ao Judiciário fosse realizado sob o pressuposto da "igualdade de armas". A partir dessa premissa, ocorreu concepção de que a desigualdade econômica e social não era preocupação estatal, bem como a de que o direito de ação era desnecessário à proteção de outros direitos. A partir do Século XX, surge a compreensão de que a ação deve ser pensada como direito de acesso à Justiça, sendo instrumento para a justiça social, por meio do processo que antes era exclusivamente técnico.

A partir de então, a tutela jurisdicional, como inafastabilidade da jurisdição, é vista sobre dupla dimensão: o direito de defesa em relação ao poder público e o direito de proteção em relação a terceiros.

Desse modo, a proteção judicial assume a dimensão de direito de acesso à proteção jurídica individual para garantia de direitos, atuando como dimensão da garantia institucional. Os mecanismos que daí advieram para possibilitar soluções práticas ao acesso representaram estratégia de superação à desigualdade entre as partes.

Mauro Cappelletti e Bryant Garth denominaram a evolução dessa estratégia como as "três ondas", assim definidas como (a) assistência judiciária; (b) tutela dos direitos difusos; e, finalmente, (c) enfoque no acesso à justiça[(3)].

A assistência judiciária aos pobres vinculou-se à necessidade do auxílio de um advogado para decifrar leis e procedimentos destinados a ajuizar uma causa. Transformou-se numa ação afirmativa no período entre 1950 e 1970, momento em que foi mundialmente adotada.

Os sistemas de realização da assistência judiciária (tanto por meio de advogados particulares, advogados públicos ou pela combinação dos dois modelos) recebem críticas, na medida em que são utilizados apenas por aqueles jurisdicionados que já possuem conhecimento a respeito de direitos e da violação de algum deles. Aqueles que apresentam certa experiência para a autodefesa na via judicial costumam optar pela assistência de um profissional habilitado.

Mesmo quando se trata de defensoria pública, em que os interesses dos pobres enquanto classe são objetivados, os interesses do Estado podem conflitar com os dos necessitados, o que pode limitar o próprio sistema de assistência judiciária.

Na Justiça do Trabalho, o procedimento de apresentação de demandas estabeleceu-se segundo o princípio do *jus postulandi* e o trabalhador pode iniciar a reclamação trabalhista pessoalmente, comparecendo ao fórum trabalhista e formulando verbalmente o pedido de tutela do direito. Esse rito foi adotado para desburocratizar o acesso ao Judiciário, porém, seu resultado incorre nas considerações acima expostas, já que se desconsidera a impossibilidade técnica da parte quanto ao conhecimento do Direito e enquadramento da lei trabalhista no caso concreto.

---

(3) *Op. cit.*, p. 14-16.

A tutela dos direitos difusos é considerada como uma solução prática ao acesso efetivo, porém, apresenta a dificuldade de desafiar uma organização para legitimar um representante com titularidade, a fim de propor a demanda judicial, que se mostra antieconômica para os indivíduos.

A efetivação da tutela de interesses difusos depende da iniciativa do legitimado extraordinário, na medida em que aqueles que são detentores do direito difuso normalmente possuem dificuldades para se reunir e promover uma ação em grupo. Quanto ao ativismo das instituições públicas que possuam legitimação extraordinária, dificilmente pode ser assegurada porque o órgão é normalmente governamental, sujeito à intervenção política.

A terceira onda traz um novo enfoque ao acesso à Justiça, com a representação efetiva de interesses antes não representados ou mal representados. Centra sua atenção em instituições, mecanismos e procedimentos para prevenir disputas nas sociedades modernas. Com esse mecanismo, as duas primeiras ondas são vistas como possiblidades para melhorar o acesso, propondo-se uma ampla variedade de reformas, com alterações nos procedimentos e estruturas dos tribunais, bem como a adaptação do processo ao tipo de litígio e partes envolvidas[(4)].

No atual estágio, busca-se a realização do direito ao processo equitativo, representado pela decisão fundamentada, com pressupostos constitucionais materialmente adequados, sem exigência de requisitos desnecessários e desproporcionais, o que resulta numa proteção jurídica eficaz e temporalmente adequada.

A efetividade da execução trabalhista promove o avanço social adotado no constitucionalismo democrático, promovendo o respeito a direitos fundamentais individuais e sociais. Neste sentido, os valores estabelecidos na Constituição Federal de 1988 disciplinam a produção de leis e atos normativos, estabelecendo limites para seu conteúdo, além de impor deveres de atuação ao Estado.

Este artigo busca detectar, no regramento infraconstitucional da execução trabalhista, o direito fundamental de acesso à Justiça, promovendo o equilíbrio entre as disposições legais que lhe são aplicadas.

2. Responsabilidade patrimonial na execução. Sistema normativo para proteger as leis de ações contrárias

A execução forçada é dirigida diretamente ao bem e, se a execução atingir seu fim, o credor alcançará a equivalência dos resultados, obtendo o mesmo bem que não teve em razão do descumprimento da obrigação, pelo devedor. Essa visão é decorrente de grande evolução no campo processual, pela vinculação do patrimônio do devedor, e não dele próprio, ao pagamento da dívida, como dispõe o art. 789 do CPC.

(4) CAPPELLETTI, Mauro; GARTH, Bryant. *Acesso à Justiça*. Porto Alegre: Fabris, 1988. p. 67-68.

O título judicial submetido à execução trabalhista representa a aquisição de direitos sociais garantidos pela Constituição e reproduz, através do crédito devido, o próprio direito de propriedade previsto no art. 5º, inciso XXI, da CF. Embora a execução trabalhista tenha em suas disposições legais o estabelecimento de método processual para realização do crédito, a dívida executada representa o alcance dos direitos contemplados constitucionalmente.

O tipo da jurisdição externada na execução envolve dois institutos que dizem respeito à posição da pessoa e do executado e ao próprio Estado: sanção e responsabilidade.

O devedor encontra-se em estado de sujeição perante o poder do órgão que promova a execução. Tal sujeição consiste numa situação em que o executado "(...) simplesmente suporta as medidas executivas até que cumpridos os objetivos da execução forçada"(5).

A sanção surge para complementar o conceito de poder como o expediente que é adotado por sistemas normativos para proteger as leis de ações contrárias. Estudando a definição de sanção, Cândido Rangel Dinamarco assevera que "(...) Mediante a sanção, visa o titular do poder a obter a eficácia de suas decisões, que tomadas abstratamente, quer dirigidas a caso particularizado"(6).

Assim, o conjunto de medidas invasivas da autonomia do indivíduo, previstas para atribuir ao credor o bem que o direito material lhe cabe é denominado de sanção. Enrico Tullio Liebman desenvolve o conceito de sanção sob o pressuposto de que a ordem jurídica não seria eficaz ou completa se não tivesse meios para obter coercitivamente o respeito a seus preceitos. Como diz o autor:

> Reservamos o termo sanção, em sentido técnico e estrito às medidas estabelecidas pelo direito como consequência da inobservância de um imperativo, cuja atuação se realização sem colaboração da atividade voluntária do inadimplente.(7)

Há um pressuposto de que a motivação posta no ordenamento jurídico não é suficiente para induzir ao cumprimento voluntário das obrigações. Assim, acompanha o direito objetivo previsto no ordenamento jurídico a vontade sancionatória do Estado, impondo ao inadimplente as medidas que compõem a sanção executiva.

A responsabilidade patrimonial, também denominada responsabilidade executiva, revela-se como uma das medidas destinadas à atuação da sanção do Estado. Dentro de um sistema legal e constitucional, há uma situação potencial, sujeitando-se o patrimônio de alguém a medidas executivas, destinadas à atuação concreta do direito material(8).

---

(5) DINAMARCO, Cândido Rangel. *Execução Civil*. 8. ed. São Paulo: Malheiros, 2002. p. 114.

(6) DINAMARCO, Cândido Rangel. *A instrumentalidade do processo*. 3 ed. São Paulo: Malheiros, 1993. p. 104.

(7) LIEBMAN, Enrico Tullio. *Processo de execução*. São Paulo: Bestbook, 2003. p. 15-16.

(8) DINAMARCO, Cândido Rangel. *Execução Civil*. 8. ed. São Paulo: Malheiros, 2002. p. 254.

Há duas questões de difícil enfrentamento dogmático quando se enfrenta a responsabilidade executiva. A primeira delas é que a denominação prevista no Código de Processo Civil para a responsabilidade executiva é de responsabilidade patrimonial. A função executiva está regulamentada em disposições dos arts. 789 a 796 do CPC. E, de outro lado, há formas de responsabilidade patrimonial no Direito do Trabalho restritas ao direito material. Dentro do gênero da responsabilidade patrimonial no âmbito do contrato de trabalho se apresentam institutos como a responsabilidade solidária por grupo econômico (art. 2º, § 2º, da CLT) e suas outras previsões, como é o caso exemplificativo da responsabilidade do empreiteiro em relação a dívidas trabalhistas do subempreiteiro (art. 455 da CLT) e hipóteses de responsabilidade subsidiária, como é o caso da terceirização (Lei n. 6.019/1974). A identidade das denominações não deve trazer confusão à aplicação dos institutos, porque aqui a responsabilidade patrimonial está diretamente relacionada à função executiva do Estado.

As normas que regem a responsabilidade patrimonial representam um eixo sobre o qual o processo executivo se desenvolve, sendo determinante para promover a autoridade do poder estatal ao invadir a esfera pessoal do indivíduo.

Se a ameaça para obter o adimplemento da obrigação, oriunda da previsão legal das hipóteses de responsabilidade patrimonial, for insuficiente, abre-se o caminho para a execução forçada "(...) onde os resultados determinados pela ordem jurídica serão perseguidos sem qualquer consideração à vontade do obrigado (sub-rogação)"[(9)]. Nesse caso, o Estado se substitui na vontade do credor e, com a autoridade decorrente de seu poder, realiza a consecução do resultado previsto na ordem jurídica. O particular, no caso o devedor, ocupará posição perante o Estado, de sujeição.

A moderna visão do acesso à justiça no campo do Direito do Trabalho foi essencial à efetivação dos direitos trabalhistas e, mesmo antes da promulgação da atual Constituição, inspirava as soluções processuais no campo legislativo.

Na execução trabalhista, os poucos dispositivos legais presentes na Consolidação das Leis do Trabalho instrumentalizaram a efetivação das obrigações trabalhistas por muito tempo. Essa execução foi normalmente direcionada ao patrimônio do devedor que era o próprio contratante e era solucionada dentro do sistema legal previsto, sem maiores indagações.

Entretanto, a força da sanção estatal, segundo a previsão do Capítulo destinado à responsabilidade patrimonial no Código de Processo Civil, pode se estender a patrimônio de terceiros. E, diante disto, outra questão se apresenta: a de perquirir sob qual justificativa o terceiro (não devedor) poderia ter o seu patrimônio sujeito à execução de dívida não contraída.

---

(9) DINAMARCO, Cândido Rangel. *A instrumentalidade do processo*. 3. ed. São Paulo: Malheiros, 1993. p. 106.

É fato que a disciplina jurídica que foi consolidada à responsabilidade patrimonial na execução é situação potencial caracterizada pela sujeição do patrimônio de alguém às medidas destinadas à concretização do direito material. Essa ideia está relacionada primordialmente à sujeição do devedor ao poder executório do Estado, mas também deve ser disposta segundo planos distintos em que se colocam o direito material e o direito processual.

Neste sentido, muito embora o contrato obrigue ao contratante estabelecendo o vínculo obrigacional (dívida e responsabilidade) com este, há previsões de sujeição patrimonial, com exercício da sanção do Estado, sem que haja preexistente o vínculo de direito material, hipótese em que se enquadra a fraude à execução.

Neste sentido, reconhece-se que a responsabilidade patrimonial promove a sujeição de bens de terceiros na execução, o que constitui exceção ao entendimento estabelecido de que o crédito é garantido apenas pelo patrimônio do devedor, que assumiu a dívida pelo contrato. Como exemplos de sujeição de bens de terceiros, há as hipóteses da afetação do patrimônio de cônjuge (decorrente do regime de bens adotado no casamento) e da pessoa física do sócio (quando há desconsideração da personalidade jurídica).

O sistema normativo da responsabilidade patrimonial, contemplada nos arts. 789 a 805 do CPC prevê hipóteses em que há penhora sobre bens de terceiro, e a finalidade de tal ato coercitivo é a de salvaguardar a efetividade da execução. Há também situações legisladas na execução que estão previstas como exceção à sujeição do patrimônio do poder do Estado. Por exemplo, o próprio art. 789 do CPC indica que há restrições previstas em lei à sujeição do patrimônio do próprio devedor ao pagamento da dívida (art. 789 do CPC, *in fine*), o que ocorre no caso das impenhorabilidades tratadas no art. 822 da própria norma processual.

3. Responsabilidade patrimonial como norma de direito material processual

Muito embora prevista formalmente como norma de direito processual, as disposições legais do Código de Processo Civil que possibilitam a afetação de bens de terceiros à execução (art. 792 do CPC, exemplificativamente), muitas vezes, são designadas como tendo sua fonte no direito substancial. Porém, diante dos limites conceituais da definição da obrigação no campo do direito substancial, necessário fundamento para legitimar a extensão da sujeição de patrimônio de terceiro não contratante ao pagamento de dívida.

O direito processual foi sempre tratado como via para realização do direito material e, por isto, foi compreendido como se fosse meramente instrumental. Todavia, existem momentos de intersecção entre os planos substancial e material no ordenamento jurídico processual. Cândido Rangel Dinamarco destaca, no entanto, que a observação de situações concretas em que ocorram conflitos nos faz perceber "(...) uma proximidade muito significativa entre certos institutos francamente processuais e situação de direito substancial, em relação à qual o processo atuou ou deve atuar"[10].

Dentro do campo processual, a responsabilidade executiva, também denominada como responsabilidade patrimonial, produz efeitos de direito substancial. Por isso, diz-se que responsabilidade patrimonial disciplinada no campo processual, por produzir efeitos substanciais, devem ser consideradas como normas de direito processual substancial.

As normas substanciais são aquelas cuja finalidade consiste em definir modelos de fatos capazes de criar direitos, obrigações ou situações jurídicas (*fattispecie)*, além de estabelecer as consequências específicas da ocorrência desses fatos (*sanctiones iures)*. Elas têm existência distinta das normas processuais, que são estabelecidas para a efetivação das soluções previstas no direito material.

E normas processuais puras (ou processuais formais) são aquelas "(...) que operam exclusivamente pelo lado interno do processo, e nele exaurem sua eficácia, disciplinando os atos e relações inerentes ao processo e não lançando efeitos diretos para o lado externo, ou seja, sobre a vida das pessoas"[11].

No direito processual material, ocorre a convergência de normas substanciais e processuais a disciplinar institutos que, "(...) embora *processuais* em razão de sua direta participação na vida do processo, são diretamente influenciados pelos elementos e pela disciplina da relação jurídica material a ser efetivada mediante este"[12].

No dizer de Cândido Rangel Dinamarco, a responsabilidade patrimonial é de natureza processual e pode representar situações relacionadas à vida das pessoas fora do processo. As normas de responsabilidade patrimonial estabelecem envolvimento com indivíduos que não integram a relação processual ou com bens que a eles são úteis, possibilitando interferência nos relacionamentos interpessoais para apenas num segundo momento ser objeto e técnica do processo. Essas normas encontram-se numa zona de estrangulamento, entre o direito processual e material. Assim, as normas processuais que regulam a responsabilidade patrimonial são normas bifrontes. Cândido Rangel Dinamarco arremata,

> Elas são, portanto, institutos bifrontes: só no processo aparecem de modo explícito em casos concretos, mas são integrados por um intenso coeficiente de elementos definidos pelo direito material e — o que é mais importante — de algum modo dizem respeito à própria vida dos sujeitos e suas relações entre si com os bens da vida. Constituem pontes de passagem entre

(10) DINAMARCO, Cândido Rangel. *Instituições de Direito Processual Civil*. 6. ed. rev. e ampl. São Paulo: Malheiros, 2009. v. I, p. 45-46.

(11) *Ibidem*, p. 48.

(12) *Idem*.

o direito e o processo, ou seja, entre o plano substancial e o processual do ordenamento jurídico (Calamandrei).[(13)]

Diante da análise substancial e processual da responsabilidade patrimonial, também denominada responsabilidade executiva, pode-se dizer que a vinculação do patrimônio de terceiro à dívida não decorre da constituição de uma relação jurídica entre o terceiro e o credor, sendo consequência do exercício da sanção pelo Estado. Desse modo, não há como se inserir a sanção da qual é detentor o Estado, dentro do campo obrigacional, no âmbito do direito privado.

Tal posicionamento está refletido na doutrina trabalhista que sinaliza que a execução forçada se faz pela realização da sanção. Manoel Antonio Teixeira Filho afirma que não se deve confundir o débito (obrigação) com a responsabilidade processual, pois a obrigação se estabelece entre o credor e o devedor, tendo por objeto certo bem. O segundo movimento se estabelece entre o devedor e o juiz, cujos objetos são bens indeterminados, presentes e futuros, explicando que a sujeição ao poder jurisdicional é muito mais ampla e intensa que a obrigação, porquanto o juiz "para levar a termo a execução pode servir-se de coisas diversas da dívida[(14)].

Se, no campo do direito material, dívida e responsabilidade podem estar separadas quando, por exemplo, uma pessoa assume a primeira e outra, a segunda (como no caso de fiança ou garantia real assumida por terceiro); já o direito processual prevê responsabilidade daquele que sequer participou da relação obrigacional e não há devedor ou responsável no campo material[(15)].

Ao vincular o conceito de responsabilidade processual à subsunção do patrimônio de uma pessoa, compreende-se o mecanismo da execução forçada. A responsabilidade patrimonial foi construída mediante a representação da evolução da atuação coercitiva do Estado para a realização do crédito, o que aconteceu desde a época em que o devedor respondia pela obrigação pessoalmente (execução pessoal) até os dias de hoje, em que há sujeição do patrimônio do devedor (execução real), e do patrimônio daqueles que participam da relação obrigacional como responsáveis pelo direito material e, ainda, dos terceiros em relação à dívida, vinculados apenas pela responsabilidade processual.

A Consolidação das Leis do Trabalho não possui um capítulo específico para tratar da responsabilidade patrimonial. Não há previsões legais no Capítulo dedicado à

---

(13) DINAMARCO, Cândido Rangel. *Instituições de Direito Processual Civil*. 6. ed. rev. e ampl. São Paulo: Malheiros, 2009. v. I, p. 46.

(14) TEIXEIRA FILHO, Manoel Antônio. *Execução no Processo do Trabalho*. 9. ed. São Paulo: LTr, 2005. p. 188. O texto traz *apud* destacada, porquanto o autor faz transcrição do autor Amílcar de Castro, com referência à obra *Comentários ao Código de Processo Civil*. São Paulo: RT, 1979. p. 67-68.

(15) THEODORO JÚNIOR, Humberto. *Curso de Direito Processual Civil*. 53. ed. Rio de Janeiro: Forense, 2020. v. 3, p. 295-296.

execução e, tampouco, normas dessa natureza encontram-se inseridas no Capítulo V do Título X, (Do Processo Judiciário do Trabalho), que se restringe a tratar do rito executivo da execução trabalhista.

Desse modo, pela aplicação do art. 889 da CLT, são aplicáveis no processo do trabalho as disposições legais referentes à lei de executivos fiscais (Lei n. 6.830/1980) e, nos termos do art. 769 da CLT, subsidiariamente, o Código de Processo Civil.

Como a Lei n. 6.830/1980 também não possui uma previsão sistematizada para a responsabilidade patrimonial, aplicam-se à execução trabalhista as disposições do Código de Processo Civil.

4. A previsão da responsabilidade patrimonial no Código de Processo Civil. Responsabilidade primária e secundária

No Código de Processo Civil, os arts. 789 a 796 dispõem sobre situações de regulamentação da função executiva. Já o Código Civil tratou da responsabilidade patrimonial no art. 391, e, diante do inadimplemento das obrigações, respondem todos os bens do devedor.

O art. 789 do CPC determina que os bens do devedor responderão pela dívida e o art. 790 discrimina situações específicas em que a responsabilidade se estende para além do patrimônio do devedor. Nessas disposições, regulam-se tanto os limites quanto a extensão do poder de sujeição do Estado em relação ao devedor e a terceiros.

A partir de tais disposições processuais, surge a classificação da responsabilidade patrimonial como responsabilidade processual primária e secundária.

O art. 789 do CPC, ao dispor que "(...) O devedor responde com todos os seus bens presentes e futuros para o cumprimento de suas obrigações, salvo as restrições estabelecidas em lei", contém o limite temporal da sujeição do patrimônio do devedor à execução forçada. Esse artigo estabelece regra geral da responsabilidade executiva, no sentido de que a legitimação primária para a execução é do devedor e o seu objeto é o seu patrimônio.

A responsabilidade patrimonial secundária está caracterizada nas normas que acrescem à execução bens que não sejam do devedor.

Na ampliação da regra geral de que só os bens do devedor respondem pela execução forçada, o art. 790 do CPC traz um rol de situações de outros bens que podem ser acrescidos à responsabilidade executiva.

Nessa categoria, encontram-se os *bens passados*, que pertenceram ao devedor, mas no momento da execução não lhe pertencem mais. Trata-se de bens alienados em fraude contra credores (arts. 106 a 113 do Código Civil), ou em fraude direcionada à execução (arts. 790, V, e 792, do CPC).

Também dentro dessa classificação, além da responsabilidade por bens que deveriam integrar o patrimônio do devedor, o CPC submete à execução os bens do (a) sucessor a título singular (art. 790, I); (b) do sócio por obrigações sociais (art. 790, II); (c) do cônjuge pelos débitos contraídos pelo outro cônjuge (art. 790, IV); (d) e do responsável, nos casos de desconsideração da personalidade jurídica (art. 790, VII).

Portanto, além do devedor, o art. 790 relaciona outras pessoas que se sujeitam à responsabilidade patrimonial. Como assevera Humberto Theodoro Júnior, a qualificação da posição desses terceiros foi denominada como "responsabilidade executória secundária", expressão cunhada por Enrico Tullio Liebman, que assim escreveu:

Como vimos acima, embora a obrigação e responsabilidade normalmente coincidam no sentido que o próprio devedor condenado é que responde com seus bens para satisfazer coativamente ao credor, casos há em que, pelas relações existentes entre as partes e outras pessoas, estas respondem com seus bens para aquela finalidade. Acontece então que a responsabilidade se separa da obrigação e vai alcançar terceiro não devedor. Vimos há pouco um caso destes, a do fiador judicial: o exequente pode promover a execução contra ele em vez de agir contra o vencido e por isso mesmo a responsabilidade do fiador judicial é pacificada à do vencido e significa verdadeira legitimação passiva para a execução. É a posição de outros terceiros, que, sem poderem ser executados pessoalmente, respondem com algum ou com todos seus bens, no sentido de que estes podem ser abrangidos pela execução que está sendo processada contra o devedor. Estes terceiros não são partes na execução; apesar disso suportam suas consequências, não podendo subtrair seus bens ao destino que os aguarda.[(16)]

Assim, o art. 790 do CPC, ao submeter bens de terceiro ao processo de execução, coloca-o na condição de sujeito passivo por responsabilidade patrimonial secundária, que é extraordinária por ter sido estabelecida após a formação do título.

Esta condição de sujeito processual não deve levar ao entendimento de que a responsabilidade patrimonial secundária determine a condição de devedor, limitando àquele que é vinculado à execução forçada, a defesa prevista ao devedor. Embora seja sujeito processual, em relação ao processo, o responsável mantém a condição de terceiro.

Ao reverso do que possa parecer, o terceiro adquirente de bem imóvel que tenha seu patrimônio constrito por reconhecimento de fraude à execução não se trata de responsável secundário na execução. O adquirente não é sujeito da relação de direito material da qual se origina a dívida e, ao reverso daqueles que estão elencados no art. 790 do CPC, tampouco são sujeitos da relação processual.

A condição do adquirente é apenas a de terceiro que, como se verá, sofre os efeitos da ineficácia do negócio jurídico realizado com o devedor, sem que isto implique na

(16) LIEBMAN, Enrico Tullio. *Processo de execução*. São Paulo: Besbook, 2003. p. 117-118.

invalidade do contrato que entabulou perante aquele que lhe alienou o bem. A responsabilidade no caso de fraude à execução não incide sobre a pessoa do terceiro, mas sobre o próprio bem alienado.

5. Fraude à execução e fraude contra credores

Muito embora este artigo trate exclusivamente da fraude à execução, demonstra-se salutar, e até mesmo necessário, uma breve incursão sobre a distinção entre os institutos da fraude contra credores e fraude à execução. E tal porque as decisões trabalhistas não se ocupam em analisar o contrato de natureza civil entabulado entre o devedor e o terceiro adquirente. Justifica-se que assim se proceda, porquanto são sucessivas as defesas de terceiros, cujo patrimônio esteja vinculado à execução trabalhista, com a sustentação de que a aquisição do bem se deu com boa-fé. Como se verá, a distinção conceitual dos dois institutos mostra que a fraude à execução não prescinde da averiguação de tal elemento subjetivo.

Anota Enrico Tulio Liebman que: "(...) Toda alienação de bens do devedor é, pois, potencialmente um prejuízo para o credor que corre o perigo de não poder realizar a execução frutífera por falta de objeto".[17] A fraude contra credores e fraude à execução decorrem da limitação à faculdade de disposição de bens imposta pela lei ao devedor que tenha assumido obrigações ainda pendentes de cumprimento. São elas espécies de fraudes atentatórias ao princípio da responsabilidade patrimonial e estão disciplinadas nos arts. 158 a 165 do Código Civil (fraude contra credores) e arts. 790, inciso IV, e 792, do CPC.

Tanto pelas circunstâncias fáticas, mas especialmente pelas consequências jurídicas que delas resultam, distingue-se a fraude contra credores da fraude à execução. Ambos os institutos têm em sua base o desequilíbrio patrimonial causado pela alienação ou oneração de bens. A ordem jurídica repudia esse prejuízo, cuja origem é a mesma na fraude contra credores e na fraude destinada à execução. Cândido Rangel Dinamarco traça os confrontos entre eles e informa que: "(...) O *consilium fraudis,* inerente à fraude contra credores mediante ato oneroso, é dispensado quanto este veio a título gratuito e também, sempre, na fraude de execução".[18]

No caso da fraude à execução, a penhora é autorizada desde logo, "(...) dando ao próprio oficial de justiça a atribuição de verificar caso por caso a ocorrência dessa fraude; resta ao adquirente o ônus de opor embargos de terceiro se algo tiver a alegar contra a responsabilidade incidente sobre o bem"[19].

---

(17) LIEBMAN, Enrico Tullio. *Processo de execução*. São Paulo: Besbook, 2003. p. 129.

(18) DINAMARCO, Cândido Rangel. *Execução Civil*. 8. ed. São Paulo: Malheiros, 2002. p. 273.

(19) *Ibidem*, p. 273-274.

O comportamento diverso da legislação para o tratamento da fraude à execução decorre do fato de que na fraude paulina o ato lesivo se dirige apenas aos interesses patrimoniais dos credores, sendo sancionada no Código Civil. No caso da fraude à execução, ocorre afronta à responsabilidade patrimonial, fazendo-se contrária à sanção estatal para realização do crédito por meio da sujeição do patrimônio do devedor, representando verdadeiro atentado à dignidade da Justiça.

Quem pratica a fraude à execução já é parte, está ciente da pendência de um processo (não importa se executivo ou cognitivo) e, ao alienar ou gravar o último bem e com isso fazer-se voluntariamente insolvente, desdenhou a autoridade estatal do juiz e buscou reduzi-lo à inutilidade.

A fraude conduz a uma espécie de ineficácia primária, cuja consequência é que o bem continua sujeito aos atos executivos, como se jamais tivesse ocorrido a alienação. Ocorre a ineficácia do negócio em face do processo executivo, "(...) ou seja, os bens alienados ou gravados com ônus real continuam sujeitos ao cumprimento coativo da obrigação, independentemente de prévia sentença declaratória de nulidade ou de prévia desconstituição judicial do negócio"(20).

Como afirma Humberto Theodoro Júnior, "(...) O negócio jurídico que frauda a execução, diversamente do que se passa com o que frauda credores, gera pleno direito entre o alienante e o adquirente", apenas não pode ser oposto ao exequente, como expressamente contido no § 1º do art. 792 do CPC. Este parágrafo consigna que "(...) a alienação em fraude à execução é ineficaz em relação ao exequente"(21).

Aliás, essa disposição legal também traz garantia ao adquirente, já que torna claro que o reconhecimento da fraude à execução não restitui o bem ao patrimônio do devedor, que com ele não poderá contar para satisfazer a outros credores.

Na fraude à execução, haverá responsabilidade sem débito, porque o bem será de propriedade de terceiro, mas responderá pela execução, sem que o terceiro adquirente se torne devedor ou responsável solidário pela dívida. O negócio ocorrido entre ambos não é oponível na execução e, apenas em relação ao processo do caso concreto, o bem é sujeito à sanção por responsabilidade patrimonial primária (art. 789 do CPC).

6. Fraude à execução e a insolvência do devedor trabalhista. As previsões do art. 792, incisos II, III e IV, do CPC. A Súmula n. 375 do STJ

O inciso IV do art. 792 reproduz o inciso II do art. 593 do CPC de 1973, dizendo "(...) que ocorre fraude à execução quando o devedor aliena ou onera bem, estando

(20) ZAVASCKI, Teori Albino. In: SILVA, Ovídio Araújo Baptista da (Coord.). *Comentários ao Código de Processo Civil*: 2. ed. rev., atual. e ampl. São Paulo: RT, 2003. v. 8 – Do processo de execução – arts. 566 a 645. p. 260.

(21) THEODORO JÚNIOR, Humberto. *Curso de direito processual civil*. 53. ed. Rio de Janeiro: Forense, 2020. v. 3, p. 307.

respondendo a ação que, após o ato de disposição, possa reduzi-lo à insolvência". Haverá frustração da satisfação do crédito em razão do desfalque no patrimônio do devedor.

A situação prevista neste inciso é o mais comum das execuções trabalhistas, na medida em que o direcionamento da execução em relação ao patrimônio de terceiro é sempre precedido do esgotamento de medidas coercitivas sobre o patrimônio do devedor. Dispõe o art. 792, inciso IV, do Código de Processo Civil:

> **Art. 792.** A alienação ou oneração de bem é considerada fraude à execução: (...)
>
> IV – quando ao tempo da alienação ou da oneração, tramitava contra o devedor ação capaz de reduzi-lo à insolvência: (...)

A alienação consiste em qualquer "(...) ato entre vivos pelo qual o devedor dispõe a favor de terceiro de bem que lhe pertence, por meio de transferência ou renúncia"(22), que importe em redução no patrimônio do devedor, podendo ocorrer por venda, doação, permuta, dação em pagamento ou, até mesmo, pela renúncia à herança, já que qualquer uma dessas hipóteses reflete no interesse do credor. Oneração é "(...) qualquer ato que, sem importar a transmissão da propriedade do bem, limita as faculdades do domínio, mediante criação em favor de terceiro de direito real(23).

A previsão do inciso IV do art. 792 do CPC de 2015 corresponde a similar texto contido no inciso II do art. 593 do CPC de 1973. É certo que o CPC de 2015 incluiu nova modalidade de fraude à execução, prevista no inciso III do art. 792, abaixo transcrito:

> **Art. 792.** A alienação ou a oneração do bem é considerada fraude à execução: (...)
>
> III – quando tiver sido averbado, no registro do bem, hipoteca judiciária ou outro ato de constrição judicial originário do processo onde foi arguida a fraude; (...).

No caso das execuções trabalhistas, ocorrem normalmente situações em que há alienação através de compra e venda, ou doação de imóveis. E, invariavelmente, o devedor se torna insolvente com a disposição de seu patrimônio.

O enquadramento da hipótese de fraude à execução trabalhista tem levantado intensa discussão jurisprudencial e doutrinária. Há um clamor pela situação em que se encontra o terceiro, que vê patrimônio adquirido ser vinculado ao pagamento de dívida do vendedor. Assim, a par da análise de questões sensíveis à tipificação da fraude à execução quanto à época em que ocorrer a alienação, outras se discutem com maior ou menor intensidade.

---

(22) ZAVASCKI, Teori Albino. *Comentários ao Código de Processo Civil.* In: SILVA, Ovídio Araújo Baptista da (Coord.). 2. ed. rev., atual. e ampl. São Paulo: Ed. RT, 2003. v. 8 – Do processo de execução – arts. 566 a 645, p. 260.

(23) *Idem.*

A primeira situação que se coloca é se para a configuração da fraude à execução, que se relaciona à disposição do inciso IV do art. 792 do CPC, é exigível que ocorra citação válida (nos termos da previsão do CPC) antes da alienação. Ainda, em relação a esse dispositivo, questiona-se a boa-fé do terceiro adquirente excluiria a ineficácia do negócio jurídico e, por decorrência, conduziria à configuração da fraude à execução.

E, por fim, discute-se se o teor do verbete da Súmula n. 375 do Superior Tribunal de Justiça uniformizou entendimento no sentido de que seria necessária a prova de que houve averbação da penhora no registro em que matriculado o imóvel objeto do negócio jurídico, sendo aplicável ao inciso IV do art. 792, ao inciso III do mesmo artigo, ou a ambos. A Súmula n. 375 do STJ, publicada no *DJe* de 30.03.2009 está assim enunciada:

> O reconhecimento da fraude à execução depende do registro da penhora do bem alienado ou da prova de má-fé do terceiro adquirente.

A Súmula n. 375 do STJ é anterior à vigência do Código de Processo Civil de 2015; todavia, julgamentos recentes têm ratificado o entendimento dessa jurisprudência, de modo que o seu teor tem sido argumento constante nos recursos trabalhistas. Como se verá, há divergência quanto ao acerto desse entendimento diante da própria tipificação da fraude à execução, especialmente quando invocada a hipótese do inciso IV do art. 792 do CPC.

7. Citação válida e insolvência. Marco temporal para definir a eficácia da alienação do imóvel ante a execução trabalhista

A constatação da insolvência se faz na execução trabalhista por cognição sumária, sendo realizada na própria execução em que se pretenda seja reconhecida a fraude à execução. Exigir do credor prova negativa, no sentido de que o devedor não detém outros bens não se justifica, mormente, porque se trata de prova negativa.

De outra parte, o próprio desenvolvimento do procedimento executivo conduz à presunção de insolvência, decorrente da falta de bens livres para nomeação à penhora. Portanto, basta a devolução do mandado de citação e penhora, acompanhada da certidão do oficial de justiça de que não localizou bens penhoráveis e esse requisito estará satisfeito. Se houver alegação do executado (alienante) ou terceiro (adquirente) quanto à existência de patrimônio do devedor, toca-lhes o ônus de indicá-lo a fim de desconstituir a presunção de insolvência.

O negócio jurídico que constituiu a transferência do patrimônio do devedor insolvente deve ser consentâneo ao processo judicial cujo título é objeto da execução forçada. Contudo, discute-se na doutrina do processo civil se o termo inicial do ato ineficaz (venda do imóvel) deve fluir a partir da citação válida. Portanto, o que se defende é que, através da alienação do bem penhorado, o obrigado se reduziu à insolvência após a citação, e antes da penhora. O marco temporal da ineficácia da alienação é a data da citação válida.

Este aspecto traz duas reflexões no campo trabalhista. Se o primeiro requisito para o reconhecimento da fraude à execução se traduz na contemporização entre a data da alienação (ou oneração) do bem em relação ao início do processo (citação) cujo título se executa, a primeira reflexão que se coloca é que, no processo trabalhista, o ato citatório segue o princípio da simplicidade, não se revestindo das formalidades processuais do CPC.

Como acentuado por Wolney de Macedo Cordeiro, o debate para definição da data da citação e de sua validade não encontra ressonância no direito processual do trabalho, porquanto "(...) na nossa sistemática, a citação, embora tenha uma importância ímpar na integralização da relação processual, não é fundamental para o reconhecimento dos efeitos da ação proposta"(24).

Destaca-se que a notificação inicial não depende de deliberação jurisdicional (art. 841 da CLT), dado que a mera propositura da ação já é suficiente para caracterizar todos os efeitos processuais que se vinculam à litispendência, prevenção e interrupção da prescrição. Portanto, não é viável exigir-se a concretização da citação, para que os efeitos processuais relacionados à fraude sejam observados no rito processual. Portanto, se o ato de disposição patrimonial ocorreu após a distribuição da reclamação trabalhista, o requisito temporal estará satisfeito.

A segunda reflexão que se traz, já com a intenção de se compreender a extensão da aplicação da Súmula n. 375 do STJ nas execuções trabalhistas, é no sentido de que toda essa discussão sobre o marco temporal como elemento definidor da ineficácia do negócio jurídico ante o processo executivo, demonstra que não é a penhora o fator determinante da ineficácia do negócio jurídico e sim a distribuição de ação capaz de levar o devedor a uma situação de insolvência suscetível de frustrar a jurisdição satisfativa.

A caracterização da fraude à execução não está ligada à penhora do bem, já que inexiste disposição legal ou razão jurídica para que penhora impeça a alienação, já que a constrição judicial não inibe o exercício do direito dominial, de modo que se mantém entre os poderes do proprietário, a alienação. Neste sentido, Araken de Assis:

> O termo inicial dos atos ineficazes flui da citação do obrigado, em ação capaz de reduzi-lo à insolvência (art. 593, II), ou seja, bem antes da penhora. Esse pormenor já torna insensata a controvérsia da necessidade, ou não, do registro da constrição para caracterizar a fraude contra execução (...).(25)

(24) CORDEIRO, Wolney de Macedo. *Execução no processo do trabalho*. 5. ed. Salvador: JusPodivm, 2020. p. 182-183.

(25) ASSIS, Araken. *Manual de execução* (livro eletrônico), 2024. ProView 53.3. p. RB 4.30.

A construção doutrinária em relação à caracterização da fraude à execução a despeito do registro da penhora na matrícula do imóvel esbarra no entendimento jurisprudencial consolidado do STJ, pois a Súmula n. 375 se fundamenta na premissa de que para o reconhecimento da ineficácia da alienação do imóvel, deve ser exigida a ciência da demanda por parte do terceiro adquirente, em qualquer hipótese em que se reconheça a fraude à execução ou, então, a prova de que tinha ciência da ação em curso na data da celebração do negócio jurídico.

8. A registro da penhora como condição para o reconhecimento da fraude à execução. Súmula n. 375 do STJ

Como visto, o inciso III do art. 792 do CPC de 2015 incluiu nova modalidade de fraude à execução no CPC, que prevê a ineficácia da alienação ou oneração "(...) quando tiver sido averbado, no registro do bem hipoteca judiciária ou outro ato de constrição judicial originário do processo onde foi arguida a fraude". Nesta hipótese, está claro que o adquirente tinha ciência da existência de demanda contra o devedor cujo bem foi vinculado ao pagamento do processo, e sequer se exige que o executado seja insolvente.

De outro lado, a previsão do inciso II do art. 792 do CPC dispõe que há fraude à execução "(...) II – quando tiver sido averbada, no registro do bem, a pendência do processo de execução na forma do art. 828 do CPC".

O atual art. 828 do CPC reproduz o art. 615-A, inserido no Código pela Lei n. 11.832/2006, que previu a obtenção de certidão comprobatória do ajuizamento de execução (a princípio, de título extrajudicial), com identificação das partes e valor da causa, para fins de averbação no Registro de Imóveis. A aplicação desse artigo pode ocorrer eventualmente na execução trabalhista, mas a prática indica que a alienação de bens do devedor ocorre muito antes do início da fase executiva. O art. 828 do CPC, ao estabelecer que o credor poderá obter certidão de que a execução foi admitida pelo juiz, com identificação das partes e do valor da causa, com a finalidade de proceder à averbação tanto no registro de imóveis, de veículos ou de outros bens sujeitos à penhora se destinou à repressão da fraude à execução prevista no inciso II do art. 792 do CPC.

Embora o art. 828 do CPC trate apenas da averbação da existência (i) da execução admitida pelo juiz (*caput)* e da (ii) formalização da penhora, esse entendimento foi estendido à hipótese tipificada no inciso IV do art. 792 do CPC. Como visto, a Súmula n. 375 do STJ não foi editada sob a égide do CPC de 2015, e tampouco se afigura como precedente vinculante, constituindo-se em precedente persuasivo. Não obstante, ainda que considerado o sistema recursal trabalhista para recursos na execução trabalhista, que é normalmente limitado à apreciação do agravo de petição em segunda instância houve decisão no âmbito do Tribunal Superior do Trabalho que admitiu a discussão por transcendência dessa questão, acolhendo o entendimento desse verbete também em seara trabalhista já com caráter vinculante.

O posicionamento do Tribunal Pleno do TST, nos autos do Recurso de Revista TST-Ag-AIRR n. 1000944-05.2021.5.02.0313, com relatoria da Ministra Kátia Magalhães Arruda, em que se concluiu que "(...) o reconhecimento da fraude à execução depende do registro da penhora do bem alienado ou da prova de má-fé do terceiro adquirente".

A jurisprudência no sentido de que a hipótese de afetação de patrimônio alienado no curso de processo condenatório deve garantir a ciência por parte do terceiro adquirente da existência de demanda judicial contra o alienante, ou da prova de má-fé do terceiro, não decorre da previsão legal na disciplina do instituto da fraude à execução prevista no inciso IV do art. 792 do CPC. Como acentua Araken de Assis, para a declaração da fraude à execução nesta hipótese legal, o juiz limita-se a "(...) perquirir em cognição sumária (a) a coincidência temporal entre o negócio do executado e o processo; (b) a inexistência de outros bens penhoráveis (insolvência)"[26].

A fundamentação do posicionamento sumulado no Superior Tribunal de Justiça está embasado no entendimento de que art. 828 do CPC, em seu *caput* e § 4º, estabeleceram a possibilidade de que a fraude à execução seja excluída pelo desconhecimento do terceiro dependendo do fato de ser ele considerado adquirente de boa-fé. Também há a indicação nos julgados do STJ da interferência do contido na nova redação do art. 54 da Lei n. 13.097/2015.

Na solução do Recurso Especial n. 1.863.999/SP, a relatora, Ministra Nancy Andrighi, registrou que, existindo a prévia inscrição na matrícula da averbação da penhora, há presunção absoluta (*juris et de jure*) do conhecimento para terceiros, daí sendo decorrente a fraude à execução, conforme previsão do art. 828, § 4º, do CPC[27], considerando que o terceiro adquiriu a propriedade com má-fé.

Todavia, segundo o entendimento do acórdão, no caso de a penhora não ter sido averbada no respectivo registro, não se exclui a possibilidade de reconhecimento de fraude à execução. Entretanto, caberá ao credor comprovar a má-fé do terceiro. Deverá, assim, fazer prova de que o adquirente tinha conhecimento acerca da pendência do processo.

Em que pese a sedimentação da jurisprudência que pressupõe a averbação da penhora na matrícula do imóvel, existindo a penhora, a hipótese processual adequada para o enquadramento da fraude à execução é aquela prevista no inciso III do art. 792 do CPC. E neste caso sequer se exige a insolvência do executado.

---

(26) ASSIS, Araken de. *Manual da Execução* (Livro digital). ProView, 51, 2024. p. RB 4-25.

(27) **Art. 828.** O exequente poderá obter certidão de que a execução foi admitida pelo juiz, com identificação das partes e do valor da causa, para fins de averbação no registro de imóveis, de veículos ou de outros bens sujeitos à penhora, arresto ou indisponibilidade (...) § 2º Formalizada penhora sobre bens suficientes para cobrir o valor da dívida, o exequente providenciará, no prazo de 10 dias, o cancelamento das averbações relativas àqueles não penhorados (...). § 4º Presume-se em fraude à execução a alienação ou a oneração de bens efetuada após a averbação.

Ainda, considerando que normalmente a fraude à execução na prática trabalhista ocorre diante de alienação ocorrida na fase de conhecimento, é preciso enfrentar uma possibilidade que também advém de previsão contida no art. 828 do CPC. Esse artigo, em seu *caput*, dispõe que o exequente poderá averbar no Registro de Imóveis a execução iniciada. Assim, ao menos à luz das disposições da norma processual, este artigo não é aplicável na hipótese de insolvência do devedor (art. 792, IV, do CPC).

E, ainda que se considere a possibilidade de averbação de certidão informando a existência de execução, antes da penhora, a alienação após tal providência, caracterizaria a hipótese do inciso II do art. 792 do CPC, e não aquela prevista em seu inciso IV. Na situação do inciso II, ocorre a presunção *jure et de jure* de má-fé do adquirente que compra bem imóvel após registro da certidão indicando o início da execução. Neste sentido, é a posição de Araken de Assis:

> O art. 792, II, harmonizou a sistemática, considerando fraude contra execução os negócios dispositivos ulteriores à averbação. O art. 828, § 4º, institui presunção absoluta (*jure et de jure)*. Não admite prova em contrário do adquirente. O negócio é ineficaz, comportando o bem penhora e alienação coativa a terceiros. Por óbvio, há que concorrer o elemento da insolvência (*rectius*: frustração do meio executório), porque sem ele não há fraude; nem por isso, porém, a presunção do conhecimento do terceiro — e, assim, a má-fé do adquirente — admitirá prova em contrário, transformando-se em relativa.[28]

De outro lado, a alienação após a penhora encontra caracterização do instituto da fraude à execução no inciso III do art. 792. Mais uma vez, a lição de Araken de Assis:

> O art. 792, III, considera fraudulentos os negócios dispositivos em relação à parte que registrou hipoteca ou averbou 'outro ato de constrição judicial originário do processo em que foi arguida a fraude" (...). Era omisso o direito anterior quanto à ocorrência de fraude contra execução no caso de o executado alienar ou gravar o bem penhorado, arrestado ou sequestrado. Por óbvio, o negócio jurídico é ineficaz, perante o titular da constrição e pouco importando a boa-fé do adquirente ou do titular do gravame, e assume expressiva gravidade. Em todo caso, impõe-se a realização da constrição; do contrário, embora que citado o executado, a hipótese reflui ao preceituado no art. 792, IV, revelando-se, então, imprescindível a prova da insolvência.[29]

(28) ASSIS, Araken de. *Manual da Execução* (Livro digital. ProView, 53, 2024. p. RB-4.29.

(29) *Ibidem*, p. RB 4.30.

Como se vê a hipótese do inciso IV do art. 792 do CPC está reservada aos casos em que não há penhora. A disposição do inciso IV do art. 792 do CPC é objetiva e seus requisitos são apenas dois: existência de ação que seja capaz de reduzir o alienante-devedor à insolvência no momento do negócio jurídico em que ocorra a alienação do imóvel. Com tais requisitos, o negócio jurídico seria ineficiente em relação à sanção do Estado no exercício de jurisdição satisfativa e o crédito do trabalhador estaria protegido, já que também se caracteriza como direito de propriedade à luz do art. 5º, inciso XXI, da CF. Para finalizar:

> Uma vez coletados os elementos probatórios, o juiz determinará a penhora no bem ou bens provadamente alienados ou onerados após a citação no processo, porque ineficaz em relação ao exequente (art. 792, § 1º). **É preciso insistir: o reconhecimento da fraude não depende de qualquer averbação** (*retro,* 53.) (negritos nossos)[30]

A jurisprudência da Súmula n. 375 do Superior Tribunal de Justiça, porém, encontra ressonância em outras normas, previstas em legislação apartada do Código de Processo Civil. De fato, há previsão legal envolvendo os Registros Públicos que altera a própria tipicidade da fraude à execução.

A Lei n. 13.097, de 19.01.2015, convolada a partir da MP n. 656, de 07.10.2014, trouxe alterações na Seção II do Capítulo III (Dos Registros Públicos), nas disposições sobre os registros na matrícula do imóvel. Com as alterações, o *caput* do art. 54 dispõe no sentido de que negócios jurídicos que tenham por fim constituir, transferir ou modificar direitos reais sobre imóveis são eficazes em relação a atos jurídicos precedentes quando não tivessem sido registradas na matrícula dos imóveis constrição judicial (penhora) ou ajuizamento de execução ou, ainda, ajuizamento de fase de cumprimento de sentença.

Araken de Assis, analisando a repercussão dessa disposição sobre a hipótese do inciso IV do art. 792 do CPC, argumenta no sentido de que, versando essa disposição sobre matéria de direito processual civil, as alterações são inconstitucionais por vício quanto à inobservância da disposição do art. 62, § 1º, *b*, da CF, pois essa alteração legislativa tratou de norma de direito processual civil, cuja modificação está expressamente vedada à Medida Provisória.

O art. 54 da Lei n. 13.097/2015 sofreu nova alteração pela Lei n. 14.382, de 27.06.2022, pela qual se inseriu o inciso IV naquele dispositivo legal, estabelecendo a eficácia de negócio jurídico antecedente caso não realizada averbação, "(...) mediante decisão judicial, da existência de outro tipo de ação cujos resultados ou responsabilidade patrimonial possam reduzir seu proprietário à insolvência, nos termos do inciso IV do

---

(30) ASSIS, Araken de. *Manual da Execução* (Livro digital). 2024. 53.4. p. RB-4.31.

caput do art. 792 do CPC". Assim, por meio da Lei n. 14.382/2022, pretendeu-se corrigir a omissão que tornava impraticável a aplicação da necessidade de averbação no registro de imóveis à hipótese do inciso IV do art. 792 do CPC.

A mesma Lei incluiu os §§ 1º e 2º ao art. 54 estabelecendo que não poderão ser opostas situações jurídicas não constantes da matrícula do imóvel ao terceiro de boa-fé, ao qual não serão exigidas a obtenção prévia de quaisquer documentos ou certidões (exceção feita à hipótese do § 2º do art. 1º da Lei n. 7.433, de 18 de dezembro de 1985) e, tampouco, a apresentação de certidões forenses ou de distribuidores judiciais.

Essas alterações legislativas podem ser analisadas sob dois aspectos. O primeiro deles pela visão crítica de Araken de Assis, que adverte que se deve ter cautela na aplicação de disposições legais que mais do que a segurança do comércio jurídico diante do custo no âmbito da atividade registral, exijam a realização de registros com custo financeiro, destacando a "(...) imensa quantidade dos registros desnecessários, prevenindo-se o exequente contra ato (alienação do bem) que o executado jamais cogitará praticar"[(31)].

Finalmente, deve ser destacado que o interesse do terceiro não se sobrepõe ao exercício de sanção pelo Estado contra atos que afrontem a jurisdição, não se justificando a criação de disposições que, sob o pretexto de respeitar a boa-fé de terceiro adquirente torne inaplicável a fraude à execução na hipótese de o devedor se tornar insolvente com a alienação de seu patrimônio, o que, na prática, exclui o exercício do poder do Estado para proteger a efetividade da jurisdição.

Portanto, quer pela inconstitucionalidade das alterações na legislação de Registro Público ao instituir no art. 54 da Lei n. 13.097/2015 condições não indicadas no inciso IV do art. 792 do CPC, quer diante da própria natureza da responsabilidade patrimonial que se constitui no estabelecimento de expedientes para proteger o sistema normativo e, no caso da fraude à execução, da efetividade da jurisdição, o entendimento emergente da Súmula n. 375 do STJ reduz o poder do Estado no exercício da sanção que é própria à execução forçada.

9. Boa-fé do adquirente. Ônus da prova. Súmula n. 375 do STJ

No entendimento pacificado pelo Superior Tribunal de Justiça no verbete da Súmula n. 365, decorre outro entendimento, no sentido de que, inexistindo averbação de penhora no Registro de Imóveis, o reconhecimento da fraude à execução dependeria da prova da má-fé do terceiro adquirente e de que esse ônus seria do credor. Tal prova consiste na evidência do conhecimento por parte do adquirente do imóvel de ação pendente contra o devedor, capaz de reduzi-lo à insolvência.

(31) ASSIS, Araken. *Manual da Execução* (Livro digital), 2024, 53. p. RB-4.2.

Muito embora a questão esteja pacificada no STJ, a previsão do § 2º do art. 792 do CPC de 2015 dispôs no sentido de que: (...) No caso de aquisição de bem não sujeito a registro, o terceiro adquirente tem o ônus de provar que adotou as cautelas necessárias para a aquisição, mediante a exibição das certidões pertinentes, obtidas no domicílio do vendedor e no local onde se encontra o bem."

Diante desta inovação processual, ou seja, da inclusão do § 2º na disposição legal que regula a fraude à execução, a doutrina se posicionou da seguinte forma:

> Como se vê, diante do NCPC o entendimento jurisprudencial que se impõe ao exequente **provar a má-fé** do adquirente deve necessariamente ser alterado. Há, por força de lei, **inversão no ônus da prova**, cabendo ao terceiro-adquirente fazer prova de sua boa-fé e não o contrário. A **Súmula n. 375 do STJ** deve ser, na sua segunda parte, revogada, só se justificando sua manutenção quanto à exigência da citação.[32] (negritos do original)

Entretanto, não tem sido esse o entendimento reiterado da jurisprudência que reafirma, mesmo após a inovação do CPC de 2015, contida no § 2º do art. 792. Por meio da jurisprudência sumulada, há presunção de má-fé no caso do registro (da penhora ou da existência de execução) antes da alienação, com presunção absoluta (*jure et de jure*) e, sendo incabível o registro o ônus de provar que o adquirente atuou com má-fé é do credor da execução.

Enfim, neste entendimento, o reconhecimento da fraude à execução, cujo conceito difere da fraude pauliana exatamente por não se discutir o intuito fraudulento, restabelece em relação ao terceiro-adquirente a questão da intenção fraudulenta para tipificação da fraude, muito embora o estabelecimento da hipótese do inciso IV do art. 792 do CPC nada disponha neste sentido.

Consequentemente, nos casos de venda de imóvel após a distribuição da ação nas quais o devedor pretenda o reconhecimento da ineficácia da alienação perante a execução, a ineficácia do negócio jurídico fica condicionada à prova de má-fé do adquirente, a cargo do credor, impondo-se àquele a quem deveria ser garantida a efetividade do provimento jurisdicional prova negativa (inexistência de boa-fé presumida). Praticamente, não podendo o credor trabalhista arcar com custos do registro da existência de ação trabalhista, fica sujeito à produção de prova diabólica, quanto ao terceiro adquirente de imóvel.

Tradicionalmente, na fraude à execução não se questiona a boa-fé. E isto não se relaciona com o novo direcionamento do direito obrigacional, tomado a partir do Código

(32) ARRUDA ALVIM WAMBIER, Teresa; CONCEIÇÃO, Maria Lucia Lins; RIBEIRO, Leonardo Ferres da Silva; MELLO, Rogério Licastro Torres. In: ARRUDA ALVIM WAMBIER, Teresa *et al.* (Coords.). *Primeiros Comentários ao novo Código de Processo Civil* — artigo por artigo. 1. ed. São Paulo: RT, 2015. p. 1.146-1.147.

Civil de 2002, quanto à boa-fé objetiva que permeia as relações jurídicas de direito material. Como visto, a questão relacionada à fraude à execução está disciplinada em capítulo que trata de responsabilidade patrimonial, a qual corresponde ao exercício de sanção do Estado, pelo exercício de coerção para dar efetividade à execução. O interesse do particular, ainda que seja ponderável, não está contextualizado nos dispositivos deste capítulo.

E tanto é assim que, de outras disposições legais do capítulo "Da responsabilidade patrimonial", decorrem situações em que o patrimônio de terceiro é vinculado ao pagamento do crédito sem que tenha ocorrido vínculo contratual, como é o caso do sócio que responda por desconsideração de personalidade jurídica. E noutras situações, o bem de terceiros são levados a leilão, como é o caso de imóvel com propriedade condominial entre devedor e terceiro; mesmo que considerada a venda prejudicial a terceiro, a execução forçada a autoriza atos executivos.

Como visto, as alterações propostas pelas Leis ns. 13.097/2015 e 14.382/2022 nas disposições dos Registros Públicos possuem forte ingerência no posicionamento jurisprudencial que ora vem sendo adotado. A necessidade de averbação de penhora na hipótese do inciso IV do art. 792 do CPC descaracteriza a hipótese ali prevista, dilatando a incidência de previsões do inciso II e III do art. 792, em que não se contém necessariamente o elemento da insolvência. Conforme verificado, a insolvência do devedor é uma situação em que se produz efeitos que atingem a efetividade da execução na atuação jurisdicional e, com esta, o próprio acesso à Justiça.

Contudo, o preceito contido no § 2º do art. 792 do CPC não deixa dúvidas acerca de que a boa-fé do terceiro adquirente, quando oponível, deve ser evidenciada por ele próprio.

10. Conclusão

Dentro do amplo campo do acesso à Justiça deriva a noção de que ao jurisdicionado se garanta um processo justo, em que possa atuar com paridade de armas. Num contexto mais específico, ao vencedor o que se espera é que o Estado atue a favor da realização de seu crédito, que é caracterizado como direito de propriedade, nos termos do art. 5º, XXII, da CF.

A efetividade da execução conta com um princípio de que o devedor que não cumpra com a obrigação do pagamento da dívida, fique sujeito ao poder do Estado, por meio da sanção que se aparelha de um conjunto de normas em que se define dentro da função executiva, como responsabilidade patrimonial. Entre tais normas, além da responsabilidade secundária na execução (art. 790 do CPC), há previsão da ineficácia do negócio jurídico no caso em que tipificada a fraude à execução e, para a hipótese em que o devedor aliene patrimônio (móvel, semovente ou imóvel) após a propositura (e citação) na ação, tornando-se insolvente, a disposição do inciso IV do art. 792 do CPC dota o sistema normativo de efetividade, possibilitando a penhora do bem, ainda que transferido o seu domínio a terceiro.

Essa previsão cumpre com a função executiva do Estado e, da mesma forma do que outros dispositivos legais que vinculam patrimônio de pessoas que não constituíram a dívida, traz efetividade à jurisdição. As exceções ao sistema processual da responsabilidade patrimonial vêm previstas no próprio Código de Processo Civil, como o rol de impenhorabilidades.

O interesse do terceiro, ainda que ponderável e o princípio da publicidade aplicável aos Registros Públicos no caso de alienação de imóvel não justificam a mudança da norma processual.

Tradicionalmente, a hipótese do inciso IV do art. 792 do CPC (art. 593, II, do CPC/1973) não prevê a análise da boa-fé do terceiro adquirente, tampouco estabelece a obrigação de registro da ação na matrícula do imóvel. A disciplina do art. 54 da Lei n. 13.097/2015, modificada pela Lei n. 14.382/202, não é capaz de alterar a norma processual (art. 792, IV, do CPC) por flagrante vício de inconstitucionalidade decorrente da violação do art. 62, § 1º, *"b"*, da CF. Demais, tais disposições subvertem o sistema processual e a própria disciplina da responsabilidade patrimonial, interferindo diretamente na função executiva do Estado, no exercício da sanção e na proteção que outorgada à efetividade da jurisdição e ao acesso à Justiça.

Referências

ARRUDA ALVIM WAMBIER, Teresa; CONCEIÇÃO, Maria Lucia Lins; RIBEIRO, Leonardo Ferres da Silva; MELLO, Rogério Licastro Torres. In: ARRUDA ALVIM WAMBIER, Teresa *et al.* (Coord.). *Primeiros Comentários ao novo Código de Processo Civil* — artigo por artigo. 1. ed. São Paulo: RT, 2015.

ASSIS, Araken. *Manual de execução* (livro eletrônico), 2024. ProView 53.3. p. RB 4.30.

CAPPELLETTI, Mauro; GARTH, Bryant. *Acesso à Justiça*. Porto Alegre: Fabris, 1988.

CORDEIRO, Wolney de Macedo. *Execução no processo do trabalho*. 5. ed. Salvador: JusPodivm, 2020.

DINAMARCO, Cândido Rangel. *A instrumentalidade do processo.* 3 ed. São Paulo: Malheiros, 1993.

______. *Execução Civil.* 8. ed. São Paulo: Malheiros, 2002.

LIEBMAN, Enrico Tullio. *Processo de execução*. São Paulo: Best Book, 2003.

TEIXEIRA FILHO, Manoel Antonio. *Execução no Processo do Trabalho*. 9. ed. São Paulo: LTr, 2005.

THEODORO JÚNIOR, Humberto. *Curso de direito processual civil.* 53. ed. Rio de Janeiro: Forense, 2020. v. 3.

ZAVASCKI, Teori Albino. *Comentários ao Código de Processo Civil.* In: SILVA, Ovídio Araújo Baptista da (Coord.). 2. ed. rev., atual. e ampl. São Paulo: RT, 2003. v. 8 — Do processo de execução — arts. 566 a 645.